"十二五"国家重点图书出版规划项目·新世纪法学教育丛书

知识产权法学
（第四版）

来小鹏 著

中国政法大学出版社

2019·北京

声　明　　1. 版权所有，侵权必究。
　　　　　2. 如有缺页、倒装问题，由出版社负责退换。

图书在版编目（CIP）数据

知识产权法学/来小鹏著. —4版. —北京:中国政法大学出版社，2019.11
ISBN 978-7-5620-9182-0

Ⅰ.①知… Ⅱ.①来… Ⅲ.①知识产权法学－中国 Ⅳ.①D923.401

中国版本图书馆CIP数据核字(2019)第174245号

出 版 者	中国政法大学出版社
地　　址	北京市海淀区西土城路25号
邮寄地址	北京100088信箱8034分箱　邮编100088
网　　址	http://www.cuplpress.com（网络实名：中国政法大学出版社）
电　　话	010-58908435(第一编辑部) 58908334(邮购部)
承　　印	保定市中画美凯印刷有限公司
开　　本	720mm×960mm　1/16
印　　张	31.25
字　　数	595千字
版　　次	2019年11月第4版
印　　次	2019年11月第1次印刷
印　　数	1～5000册
定　　价	76.00元

2009年10月荣获
司法部"第三届全国法学教材与科研成果奖优秀成果奖"
2013年11月荣获
北京市教委"北京高等教育精品教材"称号

作者简介

来小鹏 男，1960年11月生，陕西人；法学博士，中国政法大学民商经济法学院教授，知识产权法学专业、网络法学专业博士生导师，中国政法大学知识产权法国家重点学科带头人，中国政法大学知识产权维权援助研究与服务中心主任，中国政法大学全国专利保护重点联系基地负责人，中国政法大学网络法学研究院学术委员会委员；兼任中国法学会会员、国家知识产权战略专家成员、中国科技法研究会常务理事、中国版权保护协会理事、国家知识产权局资产评估促进工程特邀专家、中国知识产权研究会理事、中国作协著作权纠纷调解委员会委员，以及北京仲裁委员会、西安仲裁委员会仲裁员等；长期从事民法学、知识产权法学以及网络法学教学与实践工作；独著、主编、参编著作、教材三十余部，主要有《版权交易制度研究》（独著）、《著作权法理论研究》（独著）、《著作权法论》（合著）、《知识产权法学》（合著，高等政法院校规划教材）、《知识产权法学案例研究指导》（主编，中国特色社会主义法治理论与实践系列研究生教材）、《专利合同理论与实务研究》与《企业对外贸易中的知识产权理论与实务研究》（主编，国家知识产权局研究课题负责人）、《知识产权法学理论与实务研究》（主编，"211"工程第三期重点学科建设项目）、《知识产权法案例研习》（主编，中国政法大学案例研习系列教材）、《专利法案例评析》（主编）、《民法学》（参编，高等政法院校规划教材）、《知识产权法教程》（主编，司法部法学统编教材）、《民法》（参编，全国成人高等教育法学规划教材）、《民法》（参编，高等教育法学应用教材）、《物权法》（参编，21世纪法学规划教材）等；发表学术文章八十余篇，主要有《论侵害著作权行为及其法律对策》、《作品原稿丢失引起的几个法律问题》、《与电影有关的知识产权问题研究》、《我国知识产权评估中的法律关系》、《著作权转让比较研究》、《论网络出版服务者的法律责任》、《新媒体环境下传播者权的发展》、《完善知识产权案件审判机制的法律思考》、《商标法确立诚信原则的法理思考》、《中国网络立法现状、问题与对策》、《数据信息法律保护模式思考》、《法治化语境下的网络法建构》等;主持承担国家、省部级以上研究课题四十余项;先后获校、省、部级科研成果奖十余项;1998年7月被国家科技部和司法部授予"全国知识产权工作先进个人"称号。

出版说明

"十二五"国家重点图书出版规划项目是由国家新闻出版总署组织出版的国家级重点图书。列入该规划项目的各类选题，是经严格审查选定的，代表了当今中国图书出版的最高水平。

中国政法大学出版社作为国家良好出版社，有幸入选承担规划项目中系列法学教材的出版，这是一项光荣而艰巨的时代任务。

本系列教材的出版，凝结了众多知名法学家多年来的理论研究成果，全面而系统地反映了现今法学教学研究的最高水准。它以法学"基本概念、基本原理、基本知识"为主要内容，既注重本学科领域的基础理论和发展动态，又注重理论联系实际以满足读者对象的多层次需要；既追求教材的理论深度与学术价值，又追求教材在体系、风格、逻辑上的一致性。它以灵活多样的体例形式阐释教材内容，既推动了法学教材的多样化发展，又加强了教材对读者学习方法与兴趣的正确引导。它的出版也是中国政法大学出版社多年来对法学教材深入研究与探索的职业体现。

中国政法大学出版社长期以来始终以法学教材的品质建设为首任，我们坚信，"十二五"国家重点图书出版规划项目定能以其独具特色的高文化含量与创新性意识，成为集权威性和品牌价值于一身的优秀法学教材。

中国政法大学出版社

第四版说明

本书自 2015 年第三版出版以来，受到了广大读者的厚爱，继 2009 年 10 月荣获司法部"第三届全国法学教材与科研成果奖优秀成果奖"后，2013 年 11 月又荣获北京市教委"北京高等教育精品教材"称号。随着我国《商标法》第三次修正和 2019 年 4 月修改的颁布，国家创新驱动发展战略的实施，并从知识产权强国建设需要重组了国家知识产权局，以及北京、上海、广州三家知识产权法院和深圳、南京、武汉、青岛、杭州、西安等 21 家知识产权法庭及最高人民法院知识产权法庭的设立，同时《著作权法》第三次修订和《专利法》第四次修订也正在进行中，知识产权法的理论研究、法律适用以及相关司法解释都在发生变化。为充分体现我国知识产权法学理论、立法和司法实践的需求以及国外知识产权法律制度的发展趋势，在保持本书原有结构的基础上，对部分内容进行了修订和补充。第四版将以马克思主义法学、习近平新时代中国特色社会主义思想为理论导向，内容上反映我国依法治国、法治建设以及推动实施创新驱动发展战略过程中的最新实践和知识产权法学科最新、最高的教学成果，除使读者从中系统地了解和掌握知识产权法学的知识，真正领悟到知识产权法学科的魅力外，还能使其提高运用法治思维和法治方式的能力，使其把握知识产权立法、司法和理论研究的经验与动向。本书的初版、第二版、第三版及本次修订的部分内容凝聚着中国政法大学本科生、知识产权法专业以及网络法专业硕士与博士研究生的智慧。多年的课堂教学与实践，使我有幸与青年学子一并为我国法治事业思考、交流与探索，并逐步形成了让学生易于受到熏陶的授课内容和方式。值本书第四版出版之际，我在此对他们致以谢忱。在本书的写作及历次修订过程中，得到了中国政法大学民商经济法学院及知识产权法研究所老师、同事和朋友的关心与帮助，得到了中国政法大学出版社领导及责任编辑阚明旗、马旭先生的信任与支持。在此，对他们及其他所有支持与关心我的人衷心致谢。本书不足之处在所难免，请读者批评指教。

来小鹏

2019 年 9 月 9 日

第三版说明

本书自 2011 年第二版出版以来，受到了广大读者的厚爱，继 2009 年 10 月荣获司法部"第三届全国法学教材与科研成果奖优秀成果奖"后，2013 年 11 月又荣获北京市教委"北京高等教育精品教材"称号。随着我国《商标法》第三次修正的颁布、国家创新驱动发展战略的实施、知识产权法院的设立，同时《著作权法》第三次修订和《专利法》第四次修订也正在进行中，知识产权法的理论研究、法律适用以及相关司法解释都在发生变化。为充分体现我国知识产权法学理论、立法和司法实践的需求以及国外知识产权法律制度的发展趋势，在保持本书原有结构的基础上，对部分内容进行了修订和补充。第三版将以马克思主义法学为理论导向，内容上反映我国依法治国、法治建设的最新实践和知识产权法学科最新、最高的教学成果，除使读者从中系统地了解和掌握知识产权法学的知识，真正领悟到知识产权法学科的魅力外，还能使其提高运用法治思维和法治方式的能力，使其把握知识产权立法、司法和理论研究的经验与动向。本书的初版、第二版及本次修订的部分内容凝聚着中国政法大学本科生及知识产权法专业硕士、博士研究生的智慧。多年的课堂教学与实践，使我有幸与青年学子一并为法学事业思考、交流与探索，并逐步形成了让学生易于受到熏陶的授课内容和方式。值本书第三版出版之际，我在此对他们致以谢忱。在本书的写作及历次修订过程中，得到了中国政法大学民商经济法学院及知识产权法研究所老师、同事和朋友的关心与帮助，得到了中国政法大学出版社领导及责任编辑阚明旗先生的信任与支持。在此，对他们及其他所有支持与关心我的人衷心致谢。本书不足之处在所难免，请读者批评指教。

来小鹏

2015 年 3 月 9 日

规范性法律文件名称缩略语

规范性法律文件	缩略语
《保护工业产权巴黎公约》	《巴黎公约》
《保护文学和艺术作品伯尔尼公约》	《伯尔尼公约》
《与贸易有关的知识产权协议》	《TRIPs 协议》
《保护表演者、音像制品制作者和广播组织罗马公约》	《罗马公约》
《保护唱片制作者防止唱片被擅自复制公约》	《唱片公约》
《关于播送由人造卫星传播载有节目的信号的公约》	《卫星公约》
《关于〈与贸易有关的知识产权协定〉与公共健康的宣言》	《公共健康宣言》
《修改〈与贸易有关的知识产权协定〉议定书》	《知识产权协定议定书》
《商标国际注册马德里协定》	《马德里协定》
《国际承认用于专利程序的微生物保存布达佩斯条约》	《布达佩斯条约》
《工业品外观设计国际保存海牙协定》	《海牙协定》
《建立工业品外观设计国际分类洛迦诺协定》	《洛迦诺协定》
《国际植物新品种保护公约》	《植物新品种公约》
《国际专利分类斯特拉斯堡协定》	《斯特拉斯堡协定》
《商标注册用的商品和服务国际分类尼斯协定》	《尼斯协定》
《制止商品来源的虚假或欺骗性标记马德里协定》	《制止协定》

规范性法律文件	缩略语
《世界知识产权组织版权条约》	《版权条约》
《世界知识产权组织表演和录音制品条约》	《表演和录音制品条约》
《保护录音制品制作者防止未经许可复制其录音制品公约》	《录音制品公约》
《建立商标图形要素国际分类维也纳协定》	《维也纳协定》
《视听作品国际注册条约》	《视听作品条约》
《避免对版权使用费双重征税马德里多边公约》	《马德里多边公约》
《保护原产地名称及其国际注册里斯本协定》	《里斯本协定》
《印刷字体的保护及其国际保存协定》	《印刷字体协定》
《中华人民共和国民法通则》	《民法通则》
《中华人民共和国民法总则》	《民法总则》
《中华人民共和国刑法》	《刑法》
《中华人民共和国刑法修正案（九）》	《刑法修正案（九）》
《中华人民共和国民事诉讼法》	《民事诉讼法》
《中华人民共和国行政诉讼法》	《行政诉讼法》
《中华人民共和国物权法》	《物权法》
《中华人民共和国担保法》	《担保法》
《中华人民共和国侵权责任法》	《侵权责任法》
《中华人民共和国反不正当竞争法》	《反不正当竞争法》
《中华人民共和国反垄断法》	《反垄断法》
《中华人民共和国专利法》	《专利法》
《中华人民共和国专利法实施细则》	《专利法实施细则》
《中华人民共和国商标法》	《商标法》
《中华人民共和国商标法实施条例》	《商标法实施条例》
《中华人民共和国著作权法》	《著作权法》
《中华人民共和国著作权法实施条例》	《著作权法实施条例》
《中华人民共和国网络安全法》	《网络安全法》
《中华人民共和国电影产业促进法》	《电影产业促进法》
《中华人民共和国公共图书馆法》	《公共图书馆法》

规范性法律文件	缩略语
《中华人民共和国著作权法修订草案（送审稿）》	《著作权法修订草案（送审稿）》
《中华人民共和国专利法修订草案（送审稿）》	《专利法修订草案（送审稿）》
《中华人民共和国合同法》	《合同法》
《中华人民共和国继承法》	《继承法》
《中华人民共和国知识产权海关保护条例》	《知识产权海关保护条例》
《中华人民共和国发明奖励条例》	《发明奖励条例》
《中华人民共和国自然科学奖励条例》	《自然科学奖励条例》
《中华人民共和国科学技术进步奖励条例》	《科学技术进步奖励条例》
《中华人民共和国植物新品种保护条例》	《植物新品种保护条例》

目 录

第一编 导 论

第一章 知识产权概论 ····· 1
第一节 知识产权的概念及范围 ····· 1
第二节 知识产权制度的演变 ····· 14

第二章 知识产权法概述 ····· 20
第一节 知识产权法的概念、调整对象及渊源 ····· 20
第二节 知识产权法的地位和作用 ····· 24

第二编 著作权法

第一章 著作权与著作权法概述 ····· 29
第一节 著作权概述 ····· 29
第二节 著作权法的性质及其调整对象 ····· 35
第三节 著作权法的作用及原则 ····· 39
第四节 著作权法的历史演变 ····· 43

第二章 著作权法律关系客体 ····· 62
第一节 作品概述 ····· 62
第二节 作品的类型 ····· 65
第三节 不受著作权法保护的对象 ····· 71

第三章 著作权主体 ····· 81
第一节 著作权主体概述 ····· 81
第二节 著作权主体的确认 ····· 83

第三节 著作权主体的分类 ·············· 88

第四章 著作权的内容 ·············· 98
第一节 著作权的取得 ·············· 98
第二节 著作人身权 ·············· 101
第三节 著作财产权 ·············· 111
第四节 著作权的保护期间 ·············· 123

第五章 著作权的限制 ·············· 130
第一节 著作权限制概述 ·············· 130
第二节 合理使用制度 ·············· 135
第三节 法定许可使用制度 ·············· 142

第六章 邻接权 ·············· 152
第一节 邻接权概述 ·············· 152
第二节 邻接权的内容 ·············· 155

第七章 著作权的行使 ·············· 163
第一节 著作权合同 ·············· 163
第二节 著作权集体管理 ·············· 167

第八章 著作权的保护 ·············· 173
第一节 著作权侵权行为 ·············· 173
第二节 侵权行为的法律责任 ·············· 180
第三节 著作权救济的民事诉讼 ·············· 188

第三编 专利法

第一章 专利法律制度概述 ·············· 194
第一节 专利、专利权与专利法 ·············· 194
第二节 专利制度的起源和发展 ·············· 197
第三节 我国专利制度的产生和发展 ·············· 200
第四节 专利制度的作用 ·············· 211

第二章　专利权的客体 …… 214
第一节　发明 …… 214
第二节　实用新型 …… 217
第三节　外观设计 …… 218
第四节　不受专利法保护的对象 …… 220

第三章　专利权的主体 …… 225
第一节　专利权主体概述 …… 225
第二节　发明人或设计人 …… 227
第三节　发明人或设计人的工作单位 …… 228
第四节　外国人 …… 232

第四章　专利授权条件 …… 240
第一节　发明和实用新型授予专利权的条件 …… 240
第二节　外观设计授予专利权的条件 …… 247

第五章　专利权的取得 …… 252
第一节　专利申请 …… 252
第二节　专利申请的审查和批准 …… 260

第六章　专利权的内容与限制 …… 267
第一节　专利权人的权利 …… 267
第二节　专利权人的义务 …… 272
第三节　专利权的限制 …… 275
第四节　专利权的期限、终止和无效 …… 279

第七章　专利管理与专利代理 …… 294
第一节　专利管理 …… 294
第二节　专利代理 …… 297

第八章　专利权的保护 …… 303
第一节　专利权的保护范围 …… 303
第二节　专利侵权行为 …… 305
第三节　专利权的法律保护 …… 309

第四编　商标法

第一章　商标概述 …… 328
- 第一节　商标的概念 …… 328
- 第二节　商标法与我国商标制度的演变 …… 332

第二章　商标法中的有关主体 …… 339
- 第一节　商标权人 …… 339
- 第二节　商标管理与管理机关 …… 341

第三章　商标的种类 …… 347
- 第一节　可视性商标与非可视性商标 …… 347
- 第二节　商品商标与服务商标 …… 350
- 第三节　制造商标、销售商标与集体商标 …… 351
- 第四节　证明商标、联合商标与防御商标 …… 352

第四章　商标权的取得 …… 355
- 第一节　商标权产生的方式 …… 355
- 第二节　商标注册的条件 …… 356
- 第三节　商标注册的原则 …… 359
- 第四节　商标注册的程序 …… 362
- 第五节　商标异议、无效宣告及复审 …… 366

第五章　商标权的内容 …… 375
- 第一节　商标权人的权利 …… 375
- 第二节　商标权人的义务 …… 378
- 第三节　商标权的期限、续展和终止 …… 379

第六章　商标权的保护 …… 384
- 第一节　侵犯商标权的行为 …… 384
- 第二节　驰名商标的法律保护 …… 388
- 第三节　侵害商标权应承担的法律责任 …… 391
- 第四节　商标权救济的民事诉讼 …… 393

第五编　其他知识产权

第一章　反不正当竞争法律制度 ……………………………… 398
　　第一节　反不正当竞争法概述 ………………………………… 398
　　第二节　侵犯商业秘密的行为 ………………………………… 399

第二章　地理标志 ……………………………………………… 408
　　第一节　地理标志概述 ………………………………………… 408
　　第二节　地理标志权 …………………………………………… 409
　　第三节　地理标志的法律保护 ………………………………… 411

第三章　集成电路布图设计权 ………………………………… 416
　　第一节　集成电路布图设计概述 ……………………………… 416
　　第二节　集成电路布图设计权 ………………………………… 418

第四章　植物新品种权 ………………………………………… 424
　　第一节　植物新品种的概念和特征 …………………………… 424
　　第二节　植物新品种权 ………………………………………… 426

第六编　知识产权国际保护

第一章　知识产权国际保护概述 ……………………………… 433
　　第一节　知识产权国际保护的产生与发展 …………………… 433
　　第二节　世界知识产权组织 …………………………………… 436

第二章　《巴黎公约》 …………………………………………… 440
　　第一节　《巴黎公约》概述 …………………………………… 440
　　第二节　《巴黎公约》的基本原则 …………………………… 441
　　第三节　《巴黎公约》对成员保护的要求 …………………… 442

第三章　《TRIPs 协议》 ………………………………………… 445
　　第一节　《TRIPs 协议》的签订 ……………………………… 445
　　第二节　《TRIPs 协议》的基本原则 ………………………… 446
　　第三节　《TRIPs 协议》的主要内容 ………………………… 447

第四章　保护著作权及邻接权有关的国际公约 ... 453
第一节　《伯尔尼公约》 ... 453
第二节　《世界版权公约》 ... 457
第三节　保护邻接权国际公约 ... 458
第四节　网络环境下版权与邻接权国际保护条约 ... 460

第五章　保护专利权有关的国际公约 ... 464
第一节　《专利合作条约》 ... 464
第二节　《布达佩斯条约》 ... 466
第三节　《海牙协定》 ... 467
第四节　《洛迦诺协定》 ... 467
第五节　《植物新品种公约》 ... 468
第六节　《斯特拉斯堡协定》 ... 469

第六章　保护商标权有关的国际公约 ... 470
第一节　《马德里协定》及其议定书 ... 470
第二节　《尼斯协定》 ... 472
第三节　其他与商标有关的国际条约 ... 473

参考书目 ... 476

第一编 导 论

第一章 知识产权概论

> [提示要点]
>
> 从法学角度掌握知识产权的基本含义,比较分析知识产权与无体物、无形财产之间的关系,理解知识产权的法律特征,熟悉知识产权的范围并了解知识产权的历史发展。本章的重点是知识产权的概念、范围和特征,难点是对知识产权特征的理解。

第一节 知识产权的概念及范围

一、知识产权的概念

"知识"一词,一般认为"就它反映的内容而言,是客观事物的属性与联系的反映,是客观世界在人脑中的主观映象。就它反映的活动形式而言,有时表现为主体对事物的感性知觉或表象,属于感性知识,有时表现为关于事物的概念或规律,属于理性知识"。[1] 由此可见,知识是事物的特征与联系在人脑中的反映,是客观事物的一种主观表征,知识是在主客体相互作用的基础上,通过人脑

---

[1] 人类社会的知识是客观存在的,但个体头脑中的知识并不是客观现实本身,而是个体的一种主观表征,即人脑中的知识结构,它既包括感觉、知觉、表象,又包括概念、命题、图式,它们分别标志着个体对客观事物反映的不同广度和深度,这是通过个体的认知活动而形成的。一般来说,个体的知识以从具体到抽象的层次网络结构(认知结构)的形式存储于大脑之中。参见《中国大百科全书·教育》,中国大百科全书出版社1998年版,第525页。

的反映活动而产生的。在理解知识的含义时，有必要把作为人类社会共同财富的知识与作为个体头脑中的知识区分开来。

"产权"一词在中文里使用带有很大的模糊性，这主要是由于它所对应的英文词"Property"包含多种含义。在英文中，Property 既可指财产、资产和所有物的总称；也可指地产、房地产；还可指财产权和所有权，包含"所有"的意思。因此，"Property Right"，可以译为财产所有权、财产权，亦可简称为产权。经济学一般认为，产权不是一个权利，而是一组权利，或是一种权利的复合体，因此，它的英文对应词是 Property Rights。[1]

"知识产权"是一个法律上的用语，从权利的角度而言，它是现代私法中一个十分重要的权利；从性质和范畴来看，知识产权属于与物权、债权、人身权、继承权并列的一种民事权利。

"知识产权"在一些国家中，被分别表述为"Intellectual Property（英语）""Geistiges Eigentum（德语）""Proprieta' Intellettuale（意大利语）""无体财产权（日本）"。关于"知识产权"一词的最早来源有两种说法：一种说法认为"知识产权"来源于法语，17世纪由法国人卡普佐夫提出；另一种说法认为它最早出现于18世纪中叶的德国。[2] 我国将其译为"知识产权"始于1973年中国国际贸易促进会代表团首次出席世界知识产权组织的领导机构会议回国后给国家领导人所写的报告中，并一直沿用至今。

"知识产权"一词在我国作为法律用语，被正式确认于1986年的《民法通则》中。《民法通则》为适应我国改革开放和知识产权国际保护的需要，将知识产权确认为基本民事权利之一，且设专节规定，但《民法通则》以及自2017年10月1日起施行的《民法总则》对"知识产权"并没有明确的定义，我国学者则从不同角度对其进行说明。[3] 学理上一般认为，知识产权是指民事主体对其创造性的智力劳动成果、商业标志及其他具有商业价值的信息依法所享有的专有

---

[1] 常修泽认为，产权定义主要包括产权体系论、产权价值论、产权可分论这三个方面的内涵；一个完备的产权总是一组权利体系，即以出资者所有权为基础的各种行为性权利的体系，它可分解为出资者所有权、企业法人财产权、使用权、获益权、处置权、让渡权等。参见常修泽："中国企业制度创新的三大理论支柱"，载《天津社会科学》1994年第4期。

[2] 信春鹰主编，中国社会科学院法学研究所法律辞典编委会编：《法律辞典》，法律出版社2003年版，第1881页。

[3] "知识产权是基于智力的创造性活动所产生的权利"，参见《中国大百科全书·法律》，中国大百科全书出版社1984年版，第751页；"知识产权是指自然人或法人对自然人通过智力劳动所创造的符合法定条件的智力成果，依法确认并享有的权利"，参见信春鹰主编，中国社会科学院法学研究所法律辞典编委会编：《法律辞典》，法律出版社2003年版，第1881页；"知识产权是指人们可以就其智力创造的成果所依法享有的专有权利"，参见郑成思主编：《知识产权法教程》，法律出版社1993年版，第1页。

权利。知识产权具有以下含义：

1. 知识产权的主体通常是从事创造性智力劳动的人，包括自然人、法人和非法人组织。

2. 知识产权的客体是创造性的智力活动所产生的非物质性智慧成果，其表现为作品、发明创造、商业标志及其他具有商业价值的信息等。

3. 知识产权的内容体现为对智慧成果的直接支配和获取利益的专有权利，即主体对其智慧成果享有的、依自己意志进行的归属性控制、使用与处分行为并获得相应的经济对价。[1]

二、知识产权的范围

一般来说，知识产权可分为工业产权（包括专利权、商标权）和著作权（或称版权）两大类。然而对于知识产权的具体范围，各国立法规定不一。

根据我国1980年3月加入的《建立世界知识产权组织公约》第2条第8项之规定，知识产权包括以下内容：关于文学、艺术和科学作品的权利；关于表演艺术家的演出、录音和广播的权利；关于人们努力在一切活动领域内的发明的权利；关于科学发现的权利；关于工业品外观设计的权利；关于商标、服务标记、厂商名称和标记的权利；关于制止不正当竞争的权利以及关于在工业、科学、文学和艺术领域里一切其他来自智力活动成果享有的权利。

1992年国际保护工业产权协会（AIPPI）东京大会上将知识产权划分为创造性成果权利和识别性标记权利两大类。前者包括发明专利权、植物新品种权、集成电路权、Know-how权、工业品外观设计权、著作权、软件权；后者包括商标权、商号权、其他与制止不正当竞争有关的识别性标记权。

根据1995年1月1日生效的《TRIPs协议》之规定，知识产权包括以下内容：版权与邻接权；商标权；地理标志权；工业品外观设计权；专利权；集成电路布图设计权以及未公开的信息专有权。

根据我国《民法总则》的规定，知识产权是权利人依法就以下八类客体享有的专有权利，即作品；发明、实用新型、外观设计；商标；地理标志；商业秘密；集成电路布图设计；植物新品种；以及法律规定的其他客体。此外，我国对著作权、专利权和商标权分别颁布了《著作权法》及其实施条例、《专利法》及其实施细则、《商标法》及其实施条例；对商号，主要是由《企业名称登记管理规定》《反不正当竞争法》《民法总则》加以规范；对商品装潢、认证标志、名优标志、原产地标志等，由《商标法》《反不正当竞争法》加以规范；对商业秘密，则主要通过《反不正当竞争法》加以规范；集成电路布图设计权由《集成

---

[1] 费安玲主编：《知识产权法学案例教程》，知识产权出版社2006年版，第5页。

电路布图设计保护条例》加以规范；植物新品种由《植物新品种保护条例》加以规范；对滥用知识产权排除、限制竞争的行为，[1] 由《反垄断法》予以规范。

尽管识别性商业标志是否属于智力成果、是否属于知识产权范畴，在学界仍有一定的争议，但国际公约及国外立法普遍认可识别性商业标志系智力成果并将其作为知识产权法的保护对象。

三、知识产权与无体物、无形财产

为进一步掌握知识产权的内涵，有必要了解无体物、无形财产与知识产权的关系。

（一）无体物

物分为有体物与无体物，此乃罗马法的分类。后世民法学者在解释物、无形财产甚至知识产权时，无不提及罗马法上的这种对物的划分。盖尤斯在其《法学阶梯》中指出："某些物是有体的、实际的，而另一些物是无体的、理想的。实际的物，是指那些可以触摸到的物，如土地、奴隶、衣服、黄金、白银以及无数其他的东西。无体物则是指那些不能触摸到的物，属于这种物的有法律中所包含的诸如继承权、使用权、债权等，无论怎样，它们是被包括在法律中的。实体物在遗产中并非不重要，因为庄稼是从土地上收获的，它是实体性的。对我们来说，债务大部分是实体的对象，例如土地、奴隶、钱，但是继承权、使用权、债权本身被认为是无体物。在无体物中还包括城市和乡村庄园的使用权，即被称之为服役报酬的使用权。"[2] 查士丁尼在法典编纂过程中完全采用了盖尤斯的观点，但他在其《法学阶梯》一书中更明确地强调了无体物即权利。[3] 多数学者在介绍或者评析罗马法有关物权法律制度时，对物的这种划分均作了介绍。罗马

---

[1] 对于知识产权滥用所包括的具体行为，《TRIPs协议》第40条第2款规定，各成员方可以在与该协议的其他规定相一致的情况下，根据该成员的有关法律和规章，采取适当的措施制止或者控制那些可能构成对知识产权的滥用、在市场上对竞争产生不利影响的订立许可合同的做法或者条件。国外在反垄断法中处理滥用知识产权问题，主要有两种做法：一是在反垄断法中原则规定依法行使知识产权的行为不适用反垄断法，并在相关条例或执法指南中对知识产权许可协议中的限制性条款能否豁免适用反垄断法作出具体规定；二是在反垄断法中不涉及知识产权内容，而是在条例或执法指南中作出具体规定，如欧盟的反垄断法中并没有涉及知识产权的内容，但以指令的形式对技术转让协议能否豁免适用反垄断法进行了规定。参见全国人大常委会法制工作委员会经济法室编：《中华人民共和国反垄断法条文说明、立法理由及相关规定》，北京大学出版社2007年版，第342页。

[2] 冯卓慧：《罗马私法进化论》，陕西人民出版社1992年版，第163页。

[3] 在其《法学阶梯》中，查士丁尼指出："不能被触觉到的东西是无体物，这些物是由权利组成的，例如遗产继承权、用益权、使用权、用不论何种方式缔结的债权等。即使遗产中存在着有形体物，亦不相干，因为用益权人从土地收取的果实是有形体物，而基于某种债权应向我们给付的东西也多半是有形体物，例如土地、奴隶、金钱等，尽管如此，遗产继承权、用益权和债权等本身都是无形体的；属于无形体物之类的，有对于城市和乡村不动产所主张的权利，这些权利也被称为地役权。"参见冯卓慧：《罗马私法进化论》，陕西人民出版社1992年版，第164页。

法对物的这种划分一方面是为了使身份自由的人更好地掌握个人所有的物；另一方面，也说明了罗马的法学理论尚处于具体阐明阶段，并未达到高度概括抽象的水平。[1]但罗马法的这种划分在法律上具有重要的作用。有体物可以占有，无体物不能占有，基于此，对经占有而取得财产的方式，如交付、先占和取得时效等，就不适用于无体物。此外，罗马法以"物"为客体范畴，在此基础上设计出以所有权形式为核心的"物权"制度，建立了以物权制度、债权制度为主要内容的"物法"体系，对后世各国的民事立法产生了重大影响。从无体物的内涵来看，罗马法所创制的无体物理论主要包括以下内容：一是权利为抽象物，不同于客观存在的有体物。二是物以可以用金钱评价者为限，有体物或者无体物均应如此。所以，人法中的自由权、家长权、监护权等不是物。三是权利与权利客体不分。罗马人认为，所有权是最完整的物权，该权利与物同在，故依习惯人们对所有权与所有物不加区分。

罗马法由于体现了资本主义商品生产时期大多数法律关系，[2]故其对物的这种划分对后世民法物权法律制度产生了重大影响，直接继受罗马法这种划分的是《法国民法典》。作为近代民法中财产法的基础，即所有权绝对和契约自由，在《法国民法典》中得以完成。[3]而在财产的分类中，《法国民法典》第516条总体规定为一切财产或为动产，或为不动产，但在其第526条规定："下列权利，按其所附着的客体，为不动产；不动产的用益权；地役权或土地使用权；旨在请求返还不动产的诉权。"其第529条规定："以请求偿还到期款项或动产为目的的债权及诉权，金融、商业及工业公司的股份或持份，即使隶属于此等公司的企业所有的不动产，按法律规定为动产。此种股份或持份，在公司存在期间，对每一股东均视为动产。"[4]可见，法国民法将与不动产有关的用益权、地役权或土地使用权以及旨在请求返还不动产的诉权这些无体的权利规定为不动产；而将与动产有关的债权、诉权及公司的股份或持份这些无体的权利规定为动产。这种规定显然沿用了罗马法的分类。

《德国民法典》第90条规定："本法称物者，仅谓有体目标物。"[5]据此，德国法上的物为有形之客体，即物是有形、可触觉并可支配的。依此标准，其他所有的财产形式，均被排除在物权法适用范围之外：各种表现形式的债权、无形财产权（专利权、商标权）属于债法，或在特别法中适用专门规定。计算机程

---

[1] 周枏：《罗马法原论》，商务印书馆2001年版，第304页。
[2] 江平、米健：《罗马法基础》，中国政法大学出版社1987年版，第35页。
[3] 谢怀栻：《大陆法国家民法典研究》，中国法制出版社2004年版，第12页。
[4] 《法国民法典》，马育民译，北京大学出版社1982年版，第117页。
[5] 《德国民法典》，台湾大学法律学院、台大法学基金会编译，北京大学出版社2017年版，第66页。

序因缺少有体性也不是物；但它们因储存于数据载体中而获得可把握的形式时，却成为物。[1] 从概念界定上来看，德国法上的有体物，指的是符合既能为人所感知又能为人所控制这两个条件的物。有体的意思是指物既可能是固体也可能是液体的，也可能是气体的，但是必须符合能为人控制的条件。[2] 当然，《德国民法典》的这一规定主要是对物权法具有重要意义。在其他法律制度中，德国法并没有完全拒绝接受无体物的概念。[3] 对德国法上的这种不同规定，有学者认为，民法上的物是否包括无体物，其实并不重要，但在物权法上却必须明确物权的客体只能是有体物，即关于物权仅是有体物的规定，对确定物权法的调整范围具有特别重要的意义。[4] 还有学者认为："德国民法的这种思想，也许建立于物权理论体系的逻辑性基础之上：物权的概念及其与物权有关的全部制度，均针对有体物而建立，如果将无体物的概念引入物权法，则物权体系的逻辑基础将被破坏，物权法的体系将变得凌乱不堪。"[5]

德国民法的这一思想也直接影响了日本的民法制度。《日本民法典》第85条规定，该法所称的物，为有体物。但作为例外，民法还承认以地上权作为标的的抵押权等权利为物权的客体。[6] 作为反映着罗马法系的概念、原则和制度体系载体的《意大利民法典》第810条则规定："所有能够成为权利客体的东西均是物。"[7]

我国在理论和实务中通常对物采狭义的概念。因此，无体物如专利、商标、著作、营业秘密、专有技术、信息，均非民法上的物，只能依所涉及的问题类推适用民法诸规定。[8] 从我国《民法总则》第114、115条的规定来看，物权是权利人依法对特定的物享有直接支配和排他的权利，包括所有权、用益物权和担保物权。物包括不动产和动产。法律规定权利作为物权客体的，依照其规定。[9]

---

[1] [德] 鲍尔、施蒂尔纳：《德国物权法》（上册），张双根译，法律出版社2004年版，第22页。
[2] 孙宪忠：《论物权法》，法律出版社2001年版，第576页。
[3] "因为，在德国民事诉讼法中，可以作为民事诉讼执行对象的物，是一切客体或者对象，包括有体物，也包括无体物，甚至包括权利，故诉讼法中的物是广义上的物。但即使是在《德国民法典》的其他各编中，例如债务关系法一编中，物也不仅仅指有体之物，也指可以成为民法上的财产的无体物。"参见孙宪忠：《德国当代物权法》，法律出版社1997年版，第1~2页。
[4] 孙宪忠：《德国当代物权法》，法律出版社1997年版，第1~2页。
[5] 尹田：《物权法理论评析与思考》，中国人民大学出版社2004年版，第15页。
[6] 邓曾甲：《日本民法概论》，法律出版社1995年版，第142页。
[7] 《意大利民法典》，费安玲等译，中国政法大学出版社2004年版，第203页。
[8] 梁慧星、陈华彬编著：《物权法》，法律出版社2005年版，第23页。
[9] 2007年10月1日实施的《物权法》第2条亦规定："……法律规定权利作为物权客体的，依照其规定。本法所称物权，是指权利人依法对特定的物享有直接支配和排他的权利，包括所有权、用益物权和担保物权。"

可见，我国民法对物权中客体的规定主要认可了有体物，但并未排除以权利作为客体的无体物。

(二) 无形财产

无形财产出现并日益普遍是近代以来最醒目的事实。在发达的商品经济条件下，科学技术对生产的促进作用日益突出，对科学技术的掌握和支配权成为商品交换的标的，原来体现于商品之中、其价值隐含在动产和不动产背后的智力成果就从有形产品中分离出来，成为一种新的、独立的财产形态。因而，智力成果和动产、不动产并列，成为三大类财产之一。[1]到了资本主义时期，英国法将财产划分为"具体物"和"抽象物"。无形财产被定性为一些抽象的财产，与动产、不动产不同。"不能被感官觉察到，只能通过思维去想象。就像具体的物一样，它们能够在人们之间转让，经常被买进或卖出。在实际处理问题时，正如可以将法人落实为自然人一样，这些抽象物可以落实到具体物上。"[2]"尽管它们有价值，但其价值并不依附于任何实物客体，而是属于人的思想意识的创造物。"[3]可见，英国法上不存在有体物与无体物的划分，其无形财产一是须为区别于实物动产的无体物；二是须为象征财产利益的抽象物。日本学者认为："无形财产本是随着时代的进步而不断产生、发展起来的，即使是现在也还在不断出现各种新的知识产物。""无形财产与有形财产以及其他的无形财产相比具有自身的特性。"并强调无形财产为无形财产法之客体，分为创作和标记。[4]法国学者认为："无形财产是一种非物质财富。例如，知识产权为无形财产，而知识产权不是直接针对物质资料，故其属于非物质财富。"[5]法国民法意义上的无形财产，主要包括权利人就营业资产、顾客、营业所、作品、发明专利、工业设计、商标、商业名称以及现代社会的商业信息等所享有的权利。[6]可见，无形财产在不同国家有着不同的理解和规定。我国学者将其定义为：具有金钱价值而没有实体存在的财富。[7]认为无形财产最早是就知识产权而言的，而后在法律观念上将诸如票据、股票、计算机软件、商誉、特许权等，以及一切代表财产取得来源和方式的权利都视为无形财产。通俗地讲，传统观念认为，表现为实体财产的

---

[1] 刘春田主编：《知识产权法教程》，中国人民大学出版社1995年版，第1~2页。
[2] [英] F.H.劳森、B.拉登：《财产法》，施天涛等译，中国大百科全书出版社1998年版，第5页。
[3] [英] F.H.劳森、B.拉登：《财产法》，施天涛等译，中国大百科全书出版社1998年版，第15页。
[4] [日] 小岛庸和：《无形财产权》，日本创成社1998年版，序言第2页。
[5] 尹田：《法国物权法》，法律出版社1998年版，第51~53页。
[6] 吴汉东、胡开忠：《无形财产权制度研究》，法律出版社2005年版，第31页。
[7] 杨紫烜："财产所有权客体新论：兼论公司财产权和股东财产权的客体"，载《中外法学》1996年第3期。

利益都为无形财产,[1] 并主张无形财产在实际运用中常代表三种不同的含义：一是指不具备一定形状，但占有一定空间或能为人们所支配的物。这主要是基于物理学上的物质存在形式而言，如随着科学技术的进步和发展，电、热、声、光等能源以及空间等，在当代已具备了独立的经济价值，并能为人们排他性地支配，因而也成为所有权的客体。二是特指知识产权，这主要是基于知识产品的非物质性而作出的界定。另外，基于知识产品的无形性，在习惯上学术界将知识产品本身也视为"无形物"或"无形财产"，如德国在不承认传统的"无形物"的前提下，将知识产品从客体角度视为"狭义的无形物"。三是沿袭罗马法的定义和模式，将有形物的所有权之外的任何权利称为"无形财产"，知识产权仅是其中一种"无形财产"。[2] 虽然在20世纪60年代以前，人们把基于智力成果所获得的民事权利称为无形财产权，但就其内涵和外延而言，智力成果并非等同于无形财产，知识产权也并不等同于无形财产权。智力成果仅为无形财产形态之一，知识产权也仅为无形财产权之一。

（三）无体物、无形财产与知识产权的关系

自1967年《建立世界知识产权组织公约》签订后，知识产权这一概念便得到了世界上大多数国家和国际组织的承认。从前有学者，特别是大陆法系国家的学者主张，把知识产权称为无形财产权，列入财产权之中（与物权、债权并列）。从"知识产权"一词在国际上流行，特别是世界知识产权组织成立后，知识产权就完全取代了"无形财产权"一词。至于把知识产权从财产权中划分出来，则是因为知识产权有它的特点，与财产权大大不同。[3] 从私法理论上分析，知识产权本身是财产的一部分，且属无体性财产。虽在学理上，有将知识产权称为"无体财产权"的表述方法，但对这种表述不应当理解为是指"财产权"是"无体"的，因为没有任何权利是有体的。在这里，就所谓"无体"的含义，有学者认为应当包括以下两个方面的内容：一是知识产权作为一种财产利益，应当是与人格利益并存的权利，该权利是一种客观实在，但是人们无法以感官触摸到它；二是知识产权的客体是人们看不见、摸不着的知识信息。从这个角度考虑，知识产权的客体即知识产品，是与物质产品（有体物）相区别而独立存在的客体范畴。[4] 还有学者进一步指出，"知识产权离开财产权（摒弃'无体财产权'这个概念）和人身权（摒弃'著作人身权'这个概念）而独立，不仅因为它确有独立成为一个大类的价值，也因为在国际公约和国际组织中，它早已有了独立

---

[1] 马俊驹、梅夏英：" 无形财产的理论和立法问题"，载《中国法学》2001年第2期。
[2] 马俊驹、梅夏英：" 无形财产的理论和立法问题"，载《中国法学》2001年第2期。
[3] 谢怀栻：" 论民事权利体系"，载《法学研究》1996年第2期。
[4] 吴汉东等：《知识产权基本问题研究》，中国人民大学出版社2005年版，第33页。

的地位,再不能使其附属于他种权利"。[1] 当然,如果从知识产权立法发展来看,知识产权制度是资本主义商品经济和近代文化、科学技术发展的产物,迄今虽仅有三百多年的历史,但它对推动全人类文化艺术的繁荣、科学技术的进步和对经济与社会生活的巨大影响,已日益为人们公认。从所涉及的具体内容看,在英美法系中,知识产权被解释为受到专利法、版权法和商标法等法律保护,与设想、设计、音乐创作、艺术成果和文学作品有关的权利。这些国家的法律都赋予作者、艺术家、设计人等权利人以商业利用其成果的权利,都创设了一类无形财产。在大陆法系中,《法国民法典》虽没有规定知识产权的概念,但它却是法国各种知识产权法产生的依据,它还使知识产权与无形财产权在转让等处置方面,以及在诉讼程序上进一步得到统一。[2] 事实上,当代西方学者根据"知识产权"的财产意蕴,将该项权利的客体称为"知识财产"是法学理论上的一大进步,他们通常将财产划分为"由可移动物所构成的财产"(动产)、"不可移动的财产"(不动产)与"知识产权"。据此理论,智力劳动的创造物之所以被称为"知识财产",在于该项财产与各种信息有关。人们将这些信息与有形载体相结合,并同时在不同地方进行大量复制。知识财产并不包含在上述复制品中,而是体现在复制品所反映出的信息之中。[3] 作为知识产权客体的该种信息并不同于有体物或者无形财产。因为该种信息在内容上是一种精神财富,可永久存续;在外在表现上必须能够以一定的形式表现出来;在利用方式上必须可以无限复制和重复使用;在流动性方面应当可广泛传播;在满足人们需要时可同时被多数人使用;在限制方面不能采用控制物质财产的方法进行控制。由此看来,知识产权制度的出现和实施,其注意力并没有投向物的本身。因为在知识产权法律制度中,所涉及的物只不过是作为信息或其他无形财产权的载体而已,其实质内容则是这些物所体现的非物质财富。

知识产权与数据、网络虚拟财产。我国《民法总则》第 127 条规定:"法律对数据、网络虚拟财产的保护有规定的,依照其规定。"这是我国为适应互联网和大数据时代发展的需要而在立法上首次对数据、网络虚拟财产作了规定。一般技术意义上的数据是指对客观事件进行记录并可以鉴别的符号,网络环境下的数据通常理解为所有能输入到计算机并被计算机程序处理的符号介质的总称,仅限于在计算机及网络上流通的在二进制的基础上以 0 和 1 的组合而表现出来的比特

---

[1] 谢怀栻:"论民事权利体系",载《法学研究》1996 年第 2 期。
[2] 郑成思:"知识产权、财产权与物权",载《知识产权》1997 年第 5 期。
[3] 世界知识产权组织编著:《知识产权纵横谈》,张寅虎等译,世界知识出版社 1992 年版,第 4 页。

形式。[1] 从民法角度审视，有学者认为数据没有特定性、独立性，亦不属于无形物，不能归入表彰民事权利的客体；数据无独立经济价值，其交易性受制于信息的内容，且其价值实现依赖于数据安全和自我控制保护，因此也不宜将其独立视作财产。基于主体不确定、外部性问题和垄断性的缺乏，数据权利化也难以实现。[2] 随着2018年5月25日欧盟《通用数据保护条例》（General Data Protection Regulation，GDPR）的实施，作为数据与隐私保护领域20年来最引人瞩目的立法变革，GDPR创建了大量的新概念、新原则、新权利，必将导致数据产生许多争议和尚待细化的领域。

虚拟财产是指具有财产性价值、以电磁数据形式存在于网络空间的财物。虚拟财产存在方式的虚拟性与财产价值的真实性的并存，是虚拟财产区别于现实财产的根本特征。[3] 也有学者认为，网络虚拟财产与民法的物之间在基本属性上是相同的。所以，在法理上认识网络虚拟财产，应当把网络虚拟财产作为一种特殊物，适用现有法律对物权的有关规定，同时综合采用其他保护方式，对虚拟财产进行法律保护。但网络虚拟财产不是知识产权客体，也不宜把网络虚拟财产作为一种新的财产类型。[4] 基于虚拟财产物的属性，还有学者认为，虚拟财产权是指一定主体对存在网络环境下、经一定的程序指令生成的、模拟现实事物的数字信息所享有的权利。[5]

数据、网络虚拟财产的内涵及外延、法律属性，以及能否构成权利客体并由何种法律制度进行调整等问题，至今尚无定论，仍处于学理和实务积极探索之中。

四、知识产权的法律特征

知识产权作为民事权利的一种，与其他民事权利相比，具有以下法律特征：

（一）知识产权是一种无体财产权

学界普遍认可，知识产权是一种无体财产权，是仅就其财产权相对于不动产、动产的有形而言的。依传统民法理论，财产可分为有体财产与无体财产两大类。前者是指占有一定空间，具有一定形状和体积，人们用五官可感知的某种物

---

[1] 参见［英］维克托·迈尔-舍恩伯格、肯尼思·库克耶：《大数据时代：生活、工作与思维的大变革》，盛杨燕、周涛译，浙江人民出版社2013年版，第104页。
[2] 梅夏英："数据的法律属性及其民法定位"，载《中国社会科学》2016年第9期。
[3] 陈兴良："虚拟财产的刑法属性及其保护路径"，载《中国法学》2017年第2期。
[4] 杨立新、王中合："论网络虚拟财产的物权属性及其基本规则"，载《国家检察官学院学报》2004年第6期。
[5] 林旭霞："虚拟财产权性质论"，载《中国法学》2009年第1期。

质实体；而后者则为人类脑力劳动创造的非物质财富，没有形体，不占有空间。智力成果虽具有非物质性的特点，但可通过一定的客观形式表现出来。只有这样，智力成果才能为人们所了解和利用，从而给人们带来巨大的经济或者社会效益，并显示其价值。同时，智力成果具有广泛的传播性和相对的先进性。通过交流，智力成果可为许多人所掌握，且在相对时期内具有先进性。随着科学技术、人类认识的发展，原有的先进的智力成果必将为更先进的智力成果所代替。从这个角度讲，智力成果实质上是一种信息，[1]因此，有学者也将知识产权法称为"信息保护法"。

（二）知识产权的内容具有财产权和人身权的双重属性

在知识产权领域内，除商标权不直接涉及人身权利内容外，其他各类权利均包括财产权和人身权的双重内容。人身权是指基于智力成果创造人的特定身份依法享有的发表权、署名权、修改权、发明人或设计人标明权等。人身权与智力成果创造人的人身不可分离，因而不能转让、赠与和继承。知识产权中的财产权是指知识产权人依法享有获得一定报酬和奖励的权利，如专利、商标及作品的许可使用费等。与知识产权中的人身权不同，财产权可以转让、赠与和继承。在理论上，这种现象被称为"一体两权"，与其他民事权利相比，这是知识产权尤其是著作权最突出的一个特点。知识产权因此而成为独立于民事人身权和民事财产权之外且与之并列的一种民事权利类型。

知识产权法中的人身权及财产权与民法中的人身权及财产权是否相同是一个值得思考的问题。学界普遍认可，知识产权在其法律属性上，是民事权利的一部分，且我国《民法通则》将知识产权作为一种十分重要的私权加以规定，并在第五章"民事权利"中将"知识产权"作为专节。而我国《民法总则》进一步宣誓性的规定了民事主体依法享有知识产权，并就知识产权的客体范围进行了规定。我国《担保法》《物权法》中也专门就知识产权的质押作了规定。但知识产权法中的人身权及财产权与民法中的人身权及财产权在权利产生的基础、权利的具体内容、权利表现的形态、权利实现的途径、权利保护的限制以及权利受到侵害的救济等方面有所不同。

（三）知识产权须经法律直接确认

无论是有体财产还是无体财产，要受到法律的保护必须以法律的确认为前

---

[1] 智力成果作为一种信息，必须能够以一定的形式表现出来才能体现其价值；信息属于一种精神财富，可永久存续，也可以无限复制和重复使用，且具有广泛的传播性并可同时满足多数人使用。

提。对于有体财产，只要能被民事主体所控制和掌握，具有一定的经济价值，便可构成民事主体财产的一部分，通常均受到法律的保护，不需要法律逐项加以确认。知识产权则不同，法律规定知识产权为一种民事权利，并不意味着人们对其掌握的智慧成果都享有民事权利。哪些"智慧成果"可以作为知识产权的客体，须由法律具体规定。有的知识产权的取得还须履行特定的法律手续，经国家主管机关依法审批。因此，当一个国家在一定时期未实行知识产权法律制度或者对某种"智慧成果"没有规定可获得知识产权时，人们对"智慧成果"的产权就无从谈起。就此意义可以说，知识产权的种类和内容均由法律直接规定，不允许当事人自由创设。[1]

（四）知识产权具有专有性

知识产权是一种绝对权，具有专有性和排他性。创造智力成果较为困难，但使用、复制和传播它却比较容易。故法律规定知识产权为权利人所专有，即除权利人同意或法律特别规定外，权利人以外第三人不得享有或使用该项权利，否则即视为对权利人权利之侵犯。如著作权人对其作品的专有使用权，专利权人对其专利的专有实施权，商标权人对其注册商标的独占使用权和排除他人使用的禁止权等。同时，一部作品、一项发明创造、一个商标，符合授予条件时只能授予一次专有权。因为，受法律保护的特定智慧成果具有独一无二性，知识产权法律制度仅对特定的智慧成果提供一次初始性的保护。当然，知识产权的专有性并非绝对，且在任何情况下都具有一定的相对性。

知识产权专有性并非绝对，通常是从两个方面来理解的：一是从民法的角度来分析，任何智慧成果都具有传承性，由此所产生的权利并不完全属于权利人个人所有，法律只是在一定的时间范围内赋予权利人对其智慧成果享有更多的控制权和使用权，财产权法定保护期限届满，每个人便都有权利平等地使用这种成果。二是从知识产权法的角度来分析，构成知识产权的核心是信息，而信息存在于精神世界中，所以，对于权利人来说，要想控制权利，必须控制权利的内容以及组成该内容的信息。但对知识产权人来说，一旦权利诞生，他就无法真正完全地控制信息，客观上更无法占有。因此，知识产权法律制度正是通过法律的手段

---

[1] 有学者将这种法律确定性解释为：①在知识产权的权利类型上不允许当事人自行创设，如著作权、专利权、商标权、制止不正当竞争权等由法律直接规定，当事人不得自行约定知识产权的类型。②在知识产权的权利内容上不允许当事人自行创设，如著作权中的人身内容，法律直接规定了其包括的权利内容为署名权、修改权、发表权等。如果当事人约定了知识产权的权利内容，如著作权的永久出租权，因法律没有规定该权利，故不给予法律上的救济。参见费安玲等：《知识产权法学》，中国政法大学出版社 2007 年版，第 5 页。

赋予权利人自己对这种权利独占行使，而排斥他人使用，从而体现知识产权的专有性。

(五) 知识产权具有地域性

知识产权的地域性是指依照一国或者地区的法律所产生的知识产权原则上仅在该国或者该地区内发生法律效力，而没有域外的效力。知识产权的这一特征是和知识产权的法定性密切关联的。知识产权为法律之产物，而立法权属国家主权，故任何一个国家的法律所确认和保护的知识产权，除该国与他国签订双边条约、共同参加国际公约或实行对等原则外，只在该国领域内发生法律效力。就此而言，知识产权有别于有体财产权。通常情况下，对有体财产权的保护，原则上无地域性限制，所有人的财产无论处于何方，其财产所有权都受所在国法律的保护。而知识产权作为一种专有权利，尽管其国际化和一体化的特点愈来愈凸现，但在空间上的效力并非无限，而要受到一定地域的限制。

从 20 世纪 80 年代已经开始了关于全球化问题的讨论。尽管全球化是包括政治、经济、文化等各个领域全面的一体化。在西方学者看来，法律的全球化与法律的国际化是同义语，即认为法律全球化就是将全球分散的法律体系向全球法律一体化的运动，是全球范围内的法律整合为一个法律体系的过程。全球化的发展趋势必将对知识产权法律制度产生巨大的影响，因为经济全球化是建立在知识经济发展基础之上的。全球经济的概念不仅是指有形商品、资本的流通，更重要的是知识、信息的流通。智力劳动成果相当大的部分是以知识产权的形式转化为一种无形资产来投入经济运行的。当今世界范围内的经济合作，无论是生产领域，还是贸易领域，无论是货物贸易，还是服务贸易，甚至区域贸易，无一不以知识产权为核心。事实已经表明，以全球化为标志的国际经济关系日益向自由化与互惠的方向发展，知识产权已经成为当今社会推动各国国民经济竞争发展的重要动力。

(六) 知识产权具有时间性

知识产权的时间性是指法律对知识产权中的财产权存续期间有一定的限制。在法定期间内，知识产权受到法律的保护，一旦法定期间届满，知识产权中体现财产利益的权利即告消灭。各国法律对知识产权的保护都有严格的时间限制。有效期届满，除依法续展者外，权利人基于知识产权所获得的财产性权利便自行终止。保护期限届满的知识产权，其智力成果便进入公有领域，成为全人类共有的财富，任何人皆可自由无偿地使用，且不再发生侵权问题。这样规定的目的在于鼓励智慧成果公开，促进科技进步和文化艺术的发展，推动人类社会繁荣。有体财产的保护则无时间限制，只要该财产未灭失，即受法律的保护。

知识产权时间性的实质在于平衡知识产权人的专有权利与社会公众获得公共知识成果之间的利益。

第二节　知识产权制度的演变

一、国际知识产权制度的沿革

知识产权制度是资本主义商品经济和近代文化、科学技术发展的产物。知识产权制度从产生至今虽只有三百多年的历史，但它对推动全人类文化艺术的繁荣、科学技术的进步和对经济与社会生活的巨大影响，已日益为人们所公认。

纵观知识产权制度在世界史上演进的轨迹可知，知识产权并非起源于任何一种民事权利，而是起源于封建社会的"特权"。这种特权，或由君主个人授予，或由封建国家授予，或由代表君主的地方官授予。如在版权方面，16世纪中叶，英国皇家通过特许证形式给出版商以特别授权，但并未涉及对作者利益的保护。在专利方面，1236年，英王以特许方式授予一位市民享有15年制作色布的垄断权。在商标方面，13世纪的欧洲，因行会盛行，为保证行会对外的垄断和利益，官府许可行会使用一定的标记。

知识产权从"特权"到"立法"，是工业革命和科技发展的必然结果。1624年《英国专利法》、1857年法国商标法的颁布，奠定了现代工业产权的基础；1709年英国版权法的颁布，则标志着近代著作权制度的产生。

1624年《英国专利法》源于中世纪特许制度，是在对中世纪特许制度改造的基础上产生的。该法的主要内容包括以下几个方面：①专利权授予真正最初的发明人；②专利必须在英王所辖范围内具有新颖性；③专利权持有人有权独占性制作、使用其发明的物品或方法；④专利权的行使不得用于哄抬物价、妨碍正常交易、违反法律或损害国家利益；⑤专利权的保护期为15年。它的产生对英国劳动力价值论的实现、工业资本主义的产生及现代产权制度的确立起到了积极的推动作用。

法国1857年制定的《关于以使用原则和不审查原则为内容的制造标记和商标的法律》是世界上第一部具有现代意义的成文商标法。该项法律来源于《法国民法典》第1382条和1803年、1809年的两个"备案商标法令"。它的主要内容包括以下几个方面：①商标可以进行注册；②注册时不进行审查，只要不明显违背公序良俗均可注册；③商标权利来源于使用，但使用与否并不影响注册的效力；④注册的意义在于作为财产的证明；⑤注册商标的效力在于可以提起刑事诉讼，在民事上则是在先的使用构成抗辩；⑥注册商标的优势还在于如果被侵犯没有诉讼时效的限制。该法的最大贡献在于率先将使用与注册引入商标法律制度。

英国议会于 1709 年通过了《安娜法令》。该法规定，作者是第一个应当享有作品中的无形产权的人。印刷出版者或书商与作者各自应享有不同的专有权：印刷出版者或书商依法对他们印制与发行的图书享有翻印、出版、出售等专有权；作者对已印制的书在重印时享有专有权，对创作完成但尚未印制的作品也享有同意或禁止他人"印刷出版"的专有权。一般作品的保护期从出版之日起 14 年，如果 14 年届满而作者尚未去世，则再续展 14 年；对于该法生效日（1710 年 4 月 1 日）前已出版的作品，一律保护 21 年（自法律生效日算起），不再续展。学者普遍认可，从主要保护印刷出版者转为主要保护作者，是《安娜法令》的一个飞跃，也是版权概念近代化的一个突出标志。

随着世界文化和科学技术交流的不断加强和发展，资产阶级为了在激烈的商品竞争中求生存、求发展，就需要大量地采用新技术，用先进的科技、文化换取巨大的经济效益和社会效益。而科学技术的不断进步，使科学技术研究的广泛性、复杂性及难度日益增加。特别是在 19 世纪末到 20 世纪初资本主义由自由竞争走向垄断的过程中，资本主义国家为适应资本、商品与技术输出，以及市场从国内走向国际的需要，逐步建立了国际知识产权制度。

1883 年，法国、比利时等国在巴黎共同签订了《巴黎公约》，并据此成立了保护工业产权联盟。1886 年，法国、德国等国在伯尔尼签订了《伯尔尼公约》。随着国际知识产权交流的扩大，此类公约、协定不断增加，先后有 1891 年的《制止协定》和《马德里协定》、1925 年的《海牙协定》、1952 年的《世界版权公约》、1957 年的《尼斯协定》、1958 年的《里斯本协定》、1961 年的《罗马公约》和《植物新品种公约》、1970 年的《专利合作条约》、1971 年的《唱片公约》和《斯特拉斯堡协定》、1973 年的《商标注册条约》、1974 年的《卫星公约》、1977 年的《布达佩斯条约》、1979 年的《马德里多边公约》等公约。

为了更有效地在国际上保护知识产权，协调各缔约国间的关系，贯彻和实施各个公约，《建立世界知识产权组织公约》于 1967 年 7 月 14 日在斯德哥尔摩签订，并于 1970 年 4 月 26 日生效。根据这一公约建立的世界知识产权组织是联合国保护知识产权的一个专门机构，管理着除《世界版权公约》以外的上述所有有关知识产权的公约。

1989 年 9 月在埃斯特角发表的部长声明中将知识产权连同服务贸易和投资措

施列入乌拉圭谈判议程。经各国代表激烈讨论,最后达成了《TRIPs协议》,由同时成立的世界贸易组织管理。该协议于1995年1月1日正式生效,代表着当今世界对知识产权保护的最高水平。

自世界贸易组织取代关贸总协定后,知识产权国际保护制度进入后TRIPs时代,加之高新技术和网络技术的发展,加快了知识产权国际保护的一体化、国际化进程,涉及国际人权、传统资源等问题。[1] 而知识产权国际立法也在立法趋势、立法体制、立法内容、立法主体和立法形式方面表现出诸多以往不同的特点。[2] 随着我国加快建设创新型国家和实施创新驱动发展战略的需求,应当关注后TRIPs时代国际知识产权格局的发展,了解和掌握全球知识产权治理结构演进与变迁,[3] 尤其是有关涉及知识产权边境保护制度的《反假冒贸易协议》或通过签订自由贸易协定强化知识产权国际保护方面的问题,需要我们积极探索研究。

二、我国知识产权制度的沿革

我国知识产权制度也起源于古代君主及其代表颁授的有关特权。如著作权观念的初始状态与欧洲国家一样,以官府为出版商提供行政保护措施为特点,官府保护的权利主体不是作者,而是出版商,保护的权利也不是现代意义上的著作权,而只是出版权、复制权。这种只保护出版商利益而忽视作品原创者利益的不正常现象持续了9个世纪,它与中国古代重"刑"、重"律"而忽视"权利"的法律文化有着密切的联系。[4] 知识产权作为法律制度始于清朝末年。北洋政府与国民党政府也颁布过有关知识产权的法律,但并未起到知识产权法律制度应有的作用。

1859年,太平天国领导人之一洪仁玕在其《资政新篇》中首次提出了建立专利制度的建议。他提议在专利保护期上有所区别,"器小者赏五年,大者赏十年,益民多者年数加多"。1882年,光绪皇帝批准上海机器织布局采用的机器织布技术可享有10年专利,这是我国历史上较有影响的"钦赐"专利。1898年,在有名的"戊戌变法"中,光绪皇帝签发了《振兴工艺给奖章程》,这是我国历

---

[1] 吴汉东:"后TRIPs时代知识产权制度的变革与中国的应对方略",载《法商研究》2005年第5期。
[2] 王太平、熊琦:"论知识产权国际立法的后TRIPs发展",载《环球法律评论》2009年第5期。
[3] 董涛:"全球知识产权治理结构演进与变迁——后TRIPs时代国际知识产权格局的发展",载《中国软科学》2017年第12期。
[4] 费安玲等:《知识产权法学》,中国政法大学出版社2007年版,第14页。

史上的第一部专利法，但它并未付诸实施。商标和版权在我国的起源则远远早于专利。宋代用于"功夫针"上的"白兔标识"是典型的商标，并与提供商品的"刘家铺子"（商号）分别存在。1904年清政府制定了《商标注册试办章程》。版权涉及的雕版印刷术的采用，在我国最早可以追溯到隋朝。清朝末期，颁布了《大清著作权律》。北洋政府和中华民国国民政府分别于1915年和1928年颁行了《著作法》；1923年北洋政府根据清政府的立法制定了《商标法》，并颁布了其实施细则；1930年中华民国国民政府颁布了《中华民国商标法》，1932年颁布了其实施细则；1944年，中华民国国民政府颁布第一部专利法，定于1949年实施。

中华人民共和国成立初期，为迅速改变我国科技、文化等方面落后的状况，除在《共同纲领》和1954年《宪法》中对发展文化艺术和科学技术问题作了原则性规定外，又先后颁布了一系列有关知识产权方面的单行法规、条例。在商标和专利方面，如1950年颁布的《商标注册暂行条例》及其实施细则、《政务院关于奖励有关生产的发明、技术改进及合理化建议的决定》、《保障发明权与专利权暂行条例》，1963年颁布的《商标管理条例》、《发明奖励条例》、《技术改进奖励条例》等。在保护文学艺术作品和科学著作方面，如1950年9月全国出版工作会议通过的《关于改进和发展出版工作的决议》；同年10月发布的《政务院关于改进和发展全国出版事业的指示》；1952年出版总署颁布的《关于国营出版社编辑机构及工作制度的规定》等。这些单行法规和条例，草创了我国新型的知识产权管理制度，但1957年以后的一段时期内，由于"左"倾错误的干扰和破坏，知识产权立法基本停滞。

党的十一届三中全会以后，为了运用法律手段促进文化艺术发展和科学技术进步，逐步建立和完善知识产权制度，我国先后颁布了《发明奖励条例》、《自然科学奖励条例》、《商标法》及其实施细则、《专利法》及其实施细则、《科学技术进步奖励条例》、《合理化建议和技术改进奖励条例》、《著作权法》及其实施条例，并修改了《发明奖励条例》、《自然科学奖励条例》、《专利法》和《商标法》等知识产权方面的法律、法规。同时，为适应对外经济技术交流的需要，我国先后于1980年加入了《建立世界知识产权组织公约》，1985年加入了《巴黎公约》，1992年加入了《伯尔尼公约》、《世界版权公约》和《录音制品公约》。与此同时，为了适应现代化高新技术迅速发展和加入WTO的新形势，2000年8月25日，第九届全国人民代表大会常委会第十七次会议通过了我国《专利法》的第二次修正案；2001年6月15日，国务院批准通过了《专利法实施细则（修正草案）》。这两个修正案已于2001年7月1日施行。2001年10月27日，第九届全国人民代表大会常委会第二十四次会议通过并公布了《关于修改〈中华人民共和国著作权法〉的决定》，自公布之日起施行。同日，第九届全国人民代表大会常委会第二十四次会议通过并公布了《关于修改〈中华人民共和国商标法〉的决定》，自2001年12月1日起施行。2002年8月，国务院又先后公布了同年9月15日起施行的《著作权法实施条例》和《商标法实施条例》。此外，国务院1991年制定，2001年、2013年修订了《计算机软件保护条例》；1992年发布了《实施国际著作权条约的规定》；1995年发布，2003年、2010年修订了《知识产权海关保护条例》；1996年7月发布了《特殊标志管理条例》；1997年发布、2013年修订了《植物新品种保护条例》；2001年发布了《集成电路布图设计保护条例》；2002年2月发布了《奥林匹克标志保护条例》；2004年公布了《世界博览会标志保护条例》、《著作权集体管理条例》（2011年、2013年修订）；2006年5月公布、2013年修订了《信息网络传播权保护条例》等。

随着知识产权地位的进一步提升和我国知识产权战略的实施，为了更好地适应国际国内形势发展的需要，及时解决我国知识产权制度运作中存在的问题，2008年12月27日第十一届全国人大常委会第六次会议通过了我国《专利法》第三次修正案并自2009年10月1日起施行。同时，2010年1月9日国务院第二次修改了《专利法实施细则》并于2010年2月1日实施。此外，2010年2月26日第十一届全国人大会常委会第十三次会议通过关于修改我国《著作权法》的决定并自2010年4月1日起施行。同年3月24日国务院还修订公布了《知识产权海关保护条例》等。2003年国家工商行政管理总局启动了《商标法》第三次修改工作，2013年8月30日第十二届全国人大常委会第四次会议表决通过了《全国人民代表大会常务委员会关于修改〈中华人民共和国商标法〉的决定》，该决定自2014年5月1日起施行。2014年4月29日国务院令第651号修订了《商标法实施条例》并与修改后的商标法同日施行。为强化知识产权创造、保护和运用，切实提高商标知识产权审查质量和审查效率，国家知识产权局商标局已启动商标法修改工作，并于2018年3月发布了《商标局关于征求商标法修改意见的公告》。2019年4月23日第十三届全国人民代表大会常务委员会第十次会议通过了《关于修改〈中华人民共和国建筑法〉等八部法律的决定》（其中涉及《商标法》的部分条款），这次修改条款自2019年11月1日起施行。2011年，为适应我国经济发展、科技进步、文化繁荣、改革开放深入、国际地位提升的新形势、新情况和新要求，原新闻出版总署正式宣布启动《著作权法》的第三次修订。原国务院法制办于2014年6月6日就《著作权法修订草案（送审稿）》向社会公开征求意见。根据国务院立法工作计划，2018年将提请全国人大常委会审议著作权法修订草案。2011年11月13日，国务院下发《关于进一步做好打击侵犯知识产权和制售假冒伪劣商品工作的意见》后，国家知识产权局于当月启动了《专利法》修改的准备工作，并于 2013 年 1 月向国务院提交了《专利法修订草案（送审稿）》。2015 年，国家知识产权局启动《专利法》第四次全面修改工作，再次形成《专利法修订草案（送审稿）》并上报国务院。根据国务院立法工作计划，2018 年全国人大常委会对专利法修订草案进行了初步审议，目前仍在审议中。

当然，随着科学技术发展以及全球经济一体化的需求，知识产权法律制度仍面临许多新的问题和挑战，如知识产权法的保护范围愈来愈广，知识产权法的保护水平愈来愈高，知识产权保护的地域性发生淡化，知识产权法的体系化不断发展，知识产权法律保护的国际协调越来越重要等。

■本章小结

通过本章学习，我们了解到知识产权是民事主体对其创造性的智力劳动成果、商业标志及其他具有商业价值的信息依法所享有的专有权利。该权利和其他民事权利相比较，是一种无体财产权，在内容上兼具人身权和财产权双重属性，并具有法律授权性、专有性、地域性和时间性。该制度是商品经济和近代文化、科学技术发展的产物。知识产权法律制度无论是在国际上还是在我国，现已形成比较完备的保障体系，并对全人类文化艺术的繁荣、科学技术的进步和市场的正当竞争起着巨大的推动作用，对经济发展与社会生活产生着巨大的影响。

■本章思考题

1. 什么是知识产权？
2. 知识产权具有哪些法律特征？
3. 如何界定知识产权的范围？
4. 我国立法从哪些方面对知识产权作了规定？

第二章
知识产权法概述

[提示要点]

通过本章的学习，了解知识产权法的含义及调整对象，并掌握知识产权法的渊源。通过分析知识产权法的地位，理解知识产权法的作用和功能。本章的重点是知识产权法的调整对象和作用，难点是知识产权法的地位问题。

第一节 知识产权法的概念、调整对象及渊源

一、知识产权法的概念及调整对象

知识产权法是调整人们在创造、利用、交易和保护智力成果过程中所产生的各种社会关系的法律规范的总称。多数国家采取分别立法方式，制定单行法律，一般由著作权法、专利法、商标法等法律规范知识产权法律关系。知识产权法通常调整以下社会关系：

1. 知识产权人因创造智力成果所形成的社会关系。知识产权人创造智力成果的行为不同于其他民事法律行为，其是一种事实行为，即知识产权人只要通过自己的脑力劳动创造出一定的智力成果，并经法律确认，便可取得知识产权。知识产权的形成意味着在知识产权人与国家、法人、其他组织或其他自然人之间产生了特定的社会关系，即知识产权法律关系。在知识产权法律关系中，首要的是知识产权人对其智力成果依法享有专有权。这种专有权既有人身权内容，如荣誉称号、署名、证书等，又有财产内容，如奖金、许可使用费、转让费等。就此，知识产权法从程序方面对知识产权法律关系的形成作了具体规定。[1]

2. 知识产权人因使用其智力成果所形成的社会关系。知识产权人依法对其智力成果享有专用权和专有权。基于此，知识产权所有人行使其权利的过程中，必然与其他相对人发生一定的社会关系。知识产权所有人在法律规定的范围和条

---

[1] 我国《著作权法实施条例》规定了著作权自作品创作完成之日起产生；我国《专利法》规定了专利权的获得须经过专利的申请、审查和批准；我国《商标法》规定了商标权的取得须经过商标注册的申请、审查和核准。

件下，可独立行使对其专有的智力成果的占有、使用、收益和处分的权能。当无法律特别规定或当事人特别约定时，未经知识产权权利人的同意或许可，其他任何人均不得以任何形式使用该智力成果并获取利益。否则，知识产权人有权提请有关机关加以处理或请求人民法院责令侵害人停止侵害、消除影响及赔偿损失。就此，知识产权法对知识产权权利人依法享有的权利、承担的义务以及相对人的权利、义务和违反义务所应承受的法律后果均作了明确规定。[1]

3. 知识产权人因交易智力成果而发生的社会关系。知识产权人创造完成的智力成果通过自身行为往往难以实现其价值，一般需要通过交易行为才能够实现权利人利益的最大化。同时，知识产权法的立法不仅是为了保护知识产权人的正当权益，也是为了保护广大公众获得知识、享受科学技术成果及其所带来的社会福利。协调知识产权人与使用者之间的关系，可保障知识产品的正常使用，促进全民族科技文化素质的提高。因此，知识产权法在平衡知识产权人与使用者之间各种社会关系时起着重要的调整作用。这种调整功能主要通过知识产权许可使用合同、转让合同、质押合同等加以实现。[2] 因知识产权内容的双重性，故能够转让、许可使用和质押的对象只能是知识产权中的财产权利，而非人身权利。

4. 知识产权人因救济智力成果而发生的社会关系。知识产权作为一种独占权，具有对抗一切他人非法使用的效力，对知识产权侵权行为给予制裁意味着对权利人依法予以救济。这种救济主要体现在知识产权法律制度中的法律责任制度。对侵犯知识产权的行为，一般采用民事制裁手段，但也不排除在损害公共利益的情况下，追究侵权者的行政责任，甚至对那些构成犯罪的严重侵犯知识产权的行为人，依法追究相应的刑事责任。[3] 在追究侵权人的民事责任方面，与一般的民事侵权责任比较，应体现知识产权保护的特点。比如，在归责原则上、侵权行为的构成上、具体损害赔偿上甚至在举证责任方面，均存在与一般民事侵权责任不同的法律规定。

二、知识产权法的渊源

知识产权法的渊源是指具有规范效力的知识产权法的实际存在形式。我国知识产权法的渊源可分为以下几类：

---

[1] 我国《著作权法》规定了著作权包括人身权和财产权的具体内容；我国《专利法》规定了专利权人专有实施专利的权利；我国《商标法》规定了商标注册人享有商标专用权。

[2] 我国《著作权法》规定了著作权许可使用和转让合同，国家版权局发布了《著作权质权登记办法》；我国《专利法》分别规定了专利申请权和专利权的转让以及专利实施许可合同；我国《商标法》规定了注册商标的转让和使用许可；2015年我国修正发布的《促进科技成果转化法》规定了科技成果可以通过自行投资实施、转让、许可、合作、作价投资等形式转化。

[3] 我国《著作权法》、《专利法》以及《商标法》分别就侵权行为、法律适用和责任承担作了规定。

（一）《宪法》

在我国，宪法是国家的根本大法，规定了国家的政体和各项基本制度，具有最高的法律效力，是我国知识产权法的重要法律渊源。

（二）《民法总则》及其相关法律

《民法总则》系我国民事单行法向民法典发展的过渡形式，首次在立法上确定了知识产权的权利定位、权利范围等，是知识产权法的法律渊源。其他相关法律，如《侵权责任法》《反不正当竞争法》《反垄断法》《电影产业促进法》《网络安全法》《公共图书馆法》等。

（三）有关知识产权的单行法

我国有关知识产权的单行法主要包括《著作权法》《专利法》《商标法》等。这些单行法是以我国《宪法》为基础制定的有关知识产权的特别法，通常在不违背法律基本精神的前提下，优先适用。

（四）全国性行政法规

依据我国《宪法》第89条之规定，国务院可以根据宪法和法律，规定行政措施，制定行政法规，发布决定和命令。故国务院制定和以国务院的名义所发布的关于知识产权方面的行政决定或者命令，系知识产权法的渊源，如《著作权法实施条例》《专利法实施细则》《商标法实施条例》等。[1]

（五）有权解释

有权解释一般包括立法解释和司法解释。依据我国《宪法》第67条之规定，全国人民代表大会常务委员会有权解释法律。全国人大常委会对法律的解释一般称为立法解释，具有知识产权法律渊源的效力。司法解释系指国家最高司法机关在将法律适用于具体案件或者具体事项时，从司法审判的角度对法律进行解释。在我国，其表现形式为最高人民法院对法律的适用意见、对某些法律问题的司法

---

[1] 另外还有《专利代理条例》（2018年修订）、《专利代理管理办法》（2019年修订）、《信息网络传播权保护条例》（2013年修订）、《计算机软件保护条例》（2013年修订）、《计算机信息网络国际联网管理暂行规定》（1997年修正）、《实施国际著作权条约的规定》（1992年发布）、《著作权集体管理条例》（2013年修订）等。

解释以及对个案处理作出的批复等。[1]

（六）地方性知识产权法规

依据我国《宪法》第100、116条之规定，省、直辖市的人民代表大会和它们的常务委员会，在不同宪法、法律、行政法规相抵触的前提下，可以制定地方性法规，报全国人民代表大会常务委员会备案。民族自治地方的人民代表大会有权依照当地民族的政治、经济和文化的特点，制定自治条例和单行条例。自治区的自治条例和单行条例，报全国人民代表大会常务委员会批准后生效。自治州、自治县的自治条例和单行条例，报省或者自治区的人民代表大会常务委员会批准后生效，并报全国人民代表大会常务委员会备案。地方性知识产权法规仅在该地方具有法律渊源的效力。[2]

（七）国际条约

国际条约是指两个或者两个以上国家签订的，关于政治、经济、文化、贸易、法律以及军事等方面，规定其相互之间权利和义务的各种协议的总称。国际条约属于国际法而非国内法的范畴，但就我国已参加的国际条约而言，其具有与国内法相同的效力，也属于我国知识产权法的法律渊源之一。我国现已加入和签订的国际组织及国际条约主要有：世界知识产权组织、《巴黎公约》、《马德里协定》、《关于集成电路知识产权保护条约》、《伯尔尼公约》、《世界版权公约》、《录音制品公约》、《专利合作条约》、《尼斯协定》、《专利国际分类协定》、《TRIPs协议》等。

---

[1] 如《最高人民法院关于人民法院对注册商标权进行财产保全的解释》（2001年发布）、《最高人民法院关于审理著作权民事纠纷案件适用法律若干问题的解释》（2002年发布）、《最高人民法院关于诉前停止侵犯注册商标专用权行为和保全证据适用法律问题的解释》（2002年发布）、《最高人民法院关于审理商标案件有关管辖和法律适用范围问题的解释》（2002年发布）、《最高人民法院关于审理商标民事纠纷案件适用法律若干问题的解释》（2002年发布）《最高人民法院关于审理注册商标、企业名称与在先权利冲突的民事纠纷案件若干问题的规定》（2008年发布）、《最高人民法院关于审理侵犯专利权纠纷案件应用法律若干问题的解释》（2009年发布）、《最高人民法院关于审理侵犯专利权纠纷案件应用法律若干问题的解释（二）》（2016年发布）、《最高人民法院关于审理专利纠纷案件适用法律问题的若干规定》（2015年修正）、《最高人民法院关于商标法修改决定施行后商标案件管辖和法律适用问题的解释》（2014年发布）、《最高人民法院关于审理商标授权确权行政案件若干问题的规定》（2017年发布）等。

[2] 如《广东省专利条例》（2010年发布）、《广西壮族自治区著作权管理条例》（2004年修正）、《山东省著作权保护条例》（2004年修订）、《北京市专利保护和促进条例》（2013年修订）、《重庆市专利促进与保护条例》（2011年修正）、《陕西省专利条例》（2012年修订）、《山东省专利条例》（2013年发布）、《辽宁省专利条例》（2013年发布）、《浙江省专利条例》（2015年发布）、《安徽省专利条例》（2015年发布）、《河北省专利条例》（2017年修订）等。

第二节　知识产权法的地位和作用

一、知识产权法的地位

知识产权法的地位，即知识产权法在整个法律体系中的地位，表现为知识产权法是独立的法律部门还是归属于其他的法律部门。在我国现行立法上，知识产权法并非一个单独的部门法，它与物权法、合同法、婚姻法等一样，是民法的组成部分。在学术界，对于知识产权法的地位存在不同的看法。有的认为，知识产权法属于民法的组成部分，自己没有独立的调整对象；[1] 有的认为，知识产权法是一个独立的法律部门，具有特定的调整对象；还有的认为，知识产权法是一项综合性的法律制度。笔者认为，法的部门划分的基本标准是法律调整的对象以及调整方法。知识产权法在整个法律体系中属于民法的重要组成部分，这取决于知识产权是私权，并主要体现为平等主体的自然人、法人及非法人组织之间因智力成果而产生的权利与义务，其主体地位、客体和内容具备民事法律关系的最根本特征。民法中的平等、公平、自愿、等价有偿、诚实信用原则同样适用于知识产权法律关系。1986 年通过的《民法通则》和 2017 年通过的《民法总则》，均将知识产权作为一项民事权利纳入民法范畴，智慧成果也历来被作为民事法律关系的客体之一。尽管知识产权法中带有一些行政机关对知识产权规范和管理的制度，但从总体和根本上来看，知识产权具有民事权利的属性，知识产权法亦属于私法范畴。

知识产权法经过数百年的演进，其发展轨迹业已具有相对独立的规律。知识产权法的内容与传统民法已有相当大的区别，且自成一体。特别是随着经济一体化、法律全球化和网络技术的发展，各国知识产权立法不仅受本国科技发展、文化传统和市场繁荣程度的影响，而且越来越受到地区联盟、国际条约的协调和影响。故学界普遍认可，无论是知识产权法，还是知识产权法学都应当保持相对的独立性。我国正在进行《民法典》编撰工作，至于知识产权法的具体规范是纳入民法典还是以单行法律法规的形式继续存在，则是立法技术与习惯方面的问题，对知识产权法的地位和作用的影响并不大。

二、知识产权法的作用

科学技术与文学艺术是推动人类社会进步的两翼，它们既是人们智慧的结晶，也是财富的源泉。知识产权法律制度是人类的一大发明，它以荣誉、社会地

---

[1] 吴汉东等：《知识产权基本问题研究》，中国人民大学出版社 2005 年版，第 122 页。

位和财富为杠杆，谋求知识产权人利益与社会公众利益的平衡，并将此作为原则贯穿整个知识产权法的解释和适用过程，[1] 激发每个人生命中最为可贵的创造本能，为生生不息的创造之火添加利益的柴薪，激励人们奉献出更多更好的精神产品，以推进人类的进步。然而不同历史时期，知识产权法律制度发挥着不同的作用。封建时期，知识产权总是皇帝或官吏恩赐给某个人对其智力成果的独占特权。随着资本主义商品经济的发展，知识产权虽由特权步入民事权利，但其实质上保护的是资产阶级的经济利益。在我国社会主义制度下，知识产权作为一项重要的民事权利，对其依法确认和保护将对我国经济、文化和创新型国家建设发挥重要的作用。

（一）有利于调动人们从事智力活动的积极性

知识产权法律制度确认作者、发明人、设计人对其创造性劳动成果依法享有专有权、专用权和专利权，并保护其不受侵犯，不仅使他们受到精神鼓励，而且能使他们在法律保护下取得经济利益，从而更充分地调动人们从事智力创作和科研活动的积极性，给社会创造出更多、更好的精神财富。因此，建立和完善知识产权法律制度，有助于全社会进一步形成尊重知识、尊重人才的良好风尚，保护知识产权人的合法权益，激发人们进行智力创作和科研活动。

（二）有利于促进智慧成果的转化与运用

建立和完善科技与经济有机结合的机制，加速科技成果的商品化和向现实生产力转化，是创设和完善我国社会主义市场经济体制重要的一环。著作权人通过许可使用制度，将其作品的内容向社会传播，有助于加快文化交流和科学技术知识的普及，有利于提高劳动者素质和繁荣我国文化市场。专利权人和商标权人通过转让或者许可他人使用其智慧成果，可使技术成果转化为生产力，提升权利人在市场中的综合竞争力，并为权利人和社会带来巨大的经济效益。由此可见，知识产权制度是智慧成果商品化的法律前提和保障，只有充分发挥知识产权在增强国家经济科技实力和国际竞争力、维护国家利益和经济安全方面的重要作用，才能为我国进入创新型国家行列提供强有力的支撑。

（三）有利于繁荣社会主义科学技术与文化艺术

知识产权制度保障学术自由，鼓励创作内容健康向上，特别是讴歌改革开放和现代化建设的具有艺术魅力的精神产品，推动科技进步，促进发明创造，抵御低俗、腐朽思想及不文明行为的侵蚀。因此，加强知识产权的法律保护，充分保障知识产权人的人身权利和财产权利，对于繁荣和发展我国的科学技术和文化艺术，树立正确的理想、信念和社会主义核心价值观，提高全民族的科学文化水

---

[1] 任寰："论知识产权法的利益平衡原则"，载《知识产权》2005 年第 3 期。

平，加快我国社会主义物质文明和精神文明建设，创建和谐社会，都将具有重要的保障作用。

（四）有利于促进科学技术和文化的国际交流与合作

科学技术和文化艺术是人类共同的精神财富，只有互相合作，彼此交流才能借鉴吸收，共同发展。我国已加入有关国际知识产权组织和公约，不断加强和扩大同世界各国在平等互利基础上的科学技术和文化艺术等方面的交流与合作。因此，随着我国知识产权战略的制定和实施，[1] 知识产权制度将有利于进一步开展国际贸易，并为我国对外进行文化交流、艺术合作提供法律依据和法律保障。

为提升我国知识产权创造、运用、保护和管理能力，建设创新型国家，实现全面建设小康社会目标，我国于2008年6月5日发布了《知识产权战略纲要》（以下简称《纲要》）。

《纲要》指出，改革开放以来，我国经济社会持续快速发展，科学技术和文化创作取得长足进步，创新能力不断提升，知识在经济社会发展中的作用越来越突出。我国正站在新的历史起点上，大力开发和利用知识资源，对于转变经济发展方式，缓解资源环境约束，提升国家核心竞争力，满足人民群众日益增长的物质文化生活需要，具有重大战略意义。知识产权制度是开发和利用知识资源的基本制度。知识产权制度通过合理确定人们对于知识及其他信息的权利，调整人们在创造、运用知识和信息过程中产生的利益关系，激励创新，推动经济发展和社会进步。当今世界，随着知识经济和经济全球化深入发展，知识产权日益成为国家发展的战略性资源和国际竞争力的核心要素，成为建设创新型国家的重要支撑和掌握发展主动权的关键。国际社会更加重视知识产权，更加重视鼓励创新。发达国家以创新为主要动力推动经济发展，充分利用知识产权制度维护其竞争优势；发展中国家积极采取适应国情的知识产权政策措施，促进自身发展。经过多年发展，我国知识产权法律法规体系逐步健全，执法水平不断提高；知识产权拥有量快速增长，效益日益显现；市场主体运用知识产权能力逐步提高；知识产权领域的国际交往日益增多，国际影响力逐渐增强。知识产权制度的建立和实施，规范了市场秩序，激励了发明创造和文化创作，促进了对外开放和知识资源的引进，对经济社会发展发挥了重要作用。但是，从总体上看，我国知识产权制度仍不完善，自主知识产权水平和拥有量尚不能满足经济社会发展需要，社会公众知识产权意识仍较淡薄，市场主体运用知识产权能力不强，侵犯知识产权现象还比

---

[1]《国家知识产权战略纲要》于2008年6月5日发布，通过对中国知识产权发展状况和国际形势进行广泛的调查分析和深入研究，提出了国家知识产权战略的目标、战略重点和保障措施。

较突出,知识产权滥用行为时有发生,知识产权服务支撑体系和人才队伍建设滞后,知识产权制度对经济社会发展的促进作用尚未得到充分发挥。实施国家知识产权战略,大力提升知识产权创造、运用、保护和管理能力,有利于增强我国自主创新能力,建设创新型国家;有利于完善社会主义市场经济体制,规范市场秩序和建立诚信社会;有利于增强我国企业市场竞争力和提高国家核心竞争力;有利于扩大对外开放,实现互利共赢。必须把知识产权战略作为国家重要战略,切实加强知识产权工作。

《纲要》就指导思想和战略目标指出,实施国家知识产权战略,要坚持以邓小平理论和"三个代表"重要思想为指导,深入贯彻落实科学发展观,按照激励创造、有效运用、依法保护、科学管理的方针,着力完善知识产权制度,积极营造良好的知识产权法治环境、市场环境、文化环境,大幅度提升我国知识产权创造、运用、保护和管理能力,为建设创新型国家和全面建设小康社会提供强有力支撑。到2020年,把我国建设成为知识产权创造、运用、保护和管理水平较高的国家。知识产权法治环境进一步完善,市场主体创造、运用、保护和管理知识产权的能力显著增强,知识产权意识深入人心,自主知识产权的水平和拥有量能够有效支撑创新型国家建设,知识产权制度对经济发展、文化繁荣和社会建设的促进作用充分显现。《纲要》就战略的重点规定为,进一步完善知识产权法律法规;及时修订专利法、商标法、著作权法等知识产权专门法律及有关法规;适时做好遗传资源、传统知识、民间文艺和地理标志等方面的立法工作;加强知识产权立法的衔接配套,增强法律法规可操作性;完善反不正当竞争、对外贸易、科技、国防等方面法律法规中有关知识产权的规定;健全知识产权执法和管理体制;加强司法保护体系和行政执法体系建设,发挥司法保护知识产权的主导作用,提高执法效率和水平,强化公共服务;深化知识产权行政管理体制改革,形成权责一致、分工合理、决策科学、执行顺畅、监督有力的知识产权行政管理体制。

《纲要》并就战略的专项任务和战略措施作了具体规定。同时,为推动国家知识产权战略深入有效实施,2015年国务院发布了《关于新形势下加快知识产权强国建设的若干意见》;2016年国务院办公厅印发了《知识产权综合管理改革试点总体方案的通知》;同年国务院印发了《"十三五"国家知识产权保护和运用规划》;2018年中共中央办公厅和国务院办公厅联合印发了《关于加强知识产权审判领域改革创新若干问题的意见》等。我国已迈入新时代,知识产权制度也将立足国内,继续实施严格的知识产权保护制度,持续营造良好的创新环境和营商环境。在宏观政策层面,中央全面深化改革委员会第九次会议审议通过了《关于强化知识产权保护的意见》,为新时代强化知识产权保护明确了努力方向,提供了根本遵循和行动指南。在战略规划层面，我国已研究制定面向 2035 年的知识产权强国战略纲要，推动知识产权强国建设和知识产权战略实施接续推进。

■本章小结

本章通过阐释知识产权法的基本含义和调整对象，使我们进一步掌握了知识产权法与其他法律部门的关系，尤其是知识产权法与民法之间的关系。知识产权法作为知识产权人与社会公众利益的平衡器，在知识产权法律制度的不同发展阶段发挥着不同的作用。随着社会主义市场经济体制的逐步完善和经济全球化进程的加快，知识产权在我国经济建设和科技创新中的作用日益显现。我国政府高度重视知识产权工作，知识产权在国家各项工作中的地位和作用得到了历史性提升，尤其是《知识产权战略纲要》的实施，必将使我国知识产权各项工作取得重大进展，并开拓新时代知识产权强国建设新局面。

■本章思考题

1. 知识产权法的含义及调整对象是什么？
2. 如何认识知识产权法的地位？
3. 知识产权法律制度具有哪些作用？
4. 我国《知识产权战略纲要》的主要内容和实施的意义是什么？2035 年的知识产权强国战略纲要主要涉及哪些方面？

第二编 著作权法

第一章 著作权与著作权法概述

[提示要点]

了解和掌握著作权的基本概念,分析著作权与其他知识产权的关系。从理论上理解著作权法的性质、调整对象、作用和原则,并从国内外两个层面了解著作权法律制度的历史演变。本章的重点在于理解著作权和著作权法的基本内涵,难点在于理解著作权法的性质和原则。

第一节 著作权概述

一、著作权与版权

著作权作为一个法律术语,在各国称谓不一。英语国家一般称为"版权"(copyright),意为抄录或复制的权利;在法国、德国、东欧诸国等欧洲大陆国家称为"作者权"(right of the author),意为著作权是由作者和权利所构成;而在日本则称为"著作权"(right in the work)。立法上语词构成的不同,实质上反映着不同的立法观念。[1] "版权"一词在我国作为法律用语,最早见于1903年的《中美通商行船续订条约》,而1910年的《大清著作权律》、1915年的《北洋政府著作权法》、1928年5月14日的《中华民国著作权法》及其施行细则则完全沿用了日本法中的"著作权"概念。中华人民共和国成立后,在我国的法律文件中版权和著作权概念往往是被混用或相互代用。

从1979年起,国家出版局牵头起草关于著作权的立法文件,但其名称是著作权法还是版权法一直未定。1984年6月15日,文化部《关于颁发〈图书、期刊版权保护试行条例〉的通知》中则称之为版权,随后于1985年成立的主管作者权益事务的国务院直属机关称为版权局;但我国1985年颁布的《继承法》在遗产范围中又规定了"著作权"。因此,在我国《民法通则》起草过程中,有的学者主张将著作权、版权分立。著作权包括作者对其作品所享有的完整的权利,即人身权和财产权,而将可以转让的财产权称为版权。《民法通则》第94条规定:"公民、法人享有著作权(版权),依法有署名、发表、出版、获得报酬等权利。"可见,我国《民法通则》采用了"著作权"和"版权"两者系同一概念的提法。但随后,有的学者也将著作权称为"作品权",认为著作权的客体不仅是文字作品,也包括口头创作、摄影、绘画、雕塑等作品,无论称其为著作权还是版权都有局限性,都不准确。称为作品权可以包含以上一切客体,顾名思义,一看便知。还有的学者将著作权称为"作者权",认为根据国际惯例,"Copyright"这一传统名词在现代英语中可以被一个更合适的术语"Author's right"(作者权)所取代。

---

[1] "Copyright主义"是指以复制权为立法初始的考察核心,以保护作者、印制者和其他主体印制、出版图书的权利为价值判断的一种立法观念。根据对相关历史资料的分析,这种立法观念首先出现在英国。"Copyright主义"的立法观念有一个变化过程:最初强调Copyright是印刷商、出版商的复制权、抄录权;在18世纪,开始强调Copyright是属于作者的印刷权、出版权,即作者享有在法律规定期间内自行印刷出版或者委托他人印刷出版自己作品的独一无二的权利;其后,Copyright所涉及的作品范围被扩展,作者对其创作的文学、艺术、音乐、科技等作品的财产性权利均同样获得法律的保护。但是,就"Copyright主义"所产生的立法例而言,"Copyright主义"对作者人格利益的关注是不足的。"作者权利主义"是指以作者权利的确认和保护为立法初始的考察核心,以公平保护作品的作者、出版者和其他使用者的权利为价值判断的一种立法观念。这种立法观念在法律术语上的表达亦有其特点,即直接以"作者权利"来表示相关的立法。"作者权利主义"的立法观念的特点是:其立法观念在立法之初就以作者权利保护为其立法的出发点和制度价值判断;将作者权利保护的观念建立在人权保护和人文关怀的法学理念基础上;在著作权法保护的权利内容中,不仅关注作者的财产权利,而且十分关注作者的人格权利,使得著作权法摆脱了几乎是纯为商业活动提供法律保护的色彩。参见费安玲等:《知识产权法学》,中国政法大学出版社2007年版,第19~20页。

这种状况直到 1990 年 9 月 7 日第七届全国人民代表大会常务委员会第十五次会议通过的《著作权法》颁布后才得以结束。我国立法不仅采用了"著作权"这一概念，并在该法第 51 条规定："本法所称的著作权与版权系同义语。" 2001 年修订后的《著作权法》第 56 条及 2010 年修订后的《著作权法》第 57 条也规定，其所称的著作权即版权。这一规定虽然从立法上结束了我国长期争论的一个问题，但并未妨碍在理论上对其继续进行探讨。我们也应看到，由于现代科学技术的飞速发展和传播手段的不断创新，作者对其作品所享有的权利内容已变得十分复杂，"著作权"这一术语也难以确切地表现其所包含的全部内容。但在立法和司法实践中，"著作权"已作为一个代表特定含义的专门法律术语而加以使用。

由此可见，在不同国家，甚至是在同一个国家不同的历史时期，著作权有不同的含义。笔者认为，根据我国《著作权法》的有关规定，著作权是指特定形式的文学、艺术和科学领域内具有独创性并能以某种形式固定的智力表达的作者，依法对其创作完成的作品所享有的专有人身权和财产权的总称。其中作者是指创作完成作品的人，可以是自然人，也可以是法人或者非法人组织，在特殊情况下还可以是国家。所谓的"依法"，主要是指著作权作为智力成果权的重要组成部分，是由民事法律规范直接确定而产生的，它同其他知识产权一样，均为法律的产物。作品是作者以某种具体的有形形式表现出来的科学技术研究和文学艺术领域内具有独创性的智力创作成果。它不仅包括已经发表的和尚未发表的作品，也包括自己创作的和翻译、改编他人的作品以及法律、法规规定的其他作品。所谓的"专有权利"，是指作者对其作品依法享有人格利益和财产利益的权利，[1] 除法律另有规定或者当事人另有约定外，未经作者同意或者许可，他人不得行使作者的专有权利。在学理上，著作权的含义有广义和狭义之分。广义的著作权是指包括作者和其他著作权人对作品享有的权利的总称。狭义的著作权仅指作者对其作品享有的权利的总称。由于著作权是基于作者的创作行为而产生，故著作权首先是作者享有的权利，至于作者之外的其他著作权人，均系基于作者著作权的延伸。

二、著作权与其他相关概念

（一）著作权与制版权

制版权，是指无著作权或者著作权保护期限已届满的作品，经过制版人整理排印继续发行并依法予以注册登记，由出版人享有制版的一种专有权利。经制版而发行的出版物，未经制版人的同意或者许可，他人不得对该出版物进行翻印。否则，便构成侵犯制版权的行为。制版权是著作权法所确认的一种特殊的权利。

---

[1] 我国《著作权法》第 10 条就作者的专有权利从人身权和财产权两个方面作了规定。

对一些年代久远、已成为社会公共财富的出版物，国家为了弘扬民族文化，提倡和鼓励人们对之加以使用且可以合法翻印。但实践中常出现当合法翻印者将该出版物制版翻印之后，其他出版商或者单位利用这些翻版书再加以翻印，并以低价予以销售的情况，使原制版者的合法权益受到一定的损害。为了保护原制版权者的权益，鼓励人们排版印制我国固有文化典籍并使之流传，便在立法上出现了制版权。制版权与著作权截然不同，制版权是作品无著作权或者著作权保护期限届满，经制版人整理排印出版发行而取得的权利，并非著作权，也不属于著作权内容的范畴。另外，制版权人尽管可以排除他人翻印自己整理排印出版发行的作品，但无权干涉他人就同一著作另行整理排印、出版发行。而著作权则具有排他性，著作权人对其著作有权禁止任何人以任何方式加以复制、翻印以及整理排印，除非法律另有规定或者著作权人与他人另有约定。我国现行立法和司法实践是否依法确认制版权，仍需进一步研究探讨。

（二）著作权与出版权

出版（press），是指依照印刷技术或者其他机械或化学的方法，将作者的作品复制而加以发行。出版权是作者自己或者授权他人使用一定的方法将其作品予以复制并发行出售的一种权利。传统民法学理论通常认为出版是发行权的一个组成部分。我国曾在1991年《著作权法实施条例》第5条第6项规定："出版，指将作品编辑加工后，经过复制向公众发行"。可见，出版的含义比较广泛。它不仅包括使用通常的印刷术对作品加以复制，比如誊写、打字版、照相版、石版、木版、铜版等；那些可以制作成相同份数装置所进行的复制、销售等也可认为是出版。出版权作为作者重要而基本的一项专有权利，属于著作权中的一项权能。我国《著作权法》尽管未明确规定出版权，但第10条规定，著作权人享有决定作品是否公之于众的权利，实际上已包含了出版权的内容。出版权在司法实践中，通常是由出版单位来实施，但这并不意味着出版单位本身就享有这种权利。出版者基于其出版行为（通常认为是传播行为）而享有的权利属于邻接权范畴。出版权实质上是作者将著作权中的出版权能与原著作权加以分离后授权给出版单位。因此，未经作者同意或者许可，出版单位不得出版发行作者作品。网络出版是伴随着互联网技术发展而新兴的一种出版形态和传播方式，其虽通过互联网信息平台向社会公众传播作品，但实质并未改变出版固有的内涵。

（三）著作权与所有权

著作权是一种智慧成果权，它所保护的作品是一种非物质财富。因此，人们也将著作权称为无形财产权，以区别于一般财产的所有权。尽管著作权与所有权都具有绝对性、排他性的特点，但二者是不同的。就某一作品而言，它既可以充当所有权的客体（作品载体），也可以充当著作权的客体（作品智慧成果），而且可以为不同的人所享有。著作权人如果将作品所有权予以转让，如无特别规定或约定时，转让的仅为该作品的所有权，而不能理解为原作品的著作权连同所有权一起转让给了受让人。就此各国著作权立法都有一定的规定，说明作品的著作权与作品的所有权是不同的两个概念。

1966年1月1日生效的《德国著作权法》第44条规定："如果著作权人让与原著，在有争议情况下他并未授予受让人用益权。"1964年《苏俄民法典》第503条规定："著作权合同可分作两类：作品移交使用著作权合同和许可使用著作权合同。"2010年5月5日修订的《意大利著作权法》第119条规定："如无相反约定，推定被转让的权利具有排他性"。《法国知识产权法典》L.111-3条规定："知识产权应当独立于任何有体物之财产权。获得此种有体物并不能使获得者取得本法规定之任何权利，此等权利应由作者或其法定继承人享有。"1976年的《美国版权法》第202条规定："著作权及其内容的排他权利，与著作附着物的物权分离。著作物所有权的移转，并非著作权的移转。著作权及其排他权移转，如无书面约定，不包括著作物所有权的移转。"

（四）著作权与专利权

著作权与专利权都是无体财产权，均以人类无形的智慧成果作为调整对象且具有专有性、地域性、时间性等特点。因此，二者在权利的性质上均为私权，均属于知识产权的范畴。早期的法学家通常将这两种权利通称为"智能的所有权"。随着工业技术的不断发展，方演变为著作权与工业所有权。二者的主要区别在于保护的对象和方式不同。著作权保护作者所创作的文学、艺术和自然科学、社会科学、工程技术等作品，表现的是科技、文学艺术等文化信息。只要这些作品是各自独立创作，且创作完成，便可获得独立的著作权。因此，著作权保护的是思想或客观事物的表现形式，即外在的表达，而并非思想和客观事物本身。[1] 专利权是指依法获批准的发明人或其权利受让人对其发明成果在一定期限内享有的一种独占权或专用权。其权利客体是以技术方案的形式表现的发明创造的技术信息。它保护的是思想，该思想必须新颖且具有实用性和先进性，同时还必须未经他人发表或者尚未公开使用。著作权保护的作品不必新颖，只要具有原创性，即不是抄袭的作品便可获得著作权。此外，著作权和专利权虽均具有排他性，但二者排他性的程度不同。专利权较著作权具有更严格的独占性和排他

---

[1] 就此，1994年4月世界贸易组织《TRIPs协议》第9条第2款明确规定："版权保护应延及表达，而不延及思想、工艺、过程或者数学概念本身。"

性。专利权人在其专利权期间及范围内可以排除任何人的侵害。[1] 而著作权则不同，如果作品不是抄袭、剽窃的，不管其思想内容是否相同、近似，也不论其与已有著作权的作品是否雷同，只要该作品具有原创性，同样可以取得著作权，且不构成对他人著作权的侵害。著作权与专利权的另一个不同点在于二者保护的期限不一。对著作权保护期限，各国著作权法普遍规定较长，除作者人格权的保护不受时间限制外，财产权保护期限一般明显长于专利权的保护期限。[2] 此外，从各国知识产权立法来看，著作权是自动产生的，作者无须履行任何手续便可对自己创作完成的作品享有著作权；而专利权则无法自动产生，它必须经过申请、审查、批准方能获得。

（五）著作权与商标权

著作权与商标权同为智慧成果权，二者在权利性质和范畴归属上亦属于私权和知识产权，但二者也有不同。在权利客体上，商标权的客体为具有显著性特点的标识，目的在于区分不同的商品和服务；在权利的取得方式上，注册商标专用权必须经过申请、注册、登记和公告或使用符合法定条件时方可获得；在权利的效力程度上，各国商标法普遍规定，相同或类似的商品或者服务上不能注册使用相同或近似的商标，而著作权则不同。同时，无论是雕塑、绘画、摄影还是其他造型的作品，他人一旦将其擅自作为商标而加以使用时，便可能构成对作者著作权的侵害。[3] 此外，著作权与商标权可能发生交叉关系，即构成商标要素的文字、图形或者文字与图形的组合等，可以作为商标予以保护，该商标也可能会构成一件作品而受著作权法保护。

---

[1] 如我国《专利法》第11条规定："发明和实用新型专利权被授予后，除本法另有规定的以外，任何单位或者个人未经专利权人许可，都不得实施其专利，即不得为生产经营目的制造、使用、许诺销售、销售、进口其专利产品，或者使用其专利方法以及使用、许诺销售、销售、进口依照该专利方法直接获得的产品。外观设计专利权被授予后，任何单位或者个人未经专利权人许可，都不得实施其专利，即不得为生产经营目的制造、许诺销售、销售、进口其外观设计专利产品。"这一规定不仅明确了专利权人的独占权，而且意味着即使他人的同一发明确系个人研究的成果，也同样是对原专利权人的侵害。

[2] 我国《著作权法》规定，著作财产权保护期限为自其完成作品时起自然人终生加上死后50年；我国《专利法》规定，发明专利保护期为20年，实用新型专利权、外观设计专利权保护期为10年。

[3] 对此我国《商标法》第9条第1款规定："申请注册的商标，应当有显著特征，便于识别，并不得与他人在先取得的合法权利相冲突。"

第二节　著作权法的性质及其调整对象

一、著作权法的概念

著作权法的历史非常久远。现代意义上的著作权法始于 1709 年 4 月 14 日英国颁布和生效的《安娜法令》。但到目前为止，关于著作权法本身的含义，无论是立法还是学理上仍无定论。我国学术界早期对著作权法的概念曾有过许多不同的解释，并从不同的角度阐述了各自的理由。[1] 本书认为，著作权法是调整作者在创作、传播、使用和保护其创作的文学、艺术和自然科学、社会科学、工程技术等作品过程中所产生的各种社会关系的法律规范的总称。著作权法的目的在于保护文学、艺术和自然科学、社会科学、工程技术等作品的作者和其他著作权人的合法权益，鼓励优秀作品的创作和传播，弘扬社会主义核心价值观，推进文化和科学事业的繁荣与发展，促进人类精神文明和物质文明的建设。这一表述科学地概括了著作权法的基本内容和法律特征。

（一）著作权法调整的是人与人之间的关系

在社会生活中，人们为了不断满足精神生活和物质生活的需要，相互之间随时都发生着各种各样的社会关系。在众多的社会关系中，有的需要道德规范、技术规范等予以调整，有的则需用法律规范予以调整。法律是国家意志的体现，也是国家要求人们在不同的社会关系中必须遵循的行为准则。社会关系的复杂性决定了调整社会关系的法律规范的多样化。刑法是调整犯罪与刑罚的法律规范，民法是调整平等主体的自然人之间、法人之间、自然人与法人及非法人组织之间的财产关系和人身关系的法律规范，行政法是调整国家行政组织关系、社会行政管理中的隶属关系以及行政调拨性财产关系的法律规范，而著作权法则是调整人们在创作、传播和使用文学、艺术和自然科学、社会科学、工程技术等作品过程中所产生的人与人之间的关系，即著作权关系的法律规范。

（二）著作权法调整的社会关系属于民事法律关系范畴

民事法律关系是民法规范所调整的平等主体间具有民事权利、民事义务内容

---

[1] 如著作权法是"调整文学、科学和艺术作品的作者、传播者和使用者之间的权利和义务关系"。参见赵秀文编著：《著作权》，法律出版社 1987 年版，第 3 页；"版权法是调整人们在创作与使用文学、艺术和科学作品活动中产生的社会关系的法律规范的总和。"参见吴汉东、闵锋编著：《知识产权法概论》，中国政法大学出版社 1987 年版，第 54 页；"版权法是确认作者对其创作的文学、科学和艺术作品享有某些特殊权利，规定因创作、传播和使用作品而产生的权利与义务的法律规范的总称。"参见沈仁干、钟颖科：《版权法概论》，黑龙江教育出版社 1988 年版，第 4 页。

的一种社会关系。传统民法一般从权利角度将其内容划分为物权法律关系、债权法律关系、人身权法律关系、知识产权法律关系和亲属继承法律关系。著作权作为知识产权的一部分同民事法律关系有着密切的联系。著作权法律关系的发生、变更和消灭，如同其他民事法律关系一样，同样需要民事法律事实。在调整因作品的创作、传播和使用而引起的社会关系时，不仅要适用著作权法律规范，同时也要适用民事法律规范的有关规定。正是基于这一点，国内外许多学者认为，著作权法从范畴上来讲，仍为民法学科的一个有机组成部分。

（三）著作权法调整的社会关系限定在作品创作、传播、使用和保护过程中

著作权法律关系属于民事法律关系的范畴，但著作权法并非调整所有的民事关系。著作权法律关系的产生是基于作者创作作品的客观事实。如果没有作品的出现就不会产生著作权法律关系，也就无须著作权法律规范。因此，著作权法律关系的客体只能限定为作者所创作的作品，其他物、行为或者作品以外的智力成果，均非著作权法律关系的客体。至于作者传播或者许可他人使用其作品只不过是著作权人实现自己权利或者主张自己权利的具体表现形式而已，实际上是作者处分自己作品行为的具体表现，而作品的保护实质上是针对他人对作品著作权的侵害所进行的法律救济。

（四）著作权法是有关保护作者及其合法权益的法律规范的总称

著作权法不仅是指具体的著作权保护法律、法规、条例、决定，也不仅指综合性的，如我国《著作权法》《著作权法实施条例》等著作权保护的基本法律规范，而是指所有关于著作权保护的法律、法规、条例、决定以及其他法律中有关著作权保护的规定，总称为著作权法。

（五）著作权法在立法体系中属于单行民事立法

著作权法在立法体系上历来被认为是民法的重要组成部分，这也是当代世界各国著作权立法的通例，但关于著作权法的编制，各国则采取了不同的立法主义。有的国家采取法典式，将著作权法编入统一的民法典中，如苏联是在民法典第四编针对著作权法作了规定；而有的国家则采取特别法的形式，如意大利、英国、美国、法国、日本、德国、捷克、斯洛伐克、波兰、保加利亚等国。我国《民法通则》《民法总则》中也有关于著作权的规定，但在立法体系上，著作权法如同专利法、商标法、继承法的地位一样，均属于单行的民事立法。

二、著作权法的性质

关于著作权法的性质，学者有不同的见解。[1] 有学者认为，从著作权法的内容来看，有的条款属于强制性规范，如处罚的有关规定；而有的内容，如著作权的许可、转让等则可以由当事人的意思表示予以变更，属于任意性规范。还有学者认为，著作权法是实体法与程序法的混合法，其主要理由是依据著作权法的内容来加以确认的。著作权法有的内容规定的是实现权利和承担义务的手续，如注册登记等，属于程序法范畴；而有的内容规定的是权利义务是否存在、性质及其范围，属于实体法的范畴。本书认为，法律是随着私有制、阶级和国家的出现而产生的，它是经济上占统治地位的阶级通过国家机关制定和认可的人们在社会活动中的行为准则。任何法都具有鲜明的阶级性。正如马克思和恩格斯所指出的那样："每一个社会的经济关系首先是作为利益表现出现的。"[2] "在这些关系中占统治地位的个人除了必须以国家的形式组织自己的力量外，他们还必须给予他们自己的由这些特定关系所决定的意志以国家意志即法律的一般表现形式。……由他们的共同利益所决定的这种意志的表现就是法律。"[3] 列宁也曾指出："法律就是取得胜利、掌握国家政权的阶级的意志的表现。"[4] 可见，任何法都是一定社会统治阶级意志的体现，作为法律组成部分之一的著作权法也不例外。尽管将文学、艺术和科学、自然、技术等作品作为一种财产，并从法律上承认其作者著作权的历史仅三百余年，但在承认和保护作者著作权的国家里，哪些作品受保护、保护哪些人的作品、给作者多少权利、保护多长时间、有哪些限制等，在不同的历史时期各国均有不同的规定。我国制定著作权法律、建立著作权法律制度，不仅是为了保护作者因创作文学、艺术、科学和技术作品而产生的合法权益，也是为了鼓励人们积极参加各种文化劳动，鼓励从事教育、科学、技术、文学、艺术和其他文化事业的社会成员进行有益于人民的创造性工作的重要手段，更是为了促进优秀作品的创作和传播，弘扬社会主义核心价值观，提高全民族的科学文化水平，促进社会和谐，加强社会主义物质文明和精神文明建设。因此，绝不能离开著作权法所属的法律体系和它所反映并保护的社会关系而孤立地去评价、分析它的性质。

---

[1] 我国台湾地区学者认为："著作权法一方面规定国家生活关系，如罚则的有关规定；另一方面又规定私人生活关系，如著作权归属及限制的有关规定。因此认为，著作权法属于公法与私法之外的第三法域——公私综合法。"参见郑玉波：《法学绪论》，台湾三民书局2001年版，第29～30页。有的则认为："著作权法是强制性规范与任意性规范的结合法。"参见张静：《著作权法评析》，台湾水牛图书出版事业有限公司1983年版，第4页。

[2] 《马克思恩格斯选集》第2卷，人民出版社1995年版，第537页。

[3] 《马克思恩格斯选集》第3卷，人民出版社1987年版，第378页。

[4] 《列宁全集》第13卷，人民出版社1987年版，第304页。

三、著作权法的调整对象

现代社会中的法律规范，一方面具有内在的统一性，形成了一个不可分割的整体，即法律体系；另一方面又有某些差别，分成若干个不同的法律部门。法律部门的划分历来都是由需要进行法律调整的社会关系的多样性决定的。因此，一定的法总是以特定范围的社会关系为其调整的对象，从而构成一个独立的法律部门。如调整行政关系的法律规范的总和构成行政法，调整劳动关系的法律规范的总和构成劳动法，调整平等主体间的财产关系和人身关系的法律规范的总和构成民法，调整婚姻家庭关系的法律规范的总和构成婚姻家庭法，等等。著作权法也一样，它是调整作者在创作、传播、使用和保护其创作的文学、艺术、自然科学、社会科学和工程技术等作品过程中所产生的各种社会关系的法律规范的总和。著作权法调整的是一种特殊的社会关系，该种社会关系产生于一定的社会活动，而这种社会活动集中体现为作品的作者、作品的传播者和广大公众三者在作品创作、传播、使用和保护中的活动。可见，这类社会关系具有自身特征，也是传统的其他部门法无法调整的社会关系。这种特殊的社会关系主要包括以下内容：

（一）作者因创作作品所形成的社会关系

作者创作作品的行为不同于其他民事法律行为，它本身在性质上属于一种事实行为，即作者只要有创作行为，且创作行为所形成的作品属于文学、艺术和科学领域内、具有独创性并能以某种形式固定的智力表达，不论其是否发表，作者均可依法享有著作权。也就是说，这种情况一旦出现，就会在作者与国家、法人或者其他组织，以及其他自然人之间产生特定的社会关系，即著作权法律关系。在无特别规定或约定时，未经过作者的同意或者许可，其他任何人均不得以任何形式传播或者使用作者的作品。否则，便涉嫌构成对作者著作权的侵害。

（二）作者因传播其作品所形成的社会关系

这种关系主要是指作者在将其作品传播于社会的过程中所形成的各种社会关系，即作者与传播者之间的关系。作者创作出的作品靠自身行为往往无法或者难以广泛地传播，通常情况下必须要借助于传播者的行为。这种关系在著作权法律关系中主要表现为邻接权法律关系，我国著作权法称之为相关权法律关系。

（三）作者因使用其作品所形成的社会关系

这种社会关系是著作权法调整对象中最主要也是最重要的社会关系。著作权法的立法不仅是为了保护作者的正当权益，也是为了保护广大公众获得知识、享受科学技术成果及其所带来的社会福利，协调作者与使用者之间的关系，以保障作品的正常使用，促进全民族文化素质的提高。因此，著作权法在协调作者与使用者之间各种社会关系时起着重要作用。这种作用主要是通过著作权许可使用合同、转让合同、质押合同以及其他使用方式实现的。

（四）作者因救济其权益所形成的社会关系

作者对其作品依法享有的专用权利一旦受到侵害，便涉及法律上的救济。通常情况下，根据不同的侵权行为，法律责令侵权人必须承担相应的法律责任，包括民事责任、行政责任或刑事责任。我国《著作权法》亦明确规定了侵害著作权的行为及所应承担的法律后果，以此惩戒侵权人，确保著作权人的合法权益。

第三节 著作权法的作用及原则

一、著作权法的作用

著作权法律制度担负着保护作者合法权益，促进优秀作品广泛传播，加强文化交流的重要任务，它调整着作者因行使其著作权与促进作品广泛传播的矛盾，平衡作者个人利益与社会整体利益的关系，是促进文化和科学繁荣与发展的重要手段。就此，我国《著作权法》第1条规定："为保护文学、艺术和科学作品作者的著作权，以及与著作权有关的权益，鼓励有益于社会主义精神文明、物质文明建设的作品的创作和传播，促进社会主义文化和科学事业的发展与繁荣，根据宪法制定本法。"这一规定高度概括了我国著作权法的任务和作用。

（一）保护著作权以及与著作权有关的权益

保护作者因创作作品而产生的正当权益，是我国著作权法的主要任务，也是著作权法发挥其他作用的前提和基础。作者是直接创作作品的人，要调动作者的创作积极性，就必须要明确作者的法律地位和正当权益。文学、艺术、自然科学、社会科学和工程技术等作品的作者，是生产精神产品的脑力劳动者，是民族文化的承袭者。在商品经济社会中，他们不仅是脑力劳动者，而且也是商品生产者，即社会精神财富这种特殊商品的创造者。他们创造性的脑力劳动，应当和其他劳动者所进行的创造价值的体力劳动一样受到社会的尊重；他们所创造的精神产品，也应当和其他劳动者所创造的物质产品一样得到承认；他们因创作作品而产生的正当权益一样应得到同等的保护。只有这样，才能从根本上调动作者创作的积极性，使其创作出更多更优秀的作品；也只有这样，才有助于鼓励作者为社会提供更多的精神食粮，启迪和丰富人们的思想和情操，开发全民族的智力资源，提高全民的科学文化水准，促进尊重知识、尊重人才的社会风气的形成和社会主义精神文明建设。[1] 此外，《著作权法》对作者权利的保护从权利救济及法律责任的角度作了规定。他人一旦侵害作者著作权及其他合法权益时，作者可以通过仲裁或诉讼程序提请主管机关或人民法院责令侵权人承担相应的民事、行政、刑事等法律责任。这些规定足以证明著作权法能够充分有效地保护作者的正当权益。

（二）鼓励优秀作品的创作和传播

保护作者正当权益，鼓励作者创作的目的就在于广泛传播优秀作品，促进知识的积累和交流，丰富人们的精神文化生活，提高全民族、全人类的科学文化素质，以推动经济的发展和人类社会的进步。由于著作权涉及的范围不仅仅是图书、杂志、舞蹈、音乐等传统文学艺术，而且还涉及电子软件、全息照相和通信卫星等现代科技领域，且随着著作权贸易和知识经济的发展，著作权已成为知识转让和技术转让的重要法律形式。因而，各国著作权法在承认和保护作者专有权利的同时，也要求作者必须为社会承担必要的、合理的义务。其目的在于促进优秀作品的广泛传播，鼓励广大群众参加文化活动，迅速提高全民族的科学文化水平。就此，我国《著作权法》规定了"合理使用"制度，即按规定的条件，不经著作权人同意，也不给付作者报酬而使用已经发表的作品，不构成侵权。这一规定同样是各国著作权立法的惯例。[2]

（三）促进我国社会主义精神文明建设

著作权法的实施，有助于加强对科学、文化、技术和艺术等作品的管理，查禁各种淫秽物品，消除文化垃圾和精神毒品，纠正出版和印刷行业中的不正之风，打击滥编、滥印、非法出版等投机诈骗活动。自从1987年国务院《关于严厉打击非法出版活动的通知》下达后，最高人民法院、最高人民检察院于1987年11月27日发布了《关于依法严惩非法出版犯罪活动的通知》，1988年11月11日又摘要转发了《依法查处非法出版犯罪活动的通知》，1998年最高人民法院发布了《最高人民法院关于审理非法出版物刑事案件具体应用法律若干问题的解释》等，均对非法出版活动、非法出版物及其行为人的法律责任作了具体规定。针对互联网技术发展，国家新闻出版广电总局、工业和信息化部于2016年联合

---

[1] 为此，我国《著作权法》第11条第1款明确规定："著作权属于作者，本法另有规定的除外。"该法第10条也规定，著作权包括人身权和财产权。同时，该法第28条规定："使用作品的付酬标准可以由当事人约定，也可以按照国务院著作权行政管理部门会同有关部门制定的付酬标准支付报酬。当事人约定不明确的，按照国务院著作权行政管理部门会同有关部门制定的付酬标准支付报酬。"

[2] 比如《日本著作权法》第二章对著作权限制作了专门规定；《意大利著作权法》第一编第五章专章规定了"自由使用"制度；《德国著作权法》禁止侵害作者正当权益及任意使用作者作品的非法行为，但鼓励在不损害作者合法权益的前提下广泛传播作者的作品，以促进文化和科学的繁荣与发展。

公布了《网络出版服务管理规定》。我国《著作权法》第3条规定了受著作权法保护的"作品"范围。这无疑对保护广大人民群众利益、维护社会治安、促进社会主义精神文明建设具有重要的作用。同时,著作权法不仅保护作者的合法权益,也保护与著作有关的权利,即表演者,图书、报刊出版者,录音制作者和广播电视组织等传播者的合法权益。[1] 随着生产力的不断发展,版权产业[2]在整个国民经济中的地位愈来愈重要。历史经验告诉我们:科技文化的发达,能够促进经济建设和社会的发展。因此,著作权法在加强社会主义精神文明建设的同时,对促进我国市场经济发展、建设富强民主文明和谐美丽的社会主义现代化强国起着重要作用。

(四)提升全人类科学文化水平

我国虽是一个有着五千年历史的文明古国,但科学技术还比较落后,生产力发展水平还比较低。因此,要实现社会主义现代化,首先要实现科技现代化,为此一方面我们要提高自主创新能力,另一方面必须在平等互利的基础上,学习和借鉴域外先进的科学技术。这就要求我们必须大力开展对外贸易、互通有无。而在国际领域,著作权方面的国际合作是文化合作和文化交流的重要手段,它能够有效地引进国外的优秀作品和多元文化,又能维护本国文学、科学、技术和艺术作品的作者在国外的合法权益。就此,我国著作权法规定,外国人、无国籍人的作品,根据其所属国或者经常居住地国同中国签订的协议或者共同参加的国际条约,受著作权法保护;未与中国签订协议或者共同参加国际条约的国家的作者和无国籍人的作品,首次在中国参加的国际条约的成员出版的,或者在成员和非成员同时出版的,受著作权法保护。外国人、无国籍人的版式设计、表演、录音制品和广播电视节目,根据其所属国或者经常居住地国同中国签订的协议或者共同参加的国际条约,受著作权法保护;未与中国签订协议或者共同参加国际条约的国家的外国人和无国籍人,其在中国境内的表演或者在中国境内制作、发行的录音制品,受著作权法保护。我国已加入《TRIPs协议》及相关国际著作权公约,著作权法律制度对于促进国际文化领域的合作与交流,增强各国人民的相互了解,提高全人类的科学文化水平有重要作用。

---

[1] 如我国《著作权法》第30~36条规定了图书、报刊的出版者权;第37~39条规定了表演者权;第40~42条规定了录音录像制作者权;第43~46条规定了广播电台、电视台播放者权。这样便在立法上确立了作品传播者的法律地位,明确了他们的权利和义务,有利于进一步促进和加强传播业及其他相关产业的迅速发展。

[2] "版权产业"的概念始于20世纪80年代,最早在瑞典、德国等开始研究。直到1990年11月,美国国际知识产权联盟发表了它的第一份版权产业报告后,版权产业才受到各国普遍关注。依据该报告,版权产业分为"核心版权产业""部分产权产业""发行类版权产业""版权关联产业"。

二、著作权法的原则

著作权法的原则，是指制定、研究、解释和施行著作权法的出发点和归宿，是著作权法律规范均必须体现和遵从的基本准则。作者创作、传播和使用作品的整个过程，都应当在这些原则基础上进行。我国著作权法因其社会制度、文化基础、政治体制及经济制度等特点，所规定的基本原则也有其特色。就我国著作权法而言，除具有民法制度中的一些原则，如当事人地位平等、自愿、诚实信用、遵守法律、禁止权利滥用等原则外，还具有其自身的原则：创作自由原则、鼓励作品传播原则、个人及传播者利益和公众利益平衡原则、遵从国际惯例原则。这些原则集中体现了我国著作权法的社会主义性质和市场经济发展的规律。它们贯穿于著作权法的各项基本制度中，在整个著作权法制度中居于核心地位。它们不仅对著作权法的各项具体制度起着指导作用，同时，当发生著作权法具体制度无规定或规定不明时，还可以根据基本原则的精神加以处理。可见，著作权法基本原则对整个著作权法制度不仅具有引领作用，而且起着重要的弥补作用。因此，掌握著作权法基本原则，对于融会贯通著作权法，深入研究和正确适用著作权法，提高著作权法的实践质量，均有重要的法律意义。

（一）创作自由原则

这一原则是我国社会主义民主原则在著作权法上的集中体现。为了确认和保障公民享有广泛的权利和自由，我国制定了一系列法律法规，依法确认公民的权利和自由，并规定了这些权利和自由一旦受到侵害时的保护措施。[1] 这说明社会主义制度为作者的研究和创作活动提供了广阔的天地和创作的源泉。特别是党的十一届三中全会以来，随着我国政治体制和经济体制改革的不断深入和发展，人们越来越注重科技、文化的重要性。国家依法鼓励和保障人们根据自己的专长，对社会主义的经济、政治、文化、法律、历史、新闻以及各种学科自由地进行创作活动，提倡科学民主、学术自由。

（二）鼓励优秀作品传播原则

作品只有通过广泛的传播，才能满足作者创作作品的目的，也才能体现作品的经济价值和社会价值。著作权法的最终立法目的是通过优秀作品的传播和运用而达到文化的繁荣和精神文明的发达。随着现代传播技术的飞速发展，作品传播出现了新的特点：传播媒体多样化、传播技术高新化、传播途径广泛便捷化、传播速度快速化，尤其是随着信息和网络的飞速发展，使得作品的传播出现了前所

---

[1] 毛泽东同志曾在《在延安文艺座谈会上的讲话》一文中指出，我们"给革命文艺家以充分民主自由，仅仅不给反革命分子以民主自由"。我国《宪法》第 47 条也规定："中华人民共和国公民有进行科学研究、文学艺术创作和其他文化活动的自由。……"

未有的发展。这一原则的另一体现是国家立法对作品传播者的法律保护,即著作权法对邻接权人的保护,如我国著作权法将鼓励有益于社会主义精神文明、物质文明建设的作品的创作和传播作为立法宗旨予以规定。

(三) 著作权人利益、传播者利益和社会公众利益相平衡原则

著作权法属上层建筑的范畴,服务并反映一定的经济基础,它的最终目的在于保护作者的合法权益,服务于相应的社会需求。因此,在我国社会主义制度下,作者的个人利益和社会公众利益从根本上来讲是一致的。作者创作一部作品,一方面是作者本人脑力劳动的成果,国家依法赋予作者专有权利,作者可以根据"按劳分配"的原则获得一定的经济报酬,或者根据"等价有偿"原则而获得一定的收益;另一方面,基于智慧成果传承性特点,该作品又具有全人类智慧成果的要素,为平衡作者个人利益、传播者利益和社会公众利益,著作权法又规定了对著作权人专有权利加以限制,如著作权法设立了合理使用制度、法定许可制度等。面对网络技术的迅猛发展,在文化创新活动、文化产品贸易和文化产业成长实践过程中如何体现这一原则仍是我们面临的一个问题。

(四) 遵从国际惯例原则

这一原则的出发点在于著作权法所保护的作品作为智慧成果是人类的共同财富,无论是对作品的静态保护规定,还是作品著作权的交易与运用规则,世界各国的国内立法以及国际公约、条约的规定,基本内容和要求不断趋同,尤其随着经济一体化和法律全球化的发展,在著作权法领域遵从国际惯例不仅是其立法特点,也是其一大原则。随着我国经济的快速发展,知识传播方式的变革,国际地位大幅度提升,我国著作权法规定应当符合和体现相关国际条约的规定及未来发展趋势。

第四节 著作权法的历史演变

一、著作权法的起源

恩格斯曾指出:"在社会发展某个很早的阶段,产生了这样的一种需要:把每天重复着的生产、分配和交换产品的行为用一个共同规则概括起来,设法使个人服从生产和交换的一般条件。这个规则首先表现为习惯,后来便成了法律。"[1] 马克思在谈到法的起源时也论述道:"如果一种生产方式持续一个时期,那么,它就会作为习惯和传统固定下来,最后被作为文明的法律加以神圣

---

[1] 《马克思恩格斯选集》第2卷,人民出版社1995年版,第538~539页。

化。社会上占统治地位的那部分人的利益，总是要把现状作为法律加以神圣化，并且要把习惯和传统对现状造成的各种限制，用法律固定下来。"[1] 这些精辟的论述，说明了任何法的产生都不是偶然的，而是社会发展到一定的历史时期，随着私有制、阶级和国家的出现而产生的，并且直接取决于当时的经济生活条件。著作权法也不例外，它的产生和发展也总是受当时社会经济生活条件的制约。纵观著作权法的历史发展，著作权的出现与印刷技术的发明相联系。在印刷术发明之前，作品的传播主要靠口传和手抄，因而作品不可能被大量复制，也不可能被广泛传播。相反，作者为了宣传自己的主张，往往希望别人传抄自己的作品，甚至自己花钱雇人抄写自己的作品。在当时情况下，作者不可能也不知道对其创作或传播的作品提出权利要求；相应地，侵害作者著作权的客观物质基础也几乎不存在。我国古代，在义务本位、团体本位思想笼罩下，人们的权利意识甚为淡薄，加之我国古代法的立法特征表现为诸法合体、刑民不分，且重刑轻民，从而导致人们往往基于奇文共赏的心理，不把作品视为作者自己专有。所以，保护著作权、由著作权人将作品权利加以独占、专有，这种观念在当时的环境下是无法生成的。随着生产力的不断发展和科学技术的进步，促使了印刷术的发明，尤其是 11 世纪毕昇的活字印刷术发明之后，印刷业发生了革命性的变化，使得经营印刷出版业成为一种有利可图的行业。出版商将作者的作品、特别是某些优秀作品独家出版，并从销售出版物中获取收益。但同时，亦有冒名盗印并从中牟取不当受益者。在这种情况下，由于作者所创作的作品在传播和使用过程中可带来一定的经济利益，故普遍将作者的作品视为财产。为了保护作者的合法权益和合法出版商的权益，便迫切需要一部专门调整作品作者及其传播者、使用者之间关系的法律。著作权的观念及著作权法正是在这种背景下应运而生的。

著作权法律制度的建立，比起对有体财产的保护要晚得多。这是因为对无形的精神创作加以保护，需要人类社会的经济和文化发展到相当高的程度后，才能受到社会的重视。因此，一国的文明与野蛮、兴盛与衰亡的程度，往往可从该国的著作权法律制度是否健全、著作权是否受到充分保护而窥见一斑。我国是世界文明古国之一，也是世界上最早实行著作权保护的国家。早在南宋光宗绍熙年间，为了处理因盗印所引起的纠纷，宋朝官府对民间出版的书籍采取了一定的保护措施。如果有人"翻版"，即"追板劈毁，断罪施刑"。南宋王充撰写的北宋历史《东都事略》，该书目录面上标有"牌计"，载明"眉山程舍人宅刊行，已申上司，不许复版"。这些均说明了我国早在宋代就已经出现了著作权及著作权法的雏形。

---

[1] 《马克思恩格斯全集》第 25 卷，人民出版社 1974 年版，第 894 页。

在欧洲，德国印刷商古登堡于 15 世纪也开始采用活字印刷术，比我国宋代毕昇的发明晚了四百多年。但他发明了合金活字的活版印刷术，这使欧洲的印刷出版业有了很大发展。当时的印刷商为了垄断某些图书的印刷，以控制销售市场，防止同行业的竞争，便通常将书稿先送往君主或者地方政府审查，以获得独自印刷图书的特权。同时，君主和地方政府等统治者也发现印刷出版业是巩固其统治地位的一种强有力的武器，因而，他们一方面利用审查待印书稿的机会，禁止出版对自己统治不利的作品；另一方面，他们又可利用给印刷商人颁发许可证的办法而获得额外的收益。据说，威尼斯商人吉奥范尼·戴·施德拉于 1469 年得到了为期 5 年的印刷西塞罗和普利尼书信的印刷许可证。这是迄今为止发现的西方国家最早的一个有关著作权的独占许可证。在法国，路易十二曾于 1507 年对圣·保罗的《使徒书信》的出版给予过印刷商出版特许令。在英国，女王玛丽一世曾把皇家颁布印刷许可证的办法纳入法律程序，并于 1556 年批准成立书商公司，授予该公司成员出版图书的垄断权；还于 1662 年颁布了第一个许可证法，以控制印刷行业为其统治服务。尽管这种最初的作品特许权制度，在形式上采取了著作权法的形式，但实际上它是以保护出版商利益为核心的权利制度。也就是说，此期间的著作权保护实质上是一种保护专有"出版权"的制度。

由此可见，无论中国还是外国，著作权法律制度的产生和发展的历史总是与社会的生产力发展和人类文化的进步密切相关，并随着人类对无形财产保护认识的不断提高而得以发展。从法律形式上来看，古代有关著作权保护的立法都是零星、分散的，完整的著作权和著作权法的观念并未形成。

二、国外著作权立法概况

通常认为，当代意义上的著作权立法始于 18 世纪初，并随着资本主义商品经济的高度发展而不断发展和完善。在资本主义条件下，作者创作的作品被广泛使用且日益商品化。这便要求著作权必须摆脱封建君主特权的束缚而成为现代意义上的"产权"；与此同时，作者也被普遍认为是商品的生产者，他们的合法权益也应当受到社会的尊重和法律的保护。这样便使得著作权从原始的"翻印权"发展成为现代的"作者权利"。在这种情况下，以往的封建特权许可制度已无法适应资产阶级商品经济发展和著作权保护的需要。随着科学技术的不断发展，各主要资本主义国家为适应形势发展的需要，先后开始了著作权立法活动。

（一）英国版权法的沿革

早在 1476 年，威廉·柯克顿（William Caxton）便将印刷术引进英国，而此时适逢欧洲文艺复兴运动的兴起，对著作权的保护也逐渐受到重视。英国资产阶级革命后，作者的合法权利开始真正从法律上受到尊重和保护。于是，1709 年英国颁布了英国最早也是世界公认的第一部著作权法——《为鼓励知识创作而授予作者及其购买者就其已印刷成册的图书在一定时期内之权利的法令》，后称《安娜法令》（The Copyright Statue of Anne）。[1] 自《安娜法令》诞生后，英国国会先后制定了 40 多个有关著作权的法案，陆续扩大著作权的范围，并于 1911 年将以前所有的有关著作权法案汇总，成为英国历史上所谓的"旧著作权法"，从而废除了以往的普通法对著作权所实行的双轨制保护制度。该法实施 40 多年后，为了适应经济和社会发展以及国际著作权法新发展的需要，英国于 1956 年公布了现行的"新著作权法"（The Copyright Act）。该法共分 6 章 51 条，外加 9 个补充修正案，于 1957 年 7 月 1 日生效。该法经多次修改，1988 年形成了现行著作权法，最新修改法案自 2014 年 10 月 1 日起正式实施。

《英国版权法》的立法特征大体如下：①在作品保护的范围上，明确规定包括文学和戏剧产品、音乐作品、美术作品、录音、影片、广播节目、出版物排印格式等。但也指出并非任何一件作品都无条件地受著作权法保护。受著作权法保护的作品必须具备两个要件：一是作品必须是作者的原作，即必须是作者脑力活动的结晶，而不是抄袭、剽窃他人的；二是作品的作者，即著作权法律关系的主体必须合格。合格要件意味着作者通常是指英国或者爱尔兰共和国的国民，或者依照英国法律组成的法人团体。②关于作品的保护期限，根据该作品所属门类不同而有所差异。通常文学、戏剧、音乐和美术作品的著作权在其作者死亡之年后的第 50 年年底终止。但排印格式的著作权保护期限则在排印格式的版本首次出版之年后的第 25 年年底终止。③关于著作权手续问题。依照英国著作权法的规定，一部作品一经作者创作出来并以某种具体有形形式表现出来，便可取得著作权，无须履行任何登记注册手续。但如果是音乐作品，则必须将作品提交英国表演版权协会（The Performing Rights Society）注册登记，方可受到著作权法保护。④英国是《伯尔尼公约》和《世界版权公约》的成员。因此，《英国版权法》关于著作权法保护的主体和客体已扩展到保护以上任何一个组织的国家国民的作品或者首先在这些国家发表的作品。⑤随着科学技术和通信设备的不断发展，英国不断修订完善现行著作权法。2003 年对与版权特例相关的法律进行了修订，规定为商业研究目的进行的版权复制以及给顾客提供收看电视或者收听广播服务的商店、酒店等娱乐场所将不再作为一种例外，均需要许可；但将帮助盲人和弱视者获得以布莱叶盲文、大号铅字等形式印刷的书籍作为新的版权例外。

---

[1] 该法令的建立，首次为现代著作权和著作权法奠定了基石。该法令首先明确指出："鉴于近来时常发生印刷商、书商和其他人未经作者、著作权所有者的同意，擅自印刷、翻印和出版他们的图书，使作者或著作权所有者受到极大损失，而且常常给他们及其家庭带来惨重的损害，为防止该种行为的发生、鼓励作者、著作权所有者创作具有价值的作品，特制定本法令。"

（二）美国版权法的沿革[1]

美国早期对著作权的保护主要是通过各州的法律。1783 年，康涅狄格州首先依据《安娜法令》的原则和内容，制定了美洲大陆上第一部著作权法。至 1786 年，除特拉华州以外，各州纷纷根据自己的不同特点相继制定了著作权法。1787 年美国制定《联邦宪法》，该法第 1 条第 8 款即明确规定："美国国会有权……对著作人或发明人，就其个人著作权或发明的专利权利，赋予一定期间加以保障，以促进科学技术和文学艺术的发展。"在这一立法精神的指导下，美国国会于 1790 年仿照英国《安娜法令》制定并通过了第一部《美国版权法》。该法后于 1802 年、1831 年、1834 年、1903 年修正，并于 1909 年历经第一次全面修正，增加了强制授权制度；后又从 1955 年开始，历经 20 余年漫长的审查、考证，终于在 1976 年 10 月 19 日颁布、1978 年 1 月 1 日生效，即美国现行的著作权法。该法共分 8 章 73 节，而后又经历 26 次修正，从而使美国著作权法更加完善，1994 年 12 月形成了现行著作权法。1998 年，国会为了应对数字时代新问题，通过了《数字千年版权法案》（DMCA），对《版权法》作出重大修改。2010 年 12 月美国国会通过了《著作权清理、说明及订正法案》，对《版权法》作出了全面修正。2014 年美国版权局又发布征集意见通知，对现有的数字音乐许可方式的有效性及可能的修订方案进行评估。美国版权局 2015 年 10 月 28 日通过了《数字千年版权法案》的修订版。在著作权国际条约方面，美国于 1952 年加入了《世界版权公约》和《录音制品公约》。

《美国版权法》具有以下特征：①突破了传统著作权立法的窠臼，建立了新观念，对作者作品及作者本身由普通法与联邦制定法双轨保护制改为联邦制定法单一保护制，废除了出版主义，扩大了著作权保护的范围。现行《美国版权法》第 102 条规定受著作权法保护的作品包括：文字作品；音乐作品；戏剧作品；哑剧和舞蹈作品；绘画、图表和雕塑作品；电影和其他视听作品；录音作品和建筑作品。②保护作品的期限。《美国版权法》第 302~304 条规定，1978 年以前创作的作品的保护期为自获得之日起存续 28 年；1978 年新《美国版权法》生效后创作的作品，保护期限为作者终身加上死亡后 70 年。但为雇主创作的作品，或者匿名、假名作品其保护期为从发表时起 95 年，或者从作品完成时起 120 年，以先到期者为准。作者死亡后，作品的著作权通常转归其家属享有。③《美国版权法》中有"印制条款"。1909 年美国颁布的《美国版权法》明确规定："不论是

---

[1]《美国版权法》有关条文参见《美国版权法》，孙新强、于改之译，中国人民大学出版社 2001 年版。

美国作者还是外国作者，其创作的作品要受到美国著作权法的保护，该作品必须是在美国排版、印刷及装订，否则即丧失著作权并不受著作权法保护。"尽管美国于1952年参加了《世界版权公约》，这一条款已不可能对外国作者适用，但它仍适用于美国作者。这一制度通常被称为美国版权法中的特有制度，至今仍被美国著作权法所确认。④著作权的登记注册制度。在现行《美国版权法》生效之前，作品要获得著作权法的保护必须要先出版，并送两本样册到国会图书馆著作权事务管理处注册登记。1978年以后，只要作品出版后载有版权标记就可得到著作权法保护。但在侵权诉讼程序中，著作权法则规定，只有经过注册登记并呈交了样书的作者，其著作权受到侵害时才有权在法院起诉；如果因著作权转让而引起纠纷，作者与另一方所订立的转让合同只有在版权局注册登记方可对第三人的侵权行为提起诉讼。由于这些规定，使得作者仍乐于履行登记注册手续，以保护自己的合法权益。尽管现行著作权法取消了"著作权注册保护主义"，而代之以"自动保护主义"。但实际上，著作权注册制度仍是美国著作权法中的一项重要法律制度。⑤美国著作权法在内容上不承认作者享有精神权利（Moral Right），只确认了作者的经济权利，这是美国著作权法与其他各国著作权法的又一个重大区别。尽管《伯尔尼公约》以及其他各国著作权法，尤其是日本著作权法对作者的精神权利作了较为明确的规定，但美国著作权法对此毫无规定。美国著作权法主张，对作者的精神权利的保护，通常是依靠民法、合同法或者不正当竞争法加以实现的。

（三）德国著作权法的沿革[1]

德国著作权法首次制定于1837年，普鲁士王国颁布《保护科学和艺术作品的所有权人反对复制或仿制法》，对科学和艺术作品予以保护。1871年德意志第二帝国建立后，率先颁布了《文学作品、摘要、说明、乐曲和戏剧作品著作权法》，后又于1876年颁布了《艺术作品保护法》、1901年颁布了《文学和音乐作品著作权法》、1907年颁布了《艺术作品和摄影作品著作权法》。第二次世界大战后，民主德国于1965年9月13日颁布了《著作权法》，并于1966年1月1日生效。联邦德国于1965年9月9日颁布了《著作权及有关保护权的法律》，并于1965年9月16日生效，该法后经多次修订，直到1993年6月9日，两德统一后，再次对该法进行修订，并于1993年6月24日正式生效。2003年9月10日、2011年12月22日修订后，于2013年8月1日作了最新修正。另外，联邦德国

---

[1]《德国著作权法与邻接权法》条文参见［德］M.雷炳德：《著作权法》，张恩民译，法律出版社2005年版。

于 1966 年参加了《罗马公约》，1974 年参加了《伯尔尼公约》《世界版权公约》《唱片公约》，1979 年还参加了《卫星公约》。

《德国著作权法》的主要特征如下：①作品范围规定得较为宽泛。该法不仅保护文学、艺术、科学作品，而且在第 4 条明文规定了汇编作品和数据库作品，即"数篇著作或稿件的汇编物（汇编著作）如能通过选择和编排构成个人的智力创作，在不损害汇编的著作的著作权的情况下，当作独立著作予以保护"；"数据库是指系统地或依据一定方法编排各成分且借助于电子或其他方式能够进入各单独成分的汇编作品"。此外，1993 年《德国著作权法》修订后，增加了计算机程序的保护，且将其作为语言著作加以保护。②著作权法仅承认作品的作者为著作权人，法人、雇主、委托人一般不能成为著作权人。③著作权法对作者权利作了较为详细的规定。该法保护作者人身权和财产权，且规定了接触权、延续权及复制物的出租与出版权。该法第 25 条规定："如果为制作复制物或改编著作并且不损害占有人的合法利益，著作人可向占有其著作原件或复制物的占有人要求让他接触该原件或复制物。但占有人无义务将原件或复制物送交著作人。"该法第 26 条第 1 款就延续权还规定："如果美术或摄影作品的原作被再次让与并且有艺术商或拍卖商作为受让人、让与人或中介人参与，让与人应将让与所得按一定份额支付给著作人。如果让与人所得少于 400 欧元的，则取消该项义务……"该法第 27 条规定："如果出租或出借第 17 条第 2 款允许再次传播的著作复制物是用于出租者或出借者的营利目的或者通过公众可到达的机构（图书馆、唱片中心或其他复制中心）出租或出借复制物，则应向著作人支付适当报酬。该获酬权仅可以事先让与集体管理组织。"④关于著作权保护期作了特殊规定。《德国著作权法》第 64 条规定："著作权在作者死亡之后 70 年消灭。"此外，2013 年 8 月 1 日的最新修正在第 87 条增加了一项专属于报纸杂志的新邻接权，即新闻出版者权。

（四）法国著作权法的沿革[1]

法国早期著作权法律制度产生于 18 世纪末叶。于 1791 年颁布了《表演权法》，1973 年颁布了《复制权法》。1957 年 3 月 11 日，通过并颁布了第 57-298 号法律，即《文学、艺术产权法》，后于 1985 年 7 月 3 日通过第 85-660 号法律，即《关于著作权和表演者、音像制品制作者、视听传播企业的权利的法律》。法国现行著作权法是 1992 年 7 月 1 日通过的第 92-597 号法律，即《知识产权法

---

[1] 《法国著作权法》有关条文参见黄晖译：《法国知识产权法典》，商务印书馆 1999 年版。

典》之"文学和艺术产权"部分,继 1994 年和 1995 年的两次修正后又于 2006 年 8 月 11 日针对公务员作品、追续权、使用作品控制权、著作权限制以及数字环境下作品著作权保护作了最新修订。此外,法国于 1973 年加入了《唱片公约》,1974 年加入了《世界版权公约》和《伯尔尼公约》实质性条款,1987 年参加了《罗马公约》。

《法国著作权法》的主要特征如下:①著作权法关于受保护作品的范围扩展到作品标题。该法 L.112-4 条规定:"智力作品的标题具有创造性的,同作品本身一样受到保护。即使一作品根据 L.123-1 条至 L.123-3 条已不再受保护,任何人均不得在可能引起混淆的情况下用其标题区别同类作品。"②在保护内容上采取独立保护原则。法国著作权法确认作者人身权利和财产权利是彼此独立的,即"著作权结构二元论"。③著作权可作为使用权转让。该法第 L.131-3 条规定,转让著作权应符合下列条件:在转让合同中对转让的每一权利分别说明;对被转让的使用权的领域限定使用范围、目的、地点、期限。并于第 L.131-1 条规定:"全部转让未来的作品无效。"④版税征集与分配公司的设立。该法规定,征集与分配作者版税、表演者和音像制品制作者版税的公司以民事公司的形式组成。合股人应该是作者、表演者、音像制品制作者、出版者和他们的权利所有者。这些合法组成的民事公司有资格进行诉讼以维护其章程赋予的权利。

(五)日本著作权法的沿革[1]

日本著作权法制观念的形成始于 19 世纪末,在明治八年(1875 年)最早制定了出版条例,该条例主要以出版权为内容。所谓出版权,实际上是指出版商经官府特许而享有的图书专卖权,并规定出版的保护期间为 20 年。明治二十年(1887 年)制定了《版权条例》。在该条例中,明确规定了版权是作者所专有的出版权。明治二十六年(1893 年)日本正式制定了《著作权法》,规定著作物必须载有"版权所有"字样。在取得著作权的程序上采纳了注册主义。明治三十二年(1899 年)日本对其 1893 年的《著作权法》进行了修订,又综合了其他著作权的法规制定了统一的《著作权法》。该法主要是受大陆法系国家的影响,并为了与《伯尔尼公约》规定相吻合而废除了注册主义,采纳了创作主义。该法先后经过五十多次的修订,最后一次修订为昭和四十四年(1969 年),且于次年全面修正完毕,将 1899 年《著作权法》的 5 章 46 条增加到新法的 7 章 124 条。

---

[1] 《日本著作权法》有关条文参见"日本著作权法",邵延丰译,载国家版权局编:《版权参考资料(增刊)》。

此法于1971年1月1日公布生效，后来经过多次修订，于1994年形成了现行《著作权法》，并于2004年、2010年1月1日实施了重大修改。2018年2月，日本政府在内阁会议上通过了新的《著作权法》修正案并将于2019年1月1日施行。另外，日本于1975年4月24日参加了《伯尔尼公约》，1977年10月21日参加了《世界版权公约》，1978年10月14日参加了《唱片公约》。

《日本著作权法》的主要法律特征如下：①关于职务作品的著作权归属。《日本著作权法》第14条规定："以通常的方法，在著作物的原作上或者在向公众提供或提示其著作物时所署的姓名或名称；或以公众所周知的假名、笔名、简称或代替真名的别名表示为著作人姓名的人，即推定为该作品的著作人。"这与其他大陆法系国家的规定是一致的。但该法第15条又规定："按照法人或者使用者的提议，从事该法人等的业务的人在履行职责时作成的著作物，该法人等以自己的名义发表这种著作时，只要在其作成时的合同、工作规章中无另外规定，则该法人等视为著作人。从事法人等的业务的人按照法人等的提议，在履行职务时作成的程序著作物，只要雇佣合同中无另外规定，则该法人等视为著作人。"这一规定显然不同于大陆法系其他国家著作权法的规定。②不承认作者对其作品享有收回权。《日本著作权法》第18~20条规定了作者所享有的人身权利（精神权利），包括发表权、署名权和保证作品内容完整权三大权利，而不承认作者享有对其作品的收回权。这一规定与世界其他国家和地区的著作权法规定不完全相同。③关于著作权的转让作了特殊规定。《日本著作权法》第61条规定："作者可以将著作权的全部或一部分转让。"并规定转让时，应对创作或者利用作品翻译本或改编本的权利作出明确规定。同时该法第79~99条还规定，如果复制权所有人将出版权转让给某一出版人，后者即获得了出版权。按照合同的条款，此种出版权将从确定权利之后首次出版时起3年届满时终止。出版人根据合同有义务在收到作品手稿或其他原著6个月内出版该作品。这与其他国家规定不同，如《保加利亚著作权法》规定，作者只能转让从其著作权衍生出来的单独的财产权利，而不能全部转让。又如，《德国著作权法》第29条规定："著作权只能在执行遗嘱中或在遗产分配中向共同继承人转让，除此之外不得转让。"④在著作权保护上实行了涉及面较宽的强制制度。《日本著作权法》第67条第1款规定："已发表的著作物或一定期间内揭示、提供给公众的事实已明确的著作物，因著作权所有者不明及其他理由，虽付出相当努力但仍未能与著作权所有者取得联系时，经文化厅长官裁决，并为著作权所有者寄存文化厅长官规定的相当于通常使用费数额的补偿金后，方可通过与该裁决有关的方法使用该著作物。"该法第68条对著作物的广播、第69条对商用唱片的录音也作了类似于第67条的规定，其目的在于繁荣本民族的文化和提高国民的教育水平。

(六) 澳大利亚著作权法的沿革

澳大利亚采用联邦制后由联邦国会制定的第一部《著作权法》颁布于1905年，并于1907年1月1日生效。依该法之规定，首次在澳洲印刷或者发行或首次在其他地区发行而于发行后14天内同时在澳州发行的任何书，作者均享有著作权。该法对作者著作权与表演权的保护期限规定为42年，或者著作人终身加上死后7年，以最长者为准。但如果著作人生存期间尚未发行或表演其作品，则自其首次发行或公演之年起算42年。澳大利亚联邦国会于1912年制定了新《著作权法》，同年7月1日生效。该法规定，除新法另行修订之条文外，英国1911年著作权法列为该法的法定附录，并在不抵触联邦法原则下继续有效。澳大利亚现行《著作权法》为1968年6月27日制定，1969年5月1日生效，后经多次修订，并于1988年形成的《著作权法》。该法分为基本原则、释义、文学、戏剧、音乐及工艺创作之著作权，著作以外客体的著作权，著作权侵害之救济，著作权仲裁庭，政府著作权，该法施行区域之扩展与限制，著作人资格的假冒，附则事项，暂行条款及规章共12章249条。2000年为应对数字技术发展颁布了《著作权法修正案（数字议程）》。联邦政府于2006年发布了《2006年版权法修正法》。另外，澳大利亚于1974年6月22日参加了《唱片公约》，1978年2月28日参加了《世界版权公约》，1978年3月1日参加了《伯尔尼公约》。

《澳大利亚著作权法》的突出特点表现为：①关于受著作权法保护的作品。依《澳大利亚著作权法》之规定，凡具有独创性的文学、戏剧、音乐和艺术作品，如果是首次在澳大利亚出版或首次出版时，作者是澳大利亚的公民或居民；或者作者已死亡，则在其临终前为澳大利亚公民或居民的情况下，其著作权均受保护。对于未出版的作品，如果其作者在创作该作品时是澳大利亚公民或居民，其作品著作权亦受保护。与其他国家著作权法不同的一点是，《澳大利亚著作权法》第74~77条详细规定了关于保护工业设计的条文。②关于著作权的归属。原则上规定作品的作者通常是作品的第一著作权所有人。但是，如果无相反约定，作者在受雇于报刊业主期间，或者根据服务合同或师徒合同而创作的文学、戏剧或艺术作品，凡在报刊上刊载或转载、广播的，由业主享有著作权，但在其他情况下，由作者享有著作权；作品如果是根据澳大利亚联邦或某一州或由政府承认的任一国际组织的指示或受其支配而创作或出版的，则政府或该国际组织为版权所有人。③著作权转让。依据《澳大利亚著作权法》第196条之规定，著作权可以通过转让、遗嘱或执行法律规定而移转给他人。该转让可以是全部转让，也可以是部分转让,但必须经转让人或其代理人在书面文件上签字,否则转让无效。④依据《澳大利亚著作权法》第 136~175 条之规定,设立了版权法庭,以处理各种著作权事务和纠纷。通常情况下,该法庭主要处理应支付的录音制片的版税、录音制品或者影片制作人应向版权所有人支付的报酬、广播组织应向版权所有人支付的款额、音乐作品的版权所有人和文学戏剧作品的版权所有人之间的版税分配比例以及关于许可证制度方面的纠纷等。

三、中华人民共和国成立后著作权法的产生及发展

中华人民共和国成立后,党和人民政府十分重视著作权保护。在彻底废除旧中国的著作权法规基础上,逐步建立起社会主义的著作权法律制度。1990 年 9 月 7 日,《著作权法》的颁布,标志着我国著作权法律制度正在不断地健全和完善。但在此之前,我国长期以来只是通过一些政策文件作出各种关于保护著作权的规定。

纵观中华人民共和国成立七十多年来,我国著作权立法大致经历了以下几个阶段:

(一) 1949 年至 1958 年

1950 年 9 月 25 日第一次全国出版会议召开,通过了《关于改进和发展出版工作的决议》(以下简称 1950 年《决议》)。这一决议对于著作权问题作出了一些原则性的规定,强调保护作者的合法权益。1952 年 10 月,中央人民政府出版总署制定了《关于国营出版社编辑机构及工作制度的规定》(以下简称 1952 年《规定》)。1953 年 11 月 12 日,为了防止和制止盗印他人图书的现象,中央人民政府出版总署还发布了《关于纠正任意翻印图书现象的规定》(以下简称 1953 年《规定》)。1955 年 10 月 6 日,文化部曾作出《关于我国处理国际著作权问题的通知》(以下简称 1955 年《通知》)。该通知仅仅是内部文件,从未公布过。1957 年和 1958 年,文化部又先后起草了《保障出版物著作权暂行规定》,颁布了《关于文学和社会科学书籍稿酬的暂行规定》。

1950 年《决议》第 12 条指出:"稿酬办法应在兼顾著作家、读者及出版家三方面利益的原则下与著作家协商决定;为尊重著作家的权益,原则上应不采取卖绝著作权的办法。计算稿酬的标准,原则上应根据著作物的性质、质量、字数及印数。"第 15 条还指出:"出版物应尽可能有序文、前记一类的文字,对读者负责介绍内容及版本情况,著译情况。在版权页上,对于初版、再版的时间、印数、著者、译者的姓名及译本的原书名等,均应作忠实的记载。在再版时,应尽可能与作者联系,进行必要的修订。校对应力求精审,以减少或消灭技术错误。"

此外，该决议为了防止侵犯著作权及作者的合法权益，在其第17条还指出："出版业应尊重著作权及出版权，不得翻印、抄袭、窜改等。"这一决议后来成为我国处理著作权纠纷的主要依据。

1952年《规定》第3条指出："根据选题计划向著作人约稿，应订立合同。其主要内容应包括原稿字数、交稿日期、稿酬数目等项，并须经社长、总编辑、经理（出版部主任）及著作人本人签字。"第5条规定："每种书籍版权页上必须注明该书的著作人、编辑、美术编辑、出版者和印刷者，以明责任。"在编辑部责任方面，该规定第6条指出："编辑部对每一书稿都应负政治上与技术上的责任。编辑对一般书稿有修改的权利和责任，但修改必须征得著作人同意。书籍重版前应征询著作人有无修改，或提请著作人修改。一般书籍应加编辑说明，需作注释和索引者应加注释和索引。"这些规定为解决出版社与作者之间的矛盾，以及因退稿、拒付报酬、随意撤销选题等侵犯作者合法权益的纠纷，起到了重要的积极作用。

1953年《规定》明确指出："一切机关团体不得擅自翻印出版社出版的书籍、图片，以重版权，而免浪费，并便利出版发行的有计划的管理与改进。……各机关团体宣传需要，须自行编辑书籍而此种书又要向社会上公开发行者，经一定的领导机关同意后，可交由当地国营出版社统一出版。……"

1955年《通知》明确指出："所有经出版部门出版的书籍一律实行基本稿酬加印数稿酬的计酬办法。根据不同类型的书稿，规定不同的印数稿酬递减率。把著作稿和翻译稿的基本稿酬和印数稿酬加以区别，翻译稿酬只有著作稿酬的60%。"此外，针对著译作品质量的高低，该通知还指出："质量高的书籍给比较高的基本稿酬；专门的学术著作而印数又比较少的印数稿酬的递减率要小；有特殊学术价值，对社会将有特殊贡献的书可以特殊鼓励。"这一通知保障了著译者的正当权益和合理收入，鼓励了著译者的创造性和积极性，有利于提高著译作品的水平。

（二）1959年至1978年

这一期间，由于受1957年反"右"斗争扩大化，法律虚无主义及1958年"左"倾的影响，我国社会主义法制建设遇到严重阻碍，著作权立法工作也处于停滞状态。1960年冬，党中央和毛泽东同志开始纠正"左"倾错误，著作权立法也出现了一线新的生机，先后颁布了有关必要的法规。例如，1961年5月11日，文化部发布了《关于在整顿出版工作中应严肃认真处理书稿的通知》。该通知指出："对于著译者已经交来而尚未处理的存稿，凡有出版价值或经过加工修改后有出版价值的，均须按照专业分工，负责移转给新成立的出版社或其他有关出版社。务必做到件件有着落，不让一件有价值的书稿失掉出版机会。对于质量不合要求，即使经过加工修改也无出版可能的手稿，应向著译者说明情况，认真办理退稿手续。"这一通知促进和提高了出版工作，改变了"左"倾错误给文化界带来的严重混乱。

1961年9月28日，文化部在《关于理工农医各科教材稿酬问题的意见》中指出："著作稿酬每千字为4元至15元，翻译稿酬每千字为3元至10元。"1963年5月11日，文化部还在《关于古籍注释的印数稿酬问题》中指出："注释（包括汇集前人的注释和新写的注释）的稿酬只付一次，不按印数计算。……被注释的古人的原件，不需要支付稿酬。至于编选校勘标点等，一律不付印数稿酬。"

"文革"期间，我国的法制建设再度受到严重的干扰和影响，著作权立法工作也因此长期被搁置。

（三）1978年至我国《著作权法》颁布

党的十一届三中全会以来，我国进入了具有历史意义的"四化"建设的新时期。为了贯彻社会主义现代化的路线，发展科学、文化事业，学习国外先进的科学技术和进步的文学艺术，著作权法制建设也得到了蓬勃发展。1980年，国家出版局先后发布了《关于转发中美贸易关系协定第六条的通知》（1980年2月1日），《关于目前翻译出版美国书刊的版权问题的意见》（1980年7月15日）。1981年，国家出版局发布了《关于维护出版社出版权利的通知》。

《关于维护出版社出版权利的通知》中指出："一、国内出版社根据作者和编注者的协议对自己出版的图书享有出版的权利。没有原出版社的授权，其他出版社无权翻印，也不得擅自删节（不含缩写本）或改头换面之后另行排印。二、著译者已授权给出版社的手稿，别的出版社不得用提高报酬标准或重复付稿费等不正当手段，另行排印出版。三、出版社任意翻印图书，侵犯原出版社权利，必须严肃检讨，并赔偿原出版社损失；翻印的图书作为租型图书处理，按原出版社规定的租型费率增加50%交付租型费；使用的纸型和图版无偿交给原出版社。"同年8月5日，国家出版局为了适应对外发展的需要，颁布了《加强对外合作出版管理的暂行规定》。该规定就对外合作出版的原则、项目、权利和义务、审批手续、付酬办法等均作了明确规定，为我国加强和促进对外合作出版工作提供了法律上的依据。针对"文革"前遗留稿费问题，国家出版局于1981年12月19日发布了《关于对"文革"前遗留稿费问题的处理意见》。该意见就"文革"遗留稿费明确规定："一、对'文革'前夕正式出版的著译，出版社未付酬者，应补付。二、被错划右派或错判刑，现已平反者，其著译在出版社正式出版后，未付酬的,应补付。三、'文革'前夕,按约稿合同交稿,作者著译稿合乎出版社要求,由于出版社原因不能出版者,出版社应按合同规定视具体情况酌情付给著译者一部分赔偿费。"1984年,我国连续发布了许多有关稿酬问题的规定,如文化部出版局《关于〈辞通〉一书付酬问题的答复》《关于稿酬问题的几点答复》《关于修订故事片各类稿酬规定的通知》;文化部《关于转发〈书籍稿酬试行规定〉的通知》,以及文化部电影局《关于科学教育影片各类稿酬暂行规定的通知》等。

随着我国科学文化事业的不断发展和对外科技文化事业的不断交流,跨入1985年后,我国著作权立法得到了飞速发展。[1] 1986年5月,国家版权局正式向国务院呈交了《中华人民共和国版权法(草案)》。后经反复讨论,将版权法草案修改为《中华人民共和国著作权法(草案)》,经国务院常务会议讨论通过后于1989年12月14日第七届全国人民代表大会常务委员会审议。第七届全国人民代表大会常务委员会先后在其第十一次、第十二次、第十四次、第十五次会议上都进行了广泛的讨论,并于1990年9月7日在其第十五次会议上通过并从1991年6月1日起施行。

(四)《著作权法》开始实施至今

我国《著作权法》颁布后,为了适应国内市场经济和进一步完善著作权法的需要,于1991年5月30日颁布了《著作权法实施条例》,于1991年6月4日颁布了《计算机软件保护条例》,于1992年4月6日颁布了《计算机软件著作

---

[1] 1985年1月1日,文化部发布了《文化部关于颁发〈图书、期刊版权保护试行条例实施细则〉和〈图书约稿合同〉、〈图书出版合同〉的通知》(已失效),文化部出版局于1985年1月5日发布了《文化部出版局关于实行〈美术出版物稿酬试行办法〉的通知》(已失效),同年2月25日,文化部还发布了《付给戏剧作者上演报酬的试行办法》(已失效)。1985年7月25日,国务院批准设立国家版权局,标志着我国在建立和健全著作权法律制度方面又迈出了重要的一步。国家版权局成立后,根据我国著作权法律制度的现状和对外开放、发展经济交往的需要,先后颁发了《关于期刊一年专有出版权的说明》、《关于内地出版港澳同胞作品版权问题的暂行规定》、《关于出版台湾同胞作品版权问题的暂行规定》(已失效);广播电影、电视部还发布了《录音录像出版物版权保护暂行条例》(已失效)等。这些规定在当时均从不同的角度对广大科学、技术、文学、艺术等作品的著作权给予了适当的保护。从立法方面来看,1985年4月10日第六届全国人民代表大会第三次会议通过的《继承法》和1986年4月12日第六届全国人民代表大会第四次会议通过的《民法通则》中对著作权法有关问题作出了一些立法性的规定,使我国在建立和健全著作权法律制度方面又有了重要发展。我国《继承法》第3条将公民的著作权中的财产权利规定为个人的合法财产,可以作为遗产由公民的继承人加以继承。《民法通则》第94条规定:"公民、法人享有著作权(版权),依法有署名、发表、出版、获得报酬等权利。"第118条还规定:"公民、法人的著作权(版权)……受到剽窃、篡改、假冒等侵害的,有权要求停止侵害,消除影响,赔偿损失。"这些规定表明了我国已在法律上将著作权作为一项特殊的民事权利,并确立了它的法律地位。

登记办法》，并于 1992 年 1 月 24 日颁布了《图书出版合同》标准样式等，逐步形成了具有中国特色的著作权保护体系。同时，为了适应国际形势和进一步对外开放的需要，1992 年 9 月 25 日国务院发布了《实施国际著作权条约的规定》，同年 10 月正式加入《伯尔尼公约》和《世界版权公约》，并于 1993 年 4 月加入《录音制品公约》，使我国成为国际著作权保护公约的成员，正式加入国际著作权保护体系。自此，进一步贯彻国内法和实施国际公约，标志着我国著作权法律制度步入一个新的历史时期。

《著作权法》自 1991 年 6 月 1 日实施近三十多年来，对保护著作权，激发作者创作积极性，促进经济、科学发展和文化、艺术繁荣，起到了积极作用。同时，经济、科技和文化的发展，改革的不断深化，也给著作权保护制度提出了一些新问题，例如，著作权保护的客体和著作权的权利种类增多，著作权法已经难以完全适应；盗版之类侵权活动愈演愈烈，需要增强打击力度；随着我国相继参加一些国际著作权条约并在一些国家或地区签订著作权协议，没恰当处理履行国际义务与对国内著作权保护的关系问题较以往更加突出。尤其是《TRIPs 协议》的签订，修订我国《著作权法》成为当务之急。基于此，国家版权局和国务院法制办经过总结实践经验，认真调查研究、广泛征求意见并参考有关国际条约，于 1997 年 8 月 15 日拟订了《著作权法修正案（草案）》，并于 1998 年 11 月 28 日提交全国人大审议，后于 2001 年 10 月 27 日审议通过。2002 年 8 月对《著作权法实施条例》进行了修订后，于 2013 年 1 月 16 日再次进行了修订并自 2013 年 3 月 1 日起施行。

此次《著作权法》修订的主要内容：①扩大了著作权的保护范围（权能扩大为 17 项、缩小了免费使用他人作品的范围、增加了编写教材引用他人著作应支付报酬的规定、增加了出租权、增加了对版式设计的规定）；②增加了著作权转让的规定；③增加了著作权集体组织的规定；④加大了著作权保护的力度（加大了对计算机软件的保护、增加了诉前禁令和诉前证据保全的规定、规定了侵权赔偿的法定数额 50 万元以下规定了侵权人的举证责任、对社会危害较大的行为加大了行政处罚力度）。

2002 年 8 月对《著作权法实施条例》修订的主要内容：①在著作权的行政管理上实行中外无别（境外的著作权人可在中国的地方著作权行政管理部门投诉）；②规定了支付稿酬的法定期限（为使用作品之日起 2 个月内）；③规定了既侵害著作权，又损害社会公共利益的行为的行政处罚标准（非法经营额的 3 倍，难以计算的为 10 万元以下的罚款）；④明确规定了职务作品的条件（即公民为完成法人或其他组织的工作任务所创作的作品，工作任务指公民在该法人或其他组织中应当履行的职责)。而 2013 年 1 月仅将第 36 条修改为:"有著作权法第 48 条所列侵权行为,同时损害社会公共利益,非法经营额 5 万元以上的,著作权行政管理部门可处非法经营额 1 倍以上 5 倍以下的罚款;没有非法经营额或者非法经营额 5 万元以下的,著作权行政管理部门根据情节轻重,可处 25 万元以下的罚款。"

为了适应高新技术的发展和国际著作权保护发展趋势的需要,我国于 2010 年将《著作权法》第 4 条修订为:"著作权人行使著作权,不得违反宪法和法律,不得损害公共利益。国家对作品的出版、传播依法进行监督管理。"增加第 26 条,规定"以著作权出质的,由出质人和质权人向国务院著作权行政管理部门办理出质登记"。先后又制定和修改了一系列规定,[1] 使我国著作权法律制度在反映我国社会经济发展需要以及与国际著作权保护水准接轨方面更加完善。2011 年,原新闻出版总署启动了《著作权法》第三次修订,国务院就《中华人民共和国著作权法(修订草案送审稿)》已向社会公开征求意见,2018 年将提请全国人大常委会审议著作权法修订草案。

本次修订送审稿主要修改内容包括:①鼓励创作,整合权利体系。关于权利客体。送审稿将《著作权法实施条例》中关于作品的定义上升为法律规定;将"电影作品和以类似摄制电影的方法创作的作品"更名为"视听作品",取消相关权客体"录像制品"的规定;增加"实用艺术作品",赋予其 25 年的保护期;

---

[1] 2000 年 12 月 19 日最高人民法院发布了《最高人民法院关于审理涉及计算机网络著作权纠纷案件适用法律若干问题的解释》(该解释根据 2003 年 12 月 23 日最高人民法院审判委员会第 1302 次会议通过的《最高人民法院关于修改〈最高人民法院关于审理涉及计算机网络著作权纠纷案件适用法律若干问题的解释〉的决定》进行了第一次修正;根据 2006 年 11 月 20 日最高人民法院审判委员会第 1406 次会议通过的《最高人民法院关于修改〈最高人民法院关于审理涉及计算机网络著作权纠纷案件适用法律若干问题的解释〉的决定(二)》进行了第二次修正,后被 2012 年 12 月 17 日发布的《最高人民法院关于审理侵害信息网络传播权民事纠纷案件适用法律若干问题的规定》所取代);2001 年 4 月 21 日国务院发布了于 2001 年 10 月 1 日起施行的《集成电路布图设计保护条例》;2001 年 7 月 17 日最高人民法院公布了于 2001 年 7 月 24 日施行的《最高人民法院关于审理涉及计算机网络域名民事纠纷案件适用法律若干问题的解释》。同年 12 月 20 日国务院公布了修订后的《计算机软件保护条例》(2013 年已被修订),并先后公布了《出版管理条例》(已被修订)和《音像制品管理条例》(已被修订)。随着网络技术的不断发展,为保护著作权人、表演者、录音录像制作者的信息网络传播权,鼓励有益于社会主义精神文明、物质文明建设作品的创作和传播,国务院于 2006 年 5 月 18 日公布了 2006 年 7 月 1 日起施行的《信息网络传播权保护条例》(2013 年已被修订)。为了保障著作权人依法行使广播权,国务院于 2009 年 11 月 10 日公布了于 2010 年 1 月 1 日起施行的《广播电台电视台播放录音制品支付报酬暂行办法》。2013 年修订了《著作权集体管理条例》,2017 年国家版权局还印发了《版权工作"十三五"规划》等。

将"计算机软件"修改为"计算机程序",以文字作品保护计算机文档。关于权利内容,送审稿对权利内容进行了重新整合,简化"人身权"和"财产权"的权项,但其权能没有减少,且略有增加;并从实践出发重新界定权利的边界。主要修改有:一是将现行著作权法规定的17项权利重新整合为13项,取消修改权、放映权、摄制权、汇编权等4项权利,其权能分别由保护作品完整权、表演权、改编权和复制权涵盖;二是增加追续权(送审稿中未出现追续权字样),同时考虑到其本质属于报酬请求权,有别于著作权的基本权利,因此单列条款规定;三是将广播权修改为播放权,适用于非交互式传播作品,以解决实践中网络的定时播放和直播等问题,将信息网络传播权适用于交互式传播作品;四是相关权部分,增加表演者的出租权以及其对视听表演的获酬权,增加录音制作者对他人以表演和播放的方式使用其录音制品的获酬权,将广播电台电视台享有的权利由"禁止权"修改为"许可权"等。关于权利归属,送审稿体现了当事人"意思自治"原则,主要修改有:一是将现行著作权法关于视听作品的权利法定归属制片者调整为当事人约定优先,同时增加了视听作品作者的利益分享机制;二是确立职务作品的权利归属当事人约定优先的原则,同时针对不同的法定情形规定了相对方的权利;三是为解决在原件是作品的唯一载体的特定情况下,原件的灭失将影响著作权行使的问题,增加关于载体唯一性的美术作品的著作权保护规定。关于权利保护期限,根据国内相关团体的要求和相关国际公约的规定,送审稿将摄影作品的保护期修改为作者终身及死后50年。关于权利限制,参照国际规则,适当调整权利限制的范围,并增加关于权利限制的原则性标准的规定。②促进运用,调整授权机制和市场交易规则。一是增加关于著作权和相关权登记的规定,为降低版权交易风险、避免权属争议提供制度保障。二是为有效解决著作权交易过程中"一权二卖"的问题,切实保护合同相对方的合法权益,增加关于专有许可合同与转让合同缔约过程中权利登记的规定,确保著作权交易安全。三是根据相关国际公约和社会各界意见,将现行著作权法五类著作权法定许可进行调整,保留教科书和报刊转载法定许可,将广播电台电视台的两项法定许可合并为一项,取消录音法定许可。同时明确规定法定许可的适用条件以及违反法定义务的法律责任。四是为适应数字网络环境下海量使用作品的需要,为解决特定情况下,著作权人查找无果但仍需使用作品的实际,增加相关规定,允许使用者在向有关机构申请并提存使用费后以数字化形式使用作品。五是为充分发挥著作权集体管理制度的作用,送审稿优化了著作权集体管理制度的设计,强化了社会监督和政府监管。③强化保护,完善救济措施。一是将民事侵权情形由现行《著作权法》的列举式修改为概括式,扩大了权利人主张权利的范围并增加了网络服务提供商民事责任的规定。二是将现行著作权法关于确定损害赔偿数额的顺序性规定修改为选择性规定，即允许权利人在实际损失、侵权人违法所得以及权利交易费用的合理倍数中进行选择。同时提高了法定赔偿数额为 300 万元以下、增加惩罚性赔偿的规定、并适当增加了侵权人的举证责任。三是在行政法律责任方面，将罚款的倍数由非法经营额的 3 倍提高为 5 倍，将 10 万元提高为 25 万元，另一方面增加了著作权行政管理部门的执法手段，特别是查封扣押权。四是将现行《著作权法》关于计算机程序的善意持有者可以支付合理使用费后继续使用该程序的规定，修改为其必须重新获得授权后才能继续使用；扩大了作品使用者过错推定的范围；增加了关于著作权纠纷行政调解的规定。④科学规范，完善体例结构。一是在章节内容上，增加了"权利的限制"和"技术保护措施和权利管理信息"两章，以及"著作权集体管理"一节。二是修改了部分章节名称。将"出版、表演、录音录像、播放"修改为"相关权"，并将其相关节的称谓由"行为"修改为"主体"，如将"图书、报刊出版"修改为"出版者"；将"著作权许可使用和转让"修改为"权利的行使"；将"法律责任和执法措施"修改为"权利的保护"。三是调整了章节顺序。采取先权利（著作权和相关权）、再权利的限制、权利的行使、技术保护措施和权利管理信息，最后权利的保护的顺序。四是对与其他法律的衔接作出明确规定，主要针对侵权行为的刑事制裁，当事人申请诉前禁令、财产保全、证据保全以及调解协议司法确认，行政复议和行政诉讼等法律适用作出相应的衔接性规定。五是鉴于《计算机软件保护条例》和《实施国际著作权条约的规定》的主要内容已经被送审稿吸收，拟废止《计算机软件保护条例》和《实施国际著作权条约的规定》。

就我国著作权的行政管理而言，2018 年 3 月，根据中共中央印发的《深化党和国家机构改革方案》，中央宣传部统一管理新闻出版工作。为加强党对新闻舆论工作的集中统一领导，加强对出版活动的管理，发展和繁荣中国特色社会主义出版事业，将国家新闻出版广电总局的新闻出版管理职责划入中央宣传部。中央宣传部对外加挂国家新闻出版署（国家版权局、国家电影局）牌子。

■本章小结

通过本章学习，我们了解和掌握了著作权和著作权法的基本内涵和外延，并对著作权法的性质和调整对象有了认识。通过梳理国内外著作权法的历史演变，我们对著作权法的作用和原则有了更深刻的理解。

■本章思考题

1. 如何理解著作权的含义？

2. 著作权与专利权、商标权的异同是什么？

3. 著作权法具有哪些特点？

4. 从国内外著作权法律制度的历史演变说明著作权法律制度与本国文化发展的关系。

5. 我国《著作权法》第三次修订涉及哪些主要问题？

第二章
著作权法律关系客体

[提示要点]
　　著作权法律关系正是有了特定的作品作为客体，主体的权利和义务才能针对具体的目标而得以实现。但只有满足了特定法律要件的智力表达，才受著作权法的保护。本章的重点在于掌握作品的含义和要件、作品的不同类型及不受著作权法保护的对象，难点在于对作品独创性的理解。

第一节 作品概述

　　作品是作者通过自己的智力活动所创造的有关文学、艺术和科学领域内具有独创性并能以某种形式固定的智力表达。根据我国《著作权法实施条例》之规定，作品是能以某种有形形式复制的智力成果。[1] 任何作品，都是人类思想的表达。作品不是思想，而是思想的表达。"思想—表达"二分法是研究著作权法的理论基础。所谓思想，是指故事、内容、主题等；所谓表达，则是指借用一定的方式，把思想表达出来的结果。比如，作者可以借用口头方式，也可以借用书面方式，还可以借用其他等方式进行表达。可见，作品是作者通过智力活动所创造的智慧成果，其表现形式具有独创性；能够以某种形式固定，并能为第三人所感知，即其表现的方式具有客观性。至于作品的范围，只能是文学、艺术和科学领域内，即其范围有一定的限定性。依据我国《著作权法》之规定，能够成为著作权法律关系客体的作品，必须符合以下条件：

一、独创性

　　独创性是作品应具备的首要条件，一般也称原创性或初创性，是指一部作品是经作者独立创作产生的，是作者独立构思的产物，即作品是作者运用自己的方法和习惯对其思想进行选择、取舍、安排、设计或者组合并通过文学、艺术、科学、技术等形式表现出来的结果，而不是对已有作品的复制，更不是对已有作品

---

[1] 《著作权法实施条例》第2条。

的剽窃或抄袭。虽然要求作品必须具有独创性是各国著作权立法中通行的规则，但各国在对独创性的界定和判断上则有不同的认识。

英美法系受"重商主义"的影响，为了给作者的劳动以最大限度的保护，独创性的要求比较低。英国最初的独创性标准经过一系列的案例最终确立为"额头上的汗水"原则。这种理论意味着：作品创作只要付出一定量的劳动，即有独创性，从而得到著作权法的认可。尽管英国法官们在判决中的措辞有所不同，但其观点基本上是一致的。这些解释最终被确定为两个基本原则：一是该作品并非对他人作品的抄袭；二是该作品必须投入了个人的技巧、劳动或者判断。美国早期的版权法沿袭了英国的"额头上的汗水"原则，但后来美国的司法实践中又提出了"最低限度的创造性"要求，即"原创性不是一个严格的标准，它不要求事实以一种创新的或出人意料的形式被陈述出来。但是，同样真实的是，事实资料的挑选和编排不能太机械和常规，以至于根本不要求独创性。虽然创造性的标准很低，但是，它毕竟存在"。[1] 大陆法系重在对作者的精神权利的保护，赋予作者更多的权利，所以对独创性的要求较高。在法国，独创性的判断标准强调"个性因素"，认为那些"无论由任何人来完成它结果都是一样"的创作不能被称为作品。独创性最早被法国最高法院解释为"表现在作者所创作作品上的反映作者个性的标记"。德国著作权理论和实务一般认为，独创性应包括如下特征：必须有产生作品的创造性劳动；作品应体现人的智力，思想或感情内容必须通过作品传达出来；作品应体现创作者的个性，打上作者个性智力的烙印；作品应具有一定的创作高度，它是著作权保护的下限。本书认为，在判断独创性时应当注意以下三点：

1. 作品的独创性并不要求作品必须具备较高的文学、艺术或科学价值，即作品的独创性与作品的文学、艺术、科学价值的大小无关。例如，《美国版权法》第 102 条第 2 款规定："在任何情况下，对作者的独创作品的版权保护，决不扩大到任何思想、程序、方法、体系、操作方法、概念、原理或发现，不论这种作品中这些是以什么形式描述、说明、图示或体现的。"

2. 作品的独创性也不要求作品必须是首创的、前所未有的，即使该作品与已有作品相似，只要该作品是作者独立创作产生的，也同样具备独创性。

3. 作品的独创性应结合具体个案综合进行判断，既要审查作品是否系作者自身独立完成，又要审查作品是否表现了作者的个性贡献。尤其是学界和实务界对"什么是作者的个性贡献"存在认识上的差异。

---

[1] [美] 罗伯特·P. 墨杰斯等：《新技术时代的知识产权法》，齐筠等译，中国政法大学出版社 2003 年版，第 306 页。

二、客观性

作品的客观性是指充当著作权法律关系客体的作品必须能够以一定的客观形式表现出来或固定下来，并能为第三人所感知，即第三人能够利用或者能够直接或间接地看到、听到或者感触到。著作权法保护的不是作品所体现的主题、思想、情感以及科学原理等，而是作者对这些主题、思想、情感或科学原理的表达或表现。这种表达或表现不仅指文字、图形等最终形式，而且当作品的内容成为作者表达思想、主题的表现形式时，作品的内容亦受著作权法保护。但当这种表达是公知的或者是唯一的形式时，则不受著作权法保护。在理解客观性时应注意以下两点：

1. 作品的内容是特定的，即作品必须属于文学、艺术、科学等范围内的思想或感情的表现。该思想和感情如果不特定、不具体化，则第三人无法感知。

2. 作品的内容必须要通过一定的表达形式表现出来。如果仅有特定的内容，而不采取一定的客观表现形式表达出来，第三人同样无法感知。衡量作品的内容是否通过一定的形式进行了表达，主要确定该作品能否以某种形式进行固定，即能否以印刷、复印、拓印、录音、录像、翻录、翻拍等方式将作品制作一份或者多份。

三、合法性

根据民法学的基本理论，著作权法律关系是著作权人在法律范围内通过自身的智力创作活动所引起的一种思想社会关系，它的根本目的在于引起著作权人所预期的民法上的效果。我国 2001 年《著作权法》第 4 条规定："依法禁止出版、传播的作品，不受本法保护。著作权人行使著作权，不得违反宪法和法律，不得损害公共利益。"作品著作权人无论是出版作品，还是传播作品，事实上均为行使作品著作权的方式。故这一规定实质上揭示了作品著作权与作品著作权的行使是不同的。作者的创作行为客观上基于事实行为而并非法律行为，作品著作权也是基于创作完成的作品而得以产生，但作品著作权的行使，无论是作品的出版、还是传播等则会涉及社会公共利益及法律规制的范围，即作品著作权行使的合法性问题。因此，在判定作品及是否享有著作权时应当依据该作品客观上是否具有原创性并是否能够以某种形式予以表现；而在判定著作权人如何行使作品著作权时则应当依据法律规范的具体规定。2010 年《著作权法》将上述第 4 条修改为："著作权人行使著作权，不得违反宪法和法律，不得损害公共利益。国家对作品的出版、传播依法进行监督管理。"虽然，这一修改有一定的背景，但修改前后的内容明确了作品创作行为与作品著作权行使行为的不同，亦明确了作品著作权法与作品出版法的异同。

第二节 作品的类型

作品内容的广泛性决定了作品的种类的多样性。根据不同标准，从不同角度可以对作品进行不同的分类。

一、已发表的作品和尚未发表的作品

根据作品是否发表，可将作品划分为已发表的作品和尚未发表的作品。

已发表的作品是指作品通过一定的表达形式已公之于众；而尚未发表的作品则为作品虽已创作完成但尚未公之于众。这一划分的意义在于明确和掌握著作权法对尚未发表作品的保护。如我国《著作权法》第2条第1款规定，中国公民、法人或者其他组织的作品，不论是否发表，依照本法享有著作权。此外，在著作权限制制度中，能够作为合理使用和法定许可对象的只能是已发表的作品，对他人尚未发表的作品不得进行合理使用或者法定许可使用。

二、原创作品和演绎作品

根据作者创作作品的行为不同，可将作品划分为原创作品和演绎作品。

原创作品是指作者直接通过自己的首次创作行为所完成的作品。演绎作品一般也称为二次作品，是指在既存作品的基础上通过再创作行为所完成的作品，如将小说改编为电影，将电影改编为连环画，将诗改为剧本，将雕刻转化为绘画，将作品从一种语言译为另一种语言等。演绎作品一般是通过改编、翻译、注释、整理、汇编等方式创作完成的作品。这种划分的意义和目的，在于明确和掌握演绎作品本身具有独立著作权，但不得侵犯原作品的著作权。例如，我国《著作权法》第12、14条分别规定："改编、翻译、注释、整理已有作品而产生的作品……不得侵犯原作品的著作权。""汇编若干作品、作品的片段或者不构成作品的数据或者其他材料，对其内容的选择或者编排体现独创性的作品……不得侵犯原作品的著作权。"

三、职务作品和非职务作品

根据作品的创作和所属工作单位的工作是否有关，可将作品划分为职务作品和非职务作品。

依我国《著作权法》第16条之规定，职务作品是指公民为完成法人或者其他组织工作任务所创作的作品。职务作品作者创作的目的是完成法人或者其他组织的工作任务，且作者与该法人或者其他组织具有劳动合同法律关系。依我国《著作权法》之规定，除法律另有规定外，通常情况下，著作权由作者享有，但法人或者其他组织有权在其业务范围内优先使用。作品完成两年内，未经单位同意，作者不得许可第三人以与单位使用的相同方式使用该作品。非职务作品，则是指作者不以履行所属法人或者其他组织的公务为目的而创作的作品。对此，作者所在单位无优先使用权和两年期限的专有使用权。关于职务作品的内涵及归属，一般认为职工在职期间为完成工作任务所创作的作品为职务作品，其著作权归属由当事人约定。当事人没有约定或者约定不明的，职务作品的著作权由职工享有，但工程设计图、产品设计图、地图、计算机程序和有关文档，以及报刊社、通讯社、广播电台和电视台的职工专门为完成报道任务创作的作品的著作权由单位享有，作者享有署名权。职务作品的著作权由职工享有的，单位有权在业务范围内免费使用该职务作品并对其享有两年的专有使用权。职务作品由单位享有的，单位应当根据创作作品的数量和质量对职工予以相应奖励，职工可以通过汇编方式出版其创作的作品。这种划分的法律意义，在于明确职务作品的属性以及职务作品著作权的归属。

四、单一作品和合作作品

根据创作作品作者的人数不同，可将作品划分为单一作品和合作作品。

单一作品，是指创作作品的作者仅为一人。通常情况下，该作品在法律上的权利义务关系比较简单、明确。合作作品即两人以上合作创作的作品，是指两个或两个以上主体共同创作完成的作品，其著作权由合作作者共同享有。没有参加创作的人，不能成为合作作者。合作作品可以分割使用的，作者对各自创作的部分单独享有著作权，但行使著作权时不得妨碍合作作品的正常使用。合作作品不可以分割使用的，其著作权由各合作作者共同享有，通过协商一致行使；不能协商一致，又无正当理由的，任何一方不得阻止他方使用或者许可他人使用，但是所得收益应当合理分配给所有合作作者。他人侵犯合作作品著作权的，任何合作作者可以以自己的名义提起诉讼，但其所获得的赔偿应当合理分配给所有合作作者。这种划分的意义和作用，在于明确和掌握作品作者的人数的不同，意味着作者内部之间的权利义务关系以及法律保护期限不同。

五、我国《著作权法》规定的作品类型

(一) 文字作品

文字作品是指以文字、数字、符号等文字形式表现的科学、技术、艺术作品，包括手稿、论著、创作、图书、期刊、翻译、论述、报纸、改编、选编、译注、讲义和其他文学作品。[1] 数字表现形式的文字作品如各类统计报表、特殊的纯理论演算成果以及代替语言符号表现的如建设符号、电信符号、盲人点字符

---

[1]《著作权法实施条例》第 4 条第 1 项规定："文字作品，是指小说、诗词、散文、论文等以文字形式表现的作品。"

号、聋哑手语等，其所表达的内容也是语言形成的，并可用文字记录、翻译、复制、传播，故也属文字作品。计算机程序是用文字、数学、代码等形式来表现作者的意图，故也属特殊的文字作品。书法作品尽管书写的是文字，但人们判断该作品的价值并不是依据书法文字的排列组合，而是该书法所表现的艺术效果，故书法作品是书写艺术的美术作品。

（二）口述作品

口述作品是指以口头形式表现作者创造性思想的作品，包括讲学、演讲、朗诵诗、布道、报告、说书、说唱、相声及其他同类作品。[1] 口述作品的特征在于口头性和即时现场性。英美法系有的国家不予承认口述作品，如美国仅保护被特定载体固定的作品；而大陆法系国家普遍承认口述作品，如德国、法国、意大利以及我国等。

（三）音乐、戏剧、曲艺、舞蹈、杂技艺术作品

音乐作品是指包括各种音响的组合，配有或未配有文字，用乐器和（或）人的声音表演的作品，包括歌曲、乐曲、演奏等。[2] 应注意区分创作音乐作品行为和表演音乐作品行为，演员和演奏员的现场表演是传播作品的行为，属于邻接权的范畴。

戏剧作品是指将人的连环动作和讲话或者音乐编排在一起，在舞台上表演并通过表演反映事物的作品。[3]

曲艺作品是指一人或者多人以说唱为主要形式而产生的作品。[4] 这类作品既包括文字形式的书面作品，也包括历代相传的师承口述作品。

舞蹈作品是指作者在舞台上以特定的动作或特定动作的组合所表现的作品。[5] 通常包括舞蹈表演和哑剧娱乐性作品。

杂技艺术作品是指通过特定形体动作和技巧表现的作品。[6] 它们是各种艺术表现形式的设计方案，既可以是书面文字形式的表演脚本，又包括即兴表演设

---

[1]《著作权法实施条例》第4条第2项规定："口述作品，是指即兴的演说、授课、法庭辩论等以口头语言形式表现的作品。"

[2]《著作权法实施条例》第4条第3项规定："音乐作品，是指歌曲、交响乐等能够演唱或者演奏的带词或者不带词的作品。"

[3]《著作权法实施条例》第4条第4项规定："戏剧作品，是指话剧、歌剧、地方戏等供舞台演出的作品。"

[4]《著作权法实施条例》第4条第5项规定："曲艺作品，是指相声、快书、大鼓、评书等以说唱为主要形式表演的作品。"

[5]《著作权法实施条例》第4条第6项规定："舞蹈作品，是指通过连续的动作、姿势、表情等表现思想情感的作品。"

[6]《著作权法实施条例》第4条第7项规定："杂技艺术作品，是指杂技、魔术、马戏等通过形体动作和技巧表现的作品。"

计。著作权法对杂技艺术作品的保护，实质上是保护杂技中的艺术成分，杂技中的动作、难度等并不受著作权法保护。

（四）美术、建筑作品

美术作品是指作者以智巧、匠技、色彩、线条、形体、描绘等为手段而表现的绘画、建筑图、雕塑、书法或其他富有美感的作品。[1] 广义的美术作品还包括实用工艺作品，如刺绣、陶瓷、玉器、漆器等。应注意的是，实用艺术作品与纯美术作品的不同。实用艺术作品是指玩具、家具、饰品等具有实用功能并有审美意义的平面或者立体的造型艺术作品，通常以实用价值为主，兼有艺术观赏性，有时可能涉及外观设计及专利权的问题。此外，美术作品本身还可能涉及物权及所有权的问题。

建筑作品是指以建筑物或者构造物形式表现的有审美意义的作品，包括作为其施工基础的平面图、设计图、草图和模型。[2] 该作品属于《著作权法》2001年新修订的内容。并非全部建筑物均可成为建筑作品，该作品从构成要素来看，是艺术和技术结合的产物，"只有既符合建筑美学理论和美的规律，在空间和实体上构成给人以美的感受的艺术造型，同时又符合建筑工程技术规范的建筑，才能够成为建筑作品"。[3]

建筑作品作为美术作品被予以保护源于1908年的《伯尔尼公约》柏林文本的规定。后在学理和实践中引起争议：一种观点认为，建筑实物不构成作品，因为建筑实物的建造，不外乎是利用建筑生产工具和材料，根据建筑方案设计几何图形的堆砌，可视为建筑作品的复制品。另一种观点认为，建筑作品仅指建筑实物，至于图纸、模型等另外加以规定保护。

（五）摄影作品

摄影作品是指作者借助科技器械，在对光或其他辐射敏感的表面上就实体物拍摄而形成的作品。[4] 该作品的独创性通常表现在构图、选择或摄取所选对象的方法上，一般作为艺术作品而受著作权法的保护。摄影作品是指底片或者照片上记载的画面，底片和照片本身则是摄影作品的载体。底片若经暗房处理，印洗

---

[1]《著作权法实施条例》第4条第8项规定："美术作品，是指绘画、书法、雕塑等以线条、色彩或者其他方式构成的有审美意义的平面或者立体的造型艺术作品。"

[2]《著作权法实施条例》第4条第9项规定："建筑作品，是指以建筑物或者构筑物形式表现的有审美意义的作品。"

[3] 参见费安玲等：《知识产权法学》，中国政法大学出版社2007年版，第36页。

[4] 参见费安玲等：《知识产权法学》，中国政法大学出版社2007年版，第36页。

出来的照片所记载的画面则为改编作品。

（六）视听作品

视听作品主要包括电影作品和以类似摄制电影的方法创作的作品，是指将有系统的声音、图像录制在任何合适的物质上，以吸引人们的视觉和听觉，并借助适当的装置进行表演所形成的作品。[1] 广义的视听作品还包括广播作品以及录音、录像制品。电影作品并非电影剧本或分镜头脚本，而是指摄制完成的整部影片的拷贝母片。国际公约相关规定及学界普遍认可，由一系列有伴音或者无伴音的连续画面组成，并且能够借助技术设备被感知的作品，包括电影、电视剧以及类似制作电影的方法创作的作品，通常统称为视听作品。

（七）工程设计图、产品设计图、地图、示意图等图形和模型作品

工程设计图、产品设计图是指以线条表现工程或产品的结构、分解等科技图形作品。这类作品的范围相当广泛，一般包括各种工程设计、建筑设计、机械设备设计、服装家具设计、道路设计以及机械产品、化工产品、机电产品等设计图纸及其说明。但工程或产品的外观设计图或模型，则属于美术作品或构成外观设计而成为外观设计专利权，不属于此类作品。

地图作品是指表示地理事项的平面图或立体图及其图集，它一般是以线条、型号、颜色来表现，按照一定的数学法则，运用符号系统和地图制图综合原则，表示地面上各种自然现象和社会经济现象的图，如地形图、航海图、行政区划图等。地图种类繁多，大体分为普通地图和专题地图。普通地图是指综合反映地面的自然现象和社会经济现象的地图，如水系图、地貌图、土质图、植被图、交通图等。专题地图是指突出反映某一种或几种主题要素或现象的地图，如地质图、水文图、人口图、民族图、历史图等。示意图作品是指用图形而不是按实际准确比例缩小或扩大的方法，来表现或说明客观事物的作品，如线路图、交通示意图、线路示意图、游览图等。学界普遍认为，为施工、生产绘制的工程设计图、产品设计图，以及反映地理现象、说明事物原理或者结构的地图、示意图等统称为图形作品。[2]

模型作品是指为展示、试验或者观测等用途，根据物体的形状和结构，按照一定的比例制成的作品，即为生产产品、展示地理地形、说明事物原理或者结构而创作的三维作品，一般称之为立体作品。

---

[1]《著作权法实施条例》第4条第11项规定："电影作品和以类似摄制电影的方法创作的作品，是指摄制在一定介质上，由一系列有伴音或者无伴音的画面组成，并且借助适当装置放映或者以其他方式传播的作品。"

[2]《著作权法实施条例》第4条第12项规定："图形作品，是指为施工、生产绘制的工程设计图、产品设计图，以及反映地理现象、说明事物原理或者结构的地图、示意图等作品。"

（八）计算机软件

计算机软件是指计算机程序及其有关文档。计算机程序，是指为了得到某种结果而可以由计算机等具有信息处理能力的装置执行的代码化指令序列，或者可被自动转换成代码化指令序列的符号化指令序列或者符号化语言序列。计算机程序包括程序和目标程序。同一程序的源文本和目标文本应当视为同一作品。所谓文档，是指用自然语言或者形式化语言所编写的文字资料和图表，用来描述内容、组成、设计、功能规格、开发情况、测试结果及使用方法，如程序设计说明书、流程图、用户手册等。可见，计算机软件的内容是人们所设计的、为了使电子计算机执行一项任务所需要的一系列逻辑步骤。但该逻辑步骤并不是计算机本身能完成的，而是软件开发人员进行长期艰苦逻辑思维劳动的结果。它凝集着开发人员的智慧、知识和经验，是人类脑力劳动的结晶。这种结晶的表现形式可以用有形物质，如纸、磁带、磁盘等加以固定，形成一种物质财富，但易受他人复制或抄袭。基于此，世界上多数国家和地区确认计算机程序为著作权法的保护对象。我国2002年1月1日施行的《计算机软件保护条例》（2013年修订）已对计算机软件的保护作了特别的规定。但该条例并未从法律上规定，计算机文档如果具备作品要件时与计算机程序应为不同类型作品。

（九）法律、行政法规规定的其他作品

这是对作品的概括性规定，是指法律、行政法规所规定的除上述作品外的其他文学、艺术和科学作品。随着科技不断发展，作品的形态将不断拓展，如动作作品（哑剧作品）、数据作品、网络作品等也将作为作品的表现形式并得到著作权法的保护，而其中亟待我们研究的是民间文学艺术作品。民间文学艺术作品通常是指由特定的民族、族群或者社群内不特定成员集体创作和世代传承，并体现其传统观念和文化价值的文学艺术的表达。包括但不限于民间故事、传说、诗歌、歌谣、谚语等以言语或者文字形式表达的作品；民间歌曲、器乐等以音乐形式表达的作品；民间舞蹈、歌舞、戏曲、曲艺等以动作、姿势、表情等形式表达的作品；民间绘画、图案、雕塑、造型、建筑等以平面或者立体形式表达的作品。由于民间文艺作品形式多样，又具有来源的确定性、主体的群体性、创作的动态性、表达的差异性等特征，因此不能直接适用《著作权法》，并且规定，民间文学艺术表达的保护办法由国务院另行规定。2014年9月2日，国家版权局已发布《关于〈民间文学艺术作品著作权保护条例（征求意见稿）〉公开征求意见的通知》。

第三节　不受著作权法保护的对象

著作权法保护的作品十分广泛，但并非所有的创作物都可充当著作权法律关系的客体。有些创作物虽然具有作品的形式，但因其缺乏独创性而不具备作品的本质属性；有的即使有独创性，但在各国立法例上，或出于本国政策的考虑，或出于社会公共利益的需要，也常将某些创作物排除于著作权法保护之外。基于各国文化历史、政治制度及立法体系的不同，著作权法律关系客体的范围规定也有所差异。

《伯尔尼公约》第2条第4款规定："本同盟各成员对立法、行政或司法性质的官方文件以及这些文件的正式译本的保护由缔约各国国内立法确定。"《德国著作权法》第5条第1款规定："法律、法令、官方公告、通告、判决及为判决撰写的官方指导原则不享受著作权保护。"《意大利著作权法》第5条规定："国家或政策部门的法令文件，无论是意大利的或外国的，均不适用本法。"《日本著作权法》第13条规定："凡属于下列任何一项的著作物，都不得成为著作权的标的：宪法及其他法令；国家或地方公共团体机关发布的布告、训令、通知及其他类似的文书、法院的判决、决定、命令和审判以及行政厅按照审判程序所作出的裁决与决定；国家或地方公共团体完成的第三项所列作品的翻译作品和编辑作品。"《美国版权法》第105条规定："本法规定的版权保护不适用于任何美国政策的作品。"我国现行《著作权法》第5条规定："本法不适用于：①法律、法规，国家机关的决议、决定、命令和其他具有立法、行政、司法性质的文件，及其官方正式译文；②时事新闻；③历法、通用数表、通用表格和公式。"

概览国际公约及各国著作权立法的规定，一般不受著作权法保护的对象主要有以下几种：

一、法律、法规等

这里的法律法规包括立法机关所颁布的法律、法令和审判机关所作的裁决及其正式译文，以政府名义所发布的具有行政性质的文件、报告及其正式译文等。

二、历法、通用数表、通用表格和公式

这是指各种科学定律和公式，已公开通用的数据、技术指标和技术规范，日历、通用表格、账簿、银行支票等。

三、时事新闻

时事新闻是指通过报纸、期刊、广播电台、电视台、网络等媒体发表或以其他方式传播的单纯事实消息。

对于作品，需要注意以下问题：

1. 网络环境下的作品。传统印刷技术使得作品固定在有形载体上，故作品是固定的；而在网络中作品是动态的，并可能以数字化信息形式存在，而非固定在有形物质载体上。在互联网之间传播的信息可能仅仅是一些数据，有时并不符合传统版权的定义。传统作品之间的界限十分明显，而网络环境中的作品之间可能失去界限，如用户随机选择的作品。电子出版、联机会议、联机编辑、云计算、资源聚集、非交互计算的应用使得作品著作权及所有权问题变得更加复杂。

2. 人工智能创作物。随着大数据、云计算、物联网等网络技术的发展，出现了大量涉及不同类型作品的人工智能物。人工智能物可否成为著作权法意义上的作品引发了热议，其核心争议点在于人工智能物是否具备法律意义上的独创性以及人工智能是否能够成为著作权法意义上的创作主体。如果具备独创性构成法律意义上的作品，则其是否当然具有著作权以及著作权的归属；如果无法构成作品，尽管得不到著作权法保护，但能否作为其他法律保护的对象。这些问题学界和实务界均从不同角度积极进行探索。

3. 事实作品。事实作品是指对物质世界进行真实描述与代表的作品。如地图、电话号码本、数据库与新闻记录等。该类作品的价值因作者对信息、事实的采集而产生。表达的方式有的是对真实世界的物质按比例放大或缩小，如地图（地图编制过程：测绘—平面记载—编绘—地图）；有的是按时间、地点、人物、过程等的真实描述，如科学记录电影；有的是按照自然顺序排列，如数字顺序、读音顺序、笔画顺序、地区顺序、国家顺序、元素周期顺序等；有的则表现为信息模型，如文献摘要；还有对自然的记录，如地理遥感信息。此外，实践中使用的经济指数与市场信息，如股市行情，统计资料，气象、海洋、矿藏、水文等信息等也可能被认为是事实作品。

4. 功能作品。功能作品是指用来描述作品目的在于发挥某种特定功能的作品。其价值取决于作品所描述的步骤、程序、顺序，目的在于通过这些步骤而实现特定的功能。如计算机程序、工程设计图、舞谱、乐谱、操作手册、安装指南、说明书等。

5. 其他可能会构成作品的情况，如作品名称、广告用语以及书信等。

■本章小结

通过本章学习，我们懂得作品作为著作权法律关系产生的前提和基础，必须具备法定要素。不同类别的作品实质上是从不同角度、用不同标准对作品所进行的划分，而我国现行《著作权法》上关于作品类别的规定实质上体现了作品不同的外在表现形式。

■本章思考题

1. 如何判定作品的独创性？
2. 作品分为职务作品与非职务作品的意义是什么？
3. 合作作品如何使用？
4. 演绎作品具有哪些法律特征？
5. 案例讨论：

案例一：　　　　　　民间文学艺术作品如何保护[1]

【基本案情】

1999年11月12日，中央电视台与南宁市人民政府共同主办了"南宁国际民歌艺术节"开幕式晚会。在郭颂演唱完《乌苏里船歌》后，中央电视台节目主持人说："刚才郭颂老师演唱的《乌苏里船歌》明明是一首创作歌曲，但我们一直以为它是赫哲族人的传统民歌。"南宁国际民歌艺术节组委将此次开幕式晚会录制成VCD光盘，中央电视台共复制8000套作为礼品赠送。

北辰购物中心销售的刊载《乌苏里船歌》音乐作品的各类出版物上，署名方式均为"作曲：汪云才、郭颂"。

黑龙江省饶河县四排赫哲族乡人民政府认为郭颂、中央电视台及北辰购物中心侵犯了其民间文学艺术作品著作权，于2000年9月16日将他们诉至北京市第二中级人民法院。

原告诉称：《乌苏里船歌》是赫哲族民歌，属于我国《著作权法》保护的民间文学艺术作品，赫哲族人民依法应享有署名权等精神权利和获得报酬权等经济权利。1999年11月12日，在"南宁国际民歌艺术节"晚会上，中央电视台称《乌苏里船歌》系汪云才、郭颂创作而非赫哲族民歌，侵害了原告的权利。此后，该晚会被录制成VCD向全国发行，使侵权行为的影响进一步扩大。北辰购

---

[1] 摘自北京市第二中级人民法院民事判决书（2001）二中知初字第223号，北京市高级人民法院民事判决书（2003）高民终字第246号。

物中心销售了含有原告享有著作权的《乌苏里船歌》的侵权 CD、图书和磁带，亦构成侵犯著作权，请求判令：①在中央电视台播放《乌苏里船歌》数次，说明其为赫哲族民歌，并对其侵犯行为道歉；②赔偿原告经济损失人民币 40 万元，精神损失人民币 10 万元；③承担本案诉讼费以及因诉讼支出的费用 8305.43 元。

在庭审过程中，原告指控被告的行为构成对《乌苏里船歌》曲调的著作权侵权，而不涉及该音乐作品的歌词部分。

被告郭颂辩称：目前在全国赫哲族民族乡有三个，原告只是其中之一，不能代表全体赫哲族人提起诉讼。以《想情郎》为代表的赫哲族民间传统曲调，只是一首古老的四句萧曲，没有歌词，而《乌苏里船歌》既有新创作的曲子又有歌词，是他与胡小石、汪云才借鉴西洋音乐的创作手法共同创作的。原告虽提出侵权指控，却未明确他侵犯了何种权利，也未具体指出如何侵权，故不同意其诉讼请求。

被告中央电视台辩称：原告没有证据证明其有权代表所有赫哲族人民就有关民间文学艺术作品主张权利；对于民间文学艺术作品的保护，我国《著作权法》只作出了原则性的规定，缺乏具体的内容，迄今国务院尚未出台相关法规，因此，《著作权法》有关著作权人及其权利归属等相关规定并不适用于民间文学艺术作品。中央电视台播出的节目中有关《乌苏里船歌》的署名完全是在尊重历史事实的基础上，经多方查阅资料而得出的结论，迄今未发现与该署名相抵触的权威性资料，作为播出单位其已经尽到了审查义务。晚会主持人表述只是议论客观事实，并未侵犯原告的著作权。原告诉称该晚会节目被录制成 VCD 向全国发行没有任何证据，因为该艺术节组委会录制的 VCD 数量仅有 8000 套，且不公开发行，只是作为资料和礼品赠送，并没有以此进行营利活动。

被告北辰购物中心辩称：我中心销售的商品有合法、严格的进货渠道和合同，但对于商品的知识产权问题，我中心并无审查义务，不应成为本案的被告。

在案件审理过程中，根据双方当事人的申请，法院委托中国音乐著作权协会对音乐作品《乌苏里船歌》与《想情郎》等曲调进行鉴定。鉴定结论认为："①《乌苏里船歌》的主部即中部主题曲调与《想情郎》《狩猎的哥哥回来了》的曲调基本相同，《乌苏里船歌》的引子及尾声为创作；②《乌苏里船歌》是在《想情郎》《狩猎的哥哥回来了》原主题曲调的基础上改编完成的，应属改编或编曲，而不是作曲。"

【法院裁判】

（一）一审

1. 判决。①郭颂、中央电视台以任何方式再使用音乐作品《乌苏里船歌》时，应当注明"根据赫哲族民间曲调改编"；②郭颂、中央电视台于本判决生效之日起 30 日内在《法制日报》上发表音乐作品《乌苏里船歌》系根据赫哲族民间曲调改编的声明；③北京北辰购物中心立即停止销售任何刊载未注明改编出处的音乐作品《乌苏里船歌》的出版物；④郭颂、中央电视台于本判决生效之日起 30 日内各给付黑龙江省饶河县四排赫哲族乡人民政府因本案诉讼而支出的合理费用 1500 元；⑤驳回黑龙江省饶河县四排赫哲族乡人民政府的其他诉讼请求。

2. 理由。以《想情郎》和《狩猎的哥哥回来了》为代表、世代在赫哲族中流传的民间音乐曲调，应作为民间文学艺术作品受法律保护。原告作为民族乡政府，可以以自己的名义提起诉讼。

《乌苏里船歌》音乐作品是郭颂等人在赫哲族世代流传的民间曲调的基础上，运用现代音乐创作手法再度创作完成的，是改编完成的作品。郭颂等人在使用音乐作品《乌苏里船歌》时，应客观地注明该歌曲曲调是源于赫哲族传统民间曲调改编的作品。

郭颂在"南宁国际民歌艺术节"开幕式晚会的演出中对主持人意为《乌苏里船歌》系郭颂原创作品的失当的"更正性说明"未作解释，同时对相关出版物中所标注的不当署名方式予以认可，且在本案审理中坚持认为《乌苏里船歌》曲调是其原创作品，其上述行为表明郭颂是有过错的。在中央电视台主办的"南宁国际民歌艺术节"开幕式晚会上，主持人发表的陈述与事实不符，中央电视台作为演出组织者，对其工作人员就未经核实的问题，过于轻率地发表议论的不当行为，应采取适当的方式消除影响。北辰购物中心销售了载有未注明改编出处的《乌苏里船歌》音乐作品的出版物，应停止销售行为。但北辰购物中心能够提供涉案出版物的合法来源，主观上没有过错，不应承担赔偿责任。鉴于民间文学艺术作品具有其特殊性，且四排赫哲族乡政府未举证证明被告的行为造成其经济损失，故对四排赫哲族乡政府关于要求三被告公开赔礼道歉、赔偿经济损失和精神损失的主张不予支持。但郭颂、中央电视台应承担原告因诉讼而支出的合理费用。

一审宣判后，被告郭颂、中央电视台不服，向北京市高级人民法院提起上诉。

郭颂上诉的理由是：①赫哲族乡政府不具备原告的主体资格；②一审判决存在"判非所诉"的问题；③中国音乐著作权协会所作的鉴定在程序和实体方面均存在问题；④一审判决适用法律错误。

中央电视台上诉的理由除与郭颂的①、②部分相同外，还认为其已经尽到了合理的审查义务，不构成侵权行为。如《乌苏里船歌》的署名确有不当，将停止传播错误的信息，但不应承担刊登声明、支付原告诉讼费用等侵权法律责任。

赫哲族乡政府、北辰购物中心服从一审判决。

(二) 二审

1. 判决。驳回上诉，维持原判。
2. 理由。二审法院肯定赫哲族乡政府具备原告诉讼主体资格，理由与一审法院相同。

因本案一审中赫哲族乡政府将诉讼请求变更为确认《乌苏里船歌》乐曲属于改编作品，且郭颂也对此进行了答辩，故一审法院根据当事人变更的诉讼请求对《乌苏里船歌》乐曲是否属于改编作品进行了审理，符合法律规定。一审法院判决未明确赫哲族乡政府当庭变更了诉讼请求一节，有不妥之处，但并不属于上诉人郭颂、中央电视台所称的"判非所诉"。

本案二审期间郭颂提供的四位证人的书面证言，其内容并不能证明中国音乐著作权协会所作的鉴定在程序上存在问题，故不予采信。一审中虽然鉴定人员未出庭接受质询，但经过法院准许，以书面形式答复了当事人的质询，并不属于程序不当，故对郭颂关于中国音乐著作权协会所作的鉴定在程序方面存在问题的上诉理由，不予支持。

著作权法所指的改编，是指在原有作品的基础上，通过改变作品的表现形式或者用途，创作出具有独创性的新作品。改编作为一种再创作，应主要是利用了已有作品中的独创部分。对音乐作品的改编而言，改编作品应是使用了原音乐作品的基本内容或重要内容，应对原作的旋律作了创造性修改，却又没有使原有旋律消失。在本案中，根据鉴定人关于《乌苏里船歌》的中部乐曲的主题曲调与《想情郎》和《狩猎的哥哥回来了》的曲调基本相同的鉴定结论，以及《乌苏里船歌》的乐曲中部与《想情郎》和《狩猎的哥哥回来了》相比又有不同之处和创新之处的事实，《乌苏里船歌》的乐曲中部应系根据《想情郎》和《狩猎的哥哥回来了》的基本曲调改编而成。《乌苏里船歌》乐曲的中部是展示歌词的部分，且在整首乐曲中反复三次，虽然《乌苏里船歌》的首部和尾部均为新创作的内容，且达到了极高的艺术水平，但就《乌苏里船歌》乐曲整体而言，如果舍去中间部分，整首乐曲也将失去根本，因此可以认定《乌苏里船歌》的中部乐曲系整首乐曲的主要部分。在《乌苏里船歌》的乐曲中部系改编而成、中部又构成整首乐曲的主部的情况下，《乌苏里船歌》的整首乐曲应为改编作品。郭颂关于《乌苏里船歌》与《想情郎》、《狩猎的哥哥回来了》的乐曲存在不同之处和创新之处且在表达上已发生了质的变化的上诉理由，并不能否定《乌苏里船歌》的乐曲基本保留了赫哲族民歌基本曲调的事实，郭颂在上诉中认为中国音乐著作权协会所作的鉴定与事实不符和关于《乌苏里船歌》全曲不应认定为改编作品的上诉理由不能成立，不予支持。

中央电视台主持人的陈述虽然已经表明《乌苏里船歌》系根据赫哲族音乐

元素创作的歌曲，但主持人陈述的本意仍为《乌苏里船歌》系郭颂原创与事实不符。中央电视台对其工作人员所发表的与事实不符的评论，应当采取适当的方式消除影响，原审法院判决中央电视台在《法制日报》上发表更正声明并无不当。

【重点讨论】本案诉讼主体资格、作品法律属性、作品权利归属、适用法律等问题。

案例二： 抖音短视频的著作权属性：北京微播视界科技有限公司与百度在线网络技术（北京）有限公司、百度网讯科技有限公司著作权权属、侵权纠纷[1]

【基本案情】

抖音短视频网站和手机软件（合称抖音平台）系由原告北京微播视界科技有限公司合法拥有并运营的原创短视频分享平台。"黑脸V"是抖音平台上知名的大"V"用户，以其充满想象力、独具设计感的人物形象和视频作品，在抖音平台上深受用户喜爱，已经获得了2637万粉丝关注，其每部作品也都具有很高的点击量和获赞量。2018年5月12日，抖音平台上发布的"5.12，我想对你说"短视频（以下简称"我想对你说"短视频），系由"黑脸V"独立创作完成并上传，该短视频是在13秒的时长内，通过设计、编排、剪辑、表演等手法综合形成的作品，充分表达了对汶川地震十周年的缅怀。作品一经发布就受到了网民的广泛赞誉，点赞量达到280多万，原告主张该视频成为以类似摄制电影的方法创作的作品（以下简称类电作品）。经"黑脸V"合法授权，原告依法对"我想对你说"短视频在全球范围内享有独家排他的信息网络传播权及以原告名义进行独家维权的权利。第一被告百度在线公司网络技术（北京）有限公司为伙拍小视频手机软件 Android 系统的开发者，第二被告百度网讯科技有限公司为伙拍小视频手机软件 iOS 系统的开发者，二被告共同向用户提供伙拍小视频手机软件的下载、安装、运营和相关功能的更新、维护，并对伙拍小视频手机软件进行宣传和推广。二被告未经原告许可，擅自将"我想对你说"短视频在伙拍小视频上传播并提供下载、分享服务，从而吸引大量的网络用户在伙拍小视频上浏览观看。

原告主张侵害了其对"我想对你说"短视频享有的信息网络传播权。被告辩称，"我想对你说"短视频不具有独创性，不构成著作权法保护的作品。该短视频表达的思想与其他模仿手势舞并上传短视频的用户没有差异性，不具有独创

---

[1] 参见最高人民法院2019年4月22日发布的《2018年中国法院10大知识产权案件和50件典型知识产权案例》及北京互联网法院（2018）京0491民初1号民事判决书。

性,达不到类电作品的独创性高度要求。该视频时长仅为13秒,创作空间小,主要素材均来自于党媒平台的示范视频,独立创作因素少;在素材的拍摄、拍摄画面的选择和编排上,不存在选择或者筛选的情况;使用软件将人物图像进行抠图处理的方式很难构成类电作品的独创性高度;在网络上存在大量的与"我想对你说"短视频类似或者相同的短视频;参与表演的人物并不是原权利人本人。

【法院裁判】

我国《著作权法实施条例》第2条规定,著作权法所称作品,是指文学、艺术和科学领域内具有独创性并能以某种有形形式复制的智力成果。《著作权法实施条例》第4条规定,电影作品和以类似摄制电影的方法创作的作品,是指摄制在一定介质上,由一系列有伴音或者无伴音的画面组成,并且借助适当装置放映或者以其他方式传播的作品。本案中,"我想对你说"短视频显然符合"摄制在一定介质上,由一系列有伴音或者无伴音的画面组成,并且借助适当装置放映或者以其他方式传播"这些形式要件。原告主张"我想对你说"短视频构成类电作品,而被告认为该短视频不具有类电作品所要求的独创性。"我想对你说"短视频是否属于类电作品,关键在于对其独创性方面的判定。《最高人民法院关于审理著作权民事纠纷案件适用法律若干问题的解释》第15条规定,由不同作者就同一题材创作的作品,作品的表达系独立完成并且有创作性的,应当认定作者各自享有独立著作权。根据上述规定,作品具有独创性,应当具备两个要件:①是否由作者独立完成;②是否具备创作性。

一、关于"独立完成"的认定

本案中,制作者响应党媒平台和人民网的倡议,以"铭记劫难,致敬重生,以己之力,勇往直前"为主题,以党媒平台及人民网示范视频中的手势舞、伴音、明暗变化为基本元素,以网络下载图片为基础素材,结合软件技术制作了"我想对你说"短视频。故判断"我想对你说"短视频是否符合"独立完成"的要求,应以该短视频与上述示范视频、网络图片之间是否存在能够被客观识别的差异为条件,主题相同并不影响"我想对你说"短视频是否系独立完成的认定。

根据查明事实,党媒平台及人民网的示范视频和网络下载图片是原本没有任何关系的独立元素,用户"黑脸V"将上述元素结合制作出的"我想对你说"短视频,与前两者存在能够被客观识别的差异。该短视频与抖音平台其他参与同一话题的用户制作的短视频亦存在较大区别,且没有证据证明该短视频在抖音平台上发布前,存在相同或近似的短视频内容,故初审法院认定"我想对你说"短视频由制作者独立创作完成。

二、关于"创作性"的认定

关于创作性的标准,在形成和发展过程中始终与所处的社会环境、行业特点相联系，根据实际的社会环境、各种类型作品本身的特点进行发展和完善。随着移动智能终端的普及和软件开发技术的发展，自2016年起，大批移动短视频应用密集问世，短视频内容创业者呈现爆发式增长，短视频行业迎来快速发展期。短视频融合了文字、图片、语音和视频等内容，直观、立体地满足用户的多元化表达与沟通需求。在此背景下，界定短视频作品的创作性标准，对确保短视频正常有序传播、促进文化繁荣发展、创造社会财富有着重要的现实意义，司法审判应持审慎积极的态度，妥善运用创作性裁量标准，以利于新兴产业发展壮大。

短视频具有创作门槛低、录影时间短、主题明确、社交性和互动性强、便于传播等特点，是一种新型的视频形式。上述特点一般会使短视频制作过程简化，制作者以个人或小团队居多。基于短视频的创作和传播有助于公众的多元化表达和文化的繁荣，故对于短视频是否符合创作性要求进行判断之时，对于创作高度不宜苛求，只要能体现出制作者的个性化表达，即可认定其有创作性。

在判定"我想对你说"短视频的"创作性"时，初审法院考量了如下因素：其一，视频的长短与创作性的判定没有必然联系。客观而言，视频时间过短，有可能很难形成独创性表达，但有些视频虽然不长，却能较为完整地表达制作者的思想感情，则具备成为作品的可能性。在此情形下，视频越短，其创作难度越高，具备创作性的可能性越大。其二，"我想对你说"短视频体现出了创作性。该视频的制作者应党媒平台的倡议，在给定主题和素材的情形下，其创作空间受到一定的限制，体现出创作性难度较高。该短视频画面为一个蒙面黑脸帽衫男子站在灾后废墟中以手势舞方式进行祈福，手势舞将近结束时呈现生机勃勃景象，光线从阴沉灰暗变为阳光明媚，地面从沟壑不平到平整，电线杆从倾斜到立起，黑脸帽衫男子的衣袖也变为红色，最后做出比心的手势。该短视频构成了一个有机统一的视听整体，其中包含了制作者多方面的智力劳动，具有创作性。虽然该短视频是在已有素材的基础上进行创作，但其编排、选择及呈现给观众的效果，与其他用户的短视频完全不同，体现了制作者的个性化表达。其三，"我想对你说"短视频唤起观众的共鸣。自强不息，勇于面对大灾大难，从来都是中华民族优秀的精神内涵。正值汶川特大地震十周年，"我想对你说"短视频以公众乐于接受的形式传递出一份重生的安慰、一种温情的祝福、一股向前的力量，回应了公众心中对于汶川地震的缅怀之情，对于灾区人民的致敬之意，对于美好生活的向往之念。该短视频带给观众的精神享受亦是该短视频具有创作性的具体体现。抖音平台上其他用户对"我想对你说"短视频的分享行为，亦可作为该视频具有创作性的佐证。故初审法院最终认定"我想对你说"短视频符合创作性的要求。

综上，"我想对你说"短视频具备著作权法的独创性要求，构成类电作品。

【重点讨论】

作品的构成要件是什么？短视频的独创性体现在哪些方面？短视频是否达到类电作品的独创性？

第三章 著作权主体

[提示要点]

确认著作权法律关系的主体,是明确作品著作权归属、实施著作权保护的前提和条件。学习本章,了解著作权主体的含义及各国立法的不同规定,掌握两大法系关于著作权主体资格的不同理念。本章重点在于理解不同作品著作权的归属及主体的分类。作者与著作权人的关系则是本章学习的难点。

第一节 著作权主体概述

一、著作权主体的概念

著作权法律关系的主体是指在著作权法律关系中依法对作品享有权利的人,通常是指创作作品的作者,或者以其他合法依据对作品享有著作权的人。从大多数国家的著作权立法来看,著作权法律关系中的权利主体普遍规定首先为作者,其次才是其他著作权人。但由于各国政治、经济、文化等制度差异,著作权法律制度根据不同的作品创作时的不同情况,对于主体的规定也不尽相同。但均主张作者是第一著作权人。[1] 我国《著作权法》第11条规定:"著作权属于作者,本法另有规定的除外。创作作品的公民是作者。由法人或者其他组织主持,代表法人或者其他组织意志创作,并由法人或者其他组织承担责任的作品,法人或者其他组织视为作者。如无相反证明,在作品上署名的公民、法人或者其他组织为作者。"故学界亦有人将作者称为"原始性著作权主体"。[2]

---

[1] 如《德国著作权法》第7条规定著作权的创作者是著作人。《日本著作权法》第14条规定:"以通常的方法,在著作物的原件上或者向公众提供或揭示其著作物时,所署的姓名或名称,或以众所周知的雅号、笔名、简称等代替真名的别名表示为著作人姓名的人,即被推定为该著作物的著作人。"《意大利著作权法》第6条规定:"只有通过智力活动创作出作品的人才能充当著作权主体。"苏联在《苏联和各加盟共和国民事立法纲要》中指出著作权的第一所有人一般必须是作者本人;《保加利亚著作权法》规定著作权的主体是作者及作者的权利继承人;《澳大利亚著作权法》第35条规定文学、戏剧、音乐或工艺著作之著作权归著作人享有;等等。

[2] 参见费安玲等:《知识产权法学》,中国政法大学出版社2007年版,第43页。

在著作权法律关系中，主体不仅是权利的享受者、义务的承担者、行为的实施者，而且是著作权法律关系产生、变更和消灭的主要决定者。在理解"主体"这一定义时，应当明确以下几点：首先，著作权主体表现形式具有多样性，它除了作家以外，还可能是雕刻家、画家、作曲家、歌唱家、舞蹈家、摄影家、演奏家、表演家及其他艺术家和科学家等。其次，著作权主体与作品的作者不是等同的概念。作者必须是直接创作作品的人，即通过自己的智力活动，创作文学、艺术、科学及技术等作品的人。除作者外，其他人也可依法或者根据合同、继承关系等而成为著作权主体。故著作权法律关系的主体较作者的范围要广泛得多。最后，各国著作权立法就著作权主体确认的公认方法是，如果没有相反的证明，一般来说，作品的署名人应当视为作者。

二、著作权主体的资格

在所有的法律关系中，主体乃权利之所属，权利主体在任何情况下只能由特定的人来充当，著作权主体也不例外。在著作权法的理论与司法实践中，对于著作权主体的资格问题历来有不同的看法。大陆法系国家的著作权法普遍认为，作者只能是自然人，因为只有自然人才能从事脑力劳动。而法律上拟制的法人组织，仅为法律上的实体，缺乏创作作品的能力，只能通过购买或者别的方法获得作品的著作权，而不能作为作者。因而主张著作权是一种天赋人权或者自然权利，是基本人权之一。表现在流通领域上，则主张著作权在本质上与作者个人紧密相连，作品是作者的个人创造性劳动产生的结果，著作权被视为不可分割的权利，只有作者个人有权占有和处理其作品，著作权不能作为动产所有权来转让，只能通过特许授权给他人。英美法系国家的著作权立法则普遍认为，著作权主体不仅仅是自然人，有别于自然人的法律实体——法人组织，包括国家、政府机构、大学、学术团体、研究机构以及营利性的法人组织等均可成为作品的权利主体。基于这种立法观念，主张著作权是财产权之一。一件作品的著作权所有人，不论是自然人，还是法人或者其他组织，均有权任意处分自己的作品。尽管随着社会经济的不断发展，尤其是随着智力创作活动的日益社会化、商业化和团体在创作过程中的地位日趋重要，大陆法系国家也趋向于承认法人实体可以作为著作权主体的理论观点并在其立法中加以体现，但这种不同的理念对作品著作权的交易仍然有一定影响。我国从《民法通则》到《著作权法》，均承认自然人、法人及其他组织的著作权主体资格。[1] 国家作为特殊民事主体，也可以通过接受已

---

[1] 我国《民法通则》第94条规定："公民、法人享有著作权（版权），依法有署名、发表、出版、获得报酬等权利。"《著作权法》第9条规定："著作权人包括：①作者；②其他依照本法享有著作权的公民、法人或者其他组织。"

故作者遗赠作品著作权、无人继承著作权以及法人解散后无团体承受著作权而成为著作权主体。

第二节 著作权主体的确认

作品的种类、性质以及创作情况不同，其著作权的归属也有所差异。

一、合作作品的著作权主体

合作作品一般由数人分别就各部分进行创作，最后构成一个统一的整体。在这种情况下，合作作者通常称为合作作品的共同所有人，合作作品的著作权也由全体合作者共同享有，但合作作者之间另有约定的除外。就此，我国《著作权法》第13条规定："两人以上合作创作的作品，著作权由合作作者共同享有。没有参加创作的人，不能成为合作作者。合作作品可以分割使用的，作者对各自创作的部分可以单独享有著作权，但行使著作权时不得侵犯合作作品整体的著作权。"合作作品不可分割使用的，依我国《著作权法实施条例》第9条之规定，其著作权由各合作作者共同享有，通过协商一致行使；合作作者对著作权的行使如果不能协商一致，又无正当理由的，任何一方不得阻止他方行使除转让以外的其他权利，但是所得收益应当合理分配给所有合作作者。《著作权法实施条例》第14条还规定，合作作者之一死亡后，其对合作作品享有的《著作权法》所规定的财产权无人继承又无人受遗赠的，由其他合作作者享有。他人侵犯合作作品著作权的，任何合作作者可以以自己的名义提起诉讼，但其所获得的赔偿应当合理分配给所有合作作者。

对合作作品著作权主体的构成要件有不同的认识，即合作作品除作者是多数外，是需要共同创意和共同创作行为都具备，还是仅具备其中之一便可认定为合作作品著作权主体？一般认为，合作作品著作权主体不仅具有共同的创意，还应当具有共同的创作行为，且在客观上共同完成了受著作权法保护的作品。但司法实践中可能出现多数人具有共同的创意，但其中有的并未参加实际创作行为；或者没有明确的共同创意，但客观上参加了具体的创作行为，并对作品作出了一定的智力贡献，在此情况下如何判定？本书作者认为，判定合作作品著作权归属的法定依据应当是行为人是否参加了作品的创作活动，[1] 无论是否具有共同的创意，只要客观上从事了作品的创作行为，就应当属于合作作品著作权主体。

---

[1] 我国《著作权法》第13条第1款亦规定："……没有参加创作的人，不能成为合作作者。"

二、汇编作品的著作权主体

汇编作品也是由多数人共同创作而完成的，通常也叫作结合作品、合成作品。对此，我国《著作权法》第14条规定："汇编若干作品、作品的片段或者不构成作品的数据或者其他材料，对其内容的选择或者编排体现独创性的作品，为汇编作品，其著作权由汇编人享有，但行使著作权时，不得侵犯原作品的著作权。"汇编者对汇编作品的创造性劳动体现为：对汇编素材的取舍、选定素材的整理、全新汇编作品的结构安排以及表达方式等。汇编作品的主要特征是：构成汇编作品的单个原创作品的作者，对单个原创作品都享有著作权，这些独立的单个著作权主体，并不对整体的汇编作品享有著作权，整体汇编作品的著作权归汇编作者享有。汇编作品中的单个作品作者，大都不享有整体汇编作品的著作权，除非某作者将自己单个作品汇入整体汇编作品中，其本人又是汇编作品的汇编作者。使用汇编作品应当取得汇编作品的著作权人和原作品的著作权人许可。

三、演绎作品的著作权主体

根据他人原有的作品而创作完成的新作品为演绎作品，对于该作品著作权主体的认定，各国著作权立法也有不同的规定。[1] 我国《著作权法》第12条规定："改编、翻译、注释、整理已有作品而产生的作品，其著作权由改编、翻译、注释、整理人享有，但行使著作权时不得侵犯原作品的著作权。"可见，演绎作品与原作品一样，都是独立的权利客体，演绎作品作者与原作品作者均享有各自作品的著作权。演绎他人作品的，对经过自己演绎而产生的作品享有著作权，但对原作品不享有著作权，并且不得阻止其他人对同一已有作品进行改编、翻译、注释、整理等演绎行为。由于被演绎作品也具有独立的著作权，故在使用演绎作品时，往往须征得原作品作者与演绎作品作者双重的同意。

四、职务作品的著作权主体

对于作品创作者在其职责范围内创作的作品，其著作权的归属问题，各国著

---

[1] 如《俄罗斯联邦民法典》第1260条规定：利用他人作品创作新作品（如整理加工作品、改编电影、改编乐曲、改编脚本或者其他类似作品）的作者，对其所创作的作品享有著作权。《德国著作权法》第3、4条规定：对某篇著作的翻译和其他改编，如能反映改编者的个人智力创作，在不损害改编的著作物著作权的情况下，当作独立著作予以保护。数篇著作或稿件的汇编物如能通过选择和编排构成个人的智力创作，在不损害被汇编的著作的著作权的情况下，当作独立著作予以保护。

作权立法规定不一。[1] 我国《著作权法》第16条关于职务作品的著作权归属规定，公民为完成法人或者其他组织工作任务所创作的作品是职务作品（有的称为一般职务作品），[2] 除该条第2款的规定以外，著作权由作者享有，但法人或者其他组织有权在其业务范围内优先使用。作品完成2年内，未经单位同意，作者不得许可第三人以与单位使用的相同方式使用该作品。有下列情形之一的职务作品（有的称为特殊职务作品），作者享有署名权，著作权的其他权利由法人或者其他组织享有，法人或者其他组织可以给予作者奖励：①主要是利用法人或者其他组织的物质技术条件创作，[3] 并由法人或者其他组织承担责任的工程设计图、产品设计图、地图、计算机软件等职务作品；②法律、行政法规规定或者合同约定著作权由法人或该组织享有的职务作品。职务作品由作者享有著作权的，在作品完成2年内，如单位在其业务内不使用，作者可以要求单位同意由第三人以与单位使用的相同方式使用，单位没有正当理由不得拒绝。在作品完成2年内，经单位同意，作者许可第三人以与单位使用的相同方式使用作品所获报酬，由作者与单位按约定的比例分配。作品完成2年后，单位可以在其业务范围内继续使用。作品完成2年的期限，自作者向单位交付作品之日起计算。学界认为，职务作品著作权的归属应由当事人约定。当事人没有约定或者约定不明的，职务作品的著作权由职工享有，但工程设计图、产品设计图、地图、计算机程序和有关文档，以及报刊社、通讯社、广播电台和电视台的职工专门为完成报道任务创作的作品的著作权由单位享有，作者享有署名权。著作权由单位享有的，单位应当根据创作作品的数量和质量对职工予以相应奖励，职工可以通过汇编方式出版其创作的作品。

关于法人作品是否应当属于职务作品，学界认识不同，本书认为二者应当予以区分。依我国《著作权法》第11条第3款的规定，由法人或者其他组织主持，

---

[1] 如《日本著作权法》第15条规定："按照法人或者使用者的提议，从事该法人等的业务的人在履行职责时作成的著作物（程序著作物除外），该法人等以自己的名义发表这种著作物时，只要在其作成时的合同、工作规章中无另外规定，则该法人等视为著作人。从事法人等的业务的人按照法人等的提议，在履行职务时作成的程序著作物，只要在其作成时的合同、工作规章中无另外规定，则该法人等视为著作人。"《苏联著作权法》规定：此类作品的作者是著作权人，但政府在一定期间内对其作品有首先使用的权利。《保加利亚著作权法》原则上也规定了作品的作者是著作权人，但政府可以不经作者同意，在一定期限、一定范围内使用该作品。而《英国版权法》则认为，此类作品的著作权人是政府，因为此类作品是国家公职人员在受雇的合同期间所创作的，其权利应归雇主即政府所有。

[2] 所谓"工作任务"，依我国《著作权法实施条例》第11条第1款的规定，是指公民在该法人或者该组织中应当履行的职责。

[3] 所谓的物质技术条件，是指该法人或者该组织为公民完成创作专门提供的资金、设备或者资料。

代表法人或者其他组织意志创作，并由法人或者其他组织承担责任的作品，法人或者其他组织视为作者。此外，《最高人民法院关于审理著作权民事纠纷案件适用法律若干问题的解释》第13条规定，除《著作权法》第11条第3款规定的情形外，由他人执笔，本人审阅定稿，并以本人名义发表的报告、讲话等作品，著作权归报告人或者讲话人享有。著作权人可以支付执笔人适当的报酬。

五、委托作品的著作权主体

委托作品是指受托人按照委托人的特定要求创作的作品。该作品的著作权归属各国规定有所不同。[1] 在我国，依《著作权法》第17条之规定："受委托创作的作品，著作权的归属由委托人和受托人通过合同约定。合同未作明确约定或者没有订立合同的，著作权属于受托人。"委托作品是受他人委托而创作的作品，它与一般作品的最主要不同点就在于，该作品是按照委托人的特定要求而进行创作完成的，且委托作品的著作权可由非创作人享有。这种作品产生的前提条件通常是委托关系的存在，而该关系是由委托人和受托人依法自愿确定的。一般情况下，委托人和受托人应签订合同，至于合同的形式，我国《著作权法》未作明确规定。可见，在委托作品中，对作品著作权主体的确定依据的原则是"当事人意思自治和合同约定优先"。原因在于：在委托作品创作过程中，委托人为作品的创作提供物质技术条件并向受托人支付报酬，且进行为委托作品规定创作主题、选择作品表达方式等智力劳动；而受托人是委托作品的直接创作人。基于此，法律规定委托作品著作权的归属可由当事人约定，合同未明确约定或者没有订立合同的，著作权属于受托人。委托作品著作权属于受托人的，委托人在约定的使用范围内享有使用作品的权利；双方没有约定使用作品范围的，委托人可以在委托创作的特定目的范围内免费使用该作品。

六、视听作品的著作权主体

视听作品是指将一连串相关的图像和配音录制在任何合适的物质上，以吸引人们的视觉和听觉，并借助适当的装置进行表演所形成的作品，我国《著作权法》称之为"电影作品和以类似摄制电影的方法创作的作品"。国外著作权立法通常采取两种做法来确认该类作品著作权主体：一是根据合同的条款来确定，即

---

[1] 如《英国版权法》规定，受雇于他人在合同期间创作的作品，其著作权归雇主所有。《突尼斯著作权法》规定，委托作品的著作权，首先属于创作作品的作者。《巴西著作权法》规定，此类作品的著作权人应为雇主和受雇作者双方。《澳大利亚著作权法》则较明确地规定，作者在受雇于报刊业主期间，根据服务合同或师徒合同而创作的文学、戏剧或艺术作品，凡在报刊上刊载或转载、广播的，由业主享有版权。但在其他情况下，由作者享有版权。某一作品是作者在受雇期间，根据服务合同所创作的，则雇主为版权人。

参加电影、电视制作的各方就电影、电视作品的著作权归属问题应签订合同,并明确指定著作权人;二是根据著作权法的具体规定来确定。大陆法系国家一般规定,该类作品的最初著作权属于该作品的智力创作者。它可能是所有合作作者享有共同著作权,也可能是每个主要合作者对其各自创作的成果享有单独著作权,但制片人享有不经其他合作者同意而对该作品进行商业经营的权利。[1] 英美法系多数国家规定,此类作品的著作所有人是制片人,即倡议或组织该作品而且负有经济责任的法人或公民。[2] 一些东欧国家著作权法则规定,电影作品的整个著作权归有关单位所有,而各组成部分则归作者所有。[3] 我国《著作权法》第 15 条规定:"电影作品和以类似摄制电影的方法创作的作品的著作权由制片者享有,但编剧、导演、摄影、作词、作曲等作者享有署名权,并有权按照与制片者签订的合同获得报酬。电影作品和以类似摄制电影的方法创作的作品中的剧本、音乐等可以单独使用的作品的作者有权单独行使其著作权。"这一规定揭示了制片者使用小说、音乐和戏剧等已有作品制作视听作品,应当取得著作权人的许可;如无相反约定,已有作品的著作权人依法对视听作品的使用享有专有权。电影、电视剧等视听作品的作者包括导演、编剧以及专门为视听作品创作的音乐作品的作者等。电影、电视剧等视听作品的著作权中的财产权和利益分享由制片者和作者约定。没有约定或者约定不明的,著作权中的财产权由制片者享有,但作者享有署名权和分享收益的权利。视听作品中可以单独使用的剧本、音乐等作品,作者可以单独行使著作权,但不得妨碍视听作品的正常使用。可见,我国关于视听作品的著作权主体的确认,吸收了两大法系和东欧国家的一些经验,规定得比较全面、系统和合理。

七、作者身份不明作品的著作权主体

世界各国著作权立法对该类作品的著作权归属,通常做法是没有标明作者姓名的匿名作品,其著作权应由作品原件所有人或者出版人行使。我国《著作权法实施条例》第 13 条规定:"作者身份不明的作品,由作品原件的所有人行使除署名权以外的著作权。作者身份确定后,由作者或者其继承人行使著作权。"

---

[1] 如《法国知识产权法典》L. 113-7 条规定:"完成视听作品智力创作的一个或数个自然人为作者。如无相反证明,以下所列被推定为合作完成视听作品的作者:1)剧本作者;2)改编作者;3)对白作者;4)专门为视听作品创作的配词或未配词的乐曲作者;5)导演。视听作品源自仍受保护的已有作品或剧本的,原作者视为新作作者。"

[2] 如《澳大利亚著作权法》第 98 条规定:"除本法第七章及第十章另有规定外,电影著作权之归属依本条规定。除另有规定外,电影之制作人为著作权人。"

[3] 如《苏俄民法典》第 486 条规定,影片或电视片的版权归制作该影片的公司所有;电影剧本的作者、作曲者、制片者、总摄影师、艺术指导以及为完成该影片或电视片作业成果的其他所有作者,均享有其各自所创作的那部分作品的版权。

八、美术作品的著作权主体

一幅美术作品的原件通常涉及两种权利：一种是财产所有权，即美术作品的所有人依法对自己所占有的美术作品享有占有、使用、收益和处分的权利；另一种权利则是作品的著作权。享有著作权的前提和条件是对该美术作品的产生有智力活动，而并非对作品原件的占有、使用、收益和处分。由于著作权的财产权中包括展览权，即公开陈列美术作品、摄影作品的原件或者复制件的权利。故一旦作品原件所有人拥有原件但却要主张原件展览权时，便使得作品原件所有人与作品著作权人，实质上是作品的所有权人与著作权人发生冲突。为了协调两者之间的关系，各国著作权法普遍作了一定的规定。我国《著作权法》第18条规定："美术等作品原件所有权的转移，不视为作品著作权的转移，但美术作品原件的展览权由原件所有人享有。"作者将未发表的美术或者摄影作品的原件转让给他人，受让人展览该原件不构成对作者发表权的侵犯。陈列于公共场所的美术作品的原件为该作品的唯一载体的，原件所有人对其进行拆除、损毁等事实处分前，应当在合理的期限内通知作者，作者可以通过回购、复制等方式保护其著作权，当事人另有约定的除外。

关于孤儿作品。孤儿作品（Orphan Work）是指享有著作权但很难、甚至不能找到其著作权主体的作品。我国现行的《著作权法》没有关于孤儿作品的相关规定。《著作权法》第三次修订稿规定，著作权保护期未届满的已发表作品，使用者尽力查找其权利人无果，符合下列条件之一的，可以在向国务院著作权行政管理部门指定的机构申请并提存使用费后以数字化形式使用：①著作权人身份不明的；②著作权人身份确定但无法联系的。具体实施办法，由国务院著作权行政管理部门另行规定。这是我国首次对孤儿作品相关问题作出规定，引起了学术界、产业界和实务界的广泛关注。对孤儿作品进行利用不仅符合著作权法的根本目的，也有利于我国社会文化的进一步发展。虽然《著作权法》第三次修订稿对孤儿作品根据我国国情选择了"准强制许可+提存"模式，但如何借鉴国外经验，构建我国孤儿作品科学、合理的有效传播和利用制度，仍有待进一步探讨研究。

第三节 著作权主体的分类

著作权主体依照不同的标准，从不同的角度，可以进行不同的分类。根据各国著作权立法和我国《著作权法》的规定，著作权法律关系的主体，大体上可以分为以下几大类：

一、自然人和法人

根据著作权法律关系主体的自然属性不同，可将其分为自然人和法人。

自然人和法人可因自己创作作品或者依照法律或通过委托合同、劳务合同、继承及转让等方式而成为著作权法律关系的主体。这一分类的意义在于，明确和掌握著作权法律关系主体的自然属性不同，法律保护的期限以及限制不同。同时，便于在司法实践中更好地确定不同著作权主体间的民事权利和民事义务的状况。

二、原始主体和继受主体

根据著作权法律关系主体与作品的不同关系，可将其分为原始主体和继受主体。

作品的作者，即用自己的创造性脑力劳动创作作品的人，包括作家、画家、雕塑家、作曲家、舞蹈家和其他艺术家、科学家及技术工作者等。只要是通过自己的独立思考，运用自己的技巧和方法，直接创作反映自己的思想与感情、个性与特点的作品的作者，均属于原始著作权的主体。原始主体在著作权法律关系中享有完整的著作权，既享有作品著作权中的人身权利，也享有作品著作权中的财产权利。以原始作者为基础或者与原始作者形成一定关系而取得著作权的则为著作权的继受主体。继受主体一般包括：依雇佣关系而产生的著作权主体；因继承或者受让作品著作权而成为著作权主体；以改编、翻译、注释、整理等方式将已有作品改变为新作品的著作权主体；电影作品的著作权主体；集体作品的部分内容的著作权主体以及因遗赠、征购等方式而取得著作权的主体等。继受主体一般只能享有通过特定关系而取得著作权中的财产权利，而不能享有原始主体的人身权利。

这一分类的意义，在于明确和掌握二者在民法上法律后果的重大差异和不同的民事权利、民事义务的状况。

凡自然人有创作著作物的事实，即为作者；在其未死亡前，享有著作权中完整的权利。即使作者将著作权中的某些财产权让与他人，仍不失为著作权法律关系的主体。根据各国著作权立法的通例，著作权归作者终身享有。因此，作者、著作权人原则上为同一人，但作者常因让与、抛弃等事由而失去其著作权主体的地位。至于作者死亡后，其继承人仅继承著作权中的财产权，而不能继承著作人的地位。如果著作权的取得采取的是登记注册制度，那么作者创作后，登记注册前将著作物之权让与他人，而由受让人申请著作权登记注册时，则只有该受让人为著作权人，作者并非著作权人，然其仍享有著作人身权。但在作品自动产生著作权的原则下，则不会发生这种情况。例如，我国《著作权法》第2条第1款规定："中国公民、法人或者其他组织的作品，不论是否发表，依照本法享有著作权。"可见，在我国，受保护的作品只要能以某种有形的形式复制，具有独创性，无须履行任何注册登记手续，便可取得著作权。因此，作者与著作权人有时表现为同一，而有时则表现为分离。一旦作者与著作权人分离，在法律上必然会引起一定的法律后果：①著作权人行使著作权时，不得侵害著作人身权。受让著作权人，擅自将著作物的内容改变、割裂或做其他改变时，即为著作人身权之侵害，应承担一定的法律责任。著作人身权之主体（作者）行使著作人身权时，亦不得侵害著作权中的财产权。因此，作者将著作权让与他人后，如果擅自复制，则侵害了著作权人的著作权，亦应承担一定的法律责任。②第三人不法侵害著作权、而未侵害著作人身权时，著作权人虽可以侵害著作权为由，请求侵害人承担损害赔偿责任或者提出其他民事请求，第三人亦须负一定的法律责任，但作者则不得为任何请求。相反，第三人不法侵害著作人身权而未侵害著作财产权时，仅作者可为一定的请求，而著作权人则不得提请。③第三人不法侵害著作财产权，并同时侵害著作人身权时，作者基于著作人身权之侵害，著作权人基于著作财产权之侵害均可请求第三人承担赔偿责任或其他法律责任，且各人之请求权亦可独立行使，也可共同行使。

三、本国人和外国人

根据著作权法律关系主体的国籍不同，可将其划分为本国人和外国人。

根据我国《著作权法》第2条的规定，凡我国公民，不论其政治身份、宗教信仰、文化素质、经济地位以及住所状况如何，只要自己创作出一定的作品，自产生之日起，都可以成为该作品的著作权主体，享受著作权法的保护。对于外国人、无国籍人首次在我国出版的作品，该外国作者同我国作者享有同等的权利，作品受该法保护，他们也可以成为我国著作权法律关系的主体。对外国人、无国籍人的其他作品，我国没有保护的义务，除非我国与该外国人、无国籍人所属国或经常居住地国订有保护著作权的双边条约或者承担了国际条约、多边条约的义务。

这一分类的意义，在于明确和掌握主体不同，著作权法调整的范围不同，处理著作权争议或纠纷所适用的法律也不同。尤其是在国际版权贸易和国际著作权保护方面，具有重要的意义。

四、成年主体和未成年主体

依据著作权法律关系主体的行为能力状况不同，可将其划分为成年主体和未成年主体。

我国《民法总则》在"自然人"一章中，根据自然人的智力发育状况及年龄、对事物判断能力的不同情况，对自然人的行为能力作了不同的划分。在一般情况下，未成年人不具有以自己的行为取得民事权利或者设定民事义务的资格，只能从事和参加与其年龄、智力状况相适应的民事活动；其他民事活动则需他的监护人或法定代理人同意。但是，在著作权法律关系中，未成年人可以不受其行为能力规定的限制，依法成为著作权法律关系的主体。这是因为，创作活动在性质上属于一种事实行为，而非法律行为。成年人可以凭其创作行为而取得著作权，未成年人也可以凭自己的创作活动取得作品的著作权。[1]

这一划分的意义，在于明确和掌握成年人与未成年人在充当著作权法律关系主体时无任何差别。只要他们以自己的智力创作一定的作品，均可充当著作权主体。当然，未成年主体在行使或转让其著作权时，为了最大限度地保护他们的合法权益，应由他们的监护人或者其他法定代理人予以辅助。

■ 本章小结

通过本章学习，我们了解到对于著作权主体的资格，两大法系不仅在学理上有不同的认识，而且在立法上也有不同的规定。作品的性质和类型不同往往导致作品著作权的归属不同。从法律的角度用不同的标准对著作权主体进行划分，可以了解和掌握其不同划分的法律后果和意义。

■ 本章思考题

1. 作者和著作权人有何不同？
2. 如何确认某一作品著作权的归属？
3. 自然人著作权主体与法人著作权主体有何区别？
4. 如何评价"孤儿作品"？
5. 案例讨论：

案例一：　　　　作品著作权主体归属[2]
　　　　　——"葫芦娃"角色形象著作权权属纠纷案

【基本案情】

胡进庆、吴云初是上海美术电影制片厂的职工，20世纪80年代，上海美术

---

[1] 如我国已出现的"漓江画童""少年诗人"等所创作的图画、诗歌等。他们不仅将其作品公开发表，而且在国际上获大奖。法律确认这些小作者为著作权法律关系的主体，并严格加以保护。
[2] 参见最高人民法院2013年4月23日发布的《2012年中国法院知识产权司法保护十大案件简介》及上海市第二中级人民法院（2011）沪二中民五（知）终字第62号民事判决书。

电影制片厂指派胡进庆、吴云初担任国产系列动画片《葫芦兄弟》的造型设计，二人共同创作了"葫芦兄弟"角色造型形象。胡进庆、吴云初认为，"葫芦兄弟"形象作为美术作品可以独立于影片而由作者享有著作权，该美术作品属于一般职务作品，在双方未就著作权进行约定的情况下，"葫芦兄弟"角色造型形象的美术作品著作权应归二人所有。遂诉至上海市黄浦区人民法院，请求法院确认《葫芦兄弟》及其续集《葫芦小金刚》系列剪纸动画电影中"葫芦娃"（即葫芦兄弟和金刚葫芦娃）角色形象造型原创美术作品的著作权归胡进庆、吴云初所有。一审法院判决驳回胡进庆、吴云初的诉讼请求。胡进庆、吴云初不服，提起上诉。上海市第二中级人民法院二审认为，双方当事人的确没有就系争作品的著作权归属签订书面合同，但这是特定历史条件下的行为，故应深入探究当事人行为时所采取的具体形式及其真实意思表示，在此基础上才能正确判断系争作品著作权的归属。针对动画电影的整个创作而言，完成工作任务所创作的成果归属于单位，是符合当时人们的普遍认知的。且双方均认可被上诉人有权对动画电影的角色形象造型进行支配，故从诚信的角度出发，上诉人不应在事后作出相反的意思表示，主张系争角色造型美术作品的著作权。因此，"葫芦娃"形象依法应当认定为"特殊职务作品"，由胡进庆、吴云初享有署名权，著作权的其他权利由上海美术电影制片厂享有，据此判决驳回上诉，维持原判。

【重点讨论】本案涉及动画造型著作权的认定，法人作品与职务作品、一般职务作品与特殊职务作品的比较和区分等法律问题以及计划经济时代著作权归属的司法政策问题。

案例二：　　职务作品的认定：李惠卿、陈文灿与福州大学著作权权属、侵权纠纷案[1]

【基本案情】

1986年至2000年5月9日，陈文灿系原工艺美校校长。吴景希、王明照、黄国强、林德耀、吴嘉诠系该校教师。1986年，人民大会堂福建厅装修，经省机关事务管理局确定由该校承接福建厅大型漆画的设计、制作。工艺美校组织学校多名师生参与创作漆壁画作品《武夷之春》（4.3米×7.4米）作为福建厅的主画。1987年1月，省机关事务管理局与福建工艺美术学校艺术设计服务公司（以下简称工艺美校服务公司）签订《合同书》，约定：由工艺美校服务公司设计制作人民大会堂福建厅壁（漆）画，表现内容为"武夷风光"，画稿经省政

---

[1] 参见最高人民法院2019年4月22日发布的《2018年中国法院10大知识产权案件和50件典型知识产权案例》及福建省厦门市中级人民法院（2018）闽02民终1515号民事判决书。

府、北京人民大会堂事务管理局审核通过。合同造价为包工包料12万元。《合同书》还约定了漆画形式、规格、工期和运输等细节。1994年，人民大会堂福建厅重新装修，对画作尺寸提出新的要求，工艺美校又组织创作漆画作品《武夷之春》（4.2米×10米）作为福建厅的主画，以代替原1987年版画作品。1994年6月，省机关事务管理局与福建工艺美术学校厦门艺术设计公司（以下简称工艺美校设计公司）签订《合同》，约定：省机关事务管理局委托工艺美校设计公司设计制作人民大会堂福建厅大型磨漆画《武夷之春》，规格为10米×4米，表现内容为武夷山"大王峰""玉女峰"的春色，工程造价为42万元。

2000年5月10日，中共福建省委办公厅、省政府办公厅下发《中共福建省委办公厅、省人民政府办公厅关于省政府专业经济管理部门（总公司）机构改革后原所属事业单位调整改革的意见》（闽委办〔2000〕49号），将工艺美校并入福州大学作为内设教学机构——福州大学工艺美术学院，工艺美校不再具有独立法人资格，其所有权利义务由福州大学承继。2002年10月，福建美术出版社出版《福州大学工艺美术学院、福建工艺美术学校装饰艺术作品集——福州大学工艺美术学院、福建工艺美术学校校庆50周年系列作品集》（2002年10月第一版），收录了《武夷之春》1994年版，其上署名为设计者吴景希、陈文灿。

本案原告李惠卿系吴景希母亲，其主张1987年版与1994年版《武夷之春》均为自然人作品而非法人作品，著作权属于吴景希等自然人而非福州大学。因人民大会堂福建厅装修是一项重大政治任务，福建省人民政府（以下简称省政府）对厅内壁画的设计极为重视，省政府指定创作题材和画种，在全省范围征集作品，相关人员参与创作画稿并经省政府审定通过后即由该作者完成后续创作。吴景希创作的画稿被选中后，因其系工艺美校的老师，且壁画的创作是重大任务，工艺美校才集全校之力，辅助吴景希制作作品。

本案被告陈文灿辩称讼争两幅《武夷之春》是法人作品，从创意的提出，包括请示北京、省领导使用武夷风光，纸质设计稿包括线条、色彩，到最后的漆画制作，都是在工艺美校主持下，时间和人员的分配、经费来源（系由政府提供）、后勤保障等都是工艺美校承担。

第三人福州大学认为，相关证据均证明讼争作品是基于工艺美校承接的人民大会堂福建厅装修更新这一政治任务而创作完成的。两幅《武夷之春》作品造价高昂，1987年版《武夷之春》造价高达12万元，1994年版《武夷之春》造价高达42万元，如此巨额的费用个人无力承担，只能由工艺美校承担。为完成讼争作品的创作，工艺美校组织了包括吴景希、陈文灿在内人数众多的本单位师生、员工参与，提供了全部的物资技术条件，克服了无法想象的困难才得以最终完成。漆壁画作品的特殊工艺要求，决定了其创作完成需要多种专业人员的合作配合。李惠卿主张吴景希参加作品征集活动并且其画稿被选中,与客观事实不符。

【法院裁判】

一、一审法院观点

两幅《武夷之春》的设计、制作工作分别属于人民大会堂福建厅1987年和1994年两次改建装修工程的一部分。陈文灿时任工艺美校的法定代表人,两幅《武夷之春》的创作均由陈文灿代表学校从省机关事务管理局承接任务,并通过校办企业与之签订合同书。讼争作品的创意产生、方案讨论、实地写生、创作实施、制作等整个过程所涵盖的各方面工作均由学校牵头主持。主创人员包括吴景希、王明照、黄国强、林德耀、吴嘉诠均系该校教师。漆画作品与一般绘画不同,除设计之外,还需要特殊的制作工艺以及多种专业人员的参与配合,加之《武夷之春》创作的尺寸在漆画中属于比较罕见的巨幅,远非个人能够完成。在案证据显示,除作为主要设计者和制作者的上述主创人员,工艺美校还有大量师生参加到画作的设计、制作过程中。离开这些人员的辅助和协助,作品也难以如期完成。吴景希、陈文灿等人作为工艺美校教师,绘画是其本职工作,在学校主持下参与该作品的创作团队,完成学校下达的任务,显然讼争作品系由法人主持创作。

两幅《武夷之春》画稿的创作主题系武夷风光,表现内容为武夷山的春天景色,构成要素包括"大王峰""玉女峰""鹰嘴岩"等均由学校集体讨论后提出,吸收各级领导的个人意见且需经省政府、北京人民大会堂事务管理局审核通过,以上历史事实也体现于省机关事务管理局与工艺美校校办企业签订的合同书之中。讼争作品的创意确定及最终定稿都要由工艺美校乃至福建省委、省政府等党和国家组织、机关审核确定,足以说明法人意志体现在讼争作品的主题、内容、形式以及最终的呈现等各方面。此外,李惠卿未能提供讼争作品的创作草图及其他可以证明讼争作品创意、构思、呈现、构图系由某人或某几个人独立完成的证据,根据"谁主张谁举证"的原则,应当承担举证不能的法律后果。因此,可以认定两幅作品均系代表法人意志创作。《武夷之春》放置于党和国家领导人国事活动的重要场所——人民大会堂福建厅,处于人民大会堂的重要部位,各方均将其创作、制作作为一项重要的政治任务来完成。在当时的历史条件下,如此重大的政治责任,个人难以承担,只能由任务的组织、主持者,也就是法人工艺美校承担。且《武夷之春》的制作经费高达数十万元,如此高昂的工程造价,当时一般人根本无法承担,工程费用主要由省政府承担,并直接支付给学校,而非吴景希或陈文灿。综上所述,1987年版和1994年版《武夷之春》,由法人主持,代表法人意志创作,并由法人承担责任,系属于工艺美校的法人作品。

二、二审法院观点

1987年版《武夷之春》创作完成之时，我国现行的《著作权法》尚未颁布，其他法律法规也未对特定作品著作权的享有和行使的主体作出明确规定，而1994年版《武夷之春》系在1987年版《武夷之春》的基础上调整修改而来，故对两幅《武夷之春》作品著作权归属的确定，应兼顾历史与现实，将作品的创作置于当时的创作背景、社会历史环境等条件之下，并依照现行《著作权法》的相关规定来予以确定，既最大限度保护创作者的合法权益，褒扬创作者的艺术贡献，又依法维护法人的合法权益和社会公共利益。两幅《武夷之春》美术作品专门为人民大会堂福建厅翻新工程而创作，各方当事人对此均无异议，争议在于承接作品创作任务的是工艺美校还是吴景希。根据李惠卿一审中提交的工艺美校四十周年校庆作品集、省机关事务管理局下发给工艺美校的表扬信，陈文灿一审中提交的合同书，福州大学一审中提交的酒玉琳等人关于人民大会堂福建厅翻新意见情况的汇报、人民大会堂福建厅竣工验收情况汇报，以及二审法院补充查明的许锦钿、王益达的证人证言等一系列证据，可以确认如下事实：1984年，上级有关部门决定对人民大会堂福建厅进行翻新，在征求各方面意见之后，确定人民大会堂福建厅东墙上原有的壁画更改为武夷风光主题的漆画，于1985年将1987年版《武夷之春》的创作任务下达给工艺美校，再由工艺美校负责召集吴景希等创作骨干前往武夷山采风、绘制样稿图，报请上级有关部门和领导审核定稿，之后按照审定的样稿图安排召集工艺美校的部分师生进行漆画创作。因此，讼争作品系吴景希等工艺美校的师生为完成工艺美校承接的工作任务而创作的，李惠卿上诉主张吴景希以个人设计样稿图参与省政府的遴选审定并主持、组织相关人员创作讼争作品，与查明的事实不符，二审法院未予采信。

如前面所分析，讼争两幅《武夷之春》美术作品系工艺美校承接人民大会堂福建厅翻新工程任务而创作的，作品的规格尺寸分别达到4.3米×7.4米和4.2米×10米，对于传统的漆画作品而言实属罕见，远非某个人或数人短期内所能独立完成。现有的证据可以证明，工艺美校为确保吴景希等主要创作人员顺利完成创作工作，协调安排吴景希等人前往武夷山采风，抽调部分师生参与到作品的创作之中，充分发挥了作品创作过程中所需的组织协调、后勤保障职能作用，有关部门和领导同样为作品创作的提出、立意、审核、组织保障等做了大量工作。创作如此巨幅的漆画作品，所需资金量大，上级有关部门专门下拨创作所需经费，涉案合同书中记载两幅《武夷之春》作品造价分别达到12万元和42万元。讼争作品从创作思路的提出，直至作品完成历时逾两年，耗费大量时间。因此，离开有关部门和领导、工艺美校等提供的组织保障及其为吴景希等人完成作品创作专门提供的资金、场地、人力等物资技术条件，仅凭个人的力量是难以完成两幅《武夷之春》作品的。同时，讼争作品创作之时，我国尚处于改革开放初期，与市场经济相伴的个人主义观念并未被人们普遍接受，个人利益寓于集体利益之中，舍小我顾大局、集体利益高于一切的观念为全社会广泛推崇，以创作者为核心的保护制度也尚未形成。吴景希等人作为工艺美校的工作人员完成单位交付的工作任务是其职责所在，履行工作职责所形成的成果归属于工作单位，符合当时人们的普遍认知。有理由相信，在当时特定历史背景下，吴景希等作者不会对讼争作品的全部著作权益提出主张。基于上述分析，李惠卿主张讼争作品的著作权完全由创作者个人享有，既不符合当时的客观实际，也难谓公平合理，且有损社会公共利益。李惠卿以工艺美校校庆作品集上的署名情况等为由，主张讼争两幅作品属于自然人作品，吴景希等人对作品享有全部的著作权益，缺乏事实和法律依据，不予支持。

关于陈文灿、福州大学主张讼争作品属于法人作品能否成立的问题。根据《著作权法》第11条第3款的规定，构成法人作品，需符合以下三个构成要件：一是由法人主持创作；二是作品代表法人意志；三是作品产生的责任由法人承担。前已述及，讼争作品由上级有关部门牵头立项，提出创作任务，并下达给工艺美校，再由工艺美校负责召集创作人员实施。在经费来源方面，亦由上级有关部门投入，并对创作过程进行审核把关，讼争作品的创作过程某种程度上贯彻了有关部门及领导的意志。由于讼争作品所使用的场合极为特殊，有着强烈的政治意义，作品产生的责任也只能由有关部门承担，创作者个人实际承担不了作品产生的责任。但是，由于法人作品与职务作品的外延存在交叉，基于讼争作品的上述特征，便将其认定为法人作品，容易陷入任何为完成单位工作任务创作的职务作品均属于法人作品的误区，也无法在法人作品与职务作品尤其是特殊职务作品之间划清界限。并且，由于法人意志的抽象化，在法人意志的认定上如果不加以严格限制，法人在作品创作方面作出的任何指示都可以成为"法人意志"，从而忽视创作者的创造性劳动才是推动作品形成的主要因素。著作权法是保护文学、艺术和科学作品作者的著作权以及与著作权有关的权益的专门法，保护创作者能够获得直接或间接的利益回报，实现人格独立和自我发展，是著作权法立法的应有之义，没有创作者个人所付出的创造性劳动，就不会有文学、艺术和科学作品的诞生，保护著作权，首要在于保护创作者的权益，鼓励创作的积极性。因此，认识把握是否"代表法人意志"创作这一关键所在同时也是实践中最具争议的构成要件时，应限定于创作者个人自由思维的空间不大，不能充分发挥主观能动性，创作思想及表达方式完全或主要代表、体现法人的意志的情形。如果创作时仅仅遵循法人总体的思路或是确定的"调子"的，则不能认为作品体现了法人的意志。还需强调的是，将法人视为作者，确认作品的著作权完全归法人所有，系基于某些政策目标或更好地保护法人合法权益的考量，从这个角度而言，在不违背政策目标并能够充分、有效保护法人合法权益的情况下，赋予法人全部的著作权并非必须。

具体到本案而言，与单位发布的工作总结、研究报告等典型的法人作品有所不同，讼争作品系美术作品，本质上属于高度个性化的创作行为，创作者在有关部门提出的创作主题和原则性要求下，仍可自由发挥主观能动性和个人创造力，在作品上充分注入个人的思想和情感。现有的证据表明，1987年省机关事务管理局与工艺美校校办企业签订的合同书只约定漆画的创作主题，并未明确漆画的表达内容等要素，作品的立意、构图和色调等元素的确定均来自于创作者，而1994年省机关事务管理局与工艺美校校办企业签订的合同书，在1987年版《武夷之春》的基础上，明确约定漆画的构成要素包括"大王峰""玉女峰"，但并未涉及1994年版《武夷之春》新增的另一构成要素"鹰嘴岩"，该构成要素来自于吴景希早年创作的作品《武夷鹰嘴岩》。在案证据也不能证明讼争作品的构图、色调等系由工艺美校的领导机构集体讨论后提出。从样稿图的审批过程来看，讼争作品的法人意志因素亦主要来自于上级有关部门和领导而非工艺美校，不应认定作品贯彻了工艺美校的意志。李惠卿提交的证据还证明，在创作札记中吴景希对作品的写生过程、构图思路、绘画技法等作了详尽记载，其为绘制设计供后续制作漆画之用的样稿图，反复修改，几易其稿。由于漆画创作的特殊性以及讼争作品罕见的规格尺寸，需要制作者在事先绘制好的样稿图的基础上进行再创作，这个过程同样需要制作者的创造性劳动，这也是两幅《武夷之春》作品上的署名既包括设计者又有制作者的原因。两幅《武夷之春》美术作品无论是在绘画技法、漆画材料等的选择和运用上，还是在构图布局、设计元素、色彩效果等方面，都体现了创作者个人的构思、选择和表达，充分彰显了创作者独特而鲜明的思想、情感和美学修养，体现了创作者独特的审美眼光和高超的绘画技法。因此，上级有关部门和领导对作品进行审核把关并提出原则性修改意见的事实，并不影响对讼争作品作出实质性贡献的仍然是吴景希等个人。因此，讼争两幅《武夷之春》美术作品并非完全或者主要体现代表了法人的意志，并且不需要以法人的名义使用作品，不应认定为法人作品。

【重点讨论】

职务作品的构成要件是什么？法人作品的构成要件是什么？职务作品与法人作品的区分是什么？

第四章

著作权的内容

[提示要点]

　　著作权的内容，是指著作权主体基于其创作完成的作品而享有的人身和财产方面的权益。著作权的内容在整个著作权法律关系中居于核心地位，它是主体创作作品最终要达到的目的，并往往决定着著作权法律关系的性质。根据我国《著作权法》第10条的规定，著作权的内容包括人身权和财产权两个方面。学习本章，了解著作权的取得和保护期间，重点在于掌握著作人身权和著作财产权的基本内容，难点在于对具体权利特征的理解。

第一节　著作权的取得

一、著作权的取得时间

　　著作权的产生，是指因著作权法所规定的法律事实的出现，而使著作权法律关系主体取得具体民事权利和承担相应的民事义务。也就是说，基于一定的法律事实，而使得著作权法律关系从无到有。这里所谓的"法律事实"，是指创作作品的事实行为。具体作品著作权的取得时间，应当依据《著作权法实施条例》第6条的规定予以判断，即著作权自作品创作完成之日起产生。"作品创作完成"，不仅仅指整部作品的创作已全部完工，还指作品的局部的创作完工，只要作者的某一思想或某一构思已经完整地以某种形式表达出来，即使这只是他全部构思的一个组成部分（甚至是非主要的组成部分），也应视为作品在一定阶段上的完成。因此，草稿、草图以及连载小说的一部分等，都应视为已创作完成。

　　作者自完成其作品创作之时即依法享有著作权，而无须进行任何登记或者事先获得批准。

二、著作权取得的方式

　　著作权的取得方式大体有以下两类：

　　（一）原始取得

　　原始取得，是指不以他人的著作权和著作权人的意志为依据，而直接根据法律规定或自己的创作行为取得作品著作权的一种方式。这种方式一般也称为著作权的绝对发生，即著作权的取得，不以既存权利或其一部分为前提条件，而是独立发生的一种权利。关于作者对其作品原始著作权的取得，各国著作权立法体例上通常有两种做法：

1. 登记取得主义。登记取得主义是指作品创作完成后，作者必须办理登记手续，才能获得对其作品的著作权。[1] 登记注册的内容各国规定不一，但一般都包括缴送样本、注册登记、刊登启事、办理公证文件、偿付费用等，有的国家或地区将此类手续称为著作权手续。这种方式起源于16世纪初以前的英国。当时英国对作品采取"特权制度"，即由王室授予某些书籍特权或者专利，让其垄断印刷、出版和发行。后来随着商品经济的不断发展，国王的授权慢慢地由出版公司所取代。而出版公司又是一种半官方性的组织，为了掌握和控制出版，保障出版商人的权益，便对作品开始实行登记制度，即每一作品在出版前必须要经出版公司予以登记并缴纳费用方可出版。这样，出版商和书商也可借此避免他人盗印，以保护自身的合法权益。随后有的国家或地区便在著作权立法上采取了这种方式，即著作人除必须具有创作作品的事实之外，还应当向国家主管著作权机关履行登记注册手续，方可取得著作权。1709年颁布的《安娜法令》也规定了作者出版作品必须向出版厅注册登记。当然，在著作权产生上，英国著作权立法始终未采取登记主义。1790年的美国著作权法，虽然仿效英国的登记制度，规定作者应向地方法院书记申请注册登记，登记过的作品均注有注册登记符号，如著作作品一般标有"C"符号，音像作品一般注有"P"符号等。但美国亦未采取登记主义，而采取的是创作主义和登记制度，即规定登记是提起诉讼的前提条件；日本规定登记是明确著作权归属的最强证明。可见，在著作权法律关系产生过程中，登记主义与登记制度是不同的两个概念。采取登记主义的，必然实行的是登记制度。《世界版权公约》虽不以注册登记为产生著作权的条件，但也不禁止成员要求履行登记手续作为产生著作权的条件。

2. 创作取得主义。创作取得主义是指作者的作品创作完成之后，便自动取得著作权，不需要履行任何手续，著作权的取得纯属作品创作的结果，有的也称之为自动保护原则或者无手续主义。[2] 关于著作权的原始取得，国际公约也作

---

[1] 实行这一取得方式的国家或地区较少，主要有阿根廷、马里、巴拿马等。
[2] 这种方式为今日大多数国家著作权立法所采用，如法国、日本、意大利、德国、澳大利亚、加拿大以及我国等。

了不同的规定。[1] 创作取得主义并不是说作品获得著作权不需要任何条件，在绝大部分保护著作权的国家里，对作者、作品以及能否取得著作权和能否受著作权法保护都有明确的、具体的规定。也就是说，并非任何人创造出任何作品，都可取得著作权，都受著作权法保护。

关于作品取得著作权的方式，我国早期规定也不一致。[2] 我国 1990 年《著作权法》第 2 条对此虽作了规定，但与国际条约规定并不一致。直到 2001 年《著作权法》修改时才对此以著作权主体方式明确规定："中国公民、法人或者其他组织的作品，不论是否发表，依照本法享有著作权。外国人、无国籍人的作品根据其作者所属国或者经常居住地国同中国签订的协议或者共同参加的国际条约享有的著作权，受本法保护。外国人、无国籍人的作品首先在中国境内出版的，依照本法享有著作权。未与中国签订协议或者共同参加国际条约的国家的作者以及无国籍人的作品首次在中国参加的国际条约的成员国出版的，或者在成员国和非成员国同时出版的，受本法保护。"这样规定，充分体现了著作权的本质属性。作者对其作品享有的著作权，是自然人、法人或者非法人组织所享有的民事权利的一部分，该权利和大多数民事权利一样，不必以履行登记注册等手续为条件。同时，这一规定也符合国际上的做法。从许多国家著作权保护的实践来看，对作品实行登记注册并非保护著作权的有效手段，即使在某些实行著作权登记注册的国家里，登记注册也不一定是获得著作权的先决条件。因此，世界上多数国家实行作品自动产生著作权的原则，而没有建立或者取消著作权登记注册制度。此外，这一规定更符合我国的国情。我国人口众多，从事创作的人数以万计，如果所有作者创作的作品都必须履行登记注册手续，国家也必然要设立一个极为庞大的登记注册机构。另外，我国地域辽阔，著作权都集中注册登记，对作

---

[1] 《伯尔尼公约》第 5 条第 2 款规定："享受和行使这些权利不需要履行任何手续，也不论作品起源国是否存在保护……"而《世界版权公约》第 3 条第 1 款则规定："任何缔约国依其国内法要求履行手续——如缴送样本、注册登记、刊登启事、办理公证文件、偿付费用或在该国内制作出版等——作为版权保护的条件者，对于根据本公约加以保护并在该国领土以外首次出版而其作者又非本国公民的一切作品，应视为符合上述要求，只要经作者或版权所有者授权出版的作品的所有各册，自首次出版之日起，标有 C 的符号，并注明版权所有者的姓名、首次出版年份等，其标注的方式和位置应使人注意到版权的要求。"可见，《伯尔尼公约》规定作品获得著作权法保护无须履行任何手续；而《世界版权公约》则要求在出版的作品上要注有一定的著作权标记。

[2] 如 1910 年《大清著作权律》第 4 条就规定："著作物经注册给照者，受本律保护。"1915 年《北洋政府著作权法》第 1 条便规定："下列著作物，依本法注册，专有重制之利益者，为有著作权……"1928 年《中华民国著作权法》也仿效了《北洋政府著作权法》之规定，第 1 条指出："就下列著作物，依本法注册，专有重制之利益者，为有著作权……"我国 1985 年 1 月 1 日生效的《图书、期刊版权保护试行条例》（已失效）第 2 条曾规定："我国公民创作的文学、艺术和科学作品，由国家出版单位印制成图书出版或在期刊上发表，其作者依本条例享有版权。"

者也很不方便,势必浪费不必要的物力、财力和人力。基于此,我国《著作权法》规定了受保护的作品无须履行登记注册手续,只要该作品符合著作权法所规定的实质要件,自作品产生之日起便可获得著作权,从而明确了作品自动产生著作权的原则。

(二) 继受取得

继受取得是指通过合同或者继承等方式从原始著作权所有者即作者本人那里获得著作权的一种方式。这种方式通常也叫作著作权的相对发生,即著作权的取得是既存权利的继续或者其一部分,而非独立发生的一种权利。从这种权利的发生、变更过程来看,实际上表现为著作权法律关系中的权利主体的移转。按照许多国家著作权立法的规定,作者人身权利是不能转让的,继受取得的著作权只能是著作权中的财产权利。

应当明确作品的著作权的取得与作品的所有权取得是截然不同的。原因在于,作品的所有人并非在任何情况下均为作品的著作权人。对于作品著作权人的法律适用,原则上应根据《著作权法》的具体规定;而对于作品的所有人的法律适用,不仅要适用《著作权法》之规定,而且主要是适用民法上的有关规定。比如:关于作品所有权的取得、转让以及风险责任,在我国应依据《民法总则》《合同法》《物权法》的有关规定,即按照合同或者其他合法方式取得财产的,财产所有权从财产交付时起转移,法律另有规定或者当事人另有约定的除外。涉及合同内容时,还应依照我国《合同法》之有关规定。

第二节 著作人身权

一、著作人身权的理念

著作人身权,即作者的人身权利,亦称为精神权利,是指作者或者其他著作权人就其作品所享有的以人格利益包括其名誉、声望及其他无形人身权益为主要内容的专有权利。具体说,也就是作者通过创作表现其个人品格的作品从而获得名誉、声望和维护作品的完整性的权利。[1] 作者的人身权利由作者终生享有,一般不可转让,也不可剥夺;在保护上也没有时间的限制。作者死亡后,其作品的人身权利一般由其继承人或者法定机构加以保护。同时,作者的人身权利与民法上一般的人身权利相比较,两者之间有相同点,即均具有绝对性、排他性及支配性的特点。因而,民法理论中关于人身权利的有关规定,如果在著作权法中未

---

[1] "人身权利"一词系译自德文 Urheberpersonlichkeitsrecht、法文为 droit moral、英文为 moral right.

规定或者规定不明时，应类推适用于作者人身权利的保护。但作者的人身权利的产生、内容及变化等方面又有其自身的特殊性，故当著作权法有特别规定时，则应优先适用著作权法之规定。

作者人身权利的理念，形成于19世纪初期的德国。当时德国已走上了资本主义的发展道路，国内商品经济及工商业迅速发展，从而导致了国内民族团结的巩固、民族语言的形成、资产阶级自由的宣扬以及报刊业的逐步发展。在生产领域，创制了进步的、有效的复制文学和艺术作品的方法；在流通领域，大学、图书馆的建立、图书贸易的发展、对外国语言文化的学习，使得作品在德国乃至整个欧洲内部相互转移和书籍周转不断扩大成为可能。这一切为出版业创造了新的条件，使得出版业成了资本家有利可图的场所。正是受这种形势的冲击和影响，继1928年《伯尔尼公约》罗马修正案中第6条第2款规定承认作者人身权利以来，1965年《德国著作权法》第11条规定："著作权保护著作人与著作之间的精神及人身关系并保护著作人对其著作的利用。"从此确立了作者人身权利在法律上的地位。自19世纪初期开始，历经著作权法理论的发展，以及法学者的努力探索，现在各国著作权立法普遍承认作者的人身权利并依法加以保护，不同之处仅为各国的立法技术有所差异。我国《著作权法》第10条所规定的作者对其作品所享有的发表权、署名权、修改权以及保护作品完整权等均为有关作者人身权利的规定。

二、关于著作人身权的立法规定

（一）国际公约

就国际公约而言，《世界版权公约》对作者的人身权利无明文规定，而《伯尔尼公约》第6条之二第1款则规定："不受作者经济权利的影响甚至在上述经济权利转让之后，作者仍保有要求其作品作者身份的权利，并享有反对对上述作品进行任何歪曲、割裂或其他更改，或有损于其声誉的其他一切损害的权利。"这一规定明确了凡是批准或者加入该公约的国家或地区的作者，其作者人身权利均受该公约之保护。此外，该公约规定的人身权利并不依赖于财产权利而独立存在，当财产权利转让后，人身权利仍归作者享有。至于作者死后由什么人来代其行使其人身权利，则依照"权利要求地法"规定。《世界版权公约》之所以没有把作者精神权利加以规定，主要原因是为了适应它在缔结时一些主要国家尚不保护作者精神权利的实际状况。1988年《英国版权法》规定了四项人身权利，在美国的司法实践中，也给作者人身权一定程度的保护。[1]

---

[1] 刘得宽：《民法诸问题与新展望》，三民书局股份有限公司1979年版，第292页。

（二）各主要国家的规定

对作者人身权利的概念、种类、范围及具体规定，各国立法有所不同。但各国均受《伯尔尼公约》的影响，对作者的人身权利予以实质上的承认。就作者人身权利的种类而言，俄罗斯著作权法规定了身份权和署名权、作品不可侵犯权、发表权、收回权四种；法国著作权法规定了发表权、身份权、作品受尊重权及收回权四种；日本著作权法规定了发表权、姓名权和同一性保持权三种；意大利著作权法规定了作者身份权、署名权、发表权、收回权四种；德国、埃及著作权法则作了与法国著作权法相类似的规定。而西班牙著作权法之规定比较特殊，它不仅将作者的人身权利规定于作者因创作作品所享有的权利中，而且规定于作者因其作品进入流通领域中所享有的人身权利之中。

《俄罗斯联邦民法典》。2006年11月4日修订的《俄罗斯联邦民法典》第1265条规定："作者身份权——承认是作品之作者的权利和作者署名权——以真名、假名（笔名）或者其他不署名即匿名使用或者许可使用作品的权利，包括在作品专有权转让或转至他人，以及作品使用权授予他人的情形下"。第1266条规定："未征得作者同意，不许对其作品修改、缩减和增补，使用其作品时不许附加插图、序言、跋语、注释或任何说明（作品不可侵犯权）"。第1267条规定："作者有权依照指定遗嘱执行人规定程序（第1234条）指定人负责于作者死后保护作者身份、作者署名和作品不可侵犯性（第1266条第1款第2项），此人终身行使自己的权力"。"缺乏这种指定或者作者指定的人放弃行使相应权力的，以及被指定之人死后，由作者的继承人及其权利继受人和其他利害关系人保护作者身份、作者书名和作品不可侵犯性"。第1268条规定："作者享有发表自己作品的权利，即实施某种行为或者同意实施某种行为，诸如刊载、公开展示、公开表演、无线电或电缆传播，或者其他方式而将作品公布于众的权利"。第1269条规定，"作者具有取消已作出的发表作品之决定的权利（收回权）"。

《法国知识产权法典》。该法L.121-1条规定："作者对自己的姓名、作者身份及作品享有受尊重的权利。该权利系于作者人身。该权利永远存在、不可剥夺且不因时效而丧失。该权利因作者死亡可转移至其继承人。第三人可依遗嘱的规定行使该权利。"该法L.121-2条规定："仅作者有权发表其作品。在不影响L.132-24条规定的情况下，由作者确定发表的方式和条件。作者死亡后，其遗著的发表权由作者指定的一个或数个遗嘱执行人终身行使。没有遗嘱执行人或遗嘱执行人死亡后，在作者无相反意愿的情况下，该权利依次由下列各人行使：子女、未受分居终局裁定或未再婚的配偶、子女以外的全部或部分接受遗产的继承人、总体受遗赠人或全部未来财产受赠人。该权利甚至可在L.123-1条所定期限届满之后行使。"该法 L.121-4 条规定："尽管使用权已转让，甚至该转让作品已经出版，作者对受让人仍享有追悔或收回的权利。作者必须在事先赔偿因追悔或收回给受让人造成的损失后，才能行使该权利。在行使追悔或收回权利后，作者决定发表其作品的，必须优先将作品的使用权向最初选定的受让人以最初确定的条件报价。"

《日本著作权法》。该法第 18 条第 1 款规定："著作人有以向公众提供或提示其尚未发表的著作物（包括未经同意就被发表了的著作物）的权利。对于以该著作物为原著的二次著作物，亦同。"该法第 19 条第 1 款规定："作者有权在其著作物的原作上，或在其著作物提供或揭示给公众时，署其真名或假名，亦可不署名。在将以该著作物为原件的二次著作物提供或揭示给公众时，此种原作的署名权亦同。"同条第 2 款还规定："只要作者无特别声明，使用作品的人，可照作者已署的称谓表示作者的姓名。"该法第 20 条第 1 款就作品内容完整权规定为："作者有权保护其作品的完整性和作品标题的完整性，不接受违背作者意愿的修改、删改或其他改动。"

《意大利著作权法》。该法就作者的人身权利作了较为详细的规定，第 20 条规定："独立于前一节所述的作品的排他性经济使用权，在上述权利转让后，作者依然享有禁止曲解、割裂、改动作品或其他有损作者尊严或声誉的损毁作品行为的权利。作者不得阻止在施工中对建筑作品的必要修改，也不得阻止对这种已完成作品的必要修改。如国家主管当局确认作品具有重要的艺术性，这种修改必须委托作者本人考虑和进行。"该法第 21 条规定："匿名和笔名作品的作者有权随时披露其身份，并有权要求依法律程序确认其作者地位。在作者披露身份后，即使事先已有相反约定，作者权利的受让人也必须在发表、复制、改作、演出、演奏、朗诵、传播中或在其他任何表现形式或公布形式中指出作者姓名。"该法第 23 条规定："作者死亡后，本法第 20 条规定的权利不受时间限制地由其配偶、子女继承；没有配偶、子女的，由其父辈和其他直系尊亲属和卑亲属继承；没有上述尊亲属和卑亲属的，由其兄弟姊妹的卑亲属继承。基于公共利益，公共文化部听取主管行业协会陈述后，也可以继承上述权利。"该法第 24 条还规定："遗作的发表权属于作者的法定继承人或遗嘱继承人，但作者生前明确禁止发表或委托由他人发表的除外。作者指定发表期限的，在该期限届满之前不得发表该未发表的作品。本条第 1 款规定的继承人为两人以上并不能达成协议时，由司法当局听取检察院意见后作出裁决。但作者的书面遗嘱必须绝对尊重。"关于作品的收回权，该法第 142 条第 1、2 款规定："作者因人格上的重大理由，可以收回作品不予商业使用，但必须赔偿获权复制、传播、演出、发行该作品的人。作品收回权具有人格性，不得转让。"

《德国著作权法》。该法就作者人身权利共作了以下几条规定：第 12 条规定："著作人有权决定是否、如何发表其作品。如果著作人未同意发表著作或其实质内容或对著作的介绍，公开报道或介绍著作内容的权利就属于著作人。"第 13 条就作者身份权规定为："著作人有权要求承认对其著作的著作人身份，并能决定著作是否标有著作人姓名和使用何种姓名。"第 14 条对作品内容完整权规定："著作人有权禁止对著作的歪曲或其他侵害，以防止其与著作间的精神及人身合法利益遭到损害。"第 41、42 条分别就作品的收回权规定为："如果独占利用权人不行使或不充分行使权利并因此严重侵害著作人的合法利益的，著作人可收回用益权。""如果著作人认为著作不符合其观点并且不能继续被使用，则可收回利用人的用益权。著作人的权利继承人在声明收回时必须证明著作人生前曾有权收回并声明收回时受到阻碍或在遗嘱中作出此声明。"

《埃及版权保护法》。该法就作者的人身权利在第 143、144 条分别规定以下主要内容：首次将作品公之于众的权利；主张作者身份的权利；反对任何被作者认为属于歪曲或者篡改作品之修改的权利（翻译性修改不被认为属于侵权，除非翻译者未注明删除或者改动之处；或者因其翻译而损害了作者的名誉和声望）；若发生重大事由，作者得请求初审法院发布裁定，禁止其作品的发行、从流通中收回作品，或者对作品作出实质性修改。[1]

《西班牙知识产权法》。该法于 1919 年 10 月 7 日修订的《知识产权法实施细则》就不同作品的作者所享有的人身权利分别作了规定。其规定在戏剧作品的演出海报或节目单上（包括那些已进入公有的戏剧作品）必须注明作者或翻译者的姓名，同时作者有权禁止在其作品首次演出之前公布其姓名。电影作品的作者享有按其贡献在演职员表中注明其姓名的权利；企业部门如未经作者许可而改变作品的名称，或增加、删节、改变作品的某些段落而使戏剧或音乐作品演出受到影响，即被视为侵犯版权。戏剧作品被转让后，作者仍具有监督善意复制和演出作品的权利，但这样做不得损害作品的受让人在这一方面所应行使的类似权利并不得在公开场合以不同于作者的发表的文学或者音乐作品的形式，全部或部分地演出该作品。剧场经营者未经作者许可不得改变、增加或删减作品的内容。即使作品已被转让，作者仍保留修改和重写其作品的权利。文学作品在公演后其作者若认为如此公演有损于作者的道义上或政治上的感情，可以完全禁止继续演出作品；如果该作品已被转让，或作品有合作作者或共同所有者时，应给予作品的所有者或其他合作者以适当的补偿。只有作者本人才有权发表自己的作品。未在版权登记处注册的作品，其作者可在现行法规定的日期内通过许可方式防止第三者

---

[1]《十二国著作权法》翻译组译：《十二国著作权法》，清华大学出版社 2011 年版，第 38 页。

出版其作品，也可以正式声明其作品不得公开，避免作品进入公有领域。这一权利也可由作者的继承人在取得家庭成员同意后行使。[1]

（三）我国现行《著作权法》的规定

关于作者的人身权利，我国《著作权法》在第10条规定了发表权、署名权、保护作品完整权、修改权四种。在《著作权法》未颁布之前，我国学者关于作者人身权利的种类有不同的观点。有的认为包括署名权和保护作品完整权两种；[2] 有的主张包括署名权、修改权和专用权三种；[3] 有的则认为包括署名权、处分权、排他权、起诉权四种；[4] 有的主张包括发表权、作者身份权、署名权、作品完整权、修改权及收回权六种；[5] 还有的则认为包括发表权、作者身份权、保护作品完整权、修改权以及收回权五种等。[6] 这些主张均从不同角度剖析了作者的人身权利，都具有一定的合理性。参照国际著作权立法及我国《著作权法》修改完善之需求，相比较而言，笔者认为著作权中的人身权应包括：发表权、署名权以及保护作品完整权。

三、著作人身权的具体内容

（一）发表权

发表权是指作者享有的决定将其尚未发表的作品（包括未征得作者同意已发表的作品）公之于众的权利。[7] 作品在创作过程中或者未发表之前，始终是作者的秘密，是否泄露于世，则由作者来确定。因此，发表权是作者著作人身权利中首要的基本的一种权利。如果作品尚未发表，作者所享有的其他人身权利通常将无法行使。发表权的内容一般包括作者决定是否将作品发表、何时发表以及以何种方式加以发表。这里所谓的"发表"，是指向公众发表其作品，使公众能够感知作者的作品。也就是说，使其他人可以凭借其身体上的感官能够感觉或者知悉作者的作品。否则，不能称其为发表。如果人的范围被特定或者作者与感知者彼此间在身份上互有关联，则不能称之为"公众"。作品完成后，如以表演、播放、出版、展览、摄制电影等方式使作品在不特定人范围内公开的，即将作品公之于众的，应视为作品已经发表。所谓公之于众应理解为是一种状态，即作品处

---

[1] 世界知识产权组织编：《世界各国版权法概论》，江伟姗、连先译，中国政法大学出版社1990年版，第79~80页。
[2] 王秉新主编：《实用民法学》，知识出版社1987年版，第290页。
[3] 江平、张佩霖编著：《民法教程》，中国政法大学出版社1989年版，第311~312页。
[4] 聂天贶编：《知识产权法教程》，重庆大学出版社1987年版，第34~36页。
[5] 王利明等：《民法新论》，中国政法大学出版社1988年版，第506~508页。
[6] 沈仁干、钟颖科：《版权法概论》，黑龙江教育出版社1988年版，第37~39页。
[7] 我国《著作权法》第10条第1款第1项规定："发表权，即决定作品是否公之于众的权利。"

于不特定人能够通过正当途径得知的状态，并不要求必须有人已经知晓的事实。这里所谓的"方式"，则是指作品发表的具体表现形式。例如，作者是通过出版、上演、放映、表演、录音、展览、广播、录像等方式发表作品，还是以其他方式发表作品；是要求在取得经济报酬的条件下发表作品，还是在不要报酬而满足其他要求的条件下发表作品；是将其作品的全部发表，还是发表其中的一部分等，这些均由作者自己决定。[1]

发表权的行使往往与作品的使用有关。作者可将其作品的部分或全部用益权转让给他人，但在转让的时间、空间以及内容上有权加以限制。通常情况下，当作品的财产权让与他人时，如果转让合同对作品的处分的范围无任何限制，那么在受让人使用作品目的的必要、正当范围内，自然地加以限制。如果转让合同有约定则依合同加以确定；合同无约定时，发表的方式以使用的目的加以决定。一般情形下，如果作品的使用权让与给他人，应理解为作者已有发表其作品的决定。正是基于作品的发表与作品的使用的密切关系，有的学者便主张发表权不但具有人身权的性质，而且也具有财产权的性质。尽管作者发表其作品的权利具有强烈的人身色彩，但作者生前如果将此权转移，在法律上也并不被排除。可见，原则上可认为发表权是包含于可以移转的使用权中，发表权具有财产权和人身权双重的性质，且处于作品财产权与作品人身权的交错领域里。基于此，各国著作权法普遍对发表权的保护作了时间上的限制。

值得注意的是，如果作者在移转作品的使用权时，明确表示作品的发表权将予以特别保留，在此情况下，受让人不得擅自发表或出版作者的作品，否则即构成对作者人身权利的侵害，加害人依法要承担一定的法律责任。

作者的发表权与发行权并非完全相同。发表乃为作者将作品公之于世，而发行则是指将作者的作品进行相当数目的复制。在实际生活中，我们常见的音乐家将其音乐作品在公开音乐会或剧院中演奏，画家将其绘画作品交付给画廊陈列以为出售，文学家将其文学作品加以出版等均为作品的发表。而发行的主要目的在于向公众提供作品的复制品，是传播作品的一种方式，通常是通过商业渠道进行，如出版者将出版物批发给书店或销售商，由书店或销售商再零售给公众。可见，发表权是一次性权利，在作品首次公之于众后即行消失。

依法确认和保护作者的发表权，一是为了对作者创作的作品内容加以保密；

---

[1] 2002年10月12日《最高人民法院关于审理著作权民事纠纷案件适用法律若干问题的解释》第9条规定，所谓公之于众，是指著作权人自行或者经著作权人许可将作品向不特定的人公开，但不以公众知晓为构成条件。

二是为了保护作者因发表其作品所带来的经济利益、作者声望以及名誉的提高。

学界对发表权的性质也有异议：有的认为发表权仅具有人身权的性质；有的认为其具有人身权和财产权双重性质。我国立法采用了双重性，即在确认发表权首先为一种人身权时，也不否认发表权的行使会导致一定的经济后果（可以继承、有保护期）。

关于发表权受侵害的特殊性问题：侵害发表权往往是与侵害作品第一次使用所引起的著作财产权联系在一起的，且有时行使发表权可能会涉及第三人的合法权益，如肖像权、名誉权、隐私权等。

（二）作者身份权

作者身份权是指作者在其作品上署名或者不署名，以及要求确认作者身份的权利。[1] 作者有权主张自己是其创作作品的著作人，这是作者人身权利中的重要内容。作者身份权是基于作者进行创作活动而产生的，又是为维持其他各项著作权能所必需的。不论作者的财产权利是转让还是终止，作者的身份权始终都是存在的。作者在其有生之年，有权主张其作品创作者身份；作者死后，其身份资格地位仍受到保护和尊重。另外，作者有权禁止他人假冒作品创作人，损害其作品声誉，并对此有权请求法院依法责令行为人停止侵害、消除影响及赔偿损失。

关于作者身份权与署名权的关系，学者也有不同的观点。一种认为二者为不同的两种概念，即署名权为作者在发表其作品时有署真名、假名或不署名的权利。作者不论怎样行使其署名权都不影响他的身份，即使作者不在作品上署名或为他人代笔而写的作品，仍然有权主张自己的作者身份。而身份权则是作者享有就其创作的作品要求确认自己的作者身份的权利。实质上该权利是确认作者与作品之间不可分割的联系。[2] 另一种认为"署名权"与"确认作者身份权"二者讲的是同一个意思，即作者有权在发表了的作品上署名，以昭示自己"作者"的身份。[3] 笔者同意后一种意见，作者身份权，实际上也就是署名权，即作者在其作品上署名或不署名、署真名、假名或笔名的权利。作者只有享有该项权能，方可防止他人对作品归属发生争执或者剽窃作者的资格及地位。但二者在外延上并非等同。作者身份权较署名权的外延更为宽泛，它还包括作者的身份介绍等。

署名权一般只能由作者行使，这与发表权是相同的。未经作者同意或者未有

---

[1] 我国《著作权法》第10条第1款第2项规定："署名权，即表明作者身份，在作品上署名的权利。"
[2] 朱明远主编：《简明著作权词典》，学林出版社1990年版，第56、96页。
[3] 郑成思：《版权法》，中国人民大学出版社1997年版，第141页。

遗嘱指定,作者的配偶、亲属、受让人及其继承人,均不得代为决定。他人使用作者作品时,除原作者另有意思表示外,使用人原则上应以作者作品上原有署名的方式加以表示。因此,法律禁止所谓的"强行署名"和"邀请署名"。

关于作者署名权能否抛弃的问题,学理界有不同的认识。有的认为,署名权是绝对不可抛弃的。其理论依据主要是认为作者的署名权,在性质上归属于人身权的范畴。任何一种人身权总是和特定的人身不可分割,且权利人不能转让,当然也不能抛弃。如果说署名权可以抛弃的话,就等于说人身权也可以抛弃。另外一些学者则认为,署名权是可以抛弃的。其理论依据主要是认为作者的署名权在性质上尽管属于人身权,但它毕竟与民法上的一般人身权不同,如果作者在行使署名权的过程中,坚持诚实信用原则,且在交易习惯允许范围内,并对作者的利益和社会公共利益无任何损害的情况下,是可以抛弃其署名权的。也就是说,作者依法抛弃署名权并不会给他人或者社会带来不利后果。在司法实践中,作者抛弃署名权的情形也时有发生。比如,在汇编作品中,如百科全书中的投稿者,如无特别明示保留其署名时,应认为默示抛弃了署名权;再如,电影剧本的著作人,固然有权要求在该影片上指明其为剧本作者,但他无权要求在该影片的宣传广告或者放映告示上指明其为剧本的作者。我国《著作权法》对此无明文规定。笔者认为,上述后一种意见能更好地体现作者的个人意愿,且实践中较为可行。

(三) 作品内容完整权

作品内容完整权是指作者有保持其作品及作品标题同一性的权利。未经作者授权或同意,任何人不得修改作者的观点、作品的内容和形式,不得丑化、歪曲、篡改作品。可见,该权利是一项禁止权。[1] 这一权利所保护的主要是作者的名誉、声望以及其他在保持作品的纯正性上的权益。关于作品内容完整权,各国立法也有不同的称谓,如法国著作权法称为作品受尊重权,日本著作权法称为同一性保持权,德国著作权法称为作品的丑化及妨害禁止权,我国台湾地区学者史尚宽则称之为原状维持权。

作者行使其作品内容完整权时,如果在交易上被认为无关紧要,或者在社会生活中已习以为常,或者依作品的性质及利用的目的需要不可避免地予以改变,那么,作者的这一权利则要受到一定的限制。例如,出版人、汇编人对出版作品的汇编加工行为应视为例外,不涉及保护作者作品内容完整权的问题。

---

[1] 我国《著作权法》第10条第1款第4项规定:"保护作品完整权,即保护作品不受歪曲、篡改的权利。"

(四) 修改权

修改权是指作者的作品在出版前或者出版后，作者对自己作品的内容进行修改或变更的权利。[1] 该权利法国著作权法称之为变更权，有的学者也称之为改造权、修订权等。作者之所以享有该项权利，是基于作者对作品在出版前和出版后均保有完全的支配权。作者所享有的作品修改权一般包括两种情况：一种是作者对其作品的内容、观点和文字进行增删或修饰；另一种则是他人对作品中的事实、引文和语法错误进行更正。在我国司法实践中，当作者行使这一权利时，应注意以下几个问题：①修改必须是基于作者的自愿。即修改的意思表示必须真实，体现作者意思自治。②在内容上，原著作物的性质和特点不能改变。如果将一般的普通读物改变为专著，则不构成所谓的修改。因为修改权的行使并不能导致新的作品、新的著作权出现。③修改权在客观上能够行使。如果作者精神状态不许可，或者印刷排字工作已结束、原版已拆除，在这种情况下，只能请求增加附录或者勘误表。

学界对修改权是否在立法上继续保留为一种独立人身权利有不同观点。笔者认为，修改权从其内涵和功能均涉及作品内容完整问题，故该权利立法条文可删除。当然法律条文的删除并不必然代表其所指向的权利被削减，该权利在法律条文上只不过被作品内容完整权的名称吸收而已。

(五) 收回权

收回权是指作者有权因自己的观点的改变、作品内容有错误或者其他正当理由，通知使用者停止出版发行、表演、广播或以其他方式传播自己的作品。也就是说，作者在让与其整个或者部分作品的使用权后，因作品不再符合自己的信念，而向受让人收回所让与的使用权的一项权利。在理论上，学者对收回权也有不同的称谓，有的称为因信念改变的收回权或者反悔权；有的称为撤回权；有的称为买回权、信念变更解除权、撤回权或者后悔权。尽管我国《著作权法》对此未作明确的规定，但在司法实践中，收回权也是作者一项重要的人身权利，立法上是否需要设立还有待于理论研究和实践检验。从国外规定来看，收回权的行使在法律上是有条件的。有的以作者愿意赔偿使用者由此受到的损失为前提，而有的则以作者提出申请为要件，还有规定了一定期限等。在理解收回权的对象时还应注意，收回某一已经发表的作品，并非把已经以出版、表演、广播或以其他方式发行出去的作品的复制品通通收回，而是仅仅停止以出版、表演、广播或其他方式使用该作品。

---

[1] 我国《著作权法》第10条第1款第3项规定："修改权，即修改或者授权他人修改作品的权利。"

第三节 著作财产权

一、著作财产权的理念

著作财产权，亦称为经济权利，是指作者本人或者授权他人采取一定的方式使用作品而获得金钱和物质报酬的权利。作者就其作品依法所享有的财产权利，是伴随着传播技术的发展、利用作品的形式不断增加而逐渐发展的。在1710年世界上第一部著作权法——英国《安娜法令》公布时，作者仅仅享有将其作品印制成图书发行的权利，而无别的权利可言。这表明了早期的著作权法律制度注重于作者自己及继承人行使作品的使用权，作者依法所享有的财产权利在很大程度上拘泥于出版权的范围。到了20世纪70年代，由于科学技术的飞速发展，使用作品的方式越来越多，对作品的使用不仅可以采取卫星传播、电缆放送、音像录制等多种视听手段，而且作者的出版权被更为丰富多样的权利所代替。从当今各国著作立法来看，作者的财产权利从其产生来看，也具有专有权的性质。在一般情况下，对作品的任何使用都必须经作者同意或者授权，未经作者同意或授权而擅自使用、销售或者扩大使用作品范围的行为等均为侵害著作权行为。由于作者自己现实地使用其作品的情形很少，多数情况是作者将作品的使用权通过一定的方式转让给他人，由他人具体使用而自己收取一定的利益。所以，作者的财产权利总是与使用作品的各种方式相联系的。具体联系通常是作者与使用者或者其他传播者采取订立出版合同、表演合同、录制合同等著作权许可使用合同的方式或著作权转让合同的方式来实现的。因此，在司法实践中，出版合同、演出合同、录制合同等著作权许可使用合同及著作权转让合同对作者来说十分重要，它往往直接关系到作者的财产权益。从其他国家来看，为了尽力保护作者的合法权益及其他使用者的合法权益，在著作权立法中针对这一问题均作了许多规定。[1]

关于作者财产权的种类，国际上通常归纳为两大类：一类是复制作品的权利；另一类则为向公众传播作品的权利。但各国著作权法对作品使用权的具体规

---

[1] 我国《著作权法》第24、25、26、27条分别规定："使用他人作品应当同著作权人订立许可使用合同，本法规定可以不经许可的除外。许可使用合同包括下列主要内容：①许可使用的权利种类；②许可使用的权利是专有使用权或者非专有使用权；③许可使用的地域范围、期间；④付酬标准和办法；⑤违约责任；⑥双方认为需要约定的其他内容。""转让本法第10条第1款第5项至第17项规定的权利，应当订立书面合同。权利转让合同包括下列主要内容：①作品的名称；②转让的权利种类、地域范围；③转让价金；④交付转让价金的日期和方式；⑤违约责任；⑥双方认为需要约定的其他内容。""以著作权出质的，由出质人和质权人向国务院著作权行政管理部门办理出质登记。""许可使用合同和转让合同中著作权人未明确许可、转让的权利，未经著作权人同意，另一方当事人不得行使。"

定则不尽相同。有的国家（如苏联、匈牙利等）的著作权法只作了原则性规定；而有的国家（如德国、美国、突尼斯等）的著作权法则作了较为详尽的规定。

二、关于著作财产权的立法规定

（一）国际公约

《世界版权公约》和《伯尔尼公约》都规定了作者应当享有财产权利，并对作者财产权利中的复制权、翻译权、广播权、公演权、改编权等，提供了充分的、有效的保护。《世界版权公约》第4条之二第1款规定："本公约第1条所述的权利，应包括保护作者经济利益的各种基本权利，其中有准许以任何方式复制、公开表演及广播等专有权利。本条的规定可扩大适用于受本公约保护的各类作品，无论它们是原著形式还是从原著演绎而来的任何形式。"该公约第5条第1款还规定："第1条所述各项权利，应包括作者翻译和授权他人翻译受本公约保护的作品，以及出版和授权他人出版上述作品译本的专有权利。"《伯尔尼公约》第8条规定："受本公约保护的文学作品的作者，在对原作享有权利的整个保护期内，享有翻译和授权翻译其作品的专有权利。"该公约第9条第1款就复制规定："受本公约保护的文学艺术作品的作者，享有授权以任何方式和采取任何形式复制这些作品的专有权利。"该公约第11条第1款还规定："戏剧作品、音乐戏剧作品或音乐作品的作者享有下列专有权利：①授权公开演出和演奏其作品，包括用各种手段和方式公开演出和演奏；②授权用各种手段公开播送其作品的表演和演奏。"针对广播作品，第11条之二第1款规定："文学艺术作品的作者享有下列专有权利：①授权以广播其作品或以任何其他无线传送符号、声音或图像的方法向公众传播其作品；②授权由原广播机构以外的另一机构通过有线广播或无线广播向公众传播其作品；③授权通过扩音器或其他任何传送符号、声音或图像的类似工具向公众传播作品。"第11条之三第1款规定："文学艺术作品的作者享有下列专有权利：①授权公开朗诵其作品，包括用各种手段或方式公开朗诵；②授权用各种手段公开播送其作品的朗诵。"就演绎作品，该公约第12条规定："文学或艺术作品的作者享有授权对其作品进行改编、音乐改编和其他变动的专有权利。"

（二）各主要国家著作权法的规定

法国、日本、德国以及意大利等国著作权法均对著作财产权作出了不同规定。

法国早在1791年就颁布过一部《表演权法》。在历史上，法国首先保护的是表演权，然后才保护一般著作权。现行《法国知识产权法典》就作者的财产权利也作了较为详尽的规定。L. 123-1条规定："作者对其作品终身享有一切形式的独占使用权及获得报酬权。作者死亡后,该权利由其权利继受人在当年及其后70年内享有。"L.122-1条规定:"属于作者的使用权包括表演权和复制权。"从这一规定可以看出,法国将保护作者的表演权放在了很重要的地位。L.122-7条就转让权规定为:"表演权及复制权可有偿或无偿转让。表演权的转让不包括复制权的转让。复制权的转让不包括表演权的转让。如合同包括本条所指的两种权利之一的全部转让时,其范围以合同中规定的使用方式为限。"就作者转让的范围,L.131-1条规定:"全部转让未来作品无效。"这里所谓的转让,均系作者财产权利的转让,精神权利则是不可转让的,但可以转移给法定继承人。除此之外,L.122-4条还从禁止方面作了如下规定:"未经作者或其权利所有人或权利继受人的同意,进行全部或部分的表演或复制均属非法。通过任何技术和手段的翻译、改编、改动、整理或复制亦属非法。"

《日本著作权法》认为,作者的财产权利实际上就是通过采用各种各样的不同方式而对作者的作品加以运用时所产生的一系列权利。这些权利的具体内容基本上规定在《著作权法》第二章第三节"权利的内容"中。该法第21条规定:"作者享有复制其作品的专有权。"第22条规定:"作者享有使公众直接看到或听到上演或演奏其作品的专有权。"第23条规定:"作者享有广播或有线广播其作品的专有权。作者享有使用接收设备公开传播其被广播或有线播放的作品的专有权。"第24条规定:"作者享有公开朗诵其语言作品的专用权。"第25条规定:"作者享有公开展览其美术作品原作或尚未发行的摄影作品原件的专有权。"第26条规定:"电影作品作者享有公开上映其电影作品或发行其复制品的专有权。电影作品中被复制作品者享有以发行该电影作品复制品的方式将该作品提供给公众的专有权。"第27条规定:"作者享有将作品进行翻译、编曲、改变形式、改成剧本、制作成电影及其他改编方法的专有权。"第28条还规定:"二次作品的原作的作者就该二次作品的使用,享有和该二次作品的作者所享有的同一类权利的专有权。"可见,这些条款的每一条几乎都明确规定了作者将绝对地享有使用其作品并获得一定经济利益的权利。

《意大利著作权法》第三章第一节规定了有关作品的经济使用权的保护。该法第12条第1款规定:"作者对其作品享有排他性出版权。"第13条规定:"排他性复制权的对象适用任何方式制作作品的复制品,如通过手抄、印刷、石印、版刻、拍照、录音、摄影以及其他任何复制方式。"第14条规定:"排他性改作权的对象是以适宜方式将口述作品转变为书面作品或用前一条所定任何一种方法再现的作品。"第15条规定:"排他性公演朗诵权的对象是以任何方式演出音乐、戏剧作品,放映电影作品,展示其他适宜公开展览的作品,或朗诵口头作品,不论付酬与否。"第16条规定:"1. 排他性的有线或者无线传播权是指以任何传播方式进行远距离传输,如电报、电话、广播、电视和其他类似方式,还包括通过卫星向公众传播、通过电缆转播以及设置接受条件的密钥式向公众传播;此外,还包括以任何人在其选定的地点和时间可以自由获取作品的方式传播。2. 本条第1款固定的权利不因包括将作品交由公众自由获取在内的向公众传播的行为而穷尽。"第17条第1款规定:"排他性发行权是指以任何方式及任何名义将作品原件或者复制件投入市场,或者交由公众自由获取,还包括以发行为目的将在非欧盟成员国境内制作的复制件引入欧盟成员国境内的排他性权利。"第18条第1、2款还规定:"排他性翻译权是指将作品翻译成另一种语言或方言。排他性演绎权包括本法第4条规定的对作品修改、演绎、改作的一切形式。"上述各条规定的各项专有权利相互独立,各项专有权既适用于作品的整体,也适用于作品的各部分。

《德国著作权法》就作者的财产权利在第15条作了概括性的规定。该条第1款指出:"著作人有以实体形式使用其作品的独占权;尤其是指:(1) 复制权(第16条),(2) 发行权(第17条),(3) 展览权(第18条)。"该条第2款规定:"著作人还有以非实体形式公开再现其著作的独占权(公开再现权);尤其是指:(1) 朗诵、表演和放映权(第19条),(2) 公开提供权(第19条a),(3) 播放权(第20条),(4) 通过录音或者录像制品再现的权利(第21条),(5) 再现广播电视的播放和公开提供的著作的权利(第22条)。"该条第3款规定:"公开再现,指为多数公众成员限定的再现。公众,指与使用著作者,或者同其他以无形形式使人感知或者提供著作者无个人关系的任何人。"该法第23条就改编物和加工物规定为:"只有经被改作或被加工的著作人同意,才可发表或使用该著作的改作物或加工物。如果将著作制成电影或实施造型艺术著作的设计和草图,或仿造建筑艺术著作,或改作或加工数据库著作,则须经著作人同意方可进行改作或加工。"第26条第1款就延续权中的财产权利作出规定:"如果美术著作的原件被再次让与并且有艺术商或者拍卖商作为受让人、让与人或者中间人参与,让与人应当将所得收入的一部分付给著作人。上句所称所得收入,指不含税款的出售价格。让与人是个人的,除他外,参与交易的艺术商或者拍卖商作为受让人或者中间人负连带债务人义务;在他们相互间,让与人独自承担义务。如果所得收入少于400欧元,本条第1句之义务归于免除。"关于复制物的出租与出借中的财产权,该法第27条第1、2款规定:"1. 著作人将音像制品的出租权(第17条)授予录音制品制作人或者电影制作人的,出租人对于出租同样应当向著作人支付适当报酬。该获得报酬要求不得放弃;只能事先让与著作权集体管理组织。2. 通过公众可达机构(图书馆、音像制品或者其他原件或者复制件收藏机构)出借本法第17条第2款允许再次发行的著作原件或者复制件,应当向著作人支付适当报酬。上句所称出借,指一定时间内既非为直接,又非为间接营利目的服务的物之使用;本法第17条第3款第2句规定准用。"

(三) 我国现行《著作权法》的规定

我国《著作权法》第10条第1款第5~17项对此作了规定。从该规定中可以看出,我国著作权法规定的著作财产权主要包括复制权、发行权、出租权、展览权、表演权、放映权、广播权、信息网络传播权、摄制权、改编权、翻译权、汇编权及应当由著作权人享有的其他权利。

三、著作财产权的具体内容

(一) 复制权

复制权是指作者及其他著作权人对其作品全部或作品的部分依法所享有的包括禁止或许可他人以复制的方式使用并依此获得报酬的专有权利。复制方式一般包括以印刷、复印、录制、翻拍以及数字化等方式将作品固定在有形载体上。在各国的著作权立法中,复制权是作者及其他著作权所有人最基本和首要的财产权利。[1] 早在1793年,法国就颁布了《复制法令》,并明确规定作者对其作品享有复制、发行或授权他人复制、发行的专有权。当今各国著作权法将复制权作为作者一项重要的财产权加以规定。[2] 通常根据复制的方式和内容的不同,可将复制权划分为以下几大类:

1. 狭义的复制权。狭义的复制权是指以某种行为,通常包括印刷、复印、照相、影印、录音、录像等,将作品制作成同一有形的复制物的权利。也就是说,该种复制权仅指将原作品本来内容再复原为有形物。比如,将文书加以手抄、印刷、照相,或将绘画、雕刻加以摹拓,将录音带或录像带再加以翻版录制等,均为该种复制。有的学者还认为,将演说及讲义的文稿加以笔记,也包括在狭义的复制内。[3] 这种主张有一定的道理,但严格说来,该笔记并非再现原为有形物,即并非原演说或讲义文稿的再现。

2. 广义的复制权。广义的复制权是指将某一作品再现为使第三人能感知的某种表现形式的权利。在这一复制过程中,往往对作品加以若干改变。也就是

---

[1] 我国《著作权法》第10条第1款第5项规定:"复制权,即以印刷、复印、拓印、录音、录像、翻录、翻拍等方式将作品制作一份或者多份的权利。"

[2] 如《法国知识产权法典》L.122-3条规定:"复制是指以一切方式将作品固定在物质上以便间接向公众传播"。《德国著作权法》则在第16条规定了两种情形,一种为该条第1款之规定:"复制权,指无论以临时的还是永久的任何方式和任何数量制作复制物的权利。"另一种为该条第2款之规定:"无论将著作之再现录制到音像载体上还是将音像载体上的著作转移到另一件载体上,这种为反复再现音像序列(音像载体)而在设备上将著作进行的转移也属于复制。"

[3] 张静:《著作权法评析》,台湾水牛图书出版社事业有限公司1983年版,第66页。

说，广义的复制并不要求再现为原作品，即在形态上无须与原作品完全相同，只要其旨趣具有同一性，即为该种复制。比如，将草图、图纸作成美术作品或者建筑物，把音乐、戏剧作品录音、录像，或将小说改编成剧本、拍成电影，或将本国文字作品翻译成他国文字作品等。

作者的复制权是与作者有着直接经济利益的权利，未经作者同意或者许可，他人不得复制其作品。但这并不妨碍他人创作出同一题材的作品，也不排除他人的"合理利用"。

关于临时复制权。在著作权法意义上，所谓临时复制，是指一项作品从计算机外部首先进入该计算机随机储存器，并停留于此，最终因为计算机关机、重启、后续信息挤兑等原因消失于随机储存器的过程。临时复制是网络传播技术的产物。1996年12月20日，世界知识产权组织（WIPO）主持的外交会议缔结了《版权条约》（WCT）和《表演和录音制品条约》（WPPT）。两个条约均明确规定，《伯尔尼公约》第9条所规定的复制权及其允许的例外，完全适用于数字环境，尤其是以数字形式使用作品的情况。不言而喻，在电子媒体中以数字形式存储受保护的作品，构成《伯尔尼公约》第9条意义下的复制。"临时复制"是否构成版权法意义上的复制，关系到作品版权人及作品访问者的切身利益。如果将临时复制纳入传统复制范畴，就会扩大版权人对信息的垄断权；反之，作品使用人则会因临时复制的高效传播大大受益，降低利用社会已有文化成果的成本。我国《信息网络传播权保护条例》中未对禁止临时复制作出明确规定，主要是考虑到国际上对禁止临时复制有很大争议，在WCT、WPPT制定过程中，包括我国在内的发展中国家明确反对禁止临时复制；而且，作为授权立法，条例也不宜在著作权法中对禁止临时复制未作授权的情况下作出规定。条例对禁止临时复制未作规定，不意味着对禁止临时复制行为没有法律办法。如果属于享有著作权的作品，权利人可以采取技术措施，防止他人浏览；如果他人破坏技术措施，则可以通过引用条例关于破坏技术措施的规定追究其法律责任。

（二）发行权

发行权是指作者或者其他著作权人所享有的以公开出售、赠与或者其他转让所有权的方式向公众提供创作作品或其复制品的权利。与发行权相关的一条原则是"发行权穷竭"原则，即著作权人对其作品的原件或合法复制件只能行使一次发行权。

发行权不同于出版权。出版是指将作品编辑加工后，经过复制向公众发行。我国《著作权法》第58条规定，出版是指作品的复制、发行。除了以普通的印刷术印刷出版以外，誊写、打字版、照相版、木版、铜版、石版印刷等，凡是可以复制成多份相同作品而予以发行出售的行为，均可称为出版，也包括互联网环境下的网络出版。

（三）出租权

出租权是指以有偿方式许可他人临时使用电影作品和以类似摄制电影的方法创作的作品、计算机程序或者包含作品的录音制品的原件或者复制件的权利，计算机程序本身不是出租的主要标的的除外。就出租权而言，在《TRIPs协议》之前，国际著作权公约并未涉及出租权问题。我国《著作权法》和多数国家一样也未将出租权作为一项单独的权利加以规定。《TRIPs协议》第11条规定："至少对于计算机程序及电影作品，成员应授权其作者或者作者的合法继承人许可或者禁止将其享有著作权的作品原件或复制件向公众进行商业性出租……"该协议第14条还规定，有关出租权的规定，原则上适用录音制品和录音制作者等权利人。就我国而言，1992年我国与美国签订的《中美政府关于保护知识产权的谅解备忘录》规定，就中国著作权法而言，"所有作品和录音制品"都有独立于发行权之外的出租权。基于此，国务院1992年颁布的《实施国际著作权条约的规定》中赋予外国作品和录音制品相应的出租权。为适应国际著作权发展的趋势和我国国情的实际需要，我国《著作权法》于2001年修订时在第10条第1款第7项明确规定了电影作品和以类似摄制电影的方法创作的作品、计算机软件的著作权人享有出租权。

正确理解著作权法意义上的出租权，必须明确作品与承载作品之有形载体相分离的观念。出租权的标的是作品上的智慧成果而非民法上的有体物。

（四）展览权

展览权是指作者或其他著作权人所享有的将其绘画、雕刻品、美术摄影、模型及工艺美术品等类的作品及其图书、摄影模型等属于学术性及造型作品的原件或复制品，公开陈列供不特定人参观展览并获取经济报酬的一种专有权利。[1]展览所示的作品可以是发表过的作品，也可以是未发表的作品。展览未发表的作品将被视为是一种发表；如果许可他人展览，应视为同时许可他人已取得代为发表权，外国立法例上对此也多加以承认。[2]作者行使展览权的过程中，如果将可以充当展览权标的的美术作品原件的所有权让与他人，转让合同中若对转让的范围未有明确约定，在这种情况下，受让人能否取得美术作品的展览权？本书作

---

[1] 我国《著作权法》第10条第1款第8项规定，展览权，即公开陈列美术作品、摄影作品的原件或者复制件的权利。

[2] 如《日本著作权法》第25条规定："作者享有原作公开展览其美术作品或尚未发行的摄影作品的专有权。"

者认为，受让人可以取得展览权。因为原作品的复制品或仿制品，一般没什么展出价值，尤其是美术作品。故各国法律通常规定，美术作品原件的展览权由原件所有人享有。

（五）表演权

表演权是指以演唱、演奏、舞蹈、朗诵等方式在现场直接公开再现作品，以及通过放映机、录音机、录像机等技术设备间接公开再现作品或者作品的表演并以此获得报酬的一种专有权利。根据世界上绝大多数国家的著作权法及《伯尔尼公约》的规定，公开表演权主要包含两项内容：一是现场表演；二是机械表演，即通过技术设备公开再现作品或作品的表演和演奏。我国1990年《著作权法》所指的公开表演权即现场表演，这与《伯尔尼公约》和世界上其他国家的法律规定明显存在差距，故2001年《著作权法》修订时将表演权界定为公开表演作品以及用各种手段公开播送作品的表演的权利。表演形式具有多样性，如作者对利用其剧本、乐谱、小说等作品依法享有的表演以及作者利用声音或乐器，包括留声机、音响、录音机或其他方法将音乐作品的乐曲、乐谱及唱片、录音带等录音作品以声音再现于公众的行为等都属于表演行为。

（六）放映权

放映权是指利用器械或者其他方法将造型艺术作品、摄影作品、电影作品或者科学技术性作品以影像再现于现场公众的权利。[1] 放映权一般是由电影片、幻灯片部分上映权及音乐、录音部分的演奏权组合而成的。依据各国著作权法例，电影作品的上映权原则上属于电影公司（通常为影片制作人）享有。但如果该电影作品属于组成作品，则组成电影的各部分，剧本由其作者享有（如果有原作，则其原作也享有上映权），音乐部分由作词人、作曲人及演奏歌唱者等人享有。实践中，关于各部分的权利，往往是由电影各部分作者与电影制片人订立协议，将上映权移转或者授权电影制片人使用。放映行为实际上也是通过技术设备向公众传播作品或者作品的表演，故建议该权利内容应纳入表演权。

（七）广播权

广播权是指作者或其他著作权人所享有通过电台、电视台、音响系统、闭路电视、卫星通信等无线或者有线装置或其他方法将作品内容以影像或声音营利性公开播送于现场以外公众的一种专有权利。《伯尔尼公约》将此称为播放权，即作者对其作品享有播放权，行使权利的条件由成员法律规定，但在任何情况下，这些条件均不得有损于作者获得合理报酬的权利。各国著作权立法对此项权利也

---

[1] 我国《著作权法》第10条第1款第10项规定，放映权，即通过放映机、幻灯机等技术设备公开再现美术、摄影、电影和以类似摄制电影的方法创作的作品等的权利。

作了一定的规定。[1] 我国 1990 年《著作权法》规定的播放权较之国际公约及其他国家著作权法之规定的差距表现为：一是将播放权限定为著作权人允许广播电台、电视台"制作"电视节目的权利，这同国际上对播放权的理解不一致；二是我国 1990 年《著作权法》第 43 条规定的合理使用制度直接与《伯尔尼公约》冲突，因为依公约之规定，播放他人作品，无论有无营利目的，至少应向著作权人支付报酬。故 2001 年修订《著作权法》后规定为："广播权，即以无线方式公开广播或者传播作品，以有线传播或者转播的方式向公众传播广播的作品，以及通过扩音器或者其他传送符号、声音、图像的类似工具向公众传播广播的作品的权利。"同时，国务院于 2009 年 11 月公布了《广播电台电视台播放录音制品支付报酬暂行办法》（2011 年修订）。为适用于非交互式传播作品，以解决实践中网络的定时播放和直播等问题，建议该权利应修改为播放权，即以无线或者有线方式公开播放作品或者转播该作品的播放，以及通过技术设备向公众传播该作品的播放的权利。

（八）信息网络传播权

信息网络传播权是指以有线或者无线方式向公众提供作品使公众可以在其个人选定的时间、地点获得作品的权利。该权利是在计算机网络环境下，信息技术高速发展的结果。较之传统的作品传播，信息网络传播主要是在物质载体和传播方式上发生了变化，涉及的作品著作权人的权利并无实质上的改变，这是我国《著作权法》2001 年修改时新增加的权利。国务院根据 2001 年《著作权法》第 58 条规定，于 2006 年 5 月 10 日通过《信息网络传播权保护条例》，自 2006 年 7 月 1 日起施行，该条例于 2013 年进行了再次修订。该条例对通过信息网络向公众提供或传播他人的作品、表演、录音录像制品的行为进行了明确的规定，保护了权利人依法享有的信息网络传播权，对侵犯信息网络传播权行为规定了相应的法律责任，为今后更有力地保护权利人的作品、表演、录音录像制品在信息网络上的合法传播提供了法律依据。然而学界和实务界对何谓"信息网络传播行为"，以及认定适用"服务器标准"或"用户感知标准"或"实质替代标准"等仍有不同观点。

---

[1] 如《意大利著作权法》第 16 条第 1 款规定："排他性的有线或者无线传播权是指以任何传播方式进行远距离传输，如电报、电话、广播、电视和其他类似方式，还包括通过卫星向公众传播、通过电缆转播以及设置接受条件的密钥式向公众传播；此外，还包括以任何人在其选定的地点和时间可以自由获取作品的方式传播。"这里的"传播权"实质上就是指播放权。《德国著作权法》第 20 条规定："播放权，指通过例如广播电视的播放、卫星播放、有线播放或者类似技术手段公开提供著作的权利。"《日本著作权法》第 23 条规定："作者享有广播或有线播放其著作的专有权。作者享有使用接收设备公开传播其被广播或有线广播的著作物的专有权。"

(九) 摄制权

摄制权是指作者或者著作权人依法所享有的,包括禁止或者许可他人使用摄制的方式,将其作品首次固定在载体上并以此获得报酬的专有权利。[1] 该权利也称为制片权,主要是对影视片制作者设立的权利。对此,我国 1990 年《著作权法》第 15 条仅规定,电影、电视、录像作品的导演、编剧、作词、作曲、摄影等作者享有署名的权利,著作权的其他权利由制作电影、电视、录像作品的制片者享有。电影、电视、录像作品中剧本、音乐等可以单独使用的作品的作者有权单独行使其著作权。为和国际惯例相一致,我国《著作权法》修订时将摄制权规定为以摄制电影或者以类似摄制电影的方法将作品固定在载体上的权利。

从司法实践来看,大多数作者难以通过自身实现这一权利,通常是通过许可他人摄制自己的作品而获得一定报酬。但个人以类似摄制电影的方式进行影视片制作已经相对较多,对此,作者个人也可能与作品的摄制权发生联系。该项权利的义务主体大多是摄制影视片的制片人,他们向作品的权利人取得摄制许可权,并支付相应报酬。制片人取得摄制许可权后,使用摄制的方式将作品固定在载体上,在形成了新的影视作品后,整体影视片的著作权则归属于制片人。如果将别的艺术作品,如书法、绘画、雕塑等作品摄制到影视作品中,制片人应取得该作品作者的许可并支付报酬。摄制行为的目的在于将作品固定在载体上,其实质与改编并无区别,故应将摄制权内容纳入改编权中。

(十) 改编权

改编权是指作者或著作权人对其作品所享有的包括禁止或者许可他人将作品改变成其他体裁和种类的新作品,或者将文字、音乐、戏剧等作品制作成视听作品,以及对计算机程序进行增补、删节,改变指令、语句顺序或者其他变动并支付报酬的专有权利。[2] 改编通常表现为以已有的作品为基础,用相同的或不同的形式将作品由一种类型改变成另一种类型,或不改变作品类型而将一部作品变成适合特定对象需要的作品。例如,将小说改编为剧本、将剧本改编成电影、将电影改成连环画等。改编权可以由作者行使,也可以由作者授权或转让他人行使。无论是作者还是他人行使后,便可产生新的、独立的作品及著作权。如果将改编原著作物的改编作品再行改编时,其改编权因有原著作人与第一次改编人并

---

[1] 我国《著作权法》第 10 条第 1 款第 13 项规定:"摄制权,即以摄制电影或者以类似摄制电影的方法将作品固定在载体上的权利。"

[2] 我国《著作权法》第 10 条第 1 款第 14 项规定:"改编权,即改变作品,创作出具有独创性的新作品的权利。"

存,故二次改编人应征得原著作物著作人及第一次改编物的改编权人的双重同意或许可,并支付报酬。

改编属于演绎行为的一种,故改编作品以原创作品为蓝本,如果改编后的作品与原创作品大相径庭,则属于另一新作,而非改编作品。

对我国"红色经典"的改编,必须要符合我国文化建设的良性审美标准和弘扬社会主义核心价值观的需求,而不得通过网络恶搞或对"红色经典"进行庸俗化、贬损化改编。[1] 2018年5月,最高人民法院下发通知,要求各级人民法院正确审理涉及保护红色经典传承和英雄烈士合法权益纠纷案件,依法保护红色经典传承和英雄烈士合法权益,倡导讲品位、讲格调、讲责任,教育和引导社会公众尤其是广大青少年自觉抵制"低俗、庸俗、媚俗",抵制历史虚无主义,规范传播行为,维护社会公共利益。

(十一) 翻译权

翻译权是指作者或著作权人所享有的自行或者授权他人将其作品从一种语言文字转换成另一种语言文字并获得报酬的专有权利。[2] 翻译不仅是一种演绎行为,实质上也是一种特殊的复制形式,是著作权人的一项重要财产权能。由于作品包含着被翻译成各种语言文字的可能,所以在观念上可以认为,有多少种语言文字,便存在多少个翻译权。应当明确,翻译权与译本的著作权是截然不同的两个概念。相对于译本的作品一般称为原著,原著的著作权人享有翻译权。这种翻译权在实践中通常有两种情况:一种是原著作人的自行翻译权;另一种为原著作人的翻译同意权。这两种权利均是基于作者对作品享有专有权的排他性、绝对性而产生的。无论哪种情况下产生的译本,相对于原著而言,均为二次作品,[3] 可成为独立的著作权保护对象。

(十二) 汇编权

汇编权是指作者或者著作权人依法所享有的包括禁止或者许可他人将原作品或者原作品的片段通过选择或者编排汇集成新作品,并支付报酬的专有权利。[4]

---

[1] 近年来因动画人物形象改编而引发的纠纷频发,涉及原作者、改编者及公共利益诸多问题,已引起学界和实务界积极探索。
[2] 我国《著作权法》第10条第1款第15项规定:"翻译权,即将作品从一种语言文字转换成另一种语言文字的权利。"
[3] 依据我国《著作权法》第12条的规定,改编、翻译、注释、整理已有作品而产生的作品,其著作权由改编、翻译、注释、整理人享有,但行使著作权时不得侵犯原作品的著作权。
[4] 我国《著作权法》第10条第1款第16项规定:"汇编权,即将作品或者作品的片段通过选择或者编排,汇集成新作品的权利。"

汇编作品一般产生于两种情况：一是对他人创作完成的作品，经过选择汇编成册；二是对他人创作完成的作品或者片段经过选择后再予以编排而汇编成册。无论哪一种情况均可构成汇编作品，如词典、百科全书、资料汇编、文集、选集等。

汇编作品的著作权由汇编人享有，但行使著作权时，不得侵犯原作品的著作权。汇编作品中可以单独使用的作品的作者有权单独行使其著作权。汇编行为的实质在于将作品固定在有形载体上，故该权利的内容应纳入复制权中。

（十三）其他著作财产权

我国《著作权法》第10条第1款第17项规定，应当由著作权人享有的其他权利也应当属于著作权内容。如果从著作财产权的角度理解，上述著作财产权基本上都属于因使用作品而产生的财产权，此外，著作权也可通过许可他人而依据约定或者法律规定获得报酬，以及通过转让或者质押著作权而依据约定或者法律规定而获得报酬。[1]

关于追续权的思考。著作追续权最早来源于1920年法文中"Droit de Suite"，是法国有形财产法创制的专门术语，意指物权所有人对其不动产作为质押标的物时的求偿权，即物权的"追及权"或"求偿权"。1983年，英国版权委员会名誉主席威尔（R. F. Whale）在其《论版权》（Copy Right）一书中，将其译成英文即为"Right of Pursuit"，意即中文的"追续权"。著作追续权是指艺术作品，尤其是美术作品的著作权人对其作品原件每一次售出以后的财产增值部分都有提成一定比例的权利。无论该作品转卖次数如何及辗转落入何人之手，只要售价比购买价高，原作者就有提取其中一部分的权利。享有著作追续权的前提是作品的每次售价必须高于购买价，其主要特征表现为：①为准物权，且只涉及作品转售后对其财产增值部分按照一定比例提成的问题；②权利的主体只能是作者或其继承

---

[1] 对此，我国《著作权法》第24条规定："使用他人作品应当同著作权人订立许可使用合同，本法规定可以不经许可的除外。许可使用合同包括下列主要内容：①许可使用的权利种类；②许可使用的权利是专有使用权或者非专有使用权；③许可使用的地域范围、期间；④付酬标准和办法；⑤违约责任；⑥双方认为需要约定的其他内容。"第25条规定："转让本法第10条第1款第5项至第17项规定的权利，应当订立书面合同。权利转让合同包括下列主要内容：①作品的名称；②转让的权利种类、地域范围；③转让价金；④交付转让价金的日期和方式；⑤违约责任；⑥双方认为需要约定的其他内容。"1996年国家版权局颁发了《著作权质押合同登记办法》。我国《物权法》第227条规定："以注册商标专用权、专利权、著作权等知识产权中的财产权出质的，当事人应当订立书面合同。质权自有关主管部门办理出质登记时设立。知识产权中的财产权出质后，出质人不得转让或者许可他人使用，但经出质人与质权人协商同意的除外。出质人转让或者许可他人使用出质的知识产权中的财产权所得的价款，应当向质权人提前清偿债务或者提存。"2010年修订后的《著作权法》增加第26条："以著作权出质的，由出质人和质权人向国务院著作权行政管理部门办理出质登记。"

人；③享有著作追续权的作品仅限于美术或艺术作品；④著作追续权不受其作品转移次数的限制。我国现行立法对此未作规定，《著作权法》第三次修改征求意见稿规定："美术、摄影作品的原件或者文字、音乐作品的手稿首次转让后，作者或者其继承人、受遗赠人对原件或者手稿的所有人通过拍卖方式转售该原件或者手稿所获得的增值部分，享有分享收益的权利，该权利专属于作者或者其继承人、受遗赠人。其保护办法由国务院另行规定。"这一规定预示着我国著作权立法将确立追续权地位，但该权利的正当性以及在我国如何适用还有待于进一步探讨。

第四节 著作权的保护期间

著作权的保护期间，是指著作权的存续期间。在该存续期间之内，著作权存在并发生相应的法律效力；该保护期间届满，著作权消灭，作品进入公共领域，不受著作权法保护。著作权的保护期间，实际上是对著作权人和公众之间利益的平衡。著作权保护期间的法律规定，既要考虑著作权人的利益，也要照顾到公众的利益。一般而言，著作权法就著作人身权和著作财产权的保护期间分别作不同的规定。

一、著作人身权的保护期间

著作人身权本身属于人格权的范畴，而人格权又直接与自然法思想与天赋人权观念相关。因此，各国在对人格权保护的立法上，均采取人格权至上的做法。在此意义上，著作权法原则上并不规定著作人身权的保护期间，即著作人身权的保护期间不受限制。[1] 但对著作人身权中的发表权，我国《著作权法》规定了保护期间。

依据我国《著作权法》的规定，对于公民的作品，其发表权为作者终生及其死后50年；对于法人或者其他组织的作品、著作权（署名权除外）由法人或者其他组织享有的职务作品，其发表权的保护期间为作品首次发表之后50年；视听作品、摄影作品，其发表权的保护期间为作品首次发表之后50年。作者生前未发表的作品，如果作者未明确表示不发表的，作者死亡后50年内，其发表权可以由其继承人或者受遗赠人行使，没有继承人又没有受遗赠人的，由作品原

---

[1] 我国《著作权法》第20条规定："作者的署名权、修改权、保护作品完整权的保护期不受限制。"

件的所有人行使。发表权属于著作人身权的一种,《著作权法》对发表权进行限制,理由主要有:①发表权与著作财产权密切相关。著作财产权的实现,必须以作品的发表为前提。在这个意义上,限制发表权,实际上就是限制著作财产权。②作品的发表有利于公众利益,促进文化事业的发展。因此,为了促使作者尽快发表作品,《著作权法》对发表权进行了时间上的限制。

二、著作财产权的保护期间

著作财产权反映权利人通过对作品的利用带来经济收入的可能性,法律赋予作者因控制、利用和支配作品的商业性使用而获益的权利,但有时间的限制。各国对于著作财产权一般都规定了一定的保护期间,在该保护期间之内,著作权人享有著作财产权;该保护期间届满,著作财产权消灭。

为了均衡作者或其他著作权人的个人利益与社会利益,法律一方面授予著作权人专有权利;另一方面又从保护的期限上加以限制。至于保护期限的长短,各国著作权立法规定不一,但总的指导思想为保护期间不宜过短。如果过于短暂,则有损于作者的个人利益,作者因创作作品所花费的脑力、体力劳动则得不到应有的报偿。这样,不仅不利于激发作者的创作积极性,使其难以创作出更多的优秀作品,而且会影响整个国家科学文化水平的提高。但是,保护期间也不宜过长。保护期间如果过于长久,则不利于优秀作品的传播与流通,影响到全民族的科学文化素质的提高和人类社会的进步。除此之外,由于国际文化交流的频繁和不断发展,有关保护著作权的国际公约越来越多。如果国内外一致,则有助于国际性著作权法制的统一,减少或避免不必要的国际性著作权纠纷。因此,各国在确定保护期间时,不仅考虑到本国的实际情况,也同时要考虑国际公约的有关规定。在立法主义方面,对此通常有以下几种:

1. 无限主义与有限主义。无限主义是指著作权可永久存续,永不消灭,故也称为永久主义。在保护作者人身权时通常采取该立法主义。有限主义是指著作权保护期间有一定期限,期限届满著作权即消灭,一般也称为限制主义。在保护作者财产权时通常采取该立法主义。目前世界各国的著作权立法几乎对著作权均采取限制主义,不同的只是各国的期间长短不一。

2. 固定主义与延长主义。这是根据在限制主义中保护期间是否可以延长加以划分的。固定主义,是指著作权保护期间固定不变,即不问何事由,一概不予缩短或延长,这是大多数国家立法所采取的。延长主义,是指著作权保护期间因一定事由可以延长。

3. 发表起算主义与死亡起算主义。这是根据著作权保护期间的起算点不同划分的。前者是指著作权的保护期间，从作品首次发表后起算，而后者则是指从作者死亡时起算。

在上述立法精神的指导下，各国著作权法关于著作权保护期间规定不一。世界上第一部著作权法《安娜法令》对已出版的图书规定了 21 年的保护期，而当今多数国家针对自然人作品著作权，一般规定为作者终生及其死亡后 50 年。曾有国家采取作者终生及其死亡后 25 年的保护期，如《苏俄民法典》第 496 条规定："著作权的有效期限，为作者有生之年加死后 25 年，该 25 年自作者死后翌年元月 1 日起算。"（《俄罗斯联邦民法典》现已改为死后 70 年）还有的国家规定的保护期间更长一些，如巴西规定为作者终生及其死后 60 年，德国为作者终生及其死后 70 年，美国也将 1978 年 1 月 1 日或之后创造的作品保护期限提高到 70 年，西班牙为作者终生及其死后 80 年，最长的科特迪瓦规定为作者有生之年加其死后 99 年。从国际公约的规定来看，《伯尔尼公约》规定为作者终生加其死后 50 年，《世界版权公约》则规定为作者终生加其死后 25 年。

我国在《著作权法》未颁布之前，有关著作权的保护期限散见于一些行政法规、条例或指示中。1957 年 6 月 7 日，文化部出版局曾就著作权保护期间问题复函人民文学出版社："如著作人死亡年代不远，可以改付稿酬，如死亡年代已久（如超过 20 年），则可婉言拒绝。"可见，当时我国的著作权保护期为作者有生之年加其死后 20 年。1984 年 12 月 1 日起实施的《书籍稿酬试行规定》（已失效）第 8 条第 2 款规定："著译者死亡超过 30 年者，重印其作品不再付基本稿酬和印数稿酬。出版其首次发表的遗作，仍付基本稿酬和印数稿酬。"随后，1985 年 1 月 1 日起实施的《图书、期刊版权保护试行条例》（已失效）第 11 条第 2 款规定，该条例第 5 条第 5、6 项规定的权利，[1] 有效期限为作者终身及其死亡后 30 年。该 30 年自作者死亡之年年底起计算；对于合作作品，该 30 年自最后去世的作者死亡之年年底起计算。这些规定表明了从 1984 年 12 月 1 日到我国《著作权法》实施之前的整个期间，我国对著作权的保护期间为作者终身加其死亡后 30 年。

我国《著作权法》对著作财产权的保护期作了如下规定：

（一）自然人作品的著作财产权保护期

自然人的著作财产权，其保护期为作者终生及其死亡后的 50 年，截止于作

---

[1]《图书、期刊版权保护试行条例》（已失效）第 5 条第 1 款规定："作者依本条例享有的版权，是指下列权利：……⑤通过合法途径，以出版、复制、播放、表演、展览、摄制片、翻译或改编等形式使用作品；⑥因他人使用作品而获得经济报酬。"

者死亡后的第 50 年的 12 月 31 日。如果该作品属于合作作品的，则截止于最后一位作者死亡后的第 50 年的 12 月 31 日。

（二）法人或者非法人组织作品的著作财产权保护期

法人或者非法人组织的作品、著作权（署名权除外）由单位享有的职务作品，其发表权和其他财产权的保护期为 50 年，截止于作品首次发表后的第 50 年的 12 月 31 日，但作品自创作完成后 50 年内未发表的，著作权法不再保护。

（三）视听作品的著作财产权保护期

视听作品的发表权以及其他著作财产权保护期为 50 年，截止于作品首次发表后第 50 年的 12 月 31 日，但作品自创作完成后 50 年内未发表的，则不再保护。

（四）身份不明作品的著作财产权保护期

作者身份不明的作品，其著作权中的财产权的保护期为 50 年，自该作品首次发表后次年 1 月 1 日起算。作者身份确定后适用著作权法相关规定。

（五）外国人作品的著作财产权保护期

外国人、无国籍人的作品根据其作者所属国或者经常居住地国同中国签订的协议或者共同参加的国际条约享有的著作权，受我国著作权法保护。

（六）实用艺术作品的著作财产权保护期

关于实用艺术作品的保护期问题，鉴于国际公约及我国实际情况，其发表权的保护期为 25 年，截止于作品首次发表后的第 25 年的 12 月 31 日，但作品自创作完成后 25 年内未发表的，将不再保护。

这里所谓的保护期，一般是从作者死亡、相关作品首次发表或者作品创作完成后次年 1 月 1 日起算。

■ 本章小结

通过本章学习，我们了解到著作权的内容由著作人身权和著作财产权两部分构成。著作人身权为作者终生享有，不得与作者人身分离，故不可转让、赠与、继承等，且在法律保护上无时间限制；而著作财产权内容广泛，具体财产权表现形式均为作品使用的不同方式，作者在著作权保护期限内依法可全部或者部分转让、赠与，且可作为遗产予以继承。随着科技发展和法律全球化的推进，作品使用方式不断增多，著作权的内容也不断扩展。著作权的保护期限仅适用于著作财产权，且作品的主体、类型不同，其保护期限的起算和期间也不同。

■ 本章思考题

1. 著作权取得的主要方式有哪些？

2. 著作人身权的主要内容包括哪些？
3. 著作财产权的主要范围是什么？
4. 著作人身权与著作财产权的主要区别是什么？
5. 科学技术发展对著作权内容会产生哪些影响？
6. 设定著作权保护期限的依据是什么？
7. 案例讨论：

案例一：　　网络环境下著作权人合法权益的保护[1]

【基本案情】

环球唱片有限公司、华纳唱片有限公司、索尼音乐娱乐香港有限公司与北京百度网讯科技有限公司侵害录音制作者权纠纷上诉案。环球唱片有限公司（以下简称环球公司）、华纳唱片有限公司（以下简称华纳公司）、索尼音乐娱乐香港有限公司（以下简称索尼公司）发现其享有录音制作者权的128首歌曲在北京百度网讯科技有限公司（以下简称百度公司）的百度网站MP3栏目中通过搜索框、榜单等模式，提供了链接以及相应的在线试听和下载服务。环球公司、华纳公司、索尼公司认为百度公司的上述行为侵犯了其对上述歌曲录音制品享有的信息网络传播权，请求法院判决赔偿其经济损失和合理费用共计6350万元。

北京市第一中级人民法院一审认为，百度公司是根据网络用户的指令进行搜索、建立临时链接，基于这种服务的技术、自动和被动等性质，即使百度公司施予与其能力相当的注意，也难以知道其所提供服务涉及的信息是否侵权。因此，百度公司设置搜索框供网络用户输入关键词搜索歌曲的行为以及设置榜单等模式，均不能证明其明知或者应知所链接的录音制品侵权，故不构成对三大唱片公司信息网络传播权的侵犯，判决驳回三大唱片公司的诉讼请求。三大唱片公司不服，提起了上诉。二审审理中，合议庭在两次公开开庭审理、准确查明案情的基础上，在中国互联网协会调解中心的协助下，经过多次调解，最终使双方在达成根本版权许可协议的基础上，就涉案纠纷达成和解协议。该和解协议确认双方共同致力于互联网音乐作品的运营模式创新以及互联网音乐作品著作权保护模式创新，就此展开全面合作，并就全面合作的具体方式及内容签订了合作协议和反盗版协议。百度公司与三大唱片公司另达成协议，百度公司支付版税，三大唱片公司将授权百度公司上传其全部完整歌曲目录及即将推出的新歌曲目录；网络用户可以直接从百度网站免费在线播放及下载相关歌曲。至此，百度公司与三大唱片

---

[1] 参见2012年4月17日最高人民法院发布的《2011年中国司法保护十大知识产权案件》及北京市高级人民法院（2010）高民终字第1694号、1700号、1699号民事调解书。

公司多年的版权纷争得以彻底化解，亿万网民可以在百度网站获得更多正版歌曲。

【重点讨论】 在网络环境下，如何从法律上做到一方面维护权利人的合法权益，另一方面又使网民得以欣赏到正版音乐作品，切实实现权利人与社会公众利益的平衡，促进文化产业和互联网产业商业模式的创新？

案例二： 信息网络传播权：北京易联伟达科技有限公司与深圳市腾讯计算机系统有限公司侵害作品信息网络传播权纠纷[1]

【基本案情】

腾讯公司依法享有《宫锁连城》的独家信息网络传播权，并以非独家授权方式，授权给乐视网信息技术（北京）股份有限公司（以下简称乐视网）使用，但播出范围仅限于在乐视自有平台播放，乐视网不得超出范围传播作品。腾讯公司与乐视网的授权书约定，乐视网的使用方式仅限于本站服务器存储方式。未经书面许可，不得通过任何方式，包括但不限于转许可、跳转链接、深层链接、播放器嵌套、共同设立合作频道、以授权第三方使用域名的方式与第三方合作等，以使得本合同以外的第三方（因政策原因必须合作的除外）得以直接或间接地使用本合同授权作品。同时，乐视网应采取措施防止在授权平台上使用的本合同项下的授权作品被本合同以外的第三方通过任何方式得以直接或间接地使用。腾讯公司主张，乐视网在官网上有明确的版权声明，禁止任何第三方对其进行视频盗链，否则依法追究相关法律责任。2014年6月4日，腾讯公司通过公证书固定证据，证明易联伟达公司在其经营的"快看影视"手机端，通过信息网络非法向公众提供涉案作品的在线播放。易联伟达公司在快看影视中对大量影视作品进行了编辑分类，在播放时无显示来源，直接进入到播放页面；易联伟达公司在播放涉案作品时无任何前置广告及暂停播放时的广告，未显示乐视网水印，显示的版本、布局与乐视APP不同，乐视网上有明确声明不能盗链。故腾讯公司认为易联伟达公司进行了涉案作品的编辑，具有恶意，易联伟达公司为获取盈利直接设链播放涉案作品，未经任何权利人的同意，侵犯了腾讯公司的合法权利，故诉至法院。易联伟达公司辩称，涉案作品并非在快看影视上播放的，而是在腾讯APP上播放；易联伟达公司快看影视播放无广告，未获得任何盈利，只提供设链服务，并非信息存储空间。易联伟达公司收到起诉书后已经删除了涉案作品。

---

[1] 参见北京知识产权法院（2016）京73民终143号民事判决书。

【法院裁判】
一、一审法院观点

一审法院认为，在技术飞速发展的背景下，不能将"提供"行为仅限于"上传到网络服务器"一种行为方式，还必须合理认定技术发展所带来的其他"向公众提供作品"的行为方式，科学界定聚合平台提供服务的性质。本案中公证书显示，快看影视 APP 不仅提供了深度定向链接，还进行了选择、编排、整理等工作，如制作节目列表、提供节目简介、设置播放界面和观看模式、去除视频来源的权利管理电子信息及被链网站广告、设置专题分类等，其行为已超出了单纯提供搜索、链接服务的范畴，使得用户的搜索选择或在专题中点选的行为与设链网站上具体视频之间形成了深层对应关系，用户得以在该聚合平台上直接实现对涉案作品的观看。快看影视 APP 的具体服务提供方式，扩大了作品的域名渠道、可接触用户群体等网络传播范围，分流了相关获得合法授权视频网站的流量和收益，客观上发挥了在聚合平台上向用户"提供"视频内容的作用，产生了实质性替代效果，却未向权利人支付获取分销授权的成本支出。故本案法院对易联伟达公司有关仅提供链接服务不构成侵权的辩称不予采信。

二、二审法院观点

二审法院认为，对于何为信息网络传播行为，实践中一直存在不同认定标准，主要包括服务器标准、用户感知标准以及一审判决所持实质性替代标准等等，这一争论集中体现在对本案所涉深层链接行为的性质认定。二审法院认为服务器标准是信息网络传播行为认定的合理标准。信息网络传播行为是信息网络传播权所控制的行为，对该行为的认定属于事实认定范畴，服务器标准最为符合信息网络传播行为这一客观事实属性。依据服务器标准，信息网络传播行为是指将作品置于向公众开放的服务器中的行为。需要特别指明的是，此处的"服务器"系广义概念，泛指一切可存储信息的硬件介质，既包括通常意义上的网站服务器，亦包括个人电脑、手机等现有以及将来可能出现的任何存储介质。《著作权法》有关信息网络传播权的规定决定了信息网络传播行为必然是一种对作品的传输行为，且该传输行为足以使用户获得该作品。在网络环境下，这一传播行为的对象是作品的数据形式。在信息网络传播过程可能涉及的各种行为中，只有初始上传行为符合上述要求，因此，信息网络传播行为应指向的是初始上传行为。因任何上传行为均需以作品的存储为前提，未被存储的作品不可能在网络中传播，而该存储介质即为服务器标准中所称"服务器"，因此，服务器标准作为信息网络传播行为的认定标准最具合理性。

【重点讨论】

如何界定信息网络传播权中"提供"的含义，服务器标准、实质替代标准、用户感知标准各自的利弊有哪些？

第五章

著作权的限制

[提示要点]

学习本章,要从法学理念理解著作权限制的缘由,掌握著作权限制的方式。本章重点在于学习和了解合理使用、法定许可制度的基本内容,难点是对合理使用范围和判断标准的理解。

第一节 著作权限制概述

一、著作权限制的含义及理由

国家通过立法保护作者作品的著作权,依法授予作者利用其作品的专有权利,以鼓励优秀作品的创作。而保护作者正当权益、鼓励创作的目的则在于广泛传播优秀作品,促进知识的积累和交流,丰富人们的精神文化生活,提高全民族的科学文化素质,以推动经济的发展和人类社会的进步。因此,各国著作权立法在承认和保护作者对其作品享有权利的同时,为平衡作者个人和作品使用者、社会公众之间的利益,普遍对作者著作权作了一些限制性的规定。从多数国家的规定来看,对作者专有权利的限制,主要是对作者著作财产权的限制,其原因主要有以下几方面:

（一）权利的相对性

从法理学的角度来看,任何权利都不是绝对的,也不是无限制的。在著作权法律关系中,作者通过自身的脑力劳动,创作出特定形式的作品,基于该作品而依法享有各项专有权利。作者在行使其专有权利时,法律在权利行使的范围、时间和地域等方面也作了一定的限制。法律这样规定不仅是必要的,也是合理的,充分体现了权利和义务相一致的原则。

（二）平衡作者、传播者与社会公众之间的利益

著作权本身的属性决定了对作者的专有权利必须依法加以限制。作品是作者智力活动的产物,它和其他的一般性产品属性不同,其价值一般通过自身无法体现,只有通过传播转化,其价值和效益方可表现出来。由于作品,特别是优秀作品,具有广泛的传播性和极强的信息性,必然引起作品的不断传播和文化交流。

纵观人类文明的历史发展，公众文化水平和素质的提高，公众文化娱乐等精神消费水平的提高，始终离不开文学、艺术作品的传播和交流；科学技术的进步，经济的不断发展，人类社会的不断前进，也总是离不开自然科学、社会科学和工程技术等作品的传播和交流。而就整个著作权制度而言，在一定的社会制度下，它始终担负着保护作者合法权益和促进文化、科技等交流与发展的双重任务。这种既要保护作者的专有权利，又要保障作品的正常传播和交流的矛盾，如果协调不好，要么严重影响作者创作作品的自主性和积极性，损害作者的合法权益，不利于优秀作品的产生；要么严重影响优秀作品的传播和交流，损害传播者及社会公共利益，不利于全民族文化素质的提高和全人类社会的文明与进步。在这种情况下，为了不使著作权法赋予作者的某些"专有权利"变成公众获得知识和整个社会教育、文学艺术和科学技术发展的障碍，就有必要通过著作权立法对作者的专有权利加以限制，以调节作者行使专有权与广大公众使用和传播作品之间的矛盾，平衡作者个人与传播者及社会公众之间的利益。

（三）著作权限制是作者对社会应负有的义务

智慧成果具有传承性，故作者创作完成的任何一部作品，都离不开前人的智慧成果。从国际公约到各国著作权立法，正是考虑到作品的传承性，对作者基于其作品所享有的专有权利都作了一定的限制。这不仅是各国立法的惯例，也是作者应对社会负有的义务。

二、国际公约和国外著作权立法规定

历史变革、社会制度性质、经济发展水平及文化传统的差异，导致了各国对作者"专有权利"的限制程度和方法有所不同。

（一）国际公约的规定

关于著作权的限制，在两个重要的国际公约中都有所体现。《伯尔尼公约》第 2 条之二第 2 款规定："本联盟各成员可自行以立法决定，在某些条件下可按本公约第 11 条之二第 1 款的规定方式，为提供信息的目的，将讲课、讲演及其他类似性质的公开发表的作品，以印刷、无线电广播、有线广播等方式复制及向公众传播。"第 7 条规定："本公约给予保护的期限为作者有生之年及其死后 50 年内。但就电影作品而言，本同盟成员有权规定保护期在作者同意下自作品公之于众后 50 年期满，如自作品完成后 50 年内尚未公之于众，则自作品完成后 50 年期满。……摄影作品和作为艺术作品保护的实用艺术作品的保护期限由本同盟各成员的法律规定；但这一期限不应少于自该作品完成之后算起的 25 年。……"第 10 条还规定："从一部合法公之于众的作品中摘出引文，包括以报刊提要形式引用报纸期刊的文章，只要符合合理使用，在为达到目的正当需要范围内，就属合法。本同盟成员法律以及成员之间现有或将要签订的特别协议规定，可以合法地通过出版物、无线电广播或录音录像使用文学或艺术作品作为教学的解说的权利，只要是在为达到目的的正当需要范围内使用，并符合合理使用。……"第10条之二第1款规定："本同盟各成员的法律得允许通过报刊、广播或对公众有线传播，复制发表在报纸、期刊上的讨论经济、政治或宗教的时事性文章，或具有同样性质的已经广播的作品，但以对这种复制、广播或有线传播并未明确予以保留的为限。然而，均应明确说明出处；对违反这一义务的法律责任由被要求给予保护的国家的法律确定。"

《世界版权公约》对此在其第4条第2款甲项规定："受本公约保护的作品，其保护期限不得少于作者有生之年及其死后的25年。但是，如果任何缔约国在本公约对该国生效之日，已将某些种类作品的保护期限规定为自该作品首次出版以后的某一段时间，则该缔约国有权保持其规定，并可将这些规定扩大应用于其他种类的作品。对所有这些种类的作品，其版权保护期限自首次出版之日起，不得少于25年。"该公约第5条第2款甲项、乙项还规定：任何缔约国根据其国内法可对文字作品的翻译权利加以限制；但必须遵照如下规定：如果一部文字作品自首次出版算起7年期满而翻译权所有者或在其授权下尚未以该缔约国通用语文出版译本，该缔约国任何国民都可从主管当局得到用该国通用语文翻译该作品并出版译本的非专有许可证。该国民须按照有关国家的现行规定，证明他根据不同情况已向翻译权所有者提出翻译和出版译本的要求，而又未得到授权，或经过相当努力仍未能找到权利所有者。如果以缔约国通用语文翻译的以前所有版本均已售完，也可根据同样条件发给许可证。

《TRIPs协议》第13条规定："各成员对专有权作出的任何限制或例外规定应限于某些特殊的情况，且不会与对作品的正常利用相冲突，也不会不合理地损害权利持有人的合法利益。"

此外，《罗马公约》第15条规定："任何缔约国可以依其国内法律与规章，在涉及下列情况时，对本公约规定的保护作出例外规定：私人使用；在时事报道中少量引用；某广播组织为了自己的广播节目利用自己的设备暂时录制；仅用于教学和科学研究之目的。尽管有本条第1款，任何缔约国对于表演者、唱片制作者和广播组织的保护，可以在某国内法律与规章中作出像它在国内法律和规章中作出的对文学和艺术作品的版权保护的同样的限制。……"

从这些规定可以看出，对作者及其他著作权人依法所享有的权利加以限制，是协调和解决作者、出版商、无线电和电视广播组织、电影制片商等几个方面利益冲突的必不可少的法律手段。

（二）英美法系国家之规定

这些国家将文学艺术、科学技术等作品看作一种特殊商品，将著作权当作一种财产权、垄断权。由于他们奉行的是"私有财产神圣不可侵犯"的原则,强调著作权的独占性和排他性,因而较之大陆法系国家规定而言,对著作权的限制较少,如《英国版权法》第29~31、45、59等条规定了在特定情况、场合和条件下某些行为不构成对作者著作权的侵害,其中较重要的有:为了个人学习、研究、评论目的或为了报道时事,在报纸、杂志或其他刊物,或者在广播或电视广播中合理使用他人作品;公开朗诵作品的某些部分;基于法律诉讼程序的需要而复制某些作品;图书馆和档案馆按照贸易部所制定的条例从其收藏的书籍中摘出部分段落制成少量的复制本,以及出版其保存的旧的手稿;广播机构为其使用目的对作品进行短暂的录音等。《美国版权法》第107~112条主要规定了合理使用,图书馆和档案馆的复制,特定复制品和录制品的转印和转录,某些演出节目的展览、某些二次播送、播送机构所制作的短暂录音,以及美国电视和广播档案室为保存广播节目所制作的某些录音录像制品等。

(三) 法、德及日本等大陆法系国家之规定

《法国著作权法》在 L. 122-5 条对合理使用的范围作了规定;《日本著作权法》第30~49条也主要就合理使用作了规定;而《德国著作权法》第44~63条则从许可的免费使用、法定许可使用和强制许可使用三方面对著作权作了限制。

(四) 部分东欧国家之规定

部分东欧国家往往将文学艺术、科学技术作品看作是个人劳动和社会劳动相结合的成果,因而,著作权被作为智力劳动者的一种权利加以保护。在他们看来,作者所创作的作品中不仅包含有作者个人的脑力劳动,也包含有前人的智力活动的结晶,依据个人利益与社会利益协调一致,个人利益服从社会利益的原则,从而对著作权的限制就比较多。比如,《俄罗斯联邦民法典》第1273~1280条就此分别规定了合理使用的范围:为个人目的自由复制作品;为新闻、科学、教学或文化目的而自由使用作品;以影印复制的方式自由使用作品;自由使用长久设置于自由参观的公共场所的作品;自由公开表演音乐作品;为司法目的自由复制作品;无线电播放组织为短期使用而自由录制作品;自由复制电子计算机程序和数据库电子计算机程序反编译。[1]

---

[1]《匈牙利著作权法》除规定了许可的免费使用、许可的付费使用和强制许可外,还规定了其他一些限制,如该法第24条规定,如果法定继承人无充分理由而拒不同意进一步使用已经发表的作品,那么根据公共利益的需要可由法院作出裁决同意使用,但此情况如与国际公约相违者除外;业余剧团有权不经作者同意而演出已经出版或可供合法使用的戏剧作品,但须支付一定报酬;非营利性的、不向表演者支付报酬的演出除外。保加利亚的著作权法除规定许可的免费使用,许可的付费使用外,还规定对已出版的或以其他方式使用过的具有重大社会意义的作品,如果版权所有人毫无正当理由地反对使用,而这种反对又损害公共利益,则可由法院授权继续使用该作品,但应向版权所有人支付适当的费用。此外,罗马尼亚及其他一些东欧国家的著作权法,对著作权的限制也作了比较多的规定。

三、著作权限制的范围

从著作权国际公约及绝大多数国家的著作权立法来看，对著作权的限制一般主要涉及以下三个方面：

（一）时间上的限制

各国著作权立法对作者就其作品所享有的专有权利，在保护上都有一定的时间限制。超过法定期限，该作品即进入"公共领域"，任何人均可自由地加以使用。至于保护期限的长短，各国规定不一。但总的来说，多数国家普遍规定作者为自然人时保护期限为有生之年加上死亡后 50 年；合作作者的，为最后死亡的作者死亡后的第 50 年的 12 月 31 日。法人、其他组织的作品以及视听作品，保护期为 50 年，从首次发表之日起算，但从创作完成后 50 年内未发表的，著作权法不再保护。作者身份不明的作品，保护期为 50 年，自首次发表之日起算，作者身份确定后，再根据自然人还是法人来确定。但美国和欧盟各国，都在 20 世纪 90 年代修改法律将著作权的保护期从 50 年延长至 70 年。

（二）地域上的限制

著作权作为一种专有权利在空间上的效力如其他知识产权一样，并不是无限的，而是要受到地域的限制，即具有严格的领土性，其效力只限于本国领域内。按照国际惯例，一国法律承认和保护的著作权，只在该国发生法律效力，除非签有国际公约或者双边互惠协定。因而，著作权无域外效力，一国原则上没有保护外国作品的义务，除非著作权人本国与其他国家签订了著作权保护协议或者共同参加著作权保护国际公约。如《伯尔尼公约》和《世界版权公约》规定，所有缔约国作者的作品，或在某一缔约国内首先出版的作品，在其他任何一个缔约国内，都享有该国法律给予本国作者的同等保护。

（三）使用上的限制

这是指作者或其他著作权人在行使其作品专有权利时受到的一些限制，这些限制通常主要有：合理使用限制，即在一定条件下，为了法律所规定的特定目的或者法定的需要，使用者可以不经作者或其他著作权人的同意或者许可，也不必向其支付报酬，而自由地使用受著作权法保护的作品，且不构成侵害著作权的一种行为；法定许可限制，即使用人在符合法律规定的条件下，无须事先申请，也不需经过作者或者其他著作权人的同意或许可，使用人便可使用受著作权法保护的作品，但使用人使用后，应向作者支付一定的报酬；强制许可限制，即他人基于正当理由，有必要使用作者已经发表且受著作权法保护的作品时，使用者应首先提出使用申请，由主管机关审查批准，即依法特许使用人获得对该作品的使用权。

第二节 合理使用制度

一、合理使用的概念及特征

合理使用是著作权限制方式中最重要、最常用的一种，也是各国著作权法的通行制度。[1] 关于合理使用的含义和功能，学术界众说纷纭，[2] 各国著作权立法中也未明确"合理使用"一语的内涵和外延。本书认为，合理使用是指作者或其他著作权人以外的人，为法定的目的或需要，采取合理方式，依法使用有著作权的已发表作品而无须经作者或其他著作权人的同意，且不支付报酬的一种合法行为。其主要法律特征表现为以下几方面：

（一）合理使用的主体

合理使用的主体必须是作者或其他著作权人以外的人，包括自然人、法人或者非法人组织以及特殊情况下的国家。作者或其他著作权人依法对其作品享有专有使用权，故不存在"合理使用"的问题。

（二）合理使用的对象

合理使用的对象必须是已发表且能够获得著作权的作品，尚未发表的作品通常不得作为合理使用的对象。

（三）合理使用范围的法定性

哪些行为属于合理使用范围之内，法律一般对此有明确的规定。如果某种行为无法律上明文规定，则不属于合理使用的范围。尽管各国著作权立法对合理使用的范围均作了一定的规定，但并非巨细无遗。因此，在司法实践中，往往要根据特定的事实，依据法律规定的精神来加以判断和认定。此外，使用者的使用方式也必须是合理的，即使用方式无论是化学的、机械的，还是其他方式，均不得有损于原作者对作品依法所享有的权利。

（四）合理使用目的的非商业性

凡是以营利或者商业性目的使用他人作品的行为，立法普遍认为不构成合理使用。

---

[1] 美国称为"fair use"（正当使用），英国称为"fair dealing"（合理使用），意大利称为"free use"（自由使用），日本称为"fair use"（善用），等等。

[2] 合理使用法律制度实际上协调着作者与使用者、其他著作权人与使用者之间的利害冲突，有利于增进知识的传播和文化的发展。吴汉东教授还从法哲学角度审视"合理使用"，认为"合理使用制度的法律正义，系由平等性、公平性、公益性、合理性诸原则构成"。参见吴汉东：《著作权合理使用制度研究》，中国政法大学出版社1996年版，第35页。

（五）使用者不需经作者或其他著作权人的同意或许可，也不支付报酬

这是合理使用在内容上的主要特征，即使用人在合理范围内使用他人作品时，法律上并不以作者或其他著作权人的同意或许可为前提条件。在财产权方面，使用者也不给作者或其他著作权人支付报酬。这是合理使用与法定许可、强制许可制度的主要区别。

（六）合理使用是一种合法行为

合理使用的性质是一种合法行为，意味着使用者在"合理"范围内使用他人已发表作品的行为，一是法律加以确认，即依法赋予使用者这种特权；二是法律对此加以保护，即使用者的使用行为一旦受到作者、其他著作权人以及其他人的干涉，法律则予以保护使用者的合法权益。但使用者也必须依法使用作品，使用作品时必须注明作者的姓名或者名称、作品的名称、作品的出处，不得影响作品的正常使用，也不得不合理地损害著作权人的合法利益。

二、合理使用的判定标准

尽管各国著作权立法就"合理使用"的范围均程度不同地作了一定的规定，但就规定这些范围所依据的标准或根据，即区分"合理使用"与著作权侵权的标准，并无任何一成不变的法则或者尺度。1841年美国法官约瑟夫·斯托里（Joseph Story）在福尔瑟姆诉马什（Folsom v. Marsh）一案中提出著名的合理使用三要素，[1] 对各国著作权立法规制合理使用的判定标准产生了重大影响。在立法史上，1976年的《美国版权法》率先引入了合理使用的判断规则。[2] 从我国具体情况来看，《著作权法》仅列举了合理使用的具体情形，而未涉及合理使用是否合理的判断标准，以致司法操作不便。本书认为，著作权行政管理部门或者司法机关在认定是否属于合理使用时，应从使用作品的目的、使用的动机、被使用作品的性质和内容、被使用部分的数量及在整个作品中的地位、使用人付出脑力劳动的多寡以及对原作品的影响程度等方面考虑。

三、合理使用的范围

"合理使用"原则源于英美法系，合理与否，并无绝对的界限。概览各国著作权立法，关于合理使用的范围，普遍采取了两种方式加以规定：①概括式，即对合理使用的范围以最概括的语言加以界定，避免精确的规定，防止随着时间的

---

[1] 该案法官提出的三要素为：使用作品的目的和性质，引用作品的数量和价值，引用对原作市场销售、存在的价值的影响程度。

[2] 该法第107条规定："……在任何特定情况下，确定对一部作品的使用是否属于合理使用，要考虑的因素应当包括：①使用的目的和性质，包括这种使用是具有商业性质或者是为了营利的教育目的；②版权作品的性质；③同整个有版权作品相比所使用的部分的数量和内容的实质性；④这种使用对版权作品的潜在市场或价值所产生的影响。"

流逝，科学技术的变革和商业习惯的变迁发生僵化，将来可能使著作权人与使用人双方产生矛盾；②列举式，即将合理使用范围的内涵和外延以明文方式加以确认，避免适用法律上的混乱。对于法律尚未加以规定的情况，可以比照法律之规定加以类推适用。此外，有的国家著作权立法融概括式与列举式于一体，采取折中的办法，对合理使用的范围加以明文规定，但仅对该原则的目的及一般认定的标准作了概念性的规定，其本身仍具有很大的伸缩性。这样便于法院在适用时根据具体情况加以判定。[1] 合理使用之范围，在欧洲大陆法系国家的著作权法中亦有明文规定。

《法国知识产权法典》L.122-5条规定：作品发表后，作者不得禁止：①仅在家庭范围内进行的私人和免费的表演。②完全只供复制者私人使用而非集体使用的拷贝或复制。③在明确指出作者姓名和出处的情况下：在评论、论战、教育、科学和情报性质的作品中分析及简短引用；报刊提要；作为新闻报道，通过报纸或远程传送，对在政治、行政、司法或学术大会及政治性公共集会和官方庆典上的讲话；在法国进行的公开拍卖前仅为描述参展作品，于拍卖名册中收列平面或立体艺术作品全部或部分复制品；对作品摘要的表演或复制。④不违反有关规定的滑稽模仿、讽刺模仿及漫画。⑤按合同规定的使用需要及限度进入电子数据库内容的必要行为。⑥过渡性或附属性的临时复制。⑦法人和诸如图书馆、资料馆、文献中心以及多媒体文化空间对外开放机构的复制和表演。⑧博物馆或档案馆在不追求任何经济或商业利益的情况下，在馆内或向公众开放的图书馆专用终端设备上，为保存或保护个人用户的私人学习或研究查询状况而对作品进行的复制及表演。⑨在明确作者姓名的前提下，通过平面、视听和在线媒体，仅以提供实时信息为目的并与实时信息紧密相关的，对平面、立体或建筑作品进行全部或部分的复制或表演。[2] 修订后的《德国著作权法》第24条规定了自由使用原则，概括性地规定为"对于自由使用他人著作创作的独立作品可不经被使用的作品的著作权人的同意予以发表或使用。但音乐作品的旋律如果系抄袭公认的他人音乐作品，不得适用前项之规定"。但该法第45~63条对著作权的限制作了较为

---

[1] 如1976年《美国版权法》便采取了这种方式，该法第107条明文规定了合理使用的合法性，对于可在免责之列的使用目的，作了明确的规定；同时对判断是否合理使用的因素和标准，也作了明确的规定。1956年《英国版权法》未明文规定何谓合理使用，仅在第29~31、41、42、45、49条规定了合理使用的免责条文，包括研究或供私人之学习、引用、评论或新闻报道，司法程序中的复制，教育用书或教育目的的利用，图书馆复制、政府公务档案的复制等。但该法对"充分注明出处"作了立法上的解释。

[2] 该法L.122-5条内容详实、篇幅较长，此处为综合引用表述，详见《十二国著作权法》翻译组译：《十二国著作权法》，清华大学出版社2011年版，第70~71页。

详尽的规定，其中第45~53条就合理使用的范围作了规定，主要包括：法院、检察院与公共安全的复制；为教堂、学校或教学使用的汇编作品；学校广播、公开演讲、报纸文章和广播评论；音像报告的制作、引用、公开再现；为私人使用或其他自用的复制等。2010年修订的《意大利著作权法》，除规定了上述合理使用外，还在其第71条规定："国家乐队和军乐队可以非营利地公开演奏乐谱或音乐作品中的部分乐章，无须支付报酬。"

《日本著作权法》对合理使用的范围则采取了列举式的方式，该法从第30~49条规定的合理使用范围主要包括：供个人使用的复制，图书馆等的复制，适当引用，教科用书等的登载，学校教育节目的广播等，学校或其他教育机关的复制，作为试题的复制，用盲文复制等，非营利性的上演等，时事评论的转载等，政治性演说等的使用，为了报道时事事件的使用，审判程序等中的复制、翻译、改编等的使用，广播事业者等的临时录制，由美术作品的原所有者进行的展览，公开的美术作品的使用，参展美术作品等的复制，程序作品复制品所有者的复制等，注明出处以及复制品的目的外使用等。

2006年修订的《俄罗斯联邦民法典》就合理使用范围作了较为广泛的规定。第1273~1280条分别规定，在以下情形，可不征得作者或其他权利人同意和不支付报酬：为个人目的自由复制作品；为新闻、科学、教学或文化目的而自由使用作品；以影印复制的方式自由使用作品；自由使用长久设置于自由参观的公共场所的作品；自由公开表演音乐作品；为司法目的自由复制作品；无线电播放组织为短期使用而自由录制作品；自由复制电子计算机程序和数据库电子计算机程序反编译。[1]

我国《著作权法》虽无合理使用之明文规定，但该法第22条实为作品的合理使用规定，且先决条件是：使用者应当指明作者姓名、作品名称，并且不得侵犯著作权人依照该法享有的其他权利。同时以合理使用方式使用作品，不得影响作品的正常使用，也不得不合理地损害著作权人的合法利益。具体范围主要包括以下几种：

（一）为个人学习、研究或者欣赏而使用

以个人学习、研究或者欣赏为目的，使用他人已经发表的作品，是各国普遍认可的一种合理使用行为。[2] 该种合理使用的条件通常为：使用的对象是已发

---

[1] 相关合理使用条款规定内容详实、篇幅较长，此处为综合引用表述，详见《十二国著作权法》翻译组译：《十二国著作权法》，清华大学出版社2011年版，第439~442页。
[2] 我国《著作权法》第22条第1款第1项规定："为个人学习、研究或者欣赏，使用他人已经发表的作品。"

表的作品；使用的主体必须是个人；使用的目的是学习、研究或者欣赏。欣赏的内涵及范围在实践中难以界定，建议我国立法删除这一形式。至于使用方式和使用对象同样过于宽泛，使用方式应当限定在复制范围内；使用对象也应限制为他人已经发表的作品的片段。

（二）为介绍、评论某一作品或者说明某一问题而适当引用

对已发表的作品，为了介绍、评论某一作品或者说明某一问题时，可通过引用的方式加以使用。在此情形下，引用要与实际需要相一致，并将引用限定在适当的范围内。所谓适当，一般包括形式和内容两个方面。形式上的适当是指引用他人作品部分内容时，必须要通过适当的方式，如在引用部分的前后留出一定空间，或在引用部分的上边空一个字或将引用的部分用括号括起来等，以便清楚地与其作品区别开来。同时还必须指出引用作品的作者姓名或名称，以及作品的最近出处。内容上的适当是指引用他人作品在数量上有一定限定，由于引用属于作品的复制再现，故超过一定的量则不再为引用。[1] 此外，对于他人尚未发表的作品，如手稿、讲义、征求意见稿等作品，未经作者同意，不得加以引用。

（三）以报道时事新闻为目的而使用

我国《著作权法》第22条第1款第3项规定，为报道时事新闻，在报纸、期刊、广播电台、电视台等媒体中不可避免地再现或者引用已经发表的作品。时事新闻一般称为纪实新闻，是指全部由信息（包括时间、地点、人物、事件等客观事实）组成的新闻，具有客观性、时效性和纪实性的特点。我国《著作权法实施条例》第5条第1项规定，时事新闻，是指通过报纸、期刊、广播电台、电视台等媒体报道的单纯事实消息。[2] 所谓"单纯事实消息"，是指该新闻全部由信息，包括时间、地点、人物、事件等客观现象或事实组成。该消息中没有作者的议论，也没有对新闻事实细节的描述。随着网络技术的发展，媒体还应当包括网络形式。

（四）媒体对时事性文章的刊登或者播放

报纸、期刊、广播电台、电视台、网络可以刊登或者播放其他报纸、期刊、广播电台、电视台、网络已经发表的有关政治、经济和宗教问题的时事性文章，但作者声明不得使用的除外。这里的"报纸"专指以报道国内外政治、经济、

---

[1] 我国1991年《著作权法实施条例》（已失效）第27条规定了适当引用他人已经发表的作品，必须具备下列条件：①引用目的仅限于介绍、评论某一作品或者说明某一问题；②所引用部分不能构成引用人作品的主要部分或者实质部分；③不得损害被引用作品著作权人的利益。

[2] 《最高人民法院关于审理著作权民事纠纷案件适用法律若干问题的解释》第16条规定："通过大众传播媒介传播的单纯事实消息属于著作权法第5条第2项规定的时事新闻。传播报道他人采编的时事新闻，应当注明出处。"

文化、社会等方面的新闻为主的中央和地方各级党委或政府的机关报、政协和各民主党派以及工青妇的中央机关报、中国日报、经济日报、解放军报和各种军报，以及得到批准的其他报纸。这里的"期刊"专指国家最高出版行政机关、国家科委、中国人民解放军总政治部，或省、自治区、直辖市主管部门批准，在期刊主办单位所在地的省级出版管理机构登记并领取登记证的期刊。时事性的文章通常反映国内外有关政治、经济、宗教等方面的方针、政策或者公众关注的信息等，刊登或者播放的目的就在于让公众了解。

（五）媒体对公众集会上发表讲话的刊登或者播放

报纸、期刊、广播电台、电视台、网络可以刊登或者播放在公众集会上发表的讲话，但作者声明不得使用的除外。在公众集会上发表的讲话、讲演或发表的其他声明，作者如果未声明不许刊登或播放时，则可推定作者同意报纸、期刊、广播电台、电视台、网络对其讲话、讲演或其他声明予以刊登或播放。"公众集会"是指范围较大的公众性的政治集会、庆祝活动或者纪念性的集会，学术会议不包括在内。

（六）为教学科研目的而使用

为学校课堂教学或者科学研究，可以翻译或者少量复制已经发表的作品，供教学或者科研人员使用，但不得出版发行。该项之规定明确了使用者必须是教学人员或者科研人员，其他人员不属于该项规定之范围；使用的目的必须是课堂教学或者科学研究，而不是为了出版营利；使用的方式也必须是翻译或者少量地复制；使用的结果不得影响该作品的正常利用，也不得不合理地损害著作权人的合法权益。至于"少量"的范围，则要根据使用者的实际需要与被使用作品的具体情况加以确认。但大量地复制他人作品或者对作品复制件进行销售，无疑会冲击他人作品在市场上的正常销售，损害著作权人的合法权益。因此，该种情况下使用者即使是为教学、科研目的，也不属于合理使用。

（七）为执行公务而使用

国家机关为执行公务在合理范围内使用已经发表的作品，即立法、司法、行政、法律监督和军事等机关为执行公务使用已经发表的作品，但不得影响作品的正常使用，也不得不合理地损害著作权人的合法权益。"执行公务"是指执行与国家机关的法定职能直接相关的事务。这些机关执行公务的目的在于维护国家利益和社会公众利益。

（八）为陈列或者馆藏目的而使用

图书馆、档案馆、纪念馆、博物馆、美术馆等为陈列或者保存版本的需要，复制本馆收藏的作品。这里的使用主体必须是图书馆、档案馆、纪念馆、博物馆等资料或文献中心；陈列是指免费提供给公众观赏；保存版本是指除该版本外再无合法渠道获得相同的正版复制品；复制的目的是陈列、保存、借阅或为专业人员提供专业资料，而不是为了在市场上出售或借此营利；复制的对象限定在本馆收藏的作品范围之内。

(九) 因免费表演而使用

免费表演是指表演已经发表的作品，不得向听众、观众收取费用，也不向表演者支付报酬，也未以其他方式获得经济利益。这一规定是为了公益目的，即非营利活动，如救灾、救贫、扶助残障人士、文教环卫及其他社会公共和福利活动等。免费表演不同于义演，义演一般是指表演者不收取报酬，表演者也不给原作品著作权人支付使用费，但该表演会有门票和赞助收入，同时也会向观众收取一定费用，只是所有收取的费用均以表演者身份进行了捐赠。

(十) 设置或者陈列室外艺术品的使用

对设置或者陈列在室外公共场所的艺术作品进行临摹、绘画、摄影、录像并复制、发行以及向公众传播，但不得将以该艺术作品的相同方式复制、陈列以及公开传播视为合理使用。"公共场所"主要是指大街、广场以及其他公众聚集的室外场所，如公园、路口周围的空地等；"艺术作品"则主要是指雕塑、雕刻、壁画等艺术作品。使用的方式是非接触式的，如果是接触式的，如拓印则不属于合理使用。使用的目的是自用为主，而非商业用途。

(十一) 翻译成少数民族文字使用

将中国公民、法人或者其他组织已经发表的以汉语言文字创作的作品翻译成少数民族语言文字作品在国内出版发行。该规定的目的在于提高和帮助少数民族学习和利用汉语及汉语言文字作品，促进少数民族经济文化的发展与繁荣。但应注意：该使用的对象仅限于汉语言文字作品，不包括其他类型的作品，如电影、戏剧等；被翻译作品的作者仅限于中国公民、法人或者其他组织；翻译的文字仅限于将汉文翻译成少数民族文字，属于单向的；出版发行的区域仅限于中国区域；翻译的对象只能是已发表的作品。

(十二) 改成盲文使用

将已经发表的作品改成盲文出版是国际公约和各国著作权立法普遍认可的合理使用行为。[1] 相关国际公约和各国著作权立法就改作的主体、对象未加以任何限制，即任何人、任何已经发表的作品均可充当改作的主体和对象，但对改作的形式则作了严格限定，即必须是以盲文的形式出版。这一规定之目的在于最大

---

[1] 2013年6月27日，世界知识产权组织外交会议在摩洛哥的马拉喀什召开。会议通过了《关于为盲人、视力障碍者或其他印刷品阅读障碍者获得已出版作品提供便利的马拉喀什条约》。该条约基于公共利益的考虑，为盲人、视力障碍者或者其他印刷品阅读障碍者平等享受权利提供了依据。

限度地保护残障人士的合法权益，充分体现了人道主义。

除上述规定外，我国《著作权法》第22条第2款还就邻接权的限制规定为："前款规定适用于对出版者、表演者、录音录像制作者、广播电台、电视台的权利的限制。"可见，我国《著作权法》就合理使用的范围作了较为系统、完整的规定。当然，这种列举式的规定客观上无法涵盖实践中可能涉及的其他合理使用的情形，故笔者认为在现有规定的基础上，应当增加概括式条款，即规定"其他情形"。

鉴于计算机程序的特殊性，计算机程序的合法授权使用者可以从事下列行为：根据使用的需要把该程序装入计算机等具有信息处理能力的装置内；为了防止计算机程序损坏而制作备份复制件；这些备份复制件不得通过任何方式提供给他人使用，并在本人丧失合法授权时，负责将备份复制件销毁；为了把该程序用于实际的计算机应用环境或者实现其功能而进行必要的改动；未经该程序的著作权人许可，不得向任何第三方提供修改后的程序以及专门用作修改程序的装置或者部件。为了学习和研究计算机程序内含的设计思想和原理，计算机程序的合法授权使用者通过安装、显示、传输或者存储等方式使用计算机程序的，可以不经计算机程序著作权人许可，不向其支付报酬。计算机程序的合法授权使用者在通过正常途径无法获取必要的兼容性信息时，可以不经该程序著作权人许可，复制和翻译该程序中与兼容性信息有关的部分内容。通过这种方式获取的信息，不得超出计算机程序兼容的目的使用，不得提供给他人，不得用于开发、生产或者销售实质性相似的计算机程序，不得用于任何侵犯著作权的行为。

第三节 法定许可使用制度

一、法定许可的概念和特征

著作权法律关系中的法定许可，是指在法定条件下，使用人在不侵害作者合法权益的前提下使用有著作权的作品，只向作者或其他著作权人支付规定的报酬，指出作品名称、出处和作者的姓名，而无须征得作者同意或许可，且不构成侵权的一种法律制度。这种制度是随着原始的录音设备这一传播媒介的出现而产生的，世界多数国家的著作权立法都规定了这一制度。法定许可制度与合理使用制度相比较，其法律特征为以下几方面：

（一）法定许可制度依法承认和保护作者或著作权人对其作品的财产权

法定许可制度虽然限制了著作权人的许可权，即使用人可以不征得作者或其他著作权人的同意或许可，但对作者或其他著作权人的财产权则予以严格保护。法定许可制度从本质来看是对作者权利加以限制，即不需要征得作者同意或许可，便可使用其作品。就此而言，法定许可制度似乎损害了作者的人身权利，体现了使用者不尊重作者或其他著作权人。实际上，法定许可制度谈不上对作者权利的侵害或对作者不尊重。原因在于著作权法不仅是为了保护作者的个人利益，同时也是为了保护社会公众的整体利益。在作者的人身权益有所损失的情况下，其财产上的权益却仍然得到了满足，这也是法定许可制度之所以得以确立和发展的根本原因。而合理使用制度，不仅限制了作者的人身权利，也限制了作者的财产权利益，这是合理使用制度与法定许可制度的主要区别。

（二）使用人使用他人作品的目的具有商业性

根据法定许可制度，使用人无须征得作者或著作权人的同意便可使用其作品，而使用的目的通常表现为具有一定的商业性，这也是与合理使用制度不同的又一个特征。在法定许可制度下，使用人随时可以使用他人作品，并且在使用的数量和次数上无任何限制，这对作者或其他著作权人以及使用者来说，使用的数量越大、使用的次数越多，就意味着双方获得的财产利益越多。尤其是对作品的原作者来说，其作品在法定许可条件下被使用，大多是再次或者重复多次的使用，该种使用无疑会为使用者和著作权人带来相应的收益。故除法律、行政法规另有规定外，使用他人作品支付报酬由当事人约定；当事人没有约定或者约定不明的，按照国家规定的标准支付。具体付酬数额依照国家颁发的法定许可付酬标准暂行规定。[1]

（三）法定许可制度往往涉及邻接权人

法定许可条件下的使用行为，除了使用者与原作者之间的关系外，还往往涉

---

[1] 自1993年8月1日起施行的《录音法定许可付酬标准暂行规定》第3条规定，录制发行录音制品付酬标准为：不含文字的纯音乐作品版税率为3.5%；歌曲、歌剧作品版税率为3.5%，其中音乐部分占版税所得60%，文字部分占版税所得40%；纯文字作品（含外国文字）版税率为3%；国家机关通过行政措施保障发行的录音制品（如教材）版税率为1.5%。自2013年12月1日起施行的《教科书法定许可使用作品支付报酬办法》第4条第1款规定，教科书汇编者支付报酬的标准如下：①文字作品：每千字300元，不足千字的按千字计算；②音乐作品：每首300元；③美术作品、摄影作品：每幅200元，用于封面或者封底的，每幅400元；④在与音乐教科书配套的录音制品教科书中使用的已有录音制品：每首50元。自2014年11月1日起施行的《使用文字作品支付报酬办法》第4条第1款规定，版税率标准和计算方法：①原创作品：3%~10%；②演绎作品：1%~7%。第5条第1款规定：基本稿酬标准和计算方法：①原创作品：每千字80~300元，注释部分参照该标准执行。②演绎作品：改编，每千字20~100元；汇编，每千字10~20元；翻译，每千字50~200元。

及与邻接权人（如表演者、演唱者、演奏者、广播组织者、唱片制作者等）之间的法律关系。因为在法定许可条件下，使用人所使用的作品大多是音乐作品，尤其是小型音乐作品或戏剧作品。因而，法定许可制度一般比合理使用制度的法律关系更为复杂。

（四）作者有权事先声明其作品不适用法定许可

依据我国《著作权法》的规定，法律允许作者通过事先声明的方式保留其权利，即有事先声明不许使用的作品，不能适用法定许可制度。对这种规定，有的学者也称之为"准法定许可"。[1]

二、法定许可的适用范围

各国法律关于法定许可的范围规定不一，通常是依据本国国情及立法意图加以规定的。一般来说，西方国家法定许可的范围比较窄，这是由"私有财产神圣不可侵犯"原则所决定的，[2] 而苏联、东欧诸国等一些国家的法定许可制度则要宽得多。[3] 我国《著作权法》就法定许可的范围主要规定了以下几种：

（一）为实施国家义务教育而编写出版教科书的法定许可

我国《著作权法》第23条规定，为实施九年制义务教育和国家教育规划而编写出版教科书，除作者事先声明不许使用的外，可以不经著作权人许可，在教科书中汇编已经发表的作品片段或者短小的文字作品、音乐作品或者单幅的美术作品、摄影作品，但应当按照规定支付报酬，指明作者姓名、作品名称，并且不得侵犯著作权人依照著作权法享有的其他权利。这一规定的目的是促进和发展我国的科学、文化和教育事业。教科书的含义原则上应为教育部门审定、正式出版、供教师和学生使用的教材。教科书的范围包括中小学、中等和高等学校教科

---

[1] 江平、沈仁干主讲：《中华人民共和国著作权法讲析》，中国国际广播出版社1991年版，第207页。

[2] 如英、美两国的法定许可仅适用于录音制品。《意大利著作权法》对此的规定仅限通过电台、电视台现场转播首次公演的戏剧歌舞。《德国著作权法》第54条和第61条也将法定许可限定于录音、录像制品。

[3] 如《俄罗斯联邦民法典》第1273~1280条分别规定，在以下情形，可不征得作者或其他权利人同意和不支付报酬：为个人目的自由复制作品；为新闻、科学、教学或文化目的而自由使用作品；以影印复制的方式自由使用作品；自由使用长久设置于自由参观的公共场所的作品；自由公开表演音乐作品；为司法目的自由复制作品；无线电播放组织为短期使用而自由录制作品；自由复制电子计算机程序和数据库电子计算机程序反编译。《保加利亚著作权法》第7条规定了法定许可适用下列情况：①在注明作者姓名和作品来源的前提下，将作品的摘选内容或篇幅不大的整篇作品以及数量不多的照片或绘画等转载于报刊和其他作品上；②作曲家利用他人作品中的文学内容配词；③在工业产品和工艺美术品中利用艺术作品和摄影作品；④已发表的短篇音乐文学作品或篇幅较大的此类作品的某些部分，经适当支付费用后可以进行演出；⑤只要作者没有禁止广播、经支付报酬允许以不加改变的形式播放已经发表的作品。此外，波兰、罗马尼亚等国的著作权法还将法定许可制度适用于在选集、文集中使用已出版的短小作品。

书。使用的对象限于各类优秀作品的精华部分,从而使得教科书具有广泛性。该种许可也适用于邻接权人的权利。

（二）报刊社的法定许可

我国《著作权法》第 33 条第 2 款规定:"作品刊登后,除著作权人声明不得转载、摘编的外,其他报刊可以转载或者作为文摘、资料刊登,但应当按照规定向著作权人支付报酬。"该种情况适用的对象必须是著作权人没有声明不得转载、摘编的作品;适用的主体必须是国家批准的报纸或者期刊;转载、摘编后必须向作者支付报酬。至于著作权人声明方式,依《著作权法实施条例》第 30 条之规定:"著作权人依照著作权法第 33 条第 2 款声明不得转载、摘编其作品的,应当在报纸、期刊刊登该作品时附带声明。"即同时刊出。该种使用无须征得作品著作权人的同意,也无须征得首次刊登该作品的邻接权人的许可。支付报酬的对象仅为作品的著作权人而非邻接权人,但应该注明原作品作者的姓名、作品的名称及作品的出处,即应尊重邻接权人的其他合法权益。是否允许转载或者摘编的声明权的主体只能是被刊登作品的著作权人,而非报刊社。此外,图书出版者的邻接权,除被使用作品的作者事先有不许使用的声明外,也应受到法定许可的限制,即图书作品也有可能在符合法定许可使用的条件下,未经作者许可而编入各类教材。

（三）表演者权的法定许可

表演者权的法定许可是指符合法定许可要求而利用表演者的表演,除表演者事先声明不许利用的外,均无须取得表演者的许可,但应当向表演者支付报酬,并应当尊重表演者的人身权利和其他合法权益。

（四）制作录音制品的法定许可

符合法定许可要求而使用录音录像制作者制作的音像制品,除制作者事先有声明不许使用外,无须再取得音像制作者的许可,但应当向制作者支付报酬,并尊重制作者的合法权益。我国《著作权法》第 40 条第 3 款规定:"录音制作者使用他人已经合法录制为录音制品的音乐作品制作录音制品,可以不经著作权人许可,但应当按照规定支付报酬;著作权人声明不许使用的不得使用。"从该规定中可以看出,该款仅适用于录音,而不涉及制作录像。

至于我国对此规定是否科学以及我国如何设立和适用制作录音制品的法定许可还是值得探讨的一个问题。

（五）广播电台、电视台的法定许可

广播电台、电视台依照法律规定的条件,可以不经著作权人许可,播放其已经发表的作品;但播放视听作品,应当取得著作权人的许可。这一规定仅适用于中国著作权人以及其作品创作于中国的外国著作权人。我国《著作权法》第 43

条第 2 款规定:"广播电台、电视台播放他人已发表的作品,可以不经著作权人许可,但应当支付报酬。"

至于法定许可是否涉及备案以及使用费用交付问题,笔者认为立法上应当明确规定,在首次使用前是否要向相应的著作权集体管理组织申请备案应采取自愿原则;在使用作品时指明作者姓名或者名称、作品名称和作品出处,但由于技术原因无法指明的除外;在使用作品后 1 个月内按照国务院著作权行政管理部门制定的付酬标准直接向权利人或者通过著作权集体管理组织向权利人支付使用费,同时提供使用作品的作品名称、作者姓名或者名称和作品出处等相关信息。著作权集体管理组织对已备案的应当及时公告相关备案信息,并建立作品使用情况查询系统供权利人免费查询作品使用情况和使用费支付情况。同时要求著作权集体管理组织应当在合理时间内及时向权利人转付作品使用费。

关于强制许可制度的思考。强制许可制度是指由主管机关或者通过作家组织授予的特殊许可使用制度,即他人基于正当理由有必要使用作者已经发表的作品时,经申请主管机关批准或作家组织许可获得对该作品的使用权,但应向作者支付报酬的一种法律制度。强制许可与法定许可相比较,其主要法律特征如下:①强制许可并非国家法律授予使用人的。一般情况下,强制许可是通过主管机关或作家组织的批准或同意而产生的。因此,使用人在依照强制许可使用他人作品时,必须要予以申请。而法定许可制度则是国家依法赋予使用人使用他人作品的权利,使用人在使用之前无须提出使用申请。②依强制许可获得使用权的人具有特定性,即必须是特定的人。因为强制许可是政府有关部门对特定的申请人发出的,并不是公众中任何人都有权得到许可;而法定许可则是规定在法律之中,是面向全体公众的。所以,特定人才有可能通过强制许可使用作者的作品。③强制许可中的使用者必须事先征求作者或著作权人的意见。强制许可的发生往往首先是使用者征求作者或著作权人的意见,作者或著作权人无正当理由拒绝使用人使用,使用人方可向政府有关部门提出强制许可使用的申请,经有关主管机关批准后使用已经发表的作品。而法定许可则无须征得作者或著作权人的同意,也不必向政府有关部门提出申请,只要按规定支付作者报酬便可使用作者已经发表的作品。

关于强制许可制度,国际公约和各国著作权立法基本上均有程度不同的规定。《伯尔尼公约》第 13 条第 1 款规定:"对于已授权录制其作品的音乐及曲词作品的作者,本联盟成员可自行对其再度授权录制的专有权予以保留或附加条件;但这仅仅适用于保留或附加条件的该国,同时,在任何情况下均不得损害有关作者获得合理报酬的权利。如果在报酬问题上达不成协议,则由主管当局确定报酬额。"《世界版权公约》第5条第2款甲项、乙项规定:"如果一部文字作品自首次出版算起7年期满而翻译权所有者或在其授权下尚未以该缔约国通用语文出版译本,该缔约国任何国民都可从主管当局得到用该国通用语文翻译该作品并出版译本的非专有许可证。该国民须按照有关国家的现行规定,证明他根据不同情况已向翻译权所有者提出翻译和出版译本的要求,而又未得到授权,或经过相当努力仍未能找到权利所有者。如果以缔约国通用语文翻译的以前所有版本均已售完,也可根据同样条件发给许可证。"除上述外,有的国家著作权法也作了一定规定,如《日本著作权法》第67条第1款规定:"已发表的作品或一定期间内提示、提供给公众的事实已明确的作品,因作者或著作权人不明及其他理由,虽付出相当努力但仍未能与作者或著作权人取得联系时,经文化厅长官裁决,并为作者或著作权人寄存文化厅长官规定的相当于通常使用费用数额的补偿金后,方可通过与该裁决有关的方法使用该作品。"同法第68条第1款规定:"欲广播已发表的作品的广播组织者,同作者或著作权人就广播许可提出协商请求,但未达成协议或不能协商时,经文化厅长官裁决,并向制作者支付文化厅长官规定的相当于通常使用费数额的补偿金后,方可进行广播。"同法第69条还规定:"商业性的唱片首次在国内销售并自销售日起满3年后,欲获得制作者许可将该商业性唱片上的音乐作品录制成其他商业性唱片的人,同该制作者就录音并通过转让该录音向公众提供的许可提出协商请求,但未达成协议或不能协商时,经文化厅长官裁决,并向制作者支付文化厅长官规定的相当于通常使用费数额的补偿金后,可进行录音并通过转让该录音向公众提供。"此外,德国、英国、美国著作权法对强制许可也作了不同的规定。

笔者认为我国著作权立法应当对此予以规定,即对著作权保护期未届满的已发表作品,使用者尽力查找其权利人无果,著作权人身份不明的;或者著作权人身份确定但无法联系的,可以在向国务院著作权行政管理部门指定的机构申请并提存使用费后以数字化形式使用。鉴于该种使用方式需申请和审批,故具体办法应由国务院著作权行政管理部门另行规定。

■本章小结

学习本章后,应当明确著作权的限制主要是为了平衡作者个人利益、传播者利益和社会公众利益而设立的一种法律制度,但时间上的限制仅是针对作者的财产利益,著作权人依法享有的人身方面的权利不受时间限制,并始终受法律保护。合理使用与法定许可作为使用上的限制方式均具有法定性,且不得因主张合理使用或法定许可而给著作权人造成其他损害。

■本章思考题

1. 从法理上分析说明著作权限制的理由。
2. 合理使用的前提和条件是什么？
3. 判定合理使用的要素包括哪些？
4. 法定许可与合理使用的区别是什么？
5. 请思考通过著作权限制，可否平衡著作权人、传播者及社会公众之间的利益？
6. 案例讨论：

案例一：　　　　　合理使用还是侵权行为[1]

【基本案情】

上诉人（原审被告）：北京市海淀区私立新东方学校。

被上诉人（原审原告）：（美国）教育考试服务中心。

上诉人北京市海淀区私立新东方学校（以下简称新东方学校）因侵犯著作权和商标专用权纠纷一案，不服北京市第一中级人民法院（2001）一中知初字第35号民事判决，向本院（指北京市高级人民法院）提起上诉。北京市第一中级人民法院判决认定，中国和美国均是《伯尔尼公约》的成员，依据该公约，中国有义务对美国国民的作品在中国给予保护。ETS作为TOEFL考试的主持、开发者，独立设计、创作完成了TOEFL考试题，并在美国就53套TOEFL考试题进行了版权登记。从TOEFL考试题的内容来看具有独创性，属于中国著作权法保护的作品范畴。新东方学校与ETS签订有"盒式录音带复制许可协议"和"文字作品复制许可协议"，有效期至1998年8月16日，其中明确约定了使用范围。但新东方学校将TOEFL考试题以出版物的形式在其校内和网上向不特定人公开销售，超出了协议约定的使用范围，并且协议期满后新东方学校未与ETS签订新的使用协议。新东方学校未经ETS许可，擅自复制ETS享有著作权的TOEFL考试题，并将试题以出版物的形式通过互联网渠道公开销售，其行为侵害了ETS的著作权。ETS将TOEFL作为商标核准注册，且其商标均在有效期内，故依据中国商标法，ETS对TOEFL在第9类、第41类、第68类上享有商标专用权，其合法权益受法律保护。新东方学校在其发行的TOEFL考试题出版物封面上以醒目的字体标明TOEFL字样，其使用TOEFL的商品类别与ETS注册的第9类、第41类和第68类的商品类别相同，其标明的TOEFL字样也与ETS的注册商标完全一

---

[1] 参见北京市高级人民法院（2003）高民终字第1393号民事判决书。

致，故新东方学校的行为构成对 ETS 注册商标专用权的侵犯。新东方学校应就其侵犯著作权和商标专用权的行为承担停止侵害、赔偿损失、消除影响，向 ETS 赔礼道歉等民事责任。本案赔偿数额的计算应以 2000 年 11 月 15 日向前追溯两年，即从 1998 年 11 月 15 日开始计算。审计报告表明，新东方学校的收入主要是资料费和培训费，赔偿数额的计算也主要以这两项收入为依据。ETS 在主张权利的过程中支付了一定费用，且这些费用与本案诉讼具有直接关系，本院酌情予以确定。新东方学校因侵犯著作权和商标专用权的行为所获利润相互重合，本院一并予以计算。依照《著作权法》第 2 条第 2 款、第 47 条第 1 项，《商标法》第 51 条、第 52 条第 1 项之规定，判决：①新东方学校自判决生效之日起停止侵犯 ETS 著作权的行为，并于判决生效之日起 15 日内将所有的侵权资料和印制侵权资料的软片交法院销毁；②新东方学校自判决生效之日起停止侵犯 ETS 商标专用权的行为；③新东方学校自判决生效之日起 30 日内在《法制日报》上向 ETS 公开赔礼道歉；④新东方学校自判决生效之日起 15 日内赔偿 ETS 人民币 500 万元及合理诉讼支出 52.2 万元；⑤驳回 ETS 的其他诉讼请求。

新东方学校不服一审判决，向北京市高级人民法院提起上诉。新东方学校上诉称：①一审判决认定 ETS 对其 TOEFL 考试题享有著作权，缺乏事实依据。实际上，考试题是不能作为作品受到我国法律保护的。②新东方学校只是在 1997 年和 2000 年两个时间点上，少量复制了 TOEFL 考试题，一审判决却依据《审计报告》认定我方大量复制并销售了 TOEFL 考试题。实际上，《审计报告》没有任何根据。③ETS 是在庭审结束后才提出赔偿合理诉讼支出的请求，并提供了相关的证据材料，一审法院对这些证据材料并未质证就予以采信，同时支持了其诉讼请求，显然是错误的。④新东方学校在相关培训资料中只是叙述性或描述性地使用了 TOEFL 字样，并未将 TOEFL 作为商标使用，根本不会造成商品来源混淆之可能，实际上也从未造成过混淆，一审法院却判定为侵犯 ETS 的商标专用权，显系错误。⑤一审法院判决我方赔偿 ETS 巨额经济损失缺乏依据。新东方学校提供考试培训并未侵犯 ETS 的著作权，一审法院却将培训费收入作为确定赔偿额的基础，明显不合理。⑥新东方学校只向学员以外的人少量销售了相关培训资料，一审判决却判令我方在全国发行的《法制日报》上赔礼道歉，也不够公平合理。请求二审法院撤销一审判决之第 2~4 项并依法改判。ETS 服从原审判决。

综上所述，二审法院经审理认为，一审判决在新东方学校侵犯 ETS 著作权问题上认定事实清楚、适用法律正确，但关于侵犯商标专用权及赔偿数额的认定和处理亦有不当，本院酌情纠正。上诉人新东方学校的上诉理由部分成立，其相应的上诉请求本院应予支持。据此，依照《中华人民共和国民事诉讼法》第 153 条第 1 款第 3 项之规定，判决如下：

1. 维持北京市第一中级人民法院（2001）一中知初字第35号民事判决之第①、③、⑤项，即：①北京市海淀区私立新东方学校自判决生效之日起立即停止侵犯（美国）教育考试服务中心TOEFL考试试题著作权的行为，并于判决生效之日起15日内将所有的侵权资料和印制侵权资料的软片交法院销毁；③北京市海淀区私立新东方学校自判决生效之日起30日内在《法制日报》上向（美国）教育考试服务中心公开赔礼道歉，消除因其侵权行为造成的影响（逾期不履行，法院将在该报上刊登判决主文，费用由北京市海淀区私立新东方学校承担）；⑤驳回（美国）教育考试服务中心的其他诉讼请求。

2. 撤销北京市第一中级人民法院（2001）一中知初字第35号民事判决之第②、④项，即：②北京市海淀区私立新东方学校自判决生效之日起立即停止侵犯（美国）教育考试服务中心商标专用权的行为；④北京市海淀区私立新东方学校自判决生效之日起15日内赔偿（美国）教育考试服务中心经济损失人民币500万元及诉讼合理支出人民币52.2万元。

3. 北京市海淀区私立新东方学校自本判决生效之日起15日内赔偿（美国）教育考试服务中心经济损失人民币3 740 186.2元及合理诉讼支出人民币2.2万元。

一审案件受理费118 563.18元，由（美国）教育考试服务中心负担58 553.18元（已交纳），由北京市海淀区私立新东方学校负担60 010元（于本判决生效之日起7日内交纳）；一审审计费42 860元，由北京市海淀区私立新东方学校负担（于本判决生效之日起7日内交纳）；二审案件受理费118 563.18元，由（美国）教育考试服务中心负担60 010元（于本判决生效之日起7日内交纳），由北京市海淀区私立新东方学校负担58 553.18元（已交纳）。

【重点讨论】被告使用是侵权行为还是合理使用？赔偿数额是如何计算的？

案例二：　　著作权的法定许可：原告陈金钊与被告江苏人民出版社有限公司侵权纠纷一案[1]

【基本案情】

1964年，原告陈金钊毕业于西安外国语学院，从事初高中英语教学教研工作40多年，发表了大量著述，曾长期担任全国多家大型英语教辅报刊特约撰稿人，是国内初等英语教育界知名的撰稿人之一。原告购买了被告出版发行的《征服英语 新课标时文阅读100篇七年级》（以下简称《新课标阅读七年级》）（ISBN：978-7-214-14709-7，2016年1月第1版第1次印刷）一书，发现从已经

---

[1] 参见南京市鼓楼区人民法院（2019）苏0106民初2746号民事判决书。

公开发行的书刊上剽窃了原告的三篇文章及部分练习。原告曾致电被告,被告置之不理。被告江苏人民出版社有限公司辩称原告的证据不能证明其对涉案文章享有著作权。

【法院裁判】

初审法院认为,公民、法人或者其他组织的作品,不论是否发表,依法享有著作权。本案中,原告撰写的三篇英语阅读理解系文字作品,分别发表在《中考英语阅读理解训练100篇》《初二英语同步精讲精练(下册)》《中学英语快速阅读初三、初四年级分册》之中,结合刊物中注明的作者信息及英语辅导报社图书编辑部等出具的证明,可以确认原告系前述三篇文字作品的作者。原告依法对上述三篇文字作品享有著作权。

《新课标阅读七年级》由被告江苏人民出版社出版发行,该书系教辅材料,并非《著作权法》第23条规定的为实施九年制义务教育和国家教育规划而编写出版的教科书。被告江苏人民出版社未经原告同意或授权,使用了原告撰写的作品,虽然对文字作品进行部分修改,但并未改变文章的主要内容。被告江苏人民出版社未对原告署名,亦未向原告支付报酬,根据《著作权法》第47条规定,被告行为系剽窃原告作品,侵犯了原告的署名权和获得报酬权,应当承担停止侵害、赔礼道歉、赔偿损失等民事责任,故原告要求被告江苏人民出版社赔礼道歉、赔偿经济损失(包括为制止侵权而支出的合理开支)的诉请,符合法律规定,本院予以支持。

【重点讨论】

著作权法定许可的类型有哪些?每种法定许可情形的构成要件是什么?

第六章

邻接权

[提示要点]

　　学习本章，主要了解邻接权的基本含义，并掌握邻接权与著作权之间的关系。通过透视邻接权的历史演变，从法律的角度分析邻接权的主要内容。本章重点在于学习和理解邻接权的内容和法律特征，难点在于掌握邻接权相互之间的关系。

第一节　邻接权概述

一、邻接权的含义与特征

　　邻接权（Neighboring Rights）是与著作权相邻、相关或类似的一种权利，我国一般称之为"相关权"，是指作品的传播者就其作品传播过程中所付出的创造性智力成果依法所享有的一种专有权利。邻接权包括以下内容：表演者对其表演享有授权或者禁止他人从现场直播或录制其表演并有权禁止他人复制未经他们授权而录制其表演的权利；唱片制作者对其制作的录音录像制品有权授权或禁止他人进行商业性的复制、播放与发行销售的权利；广播电视组织对其播放的广播、电视享有授权或禁止他人为商业目的传播、复制的权利；图书出版者依据法律或合同的规定在合同约定期间享有对著作权人交付出版的作品的专有出版权及对其出版作品所享有的版式设计权。作者创作作品一方面是为了表达自己的观点，抒发自己的思想感情，希望他人能够接受他的观点，理解他的感情；而另一方面是为促进知识的积累和交流，丰富人们的精神文化生活，提高全民族的科学文化素质，以推动经济的发展和人类社会的进步。作者为了达到这一目的，必须将其作品通过传播者传之于人，而图书、报刊的出版者，艺术表演者，唱片制作者以及广播电视组织，是文学、艺术、科学及工程技术作品的主要传播者。[1] 从作品

---

[1] 一首歌曲，要靠歌唱家去演唱，要靠演奏家去演奏；一个剧本要靠演员去表演；一部手稿要靠图书、报刊出版者予以出版、发行。同时将演唱、演奏或表演进行录音录像，再将录音录像重复播放或复制发行，或通过广播电视台进行播放，才能达到广泛传播其作品的目的，也才能发挥该作品应有的社会作用。

传播的结果来看，作者的创造性劳动是主要的，但传播者在传播作品的过程中，也付出了一定的智力性劳动，从而使被传播的作品以一种新的方式表现出来，赋予了新的生命。因此，传播者对其创造性的劳动成果，即表演、出版、制作以及播放等，也应该享有合法正当的权益。基于此，各国著作权立法普遍对图书报刊出版者、表演者、录音录像制作者以及广播电视组织者的权益给予邻接权的保护。

邻接权同著作权一样，也是一种依法赋予的权利。但从二者的法律关系来讲，邻接权是著作权派生出的一种专有权利，其与著作权均属于知识产权的范畴，它们之间有着密切的联系。著作权是邻接权产生的前提和条件，即没有作品的著作权，传播者不可能获得作品的作者和其他著作权人的同意或许可，也不可能对该作品进行传播，更不可能因传播而获得邻接权。因此，没有作品著作权，则不可能出现邻接权。而邻接权则是作品著作权的具体表现和延伸，即一旦邻接权产生了，则必然意味着传播者所传播的作品具有著作权。较之著作权，邻接权主要有以下法律特征：

（一）邻接权的权利主体为作品的传播者

邻接权的权利主体主要表现为图书报刊出版者、表演者、录音录像制作者以及广播电视组织；著作权的权利主体则主要表现为作者或其他著作权人。

（二）邻接权的内容具有特殊性

邻接权中的权利内容主要表现为财产性权利，即除主体享有的身份表明权和表演者享有的保护表演形象权之外，其他权利基本上都是财产性权利；著作权则同时注重著作人身权和著作财产权。

（三）权利产生途径不同

邻接权总是通过传播者的传播行为而产生。离开对他人作品的传播行为，就不会产生邻接权。著作权的产生则是作者通过自身的脑力劳动，创作完成一定的作品方可获得。可见，著作权是一种直接的权利，而邻接权则是基于著作权所派生的一种间接权利。

（四）权利的客体不同

邻接权的客体是指符合法律规定的出版、表演、录音录像的制作以及广播电视的播放；而著作权的客体，只有符合法律规定条件的作品才可以充当。

（五）权利受到限制不同

邻接权人在行使邻接权的过程中，不仅要受到法定的限制，如合理使用、法定许可等，还要受到著作权人的限制，即图书报刊出版者，表演者，录音录像制作者，以及广播电视组织者行使邻接权时不得与作者行使其著作权发生矛盾，除非法律另有规定或者当事人另有约定。

二、邻接权的历史发展

邻接权是伴随着录音、录像和无线电传播技术的产生和发展而产生与发展的。

在留声机出现之前，音乐、戏剧、舞蹈的表演只能由演员在舞台上和音乐厅或其他场所现场进行表演，观众要观赏则必须要亲临现场，如果想多观赏几次，就得多次去音乐厅或者剧场。粗纹唱片和留声机出现后，国际文学艺术协会于1903年在德国的魏玛召开会议，率先提出了邻接权的保护问题。在这次会议上主要讨论了独唱和独奏演员的生活境遇，考虑如何保护他们的合法权益。第一次世界大战后，世界经济发展处于低潮，尤其是欧洲各国的经济受到很大损害，表演艺术者失业率很高，国际劳工组织当时提出保护表演者的权益是基于就业考虑的。到1920年，美国出现了世界上第一家正式申请执照的广播电台，表演者的表演实况可通过无线电设备传播到遥远的地方。因此，1928年在意大利罗马召开修订《伯尔尼公约》会议时，各会员便呼吁各国应采取措施，依法保护表演者的合法权益。1930年，全世界第一批电视机在英国研制成功，推进了世界广播电视业的蓬勃发展，使得演员的表演实况通过唱片、电影电视片大量复制，广泛传播。到1939年，伯尔尼联盟在瑞士召开专家会议，制定了保护表演者、唱片制作者、广播组织的草案。但后来由于第二次世界大战爆发，没有对广播节目录制中涉及表演者的权利问题作出决定。到1948年，彼德·戈德克推出一种每分钟33转的唱片，每面能播放23分钟。也正好在同一年里，伯尔尼联盟在布鲁塞尔召开会议时才第一次提出了与著作权相邻接的权利——邻接权的概念。1958年，美国、英国、日本等国又先后出现了立体声唱片。到这个时候，一方面，留声机、唱片、无线电广播、电视机等一系列新科技媒介的出现，为作品的传播和使用提供了更多的形式；另一方面，剧场、影院、音乐厅之类的场所上座率大大减少。这种情况不仅损害了表演者的合法权益，也直接损害了剧院、影院和音乐厅等场所的老板的利益。为此，这部分人便纷纷要求通过立法来保护他们的权益。于是，表演者权便首先诞生了。后来，随着录音、录像技术的飞速发展，复制他人的唱片和录制他人的广播电视节目越来越方便。唱片制作者和广播电视组织为了维护自身的权益，便要求依法明确其法律地位，这样，唱片制作者权和广播电视组织权也随之而产生。

在立法领域里，英国是最早立法保护邻接权的国家。1911年，《英国版权法》中列入了保护音乐唱片的条款。1925年英国又通过了《戏剧、音乐表演者保护法》，其中规定，未经表演者书面同意，任何人不得擅自录制戏剧、音乐表演者的表演实况，否则应立即予以赔偿。1956年，英国又将广播节目列入受版权保护的对象。1958年修订了《戏剧、音乐表演者保护法》。到1989年1月，英国新的著作权法又将表演者列入了著作权法保护对象。但在英国的著作权法中，只是把唱片、表演、广播节目信号作为"作品"来保护，"邻接权"一词并没有在法律条款中出现过。

从各国著作权法的规定来看，奥地利是世界上第一个开宗明义、以立法方式确立邻接权保护制度的国家。随后，意大利、西班牙、罗马尼亚、阿根廷、土耳其等国相继在自己的著作权法中增加了有关保护邻接权的条款。

1961年10月26日通过，1964年5月18日生效的《罗马公约》，标志着邻接权保护制度进入到国际保护阶段。1971年10月讨论并通过的《唱片公约》和1974年5月21日通过的《卫星公约》，为邻接权人提供了更广泛的权利。至此，邻接权法律制度已基本完善并逐渐得到了国际社会的公认。

我国对邻接权也有立法上的规定，[1]《著作权法》根据我国市场经济发展的规律和科技发展水平，在第四章专章就图书报刊出版者、表演者、录音录像制作者和广播电视组织所享有的邻接权作了较为完整、系统的规定。这些规定标志着我国对邻接权的法律保护制度已进入一个新的历史时期。

第二节 邻接权的内容

关于邻接权的内容，各国著作权立法作了不同规定。依据我国《著作权法》第四章之规定及其他国家著作权立法的有关规定，邻接权的内容主要包括图书报刊出版者权、表演者权、录音录像制作者权以及广播电视组织权四大类权利。

一、图书报刊出版者权

在我国，国家出版单位正式出版并标有统一书号的图书出版单位，以及国家最高出版行政机关、国家科委、中国人民解放军总政治部，或经省、自治区、直辖市主管部门批准，在期刊主办单位所在地的省级出版管理机构登记并领取登记的图书、报刊出版单位视为出版者。出版者权是指出版者有权许可他人使用其出版的图书、期刊的版式设计。版式设计，是指对图书和期刊的版面格式的设计。

从国际公约和世界其他各国著作权立法来看，普遍未将图书、期刊出版者权

---

[1] 早在1986年9月15日，广播电影电视部颁发的《录音录像出版物版权保护暂行条例》（已失效）就作了一些规定，其中第5条规定："音像出版单位必须尊重并维护所录制作品的作者和表演者的正当权益"。

作为邻接权加以保护。2013年8月1日生效的德国《著作权法》第八修正案，针对以 Google 为代表的搜索引擎和新闻聚合器在互联网上免费使用报刊文章的行为，创设了报刊出版者权。根据修正案，在报刊产品出版后一年内，报刊出版者对其享有以商业目的进行网络传播的专有权。尽管这一权利设置的正当性从最初就遭到质疑，但仍值得我们探讨。我国早在1981年8月31日国家出版局发布的《关于维护出版社出版权利的通知》中就有这方面的规定。该通知作了以下三个方面的规定："①国内出版社根据作者和编注者的协议对自己出版的图书享有出版权利，没有原出版社的授权，其他出版社无权翻印，也不得擅自删节（不含缩写本）或改头换面之后另行排印。②著译者已授权给出版社的书稿，别的出版社不得用提高稿酬标准或重复付稿费等不正当手段，另行排印出版。③出版社任意翻印图书，侵犯原出版社权利，必须严肃检讨，并赔偿原出版社损失；翻印的图书作为租型图书处理，按原出版社规定的租型费率增加50%交付租型费；使用的纸型和图版无偿交给原出版社。"1985年1月1日颁发的《图书、期刊版权保护试行条例实施细则》（已失效）第13条第6项规定："出版单位对其出版的图书，除在出版合同有效期内享有作者根据合同转让的专有出版权和其他权利外，在图书版权有效期内对图书的装帧设计和版式设计享有版权。其他单位如翻印，应征求原出版单位的同意、注明原出版单位名称和原出版日期并支付报酬。出版合同有效期满，作者如收回出版权，将作品转移到另一出版单位出版，不得损害原出版单位对图书的装帧设计和版式设计享有的版权。"

根据我国《著作权法》第30~36条之规定，出版者对其出版的图书、报刊享有以下权利：

（一）专有出版权

我国《著作权法》第31条规定："图书出版者对著作权人交付出版的作品，按照合同约定享有的专有出版权受法律保护，他人不得出版该作品。"该权利的期限通常由出版者和著作权人在合同中约定。合同期满之后，双方当事人可根据实际情况予以续订。如果图书出版合同中约定图书出版者享有专有出版权但没有明确其具体内容的，视为图书出版者享有在合同有效期限内和在合同约定的地域范围内以同种文字的原版、修订版出版图书的专有权利。

（二）作品文字修改和删节权

图书出版者经作者许可，享有对作品予以修改和删节的权利。图书出版者出版作品的过程，也是审查作品内容的过程。对作品的内容及编排，出版者的意见往往有一定的权威性，经作者许可后，其可以对作品加以修改和删节。报社、期刊社可以对作品作文字性修改、删节，但对内容的修改，应当经作者许可。

（三）投稿选登权

报社、杂志社对著作权人投来的稿件享有决定刊登或不刊登的权利。著作权人向报社、杂志社投寄的稿件，报社、杂志社对此并无必须刊登的义务，它可根据稿件的质量和需要，有权决定刊登或不刊登。对此，我国《著作权法》第33条第1款规定："著作权人向报社、期刊社投稿的，自稿件发出之日起15日内未收到报社通知决定刊登的，或者自稿件发出之日起30日内未收到期刊社通知决定刊登的，可以将同一作品向其他报社、期刊社投稿。双方另有约定的除外。"

（四）版式设计权

版式设计通常是指在版面上，将有限的视觉元素进行有机的排列组合，将理性思维个性化地表现出来，一般表现为图书和期刊的版面格式的设计。它是一种具有个人风格和艺术特色的视觉传送方式。传达信息的同时，也产生一定感官上的美感。版式设计的范围涉及报纸、刊物、书籍（画册）、产品样本、挂历、招贴画、唱片封套和网页页面等平面设计的各个领域。我国《著作权法》第36条第1款规定，出版者有权许可或者禁止他人使用其出版的图书、期刊的版式设计。版式设计权的保护期限为10年，截止于该版式设计的图书、期刊首次出版后第10年的12月31日。

图书、报刊出版者在享有上述权利的同时，也承担一定的义务。具体包括：图书出版者出版图书应当和著作权人订立出版合同，明确双方当事人的权利和义务；图书出版者出版图书负有支付报酬的义务；图书出版者负有按照合同约定的出版质量、期限出版图书的义务；图书出版者重印、再版作品的，负有通知著作权人，并支付报酬的义务；出版改编、翻译、注释、整理、汇编已有作品而产生的作品，负有向改编、翻译、注释、整理、汇编作品的著作权人和原作品的著作权人支付报酬的义务等。

二、表演者权

表演者权是指表演者对其表演行为依法所享有的人身和财产上的专有权利。对于由数个表演者所进行的共同表演，通常认为他们的表演是一个整体，其邻接权结合在一起。每一个合作者在没有征得其他合作者同意时，不得将自己所享有的权利部分转让或作为抵押权的标的。在没有取得全部表演者一致同意时，他人对合作所表演的行为也不能加以传播。当然，全体表演者也可以推选一人为其代表，以代表其他表演者来享有他们的权利。国际公约与各国著作权立法普遍对表演者权作了规定，我国《著作权法》对表演者权作了如下规定：

（一）表明表演者身份

该权利实质上是指表演者的署名权，即表演者对其表演享有尊重其姓名、身份权。

(二) 保护表演形象不受歪曲

表演者对其表演享有保护表演的完整性和表演形象不受歪曲、丑化的权利。

(三) 许可他人以无线或者有线方式公开播放其现场表演

表演者对其表演有权许可他人以无线或者有线方式公开播放其现场表演，并获得报酬。

(四) 许可他人录制其表演

表演者对其表演有权许可他人制作录音录像，并获得报酬。

(五) 许可他人复制、发行、出租

表演者对其表演有权许可他人复制、发行、出租其表演的录制品或者该录制品的复制件，并获得报酬。

(六) 许可他人通过信息网络传播

表演者对其表演有权许可他人以无线或者有线方式向公众提供其表演，使公众可以在其个人选定的时间和地点获得该表演，并获得报酬。

表演者在享有上述权利时依法承担一定的义务，即被许可人以第3~6项的方式使用作品，还应当取得著作权人许可。演出组织者组织表演的，由该演出组织者取得著作权人许可。表演者在职期间为完成工作任务进行的表演为职务表演，其权利归属由当事人约定。当事人没有约定或者约定不明的，职务表演的权利由表演者享有，但集体性职务表演的权利由演出单位享有，表演者享有署名权。职务表演的权利由表演者享有的，演出单位可以在其业务范围内免费使用该表演；职务表演的权利由演出单位享有的，单位应当根据表演的数量和质量对表演者予以奖励。制片者聘用表演者制作视听作品，应当签订书面合同并支付报酬。视听作品中的表演者根据许可他人复制、发行、出租以及许可他人通过信息网络传播规定的财产权及利益分享由制片者和主要表演者约定。如无约定或者约定不明的，该权利由制片者享有，但主要表演者享有署名权和分享收益的权利。

2012年6月在北京召开的保护音像表演外交会议上得以通过的《视听表演北京条约》第12条规定了表演者权相关内容。根据该条第1、3款的规定，可以归纳出适用表演者权利转让的条件有以下三点：其一，表演者同意固定其视听表演，并且只要表演者同意将其表演录制于视听录制品中，即意味着同意转让权利或许可制作者使用。其二，转让或许可使用的客体仅为"条约规定的进行授权的专有权"，表演者仍然享有精神权利及条约规定的获酬权。其三，适用该条款的前提是表演者与视听录制品的制作者之间并无相反合同的约定。此外，第1款除规定表演者权利可以"向制作者转让"或"由制作者行使"外，还规定了"归制作者所有"，即由视听录制品的制作者原始取得表演者权利。第3款不仅允许缔约方规定无论表演者进行授权的专有权是否已经转让，表演者都有权从对表演的任何使用中获得报酬，而且允许缔约方通过"集体性质的协议"来实现表演者的获酬权。我国现行《著作权法》并无"视听作品中表演者的权利转让"的相关规定，《著作权法》修改草案（三稿）中规定了权利转让应以意思自治为原则，并对权利转让范围进行了一定的限缩。

三、录音制作者权

录音制品通常是指任何对表演的声音和其他声音的录制品，而录音制作者是指录音制品的首次制作人。录音制作者权是指录音制作者对其首次制作的录音制品依法享有许可他人复制、发行、出租、通过信息网络传播等方式使用并获得报酬的权利。从国际著作权法制来看，1971年10月在日内瓦讨论和通过的《唱片公约》，是保护录音录像制作者合法权益的国际性公约。同时，各国著作权立法也普遍对该权利作了规定。我国《著作权法》对录音制作者权作了如下规定：

（一）复制权

录音制作者对其制作的录音制品享有许可他人复制并获得报酬的权利。即未经录音制作者的许可，其他任何人或单位都不能非法加以翻录复制该录音制品。

（二）发行权

录音制作者对其制作的录音制品享有许可他人发行并获得报酬的权利。录音制品的发行在我国需要获得有关部门的特别批准。

（三）出租权

录音制作者对其制作的录音制品享有许可他人出租并获得报酬的权利。该权利是我国《著作权法》修改后新增加的一项独立权利，他人有偿出租录音制品的复制件，都必须要取得录音制作者的同意并支付报酬。

（四）信息网络传播权

许可他人以无线或者有线方式向公众提供其录音制品，使公众可以在其个人选定的时间和地点获得该录音制品并获得报酬的权利。该权利同样是我国《著作权法》修改后新增加的一项独立权利，具体行使应依照《信息网络传播权保护条例》相关规定。[1]

除上述权利外，录音制作者所承担的义务主要表现为：录音制作者使用他人作品制作录音制品，应当取得著作权人许可，并支付报酬。录音制作者使用改编、翻译、注释、整理已有作品而产生的作品，应当取得改编、翻译、注释、整理作品的著作权人和原作品著作权人许可，并支付报酬。录音制作者使用他人已

---

[1] 我国于2006年7月1日起施行了《信息网络传播权保护条例》。

经合法录制为录音制品的音乐作品制作录音制品，可以不经著作权人许可，但应当按照规定支付报酬。录音制作者制作录音制品，应当同表演者订立许可合同，并支付报酬。录音制作者许可他人复制、发行、出租或者通过信息网络传播其录音制品的，被许可人复制、发行、出租、通过信息网络向公众传播录音制品，还应当取得著作权人、表演者许可，并支付报酬。此外，以无线或者有线方式公开播放录音制品或者转播该录音制品的播放，以及通过技术设备向公众传播该录音制品的播放；通过技术设备向公众传播录音制品的，其录音制作者享有获得合理报酬的权利。

四、广播电视组织权

广播电视是指无线广播为听众所接收的声音或者形象和声音。广播电视组织是指专门播送公众接收的声音或图像和声音的广播电台（站）或电视台。广播电视节目是指广播电台、电视台首次播放的载有声音或者图像的信号。广播电视组织权是指广播电视组织对其播放的广播电视节目所享有的专有权。广播电视作为一种向公众传播信息的重要手段，具有广泛性和公众性，在人们的文化娱乐和教育生活中起着重要的作用。广播电视组织为制作广播电视节目花费了大量的资金和精力，付出了一定的创造性的脑力劳动。因此，广播电视组织对其所制作的广播电视节目依法享有著作权；而对其播放的广播、电视节目则依法享有邻接权。从世界范围来讲，绝大多数国家都将广播电视组织置于政府管辖之下，以保护统治阶级的政治地位和经济利益。在我国，广播电视组织是指按国家有关规定，履行申报程序经批准的广播电台、电视台。我国《著作权法》就广播电视组织权主要作了如下规定：

（一）转播权

许可他人以无线或者有线方式转播其广播电视节目。

（二）录制权

许可他人录制其广播电视节目。

（三）复制权

许可他人复制其广播电视节目的录制品。

依照我国《著作权法》之有关规定，广播电台、电视台承担的义务主要表现为：广播电台、电视台播放他人未发表的作品，应当取得著作权人许可，并支付报酬。广播电台、电视台播放他人已发表的作品，可以不经著作权人许可，但应当支付报酬。广播电台、电视台播放已经出版的录音制品，可以不经著作权人许可，但应当支付报酬。当事人另有约定的除外。被许可人以转播、录制和复制的方式使用作品、表演和录音制品的，还应当取得著作权人、表演者和录音制作者的许可。

■本章小结

通过本章学习,我们认识到创作作品固然重要,但体现作品价值并能够使作者利益最大化的方式只能是作品的传播。作品只有通过广泛的传播,才能真正体现该作品的文化、经济和社会价值。从这个角度考虑,作品的广泛传播同样重要。因此,著作权法律制度对作品传播者的传播行为也给予法律保护,并以此促进作品的广泛传播。

■本章思考题

1. 邻接权的基本含义是什么?
2. 邻接权与著作权有何不同?
3. 出版者、表演者、录音录像制作者以及广播电视组织在传播作品过程中享有哪些主要权利?
4. 邻接权人在享有权利时,为什么还要承担一定的义务?
5. 讨论:数字技术的发展客观上扩张了邻接权客体的表现形式和使用方式,特别是互联网的日益普及更是引发了邻接权客体传播方式和保护手段的变革。试就网格技术的发展对邻接权产生了哪些影响进行讨论。
6. 案例讨论:

百度文库著作权案[1]

【基本案情】

韩寒为当代知名青年作家,其在百度文库中发现有多位网友将其代表作《像少年啦飞驰》(以下简称《像》书)上传至百度文库,供用户免费在线浏览和下载,其多次致函经营百度文库的北京百度网讯科技有限公司(简称百度公司)协商处理未果。韩寒认为百度公司侵犯了其《像》书的信息网络传播权,向北京市海淀区人民法院提起诉讼,请求立即停止侵权、采取有效措施制止侵权,关闭百度文库,赔礼道歉,赔偿经济损失25.4万元并承担律师费、公证费等。百度公司强调百度文库属于信息存储空间,其中的文档由网友贡献,百度公司收到韩寒投诉后,及时删除了投诉链接和相关作品,并将投诉作品纳入文库反盗版系统正版资源库,采用技术措施预防侵权,不存在过错,不应承担侵权责任。北京市海淀区人民法院审理后认为,百度公司经营百度文库,一般不负有对网络用户

---

[1] 参见最高人民法院2013年4月22日发布的《2012年中国法院知识产权司法保护十大案件简介》及北京市海淀区人民法院(2012)海民初字第5558号民事判决书。

上传的作品进行事先审查、监控的义务，但并不意味着百度公司对百度文库中的侵权行为可以不加任何干预和限制。考虑到涉案作品为知名作家的知名作品，韩寒曾于2011年3月作为作家代表之一就百度文库侵权一事与百度公司协商谈判，百度公司理应知道韩寒不同意百度文库传播其作品，也应知道百度文库中存在侵犯韩寒著作权的文档，百度公司对韩寒作品负有较高的注意义务。对于负有较高注意义务的《像》书侵权文档，百度公司消极等待权利人提供正版作品或通知，未能确保其反盗版系统正常运行之功能，也未能采取其他必要措施制止该侵权文档在百度文库传播，主观上存在过错，故判决百度公司赔偿韩寒经济损失39 800元及合理开支4000元。该判决一审生效。

【重点讨论】如何认定信息存储空间网络服务商的过错？百度公司所采取技术措施是否妥当？如何理解著作权法在平衡文化产品创作者、传播者以及公众利益方面的价值？

第七章 著作权的行使

[提示要点]

通过本章的学习，了解和掌握作品著作权实现的途径和方式。作品的价值和利益最大化正是通过作者行使著作权得以实现。结合合同法基本理论掌握著作权及相关许可合同特点，并对著作权集体管理组织的功能和作用进行了解。本章的重点是著作权合同的类型及内容，难点是对著作权集体管理组织法律属性的理解。

第一节 著作权合同

著作权人依法行使著作财产权的主要途径是通过许可合同、转让合同、质押合同或者法律允许的其他形式予以实现。依据我国《著作权法》相关规定，著作权合同主要涉及著作权许可使用合同、著作权转让合同、著作权质押合同以及合同的备案与登记。

一、著作权许可使用合同

著作权许可使用合同是指作者或其他著作权人与作品的使用者就使用者在一定期限内按照约定方式使用作品中全部或部分财产权利并支付报酬而达成的协议。通常情况下，根据协议，作者或其他著作权人有义务将全部或部分著作财产权允许对方使用，并由此享有获取约定报酬的权利；而被许可人依照协议约定，有义务向作者或者其他著作权人支付使用费，同时享有在约定范围、时间内按照约定方式使用作品财产权的权利。著作权许可使用合同作为著作权人行使作品著作权的主要方式为各国著作权法所认可，我国著作权法亦规定，除法律规定可以不经许可的除外，使用他人作品，应当同著作权人订立许可使用合同。

（一）著作权许可使用合同的种类

通常情况下，依据不同的标准并从不同角度将著作权许可使用合同划分为以下两大类：

1. 根据使用作品财产权的范围不同，著作权许可使用合同可分为单项著作财产权许可使用合同和多项著作财产权许可使用合同。前者是作者或其他著作权人通过与使用者签订作品出版合同、复制合同、表演合同、播放合同、录音合同、改编合同、翻译合同等，将作品的出版权、复制权、表演权、播放权、录音权、改编权、翻译权等某一项专有权利许可给使用者使用。后者是指作者或其他著作权人通过与使用者签订协议，约定将作品的出版权、复制权、播放权、录音权、改编权、翻译权等多项财产专有权利许可给使用者使用。

2. 根据被许可方能否将已获得的使用权向第三方许可的不同，将著作权许可使用合同划分为专有使用权合同和非专有使用权合同。前者是指作者或其他著作权人授权他人在一定范围和期限内以特定方式独占使用作品财产权，一般也称之为独占许可使用。专有使用权的具体内容由合同约定，合同没有约定或者约定不明的，一般视为被许可人有权排除包括著作权人在内的任何人以同样的方式使用作品；除合同另有约定外，被许可人许可第三人行使同一权利，必须取得著作权人的许可。后者是指作者或其他著作权人授权他人在一定范围和期限内以非独占方式使用作品，通常称之为一般许可使用。在此情况下，作者或其他著作权人不仅自己可以继续使用作品财产权，也可以再向第三方许可使用。依据我国著作权法规定，合同中未明确约定许可使用的权利是专有使用权的，视为许可使用的权利为非专有使用权。

（二）著作权许可使用合同的主要条款

著作财产权许可使用合同通常包括下列主要内容：

1. 作品的名称。
2. 许可使用的权利种类。
3. 许可使用的权利是专有使用权或者非专有使用权。
4. 许可使用的地域范围、期限。
5. 付酬标准和办法。
6. 违约责任。
7. 双方认为需要约定的其他内容。

使用作品的付酬标准由当事人约定，当事人没有约定或者约定不明的，按照市场价格或者国务院著作权行政管理部门会同有关部门制定的付酬标准支付报酬。

（三）合同形式与备案登记

许可使用的权利为非专有使用权的，合同形式采取意思自治；许可使用的权利为专有使用权的，许可使用合同应当采取书面形式，但是报社、期刊社刊登作品除外。当然，实践中如果双方对许可使用合同的内容没有异议，且已实际履行，即使专有使用权许可合同采用了口头形式也应视为有效。关于许可使用合同是否需要向著作权行政管理机构或集体管理组织进行备案登记以及备案登记的效力和作用，还需要学界研究和实践检验。我国《著作权法实施条例》第25条仅规定，与著作权人订立专有许可使用合同的，可以向著作权行政管理部门备案。至于登记问题，本书认为应依法赋予专有使用权许可使用者登记对抗效力，即与著作权人订立专有许可合同的，被许可人可以向国务院著作权行政管理部门设立的专门登记机构登记。未经登记的权利，不得对抗善意第三人。

有关图书、期刊相关权许可使用问题，依据我国著作权法规定，图书出版者重印、再版作品的，应当通知著作权人，并支付报酬。图书脱销后，图书出版者拒绝重印、再版的，著作权人有权终止合同。著作权人寄给图书出版者的两份订单在6个月内未得到履行，视为图书脱销。图书出版合同中约定图书出版者享有专有出版权但没有明确其具体内容的，视为图书出版者享有在合同有效期内和在合同约定的地域范围内以同种文字的原版、修订版出版图书的专有权利。报刊社与著作权人签订专有出版合同，但对专有出版权的期限没有约定或者约定不明的，专有出版权的期限推定为1年。

二、著作权转让合同

作品著作权能否转让以及转让的范围，两大法系历来对此持不同态度，国外著作权立法亦规定不一，尽管我国第一次修改《著作权法》增加了著作权转让的规定，但有关著作权转让合同仍有待研究。一般认为，著作权转让合同是指作者或其他著作权人与买受人就作品著作财产权全部或部分在著作权保护期限内以约定价款转让给买受人的协议。

（一）著作权转让合同的种类

著作权转让合同一般包括以下两种：

1. 以转让权项不同可分为全部财产权转让和部分财产权转让。前者是将著作全部财产权在著作权有效期内转让给受让人，受让人依法享有全部著作财产权；后者是将著作权中某一项，或多项权利在著作权有效期内转让给受让人，受让人只能依法享有合同约定转让的著作财产权。

2. 以转让是否附加一定条件可分为一般转让和附条件转让。前者是作者或其他著作权人在转让著作财产权时对受让人，以及作品财产权转让后的使用未做任何限制；后者则是作者或其他著作权人在转让著作财产权时对受让人，以及作品财产权转让后的使用附加了一定的条件，如果受让人或转让后的使用不符合约定条件的，则可能会导致转让效力丧失。

（二）著作权转让合同的主要条款

依据我国《著作权法》规定，著作财产权转让合同包括下列主要内容：

1. 作品的名称。

2. 转让的权利种类、地域范围。
3. 转让价金。
4. 交付转让价金的日期和方式。
5. 违约责任。
6. 双方认为需要约定的其他内容。

转让合同中著作权人未明确转让的权利，未经著作权人同意，受让人不得行使。

（三）著作权转让合同的形式与备案登记

依据我国《著作权法》规定，转让著作权中的财产权利，应当订立书面合同。具体包括我国《合同法》所确认的合同书、信件和数据电文（包括电报、电传、传真、电子数据交换和电子邮件）等可以有形地表现所载内容的形式。至于转让合同是否进行备案，采取当事人意思自治原则，可以向著作权行政管理部门备案。我国《著作权法实施条例》第 25 条规定，与著作权人订立转让合同的，可以向著作权行政管理部门备案。至于登记问题，应依法赋予转让合同登记的对抗效力，即与著作权人订立转让合同的，使用者可以向国务院著作权行政管理部门设立的专门登记机构登记。未经登记的权利，不得对抗善意第三人。

三、著作权质押合同

著作权质押作为一种特殊的权利质押，既具有质押的一般共性，又具有标的物的无形性、不转移标的物的占有等特性。我国 2010 年《著作权质权登记办法》第 4 条规定，以著作权出质的，出质人和质权人应当订立书面质权合同，并由双方共同向登记机构办理著作权质权登记。出质人和质权人可以自行办理，也可以委托代理人办理。著作权质押可以实现著作财产权的资本化，也是著作权人实现作品经济价值和社会价值的主要手段之一。著作权质押合同，是指由出质人与质权人签订，出质人以其享有的著作财产权为标的而担保债务的履行，债务人不履行债务时，债权人有权依法以该财产权折价或者以拍卖、变卖该财产权的价款受偿的协议。

（一）著作权质押合同的要件

著作权质押合同作为合同的一种，应符合《合同法》的规定，但同时它也是一种特殊的民事合同，其要件还应当包括以下方面：其一，出质人应当是设质的著作权的排他性的独立享有人，即要求出质人能够对其享有的著作权自由地行使和处分。这一条件并不限于出质人是债务人，其也可以是第三人。其二，作为质物的著作财产权必须是法律规定可出质且合法有效的。合法有效的著作权要求设质的著作权应在有效的保护期内，且能够存续到担保期限届满时为止。其三，合同双方当事人必须采取法定形式订立。

(二) 著作权质押合同的主要条款

我国《著作权质权登记办法》对著作权质押合同的内容采用了"列举式"和"概括式"相结合的立法模式。该办法规定，著作权质押合同应当包括如下条款：

1. 出质人和质权人的基本信息。
2. 被担保债权的种类、数额。
3. 债务人履行债务的期限。
4. 出质著作权的内容、保护期。
5. 质权担保的范围和期限。
6. 当事人约定的其他事项。

(三) 著作权质押合同的形式与登记

著作权质押合同形式均要求采取书面形式并要求进行著作权质权登记，但对登记的效力却有不同的规定，即有的规定为对抗效力，有的规定为生效效力。为规范著作权出质行为，保护债权人合法权益，维护著作权交易秩序，依据我国《物权法》《担保法》《著作权法》相关规定，以著作权出质的，由出质人和质权人向国务院著作权行政管理部门办理出质登记。著作权质权的设立、变更、转让和消灭，自记载于《著作权质权登记簿》时发生效力。可见，我国对著作权质押合同的效力采取了登记对抗效力；而对著作权质权则采取了登记生效效力，即登记成为著作权质权生效的要件。登记对抗与登记生效的法律后果不同，故何种效力更利于对第三人和债权人的保护，有待进一步研究。

第二节 著作权集体管理

著作权集体管理制度，是指作品著作权人通过授权作品著作权集体管理组织，由集体管理组织代表著作权人对作品著作权进行使用、管理和保护的一种制度。著作权集体管理制度发展至今，在作品的广泛传播、作品的最大化使用、作品使用费的收取与分配维护著作权人的合法权益以及促进对外交流和推动文化繁荣等方面发挥着重要作用。

一、著作权集体管理的内涵与特征

著作权管理通常包括行政管理、司法管理和集体管理。集体管理是指依法取得相应资质的社会组织体对著作权人自己不便行使或难以行使的权利，按照职能和约定进行管理的一种活动。著作权集体管理起源于法国，是作品传播和作品使用扩展的客观需求。1851 年，世界上第一个管理音乐作品著作权的组织，即现在法国音乐作者作曲者出版者协会成立,标志着著作权集体管理制度的形成。此后,德国、意大利、奥地利、英国、美国以及北欧、东欧各国纷纷成立了类似的组织。随着网络技术的发展和著作权集体管理制度的完善,各国著作权集体管理组织逐渐建立了国家之间的相互代表协议制度,并组建了著作权集体管理机构的国际组织,如国际唱片业协会、国际作者和作曲家协会联合会以及国际复印权组织联合会等。我国 1991 年 6 月实施的《著作权法实施条例》(已失效)第 7、49、54 条首次出现了著作集体管理内容,规定由国家版权局批准设立集体管理组织,设立法定许可著作权的使用费转收机构,并规定著作权人可以通过集体管理方式行使其著作权。据此,我国于 1992 年批准成立了第一个著作权集体管理组织,即中国音乐著作权协会。我国《著作权法》第二次修改时通过立法方式进一步明确了著作权集体管理组织的性质和地位。随后相继成立了中国音像著作权集体管理协会(2008 年)、中国文字著作权协会(2008 年)、中国摄影著作权协会(2008 年)和中国电影著作权协会(2009 年)。依据我国现行立法和 2005 年 3 月实施的《著作权集体管理条例》(2011 年、2013 年两度修订)的规定,著作权集体管理组织具有以下法律特征:

(一)主体资质特定

著作权集体管理组织必须经过国家版权行政管理职能部门的审批,依照有关社团登记管理的行政法规和《著作权集体管理条例》的规定进行登记并进行活动。

(二)组织的性质为非营利性组织

著作权集体管理组织设立的主要目的在于依照法律规定和权利人授权对作品著作权进行管理,并通过管理实现和维护著作权人的合法权益。同时,集体管理组织也承担着传承文化等一定的"公共"职能。故其法律属性应为非营利性社会组织。

(三)组织的相对垄断性

依据我国《著作权集体管理条例》之规定,新设立的著作权集体管理组织不得与已经依法登记设立的著作权集体管理组织的业务范围交叉、重合。这一规定意味着我国著作权集体管理组织的设立采取了相对垄断的模式。

(四)管理的属性为信托

著作权集体管理是通过著作权集体管理组织对作品著作权依法行使管理权,相对作品著作权人而言系间接管理。依据我国《著作权集体管理条例》第 2 条之规定,著作权集体管理是指著作权集体管理组织经权利人授权,集中行使权利人的有关权利并以自己的名义进行的活动。这一规定虽未明确著作权集体管理组织与著作权人之间的法律关系性质为信托关系,但 1993 年最高人民法院发布的

《最高人民法院民事审判庭关于中国音乐著作权协会与音乐著作权人之间几个法律问题的复函》中曾指出，音乐著作权协会与音乐著作权人（会员）根据法律规定可就音乐作品的某些权利的管理通过合同方式建立平等主体之间的带有信托性质的民事法律关系，双方的权利义务由合同约定，音乐著作权协会可以将双方的权利义务等事项规定在协会章程之中。当然，集体管理组织与著作权人之间的法律关系是否具有委托代理的属性，仍有待进一步探讨。

二、著作权集体管理的内容

根据我国《著作权集体管理条例》规定，著作权法规定的表演权、放映权、广播权、出租权、信息网络传播权、复制权等权利人自己难以有效行使的权利，可以由著作权集体管理组织进行集体管理。可见，著作权集体管理组织的主要内容便是在权利人授权范围内，集中行使权利人的有关权利并以自己的名义进行相关著作权管理活动。具体包括以下内容：①与使用者订立著作权或者与著作权有关的权利许可使用合同；②向使用者收取使用费；③向权利人转付使用费；④进行涉及著作权或者与著作权有关的权利的诉讼、仲裁等。

关于使用费的标准以及转付，依据《著作权集体管理条例》规定，著作权集体管理组织应当根据下列因素制定使用费收取标准：一是使用作品、录音录像制品等的时间、方式和地域范围；二是权利的种类；三是订立许可使用合同和收取使用费工作的繁简程度。两个以上著作权集体管理组织就同一使用方式向同一使用者收取使用费的，应当共同制定统一的使用费标准，并且协商确定由一个著作权集体管理组织统一收取使用费。收取的使用费应当在相应的著作权集体管理组织之间合理分配。著作权集体管理组织收取的使用费，在提取管理费后，应当全部转付给权利人，不得挪作他用。著作权集体管理组织转付使用费，应当编制使用费转付记录。使用费转付记录应当载明使用费总额、管理费数额、权利人姓名或者名称、作品或者录音录像制品等的名称、有关使用情况、向各权利人转付使用费的具体数额等事项，并应当保存10年以上。

外国人、无国籍人可以通过与中国的著作权集体管理组织订立相互代表协议的境外同类组织，授权中国的著作权集体管理组织管理其依法在中国境内享有的著作权或者与著作权有关的权利。所谓的相互代表协议，是指中国的著作权集体管理组织与境外的同类组织相互授权对方在其所在国家或者地区进行集体管理活动的协议。著作权集体管理组织与境外同类组织订立的相互代表协议应当报国务院著作权管理部门备案，由国务院著作权管理部门予以公告。

三、著作权集体管理的监督

国务院著作权行政管理部门主管全国的著作权集体管理工作，负责著作权集体管理组织的设立、业务范围、变更、注销以及其他登记事项的审批和监督管理。国务院其他主管部门在各自职责范围内对著作权集体管理组织进行监督管理。依据我国《著作权集体管理条例》之规定，具体监督事项主要包括：

1. 财务监督。著作权集体管理组织应当依法建立财务、会计制度和资产管理制度，并按照国家有关规定设置会计账簿。著作权集体管理组织的资产使用和财务管理受国务院著作权管理部门和民政部门的监督。

著作权集体管理组织应当在每个会计年度结束时制作财务会计报告，委托会计师事务所依法进行审计，并公布审计结果。

2. 查询相关信息。著作权集体管理组织应当对下列事项进行记录，供权利人和使用者查阅：一是作品许可使用情况；二是使用费收取和转付情况；三是管理费提取和使用情况。权利人有权查阅、复制著作权集体管理组织的财务报告、工作报告和其他业务材料；著作权集体管理组织应当提供便利。

3. 权利人或者使用者认为著作权集体管理组织违反章程、不按照规定收取转付使用费或者不按照规定提取使用管理费的、拒绝当事人查询相关信息记录的等，以及权利人或使用人以外的人认为著作权集体管理组织有违反条例规定的行为的，可以向国务院著作权管理部门检举。

4. 接受其他监督。即著作权集体管理组织还应当依法接受国务院民政部门和其他有关部门的监督。

为促进作品的传播和利用，北欧国家在20世纪60年代创设了著作权延伸性集体管理制度，以保护未加入著作权集体管理组织的非会员著作权人的权益。我国著作权法修改草案首次原则规定了延伸性集体管理制度，即"著作权集体管理组织取得权利人授权并能在全国范围内代表权利人利益的，可以就自助点歌系统向公众传播已经发表的音乐或者视听作品以及其他方式使用作品，代表全体权利人行使著作权或者相关权，权利人书面声明不得集体管理的除外。著作权集体管理组织在转付相关使用费时，应当平等对待所有权利人"。"使用者使用权利人难以行使和难以控制的权利，依照与著作权集体管理组织签订的合同向其支付会员的报酬后，非会员权利人就同一权利和同一使用方式提起诉讼的，使用者应当停止使用，并按照相应的著作权集体管理使用费标准赔偿损失。下列情形不适用前款规定：①使用者知道非会员权利人作出不得以集体管理方式行使其权利的声明，仍然使用其作品的；②非会员权利人通知使用者不得使用其作品，使用者仍然使用的；③使用者履行非会员诉讼裁决停止使用后，再次使用的。"该制度是否引入我国著作权法，理论界和实务界争议较大，有待进一步研究和探索。

■本章小结

通过本章学习,我们了解和掌握了作品著作权人行使著作权的方式和途径,懂得了著作权合同的主要类型和内容,并对著作权合同的备案和登记有了初步了解。作品的广泛传播和使用催生了著作权集体管理制度,但如何更好地发挥和完善著作权集体管理组织的作用和机制,仍有待于我们进一步探讨。

■本章思考题

1. 著作权合同与一般民事合同的主要区别是什么?
2. 著作权许可使用合同与转让合同的主要内容有哪些?
3. 如何认识著作权合同的备案与登记?
4. 著作权集体管理制度的作用有哪些?
5. 讨论:

讨论一: 作品著作权质押转让的法律效力[1]

【基本案情】

再审申请人北京金色里程文化艺术有限公司(简称金色里程公司)与被申请人上海晋鑫影视发展有限公司(简称晋鑫公司)、原审被告李晓军、李文秀侵害著作权纠纷案中,晋鑫公司与金色里程公司于2006年11月22日签订《联合摄制合同》约定:双方共同摄制20集电视连续剧《天情》;电视剧版权及与此有关的一切权利均属晋鑫公司、金色里程公司共有并按出资比例分配;所有与拍摄电视剧有关的合同和协议的订立和生效需双方同意;未经对方书面同意,任何一方不得抵押或出卖关于联合摄制电视剧的任何财产、资产和无形权利,不得将其在电视剧中的权益转让或抵押。2007年2月25日,金色里程公司与案外人中天公司签订《版权质押典当合同》,约定作价30万元将《天情》版权及原剧本的电视剧使用权质押给中天公司。2007年12月25日,金色里程公司与中天公司签订《绝当协议书》,对《版权质押典当合同》进行绝当处理,金色里程公司将《天下父母心》(原名《天情》)的版权及原剧本的电视剧使用权、发行权和唯一的电视剧摄制数码母带(含制作许可证、发行许可证)移交给中天公司,由中天公司全权处置。2008年4月8日,中天公司作价54.8万元,将上述全部权利转让给晋杰公司。晋鑫公司以金色里程公司的上述行为侵害其著作权为由,提起诉讼。江苏省无锡市中级人民法院一审认为,金色里程公司擅自典当电视剧

---

[1] 参见最高人民法院2016年4月发布的《2015年最高人民法院知识产权案件年度报告》及最高人民法院(2015)民申字第131号民事裁定书。

著作权的行为侵害了晋鑫公司的著作权，遂判决金色里程公司赔偿晋鑫公司经济损失50万元。晋鑫公司不服，提起上诉。江苏省高级人民法院二审认为，因金色里程公司的过错致使涉案电视剧未能发行，故晋鑫公司主张以其无法回收的投资款作为实际损失，具有事实依据，遂改判金色里程公司赔偿晋鑫公司经济损失2 631 993. 50元。金色里程公司不服，向最高人民法院申请再审。最高人民法院于2015年6月25日裁定驳回金色里程公司的再审申请。

【重点讨论】涉案电视剧著作权的归属以及对著作权进行质押和转让的法律效力。

讨论二：结合下面的"谷歌数字图书馆版权风波"，谈谈我国立法是否应该引入著作权延伸性集体管理？

2009年10月，中国作家协会官方网站发出一则公告"文著协通过中国作家网就谷歌侵权致著作权人"。公告中称，为了维护中国文字著作权人的权益，请广大作者登录谷歌网站（www.googlebooksettlement.com），查看作品是否被收入谷歌数字图书馆。如果有，根据和解协议，目前被侵权人有同意和不同意和解两种选择，希望广大作者勇敢地站出来，坚决维护合法权益。公告中还称，谷歌自2004年开始对图书进行大规模的数字化，向美国公众提供服务。2008年美国作家协会与美国出版商协会就谷歌未经授权即对图书进行数字化一事达成和解协议。中国著作权人也会包含在和解协议范围内。11月6日，美国法院将对和解协议召开听证会，和解协议一旦获得批准，将产生效力。根据和解协议，权利人可以有两种选择：如果同意和解协议，要登录谷歌图书和解方案网站查询其作品是否已被收入到谷歌数字图书馆计划，并在线填写、提交权利声明，主张权利。如果作品未经许可已经被数字化，则可要求现金赔偿，谷歌对每本书至少赔偿60美元。对于今后的使用，谷歌会支付给著作权人销售收入的63%作为使用费，权利人可选择让其继续使用或者要求其删除图书。经包括中方在内的权利人的要求，谷歌给予现金赔偿的截止期限已推迟至2010年6月5日，删除图书的截止期限是2011年4月5日。如权利人不提出索赔，谷歌将认定权利人放弃权利，在今后使用权利人的著作也将不会支付给权利人著作权使用费。如果不同意和解，权利人可以提出诉讼，另行要求赔偿，截止期限为2010年1月5日。据介绍，在"文著协"对谷歌数字图书馆抽样调查中，发现已有570位中国权利人的17 922部图书在谷歌的数字图书馆计划之内，其中有75名属于"文著协"的会员，涉及图书1961部。

第八章 著作权的保护

[提示要点]

通过本章的学习，结合民法一般侵权行为的基本理论，了解著作权侵权行为的含义与基本特征，掌握著作权侵权行为的类型以及应承担的法律后果，并对著作权诉讼有所了解。本章的重点是著作权侵权行为及应承担的法律责任，难点是著作权损害赔偿的计算。

第一节 著作权侵权行为

一、侵害著作权的含义

由于我国著作权法未对侵害著作权行为概念作出明确规定，因而在解释这一概念时产生了种种不同见解。[1] 本书认为，凡无合法根据，对某一受著作权法保护的作品行使作者"专有权利"的活动，即为侵害著作权行为。此定义揭示了行为人实施的行为必须侵害了作者对其作品依法所享有的"专有权利"；行为侵害的对象必须是受著作权法保护的作品；行为人使用作品无合法根据。可见，受侵害权利的专有性、受侵害作品的合法性、侵害行为的违法性，三者紧密联系，构成了侵害著作权行为最基本的法律特征。

二、侵害著作权行为

依我国《著作权法》第47、48条之规定，应承担法律责任的侵害著作权行

---

[1] 概括起来有以下意见：①主张除法律另有规定外，一般说来，未经作者或其他版权所有者授权，擅自对某一受版权保护的作品行使作者"专有权利"就叫作侵犯版权。它认为侵犯版权至少应有两个要素：首先，使用的作品必须是受版权保护的作品；其次，使用者使用作品的行为必须是法律授予作者"专有权利"所限制的行为。参见沈仁干、钟颖科：《版权法概论》，黑龙江教育出版社1988年版，第81页。②主张侵犯版权，就是未经版权人许可而从事了版权法授权版权人所控制、限制或禁止的那些活动。它认为侵犯版权的认定，也有地域的限制，如果不把议论局限于某个国家，就很难说某种活动是侵权或非侵权。参见郑成思：《版权法》，中国人民大学出版社1997年版，第207页。③主张凡没有法律根据或未经作者或其他版权所有者的同意，剽窃、篡改、假冒，或者非法使用享有版权保护的作品，即构成了对版权的侵犯。所谓没有法律上的根据，是指对他人作品的使用超出了法律规定的限制范围；而未经作者或其他版权所有者同意的使用，则指在未经版权所有者同意的情况下对其作品的擅自使用。参见赵秀文：《著作权》，法律出版社1987年版，第35页。

为主要包括：

(一) 承担民事责任的侵权行为

1. 未经著作权人许可，发表其作品。即未经作者同意或者作者死亡后未经作者继承人的同意，擅自发表其作品的行为。[1]

2. 未经合作作者许可，将与他人合作的作品当作自己单独创作的作品发表。合作作品是否发表，应取决于全体合作作者的意愿。任何合作者，不得擅自将与他人合作的作品当作自己单独创作的作品发表。这种侵害著作权的行为，不仅侵害了其他合作作者的著作权，而且也欺骗了广大公众。

3. 没有参加创作，为谋取个人名利，在他人作品上署名。署名权往往直接关系到作者的声誉，如果自己并未参加创作，而利用职权、职务之便或其他不正当手段在他人创作的作品上署名，这种行为不仅侵害了作者的著作权，而且也会损害社会公众利益。

4. 歪曲、篡改他人作品。歪曲是指故意改变作品的内容或者各种事实。篡改是指在未经作者同意的情况下对其作品的名称、内容、题号以及形式等进行了改动。歪曲主要是对作品的内容加以曲解，或有损于作者声誉的修改，即与原作者意愿截然相反或发生矛盾。篡改行为，包括擅自改动、割裂作品内容或改变作品题目及作品名称，侵害的主要是作品的同一性，即侵害了作者享有的作品内容完整权。如果只是对作品作了一定的改动、删节，但这种改动、删节尚未达到对作品的内容、观点进行歪曲、篡改的程度，尚未破坏作品的完整性，就不能认定构成侵犯作品的完整权。

5. 剽窃他人作品。这种侵害行为不仅侵犯了作者的精神权利和经济权利，而且也欺骗了广大公众，是一种性质恶劣的严重侵权行为，各国著作权立法对此均作了较为严厉的规定。

关于剽窃与抄袭。剽窃、抄袭在英语国家里均被称为"plagiarize"。我国学者对此则有不同的解释，有的主张剽窃即抄袭，二者没有什么不同；也有的主张剽窃不同于抄袭。依我国《现代汉语词典》之解释，"剽"为抢劫，抢夺；"窃"为窃取。故剽窃即抄袭窃取别人的著作。而抄袭则解释为"把别人的作品或语句抄来当作自己的"。可见，剽窃与抄袭在形式和后果上差异不大，均指将他人的作品的全部或部分作为自己的作品发表。但二者性质的恶劣程度显然不同，剽窃行为的性质、情节及社会危害性比抄袭行为严重得多，正是基于这一点，不少国家的著作权立法都将剽窃视为犯罪行为，对剽窃者予以刑事惩罚。无论是已经发

---

[1] 我国《著作权法》第47条第1项规定，"未经著作权人许可，发表其作品的"为侵权行为。

表的或是尚未发表的作品，还是公开发表的或内部发表的，均可以成为剽窃、抄袭行为的对象。从剽窃、抄袭所涉及的内容来看，可以是剽窃、抄袭他人作品的全部，也可以是他人作品的部分，还可以是他人作品的某种观点等。

关于剽窃行为的认定。剽窃行为多种多样，通常表现为两个作品之间具有某种不同程度上的相同。但并不能由此推断和认定剽窃行为，而必须要从两部作品的条件、性质、所涉及的内容、相同的程度、具体的表现形式等方面，全面加以衡量，方可正确划分剽窃与非剽窃行为的界限。①从作品的构成条件上认定。依著作权法予以保护的作品，必须是作者通过自己的脑力创造性的劳动完成的。由于著作权法保护的作品并不禁止他人在同时或未来独立创作相同作品。所以，在遇到相同或相近作品时，首先要从各个作品是否具有独创性上来认定。如果两个作品尽管有相同或相近的地方或基本上相类似，但每部作品都是作者通过自身的创造性劳动创作的，且都具有一定的独创性，那么，这两部相同或相近的作品则是各自独立、互不影响的作品，不存在一部作品剽窃、抄袭另一部作品的问题。如果对作品的独创性，作者无法证明或证明不合理时，则可推定其行为属于剽窃、抄袭。②从作品的性质上加以认定。不同的作品，其法律性质是不同的。因此，在认定剽窃、抄袭时，可从作品的性质上加以分析、判断。（当然，著作权法也并不排斥性质完全相同的两部作品的存在。）因此，在两个作品相同的条件下，如果不能从各自的独创性上加以认定，就需要从作品的性质，主要是法律属性上加以判别。③从作品所涉及的内容上来认定。剽窃、抄袭行为所产生的作品与原作品在内容上完全相同的情况是比较少见的。剽窃、抄袭者往往将原作品的内容多多少少做一些改变，或改头换面，或添头加尾，或在文字上做一些掩饰等。但剽窃、抄袭来的作品与原作品在内容上都会显露出某些同样的特征。如作品的语言词句、内容完全抄袭，仅少数文字作了修改；与原作品的奇特的标点符号相同；专有名词、举例说明完全相同；误写之处也完全相同；等等。将这些内容综合起来，全面衡量，来认定其行为是否属于剽窃、抄袭行为。④从两部作品的相同程度上来认定。相同程度本身并不能绝对判定剽窃、抄袭行为。但由于作品总是人的脑力劳动的结晶。人们在生产和生活过程中，由于各自所处的环境、文化程度，客观上以及主观上的条件的差异，人的大脑意识总是不相同的。即使两个孪生兄弟姊妹，他们的大脑意识有相同的，但也并非完全相同。可见，不同的作者通过自身的脑力劳动所创作的作品，从内容到形式完全相同是不可能的。因此，在鉴定作品时，可以从两部作品的相同程度上来认定。如我国台湾地区学者就提出如果两部作品90%相同，便可以认定其中之一必然是剽窃、抄袭之作品。⑤从作品的产生时间和具体表现形式上来认定。剽窃、抄袭他人作品时，剽窃抄袭者必然能够直接或间接地接触到被剽窃、抄袭的作品。如果被剽窃、抄袭的作品根本看不到或听不到，那就谈不上剽窃、抄袭。因此，在时间上，被剽窃、抄袭的作品必须先于剽窃抄袭行为而存在，否则剽窃、抄袭行为就成了无源之水。同时，还可以从作品的具体表现形式上加以判别。不同作品的内容可能相同，但具体的表现形式绝不可能完全相同，如语言文字不可能完全一样。因此，语言文字上的鉴别也是不可忽视的一个方面。

上述几种认定剽窃、抄袭行为的标准和方式是紧密联系的。在认定具体作品时，应当综合各标准，全面予以衡量，而不能择其一便断定剽窃、抄袭行为之存在。

6. 擅自使用。擅自使用是指未经作者或其他著作权人的同意，并且没有其他合法的依据而使用作者作品的行为。[1]

7. 未按规定支付报酬。报酬是作者因其创作活动所应依法获得的收入。除法律另有规定外，使用作者作品的任何单位和个人，均应按照国家有关规定向作者或著作权人支付报酬。按照《著作权法》有关无需取得著作权人许可即可使用其已发表的作品的规定，使用他人已发表作品的，应在1个月内支付报酬给著作权人。

8. 擅自出租。即除法律另有规定外，未经电影作品和以类似摄制电影的方法创作的作品、计算机软件、录音录像制品的著作权人或者与著作权有关的权利人许可，出租其作品或者录音录像制品的行为。

9. 擅自使用版式设计。即未经出版者许可，使用其出版的图书、期刊的版式设计的行为。该种行为侵害了出版者享有的邻接权。

10. 擅自播放或者录制表演者的表演。即未经表演者许可，从现场直播或者公开传送其现场表演，或者录制其表演的行为。该种行为侵害了表演者权。

11. 其他侵害著作权及邻接权的行为。除上述侵害行为外，在实际中，往往由于具体情况不同，可能还会出现其他的侵害行为，根据《著作权法》第47条的规定，其他侵犯著作权以及与著作权有关的权益的行为也必须要承担相应的法律责任。

为强化著作权保护力度、有效防范侵权行为，扩大权利人主张权利的范围，建议将民事侵权情形由现行《著作权法》的列举式修改为概括式。同时，为明确实践中网络服务提供商的民事法律责任，根据《侵权责任法》《反不正当竞争

---

[1] 我国《著作权法》第47条第6项规定，未经著作权人许可，以展览、摄制电影和以类似摄制电影的方法使用作品，或者以改编、翻译、注释等方式使用作品的为侵权行为，本法另有规定的除外。

法》的相关规定，在《著作权法》中增加网络服务提供商民事责任的规定。即规定网络服务提供者为网络用户提供存储、搜索或者链接等单纯网络技术服务时，不承担与著作权或者相关权有关的审查义务。他人利用网络服务实施侵犯著作权或者相关权行为的，权利人可以书面通知网络服务提供者，要求其采取删除、断开链接等必要措施。网络服务提供者接到通知后及时采取必要措施的，不承担赔偿责任；未及时采取必要措施的，对损害的扩大部分与该侵权人承担连带责任。网络服务提供者知道或者应当知道他人利用其网络服务侵害著作权或者相关权，未及时采取必要措施的，与该侵权人承担连带责任。网络服务提供者教唆或者帮助他人侵犯著作权或者相关权的，与该侵权人承担连带责任。使用者使用权利人难以行使和难以控制的权利，依照与著作权集体管理组织签订的合同向其支付会员的报酬后，非会员权利人就同一权利和同一使用方式提起诉讼的，使用者应当停止使用，并按照相应的著作权集体管理使用费标准赔偿损失。下列情形不适用前款规定：一是使用者知道非会员权利人作出不得以集体管理方式行使其权利的声明，仍然使用其作品的；二是非会员权利人通知使用者不得使用其作品，使用者仍然使用的；三是使用者履行非会员诉讼裁决停止使用后，再次使用的。对于计算机程序的复制件持有人不知道也不应当知道该程序是侵权复制件的，不承担赔偿责任；但是应当停止使用、销毁该侵权复制件。计算机程序复制件持有人需要继续使用该计算机程序的，应当取得该计算机程序著作权人的许可。

（二）除承担民事责任，还应承担行政责任或者刑事责任的侵权行为

依我国《著作权法》第 48 条之规定，实施侵害著作权行为，除承担民事责任外，同时损害公共利益的，还应当承担行政责任；构成犯罪的，依法追究刑事责任。该类侵权行为主要包括：

1. 擅自传播作品。即除法律另有规定外，未经著作权人许可，复制、发行、表演、放映、广播、汇编、通过信息网络向公众传播其作品的行为。

2. 出版他人享有专有出版权的图书。出版他人享有专有出版权图书的行为不仅侵害了出版者的邻接权，同时会扰乱我国出版相关规定，故该行为构成侵权可能还会产生行政或者刑事责任。

3. 擅自传播他人表演。即除法律另有规定外，未经表演者许可，播放、录制其表演、复制、发行、出租录有其表演的录音制品，或者通过信息网络向公众传播其表演的行为。该种行为不仅损害了表演者的邻接权，同时会扰乱正常的文化管理秩序。

4. 擅自传播他人录音制品。即除法律另有规定外，未经录音制作者许可，

复制、发行、出租、通过信息网络向公众传播其制作的录音制品的行为。该种行为侵害了录音制作者的邻接权，同时扰乱了录音制品相关管理规定。

5. 擅自播放或者复制广播电视。即除法律另有规定外，未经许可播放或者复制广播、电视的行为。该行为侵害了广播电视组织的邻接权，同时扰乱了我国有关广播、电视的相关规定。

6. 故意避开或者破坏权利人的技术措施。即除法律、行政法规另有规定外，未经著作权人或者邻接权人的许可，故意避开或者破坏权利人为其作品、录音录像制品等采取的保护著作权或者邻接权的技术措施的行为。该种行为是利用高科技手段侵害著作权或者邻接权，故各国普遍采取比较严厉的措施进行处罚。

7. 未经许可，故意制造、进口或者向他人提供主要用于避开、破坏技术保护措施的装置或者部件，或者故意为他人避开或者破坏技术保护措施提供技术或者服务的。

8. 故意删除或者改变权利管理电子信息。即除法律、行政法规另有规定外，未经许可，故意删除或者改变作品、录音录像制品等的权利管理电子信息的行为。该行为不仅会导致权利人利益受损，同时会扰乱和妨害电子信息管理机构的正常管理活动。

9. 未经许可，知道或者应当知道权利管理信息被删除或者改变，仍然复制、发行、出租、表演、播放、通过网络向公众传播相关作品、表演、录音制品或者广播电视节目的。

10. 制作、出售假冒他人署名的作品。假冒他人作品是指用他人姓名发行自己作品的行为，通常表现为借用他人的名义发表自己的作品，或将自己的伪作假冒他人的作品。假冒他人署名的作品一般表现为美术（书画）作品。该行为不仅严重侵害著作权人的人身和财产权利，而且会扰乱文化市场秩序，欺骗社会公众。

三、侵害著作权行为的特点

著作权作为一种智力成果权是否易受侵害，因素颇多，除了一般人对著作权的权利意识强弱与否，法律保护是否周全，道德观念是否深入人心外，更重要的是经济利益之大小和科技发展的程度。由于现代印刷、复制、录音、录像、摄影、广播、电视等的飞速发展，著作利用高度工商化，著作权较以前更易受到侵害。从我国当前所发生的各种侵害著作权行为来看，尽管其形式各异，但仍有以下特点：

（一）侵害内容具有广泛性

著作权法涉及内容及调整范围的广泛性决定了侵害著作权行为的广泛性这一特点。著作权法的内容不仅包括著作权，还包括邻接权；不仅有财产权，而且有人身权；既涉及作者与其所属单位的关系，又涉及原作者与演绎作者、传播者的关系；既涉及著作物，还涉及著作物的所有权、使用权和收益权等。其主体不仅涉及作者，还涉及作者以外的其他享有著作权的公民和依照法律或通过委托合同、劳务合同获得著作权的法人或者其他组织。其客体从文字作品到口述作品；从音乐、戏剧、曲艺、舞蹈作品到美术、摄影作品；从视听作品到工程设计、产品设计图纸及其说明；从地图、示意图等图形作品到计算机软件等。既涉及合作作品，又涉及委托作品；既涉及原始作品，又涉及演绎作品等。因此，著作权法从内容、主体到客体，门类繁多，几乎涉及每个主体的利益。

（二）侵害形式具有多样性

侵害著作权行为的广泛性决定了侵害形式的多样化。有直接侵害，即无合法根据以任何方式擅自复制、出版、发行、翻译、改编、广播、出租、公开表演、展出、摄制影片等；也有间接侵害，即行为人的行为系他人侵权行为的继续，或者行为人自己并未直接从事侵害活动，但须对他人的侵害行为负一定责任等。有故意侵害，即行为人明知其行为属侵害著作权行为而故意实施或任其发生；也有过失侵害，即行为人应预见行为后果，因疏忽大意而未预见，或已预见而轻信能够避免以致发生了侵害后果。有对财产权的侵害，也有对精神权的侵害。

（三）侵害行为与损害后果出现有一定的时间差

依法保护著作权人合法权益固为著作权法制意旨所寓，但绝非目的。其目的乃欲透过保护权益手段达成发展著作、传播著作的理想，促进人类文明继往开来、绵延不断。因而，传播性是作品的一个主要特征。由于非法作品的完成到传播总有一定过程，致侵害行为与损害后果的出现也具有一定的时间差。尤其是受交通、行业、地域、信息、作者素质及阅历等因素影响，行为人实施某种侵害行为后，受害人并不一定立即知晓，有时该侵害行为还可能持续很长时间。这种时间差不仅给作者依法保护其合法权益带来不便，也给司法部门尽早查处侵害行为造成了障碍。故这种时间差导致侵害著作权行为往往对社会具有隐蔽性，对广大公众则有欺骗性。尽管网络技术的发展为人们了解权利状态提供了便利，但非网络传播方式依然大量存在。

（四）侵害行为涉及面广、具有社会性

侵害著作权行为往往地域广、环节多，涉及法学、医学、化学、语言学，以及劳动、卫生、机械、装潢、建筑等各行各业，特别是网络侵权行为，往往传播速度快，社会危害后果严重且难以消除。不仅严重损害作者、传播者和使用者的合法权益，也会扰乱社会秩序，损害社会公共利益。

（五）侵害行为的查处具有复杂性

基于上述特点，使得司法、行政机关往往难以查处侵害著作权行为。这不仅因为著作权是最复杂的一种民事权利，更主要的是因为实际生活中产生的形形色色侵害著作权行为或纠纷所提出的问题，现行法律不可能完全回答。因此，侵权行为本身的复杂性和适用法律的复杂性给正确查处带来了困难。尤其是随着我国参加某个或某些公约后，跨国版权贸易的数量不断增加，由此而产生的涉外侵害著作权行为或纠纷将会更为复杂。

第二节　侵权行为的法律责任

一、民事责任

著作权法中的民事责任，是指民事主体违反著作权法规定的民事义务所应承担的法律后果。这种责任，是维护著作权法律关系正常运转的一种强制手段。它具备一般民事责任的基本特征，即当事人地位平等，具有等价、有偿的性质以及在法律允许的条件下，可以由当事人协商确定等。但著作权法律关系又有其特殊性：一方面，著作权包括人身权，这种权利具有排他性及支配性。著作权人有权排除他人对其人身权之侵害。一旦受到侵害，有权请求行为人停止侵害、赔偿损失。另一方面，著作权中的财产权又具有流通性，权利人可以将其专有使用权许可或者转让他人，并因此而享有获得某种经济利益的权利。在这一过程中，如果合同当事人不履行合同义务或者履行合同不符合规定条件时，作者或其他著作权人则有权请求当事人依法承担强制履行、给付违约金或赔偿损失等法律责任。

承担民事责任是各国著作权法中针对侵害著作权行为普遍采用的措施。根据我国《著作权法》第47条之规定，侵害著作权承担民事责任的方式主要有以下几种：

（一）停止侵害

当行为人的违法行为正在或有可能侵害作者或者其他著作权人的合法权益时，权利人有权请求侵害人停止侵害，以制止更大损害或其他可能出现的损害后果的发生。这是一种排除性形式，即把加害于作者或其他著作权人的妨害一概排除，以不影响其享有和行使著作权为目的的民事责任承担方式。停止侵害通常表现为两种情况：一种是作者或其他著作权人对于侵害著作权者，有权请求其停止侵害，即享有除去侵害请求权；另一种是作者或其他著作权人对于有侵害其著作权之虞者，有权请求防止其侵害，即享有防止侵害请求权。这两种请求权是有区别的。主张除去侵害请求权者，必须就侵害行为负有举证责任；而主张防止侵害请求权者，则必须以有侵害之虞为要件，即必须能够证明著作权在客观上处于危险状态，随时有可能受到侵害。当然这两种请求权在性质上均为不作为的请求权。从提起的范围来看，二者可以在诉讼外请求，也可以在诉讼中请求。一般情况下，这两种请求权互不妨碍，可以同时发生，当然也有权利竞合的情形。此外，停止侵害请求权，不以侵害人故意或过失为要件，即使侵害人善意无过失，作者或其他著作权人也可以请求停止侵害。

（二）消除影响、赔礼道歉

当作者或其他著作权人的人身权利受到非法侵害，但侵害情节轻微时，受害人有权要求侵害人消除影响，恢复名誉并公开赔礼道歉。在适用时，原则上应坚持在什么范围内造成损害，就在什么范围内消除影响，以恢复受害人的名誉。在适用公开赔礼道歉时应注意，它与一般道义上的赔礼道歉不同，它是在国家强制力的保障下实施的。公开赔礼道歉尽管不会给侵害人的财产带来什么影响，但反映了国家、社会对侵害人的不法行为的强烈谴责，体现了法律对侵害人的制裁。这种方式是一种独立的非财产民事责任形式。

（三）强制继续履行和给付违约金

这是仅适用于违约责任中的两种责任形式。我国《著作权法》第54条规定，当事人不履行合同义务或者履行合同义务不符合约定条件的，应当依照《民法总则》《合同法》等有关法律规定承担民事责任。[1]

（四）赔偿损失

赔偿损失是指侵害人侵害作者或者其他著作权人的人身、财产权利造成一定损害或当事人一方不履行合同义务或履行合同义务不符合条件而造成他方损失时，依法向受损方进行赔偿的一种民事责任方式。这种方式在民法债权制度中是承担侵权责任和违约责任的最主要的形式。在著作权法律关系中，除适用民法债权制度的基本原则外，侵害者赔偿的范围和方法因其侵害的对象和方式不同而有所差异。概览国际著作权立法，各国因其历史传统、民族习性、政治制度、经济条件、社会背景以及法治基础等不同，对侵害著作权赔偿额的标准规定也不一致。

---

[1] 我国《民法总则》第176条规定："民事主体依照法律规定和当事人约定，履行民事义务，承担民事责任。"我国《合同法》第110条亦规定，当事人一方不履行非金钱债务或者履行非金钱债务不符合约定的，对方可以要求履行。这里的"要求履行"是作为请求权提出来的。但对于违约者来说，它则是其因违约行为所必须承担的一种民事责任。因此，当事人一方违反合同时，只要对方要求继续履行，且又有履行的可能，就必须实际履行。强制继续履行是合同履行的继续，它与当事人自觉履行合同是不同的。自觉实际履行合同是当事人的义务，而强制实际履行则是法律规定对违反合同行为人的一种强制形式。不论违约者愿意不愿意，只要权利人提出继续履行的请求，并且违约者又有实际履行的可能，就必须继续履行。否则，可申请人民法院依法强制执行。

具体方式大体包括：

1. 参照专利法、商标法及其他知识产权法律制度的有关规定，由法院根据具体情况加以斟酌，以侵害人的一定收益作为赔偿额。如《德国著作权法》规定，对于侵害赔偿，受害者可要求退还侵权者因侵犯权利所得的收入和公布该收入的账目。

2. 将侵害人的收益与受害人通常行使著作权的收益结合起来，推定损害赔偿数额，一般称为"推定赔偿"。如《日本著作权法》规定，著作权人、出版权所有者或著作邻接权所有者，对因过失或故意侵犯其著作权、出版权或著作邻接权的人，请求赔偿因侵权所受到的损害时，若侵权者因侵权行为获利，则所获的金额即推定为该著作权人、出版权所有者或著作邻接权所有者所遭受损害的金额；著作权人或著作邻接权所有者，对因过失或故意侵犯其著作权或著作邻接权的人要求赔偿时，可用与其行使该著作权或著作邻接权通常应获得的金额作为自己所遭受损害的金额。有的国家就此还规定，将受害人利益损失或许可使用费推定为损害赔偿额。

3. 先由法院裁决给付受害人一定数额的法定赔偿额，如果受害人能够证明损害数额，再由受害人请求赔偿；如果证明不了，则由法院酌情裁决，通常称为"法定赔偿"。如《美国版权法》规定，版权所有者在终局判决作出以前的任何时候，可要求赔偿诉讼中涉及的任何一部作品版权侵犯行为的法定损害赔偿，其金额每部作品至少不低于750美元，最多不超过3万美元，由法院酌情判定。……在版权所有者承担举证责任的情况下，如果法院判定侵犯版权是故意的，法院可酌情决定将法定损害赔偿增加到不超过15万美元的数额。在版权侵犯者承担举证责任的情况下，如法院判定这个版权侵犯者不知道也没有理由认为其行为构成对版权的侵犯，法院可酌情决定将法定损害赔偿金减少到不少于200美元的数额。

4. 惩罚性赔偿。现代意义上的惩罚性赔偿制度起源于英国，起初英国将惩罚性赔偿的适用仅限于三类案件：政府官员的欺压、专断和违宪行为；法律有明确规定的情形；被告想要通过侵权行为获利。而英国1988年《版权、外观设计和专利法》第97节第2部分规定了"附加赔偿金"，其内容与惩罚性赔偿金相当。发展适用惩罚性赔偿制度最为广泛深入的则是美国。《美国侵权行为法（第二次）重述》第908条规定，惩罚性赔偿是在补偿性或象征性赔偿之外，为了惩罚主观恶意较大的行为而要求侵权人额外支付的赔偿金额，并阻吓不法行为人及潜在者将来从事类似行为。

依据我国《著作权法》第49条之规定，侵犯著作权或者与著作权有关的权利的，侵权人应当按照权利人的实际损失给予赔偿；实际损失难以计算的，可以按照侵权人的违法所得给予赔偿。赔偿数额还应当包括权利人为制止侵权行为所支付的合理开支。权利人的实际损失或者侵权人的违法所得不能确定的，由人民法院根据侵权行为的情节，判决给予 50 万元以下的赔偿。所谓权利人的实际损失，可以根据权利人因侵权所造成复制品发行减少量或者侵权复制品销售量与权利人发行该复制品单位利润乘积计算。发行减少量难以确定的，按照侵权复制品市场销售量确定。权利人的实际损失或者侵权人的违法所得无法确定的，人民法院根据当事人的请求或者依职权适用该条规定确定赔偿数额时，如果当事人就赔偿数额达成协议的，应当准许。所谓的合理费用，包括权利人或者委托代理人对侵权行为进行调查、取证的合理费用。人民法院根据当事人的诉讼请求和具体案情，可以将符合国家有关部门规定的律师费计算在赔偿范围内。当确定具体赔偿额时，可由人民法院根据具体情况，综合参考以下因素酌情推定：①作品类型；②合理使用费；③侵权行为性质、后果等。

在计算具体赔偿数额时，建议权利人可以选择实际损失、侵权人的违法所得、权利交易费用的合理倍数或者法定赔偿数额请求赔偿，并将法定赔偿数额提高为 300 万元以下。对于故意侵犯著作权或者与著作权有关的权利的，情节严重的，应引入惩罚性赔偿，法院可以根据其他方式计算的赔偿数额的 1 倍以上 5 倍以下确定赔偿数额。法院在确定赔偿数额时，应当包括权利人为制止侵权行为所支付的合理开支。此外，法院为确定赔偿数额，在权利人已经尽力举证，而与侵权行为相关的账簿、资料主要由侵权人掌握的情况下，可以责令侵权人提供与侵权行为相关的账簿、资料；侵权人不提供或者提供虚假的账簿、资料的，法院可以根据权利人的主张判定侵权赔偿数额。

二、行政责任

行政责任是指行为人实施法律或企业、事业单位规章制度禁止的行为所引起的行政上必须承担的法律后果。通常情况下，行政责任中行为人实施的行为性质多属于轻微违法失职或者违反规章制度行为，尚不够追究刑事责任，只能从行政上追究违反者的法律责任和纪律责任。这种责任一般由国家行政机关和违反者所在单位负责追究。著作权法律关系中的行政责任，是指由特定的国家行政机关对违反著作权法，造成作者或其他著作权人的合法权益损害，但又未触犯刑法，不构成犯罪的自然人、法人或其他组织给予的行政制裁。这种行政制裁可以分为行政处罚和行政处分。行政处罚，是指由国家特定的行政机关给予犯有轻微违法行为而尚不够刑事处分的公民或法人的一种制裁。行政处分，是指国家机关和有关组织按照行政隶属关系，给予尚未构成犯罪的轻微违法失职行为的单位领导人或直接责任人员的一种制裁。依据我国《著作权法》第 48 条以及我国《著作权法实施条例》第 36 条之规定，对于某些侵害著作权行为可由著作权行政管理机关给予行政处罚。其处罚的方式主要包括：

（一）责令停止侵权行为

这是指国家著作权行政管理部门依照职权，通过行政命令的方式强制侵权人停止侵权行为，予以警告，并要求其不再从事侵权活动。

（二）没收违法所得

这是指著作权行政管理机关依据著作权法和有关行政法规的规定，对非法制作的违禁物和非法所得予以没收的一种行政处罚。

（三）没收、销毁侵权复制品

这是指著作权行政管理机关对侵权复制品依法予以没收的一种行政处罚。侵权复制品是发行和传播侵权复制品的前提和条件。要从根本上杜绝侵权复制品，就必须依法对侵权复制品予以没收。

（四）罚款

罚款是指著作权行政管理部门对违反著作权法和有关行政法规规定的义务的当事人的一种经济上的处罚。其主要特征是通过给违法者造成一定的经济损失来制裁侵害著作权行为。依据我国《著作权法实施条例》第 36 条之规定，有《著作权法》第 48 条所列侵权行为，同时损害社会公共利益，非法经营额 5 万元以上的，著作权行政管理部门可处非法经营额 1 倍以上 5 倍以下的罚款，没有非法经营额或者非法经营额 5 万元以下的，著作权行政管理部门根据情节轻重，可处 25 万元以下的罚款。

（五）没收侵权制假物资、设备

对于侵犯著作权或者邻接权的行为情节严重的，国家著作权行政管理部门还可以没收主要用于制作侵权复制品的材料、工具、设备等。这些本身不属于侵权品，但为制假和侵权提供了物质基础。建议应当增加著作权行政管理部门的执法手段，特别是查封扣押权。

（六）海关扣押

扣押是行政机关依法将可以用做证据或者与案件有关，须作其他处理的物品、文件等置于控制之下，以防止当事人毁损或转移的一项强制措施。根据我国 2004 年 3 月 1 日起施行，2010 年 3 月 24 日修订、2018 年 3 月 19 日修正的《知识产权海关保护条例》的有关规定，国家禁止侵犯知识产权的货物进出口。知识产权权利人发现侵权嫌疑货物即将进出口的，可以向货物进出境地海关提出扣留侵权嫌疑货物的申请。知识产权权利人申请扣留侵权嫌疑货物，符合该条例有关规定，并依照该条例提供担保的，海关应当扣留侵权嫌疑货物，书面通知知识产权权利人，并将海关扣留凭单送达收货人或者发货人。该条例还规定，海关发现进出口货物有侵犯备案知识产权嫌疑的，应当立即书面通知知识产权权利人。知识产权权利人自通知送达之日起 3 个工作日内依照该条例的规定提出申请，并依照该条例提供担保的，海关应当扣留侵权嫌疑货物，书面通知知识产权权利人，并将海关扣留凭单送达收货人或者发货人。

被扣留的侵权嫌疑货物，经海关调查后认定侵犯知识产权的，由海关予以没收。进口或者出口侵犯知识产权货物，构成犯罪的，依法追究刑事责任。

上述行政处罚决定作出后就具有一定的法律上的强制力。依照我国《著作权法》第 56 条之规定，当事人对行政处罚不服的，可以自收到行政处罚决定书之日起 3 个月内向人民法院起诉，期满不起诉又不履行的，著作权行政管理部门可以申请人民法院执行。

三、刑事责任

侵害著作权应承担的刑事责任，是指侵害著作权的行为因情节严重触犯了刑法，构成犯罪所引起的应处以刑罚的法律后果。概览大多数国家的著作权立法，无论是大陆法系国家，还是英美法系国家，对严重侵害著作权的行为处以刑事制裁，是其共同特征和做法。

我国 1990 年《著作权法》对侵犯著作权行为并未规定刑事处罚。1994 年 7 月 5 日第八届全国人大常委会第八次会议通过的《全国人民代表大会常务委员会关于惩治侵犯著作权的犯罪的决定》规定了侵犯著作权罪，1997 年修订的我国《刑法》吸收了这一罪名。2001 年《著作权法》修订时在第 47 条（2010 年《著作权法》第 48 条）增加规定："构成犯罪的，依法追究刑事责任"。

（一）侵犯著作权罪

所谓侵犯著作权罪，依我国《刑法》第 217 条之规定，是指以营利为目的，违反著作权管理法规，未经著作权人或与著作权人有关的权利人许可，以复制、发行、出版、制作、出售等方式侵犯其著作权或邻接权，违法所得数额较大或者有其他严重情节的行为。本罪的构成要件为：

1. 本罪的主体为一般主体，包括自然人、法人和其他组织。

2. 本罪的客体为复杂客体，包括著作权人对其作品所享有的著作权，邻接权人对其传播作品所享有的权益，以及国家对文化市场的管理秩序。

3. 本罪的主观方面表现为故意，且《刑法》明确要求"以营利为目的"。

4. 本罪的客观方面表现为《刑法》所列举的四种侵犯著作权和邻接权的行为方式：①未经著作权人许可，复制发行其文字作品、音乐、电影、电视、录像作品、计算机软件及其他作品的；②出版他人享有专有出版权的图书的；③未经录音录像制作者许可，复制发行其制作的录音录像的；④制作、出售假冒他人署名的美术作品的。

除上述条件外，刑法还将"违法所得数额较大"和"具有其他严重情节"作为侵犯著作权罪构成的要件。[1]

关于本罪的处罚，依据《刑法》第217条之规定，犯侵犯著作权罪的，处3年以下有期徒刑或者拘役，并处或者单处罚金；违法所得数额巨大或者有其他特别严重情节的，处3年以上7年以下有期徒刑，并处罚金。

（二）销售侵权复制品罪

销售侵权复制品罪，依我国《刑法》第218条之规定，是指以营利为目的，明知是侵犯他人著作权、邻接权的复制品而予以销售，违法所得数额巨大的行为。本罪的构成要件为：

1. 本罪的主体为一般主体，包括自然人、法人和其他组织。
2. 本罪的客体是著作权人和邻接权人所享有的著作权和邻接权以及国家文化市场管理秩序。
3. 本罪的主观方面表现为故意，且具有营利目的。
4. 本罪的客观方面表现为销售侵权复制品的行为。行为的方式是销售，行为的对象是侵权复制品。

关于本罪的处罚，依据《刑法》第218条之规定，犯销售侵权复制品罪的，处3年以下有期徒刑或者拘役，并处或者单处罚金。

2015年11月1日实施的我国《刑法修正案（九）》，根据互联网发展出现的一些问题和我国现实需求，在原有规定的基础上，进一步强化了对著作权的刑事保护。

《刑法》第285条规定了非法侵入计算机信息系统罪；即非法获取计算机信息系统数据、非法控制计算机信息系统罪；提供侵入、非法控制计算机信息系统程序、工具罪，即违反国家规定，侵入国家事务、国防建设、尖端科学技术领域的计算机信息系统的，处3年以下有期徒刑或者拘役。

违反国家规定，侵入前款规定以外的计算机信息系统或者采用其他技术手段，获取该计算机信息系统中存储、处理或者传输的数据，或者对该计算机信息

---

[1]《最高人民法院、最高人民检察院关于办理侵犯知识产权刑事案件具体应用法律若干问题的解释》第5条规定，违法所得数额在3万元以上的，属于"违法所得数额较大"；具有下列情形之一的，属于"有其他严重情节"：①非法经营数额在5万元以上的；②未经著作权人许可，复制发行其文字作品、音乐、电影、电视、录像作品、计算机软件及其他作品，复制品数量合计在1000张（份）以上的；③其他严重情节的情形。

系统实施非法控制,情节严重的,处 3 年以下有期徒刑或者拘役,并处或者单处罚金;情节特别严重的,处 3 年以上 7 年以下有期徒刑,并处罚金。

提供专门用于侵入、非法控制计算机信息系统的程序、工具,或者明知他人实施侵入、非法控制计算机信息系统的违法犯罪行为而为其提供程序、工具,情节严重的,依照前款的规定处罚。

单位犯前三款罪的,对单位判处罚金,并对其直接负责的主管人员和其他直接责任人员,依照各该款的规定处罚。

《刑法》第 286 条规定了破坏计算机信息系统罪。前者指违反国家规定,对计算机信息系统功能进行删除、修改、增加、干扰,造成计算机信息系统不能正常运行,后果严重的,处 5 年以下有期徒刑或者拘役;后果特别严重的,处 5 年以上有期徒刑。违反国家规定,对计算机信息系统中存储、处理或者传输的数据和应用程序进行删除、修改、增加的操作,后果严重的,依照前款的规定处罚。

故意制作、传播计算机病毒等破坏性程序,影响计算机系统正常运行,后果严重的,依照第 1 款的规定处罚。

单位犯前 3 款罪的,对单位判处罚金,并对其直接负责的主管人员和其他直接责任人员,依照第 1 款的规定处罚。

《刑法》第 286 条之一规定了拒不履行信息网络安全管理义务罪,即网络服务提供者不履行法律、行政法规规定的信息网络安全管理义务,经监管部门责令采取改正措施而拒不改正,有下列情形之一的,处 3 年以下有期徒刑、拘役或者管制,并处或者单处罚金:①致使违法信息大量传播的;②致使用户信息泄露,造成严重后果的;③致使刑事案件证据灭失,情节严重的;④有其他严重情节的。

单位犯前款罪的,对单位判处罚金,并对其直接负责的主管人员和其他直接责任人员,依照前款的规定处罚。

有前两款行为,同时构成其他犯罪的,依照处罚较重的规定定罪处罚。

《刑法》第 287 条之一规定了非法利用信息网络罪,即利用信息网络实施下列行为之一,情节严重的,处 3 年以下有期徒刑或者拘役,并处或者单处罚金:①设立用于实施诈骗、传授犯罪方法、制作或者销售违禁物品、管制物品等违法犯罪活动的网站、通讯群组的;②发布有关制作或者销售毒品、枪支、淫秽物品等违禁物品、管制物品或者其他违法犯罪信息的;③为实施诈骗等违法犯罪活动发布信息的。

单位犯前款罪的,对单位判处罚金,并对其直接负责的主管人员和其他直接责任人员,依照第 1 款的规定处罚。

有前两款行为,同时构成其他犯罪的,依照处罚较重的规定定罪处罚。

《刑法》第287条之二规定了帮助信息网络犯罪活动罪，即明知他人利用信息网络实施犯罪，为其犯罪提供互联网接入、服务器托管、网络存储、通讯传输等技术支持，或者提供广告推广、支付结算等帮助，情节严重的，处3年以下有期徒刑或者拘役，并处或者单处罚金。

单位犯前款罪的，对单位判处罚金，并对其直接负责的主管人员和其他直接责任人员，依照第1款的规定处罚。

有前两款行为，同时构成其他犯罪的，依照处罚较重的规定定罪处罚。

第三节 著作权救济的民事诉讼

一、诉前禁止令

禁止令是指法院作出判决之前为了制止某种有威胁性的或可预料的伤害事件的发生，或在某种重大损害事件很有可能出现的场合，应申请人的申请，发布的一种要求被申请人停止某种行为或者进行某种行为或者扣押、封存被申请人的财产、债权、证据的强制命令。我国1990年《著作权法》对此并未作出规定。《TRIPs协议》规定，制止侵犯任何知识产权活动的发生，尤其是制止包括刚由海关放的进口商品在内的侵权商品进入其管辖范围的商业渠道；保存被诉行为侵权的有关证据。司法当局应有权下令采取及时有效的临时措施。如果认为适当，司法当局应有权在开庭前依照一方当事人请求，采取临时措施，尤其是在一旦有任何迟误则很可能给权利持有人造成不可弥补的损害的情况下，或在有关证据显然有被销毁的危险的情况下。我国为与《TRIPs协议》规定相一致，于2001年修订《著作权法》时便规定："著作权人或者与著作权有关的权利人有证据证明他人正在实施或者即将实施侵犯其权利的行为，如不及时制止将会使其合法权益受到难以弥补的损害的，可以在起诉前向人民法院申请采取责令停止有关行为和财产保全的措施。"同时还规定："为制止侵权行为，在证据可能灭失或者以后难以取得的情况下，著作权人或者与著作权有关的权利人可以在起诉前向人民法院申请保全证据。人民法院接受申请后，必须在48小时内作出裁定；裁定采取保全措施的，应当立即开始执行。人民法院可以责令申请人提供担保，申请人不提供担保的，驳回申请。申请人在人民法院采取保全措施后15日内不起诉的，人民法院应当解除保全措施。"

2018年11月26日发布的《最高人民法院关于审查知识产权纠纷行为保全案件适用法律若干问题的规定》（自2019年1月1日起施行），就知识产权纠纷行为保全中的相关法律问题作出了明确规定。

二、著作权纠纷案件

著作权纠纷案件，是指因作品著作权或作品邻接权归属不明、作品著作权许可使用合同发生争议以及著作权人遭受侵害等引起纠纷，一方当事人申请仲裁机关仲裁或起诉于人民法院并被受理立案的案件。随着我国市场经济的不断发展和著作权法制的不断完善，在审判实践中，因著作权纠纷引起的案件种类繁多，大体分为以下几大类：

（一）著作权归属纠纷案

著作权归属纠纷案是指因作品著作权的归属发生争议时，当事人向国家著作权行政管理机构申请或向人民法院提起诉讼，请求依法确认作品著作权的归属，国家有关机关或者人民法院经审查受理立案的案件。确认作品著作权的归属是审理一切著作权纠纷案件的前提。审理著作权纠纷案件的关键，在于确定作品著作权的归属，即确认争议作品的作者、著作权人。因此，不仅在作品著作权归属纠纷案件审理中首先要查清案情，依法确认作品著作权的归属，而且审理其他因作品著作权引起的权益纠纷也应如此。只有作品著作权的归属确定之后，才能够正确判断作者或其他著作权人行使著作权是否有合法根据及所争议的作品著作权是否受到侵害，也才能确定最有效地保护作品著作权的方法。因此，司法实践中，人民法院在审理著作权纠纷案件时，明确作品著作权的归属，是解决和处理作品著作权争议案件的最初步骤。

（二）著作权许可使用合同纠纷案

著作权许可使用合同纠纷案是指作者或其他著作权人将其著作财产权中的某项或某几项使用权许可他人使用，被许可使用人依约定方式使用作品并支付报酬所订立的合同，因在履行中发生争议，通过人民法院依法解决的案件。著作权许可使用合同纠纷案件的核心是著作权许可使用合同。一般情况下，合法有效的合同是确定案件当事人、界定双方当事人权利和义务、认定是否违约以及承担何种法律后果的依据。

（三）邻接权纠纷案

邻接权纠纷案件是指因邻接权的归属或转让发生争议时，当事人向人民法院提起诉讼，人民法院经审查受理立案的案件。这类案件的当事人多涉及法人或者其他组织。由于邻接权多涉及出版者、表演者、录音录像制作者、广播电台、电视台的合法权益，而这些传播者中，除表演者为自然人外，其他多为法人或者其他组织单位，尤其是广播电台、电视台、出版社等，基本上属于国家依法赋予特权，专门从事该行业的法人。因此，这类案件的当事人多为出版者之间，表演者与录制者之间，录制者与其他录制者之间，广播电台、电视台与其他广播电台、电视台之间的争议或纠纷。案件常涉及多个法律关系，人民法院对此合并审理。邻接权纠纷案件常常涉及多个法律关系，如作者创作的作品一旦出版后，其他出版社未经原作者或原出版社同意，擅自进行再次出版，该出版物将可能成为非法出版物；如表演者未经作者同意将该非法出版物上演，或者将原作品上演；唱片制作者未经作者和表演者同意而将该表演制作成录音、录像制品；广播电台、电视台在未经作者、表演者和唱片制作者同意又将其制成广播、电视节目加以播放等。由此而产生纠纷时，常常涉及多个法律关系，涉及多方合法权益。为了最大限度地保护当事人的合法权益，及时审理和审结案件，人民法院对此应合并审理。

（四）著作权继承纠纷案

著作权继承纠纷案是指作者或其他著作权人死亡后，因遗留的个人的合法的著作权中的财产权利的继承而引起纠纷，当事人诉请法院，请求依法确认继承权，人民法院经审查受理立案的案件。此类纠纷案件当事人争议的对象只能是著作权中的财产权利；当事人之间通常具有特定的社会关系；案件处理的依据是我国继承法的有关规定。

（五）侵害著作权纠纷案

侵害著作权纠纷案是指当事人因发生侵犯著作权而向人民法院起诉的案件。从我国著作权法之规定来看，此类案件主要有两大类，即侵害著作权人的人身权纠纷案和侵害著作权人的财产权纠纷案。有时也可能发生既侵害了著作权人的人身权，也侵害了著作权人的财产权。这类案件多因侵权人一方的侵权行为而引起；案件通常涉及侵权损害赔偿问题；侵权纠纷可以调解，调解不成或者调解达成协议后一方反悔的，可以向人民法院起诉。

三、著作权纠纷案件的管辖与举证责任

（一）著作权纠纷案件的管辖

依据我国《著作权法》及相关司法解释的规定，著作权民事纠纷案件，由中级以上人民法院管辖。各高级人民法院根据本辖区的实际情况，可以确定若干基层人民法院管辖第一审著作权民事纠纷案件。对著作权行政管理部门查处的侵犯著作权行为，当事人向人民法院提起诉讼追究该行为人民事责任的，人民法院应当受理。人民法院审理已经过著作权行政管理部门处理的侵犯著作权行为的民事纠纷案件，应当对案件事实进行全面审查。因侵犯著作权行为提起的民事诉讼，由《著作权法》第47、48条所规定侵权行为的实施地、侵权复制品储藏地或者查封扣押地、被告住所地人民法院管辖。这里规定的侵权复制品储藏地，是指大量或者经营性储存、隐匿侵权复制品所在地；查封扣押地是指海关、版权、工商等行政机关依法查封、扣押侵权复制品所在地。对涉及不同侵权行为实施地的多个被告提起的共同诉讼，原告可以选择其中一个被告的侵权行为实施地人民法院管辖；仅对其中某一被告提起的诉讼，该被告侵权行为实施地的人民法院有管辖权。依法成立的著作权集体管理组织，根据著作权人的书面授权，以自己的名义提起诉讼，人民法院应当受理。

（二）著作权纠纷案的举证责任

举证责任，通常是指当事人对自己提出的主张，有责任提供证据加以证明。在整个著作权纠纷诉讼过程中，举证责任是当事人重要的诉讼权利，同时也是其对人民法院承担的诉讼义务。根据我国《著作权法》第53条的规定，复制品的出版者、制作者不能证明其出版、制作有合法授权的，复制品的发行者或者电影作品或者以类似摄制电影的方法创作的作品、计算机软件、录音录像制品的复制品的出租者不能证明其发行、出租的复制品有合法来源的，应当承担法律责任。另依据最高人民法院的司法解释规定，出版者、制作者应当对其出版、制作有合法授权承担举证责任，发行者、出租者应当对其发行或者出租的复制品有合法来源承担举证责任。举证不能的，依据《著作权法》第47、48条的相应规定承担法律责任。出版物侵犯他人著作权的，出版者应当根据其过错、侵权程度及损害后果等承担民事赔偿责任。出版者对其出版行为的授权、稿件来源和署名、所编辑出版物的内容等未尽到合理注意义务的，依据《著作权法》第49条的规定，承担赔偿责任。出版者尽了合理注意义务，著作权人也无证据证明出版者应当知道其出版涉及侵权的，依据《民法通则》第118条第1款的规定，出版者承担停止侵权、消除影响、返还其侵权所得利润的民事责任。出版者所尽合理注意义务情况，由出版者承担举证责任。人民法院在确定赔偿数额时，当权利人已尽力举证，而与侵权行为相关的账簿、资料主要由侵权人掌握的情况下，可以采用举证责任倒置，由侵权人提供相关证据。

■本章小结

通过本章学习，我们了解了著作权侵害行为的表现形式具有多样性，并掌握了著作权侵权行为与一般民事侵权行为的不同。侵害著作权行为可能会引起民事、行政或者刑事责任等不同的法律后果，并且由于著作权案件本身的特殊性，使得侵犯著作权案件的管辖和举证责任均具有其自身特点。

■本章思考题

1. 著作权侵权行为判定的依据是什么？
2. 判断某一个侵害著作权行为承担民事责任还是行政责任的主要标准是什么？

3. 如何理解行为保全的作用和意义？
4. 著作权案件中的举证责任有什么特殊性？
5. 如何从法律的角度确定侵害著作权赔偿数额？
6. 案例讨论：

案例一：　　谷歌公司与王莘侵害著作权纠纷上诉案[1]

【基本案情】

笔名为棉棉的王莘是《盐酸情人》一书（简称涉案作品）的作者。2009年10月，王莘的委托代理人登录北京谷翔信息技术有限公司（简称谷翔公司）经营的域名为 http://www.google.cn 网站（简称谷歌中国网站），进入其中图书搜索栏目页面，在搜索框中键入"棉棉"进行搜索，发现第一个搜索结果即为涉案作品。点击该搜索结果进入下一页面，显示有涉案作品的概述、作品片段、常用术语和短语、作品版权信息等内容。在该页面中，使用关键词搜索，可以看到涉案作品包含有该关键词的相关作品片段。王莘以谷歌公司电子化扫描涉案作品、谷翔公司在谷歌中国网站上显示涉案作品片段的行为构成侵权为由，向北京市第一中级人民法院提起诉讼。一审法院认为，谷翔公司提供涉案作品片段的行为构成信息网络传播行为，但该行为构成合理使用；谷歌公司的全文扫描行为不构成合理使用，应当承担侵权责任。一审法院判决谷歌公司停止侵权行为，赔偿经济损失5000元和诉讼合理支出1000元。王莘不服一审判决，上诉主张谷歌公司的复制行为不构成合理使用。北京市高级人民法院二审认为：在《著作权法》第22条规定的具体情形外认定合理使用，应当从严掌握认定标准。除非使用人充分证明其使用行为构成合理使用，否则应当推定使用行为构成侵权。判断是否构成合理使用，一般应当考虑使用作品的目的和性质、受著作权保护的作品的性质、所使用部分的质量及其在整个作品中的比例和使用行为对作品现实和潜在市场及价值的影响等因素。上述考虑因素中涉及的事实问题，应当由使用者承担举证责任。在本案中，谷歌公司仅提交证据证明中国法院对本案无管辖权，并未就复制行为是否构成合理使用提交证据，因此其主张复制行为构成合理使用，证据不足。北京市高级人民法院还认为，虽然未经许可的复制行为原则上构成侵权，但专门为了合理使用行为而进行的复制，应当与后续使用行为结合起来看待，同样有可能构成合理使用。北京市高级人民法院判决：驳回上诉，维持原判。

【重点讨论】本案涉及网络环境下如何认定合理使用与侵权行为？本案一、

---

[1] 参见最高人民法院2014年4月22日发布的《2013年中国法院十大创新性知识产权案件简介》及北京市高级人民法院（2013）高民终字第1221号民事判决书。

二审法院对合理使用具体认定采取了哪些规则？在网络著作权纠纷中如何规范和发展合理使用认定规则？

案件二： **著作权的刑事保护：巨石在线（北京）科技有限公司等侵犯著作权罪**[1]

【基本案情】

被告人黄明作为被告单位巨石在线（北京）科技有限公司经营管理者，自2016年至今，伙同他人，未经著作权人北京闲徕互娱网络科技有限公司许可，通过其经营管理的被告单位巨石在线（北京）科技有限公司运营与北京闲徕互娱网络科技有限公司享有著作权的"闲徕琼崖海南麻将"游戏源代码具有高度同一性的"巨石海南麻将"游戏，并通过代理人员销售用于启动游戏的虚拟货币的方式，为被告单位巨石在线（北京）科技有限公司进行非法营利，非法获利人民币162 912.9元。2017年12月16日，被告人黄明被抓获。在法院审理期间，被告单位巨石在线（北京）科技有限公司退交违法所得人民币162 912.9元，现扣押在案。

【法院裁判】

法院认为，被告单位巨石在线（北京）科技有限公司及其直接负责的主管人员被告人黄明以营利为目的，未经著作权人许可，复制发行他人享有著作权的计算机软件，情节严重，其行为已构成侵犯著作权罪，应予惩处。北京市海淀区人民检察院指控被告单位巨石在线（北京）科技有限公司、被告人黄明犯有侵犯著作权罪的事实清楚，证据确实充分，指控罪名成立。鉴于被告人黄明到案后及在庭审中能如实供认自己的基本罪行，被告单位及被告人黄明认罪、悔罪态度较好，且被告单位积极退交违法所得，法院对被告单位及被告人黄明依法从轻处罚。辩护人的部分相关辩护意见，法院酌予采纳。

【重点讨论】

侵犯著作权罪的构成要件是什么？著作权刑事保护的意义体现在哪里？

---

[1] 参见最高人民法院2019年4月22日发布的《2018年中国法院10大知识产权案件和50件典型知识产权案例》及北京市海淀区人民法院（2018）京0108刑初1932号刑事判决书。

第三编　专利法

第一章
专利法律制度概述

[提示要点]

　　学习本章，了解专利、专利权与专利法的基本含义。通过分析专利制度的历史演变，掌握不同历史时期专利制度对促进科技发展和社会进步发挥的不同作用。本章重点在于学习专利权的基本特征，难点在于分析专利制度与版权制度、商标制度的不同。

第一节　专利、专利权与专利法

一、专利

　　"专利"的英文为 patent，源自英国中世纪国王使用的"letters patent"，即可以打开的文件。该文件加盖国王印玺，可以任意打开阅读，其名为文件，实为某种特权的象征，后发展为"patent"。汉语"专利"一词在我国最早见于《国语》，西周大夫芮良夫提出："匹夫专利，犹谓之盗，王而行之，其归鲜矣。"这里所说的"专利"指的是通过垄断而牟取暴利的一种行为。[1]

　　现代意义上的"专利"具有多种含义：一是指专利权，即专利为专利权的简称，是指发明创造人将发明创造成果向专利主管机关提出专利申请，并经审查合格后，专利主管机关依法授予发明创造人在规定的时间内享有对其发明创造成

---

[1] 刘春田主编：《知识产权法教程》，中国人民大学出版社1995年版，第139页。

果的独占实施权。这是"专利"一词在法律上最基本的含义。二是指依法获得专利法保护的发明创造本身，通常被称为"专利技术"。三是指记载专利技术的公开的专利文献的总和，具体包括记载发明创造内容的专利文献，如专利说明书及其摘要、权利要求书、外观设计的图形或照片等。但一般情况下，"专利"更多的被认为指"专利权"。可见，要了解、掌握及运用"专利"这一概念，必须结合具体的语境来判断其特定的含义。

二、专利权

专利权是指发明创造人就其发明创造成果向专利管理部门提出专利申请，并在符合相关条件下依法享有的专有权利。专利权是知识产权法律制度中的一项重要内容，它除具备其他知识产权共有的特征外，还具有以下法律特征：

（一）权利主体具有独占性

专利权的独占性首先表明专利权是一种对世权。除专利权人为权利人外，其他人均为义务人；而且相同内容的发明创造只能授予一项专利，即使两个以上的人在同一时期或不同时期完成了相同的发明创造，专利权只能授予最先申请的人。其次，专利权人享有垄断性的权利。即发明创造一旦被授予了专利权，除法律另有规定外，专利权人以外的其他任何单位和个人不得以营利为目的擅自实施该专利，否则就会涉嫌对专利权的侵犯。这与著作权的取得完全不同。只要是分别独立完成的作品并符合作品法定要件，即使是两个雷同的作品，著作权法也允许两个著作权并存。

（二）权利客体具有公开性

向社会公开发明创造是取得专利权的前提条件。申请人要想取得专利，必须运用专利申请文件公开表明自己的发明创造，其公开的范围和程度只有达到了专利法规定的程度，专利申请人才可能获得专利权。同时，公开发明创造也是申请人取得专利权所必须付出的代价。国家授予发明创造人专利权的最终目的在于保护发明创造，鼓励人们尽可能地向社会公开其发明创造，及时准确地传递和交流所取得的科技成果，促进科技和经济的发展。此外，专利权作为一种财产权，要想得到社会的承认，必须向社会明示权利客体的具体范围。只有公开发明创造才能使人们了解专利的范围，有利于准确、科学地判断仿冒专利产品的行为，依法维护专利权人的合法权益。专利权的这一特征使其与非专利技术有了明确的划分界限。

（三）权利获取具有法定授权性

专利权不同于其他民事权利，它是专利管理部门依法授予专利申请人的一项权利。世界各国的专利法对授予专利的条件虽有不同规定，但均规定了专利权人必须依法向专利管理机关提出申请，经审查合格后才可依法取得专利权。故专利权不是基于发明创造的事实产生，而是基于专利申请人的申请和专利管理部门的审查、批准、授权而产生。因此，作为发明创造人，取得专利权的唯一途径便是依法提出专利申请且经专利管理机关授权。这一特征不同于著作权，著作权是基于作者创作、完成作品的事实而自动取得。

（四）权利效力具有局限性

专利权作为一种法律授予的专有权利，其效力具有一定的局限性。首先，专利权具有地域限制。专利权仅在授权国所辖范围内有效。专利权人要想得到他国的专利保护，必须依照他国的法律规定另行提出专利申请。其次，专利权具有时间限制。专利权作为一种无形财产权，仅在法定时间范围内有效，法定期限届满，权利灭失，该技术成果便进入公有领域。最后，专利权具有权能限制。为了平衡专利权人与国家、社会公众及其他发明创造人之间的利益，各国专利法均不同程度地规定了对专利权的限制，即确认某些未经许可使用专利的行为是法律允许的行为。[1]

三、专利法

专利法是指调整因确认发明创造的所有权和因发明创造的实施而产生的各种社会关系的法律规范的总称。各国专利法虽在体例和具体内容上存在一定的差异，但一般均包含以下基本内容：专利权的主体、客体和内容；授予专利权的条件；专利申请和审批程序；专利权的期限、终止和无效；以及专利权的保护等。与其他部门法相比较，专利法具有以下特征：

（一）专利法是国内法

专利法只能在制定国发生法律效力。国家主权原则决定了专利法的效力受国家所辖范围的限制，不发生"域外效力"。因此无论专利权人是本国人或外国人，也无论其居住在本国或外国，其专利权只在专利授权国发生法律效力。

（二）专利法是特别法

专利法的实质是确认和保护专利权，因此，就专利法与一般民事法的关系而言，专利法是一种特别法，它只适用于有关专利权确认和保护的范畴，而不适用于所有的民事关系。故法律适用时，有关专利权的归属和使用中的法律问题要优先适用专利法的规定，只有当专利法没有规定或规定不明时才可适用民法中的有关规定。

（三）专利法是实体法和程序法的统一

各国的专利法一般不仅规定了专利权的取得、转让、消灭等应具备的实质条

---

[1] 如《英国专利法》规定，属于个人所为且无商业上的目的或为进行与该发明主题有关的实验的行为等，不视为侵害专利权。我国《专利法》第69条的规定亦体现了对专利权人权利的限制。

件及专利申请人、专利权人应尽的义务，而且还不同程度地规定了取得、实施专利应具备的形式要件，即申请人和专利管理部门应遵守的程序方面的规定。故专利法是实体法和程序法相结合的统一体。

（四）专利法随科技发展而不断完善

随着科技水平的不断提高和发展，需要给予专利保护的发明创造的范围在不断地扩展，客观上需要专利法不断地增加新的保护对象，发展和完善保护范围，以适应科技和社会发展的需要。因此，专利法随着科技发展而不断完善，不同时期专利法律制度的发展程度标志着不同时期科技发展的水准。

第二节 专利制度的起源和发展

一、专利制度的概念和特征

专利制度是依据专利法而形成的保障发明创造人的利益，鼓励发明创造，促进发明创造成果推广应用，从而推动技术进步和经济发展的法律制度。随着科学技术的发展，目前，世界各国普遍建立了专利制度，它已成为国际上通行的一种法律制度。专利制度的基本内容是依据专利法对申请专利的发明创造进行科学审查，并授予其专利权，同时将该发明创造公之于世，以促进技术信息的交流和技术的有偿转让，从而确保专利权人的合法权益，促进社会进步和发展。

由于各国专利立法方式及专利保护手段的不同，不同国家的专利制度各有其特点。但从根本上讲，专利制度具备以下特征：

（一）法律保护

以法律手段保护符合专利条件的发明创造，是专利制度的中心环节。通过专利法规定授予发明创造专利权的条件、范围和程序，确定专利权的基本内容，并以法律的强制力保障专利权人能正常行使专利权，使侵犯专利权的行为受到追究，从而实现建立专利制度的目的。

（二）科学审查

科学审查指对申请专利的发明创造是否符合授予专利权的条件所进行的全面审查。其中最主要的是对发明创造的实质性技术内容的专利性审查。科学审查是保证专利质量的必要措施。[1] 实施审查的人员一般是专利管理机构的审查员，审查的依据是专利法律、法规及有关技术性规定。

---

[1] 为了促进我国产业结构优化升级，完善专利审查程序，2017年6月国家知识产权局制定了《专利优先审查管理办法》。

（三）技术公开

技术公开是指专利申请人必须以说明书等专利申请文件充分公开申请专利的发明创造，专利管理机关也应向社会公开通报申请专利的发明创造，使社会了解申请专利的发明创造成果并监督专利权的授予。同时也为公众提供发明创造的信息和利用发明创造成果的途径。

（四）国际交流与合作

国际交流与合作是指国与国之间可以通过共同加入的国际公约或双边协议或依照互惠、对等的原则，进行专利技术情报的交换、专利技术的贸易或合作。随着科技发展，国际的技术交流和合作日益频繁，专利国际交流的地位日益重要。

二、专利制度的起源和发展

（一）专利制度的起源

涉及专利的记载始见于公元前4世纪亚里士多德的《政治学》一书。在一个关于国家制度争论的探讨中，亚里士多德提到了米勒特斯市的一个叫喜帕达姆斯的人所提出的一项建议。根据亚里士多德的描述，喜帕达姆斯提倡用某种制度来奖励作出有利于国家的发现的人。[1] 学界普遍认可，专利制度起源于中世纪的欧洲。这一时期，由于商品经济发展导致了科学技术的日益商品化，当时人们已经意识到拥有先进的技术，就可在市场竞争中取得优势。尤其是随着商品交换的不断发展，从而导致了专利制度的萌芽产生。为了鼓励发明创造，封建君主及王室成员以特许的形式，通过"letters patent"恩赐商人或工匠在一定的期限内，可以享有独家经营某些产品或工艺的特权，而不受当地封建行会的干预。[2] 但这种特许并非现代专利法意义上的"垄断权"或"独占权"。专利制度发展史上第一个真正的发明专利产生在意大利。1421年意大利城市国家佛罗伦萨对建筑师伦内莱希发明的"装有吊机的驳船"授予了3年的垄断权。1443年威尼斯颁发的第1号专利，标志着现代意义上专利的产生。

1474年3月19日威尼斯颁布了世界上第一部专利法。[3] 依据此法律，威尼

---

[1] [美]罗伯特·P.墨杰斯等：《新技术时代的知识产权法》，齐筠等译，中国政法大学出版社2003年版，第100页。

[2] 如公元10世纪雅典政府授予一位厨师独占使用其烹调方法的特权；1236年英王亨利三世授予波尔市一市民制作色布的专门技术以15年的垄断权；1331年英国爱德华三世曾授予约翰肯普以纺织、漂洗和染色技术的特权。由于当时英国的各种原料非常充足，但缺乏相应的技术，因此国王授予有一技之长的工匠们一定的特权，以期有利于吸收外国先进技术，促进英国经济发展。

[3] 该法规定："任何在本城市制造了本城市前所未有的、新而精巧的机械装置者，一俟改进趋于完善以便能够使用和应用，即应向市政机关登记。本城其他任何人在10年内没有得到发明人的许可，不得制造与该装置相同或者相似的产品。如有任何其他制造者，上述发明人有权在本城市任何机关告发，该机关可以命令侵权者赔偿100金币，并将该装置立即销毁。"

斯城市共和国授予了不少专利。据记载，威尼斯城市共和国曾于 1594 年授予著名科学家伽利略发明的"扬水灌溉机"以 20 年的专利权。威尼斯颁布的专利法虽然比较简单，但已包括了现代专利法的基本特征和内容，因此威尼斯被认为是专利制度的发源地，威尼斯颁布的专利法被认为是现代专利法的雏形。

(二) 专利制度的发展

威尼斯的专利制度虽不完备，但对中世纪的欧洲有巨大影响，许多国家相继效仿。如英国在 1561 年到 1590 年，曾依照与威尼斯专利制度同样的条件，授予五十多项发明创造以垄断权。17 世纪初期，英国女王伊丽莎白一世也曾多次采用钦赐形式授予发明专利权。1603 年，詹姆士即位，他肯定和继承了伊丽莎白的宣言宗旨。他在位时期，正值工业革命前后，议会中新兴的资产阶级代表尝试用立法取代由君主赐予特权的传统。1623 年，英国国会通过并颁布了《垄断法规》(The Statute Of Monopolies)，并于 1624 年开始实施。这个法规被认为是世界上第一部具有现代意义的专利法。该法规定了发明专利权的主体、客体，可以取得专利的发明创造，以及取得专利权的条件，专利有效期及专利权被视为无效的情形等。《垄断法规》对后世立法有很大的影响，以至于许多国家在制定专利法时加以仿效，其中的许多原则和制度一直沿用至今。

英国专利制度的产生标志着现代专利制度步入发展阶段。此后，许多国家相继制定和颁布了专利法。[1] 截至 1900 年，世界上已有 40 多个国家建立了专利制度。与此同时，随着专利制度的发展，迫切需要国与国之间的交流与合作，以拓展专利权的保护范围。因此，1883 年 3 月 20 日，英国、法国、比利时、意大利、荷兰、葡萄牙和西班牙等 11 国在法国巴黎外交会议上签订《巴黎公约》，成立了国际保护工业产权巴黎联盟。第二次世界大战后，专利制度趋向于国际化。1967 年签订的《建立世界知识产权组织公约》，1970 年签订的《专利合作条约》及 1973 年签订的《欧洲专利公约》等都使得专利制度的国际化速度进一步加快，也促使专利制度更趋于完善。

英国 1852 年颁布《专利法》修改法令，对专利制度彻底改革，制定了发明专利的获得程序，第一次明文规定专利申请必须提交专利说明书，并在规定期限内予以公布。后经 1949 年、1977 年、1988 年、2004 年、2014 年修订使用至今。

美国 1790 年颁布第一部《专利法》，1793 年对个别条款通过修改进行了具

---

[1] 如美国于 1790 年、法国于 1791 年、荷兰于 1809 年、奥地利于 1810 年、普鲁士于 1815 年、瑞典于 1819 年、西班牙于 1826 年、智利于 1840 年、巴西于 1859 年、印度于 1859 年、阿根廷于 1864 年、加拿大于 1869 年、德国于 1877 年、日本于 1885 年相继制定和颁布了专利法。

体化。1836 年对《专利法》从管理机构、专利权主体、专利要件等方面进行了大幅度修改，直到 1952 年的修改标志美国专利法律制度迈入成熟阶段。影响最大的修改应为 2011 年 9 月和 2013 年 3 月生效的《美国发明法案》。

法国于 1791 年颁布了《专利法》，现行《发明专利法》于 1968 年 1 月颁布实施，后经 1970 年、1978 年、2004 年修改使用至今。1992 年，法国将当时的 23 个与知识产权有关的单行立法整理汇编成了统一的《知识产权法典》（法律部分），于同年 7 月 1 日颁布。1995 年 4 月 10 日法国又将有关知识产权的行政法规，汇编整理成《知识产权法典》（法规部分）颁布，使知识产权法完全与民法典分立。

德国第一部《专利法》是 1877 年德意志帝国时期颁布、德意志联邦共和国 1986 年修正的《实用新型法》。现行的德国专利制度由 1981 年生效的《专利法》、1976 年《国际专利条约法》和 1986 年的《实用新型法》组成。其中最为重要的是 2008 年 6 月公布的《专利法简化和现代化法草案》。德国专利法中的"专利"仅指发明专利；德国对实用新型、外观设计都单独立法保护。1998 年 11 月"德国专利局"更名为"德国专利与商标局"。

日本于 1885 年经元老院通过并颁布实施了《专卖专利条例》，该条例于 1888 年《专利条例》所修改，系日本最初的一部专利法。1899 年的修改正式将"专利条例"更名为"专利法"，并予以沿用；后经 1909 年、1921 年、1959 年、1970 年、1975 年、1978 年以及 20 世纪 80 年代和 90 年代多次修改，2016 年 4 月 1 日修改后使用至今。

在专利制度产生和发展的过程中，对为何建立专利制度有多种理论解说。其最具有代表性的理论有"财产权论""受益权论""发明鼓励论""发明公开论""防止不当竞争论"等。[1] 这些理论学说尽管有一定的历史局限性，但均从不同的角度解释了设立专利制度的必然性和必要性。

第三节　我国专利制度的产生和发展

一、我国专利制度的产生和形成

我国是造纸术、火药、指南针、活字印刷术四大发明的源生地。古代历史

---

[1] 刘剑文、张里安主编：《现代中国知识产权法》，中国政法大学出版社 1993 年版，第 318~321 页；刘春田主编：《知识产权法教程》，中国人民大学出版社 1995 年版，第 147~150 页。

上，虽然曾有过许多发明创造，并且早在两千多年前就有对盐、铁、茶、丝绸、瓷器等的垄断性经营制度，但它仅是一种经营制度，并非专利意义上的制度。我国首次主张建立专利制度的是太平天国时期的洪仁玕，[1] 但由于太平天国革命失败，建立专利制度的改革建议并未能实现。

我国近代史上第一部专利法规是清朝光绪皇帝1898年颁布的《振兴工艺给奖章程》。该章程后因"戊戌变法"失败而夭折。辛亥革命后的民国政府于1912年12月颁布了《奖励工艺品暂行章程》。

1944年5月29日，国民党政府颁布了我国历史上第一部正式的专利法。该法于1949年1月1日施行，共分4章，133条。其保护对象分为发明、实用新型和新式样专利。并规定了专利申请的主体、条件及专利审查审批的程序等。

中华人民共和国成立之前，中国共产党建立的解放区人民政府也曾颁布过有关鼓励和保护发明创造的行政法规，[2] 对推动和促进解放区人民的发明创造起到了积极的作用。

二、新中国专利制度的发展

中华人民共和国成立后，中央人民政府政务院于1950年8月11日颁布了《保障发明权与专利权暂行条例》，并于同年10月颁发了该条例的实施细则，1954年5月6日发布了《有关生产的发明、技术改进及合理化建议的奖励暂行条例》，1963年又颁布了《发明奖励条例》和《技术改进奖励条例》以取代前两个条例。同时取消了专利制度，实行单一的发明奖励制度。直到1978年，国家开始正式着手建立我国的专利制度。同年底重新印发了1963年颁布的《技术改进奖励条例》并修改颁发了《发明奖励条例》。1979年3月国务院批准起草《专利法》，同年11月颁布了《自然科学奖励条例》，正式开始受理发明奖励申请。1980年1月中国专利局成立。截至1983年，我国已依据《发明奖励条例》的规定，批准了600多项获奖发明。1984年3月12日，第六届全国人民代表大会第四次会议通过了《专利法》，并自1985年4月1日起施行。1985年1月19日，国务院批准颁发了《专利法实施细则》。《专利法》及《专利法实施细则》的颁布和施行是我国专利制度建立并开始运作的主要里程碑，标志着我国专利制度已进入了一个新的时期。继1984年《专利法》颁布后，我国专利管理部门先

---

[1] 1859年洪仁玕在其著名的《资政新篇》一书中指出："倘若能造如外邦火轮车，一日夜能行七、八千里，准以自专其利，限满准他人仿效。""兴舟楫之利，以坚固轻便捷巧为妙，或用火用力用风，任乎智者自创。""兴器皿技艺，有能造精奇信利者，准其自售；他人仿造，罪而罚之。"并主张"器小者，尝五年，大者尝十年，益民多者，年数加多"。

[2] 如《哈尔滨市优待专门技术人员暂行条例》《华北区奖励科学发明及技术改进暂行条例》等。

后颁布了相关的行政法规,[1] 以配合《专利法》的贯彻执行。最高人民法院也作出了一系列司法解释,解决审判实务中出现的一些新问题。值得说明的是,在建立和完善专利制度的同时,根据科学技术发展的特点和需要,我国对发明奖励制度也进行了完善:1978 年修订了《发明奖励条例》及《自然科学奖励条例》,1984 年颁布了《科学技术进步奖励条例》,并再次修订了《发明奖励条例》,从而形成了专利制度与发明奖励制度并存的发明创造保护体系。

三、《专利法》第一次修改

1984 年《专利法》的颁布和实施,对鼓励发明创造,保证专利权人的利益,促进我国科技进步和社会经济发展,加强对外科技协作和交流,发挥了积极的作用。截至 1992 年 1 月,中国专利局已累计受理专利申请 22 万余件,批准专利 8 万余件。专利技术的实施创造了明显的经济效益和社会效益,《专利法》确实也发挥了积极的保障作用。但是由于制定《专利法》时,我们缺乏经验,使得《专利法》仍存在明显的缺陷。随着我国科技水平在短期内的迅速提高,这些缺陷已明显制约了技术发展,使我国许多行业的正常发展受到限制。同时,随着国际技术贸易的发展,专利制度在国际科技及经济交流中的地位日益重要。我国的《专利法》客观上需要与国际专利制度接轨,以保证我国能够履行已加入的国际公约所要求的义务。加之我国在《专利法》实施中已积累了丰富的理论和实践经验。从各方面分析,我国已具备了修改《专利法》的能力和条件。因此,1986 年,我国将《专利法》修改列入了国家"七五"立法规划。1988 年初,中国专利局成立了专利法修改小组。1988 年至 1991 年,形成专利法修改草案,并先后多次广泛征求意见,反复修改。1992 年 9 月 4 日,第七届全国人民代表大会常务委员会第二十七次会议通过并颁布了《全国人民代表大会常务委员会关于修改〈中华人民共和国专利法〉的决定》,定于 1993 年 1 月 1 日起施行。同时,经国务院批准修订的《专利法实施细则》于 1992 年 12 月 21 日由中国专利局正式公布。专利法的修改标志着我国的专利保护制度日趋完善和成熟。

此次专利法修改的内容主要包括:

1. 扩大了专利保护的范围。其修改了 1984 年《专利法》第 25 条的规定,对食品、饮料和调味品,药品和用化学方法获得的物质给予保护。扩大了对专利方法的保护,把方法专利的保护对象从 1984 年《专利法》的生产方法扩大到了

---

[1] 如《中国单位或个人向外国申请专利的办法》《关于我国学者在国外完成的发明创造申请专利的规定》《个人申请专利费用减缓办法》《专利管理机关处理专利纠纷办法》《专利代理条例》《企业专利工作办法》等。其中除《专利代理条例》2018 年修订外,均已失效。

生产方法和依照该方法生产的产品本身。

2. 延长了专利保护期限。1984年《专利法》第45条规定："发明专利权的期限为15年，自申请日起计算。实用新型和外观设计专利权的期限为5年，自申请日起计算，期满前专利权人可以申请续展3年"。1992年《专利法》第45条规定，发明专利的保护期限为20年，实用新型和外观设计专利的保护期为10年，均自申请之日起计算。

3. 强化了专利权的保护。其主要涉及：①对方法专利的保护延伸到依该方法直接获得的产品。1984年《专利法》第11条规定，任何单位或者个人未经专利权人许可，不得为生产经营目的使用其专利方法。1992年《专利法》规定，任何人未经专利权人许可，不但不得为生产经营目的使用其专利方法，且不得为生产经营目的使用、销售依该方法直接获得的产品。使1984年《专利法》对方法专利的保护进一步延伸到用方法直接获得的产品，使方法专利权的效力扩大到其产品本身。这一修改符合国际专利立法的习惯和专利法国际发展的趋势。②增加了专利权人的进口权。专利权人的进口权，是指专利权人有权禁止他人未经其许可进口其专利产品或者进口依其专利方法直接制造的产品的权利。1984年《专利法》第11条仅规定专利权人有权禁止他人在国内生产、销售、使用专利产品的行为。这便意味着，如果中国境内的其他人从国外进口专利产品，则不构成侵权行为。1992年《专利法》规定，未经专利权人许可任何单位或者个人不得为生产经营目的进口其专利产品或者进口依照其专利方法直接获得的产品。1992年《专利法》在增加了专利权人的进口权后，便删除了1984年《专利法》第51条的规定。[1] 增加进口权后，专利权人可以用进口专利产品的方式来履行其实施专利的义务，因此，该条已失去存在的意义。③修改了强制许可的条件。1984年《专利法》第52条规定："发明和实用新型专利权人自专利权被授予之日起满3年，无正当理由没有履行本法第51条规定的义务的，专利局根据具备实施条件的单位的申请，可以给予实施该专利的强制许可。"1992年《专利法》第51条规定："具备实施条件的单位以合理的条件请求发明或者实用新型专利权人许可实施其专利，而未能在合理长的时间内获得这种许可时，专利局根据该单位的申请，可以给予实施该发明专利或者实用新型专利的强制许可。"同时在其第52条规定："在国家出现紧急状态或者非常情况时，或者为了公共利益的目的，专利局可以给予实施发明专利或者实用新型专利的强制许可。"④完善了对冒充专利的处罚规定。1984年《专利法》第63条规定："假冒他人专利的，依照本

---

[1] 1984年《专利法》第51条规定："专利权人负有自己在中国制造其专利产品、使用其专利方法或者许可他人在中国制造其专利产品、使用其专利方法的义务。"

法第 60 条的规定处理；情节严重的，对直接责任的人员比照刑法第 127 条的规定追究刑事责任。"1992 年《专利法》增加第 63 条第 2 款的内容，规定："将非专利产品冒充专利产品的或者将非专利方法冒充专利方法的，由专利管理机关责令停止冒充作为，公开更正，并处以罚款。"从保护手段上强化了对专利权的保护。

4. 完善了专利权审批程序。其主要包括：①增设国内优先权。1984 年《专利法》只规定了国外优先权，对国内优先权未作规定。1992 年《专利法》第 29 条增加了国内优先权。该条第 2 款规定："申请人自发明或者实用新型在中国第一次提出专利申请之日起 12 个月内，又向专利局就相同主题提出专利申请的，可以享有优先权。"同时，将国外优先权的主体扩展到中国人。依 1984 年《专利法》第 29 条的规定，只有外国人才可以享有优先权。根据 1992 年《专利法》第 29 条的规定，无论是外国人，还是中国人都可享有优先权。②进一步明确了专利申请文件修改的范围。1984 年《专利法》第 33 条规定："申请人可以对其专利申请文件进行修改，但是不得超出原说明书记载的范围。"1992 年《专利法》第 33 条规定，申请人可以对其专利申请文件进行修改，但对发明和实用新型专利申请文件的修改不得超出原说明书和权利要求书记载的范围，对外观设计专利申请文件的修改不得超出原图片或者照片表示的范围。③改授权前的异议程序为授权后的撤销程序。1984 年《专利法》第 41 条规定："专利申请自公告之日起 3 个月内，任何人都可以依照本法规定向专利局对该申请提出异议……"1992 年《专利法》第 41 条规定："自专利局公告授予专利权之日起 6 个月内，任何单位或者个人认为该专利权的授予不符合本法有关规定的，都可以请求专利局撤销该专利权。"将异议程序改为撤销程序，有利于保护专利申请人的利益。④明确了专利权被宣告无效的法律后果。1984 年《专利法》第 50 条规定："宣告无效的专利权视为自始即不存在。"1992 年《专利法》第 50 条第 2 款则规定，宣告专利权无效的决定，对在宣告专利权无效前人民法院作出并已执行的专利侵权的判决、裁定，专利管理机关作出并已执行的专利侵权处理决定，以及已经履行的专利实施许可合同和专利权转让合同，不具有追溯力。但是，因专利权人的恶意给他人造成的损失，应当给予赔偿。

四、《专利法》第二次修改

1992 年我国《专利法》修改虽然使《专利法》相对趋于科学并能适应《TRIPs 协议》及专利保护的基本要求，但随着经济和科学技术的迅速发展和改革开放的不断深化，再一次修改《专利法》成为必然。原因如下：①从国内情况看，自 1992 年以来我国发生了很大的变化。一是我们确立了社会主义市场经济体制改革的总体目标即建立社会主义市场经济体制。这个目标的建立对我国专利制度的影响深刻，我们要深入开展各方面的改革特别是国有企业的改革。二是科技进步和技术创新的重要性日益显现出来，进一步完善专利法，使专利法更好地适应社会主义市场经济发展的需要，更有力地推进科技进步和创新。②从国际情况看，20世纪最后20年特别是进入90年代以后，经济的全球化和科学技术的快速发展使专利制度在整个国际社会中的地位日益重要。具体表现为：20世纪90年代以来，在国际贸易中，专利和其他许可贸易的增长速度已经超过了有形贸易；科学技术已经成为经济增长的主要动力和主要因素；知识产权的竞争已成为市场竞争的一种重要竞争工具或能力；《TRIPs协议》对知识产权保护的水平达到了前所未有的高度，对我国知识产权保护影响深远。在这些因素影响下以及从我国社会发展的需要来看，修改《专利法》有利于增强专利保护的力度，且与其他知识产权法律制度的发展相协调，以实现知识产权制度的全面进步和发展。本次修正案于2000年8月25日由第九届全国人大常委会第十七次会议审议通过，于2001年7月1日起生效。

《专利法》第二次修改涉及新增4条，删除4条，修改27条，共计35条。主要包括：

1. 确立专利立法为促进科技进步与创新服务，为改革创造更好的条件。将1992年《专利法》第1条规定的"促进科学技术的发展"修改为"促进科学技术进步和创新"，并对相关内容作了修改。①修改了全民所有制单位"持有"专利权的规定。将1992年《专利法》第6条第1款作了修改。取消了所有人与持有人的区别，为国有企业进行市场竞争提供了机会。与此相关的还有第8条关于合作发明、第10条关于申请权转让及专利权转让的规定，第14条关于计划许可等进行了修改。②职务发明的标准和奖励及报酬作了修改。1992年《专利法》中职务发明的条件有两个：一是执行任务；二是利用物质条件。并规定申请专利和取得的专利权归发明人的所在单位。2000年《专利法》第6条引入了合同优先的原则。有利于科技人员的主动性，也利于单位的闲置资源得到利用。另将1984年《专利法》第16条中的"给予奖励"修改为"给予合理的报酬"。

2. 加大了专利保护的力度，完善了司法和行政执法规定。①增加了禁止许诺销售行为的规定。1992年《专利法》第11条未规定这一权利。许诺销售是指以广告、在商店橱窗陈列或者在展销会上展出等方式作出的愿意销售该商品的许诺。②限制未经许可而制造的专利产品的"合法"销售、使用。1992年《专利法》第62条第2项规定，使用或者销售不知道是未经专利权人许可而制造并售出的专利产品的，不视为侵犯专利权。这一规定与多数国家专利法的规定不一致,并为未经专利权许可的制造者寻求非法产品的合法销售和使用提供了方便。为此该条文修改为2000年《专利法》第63条第2款,规定:"为生产经营目的使用或者销售不知道是未经专利权人许可而制造并售出的专利产品或者依照专利方法直接获得的产品,能证明其产品合法来源的,不承担赔偿责任。"该规定明确了在不知道情况下使用、销售未经专利权人许可而制造并售出的侵权产品的行为仍然是侵权行为,只是在能够证明其产品合法来源的情况下才能够免除其赔偿责任。③增加诉前的临时措施。2000年《专利法》修改时增加了一条关于诉前可采用的临时措施。2000年《专利法》第61条规定:"专利权人或者利害关系人有证据证明他人正在实施或者即将实施侵犯其专利权的行为,如不及时制止将会使其合法权益受到难以弥补的损害的,可以在起诉前向人民法院申请采取责令停止有关行为和财产保全的措施。人民法院处理前款申请,适用《中华人民共和国民事诉讼法》第93条至第96条和第99条的规定。"④增加关于侵权赔偿数额计算标准的规定。为了使专利权人因侵权所受到的损失能够得到合理赔偿,增加法律的操作性,2000年《专利法》修改时新增加了关于侵权数额计算的规定。2000年《专利法》第60条规定:"侵犯专利权的赔偿数额,按照权利人因被侵权所受到的损失或者侵权人因侵权所获得的利益确定;被侵权人的损失或者侵权人获得的利益难以确定的,参照该专利许可使用费的倍数合理确定。"⑤规定对假冒他人专利行为的行政处罚。1992年《专利法》第63条规定:"假冒他人专利的,依照本法第60条的规定处理;情节严重的,对直接责任的人员比照刑法第127条的规定追究刑事责任。"但实践中对这一行为尚不构成犯罪的情况下,如果只作为专利侵权行为处理,则显太轻。从维护正常的社会经济秩序和维护他人合法权益角度讲,对尚未构成犯罪的假冒他人专利的行为,行为人除了承担民事责任外,还应受到行政处罚。因此,将上述规定修改为2000年《专利法》第58条:"假冒他人专利的,除依法承担民事责任外,由管理专利工作的部门责令改正并予公告,没收违法所得,可以并处违法所得3倍以下的罚款,没有违法所得的,可以处5万元以下的罚款;构成犯罪的,依法追究刑事责任。"

3. 完善专利审批和纠纷处理程序。①取消了撤销程序。为了进一步简化程序,避免因程序重复而导致专利权长期处于不稳定状态,并消除撤销程序对无效程序的干扰。这次《专利法》修改删去了撤销程序。②规定实用新型和外观设计的复审和无效由法院终审。根据《TRIPs协议》第32条的规定,撤销专利或宣布专利无效的任何决定,均应提供机会给予司法审查。由于历史原因,我国1992年《专利法》规定,对实用新型和外观设计专利申请的确权和宣告无效,复审委员会的决定是终局决定。为了充分保护当事人的合法权益,并与《TRIPs协议》的精神一致,《专利法》修改规定对实用新型和外观设计专利申请的确权和宣告无效均由人民法院终审。③简化转让专利权和向外国申请专利的手续。规定转让专利申请权或者专利权的合同经专利局登记即生效,公告不再是合同生效的条件;删除了关于我国单位和个人向外国申请专利应当经国务院有关主管部门同意的规定。这些修改有利于我国的单位和个人向外国申请专利和保护自己的利益。④明确了提交国际专利申请的法律依据。按照专利合作条约的规定,我国《专利法》修改中增加了关于国际专利申请的相关规定,旨在方便发明人提出专利申请,保护自己的合法权益。2000年《专利法》第20条作了明确的规定。⑤提交外国检索和审查结果资料(第36条)、专利权的生效日期(第39~40条)、无效程序(第47条)及第三人参加诉讼和诉讼时效(第62条)等作了修改和调整。

4. 与《TRIPs协议》更趋一致。为了使我国的专利法律制度与《TRIPs协议》一致,强化专利的保护意识,本次专利法修改根据《TRIPs协议》作了如下规定:规定了专利权人有权禁止他人未经允许进行许诺销售行为;规定了实用新型和外观设计申请或专利复审的终局裁决权在人民法院;完善了强制许可的条件。

5. 建立科学高效廉洁务实的专利审批和专利工作队伍。在《专利法》修改中进一步明确了国务院专利行政部门应当及时审结申请案件。《专利法》第21条第1款规定:"国务院专利行政部门及其专利复审委员会应当按照客观、公正、准确、及时的要求,依法处理有关专利的申请和请求。"明确管理专利工作的部门不得参与专利产品的经营活动,从严要求专利工作队伍。如第66条规定了管理专利工作的部门不得参与向社会推荐专利产品等经营活动,并对违法违纪者规定了纪律和法律惩处;第19条增加规定了专利代理机构应当遵守法律、行政法规、遵守职业道德;第67条规定了对从事专利管理工作的国家机关工作人员玩忽职守、滥用职权等应受到的处罚。

五、《专利法》第三次修改

我国《专利法》前两次修改可以说都有一定的国际背景。随着国内外形势的发展,尤其是知识产权制度对中国的意义越来越突出,根据实际情况以及我国自身建设的需要,2005年4月,国家知识产权局启动了第三次修改《专利法》的工作,标志着我国专利法律制度从建设阶段走向完善阶段。如果说前两次专利法的修改主要是更注重引进国外的先进技术,对外资加强知识产权保护的话,那么专利法的本次修改,重点就是在我们全国科技大会提出来"增强自主创新能力、建设创新型国家"这样一个发展战略的背景下,为了切实地推动我国自主创新能力的提高,加强知识产权保护,与我国正在贯彻落实科学发展观,转变经济发展方式的要求相吻合，也是作为实施《国家知识产权战略纲要》的重要举措。同时，世界贸易组织多哈部长级会议通过了《公共健康宣言》，世界贸易组织总理事会通过了落实《公共健康宣言》的《知识产权协定议定书》。《公共健康宣言》和《知识产权协定议定书》允许世贸组织成员在规定条件下给予实施药品专利的强制许可。据此，需要对现行《专利法》作必要修改。《生物多样性公约》对利用专利制度保护遗传资源作了规定，我国作为遗传资源大国，也需要通过修改现行《专利法》，行使该公约赋予的权利。从修改的内容来看，前两次的修改更多的是注重履行国际承诺与国际规则接轨，而本次修改则是在认真总结我国专利工作和专利法制建设 20 多年实践的基础上，根据我们自身的发展需要，从解决我国经济社会发展面临的实际问题出发，更全面地保护国内外专利权人的利益，同时也兼顾了公众利益的平衡。第三次《专利法》的修正案于 2008 年 12 月 27 日由第十一届全国人大常委会第六次会议审议通过，并于 2009 年 10 月 1 日实施。为了配合新《专利法》的实施，2010 年 1 月 9 日国务院公布了第二次修改的《专利法实施细则》，2015 年 1 月 19 日最高人民法院发布了第二次修正的《最高人民法院关于修改〈最高人民法院关于审理专利纠纷案件适用法律问题的若干规定〉的决定》。

《专利法》第三次修改涉及新增 7 条，修改 23 条，主要包括以下内容：

1. 在立法宗旨中增加了"提高创新能力"的内容。将《专利法》第 1 条的立法宗旨修改为：为了保护专利权人的合法权益，鼓励发明创造，推动发明创造的应用，提高创新能力，促进科学技术进步和经济社会发展，制定本法。

2. 对遗传资源利用作了特别规定。2008 年《专利法》第 5 条第 2 款规定，对违反法律、行政法规的规定获取或者利用遗传资源，并依赖该遗传资源完成的发明创造，不授予专利权。因此在申请专利时，当发明创造与遗传资源有关联时，专利申请人应当证明有关遗传资源的合法性。同时，第 26 条中增加了一款规定，即依赖遗传资源完成的发明创造，申请人应当在专利申请文件中说明该遗传资源的直接来源和原始来源；申请人无法说明原始来源的，应当陈述理由。

3. 降低了外国专利申请人在我国申请专利的门槛并增加了专利行政部门的公报义务。2000 年《专利法》规定，在中国没有经常居所或者营业所的外国人、外国企业或者外国其他组织在中国申请专利和办理其他专利事务的，应当委托国务院专利行政部门指定的专利代理机构办理。2008 年《专利法》第 19 条规定，在中国没有经常居所或者营业所的外国人、外国企业或者外国其他组织在中国申请专利和办理其他专利事务的，应当委托依法设立的专利代理机构办理；并在第 21 条增加了一款，规定国务院专利行政部门应当完整、准确、及时发布专利信息，定期出版专利公报。这一规定明确了专利行政部门在专利信息发布上的义务,为以后对专利行政部门发布专利信息作进一步的规范提供了依据和指导。

4. 在权利的归属和管理方面,对同一发明的两次申请作出了新的规定,即同一发明专利只能得到一项发明专利权,但现实中有些专利申请人因无法确定自己的发明创造是发明还是实用新型,往往两者同时申请。对于这种情况,2008年《专利法》在第9条中特别增加了一款规定:同样的发明创造只能授予一项专利权。但是,同一申请人同日对同样的发明创造既申请实用新型专利又申请发明专利,先获得的实用新型专利权尚未终止,且申请人声明放弃该实用新型专利权的,可以授予发明专利权。同时,明确共有人对专利权的行使,在2008年《专利法》第15条中,明确规定专利申请权或者专利权的共有人对权利的行使有约定的,从其约定。没有约定的,共有人可以单独实施或者以普通许可方式许可他人实施该专利;许可他人实施该专利的,收取的使用费应当在共有人之间分配。其他情形,行使共有的专利申请权或者专利权应当取得全体共有人的同意。此外,就发明专利的推广及专利权的限制也在2008年《专利法》第14条中只规定国有企业事业单位的发明专利,对国家利益或者公共利益具有重大意义的,国务院有关主管部门和省、自治区、直辖市人民政府报经国务院批准,可以决定在批准的范围内推广应用,允许指定的单位实施,由实施单位按照国家规定向专利权人支付使用费。同时,就不视为侵犯专利权的情形,在第69条增加了为提供行政审批所需要的信息,制造、使用、进口专利药品或者专利医疗器械的,以及专门为其制造、进口专利药品或者专利医疗器械的规定。

5. 加大了对实用新型和外观设计的保护。2008年《专利法》加大了对实用新型的保护力度,在第20条中规定:任何单位或者个人将在中国完成的发明或者实用新型向外国申请专利的,应当事先报经国务院专利行政部门进行保密审查。同时,规定对违反本条第1款规定向外国申请专利的发明或者实用新型,在中国申请专利的,不授予专利权。此外,增加许诺销售为专利权行使的范围,在2008年《专利法》第11、69条中,规定外观设计专利权被授予后,任何单位或者个人未经专利权人许可,都不得实施其专利,即不得为生产经营目的制造、许诺销售、销售、进口其外观设计专利产品。专利产品或者依照专利方法直接获得的产品,由专利权人或者经其许可的单位、个人售出后,使用、许诺销售、销售、进口该产品的不视为侵犯专利权。

6. 提高了授予专利权的条件。2008年《专利法》对于新颖性、创造性的定义作了一定的变动,规定新颖性是指该发明或者实用新型不属于现有技术;也没有任何单位或者个人就同样的发明或者实用新型在申请日以前向国务院专利行政部门提出过申请,并记载在申请日以后公布的专利申请文件或者公告的专利文件中。创造性是指与现有技术相比,该发明具有突出的实质性特点和显著的进步,该实用新型具有实质性特点和进步。而对外观设计审核条件更严格。2008 年《专利法》第 22 条使符合外观设计专利的条件更加具体明确，同时也使对外观设计专利申请的审核更加严格。同时第 25 条增加了不授予专利权的范围，把对平面印刷品的图案、色彩或者二者的结合作出的主要起标识作用的设计列为不授予专利权的项目。

7. 关于专利实施的强制许可。就强制许可申请人扩展到了个人。2008 年《专利法》第 48 条规定，国务院专利行政部门根据具备实施条件的单位或者个人的申请，可以给予实施发明专利或者实用新型专利的强制许可。相比 2000 年《专利法》，2008 年《专利法》允许个人在具备实施条件的情况下申请强制许可。就申请强制许可的情况规定，专利权人自专利权被授予之日起满 3 年，且自提出专利申请之日起满 4 年，无正当理由未实施或者未充分实施其专利的；专利权人行使专利权的行为被依法认定为垄断行为，为消除或者减少该行为对竞争产生的不利影响的，可以给予实施发明专利或者实用新型专利的强制许可。针对药品类专利权的强制许可，2008 年《专利法》第 50 条规定，为了公共健康目的，对取得专利权的药品，国务院专利行政部门可以给予制造并将其出口到符合中华人民共和国参加的有关国际条约规定的国家或者地区的强制许可。而就半导体技术的强制许可，2008 年《专利法》第 52 条规定只有为了公共利益的目的和本法第 48 条第 2 项规定的情形，也即专利权人行使专利权的行为被依法认定为垄断行为，为消除或者减少该行为对竞争产生的不利影响的情形下才能申请强制许可。

8. 加大了专利权的保护。2008 年《专利法》第 63 条增强了对假冒专利经济处罚的力度，规定假冒专利的，除依法承担民事责任外，由管理专利工作的部门责令改正并予公告，没收违法所得，可以并处违法所得 4 倍以下的罚款；没有违法所得的，可以处 20 万元以下的罚款；构成犯罪的，依法追究刑事责任。第 64 条赋予了管理专利工作的部门调查假冒专利行为的相关权力。规定管理专利工作的部门根据已经取得的证据，对涉嫌假冒专利行为进行查处时，可以询问有关当事人，调查与涉嫌违法行为有关的情况；对当事人涉嫌违法行为的场所实施现场检查；查阅、复制与涉嫌违法行为有关的合同、发票、账簿以及其他有关资料；检查与涉嫌违法行为有关的产品，对有证据证明是假冒专利的产品，可以查封或者扣押。

同时，2008 年《专利法》第 65 条在原法的基础上更加具体地规定了侵犯专利权的赔偿数额计算方式。即按照权利人因被侵权所受到的实际损失确定；实际损失难以确定的，可以按照侵权人因侵权所获得的利益确定；权利人的损失或者侵权人获得的利益难以确定的，参照该专利许可使用费的倍数合理确定；权利人的损失、侵权人获得的利益和专利许可使用费均难以确定的，人民法院可以根据专利权的类型、侵权行为的性质和情节等因素,确定给予1万元以上100万元以下的赔偿。

随着科学技术(尤其是信息、物联网、人工智能和生物技术等领域)的迅猛发展,国内外创新水平的不断提升及我国创新驱动战略的现实需求,对专利制度提出了新的要求和挑战。我国专利行政职能部门已启动专利法及其实施细则第四次修改工作。修改重点将主要涉及:一是完善专利行政管理体制,明确行政与司法、中央与地方专利职能部门的职能优化,充分发挥行政执法保护作用,提高专利信息公共服务能力和知识产权综合服务能力。二是进一步优化授权制度,提升专利质量。三是加强和完善专利执法机制,促进专利行政执法和司法保护的有效衔接,维护权利人合法权益,在加大专利保护力度的同时有效防止专利权滥用。四是健全和完善以市场和需求为导向的专利成果转化机制,促进专利权的实施和运用。五是推动专利代理行业向专业化、规范化和国际化方向发展,全面提升专利服务水平。

第四节 专利制度的作用

从专利制度的产生和发展可以看出,不同时期的专利制度,对促进科学技术发展,保护发明创造者的利益,协调因发明创造的投资、受益、利用及转让而产生的各种社会关系,维护商品经济秩序均具有积极的作用,且对整个人类社会的进步起了巨大的推动作用。我国专利制度对鼓励发明创造,促进我国科技进步和经济发展以及对外科技交流和经贸往来,同样发挥了积极重要的作用。在我国社会主义市场经济条件下,专利制度作为保护发明创造的手段,必将对繁荣社会主义市场经济,加速我国现代化进程发挥更大作用。根据我国《专利法》第1条之规定,专利制度的作用和意义主要表现为以下几方面:

一、保护和鼓励发明创造

发明创造是人类智力劳动的结晶,亦是人类的一种精神和物质财富。因此,对发明创造的保护和鼓励程度往往标志着社会的文明进步程度。从我国具体情况看,专利制度首先是对发明人的智力成果予以承认和保护。在物质利益方面,专利制度依法确认和保护专利权人享有制造、使用、销售、进口其专利产品,使用专利方法或使用、销售、进口依照专利方法直接获得的产品的权利。在许可他人实施或转让他人使用时,有权获得报酬。在精神利益方面,不论发明创造的专利权为发明人所有还是发明创造单位所有,发明人的人身权均受法律保护,在专利文件和专利证书上都应写明发明人姓名，以确认其身份。这就意味着发明创造人的智力成果得到了社会肯定和法律的保护，从而调动了个人和单位从事发明创造的积极性。

二、促进发明创造的推广应用

确立专利制度旨在保障科学技术成果应用，通过建立技术市场，加速发明创造成果的转化。只有这样，才能发挥发明创造巨大的经济效益和社会效益。对此，我国《专利法》一方面将发明创造专利的制造、使用、销售和进口的权利作为专利权人的独占权加以保障，以调动发明创造人推广应用其发明创造成果的积极性；另一方面又规定了专利实施的强制许可，以利于打破技术封锁，避免科研工作的重复劳动，维护国家和社会的整体利益。此外，我国《专利法》还特别规定，国有企业事业单位的发明专利，对国家利益或者公共利益具有重大意义的，国务院有关主管部门和省、自治区、直辖市人民政府报经国务院批准，可以决定在批准的范围内推广应用，允许指定的单位实施，由实施单位按照国家规定向专利权人的单位支付使用费。这些规定，既充分体现了专利制度促进发明创造推广应用的立法宗旨，又为发明创造的推广应用提供了可靠的法律制度上的保证。

三、促进科学技术进步和创新

科学技术是第一生产力，振兴经济首先要振兴科技。而要保证科学技术对经济发展的促进作用，就必须要有促进和保障科学技术进步和创新的专利制度。专利制度首先能够促进技术信息的公开和交流。专利申请批准后，专利机关所公布的专利说明书是最迅速、最详细、最可靠的技术情报。它可使所有单位和个人及时了解国内外科学技术发展的最新信息，有利于进一步进行科学技术研究，避免因重复研究而造成不应有的浪费。其次，专利制度保障专利权人就其发明创造专利所享有的市场竞争优势，并通过专利运用与实施，有利于回收科学技术研究的投资，便于科学技术研究得到良性循环，也有利于促进科研工作者大胆创新。最后，通过创新形成企业的技术创新能力，有利于提升知识产权在国家经济发展过程中的综合竞争力。

四、促进国际技术交流与合作

科学技术成果是全人类智慧的结晶。在世界上没有任何一个国家能够在所有的技术领域中始终处于领先地位。当今大多数国家在进行贸易和技术交流中，专利制度已成为必不可少的保障手段。我国已步入社会主义市场经济阶段，建立健全完善的专利制度，不仅为外国人在我国申请专利或者转让新技术提供了可靠的法律保障，便于技术贸易的扩展和交流，而且有利于我国的发明创造在国外申请专利、出口技术，有助于维护我国和我国企业在国际经济交往中的利益。

■ **本章小结**

通过本章学习，我们初步了解了专利法律制度的基本内涵，并通过专利制度的历史演变，懂得了专利法律制度与科学技术发展之间的关系。通过介绍我国《专利法》历次修改的背景和涉及的内容，进一步明确了专利法律制度的功能和作用。

■ **本章思考题**

1. 如何理解专利、专利权与专利法的含义？
2. 如何认识专利制度的历史演变与科技发展的关系？
3. 我国《专利法》历次修改涉及的主要内容有哪些？
4. 如何认识专利法律制度的作用？
5. 请思考我国《专利法》第四次修订应主要解决哪些问题？

第二章
专利权的客体

[提示要点]

专利权的客体是指经申请可获取专利权并受专利法保护的发明创造。各国关于专利权客体的立法大体有三种情况：①多数国家专利权的客体仅指发明；②对发明、实用新型和外观设计均给予专利保护，但专利法仅保护发明，实用新型和外观设计由专门的立法进行保护；③以发明、实用新型和外观设计作为专利权的客体，由统一的专利法进行保护。我国《专利法》第2条第1款规定："本法所称的发明创造是指发明、实用新型和外观设计。"本章重点在于了解我国专利权客体的发明、实用新型和外观设计的基本含义，难点在于对三者不同点的理解。

第一节 发明

一、发明的概念和特征

一般意义上的发明，是指通过智力劳动创造或设计出了前所未有的东西。例如，我国古代的造纸、指南针、印刷术、火药等技术成果均属于发明。在社会发展和进步的历程中，人们首先创造出的各种物品也都属于发明。发明从实质上看就是一种前所未有的创造成果。但作为专利法意义上的发明，在各国专利法及学术界有不同的解释。[1] 我国《专利法》第2条第2款规定："发明，是指对产品、方法或者其改进所提出的新的技术方案。"从该规定可见，专利法意义上的发明具有以下特征：

（一）发明是一种技术方案

这种技术方案是发明创造人利用自然规律的结果，是发明人将自然规律在特定技术领域的结合和应用。它不是自然规律本身，也不是单纯地揭示自然规律的

---

[1] 如《日本专利法》第2条规定："'发明'是指利用自然规律进行的技术构思的高度创造。"《美国专利法》第101条称"发明"为"任何人发明或发现的任何新颖而适用的方法、机器、制造品、物质的组合，或者任何新颖而适用的改进"。世界知识产权组织1979年公布的《发展中国家发明专利示范法》认为"发明是发明人的一种思想，是利用自然规律解决实践中各种问题的技术方案"。

理论认识和创新。[1]

（二）发明是一种具体的技术方案

发明应能够解决特定的技术难题，具有一定的实用性，它不是单纯地提出课题或者设想。虽然专利法并不要求发明必须是已经完全实施或已转化为客观存在的产品，但这个技术方案必须是科学的，行之有效的，即只要发明人付诸行动，就可以通过该方案取得一定的效益。就此而言，法律不保护人们的思想意识，单纯存在于大脑中的技术构思或设想不是专利法意义上的发明。

（三）发明是一种新的技术方案

专利法意义上的发明与现有技术相比较必须是前所未有的，并且创造性要达到一定的高度。无论是独立开拓性的发明，还是在现有技术基础上作出的改进发明，其与现有技术比较必须具有突出的实质性特点和显著的进步。

（四）发明是一种符合法律要求的技术方案

专利法所保护的发明除具有一般发明的技术属性外，还应具备一定的法律属性。发明作为一种技术方案，其实质内容必须符合专利法的规定。单纯的技术意义上的发明，并不一定是专利法所保护的发明。

二、发明的种类

基于不同的划分标准，对发明可进行类别划分。按发明的完成状况划分为完成发明和未完成发明；按完成发明的人数划分为独立发明和共同发明；按发明的权利归属划分为职务发明和非职务发明；按发明间的依赖或制约关系划分为基本发明和改良发明；按发明的动机及表现形式不同划分为方法发明、产品发明、物质发明、首创性发明、组合发明、转用发明、选择发明。依我国《专利法》的相关规定，发明主要分为以下几类：

（一）产品发明

产品发明是指通过智力劳动创造的能以有形形式表现的各种制成品或产品。这种制成品或产品是自然界从未有过的，是人利用自然规律作用于特定事物的结果。按照发明创造对象的不同，产品发明包括：制造品的发明，如各种设备、机器及生活用品；材料物品的发明，如人造金刚石、人工合成胰岛素、人工合成牛黄等；物品新用途的发明。[2] 产品发明中的产品，可以是完整的产品，也可以是一件产品的某部分。如果一件物品完全处于自然状态下，没有经过任何人的加工和创制，仅是有人发现和认识了它，则不属于产品发明而属于发现。各国专利法对产品发明的范围规定不尽相同。我国修改后的《专利法》扩大了产品发明

---

[1] 单独地揭示自然规律的思想是发现而不是发明。
[2] 指在不改变物品固有的性质和状态下，揭示该物品前所未有的用途和功能。

的保护范围，可以授予食品、饮料和调味品以及药品和用化学方法获得的物质专利权，但对动物和植物新品种以及用原子核变换方法获得的物质仍不给予专利保护。

（二）方法发明

方法发明是指把一种物品或者物质改变成另一种状态或另一种物品或物质所利用的手段和步骤的发明。方法发明包括一切方法，如制造方法的发明，通常有一系列的步骤，作为方法发明可以是其中一个步骤，也可是制造方法的全过程。如制造彩色胶片及特种钢的方法等均属于制造方法的发明；化学方法的发明，如合成纤维的方法、合成树脂的方法等；生物方法的发明，如珍珠的人工培养、杂交水稻培育方法、地膜覆盖种植方法、牛黄人工合成法、胰岛素人工合成法等；其他的方法发明，这种方法发明属于纯方法发明，因其实施后果不产生另一种新的物质或产品，如通讯方法、各种测量方法等。对方法发明的法律保护虽始于19世纪中叶，但目前各国专利法对方法发明的保护程度不同。有的国家只保护方法发明本身，不保护使用方法发明生产的产品，如美国。有的国家既保护方法发明，也保护依该方法发明生产、制造的产品，即对方法专利的保护延及其制造的产品，如德国。我国《专利法》对方法发明的保护延及依照该方法所获得的产品。纯属抽象思维的方法，如各种智力活动的方法、数学的方法等虽然也属于一种方法，但不属于专利法意义上的方法发明。

（三）改进发明

改进发明是相当于全新发明而言的一种发明。全新发明是指开拓性的发明，一般表现为人类历史上前所未有的产品或者方法的发明。改进发明则是指对已有的产品发明或方法发明所作出的实质性革新的技术方案。改进发明不是新的产品或新方法的创造，而是在已有产品和方法的基础上进行的创造性的改善。它能给已有产品和方法带来新的特性、新的部分质变，但从根本上仍不能突破原有产品和方法的格局。例如，爱迪生发明了白炽灯，而美国通用电器公司发明了给白炽灯充惰性气体的方法，进而改进了白炽灯的生产方法，从而使白炽灯的质量得到提高，使用效益大大提高。尽管白炽灯仍然是白炽灯，但它的质量和寿命却都有了明显的改进，这就是改进发明。改进发明对于技术进步有着非常明显的促进作用，因此，多数国家专利法都将改进发明作为专利法的保护对象。我国对于改进发明也给予专利保护。

第二节 实用新型

一、实用新型的概念和特征

实用新型是指对产品的形状、构造或者其结合所提出的适于实用的新的技术方案。"产品"是指经过人类加工、生产而形成的物品,其应有特定的性质和外在形态。"产品的形状"是指产品具有的,可以从外部观察到的确定的空间形状。这种形状可以保持并能使产品在使用中具有特定的技术功能和相应的技术效果。"产品的构造"是指产品的零部件为了达到一定的技术功能或效果而形成的有机联结或组合,并且具有特定的空间位置关系。产品的构造可以是直接从外部能够观察到的,也可以是只有剖开才可发现的内部构造。关于"其结合"我国法律没有规定,有学者认为应理解为"产品和产品的结合"。我国《专利法》中规定的实用新型具备以下特征:

(一)实用新型是一种具有形状或者构造的产品

这一特征包含两层含义:①实用新型必须是一种产品,如机器、设备、用具及日用品等。制造产品的各种工艺方法不是实用新型,不受实用新型专利保护。②该产品必须具有确定的形状或构造或者是二者的结合,即应具有特定的立体外形和相应的功能。但应注意的是,依我国《专利法》的规定,那些虽具有固定形状或者构造,但不可移动的产品,如房屋、桥梁等,不能成为实用新型专利权的客体。而日本将比赛场的形状、公路的交叉立体作为专利权的客体加以保护。

(二)实用新型具有应用性技术特征

具有实用价值是指该实用新型可以实施,并可以工业方法再现。关于产品的形状、构造或者其结合的技术方案必须能够产生技术上的积极效果,具有技术性能。如轮胎的花纹,既有立体形状,又有防滑功能。如果单纯表现为视觉上的美感,不具有技术上的特性,则不是实用新型专利权的客体。

(三)实用新型具有一定的创新性

创新性是指该实用新型属于一种新的技术方案,它与现有技术方案相比具有创造性。但对实用新型的创造性要求低于发明专利,仅满足具有实质性特点和进步。因此,实践中常将实用新型称为"小发明"。

二、实用新型专利和发明专利的区别

实用新型和发明同属专利保护的发明创造,二者有许多相同之处,但就专利法保护的程度及获得专利的要求而言,它们又有诸多差异:

（一）专利性要求不同

较之发明专利而言，实用新型的创造性水平较低。我国《专利法》规定，对发明的创造性要求其与申请日以前已有技术相比有突出的实质性特点和显著的进步，而对实用新型的创造性仅要求其与申请日以前已有技术相比有实质性特点和进步。

（二）保护范围不同

发明专利的保护范围大于实用新型专利的保护范围。获得发明专利保护的发明创造既可以是产品发明、方法发明，也可以是改进发明，即除《专利法》的限制性规定外，任何发明均可获得专利权。而实用新型专利保护的范围则比较窄，它仅限于对产品的形状、构造或者其结合所提出的适于实用的新的技术方案。其既不包括产品的制造方法，也不包括没有固定形状和构造的物品等。

（三）申请审批程序不同

根据我国《专利法》的规定，申请实用新型专利的手续比较简便，申请人的申请经专利局初步审查认为符合专利法要求的，就不再进行实质审查，专利局即可作出授权决定。因而实用新型专利从申请到授权的期限较短。而对发明专利申请既要经初步审查，还要经过公开和实质审查方可作出授予专利权的决定。所以发明专利从申请到授权的期限较长。

（四）保护期限不同

我国《专利法》规定，对实用新型专利保护期限为 10 年，对发明专利的保护期限为 20 年，均自申请日起算。其他各国对发明专利的保护期限一般都远远长于对实用新型专利的保护期限。

除以上不同外，实用新型专利和发明专利在提交的申请文件、优先权的享有、审查复审程序、强制实施许可、计划实施许可、专利权保护的范围等方面都有较大的差别。因此，一项发明是申请实用新型专利还是发明专利，申请人应全面慎重考虑。

第三节　外观设计

一、外观设计的概念和特征

外观设计是指对产品的形状、图案或者其结合以及色彩与形状、图案的结合所作出的富有美感并适于工业应用的新设计。外观设计作为专利权的客体具有以下特点：

(一) 外观设计是对产品的外表所作的设计

外观设计必须以产品的外表为依托，构成产品和设计的组合。其中产品是指任何用工业方法生产出来的具有一定形状的物品，不能重复生产的手工艺品、农产品、畜产品、自然物及气体、液体、呈粉末状或颗粒状的物质等均不能作为外观设计的载体。因此，外观设计常被称为"工业品外观设计"。

(二) 构成外观设计的是产品的形状、图案或者其结合以及色彩与形状、图案的结合

可以构成外观设计的组合一般包括：产品的形状、产品的图案、产品的形状和图案的结合、产品的色彩与形状、图案的组合等。产品的色彩不能独立构成外观设计。脱离开产品的设计仅是图案或色彩的组合，可以作为美术作品，但不是外观设计。

(三) 外观设计是适于工业应用的新设计

"适于工业应用"是指该外观设计能应用于产业上并形成批量生产。"新设计"是指该外观设计是一种新的设计方法，即该申请专利的外观设计在申请日或优先权日之前不构成现有的外观设计。此前没有相同的申请曾向中国专利行政管理部门提出并在中国专利公报上公布或者公开，也没有相同的外观设计的产品被公开销售使用。

(四) 外观设计必须富有美感

外观设计的功能只是为了美化产品，它仅是对具体产品的形状、图案、色彩或其结合所作的外表设计，目的在于满足人们对产品在视觉和感官等精神方面的要求，吸引人的注意力，丰富消费者的生活，陶冶消费者的情趣，从而增强产品在市场上的竞争力。因此，我国《专利法》要求外观设计必须是通过视觉能引起美感的设计。至于"富有美感"的标准是什么，因受审美主体的影响不便统一，一般消费者认可其能给人以美的享受，就认为富有美感。值得注意的是，有的国家未将富有美感作为外观设计专利授权的条件，如美国、英国等。

二、外观设计专利与实用新型专利的区别

外观设计专利和实用新型专利在专利取得的程序和方式、专利权的保护期限等方面均有相同之处，其均是发明、设计人对产品所作出的发明创造，但究其实质，二者仍有不同之处：

(一) 保护对象不同

外观设计专利保护的是产品外表的设计，不涉及产品本身的技术性能；而实用新型专利保护的范围既涉及产品的外形和外部结构，也涉及产品的内部构造。

(二) 目的不同

外观设计的目的是利用美学原理达到美感效果，而不重视技术效果；但实用

新型作为一种技术方案，旨在实现一定的技术效果。

（三）与产品关系不同

外观设计把产品作为载体仅对其外表进行独特设计；而实用新型的创造性方案与产品本身融为一体，体现于产品本身。

（四）产品外在形态不同

外观设计产品既可以是立体的，也可以是平面的；而实用新型产品则必须以固定的立体形态存在。

关于局部外观设计保护的思考。局部外观设计是指针对产品的某一局部所作出的创新设计。通常情况下，"局部"指的是整体中不可分割的部分。局部外观设计保护是对整体保护的一种拓展，事实上并非任何设计的任何一部分都可以作为局部外观设计的保护客体。美国的局部外观设计制度的保护范围不限于外观设计申请文件本身所体现的产品，还可以扩展到以局部外观设计为设计要点的多个实施例中；日本局部外观设计的保护范围，是根据所属领域通常知识和申请书中记载的外观设计使用的产品、外观设计说明以及申请书所记载的附图（包括局部外观设计以外的部分）来界定的。根据我国现行《专利法》及其实施细则的规定，对外观设计的保护应理解为对工业品所使用的外观设计的整体所提供的保护，而对产品的某一组成部分的外观设计不给予单独保护。随着经济社会发展，消费者越来越关注产品的细节，局部设计在其设计创新中已具有非常重要的地位。我国在立法上是否确立对产品的局部外观设计进行保护仍有争议。笔者建议可适当扩展专利法对局部外观设计的保护，但应考虑局部外观设计所应用产品的类别，局部外观设计本身的大小以及局部外观设计在整体产品中的位置、比例关系等要素。

第四节 不受专利法保护的对象

发明创造智力成果是专利法保护的对象，但并非所有的发明创造成果都可以授予专利权，成为专利权的客体。各国的专利法均规定了专利保护的范围，并对专利权的客体加以限制。协调各国之间专利法保护的范围是当前专利权国际保护的重要任务之一，扩大专利权的保护对象是国际相关立法发展的趋势。《TRIPs协议》第27条第3款规定，各成员可拒绝对下列内容授予专利权：①人类或动物的诊断、治疗和外科手术方法；②除微生物外的植物和动物，以及除非生物和微生物外的生产植物和动物的主要生物方法。我国《专利法》根据我国具体情况和国际公约及国际专利保护制度发展的趋势，对违反国家法律、社会公德或者妨害公共利益的发明创造，不属于专利法所称的发明创造以及暂不授予专利权的发明创造作了明确规定。

一、违反法律、社会公德或妨害公共利益的发明创造

世界各国专利法，一般均把违反法律，违背善良风俗、宗教信仰、公共道德等的发明创造排除于专利保护的范围之外。[1] 依据我国《专利法》的规定，违反国家法律、社会公德或者妨害公共利益的发明创造具体情形有：

（一）违反国家法律的发明创造

若一项发明创造本身的目的与国家法律相违背，则不能被授予专利权。例如，用于赌博的设备、机器和工具，吸毒的器具，伪造国家货币、票据及证件、印章、文物的设备等均属违反国家法律的发明创造，不能取得专利保护。我国《专利法实施细则》第10条规定："专利法第5条所称违反法律的发明创造，不包括仅其实施为法律所禁止的发明创造。"因此，实践中应明确，如果发明创造本身的目的并没有违反国家法律，但是由于被滥用而违反国家法律的则不属此列。例如，以医疗为目的的各种麻醉品、镇静剂、兴奋剂和以娱乐为目的的各种物品等可以申请专利，并受到专利法保护。

（二）违反社会公德的发明创造

社会公德是指公众普遍认为是正当的，并已接受的伦理道德观念。若发明创造在客观上与社会公德相违背，就不能被授予专利权。例如，带有凶杀或者淫秽图片或者照片的外观设计，因违反社会公德而不能授予专利权。

（三）妨害公共利益的发明创造

妨害公共利益是指发明创造以致人伤残或损害财物为手段实现其目的，从而会给国家和社会造成危害或者使其正常公共秩序受到不良影响。例如，一种可使盗窃者双目失明或者造成其他伤残的防盗装置就属于在客观上妨害公共利益的发明创造，因此不能被授予专利权。实践中应明确，如果发明创造由于不当利用或者被滥用而可能造成危害的，则要区别对待。例如，对人体有副作用的药品、残留量高的农药、放射性诊断疾病的设备等，就不能以"妨害公共利益"为理由而排除在授予专利权的范围之外。

---

[1] 如《日本专利法》第32条规定："有碍公共秩序，良好风俗或公共卫生的发明，不授予专利权。"《英国专利法》第1条规定："其商业使用违反公共政策或道德的发明，不得授予专利权。"《巴西工业产权法》第18条规定："对下列各项不授予专利：①违反道德、品行标准、危害公共安全、公共秩序和公共健康的；……"

（四）非法获取或者利用遗传资源，并依赖遗传资源完成的发明创造

专利法所称遗传资源，是指取自人体、动物、植物或者微生物等含有遗传功能单位并具有实际或者潜在价值的材料；专利法所称依赖遗传资源完成的发明创造，是指利用了遗传资源的遗传功能完成的发明创造。1993年生效的《生物多样性公约》确立了遗传资源的国家主权、事先知情同意和惠益分享原则。我国作为遗传资源大国，也是最早批准加入《生物多样性公约》的国家之一，第三次修改《专利法》时在第5条增加对遗传资源的保护具有重要意义。

二、不授予专利权的智力成果

这类发明创造虽然也是智力劳动创造的成果，但因其不能直接应用于工农业生产，缺乏实用性，不具备完整的专利性，因此不是专利法上所说的发明创造。具体包括：

（一）科学发现

科学发现是指对自然界中客观存在的未知物质、现象、变化过程及其特性和规律的揭示。科学发现对科学技术的发展具有重大的意义，但科学发现不同于科学发明，它是对自然界认识的总结，是人们认识的延伸，而不是改造客观世界的技术方案。虽然科学发现较之发明对社会贡献更大，但因其不具备专利法所要求的实用性，不能直接制造出前所未有的东西或直接当作某种方法使用，故不是专利法意义上的发明，不能授予专利权。例如，发现卤化银在光照下有感光特性的科学发现不能被授予专利权。但是，根据这种发现造出感光的材料以及制造方法则可以被授予专利权。此例说明发明和发现虽有本质区别，但两者也有密切联系，往往许多发明是建立在发现的基础之上的。例如，当发现了某种化学物质的特殊性质之后，利用这种性质的发明则会应运而生。因此，虽然专利法不保护发现，但发现仍受到其他法律的保护。

（二）智力活动的规则和方法

智力活动的规则和方法是指人们进行思维、推理、分析和判断的一种规则和方法。它仅有智力和抽象的特点，不是利用自然规律所完成的技术方案。它不能设计或制造出新的东西，不具有实用性，因此不属于专利法意义上的发明创造。例如，连算的方法、教学方法、会计报表、劳动生产率统计方法、商业经营的方法、游戏规则等均不属专利法保护的对象。

（三）疾病的诊断和治疗方法

疾病的诊断和治疗方法是指以有生命的人或者动物为直接实施对象，进行识别、确定或消除病因、病灶的过程。因其实施的对象为有生命的人或动物，无法在工业上利用，不具备实用性，不属于专利法意义上的发明创造。同时也出于人道主义的考虑，医生在诊断和治疗疾病的过程中应当有选择各种方法和条件的自

由，因此，对诊断和治疗疾病的方法不授予专利权。例如，诊脉、针灸、麻醉、推拿、刮痧等方法，对有生命的人体或动物的外科手术方法等，均不属专利法意义上的发明创造，不受专利法保护。应明确，虽然疾病的诊断和治疗方法不能取得专利权，但对诊断和治疗疾病所使用的物质和设备及脱离了有生命的人体或动物的组织或者流体进行处理或检测的方法等可以获得专利保护。

三、暂不授予专利权的发明创造

（一）动物和植物品种

根据我国《专利法》第 25 条的规定，对动物和植物品种不授予专利权，但对动物和植物品种的生产方法，可以授予专利权。目前，世界上只有美国、法国、德国等国家授予植物新品种专利权。只有美国、罗马尼亚、匈牙利等国家授予动物新品种专利权。这些国家认为动物、植物新品种和其他发明一样，具有专利性，应该给予专利保护。但绝大多数国家目前仍暂不授予动、植物新品种专利权，主张采用专利以外的方式对其进行保护。我国和其他多数国家一样，暂不把动物和植物新品种作为专利权的客体，给予专利法律保护。但我国已于 1997 年 3 月 20 日由国务院颁布并于 2013 年 1 月 31 日、2014 年 7 月 29 日修改的《植物新品种保护条例》，对植物新品种的育种单位或者个人的权益予以保护。

（二）原子核变换方法以及用原子核变换方法获得的物质

原子核变换方法，是指使一个或几个原子核经分裂或者聚合，形成一个或几个新原子核的过程。无论原子核裂变或聚变，均会产生巨大的能量，其可以被用于军事目的。因此，出于对国家安全和公众利益及本国核工业保护方面的考虑，除美国、日本等少数国家外，大多数国家均不授予这种发明专利权。

除上述外，我国《专利法》第三次修改中还规定，对平面印刷品的图案、色彩或者其结合作出的主要起标识作用的设计以及发明创造的完成依赖于遗传资源，该遗传资源的获取或者利用违反有关法律法规的规定的，不授予专利权。

■ 本章小结

通过本章学习，我们懂得专利权保护的客体总是随着科学技术的进步和经济的发展而不断扩展，每一次科技创新都会产生新的保护要求，从而推动专利法律制度的完善。同时我们看到，并非任何智力成果都能够获得专利法律制度的保护，作为专利权客体的发明、实用新型和外观设计在法律上都应当具备一定的条件，并且发明、实用新型和外观设计三者之间有着内在的关联性。

■ 本章思考题

1. 发明具有哪些法律特征？

2. 实用新型与发明比较有哪些不同？
3. 外观设计与发明、实用新型相比其最大不同是什么？
4. 为什么要对专利权保护客体从法律上进行限制？
5. 案例讨论：

CDMA/GSM 双模式移动通信方法专利侵权纠纷案[1]

【基本案情】 浙江华立通信集团有限公司（以下简称华立公司）系专利号为 ZL02101734.4 号、名称为"一种 GSM/CDMA 双模式移动通信的方法"的发明专利独占许可的被许可人。华立公司认为深圳三星科健移动通信技术有限公司（以下简称三星公司）制造、戴钢销售的 SCH-W579 手机的技术方案与其专利权所记载的技术方案相同，请求法院判令三星公司停止侵权、赔偿华立公司经济损失人民币 5000 万元；戴钢停止销售侵权手机。一审法院全部支持了华立公司的诉讼请求。二审中，浙江省高级人民法院认为，产品界面演示展现的操作步骤可以由不同的技术方案实现，准确确定被诉侵权产品采用的技术方法，判定其是否落入了专利保护范围，仍需要借助于专业技术部门的技术检测。因此，同意了三星公司的技术鉴定申请。技术鉴定结论表明，SCH-W579 手机采用的技术方案与专利权利要求 1 所记载的部分必要技术特征不相同，两者采用的技术手段和实现的功能不相同，达到的 GSM/CDMA 双模式移动通信的效果不相同，因此法院认定两者是不相同的技术方案，SCH-W579 手机并未采用涉案专利权利要求 1 所记载的专利方法，未落入涉案专利权的保护范围，不构成专利侵权。判决撤销原审判决，驳回华立公司的诉讼请求。

【重点讨论】 本案是国际知名手机生产商被诉侵犯中国同行专利权第一案，诉讼请求和一审判赔数额均高达 5000 万元，受到国内外广泛关注。重点讨论法院是如何引导当事人举证质证的？法院采用了那些合理的比对方法？法院如何聘请专家辅助人帮助说明技术问题？

---

[1] 参见最高人民法院 2013 年 4 月 22 日发布的《2012 年中国法院知识产权司法保护十大案件简介》及浙江省高级人民法院（2009）浙知终字第 64 号民事判决书。

第三章 专利权的主体

[提示要点]

学习本章，主要了解专利权主体的种类，掌握专利权法律关系中的发明人、设计人、发明人或者设计人的单位以及外国人等不同主体，分析职务发明判断的标准及其权利归属。本章的难点在于对职务发明专利归属的理解。

第一节 专利权主体概述

专利权的主体即专利权人，是指依法获得专利权，并承担与此相应的义务的人。依我国《专利法》的规定，发明人、设计人及其合法受让人有权获得非职务发明创造的专利权；共同发明人与共同设计人对同一项发明创造共同享有专利权；发明人所在单位有权获得职务发明创造的专利权；外国人也可依法在我国申请和获得专利权。从专利权人的自然属性来看，专利权人包括自然人和法人；从专利权人的国籍来看，专利权人包括本国人和外国人；从专利权人是否通过转让获得专利权来看，专利权主体包括原始主体和继受主体。

一、专利权主体与专利申请权主体

专利权的主体与专利申请权主体不同。专利申请权主体是指依法享有就某项发明创造向国家专利行政部门提出专利申请权利的自然人、法人或其他组织。专利申请权人依法向国家提出专利申请，经审查合格后方可获得专利权从而成为专利权人。享有专利申请权是否就能获得专利权，要受多种因素的制约，故专利申请权人未必就能成为专利权人。同时，依照我国《专利法》和国际公约有关规定，专利权可以通过转让、赠与或者继承等方式取得。可见，专利权人取得专利权的方式并不仅限于专利申请。例如，《美国专利法》规定，专利申请人必须是发明人本人，但实践中大多数专利权人并非是发明人。

二、确定相同发明创造专利权主体的原则

专利权具有独占性，同样的发明创造只能被授予一项专利权。若两个专利申请人就相同发明创造向专利局分别提出专利申请，在确定专利权归属问题上，国际通常采取以下两种原则：

(一) 先发明原则

先发明原则是指两个以上的申请人就同样发明创造分别向专利局申请专利，专利权授予给最先完成发明创造的人的原则。先发明原则虽符合专利制度鼓励发明创造的宗旨，体现了专利权授权的公正、合理性，但在操作中存在明显的缺点。首先，确定先发明人非常困难，要花费较多的人力、物力和财力。其次，不利于促使技术早日公开。因为依先发明原则，发明人在后的申请并不影响其获得专利权，故发明人一般会不急于申请专利，客观上将使技术成果不能早日公开。最后，会导致已取得的专利权处于不稳定的状态，客观上不利于专利技术的推广和使用。因此，目前仅有美国、加拿大等国采用这一原则确定专利权人。

(二) 先申请原则

先申请原则，也称优先申请原则，是指两个以上的申请人分别就同样的发明申请专利，专利权授予最先申请人的原则。先申请原则避免和克服了先发明原则的诸多弊端，它是对同样主题的相同专利申请所采取的一种鼓励性措施。目前国际上先申请原则被绝大多数国家的专利法所接受，我国同样也实行这一原则。[1]应当注意的是，在实行先申请原则的国家，判断申请先后的时间标准有两种：一是以申请日为判断标准；二是以申请时刻为判断标准。我国采用第一种标准，即以申请日期确定先申请人，日本等国则采用后一标准。

三、专利权的继受主体

专利权的继受主体是指通过转让、继承或者赠与方式而依法获得专利权的人。专利申请权和专利权均为民法上的财产权，故其转让已为各国法律所认可。发明人在提出专利申请后可将其专利申请权予以转让。转让时，发明创造人应与受让人订立转让合同，并将该合同交专利行政部门登记，经国务院专利行政部门公告后转让合同方能生效。对此，我国《专利法》第10条明确规定："专利申请权和专利权可以转让。中国单位或者个人向外国人、外国企业或者外国其他组织转让专利申请权或者专利权的，应当依照有关法律、行政法规的规定办理手续。转让专利申请权或者专利权的，当事人应当订立书面合同，并向国务院专利行政部门登记，由国务院专利行政部门予以公告。专利申请权或者专利权的转让自登记之日起生效。"可见，在我国专利申请权和专利权的转让属于要式行为，且受让人一旦通过转让，便可依法获得专利申请权或专利权主体资格。

发明创造人的继承人通过继承亦可取得发明创造的专利申请权和专利权。对

---

[1] 我国《专利法》第9条第2款规定："两个以上的申请人分别就同样的发明创造申请专利的，专利权授予最先申请的人。"《专利法实施细则》第41条第1款规定："两个以上的申请人同日（指申请日；有优先权的，指优先权日）分别就同样的发明创造申请专利的，应当在收到国务院专利行政部门的通知后自行协商确定申请人。"

此，我国《继承法》第 3 条第 6 项中亦规定，专利权中的财产权部分可作为财产继承。在继受取得中，合法受让人无论通过何种方式取得专利申请权或者专利权，其仅能取得专利权中的财产权，因发明人和设计人的人身权是不可转让和继承的。同时，合法继受人在申请专利时，应向专利局提供合法受让该发明创造所有权的证明。

第二节 发明人或设计人

一、发明人或设计人及其条件

发明人或设计人是指对发明创造的实质性特点作出了创造性贡献的人。其中发明人指发明的完成者，即对产品、方法或者其改进提出新技术方案的人。设计人是指实用新型或外观设计的完成人。发明人和设计人统称为发明创造人（以下简称发明人）。依我国《专利法》的规定，发明人或设计人基于发明创造可以成为该发明创造的专利申请人和专利权人，其是专利权的最基本的主体。发明人或设计人应具备以下特征：

（一）发明人或设计人是自然人且不受行为能力的限制

由于发明创造是一种智力活动，是人们在认识自然规律的前提下，运用自己的智慧和才能所作出的创造性的劳动。无论这种成果表现为何种形式，均是知识产品，是人脑力劳动的智慧结晶。因此，没有生物意义上的大脑就无法完成发明创造，也就不能成为发明人或设计人。实践中，法人及其他组织可以是专利申请人或专利权人，但其不能作为发明人或设计人。此外，发明创造是一种事实行为，它不受主体行为能力的约束。无论从事发明创造的人是否具备完全的行为能力，只要他完成了发明创造，就认定为是发明创造人。

（二）发明人或设计人是对发明创造的实质性特点做出创造性贡献的人

首先，发明人或设计人必须是直接参加了发明创造活动的人，即在发明创造过程中发明人或设计人投入的是智力劳动，从事的是发明创造的具体工作。其次，发明人或设计人必须对发明创造的实质性特点做出了创造性贡献，即是完成产品、方法发明或实用新型、外观设计的技术方案的人。因此，在发明创造过程中只是负责组织、管理工作或者仅为有关物质条件的获得提供方便的人，或仅提出所要解决的技术问题而没能为解决技术难题提出具体方案的人，或在发明创造过程中仅从事辅助性工作的人，如实验员、描图员、机械加工人员等不应认定为发明人或设计人。

二、共同发明人或共同设计人

所谓共同发明人或共同设计人，是指两个或两个以上的对同一发明创造的实质性特点共同做出了创造性贡献的人。既包括共同完成发明的人，也包括共同完成实用新型或外观设计的人，一般统称为共同发明人。共同发明人所完成的发明创造称为共同发明。共同发明申请专利和取得的专利权归全体共同发明人共有。确认共同发明创造人，必须注意以下两点：一是要以发明创造的事实和技术档案的真实记载为依据，确定每个发明人或设计人在整个发明创造过程中所做的贡献。例如，从项目选择到初步方案制订、完善技术方案以及成果完成的整个过程，能够客观地反映出每个发明人或设计人是否做出了贡献。二是坚持以是否做出了创造性贡献为标准。仅提出设想、意图或启发性意见，或仅从事组织领导工作或其他辅助性工作，或仅予以指导但没有完成具体发明创造，没有做出创造性贡献的人不构成共同发明人。可见，共同发明人或共同设计人并不是人数上的简单相加，而是基于共同的发明创造。

共同发明创造申请专利和取得的专利权归全体共有人共同所有。因此，凡属于共同发明创造，必须由共同发明创造人共同提出专利申请方为有效。其中任何人都无权单独提出专利申请，否则，即使单独提出专利申请的人获得了专利权，亦属无效。在实践中，共同发明创造人申请专利，应由其中一人作为共同发明创造人的代表，便于在专利申请审查过程中与专利局配合。对于基于共同发明所获得的专利权，应严格按照共同共有的原则分享。

第三节　发明人或设计人的工作单位

随着社会经济和科技水平的不断提高，生产的社会化程度和技术的难度不断增强，科技领域的发明创造日趋复杂。首先，单凭个人的技术力量很难完成复杂的发明创造，一项发明创造往往需要多人的协作努力才能完成。其次，发明创造所涉及的技术领域日渐增多，有时一个技术方案涉及多个技术领域和学科，需要不同行业的专家相互配合，才能完成发明创造。再次，发明创造的复杂性决定了其开发周期往往较长、耗资巨大、成本较高，仅凭一个或几个发明人的经济实力无法承受。因此，必须依赖有经济实力的法人或其他经济组织参与共同开发。最后，现代企业非常重视开发新的技术和产品，力求以技术的优势作为在市场竞争中取胜的法宝。因此，在实践中以单位为核心完成的发明创造占绝对的多数。基于以上原因，各国法律在平衡发明人和其所在单位之间的技术权益、经济利益方面均有相应规定，即明确界定了职务发明及其权利归属。我国《专利法》也结合本国的实际规定了职务发明及其权利归属。

一、职务发明创造

(一) 职务发明的概念及条件

职务发明创造在国外也称为雇员发明,是指发明创造人执行本单位的任务或者主要是利用本单位的物质技术条件所完成的发明创造。[1] 依据我国《专利法》第6条及《专利法实施细则》第12条的规定,职务发明包括以下两种情况:

1. 执行本单位的任务所完成的发明创造。这类发明创造具体包括:①在本职工作中作出的发明创造。即履行本岗位的职责,从事日常工作活动中所完成的发明创造。②履行本单位交付的本职工作之外的任务所完成的发明创造,即发明创造人接受所在单位的安排,承担本职责范围之外的某项任务所作出的发明创造。这些任务多数属于临时性、短期内能完成的发明创造工作。③退休调离原单位后或者劳动、人事关系终止后1年内作出的,与其在原单位承担的本职工作或者原单位分配的任务有关的发明创造。需要注意的是,退休或者调动工作后所作出的发明创造必须同时具备以下两个条件,才构成职务发明:其一,该发明创造必须是发明人或设计人从原单位退休或者调动工作后1年内作出的;其二,该发明创造与发明人或设计人在原单位承担的本职工作或者原单位分配的任务有联系。如果发明人或设计人的发明创造是在退休或调动工作1年后作出的,无论该发明创造是否与其在原单位承担的本职工作或原单位分配的任务有关,均不构成职务发明。同理,如果发明人或设计人的发明创造与其在原单位承担的本职工作或者单位分配的任务无关,即便是在退休或调动工作1年内作出的,也不属于职务发明。因此,就退休调动工作人员而言,衡量一项发明创造是否属于职务发明,必须严格依照以上条件审查判断。

2. 主要利用本单位的物质技术条件完成的发明创造。我国《专利法实施细则》第12条第2款规定,本单位的物质技术条件,是指本单位的资金、设备、零部件、原材料或者不对外公开的技术资料等。所谓"主要利用"单位的物质条件,是指在发明创造过程中,全部或者大部分利用了单位的资金、设备、零部件、原材料及不对外公开的技术资料。这种利用对发明创造而言是必不可少的、

---

[1] 2010年11月,国家知识产权局联合相关部门和行业协会成立工作组,并形成了《职务发明条例草案(讨论稿)》。2012年11月12日,知识产权局在网站公布《职务发明条例草案(征求意见稿)》,公开征求公众的意见和建议。知识产权局、科技部于2013年5月联合向中央人才工作协调小组报送了《职务发明条例草案(送审稿)》。2013年12月、2014年12月知识产权局就职务发明的权利分配规则、发明报告制度、发明奖励报酬制度、促进发明运用实施的激励措施、职务发明纠纷解决机制等进行了进一步修改完善,并强调要从激励创新、驱动创新的高度认识条例草案送审稿的立法意义。该送审稿于2015年4月2日发布,公开征求社会各界意见。

起决定性作用的条件，则该发明创造应属职务发明创造。如果发明人或设计人仅少量利用了单位的物质条件，且这种物质条件的利用，对发明创造的完成无关紧要，没有决定性的制约，则该发明创造就不认为是职务发明。另外，对于使用了单位的设备、零部件或者原材料按事先约定支付了使用费的，也不应作为职务发明创造。

可见，职务发明包括执行本单位的任务或主要利用本单位的物质技术条件所完成的发明创造。实践中应明确，发明创造是一种智力劳动过程，具有一定的连续性，其无法准确地用时间作为划分的界限。因此，在判断职务发明创造和非职务发明创造时，不应以发明创造是在单位内还是在单位外，在工作时间还是业余时间完成作为标准，必须严格按照《专利法》及《专利法实施细则》的规定准确判断。只要发明创造人属于执行本单位的任务或主要利用了单位的物质技术条件所完成的发明创造，无论其属于主动地发明创造，还是接受单位的指派从事发明创造；无论其在工作时间之内，或在业余时间所完成的发明创造均属于职务发明创造。

（二）职务发明创造的权利归属

职务发明专利申请权和取得的专利权归发明人或设计人所在的单位所有。依据我国《专利法》第 6 条之规定，职务发明创造的权利归属涉及以下情况：首先，职务发明创造人所在的单位拥有就该职务发明创造申请专利的专利申请权，其可依法向国务院专利行政部门申请专利，也可将专利申请权依法转让；其次，一旦专利申请被批准，该单位就成为专利权的主体，享有专利权人的权利；最后，对于利用本单位的物质技术条件所完成的发明创造，单位与发明人之间可以合同约定专利申请权和专利权的归属。依据该合同确定专利申请权和专利权的归属；没有约定的，申请专利的权利属于发明人或者设计人。

职务发明创造申请专利和取得的专利权归发明创造人所在的单位，但完成职务发明创造的发明人或设计人仍享有一定的权利。一是发明人和设计人享有署名权及获得精神奖励的权利，即有权在专利申请文件及有关专利文献中写明自己是发明人或设计人，并可享受荣誉和精神奖励；二是取得物质奖励的权利。我国《专利法》第 16 条规定："被授予专利权的单位应当对职务发明创造的发明人或者设计人给予奖励；发明创造专利实施后，根据其推广应用的范围和取得的经济效益，对发明人或者设计人给予合理的报酬。"《专利法实施细则》第 76~78 条具体规定了发明创造人所在单位在专利权被授予后，实施或许可实施情况下给予发明人或设计人奖励的数额及比例。

我国《专利法实施细则》第 76 条规定："被授予专利权的单位可以与发明

人、设计人约定或者在其依法制定的规章制度中规定专利法第16条规定的奖励、报酬的方式和数额。企业、事业单位给予发明人或者设计人的奖励、报酬，按照国家有关财务、会计制度的规定处理。"第77条规定："被授予专利权的单位未与发明人、设计人约定也未在其依法制定的规章制度中规定专利法第16条规定的奖励的方式和数额的，应当自专利权公告之日起3个月内发给发明人或者设计人奖金。一项发明专利的奖金最低不少于3000元；一项实用新型专利或者外观设计专利的奖金最低不少于1000元。由于发明人或者设计人的建议被其所属单位采纳而完成的发明创造，被授予专利权的单位应当从优发给奖金。"第78条规定："被授予专利权的单位未与发明人、设计人约定也未在其依法制定的规章制度中规定专利法第16条规定的报酬的方式和数额的，在专利权有效期限内，实施发明创造专利后，每年应当从实施该项发明或者实用新型专利的营业利润中提取不低于2%或者从实施该项外观设计专利的营业利润中提取不低于0.2%，作为报酬给予发明人或者设计人，或者参照上述比例，给予发明人或者设计人一次性报酬；被授予专利权的单位许可其他单位或者个人实施其专利的，应当从收取的使用费中提取不低于10%，作为报酬给予发明人或者设计人。"

二、合作完成的发明创造

合作完成的发明创造是指两个以上的单位或者个人相互合作研究、设计所完成的发明创造。依照我国《专利法》第8条的规定，两个以上单位或者个人合作完成的发明创造，除另有协议的以外，申请专利权属于完成或者共同完成的单位或者个人，申请被批准后，申请的单位或者个人为专利权人。判断合作完成的发明创造的权利归属应注意以下几点：①单位或者个人之间有合作关系，即为发明创造投入了人、财、物等；②如果合作单位或者个人之间有协议约定，必须按照协议确定专利权的归属及其他利益的分享；③单位或者个人之间如果没有协议约定，申请专利的权利属于"完成"或者"共同完成"的单位或者个人。其中"完成"是指对发明创造的实质性特点做出了创造性贡献。如果合作单位或者个人均对发明创造有创造性的贡献，构成了共同发明，那么，合作单位或者个人共有专利申请权和专利权。否则，只有完成发明创造的单位或者个人才有申请和获得专利的权利。因此，单位或者个人之间的合作开发活动一般应事先签订协议，明确规定发明创造完成后专利申请权与专利权的归属，避免因此产生纠纷。

三、委托完成的发明创造

委托完成的发明创造是指一个单位或者个人接受其他单位或者个人委托的研究、设计任务所完成的发明创造。依据我国《专利法》第8条的规定，委托完成的发明创造，除另有协议的以外，申请专利的权利属于完成或者共同完成的单位或者个人；申请被批准后，专利权归申请的单位或者个人所有。关于委托完成的发明创造，如果单位或者个人之间协议约定了专利申请权及专利权的归属，应按照协议确定权利归属。如果单位或者个人之间没有协议，构成委托开发的，申请专利权及取得的专利权归受托人，即"完成"发明创造的单位或者个人，但委托人可以免费使用。

第四节 外国人

外国人是指具有外国国籍的自然人和依照外国法律成立并在外国登记注册的法人，我国《专利法》称之为"外国人、外国企业或其他组织"。外国人在我国可以依法获得专利，成为专利权的主体。

关于外国人是否可以成为本国专利权的主体，一般国家都予以肯定。《巴黎公约》也规定，应允许外国人在本国申请并取得专利权。[1] 但对于哪些外国人可以申请专利及外国人申请取得专利权的条件各国却有不同的规定。归纳起来可分为两类：一类是无条件地给予外国人以国民待遇，采用这种做法的国家主要有美国、德国、英国等；另一类则是在互惠对等的基础上给予外国人以国民待遇，采用这种做法的国家有日本、法国、意大利等。我国《专利法》对外国人的保护非常广泛。根据我国的实际情况，参照国际上的惯例，对外国人在我国申请专利视不同情况作了相应的规定：

一、在中国有经常居所或营业所的外国人

在中国有经常居所或营业所的外国人，包括长期在我国工作学习的外国自然人和在中国长期设立机构、独立经营的外国企业或其他组织。我国《专利法》对该类外国人申请获得专利权给予国民待遇。即这一部分外国人，在申请取得专利权时享有与中国单位和个人完全相同的待遇，没有任何条件限制。

二、在中国没有经常居所或营业所的外国人

我国《专利法》第18条规定："在中国没有经常居所或者营业所的外国人、

---

[1]《巴黎公约》第2条规定："本联盟任何国家的国民，在保护工业产权方面，在本联盟所有其他国家内应享有各该国法律现在授予或今后可能授予国民的各种利益；一切都不应损害本公约特别规定的权利。因此，他们应和国民享有同样的保护，对侵犯他们的权利享有同样的法律上的救济手段，但是以他们遵守对国民规定的条件和手续为限。但是，对于本联盟国家的国民不得规定在其要求保护的国家须有住所或营业所才能享有工业产权。本联盟每一国家法律中关于司法和行政程序管辖权以及指定送达地址或委派代理人的规定，工业产权法律中可能有要求的，均明确地予以保留。"第3条规定："本联盟以外各国的国民，在本联盟一个国家的领土内设有住所或有真实和有效的工商业营业所的，应享有与本联盟国家国民同样的待遇。"

外国企业或者外国其他组织在中国申请专利的，依照其所属国同中国签订的协议或者共同参加的国际条约，或者依照互惠原则，根据本法办理。"根据该规定，在中国没有经常居所或营业所的外国人可以在中国申请并取得专利权，但其必须有法律上的根据，即应符合下列条件之一：

1. 其所属国同中国签订了有关的协议，相互允许对方的公民或组织在该国申请专利。例如，1979 年我国同美国订立的《中美贸易关系协定》第 5 条规定，双方同意在互惠基础上，设法保证给予对方的法人或自然人以专利保护；1992 年又同美国达成《中美政府关于保护知识产权的谅解备忘录》，我国根据该协议，对在中国申请专利的美国人给予保护。

2. 其所属国和中国共同参加了同一项国际条约，该条约规定成员的公民或法人可以在其他成员申请专利。如我国 1985 年加入了《巴黎公约》，依照该公约，成员之间在工业产权保护方面应给予国民待遇。各成员的国民可以在其他任一成员申请专利，并享有国民待遇。目前《巴黎公约》的成员近 200 个。因此，世界上大多数国家的国民可依《巴黎公约》在我国申请专利。当然，我国的公民也可在这些国家申请专利。

3. 其所属国虽未与中国签订有关的双边协议或共同参加有关的国际条约，但双方在专利申请方面给予对方国民互惠和对等的原则。若该外国国民所属国对中国人的专利申请予以保护，则我国也相应地对该外国国民予以保护。

■本章小结

专利权主体在我国主要包括专利申请权人和专利权人，还包括在发明创造及专利权产生过程中所出现的发明人、设计人等。不同主体成为专利权主体的条件不同，同样获得专利权的归属也不同。

■本章思考题

1. 专利申请权与专利权的主要不同是什么？
2. 发明人、设计人的实质特点是什么？
3. 如何理解职务发明专利权的归属？
4. 专利权的继受取得方式主要有哪些？
5. 如何判断共同发明人？
6. 案例讨论：

案例一： 职务发明的判断：天津碎易得环保工程技术有限公司、碎得机械（北京）有限公司专利权权属纠纷[1]

【基本案情】

原告碎得机械（北京）有限公司（以下简称碎得公司）是瑞士 SID 工业公司和赛科控股有限公司在中国设立的外商合资公司，是一家为废弃物处理行业提供破碎系统设计、设备制造和现场调试的专业公司。原告自 2006 年 2 月 28 日在北京市××区落户以来，专业制造高端环保设备十余年，已发展为一个机械、液压、电气等专业齐备的现代化企业，成为中国废弃物破碎领域的领军者，在行业内具有很高的认知度和影响力。

被告天津碎易得环保工程技术有限公司住所为天津市武清开发区福源道 18 号 531-91（集中办公区），法定代表人曹保卫。股东有 5 人，分别是曹保卫、蒋林军、贾云鹏、杨海龙、王虎成。被告成立于 2014 年 12 月 3 日。被告成立时的 5 个股东全部为原告在职员工，且在原告担任重要岗位，其中曹保卫担任原告董事会董事、副总经理、销售部总经理；贾云鹏担任原告研发部技术工程师，负责产品研发；杨海龙担任原告技术部机械工程师，负责主要部件的采购和技术图纸制作；王虎成担任原告技术部机械工程师，负责产品部件的采购和技术图纸制作；蒋林军担任销售部销售经理，类似于曹保卫的销售助理。曹保卫等 5 人在未经原告同意的情况下，私自注册成立本案的被告，经营范围与原告基本相同。此外，朱红涛担任原告技术部电气工程师，负责公司产品采购和技术图纸制作。6 人分别于 2015 年 8 至 9 月与原告解除劳动合同。被告于 2015 年 7 至 12 月，先后申请了 12 个实用新型专利和 9 个发明专利。原告经调查后发现，上述涉案专利的发明人皆为原告前员工，且在离职后短短几个月左右时间就申请了多项涉案专利。其中 1 项（申请号：CN201520570815.3）是王虎成在原告处在职期间用被告名义申请的，另外 20 项是曹保卫、蒋林军、贾云鹏、杨海龙、王虎成、朱红涛从原告处离职后 1 至 2 个月左右申请的。原告认为涉案专利是涉案专利发明人为完成在原告处的本职工作完成的专利，涉案专利的完成主要利用了原告的物质技术条件。故此原告认为本案的涉案专利应属于职务发明，涉案专利及其申请权应属于原告所有。

被告辩称：1、被告为依法设立合法存续的法人单位，本案诉争专利以及专利申请权是被告成立之后由各第三人授权申请的，因此被告为本案涉案专利的合

---

[1] 参见最高人民法院 2018 年 4 月 19 日发布的《2017 年中国法院 10 大知识产权案件和 50 件典型知识产权案例》及天津市高级人民法院（2017）津民终 98 号民事判决书。

法专利权人以及申请人。2、原告就诉争专利没有进行过任何专门的立项研发，亦未向各第三人下达过研发任务指令，因此原告就诉争专利没有提供任何基本的研发条件和研发投入，故原告所称的利用了原告的物质技术条件不客观。3、本案涉诉的诉争专利均为在现有技术基础上通过设计理念创新研究出来，因此原告所诉缺乏事实依据。

【法院裁判】
一、一审法院观点

法院认定诉争专利属于申请文件中所称发明人与原告劳动关系终止后1年内作出的，与申请文件中所称发明人在原告处承担的本职工作有关的发明创造，属于职务发明创造，专利权应归属于原告碎得公司，主要理由如下：首先，该专利技术完成的时间在申请文件中所称发明人从原告碎得公司离职后的1年以内。其次，该专利技术与申请文件中所称发明人在原单位承担的本职工作有关。贾云鹏、杨海龙、王虎成在原告碎得公司工作期间，均为原告技术人员。

二、二审法院观点

判断一项发明创造是否属于职务发明创造，专利申请权或专利权是否属于单位所有，应当从以下五方面进行审查：

第一，需要审查发明人与单位之间是否存在劳动关系或者临时工作关系，这是判断职务发明创造的前提。但是，需要说明的是，对于单位主张涉案发明创造为本单位在专利申请日之前已经完成的工作任务，专利申请人、专利申请文件或者专利文件中载明的发明人（以下简称登记发明人）只是基于与该单位有工作关系或者其他关系能够接触到该单位的上述发明创造的情形，如果该单位提交了具体工作任务的内容，并将具体工作任务内容与涉案发明创造进行了比较，那么就要首先审查该单位主张的已经完成的工作任务内容是否包含了涉案发明创造的所有技术特征。如果经过对比，可以认定该单位已经完成的工作任务包含了涉案发明创造的所有技术特征，那么接下来只需要审查专利申请人或者登记发明人是否因与该单位有工作关系或者其他关系能够接触到该单位的上述发明创造。如果可以认定能够接触到，那么就可以直接认定涉案发明创造属于第一类"执行本单位的工作任务"所完成的职务发明创造，专利申请权或者专利权应当归该单位所有。如果经过比对，不能认定该单位已经完成的工作任务包含了涉案发明创造的所有技术特征；或者虽然可以认定该单位已经完成的工作任务包含了涉案发明创造的所有技术特征，但不能认定专利申请人或者登记发明人因与该单位有工作关系或者其他关系能够接触到该单位的上述发明创造，那么，就需要根据职务发明创造的一般情形，首先审查专利申请书中载明的发明人与单位之间是否存在劳动关系或者临时工作关系。

第二，要根据单位主张具体职务发明创造的类型来分别确定审查内容：①如果单位主张属于第一类"执行本单位的工作任务"所完成的职务发明创造，那么就要审查发明人在本单位的工作任务及发明创造与工作任务之间的关联性；②如果单位主张属于第二类"主要是利用本单位的物质技术条件"所完成的职务发明创造，则不需要审查发明人的工作任务，而需要审查发明人完成发明创造是否利用了单位的物质技术条件；③如果单位对于同一项发明创造既主张属于"执行本单位的工作任务"，又主张属于"主要是利用本单位的物质技术条件"，那么需要先审查发明人的工作任务及发明创造与工作任务之间的关联性，如果可以据此认定属于"执行本单位的工作任务"所完成的发明创造，则无须继续审查发明创造的完成是否"主要是利用本单位的物质技术条件"，反之，则需要进行继续审查。

第三，对于是否属于第一类"执行本单位的工作任务"所完成的发明创造的审查：首先，是要审查发明人在本单位的工作任务，重点审查发明人在本单位与涉案发明创造内容相关的工作任务；然后，依据上述"①完成单位工作任务中完成的发明创造；②离职1年后完成的与原单位工作任务有关的发明创造"两种情形进行要件审查。第一种情形需要审查：①发明创造的完成时间是否在发明人与单位工作关系的存续期间内；②发明创造的内容是否属于发明人在单位中工作任务的内容。第二种情形需要审查：①发明创造的完成时间系发明人与原单位脱离工作关系1年内，即是属于发明人退休、调离原单位后或者劳动、人事关系终止后1年内作出的发明创造；②发明创造的内容与发明人在原单位的工作任务有关，这里的"有关"是指发明人虽然已经与原单位不存在工作关系，但是只要证明发明创造的内容与其在原单位的工作任务具有内容上的延续性，也属于"有关"。

第四，对于是否属于第二类"主要是利用本单位的物质技术条件"所完成的发明创造的审查，主要审查发明人在完成发明创造的过程中利用本单位的资金、设备、零部件、原材料、不对外公开的技术材料等情形。这里需要强调的是，由于对于"本单位不对外公开的技术资料"等属于单位技术信息资料的使用，不受时间和空间的限制，发明人在离开本单位后，也可以利用原单位的不对外公开的资料完成或者参与完成发明创造，因此，对于"主要是利用本单位的物质技术条件"的判断，不应当受限于发明人与本单位存在工作关系期间。

第五，要根据单位与发明人之间有没有约定来判断职务发明创造专利申请权和专利权的归属，一般而言，"执行本单位的工作任务"所完成的发明创造，专利申请权和专利权当然归属于单位；而"主要是利用本单位的物质技术条件"所完成的发明创造，要审查单位与发明人之间对权利归属是否有约定，如果有约定，要根据双方的约定确定权利归属，没有约定的，专利申请权或者专利权均归单位所有。

碎得公司认为本案涉案发明创造属于该公司在专利申请日前已经完成的职务发明创造，实用新型专利权应当归碎得公司所有的诉讼主张，有事实和法律依据，一审判决涉案发明创造的实用新型专利权归碎得公司所有并无不当，应予维持。

【重点讨论】

职务发明的构成要件是什么？

案例二：　　　　　　　涉外专利权主体确认[1]

【基本案情】

原告：Brenner 国际公司。

被告：陆建新。

2002 年 5 月和 2003 年 1 月间，柯林设计公司（以下简称柯林公司）受 Brenner 国际公司委托设计了名称为板状油漆刷的涂刷工具，Brenner 国际公司支付了相应的报酬给柯林公司，产品设计图纸及光盘均为 Brenner 国际公司所拥有。陆建新曾于 2002 年期间收到过 Brenner 国际公司邮寄的油漆平板刷装配图纸、平板刷实物以及相关的涂刷工具配件等物品。2002 年 6 月至 2003 年 5 月间，Brenner 国际公司与陆建新任法定代表人的宁波保税区亨迪国际贸易有限公司（以下简称亨迪公司）和宁波市江北欧强工具有限公司（以下简称欧强公司）发生了包括平板刷在内的涂刷工具贸易往来，亨迪公司根据 Brenner 国际公司的订单委托要求，加工了相关的涂刷工具，并将产品运至 Brenner 国际公司，Brenner 国际公司支付了相关的报酬。根据双方订单的约定，Brenner 国际公司委托亨迪公司加工的产品及模具所有权人为 Brenner 国际公司，亨迪公司不能用于其他目的或客户。陆建新于 2003 年 2 月 17 日申请了外观设计专利，2003 年 9 月 17 日授权公告，专利公报上的视图为产品实物拍摄照片。陆建新认为专利是其自行设计，通过当地的模具市场专人提供制图，但至二审其仍无法提供设计图纸的原件。陆建新申请的"平板刷"外观设计专利产品形状与 Brenner 国际公司提供的"板状油漆刷"设计图纸上的产品形状基本一致。Brenner 国际公司认为其是涉案专利的设计人，涉案专利应归属于他，故诉至宁波市中级人民法院，请求判令专利号为 03327550.5 的外观设计专利权归其所有。

---

[1] 参见宁波市中级人民法院（2005）甬民二初字第 89 号民事判决书、浙江省高级人民法院（2006）浙民三终字第 178 号民事判决书。

宁波市中级人民法院经审理认为：

一、关于 Brenner 国际公司委托柯林公司设计涉案专利产品方面的证据。Brenner 国际公司提供的柯林公司及其职员出具的证言，虽然明确提到该公司受 Brenner 国际公司委托在涉案专利申请日前设计了涉案专利产品等内容，但该证言因证人未出庭作证，不符合证据采信的形式要件，且只有证人证言，原审法院无法认定这一事实，Brenner 国际公司虽然也提供了支付该公司的设计费及该公司设计的产品图纸、光盘，但该设计费凭据无法证明 Brenner 国际公司支付的就是涉案专利的设计费，而柯林公司设计的产品图纸、光盘本身也无法证明其设计的时间。

二、关于 Brenner 国际公司与陆建新等在涉案专利申请日前进行了包括平板刷在内的涂刷工具贸易方面的证据。Brenner 国际公司提交的证据虽然能证明 Brenner 国际公司与亨迪公司和欧强公司在涉案专利申请日前曾发生过包括平板刷产品在内的涂刷工具加工贸易关系，但因平板刷产品的外观并不仅仅只是涉案专利一种，而 Brenner 国际公司提供的证据并没有进一步证明其与陆建新等发生贸易关系的平板刷产品就是涉案专利产品。

三、Brenner 国际公司通过 UPS 向陆建新邮寄过物品方面的证据。Brenner 国际公司提交的证据虽然能证明在涉案专利申请日前，在双方贸易过程中，Brenner 国际公司曾给陆建新寄送过物品，但这些证据也没有进一步证明 Brenner 国际公司邮寄的就是涉案专利产品的图纸或光盘。综上，Brenner 国际公司虽然提交了比较多的证据，也拥有涉案专利的图纸及光盘，但 Brenner 国际公司还是没有足够证据证明陆建新据以申请涉案专利的产品图纸是由 Brenner 国际公司委托他人设计后并由 Brenner 国际公司提供给陆建新的这一事实。Brenner 国际公司的诉请因无足够的证据佐证，无法支持。依照《中华人民共和国民事诉讼法》第 64 条第 1 款、《最高人民法院关于民事诉讼证据的若干规定》第 2 条之规定，判决驳回 Brenner 国际公司的诉讼请求。

Brenner 国际公司不服上诉浙江省高级人民法院，高院审理后认为：Brenner 国际公司提供了从图纸、光盘到柯林公司的信函、设计资料、证明再到设计费发票，已经形成了比较完整的证据链，在陆建新不能提供相反证据的情况下，对这些证据应予认定。根据这些证据的内容，可以认定 2002 年 5 月和 2003 年 1 月间，柯林公司受 Brenner 国际公司委托设计了名称为板状油漆刷的涂刷工具，Brenner 国际公司支付了相应的报酬给柯林公司，产品设计图纸及光盘均为 Brenner 国际公司所拥有。但在此情况下，Brenner 国际公司是否就能取得涉案专利权？我国专利法规定专利权授予最先申请的人，发明人或设计人有在专利文件中写明自己是发明人或者设计人的权利。同时，对于专利权的归属，《中华人民共和国专利法》第6条仅规定了"职务发明和非职务发明"以及"利用本单位的物质技术条件完成的发明创造"的情形下专利权属的认定,而本案显然并不属于法律明确规定的上述两种情形。况且,Brenner 国际公司作为一家美国公司,就涉案设计在我国并未申请过专利。因此,在我国专利授权的先申请原则和地域性的前提下,Brenner 国际公司在本案中直接以其是涉案专利产品的设计人要求确认 ZL03327550.5 外观设计专利权归其所有没有相应的法律依据。综上,尽管 Brenner 国际公司提供的证据能够证明其在陆建新专利申请日前已经设计了专利产品,陆建新的专利设计来源于 Brenner 国际公司提供给陆建新的设计图纸和委托加工的产品样品,双方贸易合同中也约定了产品及模具的所有权归 Brenner 国际公司,不得用于其他目的。但根据我国专利法的规定,上述情形并不能直接认定专利权归属于 Brenner 国际公司。故 Brenner 国际公司请求专利权归其所有的诉请没有法律依据支持,依法应予驳回。原判认定事实不清,然实体处理驳回 Brenner 国际公司的诉请正确。依照《中华人民共和国民事诉讼法》第 153 条第1 款第 1、3 项之规定,判决驳回上诉,维持原判。

【重点讨论】在确认专利权主体时如何认定域外证据效力?在法无明确规定的情形下如何恰当适用法律并确认专利权的归属?

第四章

专利授权条件

[提示要点]

　　发明创造要取得专利权必须具备一定的条件。专利授权条件通常分为实质条件和形式条件。实质条件，也称专利性，是指申请专利的发明创造自身必须具备的条件，其包括新颖性、创造性和实用性。形式条件则是指发明创造自身以外的，获得专利必须具备的程序方面的要件，散见于专利权取得的整个程序。本章重点在于了解专利授权的三个要件，难点在于对新颖性和创造性的理解。

第一节　发明和实用新型授予专利权的条件

一、新颖性

　　新颖性是指该发明或者实用新型不属于现有技术，也没有同样的发明或者实用新型由他人在申请日以前向专利行政部门提出过申请并记载在申请日以后公布的专利申请文件或者公告的专利文件中。关于新颖性在各国专利立法中规定不一，如《法国知识产权法典》L.611-11 条第 1 款规定，如果发明未被现有技术所包括，则它就是新的发明。《泰国专利法》第 6 条规定，一项发明创造不是现有技术的组成部分才算是新的。《英国专利法》第 2 条则规定，一项发明只有当它不构成现有技术的一部分时才被认为是新的。我国《专利法》第 22 条第 2 款规定："新颖性，是指该发明或者实用新型不属于现有技术；也没有任何单位或者个人就同样的发明或者实用新型在申请日以前向国务院专利行政部门提出过申请，并记载在申请日以后公布的专利申请文件或者公告的专利文件中。"从上述立法规定可以看出，判断新颖性是以已经公开的现有技术为标准。现有技术，也称已有技术，是指申请日以前在国内外为公众所知的技术。

　　（一）判断新颖性的标准

　　虽然各国立法对新颖性的判断多以"现有技术"为标准，但在具体理解和操作中仍存有差异。在具体认定新颖性时，大多从以下三方面的标准进行判断，即公开标准、时间标准和地域标准。

　　1. 公开标准。所谓"公开"，是指已为人们知晓，成为众所周知的东西。公开并不要求客观上每个人都知道，仅要求该技术脱离秘密状态。判断某项技术是否属于现有技术，以该项技术是否已经公开为标准。而判断该技术是否已经公开，主要应分析其是否存在以下方式的公开：①书面公开，也称出版物公开，即发明创造的内容被以书面形式公开，书面的形式是指将发明创造的具体内容用文字、符号、数字、图形、影像、声音等方式以印刷或其他机械、化学的方法大量公开复制发行的信息载体。如书籍、报纸、杂志、录音录像制品、微缩胶卷、计算机磁盘等，其中最典型的是专利文献、科学技术杂志和书籍等。判断书面公开以这类出版物是否处于公开状态，并使发明创造达到了公开的程度为标准。出版物处于公开状态主要是指该出版物属于公开发行出版，没有限定读者范围。如果该出版物是秘密出版，限定了阅览的范围或对象或仅提供给特定的人，则不能认为其已通过书面方式公开。同时对书面公开还有度的限制，即通过出版物公开的发明创造必须达到同行业一般技术水平的人能够了解该发明创造的技术特征并足以实施为标准。②使用公开，即通过公开实施使公众能够了解和掌握该发明创造。如对新产品的制造、使用或销售，对新方法的展示和操作表演等。判断使用是否达到足以导致发明创造丧失新颖性，必须把握两个标准：其一，使用在公开场所进行。对发明创造的实施只要是在任何公众足以到达的场所进行的，客观上并不要求是否有足够多的人真正地参与了该发明创造的实施。其二，通过实施能够使公众从中了解该技术的实质内容。只有具备以上两条标准的实施，才是使用公开，才会导致发明创造因使用公开而丧失新颖性。③其他方式的公开，这是指书面公开和使用公开以外的公开方式，实践中主要指口头公开。口头公开是指以语言的形式公开发明创造的内容。例如，在公开的集会上讲演、报告，在有线或无线广播电台演说，在课堂或成果交流会上讲解等。无论采用何种方式都应达到为公众知晓的程度。仅在限定范围，如讨论会、认证会等局部范围，限定人数场所的公开不构成口头公开。同时，口头公开必须达到使公众知晓发明创造内容，达到同行业具有一般技术水平的人足能了解和实施的程度。口头公开的形式简便易行，但对许多较复杂的发明创造的公开不能达到清楚、详细和完整的程度。其常适用于判断较简单的发明创造的公开。

公开作为影响新颖性的条件可以以上述公开方式的一种形式出现，也可由三种形式同时构成。其既可由发明创造人本人公开，也可由其以外的人公开。无论采用何种方式，只要导致发明创造脱离了秘密状态，处于一般公众可能得知的状况，就可以认定其丧失了新颖性。当然，法律规定的特殊情况除外。

2. 时间标准。发明创造公开的时间是判断新颖性的一项重要标准。目前世界各国判断新颖性有三种时间标准：①以完成发明创造的时间为标准。只要发明创造的实质内容在发明完成日之前未被公知公用，就确认该发明创造具有新颖性，而不论该发明在申请专利时是否公开。采用这种标准的国家为数不多，如美国、加拿大、菲律宾等。②以申请的具体时刻为标准，即申请时标准。依照该标准，只有在申请专利的具体时刻以前未公开的发明创造才具有新颖性。该标准对判断新颖性的时间要求更为严格和确切。但实践证明该标准过于严格，缺乏合理性，因此只有极少数的国家采用这种标准，如日本等。③以申请专利的日期作为判断新颖性的时间标准，即申请日标准。依照该标准凡是发明创造的实质内容在申请日以前未被公知公用，就认为其具备新颖性的条件。其强调的是申请日以前是新的，并不包含申请日在内。即使是在申请日公开的，也不构成对新颖性的影响。我国《专利法》采用了这种判断标准，即以申请日为判断是否具有新颖性的时间标准。

3. 地域标准。地域标准是指确定新颖性的空间范围。在该范围内未被公知公用的发明创造就认为具有新颖性，反之，则认为其已丧失新颖性。从目前世界各国专利立法规定来看，判断新颖性的地域标准有三种：①绝对新颖性标准，是指在专利审查中，专利主管部门可以引用世界范围内的任何出版物或实际活动去否定一项发明的新颖性。要求发明创造不构成全世界范围内的"现有技术"，没有以任何方式在世界范围内公开过。如美国、法国专利法规定，除例外规定外，要求申请专利的发明创造必须是申请日以前未在世界范围内公知公用的。②相对新颖性标准，是指在专利审查中，专利主管部门只引用一国之内的出版物或实际活动来判断一项发明是否具有新颖性，即要求发明创造没有在该国相对时间内被公开过。例如，许多发展中国家，为保护本国有关发明创造，发展本国经济，多在其专利法中规定申请专利的发明创造必须是在申请日以前国内未被公众所知或未被公开使用的，以及未在国内出版物上公开发表过的。③混合新颖性标准，是指兼顾绝对与相对新颖性的标准，即一般在出版物方面规定采用世界范围内的出版物上是否公开为标准，而在实际活动方面则在一国范围内分析是否公开使用过或以其他方式为公众所知。我国现行《专利法》适用绝对新颖性标准。

依据我国《专利法实施细则》第30条之规定，申请专利的发明创造有《专利法》第24条第1项或者第2项所列情形的，申请人应当在提出专利申请时声明，并自申请日起2个月内提交有关国际展览会或者学术会议、技术会议的组织单位出具的有关发明创造已经展出或者发表，以及展出或者发表日期的证明文件。申请专利的发明创造有《专利法》第24条第3项所列情形的，国务院专利行政部门认为必要时，可以要求申请人在指定期限内提交证明文件。申请人未依照本条第3款的规定提出声明和提交证明文件的，或者未依照本条第4款的规定在指定期限内提交证明文件的，其申请不适用《专利法》第24条的规定。

（二）影响新颖性的抵触申请

抵触申请是指一项申请专利的发明或者实用新型在申请日以前，已有同样的发明或者实用新型向知识产权局提出申请，并且记载在该发明或实用新型申请日以后公布的专利申请文件中。把先申请称为后申请的抵触申请。抵触申请仅指申请日以前他人向我国知识产权局提出的同样发明或实用新型专利申请，不包括申请人本人在申请日以前提出的同样申请。设立抵触申请的主要目的是为了防止专利重复授权。抵触申请是影响和排除新颖性的条件之一。

（三）丧失新颖性的例外

一般情况下，发明创造在申请日以前被公开就丧失了新颖性而不能获得专利，但这一原则也有例外。有的国家的专利法还规定了一些不丧失新颖性的例外情形。依照这种规定，给予申请人一定的优惠期。虽然发明创造已被公开，但只要申请人在优惠期内提出了专利申请，则视为不丧失新颖性。我国《专利法》第24条规定：申请专利的发明创造在申请日以前6个月内，有下列情形之一的，不丧失新颖性：

1. 在中国政府主办或者承认的国际展览会上首次展出的。中国政府主办的国际展览会，包括国务院、各部委主办或国务院批准由其他机关或地方政府举办的国际展览会。中国政府承认的展览会包括在外国举办的展览会在内。给予国际展览会上展出发明创造的人6个月的专利申请优惠期，有利于鼓励人们在国际展览会上展出新的发明创造，以促进国际技术交流。

2. 在规定的学术会议或者技术会议上首次发表的。学术会议是指国务院有关主管部门或者全国性学术团体组织召开的学术会议或技术会议，其不包括省以下或者受国务院各部委或全国性学术团体委托或者以其名义组织召开的同类会议。申请人在学术会议上首次发表发明创造，如在发表日起6个月内提出专利申请，则该发明创造不因发表而丧失新颖性。

3. 他人未经申请人同意而泄露其内容的。他人未经申请人同意的公开是非法公开，一般主要包括他人未遵守约定将发明创造公开，或采用威胁、欺诈、间谍活动等手段从发明人或者经发明人告诉而得知发明创造的内容的任何其他人那里得知发明创造的内容而后公开。如果申请人以外的人未经申请许可而使发明创造向社会泄露、公开，申请人只要在泄露发生之日起6个月内申请专利，则该发明创造不因泄露而丧失新颖性。

需要注意以下问题：首先，上述三种不影响新颖性的例外情况，只是我国《专利法》的规定。申请人如果向外国申请专利，可能就得不到同样的优惠保护。因此，发明创造人是否公开自己的发明创造应全面衡量，酌情行事。其次，前述规定仅是给予提前公开发明创造的申请人一定的优惠期限。如果在优惠期内，申请人本人或他人的再公开，或者他人独立地作出同样的发明创造并提出了专利申请，则会导致享有优惠期的专利申请丧失新颖性。最后，适用时程序上有一定要求。

二、创造性

创造性在不同国家的专利法中有不同称谓。英、美等国称为"非显而易见性"，《欧洲专利公约》的成员多使用"创造性"或"进步性"等，我国称之为创造性。概览各国专利立法，多数国家在专利法中规定了创造性条件。[1] 我国《专利法》第22条第3款规定："创造性，是指与现有技术相比，该发明具有突出的实质性特点和显著的进步，该实用新型有实质性特点和进步。"各国专利法对创造性的规定虽然不同，但均要求申请专利的发明创造在技术上比现有技术先进，其不能仅是对现有技术的简单重复或演绎推理，而必须与现有技术在技术性上有本质的不同，并且对同一技术领域的一般技术水平的人具有非显而易见性。可见，创造性是一个相对的概念，是用来说明申请专利的技术同现有技术相比所具有的先进程度。其参照的标准是现有技术，要求与现有技术不仅不相同，且不是仅通过逻辑推理、分析、判断就能必然获得的技术方案，而是通过创造性活动，使技术有质的飞跃和不同程度的进步。同时，衡量创造性，以同领域内具有中等水平的人员作为判断技术水平的人员标准。

（一）创造性的判断标准

创造性虽然是客观存在的，但其却是一个无法量化的概念。对创造性的判断往往带有很大的主观性，很难有非常统一的标准。因此，大多数国家的专利法对创造性往往作简单、抽象的规定，具体操作由专利局在审查中自己掌握，我国亦如此。依我国《专利法》第22条之规定，判断创造性应把握以下几点：

1. 判断创造性应参照申请日以前已有技术。创造性判断应将申请专利的发明或者实用新型与申请日以前已有技术相比较，而不能与审查判断时的已有技术进行比较。因为技术总是不断发展的，而申请日和审查日之间有时间差，现有技术水平会有所提高，若以后者作为了解已有技术的时间，不利于保护申请人的利益。

2. 判断创造性的人应为发明创造所属技术领域的普通技术人员。创造性判断常以申请专利的发明创造所属技术领域的普通技术人员作为标准。"普通技术

---

[1] 如《法国知识产权法典》规定，发明应该是创造性活动的结果。《美国专利法》规定，一项发明虽然满足新颖性要求，"但申请专利的内容与已有技术之间的差异甚为微小，以致该项发明在完成时对于本专业普通技术人员而言是显而易见的，则不能取得专利"。1977年《英国专利法》第3条规定，如果一项发明对熟知本专业技术的人而言并非显而易见……那么该项发明应被认为包括了一个发明步骤。《日本专利法》也有类似的规定。

人员"事实上是为了统一审查标准而虚拟的人。他与申请专利的发明创造应属于相同技术领域,具备该领域已有技术的一切知识,且只能是中等水平,既不是该领域的专家,也不是非技术人员。其仅能在现有技术基础上作简单的逻辑推理和组合。创造性判断中,如果普通技术人员认为申请专利的发明创造是显而易见的,则不具有创造性,属于非显而易见的无疑具有创造性。因此,专利审查员在从事创造性审查时,应视自己为普通技术人员。

3. 判断创造性的客观标准,发明应以"突出的实质性特点和显著进步"、实用新型应以"实质性特点和进步"为标准。实践中,我国常以下列标准衡量发明是否具有创造性:①开拓性发明创造,也称首创性发明创造,这种发明创造在国内外科技史上是前所未有的,它为人类科学技术在某个时期的发展开创了新纪元。例如,中国古代四大发明、第一台蒸汽机、电子计算机的问世等均属于此类发明创造。这种发明同现有技术相比,具有本质的区别和显著的技术进步,具备创造性。②发明创造解决了人们长期希望解决但始终未能获得成功的技术难题。在科学技术领域,有许多人们渴望解决的技术难题,如果发明人经过努力,解决了这一难题,应认为具有创造性。③发明克服了技术偏见。技术偏见是指某段时间内,在某个技术领域中,技术人员对某类技术普遍存在的成见,其客观上阻碍该领域技术的发展和进步。如果发明改变了人们的看法,克服了技术偏见,应认为其具有创造性。④发明取得了预料不到的技术效果,即发明同申请日前已有技术相比出现了"质""量"的变化,或产生了新的性能,从而超出了人们预期的想象。且这种"质"的或者"量"的变化,是所属技术领域的普通技术人员事先无法预测或推想出来的。当发明产生了以上预料不到的技术效果时,发明具备创造性。⑤发明在商业上获得成功,即发明的产品在商业上获得成功时,如果该成功是由于发明的技术特征直接导致的,则该发明具备创造性。

(二)我国《专利法》对发明、实用新型创造性的不同要求

我国《专利法》对发明、实用新型在创造性方面有不同的规定。依《专利法》第 22 条的规定,发明的创造性必须是与现有技术相比有"突出的实质性特点和显著的进步",其中"突出的实质性特点"是指发明相对于现有技术,对所属技术领域的技术人员来说,是非显而易见的。"显著的进步"是指发明与最接近的现有技术相比有长足的进步。这种进步可表现为,发明克服了现有技术存在的不足和缺点,或者表现在发明所代表的某种新技术趋势上。可见,我国对发明专利创造性有较高的要求。实用新型的创造性是与现有技术相比有"实质性特点和进步"。和发明比较而言,对实用新型的创造性明显要求较低。

三、实用性

实用性,又称工业实用性或产业实用性,是指该发明或者实用新型能够制造

或者使用，并且能够产生积极效果。自从专利制度诞生以来，各国不同时期的专利法均不同程度地要求受专利保护的对象必须能够在工业上制造或者使用。[1]我国一般认为实用性有两层含义：①必须能够在产业中制造或使用。所谓产业，包括工业、农业、林业、水产业、畜牧业、交通运输业以及文化体育、生活用品和医疗器械等行业。产业中的制造或使用是指具有可实施性及再现性，即属于符合自然法则，具有技术特征的可实施的技术方案。虽然法律并不要求该方案必须已经在产业上制造或使用，但该技术方案在客观上必须具有制造或使用的可能性。如若申请专利的是一种产品，该产品必须可以在产业中能够重复制造；如果申请专利的是一种生产方法，则该方法必须能够在产业中反复使用。由此可见，实用性强调发明创造必须具有客观上的可实践性。故仅提出问题或单纯地停留在幻想或构思阶段，未创造出具体技术方案的理论不具有实用性，不能授予专利权。②必须能够产生积极效果。也就是说，发明或实用新型专利申请在提出申请时，其产生的经济、技术和社会效果是所属技术领域的技术人员可以预料到的。同现有技术相比，申请专利的发明或实用新型有更高的经济或社会效益。这种效益通常依靠技术方案的实施而体现，可以表现为产品质量的改善、产品产量或劳动生产率的提高，也可以表现为资源和能源使用效率的提高及产品成本的降低，还可以表现为生产环境、劳动条件的改善等。若发明或实用新型不具有积极效果，或者甚至有碍经济、社会发展，即使其具备可实用性特征，也不具备专利法中所要求的实用性，不能授予专利权。判断发明或实用新型是否具有实用性的直接依据是申请文件中所记载的整体技术内容，不仅包括权利要求书所记载的内容，也包括说明书、附图中的内容。一般从以下几方面判断：

（一）可实施性

可实施性是指能够在产业中应用。一项发明或实用新型是否有可实施性，关键在于其所属技术领域的技术人员能否实现。首先，该发明创造必须是一项完整、成熟的技术方案。未完成的技术方案，因不具备可实施性而不能获得专利。其通常可以表现为：只提出任务和设想，或仅表明某种愿望和结果，而缺乏使所属领域技术人员能够实施的技术手段；或提出了解决手段，但该技术方案含糊不清，无法具体实施；或实施后果不能达到预期的目的；或技术方案缺少所依赖实现的实验证据等。其次，该发明创造必须不违背自然规律。违背自然规律的发明创造因缺乏可实施的客观基础，而不具有实用性。例如，"永动机"的发明因违

---

[1] 如2012年《法国知识产权法典》L. 611-15条规定，发明必须具有实用性，并在其第11条规定："只有发明对象能在某一工业领域（包括农业领域）制造和使用时，此项发明才被视为具有工业实用性。" 1977年《英国专利法》也作了相同的规定。美国、日本专利法也要求授予专利的发明必须是实用的、可以在工业上利用的。

背了能量守恒定律,而不能获得专利保护。

(二) 可再现性

可再现性是指发明或实用新型所属技术领域的技术人员,根据公开的技术内容,能够重复实施专利申请中为达到其目的所采用的技术方案。这种重复在数量上不应有限制,不得依赖任何随机的因素且无论何次实施其结果都应该相同。对于无再现性的发明或实用新型不可授予专利权。实践中,对于利用独一无二的自然条件的创造性设计,如长江大桥因其是利用特定的自然环境创造的,是不可移动的唯一产品,不具有可再现性,固不能授予专利。对于以人体或动物为实施对象的,无法在产业上使用的疾病诊断、治疗和外科手术方法也不可授予专利权。

(三) 有益性

有益性是指发明或实用新型的实施必须能够产生积极的技术、经济和社会效果。其表现为有利于提高设备性能,改良工艺;有利于节约资源、能源和劳动力,降低产品成本,提高产品质量和劳动生产率;有利于提高社会整体科技水平,充分满足社会各方面发展之需要。

第二节 外观设计授予专利权的条件

一、新颖性

外观设计的新颖性是指授予专利权的外观设计,应当不属于现有设计,也没有任何单位或者个人就同样的外观设计在申请日以前向专利行政管理部门提出过申请并且记载在申请日以后公告的专利文件中,并且对于所属领域的设计人员而言,与现有设计相比或者与现有设计特征的组合相比有明显区别。所谓的"现有设计",依据我国《专利法》第 23 条第 4 款规定,是指申请日以前在国内外为公众所知的设计。

二、富有美感和创造性

外观设计是为了美化产品的外观而从事的设计,因此,其必须富有美感才可以在产品中应用,不具有美感的外观设计不是专利意义上的外观设计。我国第三次修改《专利法》就外观设计的授权标准引入了《TRIPs 协议》的规定,即《TRIPs 协议》第 25 条第 1 项规定:"成员方应为新的或原始的独立创造的工业设计提供保护。成员方可以规定设计如果与已知的设计或已知的设计要点的组合没有重大区别,则不视其为新的或原始的。"基于此,我国《专利法》第 23 条第 2 款规定,授予专利权的外观设计与现有设计或者现有设计特征的组合相比,应当具有明显区别。这一修改意味着我国提高了外观设计的授权标准,即授予专利权的外观设计应当与现有设计或者现有设计特征的组合不相同或者不相近似。实践中认定外观设计是否相同或者近似时，应当根据授权外观设计、被诉侵权设计的设计特征，以外观设计的整体视觉效果进行综合判断；对于主要由技术功能决定的设计特征以及对整体视觉效果不产生影响的产品的材料、内部结构等特征，应当不予考虑。依据最高人民法院的司法解释，下列情形，通常对外观设计的整体视觉效果更具有影响：①产品正常使用时容易被直接观察到的部位相对于其他部位；②授权外观设计区别于现有设计的设计特征相对于授权外观设计的其他设计特征。[1]

三、不得与他人在先权利相冲突

授予专利权的外观设计除具备上述条件外，还不得与他人在先取得的权利相冲突。他人"在先取得的权利"通常包括商标权、著作权、企业名称权、肖像权、知名商品特有包装或者装潢使用权等。"在先取得"是指在先权利人的权利产生之日在外观设计专利的申请日或者优先权日之前。其中需要注册和登记而产生的权利，注册登记之日为权利取得之日。"相冲突"的表现形式根据在先权利的种类不同而有所区别，但总的可以概括为不同权利彼此重叠、交叉，多个权利人能够对包含相同内容的权利客体主张其权利，在行使权利时涉及谁优先的问题。

四、实用性

实用性是指外观设计本身及作为其载体的产品应能够以工业的方法重复再现、大批量生产。因外观设计必须以产品为载体，故必须与具有实际用途的产品相结合。外观设计的实质是工业产品的实用功能与装饰美感的复合体。

■本章小结

通过本章学习，我们了解发明创造因发明、实用新型与外观设计的不同而授予专利权的条件相异。专利授权条件中的新颖性、创造性以及实用性在发明、实用新型与外观设计中其内含是不同的。随着知识产权法律全球化的发展以及我国专利法律制度的不断完善，我国发明创造获得专利权的条件也不断趋于科学、合理。

■本章思考题

1. 发明、实用新型获得专利权的实质要件是什么？
2. 什么是现有技术？

---

[1] 参见 2010 年 1 月 1 日起施行的《最高人民法院关于审理侵犯专利权纠纷案件应用法律若干问题的解释》第 11 条规定。

3. 为什么要规定丧失新颖性的例外情况？
4. 什么是现有设计？
5. 外观设计与发明、实用新型在获得专利权要件上的主要区别是什么？
6. 案例讨论：

如何判断发明专利的"新颖性""创造性"？[1]

【基本案情】

上诉人（原审被告）：国家知识产权局专利复审委员会。

上诉人（原审第三人）：福建多棱钢业集团有限公司。

被上诉人（原审原告）：郑妙典、林天来。

上诉人国家知识产权局专利复审委员会（以下简称专利复审委员会）、福建多棱钢业集团有限公司（以下简称多棱钢业集团）因发明专利权无效行政纠纷，不服北京市第一中级人民法院（2008）一中行初字第1829号行政判决提起上诉。多棱钢业集团系名称为"一种钢砂生产方法"的第01127387.9号发明专利（以下简称本专利）的权利人。针对本专利权，郑妙典、林天来分别于2007年7月10日和2007年8月31日向专利复审委员会提出无效宣告请求。2008年7月7日，专利复审委员会作出第11977号无效宣告请求审查决定（以下简称第11977号决定），维持本专利权有效。郑妙典、林天来均不服该决定，向北京市第一中级人民法院提起行政诉讼。北京市第一中级人民法院认为：本案中，本专利说明书明确记载了钢砂原料包括生产轴承的冲切废料和铁削。其中铁削就是车床加工轴承的边角废料。第11977号决定对于"冲切"技术术语的通常含义亦确定为"冲压"和"切削"。因此结合本专利说明书的解释和行业术语的通常理解，附件2-1或者附件2-3中所称的生产钢砂所使用的轴承"车屑"应当理解为本专利权利要求1"冲切"下来的边角废料的下位概念。此外，附件2-1中亦记载了生产的钢砂形状大多为无定形，与本专利的钢砂形状为多棱形亦相同。因此，本专利权利要求1所要求保护的技术方案相对于附件2-1或者附件2-3所公开的技术内容不具备新颖性。此外，附件2-5公开了GCr15钢的热处理工艺，并公开了GCr15钢的用途及各种参数，具体描述了退火、淬火、回火的工艺，可以证明这些普通的热处理工艺是本领域的公知常识。因此本专利权利要求2相对于附件

---

[1] 参见北京市第一中级人民法院（2008）一中行初字第1829号行政判决书、专利复审委员会作出第11977号无效宣告请求审查决定、北京市高级人民法院（2007）高行终字第25号行政判决书、专利复审委员会第11978号无效宣告请求审查决定、北京市第一中级人民法院（2008）一中行初字第1467号行政判决书、北京市高级人民法院（2009）高行终字第492号行政判决书、最高人民法院（2010）知行字第6号《驳回再审申请通知书》。

2-1 和附件 2-5 的结合亦不具备创造性。综上，北京市第一中级人民法院依照《中华人民共和国行政诉讼法》第 54 条第 2 项第 1 目、第 2 目之规定，判决：①撤销专利复审委员会作出的第 11977 号决定；②专利复审委员会就本专利权重新作出无效宣告请求审查决定。

专利复审委员会及多棱钢业集团均不服原审判决提起上诉，均请求撤销原审判决，维持专利复审委员会作出的第 11977 号决定。郑妙典、林天来服从原审判决。

北京市高级人民法院于 2007 年 4 月 17 日作出（2007）高行终字第 25 号行政判决：驳回上诉，维持原判。在第 25 号判决作出后，专利复审委员会根据专利法及《审查指南》的相关规定，重新成立合议组对上述两个无效宣告请求案进行审查。联捷铸钢厂针对本专利于 2007 年 5 月 25 日再次向专利复审委员会提出了无效宣告请求（三），请求宣告本专利全部无效，其理由是本专利不符合《专利法》第 22 条第 2 款、第 3 款和第 26 条第 3 款的规定，同时提交了 3 份附件。针对上述无效宣告请求（三），专利权人多棱钢业集团于 2007 年 7 月 26 日提交了意见陈述书及反证，反证是期刊《石材》1994 年第 5 期上的封面、目录页、第 32~34 页上的"砂锯磨料锯割运动、磨损失效机理及三种材质的磨料对比研究"的复印件。专利复审委员会根据《审查指南》的相关规定，将上述三次无效宣告请求进行合并审查。专利复审委员会经审查，于 2007 年 11 月 30 日作出第 11978 号无效宣告请求审查决定（以下简称第 11978 号决定），维持本专利有效。联捷铸钢厂不服第 11978 号决定，向北京市第一中级人民法院提起诉讼称，第 11978 号决定认定事实不清，适用法律错误，应予以撤销。北京市第一中级人民法院认为：专利复审委员会认定本专利与附件 1 所公开的技术内容相比存在的区别特征（1）~（3）的事实清楚。专利复审委员会作出的第 11978 号决定认定事实不清，主要证据不足，应予撤销。依照《专利法》第 22 条第 3 款和《中华人民共和国行政诉讼法》第 54 条第 2 项第 1 目之规定，并参照《审查指南》第二部分第四章第三节规定，北京市第一中级人民法院于 2009 年 1 月 9 日作出（2008）一中行初字第 1467 号行政判决（以下简称第 1467 号判决）：撤销专利复审委员会作出的第 11978 号决定。

专利复审委员会、多棱钢业集团不服第 1467 号判决上诉至北京市高级人民法院。北京市高级人民法院经审理于 2009 年 9 月 25 日作出（2009）高行终字第 492 号行政判决（以下简称第 492 号判决）：驳回上诉，维持原判。多棱钢业集团不服第 492 号判决，向最高人民法院申请再审。2011 年 5 月 5 日，最高人民法院作出（2010）知行字第 6 号《驳回再审申请通知书》（以下简称第 6 号驳回通知），认为原审判决认定事实清楚，适用法律正确，应予维持。专利复审委员会及多棱钢业集团的上诉主张没有事实和法律依据，对其上诉请求，不予支持，驳回上诉，维持原判。

【重点讨论】本专利是否具有新颖性、创造性？如何解决专利无效诉讼中的循环诉讼问题？专利效力认定属于技术问题还是法律问题？

第五章
专利权的取得

> [提示要点]
>
> 专利权具有授权性特点，不能自动取得。发明创造人要使其发明创造成果获得专利保护，必须依专利法的规定向专利行政部门提出专利申请，并接受审查。对经审查合格的专利申请，专利行政部门才授予专利权。本章的重点在于了解专利权的取得，即专利申请、审查和授权的全部过程，难点在于对专利申请过程中的说明书与权利要求书关系的理解。

第一节 专利申请

一、专利申请的原则

专利申请的原则是指专利申请人及专利管理机关在专利申请阶段应该共同遵守的准则。依照我国《专利法》的相关规定，一般认为专利申请必须坚持以下原则：

（一）单一性原则

所谓单一性原则，又称一发明一专利原则，是指一件专利申请只能限于一项发明创造。要求一件专利申请仅限于一项发明创造的原因在于，如果一件专利申请案中包含了来自不同技术领域的多个发明创造，将会给专利审查带来无法克服的困难，使申请案的分类、检索对比文献、实质性审查等工作无法科学进行。因此，世界上实行专利制度的国家一般都要求专利申请应符合单一性原则。我国也采用单一性原则，《专利法》第31条规定："一件发明或者实用新型专利申请应当限于一项发明或者实用新型……一件外观设计专利申请应当限于一项外观设计……"但考虑到发明人的发明创造之间往往有一定的关联性，他们根据一个总的构思可能会成就两个以上的发明创造。因此，我国《专利法》第31条还规定："属于一个总的发明构思的两项以上的发明或者实用新型，可以作为一件申请提出"，"同一产品两项以上的相似外观设计，或者用于同一类别并且成套出售或者使用的产品的两项以上外观设计，可以作为一件申请提出"。这种把两项以上的属于一个总的构思的发明创造合并为一件申请提出的专利申请称为合案申请。

（二）优先权原则

优先权源于《巴黎公约》，是该公约成员的工业产权所有人依照公约所享有的一项权利，[1]《专利合作条约》《TRIPs 协议》都作出了规定。我国《专利法》第 29 条第 1 款规定："申请人自发明或者实用新型在外国第一次提出专利申请之日起 12 个月内，或者自外观设计在外国第一次提出专利申请之日起 6 个月内，又在中国就相同主题提出专利申请的，依照该外国同中国签订的协议或者共同参加的国际条约，或者依照相互承认优先权的原则，可以享有优先权。"第 29 条第 2 款规定："申请人自发明或者实用新型在中国第一次提出专利申请之日起 12 个月内，又向国务院专利行政部门就相同主题提出专利申请的，可以享有优先权。"理论界通常将前者称为国外优先权，而将后者称为国内优先权或本国优先权。可以享有国外优先权的发明创造的范围包括发明、实用新型和外观设计，而国内优先权享有的范围不包括外观设计。国外优先权第一次的专利申请不在我国，只要申请人符合国外优先权的条件，我国国务院专利行政部门就要以申请人第一次在外国的专利申请日作为在我国的专利申请日。而国内优先权要求申请人先后两次的专利申请均在国内。国内优先权的设立有利于我国的发明创造人及时地对自己的发明创造进行完善和修改，有利于技术的发展和进步。

申请人依照规定要求享有外国或本国优先权的，应当在申请时提出书面声明，并且在 3 个月内，提交第一次在国外或国内提出的专利申请文件的副本；未提出书面声明或者逾期未提交专利申请文件副本的，即被视为未要求优先权。申请人享有优先权的，优先权日视为申请日。

（三）诚实信用原则

诚实信用原则是现代民法要求民事法律关系主体在进行民事活动时必须遵循的基本准则。依照诚实信用原则的要求，民事主体应善意的行使权利，同样应善意的履行义务；如果一方不诚信的行为损害了另一方当事人的权利，其应基于不诚信行为而赔偿。同时在法律适用上，诚实信用原则不仅仅体现为法律上的一般指导条款，在某种情形下特定法律规范的解释和适用需要适用诚实信用原则作为指导，故诚实信用原则能够作为直接产生法律后果的具体法律依据。专利法所具有的激励和市场竞争功能，决定了诚实信用原则在专利法上具有重要地位和作用。在专利申请、专利代理、专利实施等过程中遵循诚实信用原则，能够维护创新者的合法权益和规制专利领域的各种不正当行为。

---

[1] 按照《巴黎公约》的规定，在申请专利或商标等工业产权时，各缔约国要互相承认对方国家国民的优先权。申请人在一个缔约国第一次提出专利申请后，在一定期限内（发明和实用新型的优先权期为 1 年，外观设计的优先权限期为 6 个月）又以相同的发明创造向其他缔约国提出申请的，则该申请人有权要求该缔约国以申请人第一次提出专利申请的缔约国的申请日为申请日，也就是优先权日。

二、专利申请应提交的文件

（一）申请发明或实用新型专利提交的文件

申请发明或者实用新型专利的，应当提交下列文件：

1. 请求书。请求书是申请人向国家专利管理机关表达请求授予专利权愿望的书面文件。申请发明或实用新型专利的请求书应包括以下内容：

（1）发明创造的名称。该名称必须简易明了，且和发明创造有一定的联系，并在一定程度上能够反映该发明创造的特点和内容。

（2）发明人或者设计人的姓名、申请人姓名或者名称、地址以及其他事项。包括以下内容：①申请人的国籍；②申请人是企业或者其他组织的，其总部所在的国家；③申请人委托专利代理机构的，应当注明的有关事项；④申请人未委托专利代理机构的，其联系人的姓名、地址、邮政编码及联系电话；⑤要求优先权的，应当注明的有关事项；⑥申请人或者专利代理机构的签字或者盖章；⑦申请文件清单；⑧附加文件清单以及需要注明的其他有关事项。同时，申请人是两人以上且未委托专利代理机构的应当指定一人为代表，未指定代表的，除请求书中另有声明的外，以请求书中指明的第一申请人为代表人。

2. 说明书及其摘要。说明书是指阐明发明或者实用新型技术实质的文件，它是发明创造的具体说明。说明书是专利申请文件中最重要的文件之一，是对发明创造的具体文字说明。我国《专利法》对说明书有以下要求：

（1）说明书应当对发明或者实用新型作出清楚、完整的说明，以所属技术领域的技术人员能够实现为准。说明书是申请人向社会公开其发明创造的重要法律文件，因此其起草的好与坏直接影响专利申请的效果和专利保护的程度。根据我国《专利法》第 26 条第 3 款的规定，说明书应当对发明或者实用新型作出清楚、完整的说明，以所属技术领域的技术人员能够实现为准；必要的时候，应当有附图。实践中，说明书的撰写不仅要清楚，且要能客观、完整、充分地说明申请专利的发明创造，其程度应达到所属技术领域的技术人员能够实现，也即本技术领域的任何一个普通的技术人员阅读说明书后，就能实施该项发明创造。

（2）说明书应主要包括以下内容：①技术领域：写明要求保护的技术方案所属的技术领域；②背景技术：要写明对发明或者实用新型的理解、检索、审查有用的背景技术；③有可能的、并引证反映这些背景技术的文件；④发明内容：即发明或者实用新型所要解决的技术问题以及解决其技术问题采用的技术方案，并对照现有技术写明发明或者实用新型的有益效果；⑤附图说明：说明书有附图的，对各附图作简略说明；⑥具体实施方式：详细写明申请人认为实现发明或者实用新型的优选方式（必要时举例说明，有附图的对照附图）。在撰写说明书时，除非有更简便易行的办法，申请人一般情况下应该按照以上顺序进行，并在每一部分前写明标题。说明书要求用词规范、语句清楚,并不得有商业性的宣传用语。对于专利法有特别规定的发明,说明书应遵守法律的特别规定。

说明书摘要,是指说明书公开内容的概要。它仅是一种技术情报,不具有法律效力。摘要的内容不属于发明或者实用新型原始公开的内容,不能作为以后修改说明书或者权利要求书的根据,也不能用来解释专利权的保护范围。我国《专利法》第 26 条第 3 款规定:"……摘要应当简要说明发明或者实用新型的技术要点。"《专利法实施细则》第 23 条第 1 款规定:"说明书摘要应当写明发明或者实用新型专利申请所公开内容的概要,即写明发明或者实用新型的名称和所属技术领域,并清楚地反映所要解决的技术问题、解决该问题的技术方案的要点以及主要用途。"此外,摘要可以有化学式、反应式或者数学式,但不得有商业性宣传用语;可以从说明书附图中选取最能说明发明或者实用新型的一幅附图,作为摘要附图。摘要应当简短、全面。

3. 权利要求书。权利要求书是申请人请求给予专利保护的范围的书面表达。主要反映申请人要求给予专利保护的发明创造的技术范围和请求授予的专利权的范围。申请人取得专利权后,权利要求书既是确定该发明或实用新型专利权范围的直接依据,也是判断他人是否构成专利侵权的根据。在申请人获得专利权以后,如果他人未经专利权人许可而实施的技术方案包括了权利要求中记载的全部技术特征或者与这些技术特征相等同的技术特征,即进入了该权利要求的保护范围,就会形成专利侵权。

按照撰写的内容不同,权利要求分为独立权利要求和从属权利要求。独立权利要求是指从整体上反映发明或实用新型主要技术内容,记载构成发明或实用新型的必要技术特征的权利要求。其中,必要技术特征是指发明或者实用新型为达到其目的和效果所不可缺少的技术特征,它们的总和可以构成发明或者实用新型主题,使之区别于其他技术方案。在一件申请的权利要求书中,独立权利要求所限定的一项发明或者实用新型的保护范围最宽。一件申请的权利要求中应当至少有一项独立权利要求。从属权利要求是指用要求保护的附加技术特征,对引用的权利要求作进一步的限定的权利要求。其中,要求保护的附加技术特征,应当与发明或者实用新型的目的有关,可以是对引用权利要求的技术特征进一步限定的技术特征,也可以是增加的技术特征。

按照保护的对象不同权利要求还可以分为产品权利要求和方法权利要求。产品权利要求保护的是具体的产品,如各种物品、设备、机器等;方法权利要求保护的对象包括制造的方法、使用方法、已知产品的新用途等。

权利要求书应当满足以下要求:权利要求书应当以说明书为依据,清楚、简要地限定要求专利保护的范围。因为权利要求书和说明书有密切的关系,说明书对发明或实用新型的技术特征进行了清楚和完整的说明，是权利要求得以成立的基础。权利要求书中所记载的技术特征必须能在说明书中找到根据，该权利要求才被视为有效，才具有法律上的意义。同时说明书中记载的技术内容只有通过权利要求书的内容表现出来，才能得到法律的保护。因此，权利要求书必须是对说明书中所反映的技术内容的概括和总结。权利要求书必须清楚反映申请人的请求，具体表现在：①每项权利要求的类型应当清楚，且应当与发明或者实用新型的主题一致；②每项权利要求所确定的保护范围应当清楚；③权利要求书中使用的术语应当是国家统一规定的技术用语，不得使用不规范或含义不确定的语言；④权利要求书必须简明。权利要求书应当按照《专利法》规定的格式和顺序撰写。首先，应当符合专利法规定的格式。独立权利要求应当包括前序部分和特征部分，并按照法定顺序排列；从属权利要求的撰写应当包括引用部分和限定部分。其次，权利要求书的内容应当是技术和法律的有机结合。

（二）申请外观设计专利应当提交的文件

外观设计专利保护的是对产品的外表形状、图案或其结合以及色彩与形状、图案的结合的设计，这种设计的本质特征只有通过图片或者照片才能最形象地反映出来。故确定外观设计专利保护的范围主要是以图片或照片为依据。因此，外观设计专利申请不需要提交以文字叙述的说明书、权利要求书和摘要。依《专利法》第27条之规定，申请外观设计专利应提交以下文件：

1. 请求书。请求书是外观设计申请人向专利局表示请求授予外观设计专利愿望的文件。其和发明专利或实用新型专利的请求书的性质相同。外观设计是对产品的形状、图案或者色彩与形状、图案的结合所作出的设计，该设计涉及的是产品的形状、图案、色彩等，故很难命名。因此，请求书无需写明外观设计的名称，但应按照国务院专利行政部门公布的外观设计产品分类表，写明使用外观设计的产品及其所属的类别。我国目前使用的外观设计分类表与《外观设计国际保护海牙协定》的国际分类表相同。

2. 图片或者照片。图片或照片能清楚地表达外观设计申请人的要求和申请专利的外观设计的特征。因此，申请人要提交外观设计不同角度、不同侧面和不同状态的图片或照片，以达到能清楚、完整、准确地显示请求保护的外观设计。请求保护色彩的外观设计专利申请，还应当提交彩色和黑白的图片和照片各一份，并且在黑白图片或照片上注明请求保护的色彩。

3. 简要说明。依据《专利法实施细则》规定，申请外观设计专利的，必要时应当写明对外观设计的简要说明。简要说明应当写明使用该外观设计的产品的设计要点、请求保护色彩、省略视图等情况，以利于对外观设计进行解释。简要说明不得使用商业性宣传用语，也不能用来说明产品的性能。

4. 使用外观设计的产品样品或者模型。依据《专利法实施细则》规定,国务院专利行政部门认为必要时,可以要求申请人提交使用外观设计的样品或者模型。样品或者模型的体积不得超过 30 厘米×30 厘米×30 厘米,重量不得超过 15 公斤。易腐、易损或者危险品不得作为样品或者模型提交。

发明、实用新型、外观设计的专利申请人除应提交以上专利申请文件外,根据具体情况还应提交附加文件。主要包括代理人委托书、不丧失新颖性的证明文件、申请优先权声明及有关文件等。

三、专利申请文件的提交、修改和撤回

（一）专利申请文件的提交

专利申请人将专利申请文件备齐,即可向国务院专利行政部门递交。申请人提交专利申请文件的方式有:直接递交给北京国家知识产权局;递交给国家知识产权局指定的专利代办处;通过邮局挂号邮件邮寄给国家知识产权局或代办处。申请人邮寄申请文件应在信封正面注明"专利申请"字样。申请人应注意保存挂号邮件收据,以备必要时提供邮寄日证明。申请专利的发明如果属于涉及新的生物材料、该生物材料公众不能得到,并且对该生物材料的说明不足以使所属领域的技术人员实施其发明的,除应当符合《专利法》和《专利法实施细则》的有关规定外,申请人还应当办理下列手续:

1. 在申请日前,或最迟在申请日（有优先权的,指优先权日）,将该生物材料的样品提交国务院专利行政部门认可的保藏单位保藏,并在法定期限内出具有关证明。

2. 在申请文件中,提供有关该生物材料特征的资料。

3. 涉及生物材料样品保藏的专利申请应当在请求书和说明书中写明该生物材料的分类命名（注明拉丁文名称）、保藏该生物材料样品的单位名称、地址、保藏编号,申请时未写明的,应当自申请日起 4 个月内补正;期满未补正的,视为未提交保藏。

4. 申请专利的发明创造涉及国家安全或者重大利益需要保密的,应依据《专利法》第 4 条、《专利法实施细则》第 9 条等有关规定办理。

5. 就依赖遗传资源完成的发明创造申请专利的,申请人应当在请求书中予以说明,并填写国务院专利行政部门制定的表格。

随着计算机和网络技术的广泛使用,用电子文件方式提交专利申请书已在不少国家使用,我国从 2004 年也开始进行该方面的尝试。因此,书面申请方式将不是唯一的专利申请方式,利用各种快速、安全、方便的方式申请专利将是各国

发展的趋势。[1] 为了规范与通过互联网传输并以电子文件形式提出的专利申请有关的程序和要求，方便申请人提交专利申请，提高专利审批效率，推进电子政务建设，国家知识产权局于 2010 年 10 月发布实施了《关于专利电子申请的规定》，就专利电子申请的范围、要求和程序作了规定。

（二）专利申请的修改

为了使申请人的专利申请文件充分、准确、完整地表明申请专利的发明创造和申请人请求法律保护的意愿，使申请人的发明创造成果不至于因申请文件不妥或欠缺，而丧失取得专利的良机。我国《专利法》第 33 条及《专利法实施细则》第 51、52 条规定允许专利申请人自动提出修改申请文件。同时对申请人修改文件的时间和范围作了限制：①申请人可以对其专利申请文件进行修改，但对发明和实用新型专利申请文件的修改不得超出原说明书和权利要求书的范围；对外观设计专利申请文件的修改不得超出图片或照片表示的范围。②对发明专利申请文件的修改应在提出实质审查请求或者在收到国务院专利行政部门发出的发明专利申请进入实质审查阶段通知书之日起的 3 个月内提出。对实用新型或者外观设计专利申请文件的修改应在申请日起 2 个月内主动提出。由于我国实行先申请原则，专利权授予最先申请的人，若允许申请人就申请文件进行随意修改，客观上会导致其申请专利的发明创造的范围处于不固定状态，以致无法确定专利权的范围，不利于保护其他申请人的利益。故对文件修改有一定的限制显得非常必要。至于修改文件的形式，应当与专利申请文件相一致。

（三）专利申请的撤回

我国《专利法》第 32 条规定："申请人可以在被授予专利权之前随时撤回其专利申请。"专利申请的撤回可以采取作为的方式和不作为的方式。申请人可以主动要求撤回专利申请，以书面形式向国务院专利行政部门提出声明，写明发明创造的名称、申请号和申请日，表明撤回申请的愿望；申请人也可以不作为的方式撤回申请，如自申请日起 3 年内，发明专利申请人无正当理由不请求实质审查的，该申请即被视为撤回。申请人撤回申请时应当注意，若申请在公开前撤回，视为该申请自始不存在，其不影响在后申请的新颖性；如果申请是在公开后撤回的，则该发明创造丧失新颖性，进入公有领域，任何申请人均不能获得专利。

---

[1] 我国《专利法实施细则》第 2 条规定："专利法和本细则规定的各种手续，应当以书面形式或者国务院专利行政部门规定的其他形式办理。"第 15 条第 2 款规定："以国务院专利行政部门规定的其他形式申请专利的，应当符合规定的要求。"

四、专利申请受理及申请日、申请号的确定

知识产权局收取申请人的申请文件，对申请人明确、申请文件齐全、文件的形式符合专利法规定的申请，确定申请日，给予申请号，并通知申请人即为专利申请的受理。专利受理通知书是专利受理的凭证。

确定申请日是知识产权局在专利申请受理中一项重要的工作。依《专利法》之规定，知识产权局确定申请日的方法是：申请人直接向知识产权局或各代办处递交的专利申请，以收到日为申请日；如果申请文件是邮寄的，以申请人寄出的邮戳日为申请日。如果寄出的邮戳日不清楚，且申请人无足够证据证明的，以国务院专利行政部门或代办处收到日为申请日。专利申请日确定对专利申请人和专利局均具有重要的意义。申请日可以确立申请人先申请的地位，使申请日以后的专利申请因丧失新颖性而不能获得专利权；申请日是判断发明创造是否具有新颖性、创造性的时间标准，也是专利审批程序中对专利申请进行公开、实质审查等的时间依据，同时还是专利权保护期限的起算日。因此，依法确定申请日十分重要。专利申请号由9位数字组成，是申请人与国务院专利行政部门进行联系的纽带。一件专利申请一个专利申请号。申请人的专利号一旦确定，在专利权有效期内一直沿用。

五、专利的国际申请

发明创造人可以提出专利的国际申请，在外国获得专利权。我国作为《巴黎公约》和《专利合作条约》（一般称为"PCT"）的成员，意味着我国的单位或者个人向外国申请专利的方式主要有：①我国单位或者个人可以直接向外国申请专利，包括我国单位或者个人可以向《巴黎公约》的成员提出，被申请国收到申请后，将依照本国的专利法决定是否授权。如果向非《巴黎公约》的成员提出，可以根据我国同该国缔结的双边协定或者对等原则办理相应的手续。②我国单位或者个人可以向PCT提出申请，在国际阶段由WIPO国际局公布。在缔约国的范围内，申请人只要在一个国家提交申请，其效力相对于向申请中指定的其他国家同时提交了专利申请。由于我国专利行政部门既是PCT指定的国际申请受理单位，又是国际检索和国际初步审查单位，故我国申请人比较方便。对此，我国《专利法》第20条规定："任何单位或者个人将在中国完成的发明或者实用新型向外国申请专利的，应当事先报经国务院专利行政部门进行保密审查。保密审查的程序、期限等按照国务院的规定执行。中国单位或者个人可以根据中华人民共和国参加的有关国际条约提出专利国际申请。申请人提出专利国际申请的，应当遵守前款规定。国务院专利行政部门依照中华人民共和国参加的有关国际条约、本法和国务院有关规定处理专利国际申请。对违反本条第1款规定向外国申请专利的发明或者实用新型，在中国申请专利的，不授予专利权。"向国家知识

产权局提出专利国际申请的，不适用电子文本形式。

第二节 专利申请的审查和批准

关于专利的审查和批准，目前世界上存在三种不同的制度：一是登记制，也称为形式审查制，即只对申请文件是否完备、文件书写格式是否符合规定、代理人的手续是否合法及是否已经缴纳了申请费等进行审查。经审查只要符合条件，便授予专利权。二是文献报告制，即在对专利申请进行形式审查的基础上，进一步进行新颖性的审查。三是审查制，即除对专利申请进行形式审查外，还进行实质审查，对其进行新颖性、创造性和实用性的审查。只有同时符合形式条件和实质条件的专利申请才可获得专利权。多数国家的专利制度采用了审查制。我国对发明专利审批采用审查制，即必须经过初步审查、早期公开和实质审查才可授予专利权；对实用新型专利和外观设计专利的审批采用登记制，即只需经过初步审查就可以授予专利权。实行专利审查审批制度的目的在于统一专利标准，提高专利质量，保护申请人的利益。

一、初步审查

初步审查，也称为"形式审查"或"格式审查"，是国务院专利行政部门对发明、实用新型和外观设计专利申请是否具备形式条件进行的审查。初步审查的主要目的，是查明申请专利的发明是否符合专利法关于形式要求的规定，为以后的公开和实质审查做准备；查明申请专利的实用新型和外观设计是否符合专利法关于授予专利权的规定，对符合授权条件的实用新型和外观设计依法授予专利权。

（一）对发明专利初步审查的内容

发明专利初步审查的内容包括：①申请文件是否完备，撰写是否符合《专利法》及《专利法实施细则》的规定。②申请人的身份是否合法，各种证明文件是否齐全。申请人是外国人的，是否依法委托了代理。③申请专利的发明创造是否属于违反国家法律、社会公德或者妨害公共利益及属于不授予专利权的对象。④申请人是否缴纳了申请费等。

（二）对实用新型和外观设计专利初步审查的内容

对实用新型专利和外观设计专利初步审查的内容包括：①申请文件的撰写是否符合要求。②对文件的修改是否超越了法定限制。③申请人的资格是否合法，外国申请人是否委托了依法设立的代理机构办理专利申请。④实用新型或外观设计是否违反法律、社会公德或妨害公共利益，是否属于不给予专利保护的发明创造。⑤申请是否符合单一性要求。⑥有无重复授权的可能。⑦是否属于两个相同实用新型或外观设计专利申请的后申请人等。可见，对实用新型和外观设计的初步审查既有形式审查，也包含了部分必要的实质性审查。

国家知识产权局在初步审查中，对于申请文件中不符合《专利法》要求的，应当给予申请人补正机会，通知申请人在指定期限内补正。申请人无正当理由不补正的，其申请被视为撤回。补正后仍不符合要求的，国家知识产权局应当予以驳回。申请人不服，可以请求专利复审委员会复审。依《专利法》第40条规定："实用新型和外观设计专利申请经初步审查没有发现驳回理由的，由国务院专利行政部门作出授予实用新型专利权或者外观设计专利权的决定，发给相应的专利证书，同时予以登记和公告。实用新型专利权和外观设计专利权自公告之日起生效。"该规定表明，我国对于实用新型专利和外观设计专利仅进行初步审查。因此，国务院专利行政部门应依照《专利法》对实用新型和外观设计的申请要严格进行初步审查，对符合授权条件的申请及时授予专利权。

二、早期公开

早期公开是指经过初步审查对符合形式条件的发明专利申请，在尚未经过实质审查前进行的公开。我国《专利法》第34条规定，国务院专利行政部门收到发明专利申请后，经初步审查认为符合本法要求的，自申请日（有优先权的自优先权日）起满18个月，即行公布。国务院专利行政部门可以根据申请人的请求早日公布其申请。国务院专利行政部门公布专利申请的方式是利用《发明专利公报》登载发明专利申请请求书中记载的事项和说明书摘要，另外还出版发明说明书和权利要求书的全文单行本。早期公开的目的是使公众可以及早自由阅读和索取有关文献，有利于公众对专利申请审批进行监督和协助，也有利于最新技术的迅速传播和利用。

三、实质审查

实质审查，也称技术审查，是对申请专利的发明是否具有专利性所进行的审查。关于实质审查国际上有两种制度：①即时审查制，也称为实质审查制或完全审查制，是指专利机关对通过初步审查的专利申请，立即进行实质审查，中间无间隔。这种审查制度虽有一定的优点，但更存在大量的不足。其中最大的缺点是随着专利申请数量的急剧增加，会给知识产权局的审查工作带来不堪负担的压力，导致审查周期延长，使得专利申请长期处于不确定状态，不利于保护申请人的利益。②早期公开延期审查制，也称延迟审查制，是指专利行政职能部门对专利申请初步审查后进行公告，对其实质内容推迟一段时间进行审查的制度。该制度的优点是：可以减轻知识产权局实质审查的工作量；使社会尽早得到发明创造的信息；使申请人有更多的时间补充、完善发明创造和专利申请文件。该制度的主要缺点是早期公开后的临时保护期内,申请人的权利无法得到充分的保障。

我国对发明专利采用早期公开延期审查的审批制度。《专利法》第 34 条规定:"国务院专利行政部门收到发明专利申请后,经初步审查认为符合本法要求的,自申请日起满 18 个月,即行公布。国务院专利行政部门可以根据申请人的请求早日公布其申请。"《专利法》第 35 条规定:"发明专利申请自申请日起 3 年内,国务院专利行政部门可以根据申请人随时提出的请求,对其申请进行实质审查;申请人无正当理由逾期不请求实质审查的,该申请即被视为撤回。国务院专利行政部门认为必要的时候,可以自行对发明专利申请进行实质审查。"

实质审查的核心内容是发明是否具有专利性条件,即新颖性、创造性和实用性。审查的办法是通过对世界性及国内专利文献检索及对国内现有技术比较、分析判断申请专利的发明是否具有"三性"。国务院专利行政部门经实质审查后,对不符合《专利法》规定的专利申请,要求其在指定的期限内陈述意见或修改,无正当理由逾期不予答复的视为撤回专利申请,陈述意见或修改后仍不符合《专利法》要求的予以驳回。

四、授权登记公告

依据我国《专利法》的规定,发明专利申请经实质审查没有发现驳回理由的,由国务院专利行政部门作出授予发明专利权的决定,并发给专利证书,同时予以登记和公告。发明专利权自公告之日起生效。依据《专利法实施细则》的规定,国务院专利行政部门发出授予专利权的通知后,申请人应当自收到通知之日起 2 个月内办理登记手续。申请人按期办理登记手续的,国务院专利行政部门应当授予专利权,颁发专利证书,并予以公告。申请人逾期未办理有关手续的,视为放弃已取得专利权的权利。实用新型和外观设计的授权、登记和公告同于发明专利的授权、登记和公告。

我国虽然专利权的保护期从申请日起算,但专利权从专利授权日才正式生效,因此,对发明专利的完全保护是从专利授权之日开始。发明人申请专利的技术从申请日至公开日为保密阶段,申请未公开,故申请人不能禁止他人实施其发明创造的行为,也不能请求他人支付费用。从公布日至授权日为临时保护阶段。申请人有权要求实施其发明的单位或个人支付适当的使用费,数额可由双方协商决定,若实施人拒绝支付使用费,申请人无权禁止其实施发明创造。申请人只能等到获得专利授权后,才能向有关机关请求处理或提起诉讼,追索临时保护期间的使用费。由于实用新型专利权的授予不经过实质审查,故易形成重复授权,对此,《专利法实施细则》第 56、57 条规定:"授予实用新型或者外观设计专利权的决定公告后,专利法第 60 条规定的专利权人或者利害关系人可以请求国务院专利行政部门作出专利权评价报告。请求作出专利权评价报告的,应当提交专利权评价报告请求书，写明专利号。每项请求应当限于一项专利权。专利权评价报告请求书不符合规定的，国务院专利行政部门应当通知请求人在指定期限内补正；请求人期满未补正的，视为未提出请求。""国务院专利行政部门应当自收到专利权评价报告请求书后2个月内作出专利权评价报告。对同一项实用新型或者外观设计专利权，有多个请求人请求作出专利权评价报告的，国务院专利行政部门仅作出一份专利权评价报告。任何单位或者个人可以查阅或者复制该专利权评价报告。"

我国专利权评价报告制度前身是于2000年进行第二次《专利法》修改时引入的实用新型专利检索报告制度，后于2008年进行第三次《专利法》修改时将检索报告制度改为专利权评价报告制度，并将报告对象从单纯的实用新型专利权扩展至外观设计专利权。专利权评价报告制度的设立能够提高实用新型和外观设计专利权的稳定性，便于专利权人及早知道其专利权的实际状况，以避免不必要的投资损失和研发浪费；评价报告本身也可以防止专利权人滥用或误用实用新型专利权，同时还便于法院审理侵权纠纷。但有关专利评价报告的特征、法律属性、作用及功能等，还有待于理论研究和实践检验。

五、复审

复审是指由国家知识产权局专利局复审和无效审理部对当事人不服国务院专利行政部门有关处理决定的请求所进行的审查。我国《专利法》第41条第1款规定："国务院专利行政部门设立专利复审委员会。专利申请人对国务院专利行政部门驳回申请的决定不服的，可以自收到通知之日起3个月内，向专利复审委员会请求复审……"根据中央机构改革部署，国家知识产权局原专利复审委员会并入国家知识产权局专利局，不再保留专利复审委员会。由此可见，复审是专利申请人对知识产权局驳回申请的决定不服所提起的，这种复审发生在专利授权前，提起复审的是专利申请人，提起复审的目的是要求国务院专利行政部门恢复专利申请权。

复审请求必须在收到专利局通知之日起3个月内提出。申请人请求复审的，应当向国家知识产权局专利局复审和无效审理部提交复审请求书，说明理由并附具有关证明文件。请求书和证明文件各一式两份。复审请求书不符合规定的，复审请求人应在国家知识产权局专利局复审和无效审理部指定的期限内补正；逾期不补正的，该复审请求被视为未提出。申请人或者专利权人请求复审时，可以修改被驳回的专利申请或被撤销的专利文件，但其修改仅限于驳回申请的决定或撤销专利权的决定所涉及的部分。国家知识产权局专利局复审和无效审理部对复审请求应及时进行审查,在调查研究的基础上作出正确的处理决定,并以书面形式通知申请人、专利权人或撤销专利权的请求人。复审请求人对国家知识产权局专利局复审和无效审理部关于发明专利的复审决定不服的,可以自收到通知之日起3个月内向人民法院提起诉讼。

■ **本章小结**

本章主要从程序上介绍了专利申请、审查和授权的过程,进一步明确了专利权并非自然产生,各国专利法律制度均对发明创造的授权条件和过程作了严格要求。特别是专利授权中的实质审查,往往决定着申请人所申请的发明创造成果能否最终获得专利权。

■ **本章思考题**

1. 专利申请应遵循哪些原则?
2. 简述权利要求书的法律地位。
3. 为什么要在专利申请中规定优先权制度?
4. 专利审查的主要内容包括哪些?
5. 专利复审制度的主要作用是什么?
6. 案例讨论:

案例一:　　　　　　专利申请审查的内容[1]

【基本案情】

原告:西雷有限公司(F F Seeley Nominees Pty Ltd)。

被告:中华人民共和国国家知识产权局专利复审委员会。

第三人:北京格瑞得暖通设备有限公司。

原告就"蒸发式冷却器箱"外观设计向专利局(现知识产权局)申请专利时提交了7幅视图,专利局于1994年7月2日向西雷公司发出补正通知书,要求其于指定期限内删除各视图中的阴影线和点划线。西雷公司于1994年10月10日提交了补正书,消除了视图中的阴影线和点划线,并替换了仰视图和下部立体图。此后,专利局基于原告补正后的文本予以授权公告。2002年5月24日,第三人就原告的上述专利向被告提出无效宣告请求,被告审理后作出第4901号审查决定,宣告原告的上述专利无效。原告不服上述无效宣告请求审查决定,向法

---

[1] 本案原判决见北京法院网,载http://bjgy.chinacourt.org/public/detail.php? id=7970&k_title=西雷有限公司&k_content=西雷有限公司&k_author=,最后访问时间:2015年1月6日。

院提起诉讼。原告诉称：①本案争议的仰视图和下部立体图属非关键性视图，即使没有也不会影响专利局对本专利的授权；②提交错误的仰视图和下部立体图仅属我公司的疏忽，作为专业审查员应做到及时发现错误，并依照《专利法实施细则》第 44 条第 1 款第 3 项之规定及时通知我公司修改错误；③我公司出现提交错误是专利局造成的，我公司一开始就没必要对阴影线和点划线进行修改，是专利局要求的结果。被告辩称：①原告提交仰视图和下部立体图，就表明其请求予以保护的本专利范围应该包括该视图所示范围，现原告却认为该视图可有可无，显然违背专利法对外观设计专利申请的规定；②根据专利局于 1994 年 7 月 2 日向西雷公司发出的补正通知要求，西雷公司在各视图的基础上删除各视图中的阴影线和点划线即可，但其补正的结果中却提交了两幅与原视图不相同的视图，已构成非专利局要求下的主动修改，其后果当然应由西雷公司自行承担；③专利申请时虽予授权不等于复审专利时就应予维持，依照《专利法》的有关规定，复审阶段如发现不应授予专利的仍应予以无效。

【重点讨论】本案争议的两幅视图是否影响专利管理部门对本专利的授权？为什么？本案中，专利管理部门未发现原告替换视图的行为，是否构成审查中的过失行为？对本案被告作出的无效宣告请求决定是否有影响？原告替换视图的行为是否违反了《专利法》的规定？

案例二：　优先权日对确定现有技术和判定新颖性和创造性的意义[1]

【基本案情】

上诉人（原审原告）：广州市某数码科技有限公司。

上诉人（原审第三人）：济南某数码激光冲印图片社。

被上诉人（原审被告）：国家知识产权局专利复审委员会。

原审第三人：广东某数码影像科技有限公司。

本案涉及名称为"一种激光数码印相机"的实用新型专利（以下简称本专利），专利权人是广州市某数码科技有限公司（以下简称数码公司）。针对本专利权，济南某数码激光冲印图片社（以下简称图片社）于 2007 年 8 月 27 日、数码公司于 2007 年 12 月 13 日分别向国家知识产权局专利复审委员会（以下简称专利复审委员会）提出无效宣告请求，认为数码公司已于优先权日之前生产、销售和公开展出本专利所要求保护的激光数码印相机。专利复审委员会将两请求人的无效宣告请求合并审理，于 2008 年 6 月 23 日作出第 11770 号无效宣告请求审

---

[1] 参见专利复审委员会 2008 年 6 月 23 日作出的第 11770 号无效宣告请求审查决定书及北京市高级人民法院（2009）高行终字第 482 号行政判决书。

查决定（以下简称第11770号决定），维持本专利权有效。

北京市第一中级人民法院认为，仅凭证据原告提供的证据2.6、2.8所显示的网页的打印件无法认定其与互联网上的网页是否相符，数码公司有责任提供证据进一步证明其真实性。证据2.9和2.10的照片虽然公开了标识为"Tera 32"和"Tera 32 super"的两台激光数码印相机的内部结构，但其购买时间以及是否改装不能确定，不足以证明标识为"Tera 32"的激光数码印相机是在本专利的优先权日前购入的，其不能作为评价本专利新颖性的现有技术。数码公司关于所有"泰来32"产品的结构都是相同的主张不能成立。因此，证据2.9~2.12不能形成完整的证据链证明数码公司已于优先权日之前生产、销售和公开展出本专利所要求保护的激光数码印相机。数码公司提交了以下证据：证据2.9：（2007）西证民字第3992号公证书的复印件；其附件为Tera32 laser printer（泰来32激光数码印相机）的结构照片。证据2.10：（2007）西证民字第4016号公证书的复印件，其附件为Tera 32 super激光数码印相机、Tera 32 laser printer激光数码印相机的结构照片，以及《广东××数码影像科技有限公司售后服务回执单》复印件1份。证据2.11：《中国影像业年度评选2005》评选特刊的评选结果的复印件，包括《中国影像业年度评选2005》的封面页、内页，其中内页第1页公开了××-泰来32处于专业大型数码冲印机的候选名单中。证据2.12：《影像通讯》的详细测评报告。原告认为，其提交的证据足以证明专利权人在优先权日之前已经在国内生产、销售和公开展出了"泰来32"激光数码印相机，"泰来32"激光数码印相机完全公开了本专利权利要求的技术方案。

一审法院维持了专利复审委员会的11770号决定，数码公司和图片社不服提起上诉。二审法院经审理判决驳回上诉，维持原判。

【重点讨论】什么是优先权原则？优先权的种类有哪些？本案可否适用优先权原则？

第六章 专利权的内容与限制

[提示要点]

专利权是国家依法授予专利申请人对申请专利的发明创造所拥有的垄断性权利。专利权人的权利包括人身权利和财产权利两个方面；专利权人的义务主要表现为缴纳专利年费以及不得滥用专利权。有关专利权的限制涉及专利权的保护期限和强制许可。本章重点在于掌握专利权人的权利内容，难点在于对专利权限制的理解。

第一节 专利权人的权利

一、制造权

制造权是指专利权人享有独占地制造专利产品，禁止他人未经其许可制造与专利产品相同或相似的产品垄断权。[1] 制造专利产品是专利权人拥有的一种排他性的权利，除法律另有规定外，任何单位和个人非经专利权人许可不得擅自制造专利产品，否则即构成专利侵权。专利权人可以依法自己行使制造权，也可将其在一定范围内许可他人行使，并收取一定使用费。

二、使用权

使用权是指专利权人享有的使用专利产品或专利方法及依照专利方法直接获得的产品的专有权。使用权包括对专利产品的使用和对专利方法的使用。使用专利产品是指根据专利产品的技术性能使该产品得到应用；使用专利方法是指权利要求书中记载的专利方法技术方案的每一个过程被实现的行为；使用专利方法所获得的产品是指一项产品制造方法的发明专利权被授予后，使用该方法所直接获得的产品。

---

[1] 所谓"制造专利产品"，是指为生产经营目的而进行的批量制造专利产品的行为。所谓与"专利产品相同的产品"，是指所制造的产品就是专利说明书和权利要求书所记载的产品。所谓与"专利产品相似的产品"，是指与专利产品主要技术特征实质上相近的类似产品。实践中判断相同或相似产品主要是以专利申请文件中的专利说明书和权利要求书的内容为标准。

对方法专利而言，专利权人享有使用该方法的专有权是公认的，但关于方法专利权的内涵，世界各国专利法有两种不同的规定。一种观点认为，方法专利权的保护对象仅是取得专利权的该方法，它不涉及用该方法生产的产品；而另一种观点则认为，方法专利权的内涵广泛，其既包括该方法，也包括用该方法所直接生产出来的产品。我国 1985 年《专利法》对于方法专利权的保护仅限于该方法的使用，而不涉及保护依照该方法直接获得的产品的使用和销售。但实践证明，第一种规定存在明显不足，不利于对方法专利权的充分保护，因为任何人使用或销售这种方法获得的产品都不构成侵权。至于第三者的产品是否是依靠该方法所取得的产品则更难以证明。同时他人还可以规避《专利法》的规定，在该方法未取得专利保护的国家，用该方法生产产品，然后再进口到保护该方法的专利国，因方法专利权不涉及产品，故不构成侵权。因此，我国 1992 年修改后的《专利法》规定：任何单位或个人未经专利权人许可，不得为生产经营目的制造、使用、销售其专利产品，或者使用其专利方法以及使用、销售依照该专利方法直接获得的产品。从此，我国把对方法专利的保护拓展到依照该方法直接取得的产品。

三、许诺销售权

许诺销售权是指专利权人有明确表示愿意出售具有权利要求所述技术特征的专利产品以及禁止他人未经专利权人许可许诺销售专利产品的权利。我国《专利法》第二次修改时，为了实现我国专利保护与《TRIPs 协议》相协调，强化对专利权人权利的全面保护，新增加了关于发明和实用新型许诺销售的规定，《专利法》第三次修改时，将此权利扩展到了外观设计。实践中许诺销售行为可以表现为面向特定和不特定的对象，以口头或书面等形式，产品展示、展览、陈列及各种广告明确作出销售专利产品的意思表示。

四、销售权

销售权是指专利权人享有的独自销售专利产品或依照专利方法直接获得的产品的权利。这种独占销售通常仅指专利产品所有权第一次转移。其中专利产品既可以是由专利权人制造的，也可是他人经许可制造的；既可是一般的专利产品，也可是依照专利方法直接获得的产品。

五、进口权

进口权是指除法律另有规定外，专利权人享有自己进口或禁止他人未经许可为制造、许诺销售、销售、使用等生产经营目的进口其专利产品或进口依照其专利方法直接获得的产品的权利。进口权包含两方面的内容：①专利权人可以自己进口专利产品，特别是在法律规定专利权人必须实施专利的情况下，专利权人可以通过进口专利产品履行在本国实施专利的义务。我国《专利法》虽然没有规定专利权人必须实施专利,但专利权人保留自己的进口权依然具有重要意义。②专利权人有权禁止他人进口专利产品。我国《专利法》第11条规定,发明和实用新型专利权被授予后,除本法另有规定的以外,任何单位或者个人未经专利权人许可,都不得实施其专利,即不得为生产经营目的制造、使用、许诺销售、销售、进口其专利产品,或者使用其专利方法以及使用、许诺销售、销售、进口依照该专利方法直接获得的产品。外观设计专利权被授予后,任何单位或者个人未经专利权人许可,都不得实施其专利,即不得为生产经营目的制造、许诺销售、销售、进口其外观设计专利产品。

六、转让权

转让权是指专利申请权人和专利权人享有将其权利依法转让给他人的权利。[1] 我国《合同法》规定,技术转让合同是指当事人就专利权转让、专利申请权转让、技术秘密转让、专利实施许可所订立的合同。由此可见,专利权转让合同属于技术转让合同的一种。专利权转让需要注意以下几点:①专利权转让合同的标的是专利权。②专利权转让是专利权的所有权转让。③专利权转让必须以书面合同方式进行。④专利权转让必须履行法定手续。专利权转让必须经国家专利主管机关登记和公告后方能生效。⑤未经国家专利主管机关和公告的专利权转让合同是无效合同,不具有法律约束力。此外,《专利法》还规定,中国的单位或者个人向外国转让其专利申请权或专利权的,应当依照有关法律、行政法规的规定办理手续。

七、许可权

许可权是指专利权人享有的许可他人实施其专利的权利。与转让权不同,许可权行使导致专利使用权部分或全部在合同约定时间内由他人使用,而专利所有权仍归专利权人。专利权人行使许可权的方式是签订专利实施许可合同。根据专利实施许可内容的不同,专利实施许可分为普通实施许可、独家实施许可、独占实施许可、交叉实施许可和分售实施许可。对此,我国《专利法》第12条规定:"任何单位或者个人实施他人专利的,应当与专利权人订立实施许可合同,向专利权人支付专利使用费。被许可人无权允许合同规定以外的任何单位或者个人实施该专利。"

---

[1] 我国《专利法》第10条规定:"专利申请权和专利权可以转让。中国单位或者个人向外国人、外国企业或者外国其他组织转让专利申请权或者专利权的,应当依照有关法律、行政法规的规定办理手续。转让专利申请权或者专利权的,当事人应当订立书面合同,并向国务院专利行政部门登记,由国务院专利行政部门予以公告。专利申请权或者专利权的转让自登记之日起生效。"

关于专利实施许可的种类。专利权虽然仅归专利权人所有或持有，但在同一时间内专利权人可以许可多人同时实施专利。连接专利权人和其他专利使用人之间关系的纽带是专利实施许可合同。专利实施许可合同是专利权人或者其授权的人作为转让方许可受让方在约定的范围内实施专利，受让方支付约定使用费所订立的协议。根据专利实施许可合同中双方当事人权利、义务的不同，可以将其分为以下几类：

（一）独占实施许可

独占实施许可，也称为"完全独占性许可"，是指被许可方在合同约定的时间和地域范围内，独占性拥有许可方专利使用权，排斥包括许可方在内的一切人使用供方的技术的一种许可。在独占性专利实施许可合同的有效期内，只有被许可方是该专利的唯一合法使用者，许可方和任何第三人均不得在合同约定范围内使用该专利。独占实施许可有以下特征：

1. 在合同约定的时间和地域范围内，被许可人获得完全的专利使用权。其实质是专利使用权在合同约定范围内的完全转让。由于这种许可意味着许可方失去在合同范围内的专利实施权，因此，实践中许可方常按照地域、时间等要求对合同进行限制。

2. 按照独占实施许可合同，专利权人暂时丧失专利使用权。即专利权人不但不能再将该专利许可他人实施，同时自己也不能够使用该发明创造专利。只有当合同的期限届满时，许可方才可恢复行使专利权中的专利使用权。如果独占实施许可合同的期限等同于专利权保护的期限，实质上等于专利权人就丧失了专利的使用权。但实际中这种情况并不多见。

3. 被许可人必须向许可方支付约定的报酬。独占实施许可是专利权中的使用权在约定范围内的完全转让，故被许可方一般要支付较高的报酬，以保证专利权人经济利益的实现。

（二）排他实施许可

排他实施许可，也称为"独家实施许可"或"部分独占性许可"，是指许可人允许被许可人在约定的范围内独家实施其专利，而不再许可任何第三方在该范围内使用该专利，但许可方仍保留自己在该范围内实施该专利的权利。排他实施许可有以下特征：

1. 排他实施许可的被许可人取得在合同规定范围内部分独占实施该专利的权利。但无权排斥供方自己在同一地域和同一时间内使用有关技术。即按照合同约定专利权人仅许可被许可人在合同规定的范围内使用专利，不再许可被许可人以外的任何第三人在相同范围内实施专利。

2. 许可人自己仍保留实施专利的权利，并有权要求被许可人支付专利使用费。由此可见，按照排他实施许可，在合同约定的范围内只有许可人和被许可方拥有该专利的使用权，客观上排除了任何其他第三方使用该专利的可能性。因此"排他实施许可"是排除专利权人和被许可人以外其他第三人在合同约定范围的使用。

（三）普通实施许可

普通实施许可，又称为"一般实施许可"或"非独占性许可"，是指许可人许可被许可人在规定的范围内使用专利，同时保留自己在该范围内使用该专利以及许可被许可人以外的其他人实施该专利的许可方式。普通许可有以下特征：

1. 按照普通实施许可，被许可人在一定范围内取得专利使用权，并应按照合同约定向专利权人支付报酬。但普通许可合同的费用较低。

2. 依照普通实施许可，许可方不仅保留自己在合同约定范围内实施专利的权利，而且仍然有权利将该专利许可被许可人以外的其他任何第三人使用，从而获得经济上的利益。

3. 普通实施许可是一种允许许可方多次许可他人在同一范围实施专利的许可方式。许可方可以根据市场对专利技术的需求在同一地域内，将其专利同时许可不同的人使用并收取报酬。这种许可贸易方式有利于先进技术的推广和应用，但对于被许可人而言往往增加了专利产品的市场风险。

（四）分实施许可

分实施许可，也称为"分售许可"或"分许可证"，是指专利实施许可的被许可人依据合同规定，除了取得在规定的范围内使用许可方的专利外，还可以许可第三方部分或全部实施专利。这种许可相对于原许可合同而言，在原许可合同的基础上产生，故称之为分许可合同。分实施许可有以下特点：

1. 分实施许可基于许可方和被许可方的实施许可产生。被许可人是否有权许可他人实施专利，取决于其和许可方在实施许可合同中的约定。只有专利实施许可合同中规定了被许可人可以在一定范围内许可他人实施专利，被许可人和其他人签订的分实施许可合同才有效。如果双方在合同中没有就此作出约定，一般认为被许可方无权许可他人实施专利。

2. 许可方有权从分实施许可中获得报酬。一般情况下，许可方会和被许可人在实施许可合同约定许可方应从分实施许可中收取的报酬比例。

（五）交叉实施许可

交叉实施许可，也称"相互许可"，即许可方和被许可方相互许可对方实施自己所拥有的专利技术而形成的实施许可。交叉实施许可有以下特点：

1. 许可方和被许可方是两项不同专利技术的拥有人。交叉实施许可以存在两项有效专利为前提。实践中常表现为从属专利权人和原专利权人之间的许可贸易。

2. 双方互为许可方和被许可方。实施许可的双方均拥有对方渴望实施的专利技术。

3. 通过实施许可合同约定双方实施专利的范围，其结果是双方各自实施对方的专利技术，双方既是对方专利实施的被许可人，又是对方专利实施的许可人。

专利实施许可的种类仅反映专利许可贸易中许可方和被许可方权利、义务范围的划分，其不反映进入许可贸易的专利技术的内容，当事人选何种实施许可形式，要根据市场的需求、技术的质量及自身的实际来分析，并以合同的方式确定。

八、标记权

标记权是指专利权人享有的在其专利产品或该产品包装上标明专利标记和专利号的权利。我国《专利法》第 17 条第 2 款规定："专利权人有权在其专利产品或者该产品的包装上标明专利标识。"关于专利标记的具体内容和要求，我国没有统一的规定，专利权人可以根据自己的专利产品自行设计。实践中经常使用"中国专利""专利""专利产品"等作为专利产品的专利标记。

九、署名权

署名权是指发明人或设计人享有在专利申请文件和专利文件中写明自己是发明人或设计人的权利。《巴黎公约》第 4 条之三规定，发明人有权要求在专利证书上写明发明人的名字。我国《专利法》第 17 条第 1 款规定："发明人或者设计人有权在专利文件中写明自己是发明人或者设计人。"署名权是与发明人的人身不可分离的人格权，只能由发明人或设计人享有，不可转让和继承。

第二节 专利权人的义务

一、缴纳专利年费

专利年费，是指专利权人依照专利法规定，自被授予专利权的当年开始，在专利权有效期内逐年应向专利局缴纳的费用。我国《专利法》第 43 条规定："专利权人应当自被授予专利权的当年开始缴纳年费。"专利年费在国外称为专利维持费或续展费，其作用表现在以下三个方面：①维持专利权的有效性。缴纳专利年费是专利权人的主要义务，专利权人是否依法缴纳了专利年费关系到专利权能否存续。专利权人缴年费的行为是向专利局表明愿意维持专利权效力的一种意思表示。专利权人如果不按期缴纳年费,将导致专利权在保护期限届满前终止。②淘汰失去经济价值的专利权,促使专利技术早日进入公有领域。要求专利人缴纳专利年费,可以促使专利权人认真、充分地衡量专利权还能否为其带来经济上的利益,是否继续保持专利的有效性,便于其及时放弃没有经济价值的专利,使专利早日进入公有领域,促进社会科技发展。③增强专利局的经济实力,提高专利工作的质量。缴纳年费可以增加专利局的经费收入,以补偿专利机关从事专利管理工作的支出,减轻国家的负担。同时促使专利权人尽早放弃意义不大的专利,使专利局维持专利的工作量减少,从而把更多的精力投入到现有专利管理中,减少工作失误,保证专利得到更有效的管理。

专利年费缴纳的方法各国规定不同。缴费的起算日主要有申请日、专利授权日、专利授权以后指定的日期等。我国《专利法实施细则》第93条就收费内容规定,向国务院专利行政部门申请专利和办理其他手续时,应当缴纳下列费用:①申请费、申请附加费、公布印刷费、优先权要求费;②发明专利申请实质审查费、复审费;③专利登记费、公告印刷费、年费;④恢复权利请求费、延长期限请求费;⑤著录事项变更费、专利权评价报告请求费、无效宣告请求费。前款所列各种费用的缴纳标准,由国务院价格管理部门、财政部门会同国务院专利行政部门规定。

关于缴纳费用的方式,《专利法实施细则》第94条规定,专利法和本细则规定的各种费用,可以直接向国务院专利行政部门缴纳,也可以通过邮局或者银行汇付,或者以国务院专利行政部门规定的其他方式缴纳。通过邮局或者银行汇付的,应当在送交国务院专利行政部门的汇单上写明正确的申请号或者专利号以及缴纳的费用名称。不符合本款规定的,视为未办理缴费手续。直接向国务院专利行政部门缴纳费用的,以缴纳当日为缴费日;以邮局汇付方式缴纳费用的,以邮局汇出的邮戳日为缴费日;以银行汇付方式缴纳费用的,以银行实际汇出日为缴费日。多缴、重缴、错缴专利费用的,当事人可以自缴费日起3年内,向国务院专利行政部门提出退款请求,国务院专利行政部门应当予以退还。

至于申请人未按规定缴纳费用的后果,《专利法实施细则》第95~99条规定,申请人应当自申请日起2个月内或者在收到受理通知书之日起15日内缴纳申请费、公布印刷费和必要的申请附加费;期满未缴纳或者未缴足的,其申请视为撤回。申请人要求优先权的,应当在缴纳申请费的同时缴纳优先权要求费;期满未缴纳或者未缴足的,视为未要求优先权。

当事人请求实质审查或者复审的,应当在专利法及本细则规定的相关期限内缴纳费用;期满未缴纳或者未缴足的,视为未提出请求。申请人办理登记手续时，应当缴纳专利登记费、公告印刷费和授予专利权当年的年费；期满未缴纳或者未缴足的，视为未办理登记手续。授予专利权当年以后的年费应当在上一年度期满前缴纳。专利权人未缴纳或者未缴足的，国务院专利行政部门应当通知专利权人自应当缴纳年费期满之日起6个月内补缴，同时缴纳滞纳金；滞纳金的金额按照每超过规定的缴费时间1个月，加收当年全额年费的5%计算；期满未缴纳的，专利权自应当缴纳年费期满之日起终止。恢复权利请求费应当在本细则规定的相关期限内缴纳；期满未缴纳或者未缴足的，视为未提出请求。延长期限请求费应当在相应期限届满之日前缴纳；期满未缴纳或者未缴足的，视为未提出请求。著录事项变更费、专利权评价报告请求费、无效宣告请求费应当自提出请求之日起1个月内缴纳；期满未缴纳或者未缴足的，视为未提出请求。

需要减缴或者缓缴的，按照《专利法实施细则》第100条的规定，申请人或者专利权人缴纳本细则规定的各种费用有困难的，可以按照规定向国务院专利行政部门提出减缴或者缓缴的请求。减缴或者缓缴的办法由国务院财政部门会同国务院价格管理部门、国务院专利行政部门规定。

关于专利年费的标准，依据国家知识产权局2001年3月1日起执行的公告规定，可以减缓授权以后3年的年费。具体标准为：发明专利年费第1~3年为每年900元；第4~6年每年1200元；第7~9年每年2000元；第10~12年每年4000元；第13~15年每年6000元；第16~20年每年8000元。实用新型专利年费，第1~3年每年600元；第4~5年每年900元；第6~8年每年1200元；第9~10年每年2000元。外观设计专利年费，第1~3年每年600元；第4~5年每年900元；第6~8年每年1200元；第9~10年每年2000元。

二、不得滥用专利权

不得滥用专利权是指专利权人必须在法律规定的范围内正确行使专利权，而不得利用专利权损害国家利益、社会利益或他人合法权益。专利权作为无形财产所有权具有绝对性的特点，任何单位和个人都不得侵犯。但并不意味着专利权人可以毫无限制地行使该权利，这是由权利和义务的相对性所决定的。因此，专利权人必须在法律规定的范围内行使专利权。如果专利权人向受让人提出限制竞争和技术发展的交易条件、非法垄断技术、妨碍技术进步、泄露属于国家秘密的专利等，则属滥用专利权的行为，客观上会损害国家、社会或他人利益，必须依法予以禁止。

第三节 专利权的限制

为了平衡专利权人与国家和社会之间的利益，各国专利法均不同程度地对专利权人的权利作了限制性的规定。我国专利权的限制主要表现为《专利法》规定了不构成专利侵权的使用行为、强制实施许可和计划实施许可。

一、不视为侵犯专利权的使用行为

根据我国《专利法》第69条的规定，下列方式对专利技术的使用不需要经过专利权人的许可，也不构成对专利权的侵犯：

（一）权利用尽后的使用、许诺销售、销售或进口

按照国际上通行的"权利用尽原则"，大多数国家专利法规定，专利权人制造或者经专利权人授权许可制造的专利产品售出后，其他人不需经过许可就可以使用或再销售该产品。即专利权人无论自己制造，还是许可他人制造的专利产品售出后，其权利即视为用尽，他人使用、许诺销售或销售、进口该专利产品的行为无需得到专利权人的许可，也不构成专利侵权。权利用尽后他人是否有权进口该专利产品，因专利权本身具有地域性特点，故常常涉及专利产品平行进口问题。

在知识产权国际保护中，因知识产权地域性特点，意味着一项知识产权可以经申请、审查、授权等程序同时受到两个以上国家或地区法律保护。通常会遇到一国的进口商能否从另一国知识产权所有人或其被许可人手中进口并销售受进口国知识产权法保护的知识产权商品的行为的问题。由于该进口与进口国知识产权人的进口相对平行，故称之为平行进口。学理上一般依据进口国和出口国知识产权是否同属于一人，将平行进口分为两国知识产权非属于同一人的平行进口和两国知识产权属于同一人的平行进口。各国从知识产权角度研究平行进口时，常常涉及适用知识产权法上的权利用尽原则还是地域性特点。大多数国家为了维护专利权人的利益普遍都对专利权的平行进口持谨慎态度。在国际贸易中，一般高价国或地区往往禁止平行进口，而低价国或地区则允许平行进口。

（二）先用权人的制造和使用

根据《专利法》第69条第2项的规定，在专利申请日前已经制造相同产品、使用相同方法或者已经做好制造、使用的必要准备，并仅在原有范围内继续制造、使用的，不构成侵权。可见，先用权人是指在专利申请日前已经制造与专利

产品相同的产品、使用相同方法或者已经做好制造、使用的必要准备，并且仅在原有范围内继续制造专利产品或使用专利方法的人。

（三）外国临时过境交通工具上的使用

依照《专利法》第69条第3项的规定，临时通过中国领陆、领水、领空的外国运输工具，依照其所属国同中国签订的协议或者共同参加的国际条约，或者依照互惠原则，为运输工具自身需要而在其装置和设备中使用有关专利的，不视为侵犯专利权。这一规定不仅符合国际惯例，而且体现了《巴黎公约》的精神。《巴黎公约》规定，在暂时或者偶然进入公约成员的运输工具（船舶、航空器或车辆）上使用发明专利装置，不视为侵犯专利权人的权利。

（四）非生产经营目的的利用

我国《专利法》第69条第4项规定，专为科学研究和实验而使用有关专利的，不视为侵犯专利权。"科学研究和实验"是指专门针对专利技术本身进行的科学研究和实验。"使用专利"是指为上述目的对专利技术进行分析、考察，而不是将专利技术作为技术手段进行其他的科学研究和实验。实践中对专为科学研究和实验应作广义理解。一般情况下，凡非工业方式的使用或非营利目的的使用行为应不构成侵权。如为了教学的目的而使用或为了个人使用的目的而使用专利的不属于生产经营目的的利用，不构成侵权。

（五）药品和医疗器械的实验例外

我国《专利法》第69条第5项规定："为提供行政审批所需要的信息，制造、使用、进口专利药品或者专利医疗器械的，以及专门为其制造、进口专利药品或者专利医疗器械的。"这一规定是我国《专利法》第三次修改时新增加的内容。该制度借鉴于美国专利法上的做法，也为世界贸易组织的争端解决机构在对有关纠纷的裁决中所认可。这一规定虽然可以让行为人合法地提前开展相关工作，但也仅仅可以提前开展研发和报批工作，并不意味着就可以生产和销售。

（六）善意第三人赔偿责任的免除

依照《专利法》第70条的规定，为生产经营目的使用、许诺销售或者销售不知道是未经专利权人许可而制造并售出的专利侵权产品，能证明该产品合法来源的，不承担赔偿责任。此乃《专利法》第三次修改时增加的内容。第三次修改《专利法》时增加了"许诺销售"。所谓"不知道是未经专利权人许可"即善意第三人，是指在使用或销售专利产品时主观上不存有侵犯专利权人专利权的主观故意和过失的人。多数国家的专利法是将"恶意使用"作为侵权行为之一列入专利法，却并不讲"善意使用"是否构成侵权，也没有把"善意使用"作为一条对专利的限制。[1]

在理解我国《专利法》的上述规定时应注意以下三点：①善意第三人的利用仅限于为生产经营目的使用、许诺销售或者销售专利产品的行为，不包括对专利产品的制造和进口行为。②行为人使用、许诺销售或者销售专利新产品在主观上处于一种"不知道"的主观心理状态。"不知道"是指实际不知道且不应当知道。行为人明知使用、许诺销售或销售该专利新产品会造成专利侵权而使用、许诺销售或销售，形成专利侵权；行为人应当知道使用、许诺销售或者销售专利产品会构成侵权因为过失而不知道的情况下使用专利新产品的也构成侵权。③使用人负有免除责任的举证义务。即专利产品使用者或者销售者应当证明他"不知道"其销售专利的产品是未经专利权人许可而制造并售出的，并证明产品具有合法的来源。所谓产品的"合法来源"，是指通过合法的销售渠道、通常的买卖合同等正常商业方式取得产品。对于合法来源，使用者、许诺销售者或者销售者应当提供符合交易习惯的相关证据。实践中可以利用购买专利新产品时的正式购销合同和购货发票等来证明自己所使用、许诺销售或者销售的专利新产品具有合法的来源。

二、专利实施的强制许可

强制许可，也称为"强制许可使用"或"非自愿许可"，是指国务院专利行政部门依照法律规定，可以不经专利权人的同意，直接允许申请人实施专利权人的发明或实用新型专利的一种行政措施。这种措施相对于专利权人的自由使用和自愿许可他人使用而言，故称为强制许可。它是国家专利行政部门的行政措施之一，是对专利权人专利权的一种限制。其根本目的是促使获得专利的发明创造得以实施，防止专利权人滥用专利权，维护国家利益和社会公共利益。

（一）强制许可的种类

对发明专利和实用新型专利的强制许可，根据不同的条件可分为以下三类：

1. 依申请给予的强制许可，也称申请人未能获得专利权人许可实施专利时申请的强制许可。我国《专利法》第48条规定："有下列情形之一的，国务院专利行政部门根据具备实施条件的单位或者个人的申请，可以给予实施发明专利或者实用新型专利的强制许可：①专利权人自专利权被授予之日起满3年，且自提出专利申请之日起满4年，无正当理由未实施或者未充分实施其专利的；②专利权人行使专利权的行为被依法认定为垄断行为，为消除或者减少该行为对竞争

---

[1] 郑成思：《知识产权法》，法律出版社1997年版，第273页。

产生的不利影响的。"《专利法实施细则》第 73 条第 1 款规定："专利法第 48 条第 1 项所称未充分实施其专利，是指专利权人及其被许可人实施其专利的方式或者规模不能满足国内对专利产品或者专利方法的需求。"

2. 根据公共利益需要给予的强制许可，也称为特殊情况下的强制许可，是指当法律规定的特殊情况出现时，为了国家和社会公共利益，知识产权局有权决定对专利权人的专利给予强制许可使用，以维持社会的稳定和保障公众的利益。我国《专利法》第 49 条规定："在国家出现紧急状态或者非常情况时，或者为了公共利益的目的，国务院专利行政部门可以给予实施发明专利或者实用新型专利的强制许可。"此外，我国《专利法》第三次修改时增加了药品的强制许可，即第 50 条规定："为了公共健康目的，对取得专利权的药品，国务院专利行政部门可以给予制造并将其出口到符合中华人民共和国参加的有关国际条约规定的国家或者地区的强制许可。"至于本条中所称的药品，是指解决公共健康问题所需的医药领域中的任何专利产品或者依照专利方法直接获得的产品，包括取得专利权的制造该产品所需的活性成分以及使用该产品所需的诊断用品。

3. 根据专利之间相互关系给予的强制许可，也称从属专利的强制许可。我国《专利法》第 51 条规定："一项取得专利权的发明或者实用新型比前已经取得专利权的发明或者实用新型具有显著经济意义的重大技术进步，其实施又有赖于前一发明或者实用新型的实施的，国务院专利行政部门根据后一专利权人的申请，可以给予实施前一发明或者实用新型的强制许可。在依照前款规定给予实施强制许可的情形下，国务院专利行政部门根据前一专利权人的申请，也可以给予实施后一发明或者实用新型的强制许可。"

（二）强制许可的程序

依据我国《专利法》第 54~56 条的规定及《专利法实施细则》第 74~75 条的规定，申请强制许可的，须提交强制许可请求书，说明理由并附具有关证明文件各一式两份；并应当提出未能以合理条件与专利权人签订实施许可合同的证明。国务院专利行政部门收到请求书及有关证明文件后，应将强制许可申请书的副本送交专利权人，并通知专利权人在指定的期限内陈述意见。专利权人是否陈述意见，不影响国务院专利行政部门作出关于强制许可的决定。对于申请人申请强制许可的请求进行审查后，认为不符合强制许可实施条件的可以驳回请求；认为符合条件的，应当作出决定给予强制许可。为了与《TRIPs 协议》保持一致，我国第二次修改后的《专利法》及《专利法实施细则》规定，国务院专利行政部门作出的给予实施强制许可的决定，应当依据强制许可的理由规定实施的范围和时间，并限定强制许可实施主要为供应国内市场的需要；强制许可涉及的发明创造是半导体技术的，强制许可实施仅限于公共的非商业性使用，或者经司法程序或者行政程序确定为反竞争行为而给予救济的使用。

(三) 强制许可的费用

我国《专利法》第57条规定，取得实施强制许可的单位或者个人应当付给专利权人合理的使用费，或者依照中华人民共和国参加的有关国际条约的规定处理使用费问题。付给使用费的，其数额由双方协商；双方不能达成协议的，由国务院专利行政部门裁决。裁决在程序上应当依据《专利法实施细则》相关规定，即当事人应当提出裁决请求书，并附具双方不能达成协议的证明文件。国务院专利行政部门应当自收到请求书之日起3个月内作出裁决，并通知当事人。

三、专利实施的强制推广应用

强制推广应用是指国家主管机关对国有企业事业单位的对国家利益或者公共利益具有重大意义的需要推广应用的发明专利，按照法定程序报经国务院批准在一定范围内推广应用，允许指定单位实施的一种行政措施。这种措施是为了保障国家利益和公共利益，运用行政权力对重要专利技术的推广应用，它是对专利权人专利权的一种限制。我国《专利法》第14条规定："国有企业事业单位的发明专利，对国家利益或者公共利益具有重大意义的，国务院有关主管部门和省、自治区、直辖市人民政府报经国务院批准，可以决定在批准的范围内推广应用，允许指定的单位实施，由实施单位按照国家规定向专利权人支付使用费。"

第四节 专利权的期限、终止和无效

一、专利权的期限

专利权的期限，即专利权受法律保护的期限，是指专利权人享有的专利权从生效到正常终止的法定期间。在该期间内专利权人享有对专利技术的垄断使用权，除法律另有规定外，其他任何单位和个人未经专利权人许可不得实施其专利。专利权期限届满后，专利权便自动失效，专利技术流入公有领域，任何单位和个人均可无偿地使用。

关于专利权期限起算的时间，世界各国专利法和国际公约有不同的规定。其具体表现为：①自申请日起算；②自申请后第二日开始计算；③自审查后公告日起计算；④自早期公开日起计算；⑤自完整说明书提出日计算；⑥自专利批准日起计算；⑦自提交申请之日起计算。[1] 我国和大多数国家以申请日作为专利权有效期间的起算点。世界各国关于专利权的期限规定不一。专利权最短的为5年，最长的为20年，多数国家为10~20年。法律确定专利权限期的主要依据有以下几点：①保护发明创造人的利益，调动其发明创造的积极性。即必须考虑，要使专利权人发明创造所投入的劳动得到有效补偿，使其能在专利权期间得到应有的经济回报，因此专利权期限不宜太短。②有利于技术推广应用。专利权保护期限的确定应考虑有利于专利实施及专利技术的推广，使保护的期限能满足技术的推广和应用。基于此，其保护期限又不宜太长。③考虑保护本国科技发展和经济利益及国际保护的水平。使专利权的保护既有利于本国发展，又和国际保护相协调。④考虑专利权不同客体的特点，根据发明创造性水平和科技发展的速度及技术的更替周期，对不同的专利给予不同的保护期限。

目前，国际上专利权保护期限虽不统一，但绝大多数国家对发明专利均规定了较长的保护期限，如为20年、15年、10年不等，也有的国家针对不同领域的发明创造，规定不同的保护期间。例如，印度一般发明的保护期为20年，药品发明专利的保护期限仅有10年。我国《专利法》第42条规定："发明专利权的期限为20年，实用新型专利权和外观设计专利权的期限为10年，均自申请日起计算。"

二、专利权的终止

专利权终止，也称专利权消灭，是指专利权因保护期届满或其他原因在保护期届满前失去法律效力。专利权一旦终止，受专利法保护的发明创造即进入公有领域，成为人类共有财富，任何单位和个人均可无偿使用。专利权终止分正常终止和非正常终止。正常终止是指专利权因保护期限届满而终止。非正常终止是指专利权在保护期内，因法定事由的出现，而导致专利权提前终止。依我国《专利法》的规定，专利权终止的原因包括：保护期届满，没有按期缴纳年费以及权利人以书面方式声明放弃。

三、专利权的无效

专利权的无效，也称专利权无效宣告，是指对已经授予的专利权，因不符合专利法的规定，由国家知识产权局专利局宣告其不具有法律约束力。我国《专利法》第45条规定："自国务院专利行政部门公告授予专利权之日起，任何单位或者个人认为该专利权的授予不符合本法有关规定的，可以请求专利复审委员会宣

---

[1]《TRIPs协议》第33条规定，有效的保护期限自登记之日起不得少于20年。应注意，提交申请之日在申请人享有优先权时，不同于申请日。

告该专利权无效。"专利无效宣告的目的在于及时纠正专利授权中的失误，确保所授专利权的质量，保护其他发明创造人的利益。实行无效宣告有利于社会对专利授权行为进行监督，以保证专利的质量。

依我国《专利法》及《专利法实施细则》的规定，宣告专利权无效基于以下理由：①授予专利权的发明创造不符合专利授权的实质条件；②授予专利权的发明创造不是专利法意义上的发明、实用新型或外观设计或超出了专利授权的范围，或者其属于违反国家法律、社会公德或者妨害社会公共利益的发明创造；③专利权人的专利申请文件不符合法律规定，不能充分公开发明创造的技术特征，或权利要求书不相符合，或发明、实用新型专利申请文件的修改超出了原说明书和权利要求书记载的范围，对外观设计专利申请文件的修改超出了原图片或照片表示的范围等；④取得专利权的人无权取得该专利权。

任何单位和个人请求宣告专利无效，必须依法向国家知识产权局专利局提出请求宣告专利权无效的请求书及有关文件，说明理由。国家知识产权局专利局收到无效宣告的请求书后，经审查认为不符合规定格式的，通知请求人在指定期限内补正，逾期不补正的，该无效宣告请求书被视为撤回。认为请求人提出请求宣告专利权的理由不符合《专利法》规定的，或者在已提出的撤销专利权请求尚未作出决定前又请求无效宣告的，或者就撤销专利权请求，无效宣告请求已作出的决定，又以同一事实和理由请求无效宣告的，国家知识产权局专利局不予受理。国家知识产权局专利局经审查，认为请求人的请求书符合法律规定的，应将请求书和有关文件的副本送交专利权人，要求其在指定的期限内陈述意见。国家知识产权局专利局经审查认为请求人的请求理由全部或部分成立的，应当宣告专利权全部或部分无效；如果专利权无效宣告的理由不成立的，应作出维持该专利权的决定。国家知识产权局专利局应将上述决定通知请求人和专利权人，并由国务院专利行政部门登记和公告。对国家知识产权局专利局宣告专利权无效或者维持专利权的决定不服的，可以自收到通知之日起 3 个月内向人民法院起诉。人民法院应当通知无效宣告请求程序的对方当事人作为第三人参加诉讼。依据我国《专利法》第 47 条之规定，宣告无效的专利权视为自始即不存在。宣告专利权无效的决定，对在宣告专利权无效前人民法院作出并已执行的专利侵权的判决、调解书，已经履行或者强制执行的专利侵权纠纷处理决定，以及已经履行的专利实施许可合同和专利权转让合同，不具有追溯力。但是因专利权人的恶意给他人造成的损失，应当给予赔偿。依照前款规定不返还专利侵权赔偿金、专利使用费、专利权转让费，明显违反公平原则的，应当全部或者部分返还。

■ 本章小结

通过本章学习,我们了解了专利权人在专利权保护期限内依法享有的具体权利和应承担的义务,掌握了法律对专利权进行限制的理由和限制的具体方法,并对专利权的保护期限、终止和无效进行了比较分析。

■ 本章思考题

1. 专利权人依法享有哪些财产权利?
2. 为什么对专利权人的权利进行限制?
3. 宣告专利权无效的具体程序是什么?
4. 专利权许可使用和转让的主要不同点是什么?
5. 强制许可的条件是什么?
6. 案例讨论:

案例一:　　　　　标准必要专利许可使用费案件[1]

【基本案情】

华为技术有限公司(以下简称华为公司)与IDC公司就标准必要专利许可费或者费率问题进行了多次谈判。谈判期间,IDC公司向美国法院提起诉讼,同时请求美国国际贸易委员会对华为公司等相关产品启动337调查并发布全面禁止进口令、暂停及停止销售令。华为公司遂向广东省深圳市中级人民法院提起诉讼,要求法院判令IDC公司按照公平、合理、无歧视(FRAND)的原则确定标准专利许可费率。广东省深圳市中级人民法院一审认为,根据"公平、合理、无歧视"原则,标准必要专利许可使用费率应确定为0.019%。IDC公司不服一审判决,向广东省高级人民法院提起上诉。广东省高级人民法院二审认为,无论是从字面上理解,还是根据欧洲电信标准化协会和美国电信工业协会中的知识产权政策和中国法律的相关规定,"FRAND"义务的含义均应理解为"公平、合理、无歧视"许可义务。对于愿意支付合理使用费的善意的标准使用者,标准必要专利权人不得径直拒绝许可,既要保证专利权人能够从技术创新中获得足够的回报,同时也避免标准必要专利权利人借助标准所形成的强势地位索取高额许可费率或附加不合理条件。"FRAND"义务的核心在于合理、无歧视的许可费或者许可费率的确定。华为公司和IDC公司均是欧洲电信标准化协会的成员,IDC公司

---

[1] 参见最高人民法院2013年4月23日发布的《2012年中国法院知识产权司法保护十大案件简介》及广东省高级人民法院(2013)粤高法民三终字第305号民事判决书。

负有许可华为公司实施其标准必要专利的义务。关于使用费或者使用费率的问题，双方应当按照公平、合理和无歧视条款，即"FRAND"条款进行协商，协商不能时，可以请求人民法院裁决。人民法院根据标准必要专利的特点，考虑实施该专利或类似专利所获利润及其在被许可人相关产品销售利润或销售收入中所占比例、专利许可使用费不应超过产品利润一定比例范围等若干因素，综合考虑各个公司之间专利许可实际情况的差别，以及华为公司如果使用IDC公司在中国之外的标准必要专利还要另行支付使用费的情况，合理确定本案的专利许可使用费。

【重点讨论】什么是标准必要专利使用费？本案是如何确定标准必要专利使用费的？如何理解和适用"FRAND"原则？

案例二：专利的无效宣告：埃意（廊坊）电子工程有限公司诉国家知识产权局专利复审委员会、王贺、姚鹏无效宣告（专利）行政判决书[1]

【基本案情】

原告王贺、姚鹏因实用新型专利权无效行政纠纷一案，不服被告国家知识产权局专利复审委员会（以下简称专利复审委员会）于2014年12月4日作出的第24570号无效宣告请求审查决定（以下简称被诉决定），在法定期限内向北京知识产权法院提起行政诉讼。被诉决定系专利复审委员会针对埃意公司就王贺、姚鹏拥有的第ZL200920095008.5号"位于座垫下表面或座椅骨架上的压力型安全带提醒传感器"实用新型专利权（以下简称本专利）的无效宣告请求而作出的，该决定认定：

一、审查基础

在本次无效宣告请求中，王贺提交了权利要求书的修改替换页，其中将原权利要求1删除。经审查，所作修改符合《专利审查指南》的相关规定，因此，本决定的审查基础为王贺提交的修改后的权利要求书，即授权公告文本中的原权利要求2-7。

二、关于证据和现有技术

埃意公司提交的证据2-5均为专利文献，王贺对其真实性无异议。经审查，合议组对证据2-5的真实性予以确认，且证据2-5的公开时间均在本专利申请日

---

[1] 参见最高人民法院2019年4月22日发布的《2018年中国法院10大知识产权案件和50件典型知识产权案例》及最高人民法院（2018）最高法行再33号行政判决书。

之前，构成本专利的现有技术，可以用于评价本专利的新颖性和创造性。其中，证据2、证据4和证据5为外文证据，埃意公司提交了相应的中文译文，王贺对这些中文译文的准确性表示无异议，因此，证据2、4和5公开的内容以埃意公司提交的中文译文上记载的内容为准。由于埃意公司放弃了证据1的使用，故不再对证据1予以评述。

三、关于《专利法》第22条第2、3款

关于权利要求2。本专利权利要求2请求保护一种位于座垫下表面或座椅骨架上的压力型安全带提醒传感器。证据2（参见其中文译文及图1-3）公开了一种薄膜开关，其中，柔性基板10和柔性薄膜20分别对应于本专利中的"薄膜层"；银导体22、26及其上的导电点30、32对应于本专利中的"印刷电路"；其上设有黏合层16、18的间隔件12一起对应于本专利中的"带有胶质材料的中间层"，间隔件12上的黏合层起到黏合基板10和薄膜20，间隔件12起到将银导体22、26及其上的导电点30、32隔绝开的作用；空间14中在位置上对应于银导体22、26及导电点30、32区域的部分对应于本专利中的"中间层通孔"，空间14的其他部分则对应于本专利中的"中间层通道"；基板10上的通道46对应于本专利中的"塑料薄膜层通孔"。

因此，本专利权利要求2请求保护的技术方案与证据2的图2对应实施例公开的内容相比存在以下区别技术特征：（1）本专利权利要求2请求保护一种位于座垫下表面或座椅骨架上的压力型安全带提醒传感器，而证据2公开的是一种薄膜开关；（2）本专利中双层薄膜层具体为塑料薄膜层，而证据2只公开为柔性基板或薄膜层；（3-1）本专利中限定压力传感器包括设置在塑料薄膜层上的通孔，而证据2中的薄膜开关中是在黏合层18中形成小排气通道36，通道36连接至主排气通道38，通道38终止于薄膜20的边缘39，使得其实际上被排气至空气；（4）本专利中还限定因需要传感器主要载体可外加纺织物保护材料。

本专利权利要求2请求保护的技术方案与证据2的图3对应实施例公开的内容相比存在以下区别技术特征：（1）本专利权利要求2请求保护一种位于座垫下表面或座椅骨架上的压力型安全带提醒传感器，而证据2公开的是一种薄膜开关；（2）本专利中双层薄膜层具体为塑料薄膜层，而证据2只公开为柔性基板或薄膜层；（3-2）本专利中限定压力传感器包括设置在塑料薄膜层上的通孔，而证据2中的薄膜开关中包括基板10上的通道46，通道46通向第二基板与第一基板之间形成的腔44；（4）本专利中还限定因需要传感器主要载体可外加纺织物保护材料。

由于存在上述区别技术特征，因此本专利权利要求2相对于证据2中图2或者图3对应的实施例均具备《专利法》第22条第2款规定的新颖性。

由于埃意公司还提出权利要求 3-7 相对于证据 2 与证据 5 或公知常识的结合不符合《专利法》第 22 条第 3 款的规定的无效理由，根据《专利审查指南》第四部分第三章第 4.1 节第（4）项的规定，专利复审委员会依职权对权利要求 2 是否具备创造性进行审查。

对于区别技术特征（1），本领域技术人员知晓，证据 5 中的力敏电阻元件亦属于薄膜开关的一种，换言之，基于证据 5 的教导能够认识到薄膜开关技术可应用于汽车座椅的重量传感器中，用于确定乘客乘坐状态以控制车辆的安全约束系统，例如安全带提醒机构。因此，基于证据 5 的教导，本领域技术人员容易想到将证据 2 公开的薄膜开关用于设在汽车座椅座垫下表面或座椅骨架上的压力型安全带提醒传感器。此外，这种应用也是本领域技术人员公知的技术。即，该区别技术特征（1）不能使得该技术方案相对于现有技术具备实质性特点。

对于区别技术特征（2），薄膜层采用塑料薄膜材质是本领域的常规选择之一，其亦不能使得该技术方案相对于现有技术具备实质性特点。

关于区别技术特征（3-1）和（3-2），王贺认为证据 2 中开关是密封的，其与外界隔绝以防止内部受潮，而本专利中通孔是与大气连通，其既起到排气作用，又能够识别最低荷载。

对于本专利中通孔的作用，本专利说明书中并无详细记载，更没有提及其能够以及如何能够起到识别最低荷载的作用，本领域技术人员基于说明书的描述并不能确定其具备识别最低荷载的功能。

至于其与大气连通以起到排气作用，证据 2 的图 2 所示结构中公开了在粘合层 18 中设置排气通道以使开关操作过程中空间 14 中的空气能够被排至空气，即给出了在开关中设置与大气连通的空气通道以便在操作过程中提供压力平衡的技术启示，基于此，本领域技术人员容易根据实际需要选择合适的空气通道设置方式，例如在开关的薄膜层上设置通孔以提供开关内部空间与大气的空气通道，这种选择无需付出创造性劳动，也不会产生预料不到的技术效果，即该区别技术特征（3-1）不能使得该技术方案相对于现有技术具备实质性特点。

尽管在证据 2 的图 3 所示结构中，由薄膜层上通孔形成的通道 46 是与第一、第二基板之间形成的空腔 44 连通，并非直接与大气连通，但是证据 2 中已经明确提及，这种设置是在保证能够提供适应开关操作期间空气压力变化功能的基础上，为额外提供密闭防潮之功能而作出的。由此，本领域技术人员容易认识到，在不需要考虑防潮的情况，可以省略该第二基板及空腔 44，让该通道 46 直接与大气连通以提供空气压力调节功能。因此，该区别技术特征（3-2）亦不能使得该技术方案相对于现有技术具备实质性特点。

对于区别技术特征（4），本领域技术人员根据其实际应用场合，根据需要在传感器外部设置纺织物保护材料是无需付出任何创造性劳动的,且这种设置不会产生任何预料不到的技术效果。

因此,在证据2的图2或图3公开的实施例的基础上结合证据5或公知常识得到本专利权利要求2请求保护的技术方案对于本领域技术人员而言是显而易见的,该权利要求2不具备《专利法》第22条第3款规定的创造性。

权利要求3-7的附加技术特征均为证据5公开或属于本领域技术人员在证据5的基础上容易作出的常规选择,在其引用的权利要求不具备创造性的情况下,权利要求3-7均不具备《专利法》第22条第3款规定的创造性。

综上,本专利的原权利要求2-7的技术方案均不具备创造性,应当予以无效,故不再对埃意公司提出的其他无效理由及证据进行评述。

综上,专利复审委员会作出被诉决定,宣告本专利权全部无效。

原告王贺、姚鹏诉称:

1. 被诉决定适用法律、法规错误。被诉决定错误地适用发明专利创造性的审查方法审查实用新型专利的创造性,不符合《专利审查指南》的规定。①使用与本专利不属于同一技术领域的证据2作为本专利的现有技术,不符合《专利审查指南》第四部分第六章第4节之(1)的规定;②使用证据2-5加若干公知常识评价本专利创造性,已超过两项现有技术,本专利亦非由证据2-5简单叠加而成,故不符合《专利审查指南》第四部分第六章第4节之(2)的规定。

2. 被诉决定在评价本专利权利要求2的创造性时程序不合法。被诉决定未分别确定区别特征(3-1)和(3-2)实际解决的技术问题,导致认定权利要求2无创造性的理由不充分。

3. 被诉决定在判断本专利权利要求2对本领域技术人员是否显而易见时证据不足。被诉决定未认定区别特征(3-1)和(3-2)已被其他现有技术公开,且亦未给出区别特征(3-1)和(3-2)属于常规选择的证据,其认为证据2给出对自己改进的启示不合逻辑。

4. 被诉决定认定事实错误。①对证据2图2的同一事实作出了相反认定,其中对"空间14中的气体被排出"的事实认定错误;②对证据2的图3能够给出不防潮启示的认定错误;③关于空间14的银导体区域对应"中间层通孔"、其他区域对应"中间层通道"、通道46对应"塑料薄膜通孔"的认定错误;④关于力敏电阻元件属于薄膜开关的一种的事实认定错误。

5. 本专利具备创造性。本专利权利要求2相对于证据2结合证据5或者公知常识具有创造性,引用权利要求2的其他权利要求也具有创造性。综上,由于被诉决定适用法律、法规错误,审查程序不合法,认定事实错误,且缺乏主要证据,故请求人民法院依法撤销被诉决定。

【法院裁判】
一、一审法院观点

《专利法》第22条第3款规定:"创造性,是指与现有技术相比,该发明具有突出的实质性特点和显著的进步,该实用新型具有实质性特点和进步。"

本专利涉及的压力传感装置与证据2所称的薄膜开关均为通过压力作用使电极之间建立电接触,从而产生电信号的装置,该两件装置不因应用场合或具体结构的区别而形成技术领域的差异。且证据5明确记载可用于膜开关的箔型开关可作为安装于汽车座位上的传感器,原告在无效阶段的意见陈述中亦主张本专利为薄膜开关的一种。故证据2与本专利属于相同的技术领域,被诉决定将证据2作为最接近的现有技术评价本专利的创造性并无不妥。原告关于被诉决定使用不同技术领域的对比文件作为本专利的现有技术,不符合《专利审查指南》规定的主张,本案一审法院不予支持。

在证据2图2公开的薄膜开关中,当薄膜朝向基板移动从而关闭接触时,在区域14和通道36、38的组合空间中实际移动的空气体积不会允许外部受污染的空气进入空间14。但是,排气通道确实提供压力平衡并因此使得开关内的压力总是与周围的空气的压力相同,从而允许开关以正常方式操作。即排气通道既能使得开关内部与外部之间的空气流通,又能通过空间14和通道36、38的组合空间中实际移动的空气体积来限制或防止外部灰尘、尘土和污染物被引入内部,从而防止外部受污染的空气进入内部空间,二者并不矛盾。被诉决定认定证据2图2的空间14中的空气能够被排至开关外部及当薄膜朝向基板移动从而关闭接触时外部受污染的空气不会进入空间14并无不当。

本专利权利要求2明确限定中间层通孔为中间层上相应于印刷电路的区域设置的部分,此外,中间层上还开有中间层通道,塑料薄膜层上开有塑料薄膜层通孔。而证据2中的银导体22、26及导电点30、32区域的部分对应于本专利的印刷电路,柔性基板和柔性薄膜对应于本专利的薄膜层,故证据2空间14中相应于银导体22、26及导电点30、32区域的部分即对应于本专利的中间层通孔,空间14的其余部分对应于中间层通道,基板上的通道46对应于本专利的塑料薄膜层通孔。原告主张证据2的空间14作为一个整体对应本专利的中间层通孔,通道36、38等对应本专利的中间层通道,通道46设置在相当于本专利的中间层通孔上,依据不足,本案一审法院不予支持。

鉴于被诉决定对证据2公开内容的认定并无不当,且原告未对区别特征的认定提出明确异议,故本案一审法院对被诉决定认定的本专利权利要求2与证据2图2和图3相比分别存在的四个区别技术特征予以确认。

对于区别特征(1),由于证据5已公开箔型开关可用于薄膜开关及压敏开关,并可用作安装在汽车座位上的传感器,故本领域技术人员容易想到将证据2公开的薄膜开关用于汽车座椅座垫下表面或座椅骨架上的压力型安全带提醒传感器。

对于区别技术特征(2),薄膜层采用塑料薄膜材质是本领域的常规选择之一,其亦不能使得该技术方案相对于现有技术具备实质性特点。

发明实际解决的技术问题应当基于区别特征所能达到的技术效果确定,且本领域技术人员应当能够从说明书记载的内容中得知该技术效果。本专利说明书中仅记载了通过不同重量的载荷改变双层塑料薄膜层的接触程度,相应地改变接触电阻值并传输到相关控制系统进行信号检测,并未记载通过塑料薄膜通孔识别最低荷载并对传感器进行检测的技术效果,本领域技术人员阅读说明书后亦无法获知该技术效果,故识别最低荷载不属于本专利实际解决的技术问题。虽然区别特征(3-1)、(3-2)的塑料薄膜通孔的技术效果并未在本专利说明书中予以记载,但是本领域技术人员可知,在压力传感装置上设置通孔能达到通气、排气的技术效果,且该技术效果在证据2中亦可实现。本领域技术人员阅读本专利说明书后可知,相对于证据2,区别特征(3-1)、(3-2)实际解决的技术问题是提供一种新的解决传感器内外部压力平衡问题的方式。

对于区别特征(3-1),证据2图2通过狭小和错综复杂的排气通道,在实现开关内外部压力平衡的情况下防止受污染的空气进入开关内部,以达到防潮的效果。在本专利不需要对开关内部进行防潮处理的情况下,本领域技术人员容易想到简单地使用在薄膜上开排气通道的方式实现压力平衡。对于区别特征(3-2),在证据2图3公开的技术方案中,由于连接通道对外密封,故采用了在基板上开孔的方式以实现压力平衡,由于第一基板和第二基板之间形成的空腔44为累积器,其作用是在适应开关操作期间空气压力变化的情况下提供防潮的功能,在不需要防潮的情况下,本领域技术人员亦容易想到将第二基板和空腔44省略,直接实现传感器内外部的压力平衡。此外,区别特征(3-1)、(3-2)未给本专利权利要求2带来意料不到的技术效果。

对于区别技术特征(4),本领域技术人员根据其实际应用场合,根据需要在传感器外部设置纺织物保护材料是无需付出任何创造性劳动的,且这种设置不会产生任何预料不到的技术效果。

被诉决定在评价本专利的创造性时使用了证据2和证据5的组合进行评述,在确定现有技术整体是否存在技术启示时考虑了本领域技术人员容易作出的常规选择。例如,在评价区别特征(1)时,被诉决定既使用了证据2和证据5的组合否定该区别特征的实质性特点,又用证据2结合公知技术予以佐证,否定了该区别特征的实质性特点,其未使用多项现有技术评价本专利的创造性。故原告关于被诉决定用多项现有技术审查实用新型专利的创造性，不符合《专利审查指南》规定的主张，本案一审法院不予支持。

因此，本专利权利要求2不具有实质性特点和进步，原告关于本专利权利要求2具有创造性的主张，缺乏事实和法律依据，本案一审法院不予支持。由于原告对于从属权利要求3-7的创造性认定未提出明确异议，故本案一审法院对被告关于在其引用的权利要求不具备创造性的情况下，权利要求3-7亦不具有创造性的认定予以确认。

综上，被告专利复审委员会作出的被诉决定主要证据充分、适用法律法规正确、审理程序合法，审查结论正确。原告王贺、姚鹏的诉讼理由不能成立，本案一审法院不予支持。

二、二审法院观点

本案二审法院认为，本案焦点为本专利权利要求2是否具备创造性，核心问题在于专利复审委员会未确认本专利实际解决的技术问题，径行进入"三步法"的第三步，是否导致创造性认定错误。

《专利法》第22条第3款规定："创造性，是指与现有技术相比，该发明具有突出的实质性特点和显著的进步，该实用新型具有实质性特点和进步。"《专利审查指南》第二部分第四章3.2.1.1规定，判断要求保护的发明对于现有技术是否显而易见，通常可按照以下三个步骤进行：①确定最接近的现有技术。②确定发明的区别特征和发明实际解决的技术问题。③判断要求保护的发明对本领域的技术人员来说是否显而易见。在"第二步"中，应当分析要求保护的发明与最接近的现有技术相比有哪些区别特征，然后根据该区别特征所能达到的技术效果确定发明实际解决的技术问题。

本案中，专利复审委员会在确定本专利与最接近对比文件存在区别技术特征（3-1）和（3-2）后，没有确定本专利实际解决的技术问题，径行对是否"显而易见"进行判断，原审法院在审查第24570号决定时，在上述区别技术特征的基础上认为本专利实际解决的技术问题是提供一种新的解决传感器内外部压力平衡问题的方式。对此，本案二审法院不予认同。理由如下：

我国创造性判断采用的"三步法"基本源于欧洲专利局的"问题—解决"方法，其精髓在于：重塑发明过程，即以最接近现有技术为基础，立足本领域普通技术人员的认知，分析最接近现有技术中存在的缺陷，并据此提出发明要解决的技术问题，再进一步判断现有技术整体上是否给出了采用与发明一样的手段解决该技术问题的技术启示。虽然对个别案件而言，存在忽视"三步法"的现象，但"三步法"的判断思路适用于绝大多数发明的创造性审查，是避免"事后诸葛亮"客观判断发明创造性不可取代的有效方法。其中第二步"确定发明实际解决的技术问题"是判断发明相对于现有技术是否显而易见的基础和前提。如果本领域技术人员没有意识到要解决的技术问题，通常不会有动机去寻求解决该问题的技术方案。技术效果是确定技术问题的依据，技术效果的来源有二：一是说明书的明确记载，根据专利法"公开换保护"的基本原理，未记载在说明书中的技术效果不能视为发明人的技术贡献，不能作为评价专利创造性的依据。这种情况下往往属于主观技术问题与客观技术问题一致的情形。二是说明书虽未明确记载，但本领域技术人员通过阅读说明书后得出的技术效果，也就是主观技术问题与客观技术问题不一致时，应以审查员或法官认定的客观技术问题为准。确定客观技术问题应避免将区别技术特征本身的基本属性直接认定为其在技术方案中的作用，应考查其与其他特征的关联，并根据其所在的技术单元给整个技术方案带来的技术效果来认定。尤其是当区别技术特征为所属技术领域公知常识时，不考虑与技术方案其他特征的配合、协同作用，仅以其公知的属性认定技术效果，往往会割裂单个区别技术特征与整个技术方案的内在联系。本案中，本专利权利要求2与最接近对比文件区别技术特征为压力传感器包括设置在塑料薄膜层上的"通孔"，而"通孔"与上下层塑料薄膜及印刷电路等其他技术特征共同组成了传感器，正因为"通孔"的设置才使得双层塑料薄膜层在一定座椅载荷作用下，内部空气通过"通孔"被排出，上下层印刷电路相接触，相应地改变接触电阻值并传输到相关控制系统进行信号检测，为整车提供乘员状态信息以便在安全带没有系好的情况下提醒乘员确认安全带系好。作为本领域的公知常识或生活常识，"通孔"必然具有"排气通气"的功能，由于本专利中的"通孔"与压力传感器是一体设计的，所以客观技术问题的认定不能仅以"通孔"本身具有的功能来确认，应将"通孔"置于压力传感器中来认定。本专利在仅有两页的说明书中反复出现"传感器的各个传感单元可以重复测量"的表述，因此，本领域技术人员基于本专利发明主题、发明目的以及说明书对传感单元结构、具体实施方式的记载，可以明确地认识到，传感器单元的技术效果是"测量"汽车座椅上的载荷，故本专利实际解决的技术问题既非专利权人声称的"排气通气"，亦非原审法院归纳总结的"保持平衡"，而是"识别最低荷载"。原审法院实际是将最接近对比文件解决的技术问题认定为本专利解决的客观技术问题，故在此基础上对本专利权利要求2创造性的认定有误，对此本案二审法院予以纠正。

此外，根据《中华人民共和国行政诉讼法》第6条之规定，人民法院审理行政案件，对行政行为是否合法进行审查。本案中，原审法院在已确认专利复审委员会未认定技术问题的同时，对专利复审委员会违反审查指南的做法进行了弥补，将本专利解决的技术问题归纳为"保持平衡"，既不符合本专利解决技术问题的实际，又给专利权人带来了审级损失，原审法院作法亦有不妥，对此本案二审法院亦予纠正。

综上，原审判决适用法律有误，应当予以纠正。王贺、姚鹏的上诉请求，有事实和法律依据，应当予以支持。

三、再审法院观点

再审法院认为，本案的焦点问题在于涉案专利原权利要求2是否具备创造性。具体涉及以下三个方面的问题：①在认定原权利要求2是否具有创造性时应如何适用"三步法"；②如何考虑原权利要求2实际解决的技术问题；③原权利要求2是否具备创造性。

（一）关于在认定原权利要求2是否具有创造性时应如何适用"三步法"

首先，《专利法》第22条第3款规定："创造性，是指与现有技术相比，该发明具有突出的实质性特点和显著的进步，该实用新型具有实质性特点和进步。"在判断要求保护的发明创造相对于现有技术是否显而易见时，通常可以按照以下三个步骤进行：①确定最接近的现有技术；②确定发明的区别特征和发明实际解决的技术问题；③判断要求保护的发明对本领域的技术人员来说是否显而易见。认定发明创造是否显而易见的上述三个步骤，在司法实践中通常被简称为"三步法"。"三步法"是认定发明创造是否显而易见的"一般性判断方法"。

"三步法"的适用有利于对权利要求是否具有《专利法》第22条第3款规定的创造性作出客观、准确的认定。但也要注意到"三步法"并非判断创造性的唯一方法。在准确、客观、全面地理解权利要求限定的技术方案和现有技术的基础上，不排除对创造性的判断也可以通过"三步法"以外的其他方法来完成。而且，无论采用哪种方法，理应得到相同的结论。当然，再审法院也注意到在《专利审查指南》中，有关"突出的实质性特点（显而易见）"的认定方法也只是规定了"三步法"，并没有明确记载其他的判断方法。且长期以来，在专利审查实践以及司法实践中，"三步法"始终是认定创造性最为重要、最为基本的方法。因此，在认定发明创造是否显而易见，是否具有创造性时，一般应当通过"三步法"来进行判断，但也有必要给其他判断方法留出适用、发展的空间。

由于"三步法"是判断权利要求是否显而易见的一种方法，故对于"三步法"的适用，包括"三步法"中每一个步骤的适用，都应当立足于并服务于认定发明创造是否显而易见，是否具有创造性这个根本目标。因此，在正确认定区别技术特征的基础上，即使被诉决定或一审法院对"第二步"中的实际解决的技术问题未作认定，或者认定错误，亦不必然影响对权利要求是否具有创造性作出正确的认定。本案中，当事人争议的焦点在于原权利要求2是否具有创造性。二审法院并未对原权利要求2的创造性作出实体认定，而是以一审法院在"三步法"的"第二步"中认定的实际解决的技术问题存在错误，被诉决定未认定实际解决的技术问题,以及避免审级损失为由,即判决撤销被诉决定和一审判决,不利于行政争议的实质性解决,再审法院予以纠正。

(二) 如何考虑原权利要求 2 实际解决的技术问题

关于"实际解决的技术问题"的确定,《专利审查指南》第二部分第四章 3.2.1.1"判断方法"规定:"首先应当分析要求保护的发明与最接近的现有技术相比有哪些区别特征,然后根据该区别特征所能达到的技术效果确定发明实际解决的技术问题","应当根据审查员所认定的最接近的现有技术重新确定发明实际解决的技术问题。重新确定的技术问题可能要依据每项发明的具体情况而定。作为一个原则,发明的任何技术效果都可以作为重新确定技术问题的基础,只要本领域的技术人员从该申请说明书中所记载的内容能够得知该技术效果即可"。

再审法院认为,参照上述《专利审查指南》的规定,在正确认定发明相对于最接近的现有技术的区别技术特征的基础上,应当以涉案专利说明书为依据,根据该区别技术特征在权利要求保护的技术方案中所实现的作用、功能、技术效果,来确定其实际解决的技术问题。如果在涉案专利的说明书中没有记载该区别技术特征的作用、功能、技术效果,则可以结合本领域的公知常识,以及区别技术特征与权利要求中的其他技术特征的关系等因素作出认定。需要指出的是,在对区别技术特征在权利要求技术方案中的作用、功能、技术效果作出认定的基础上,如果继续在此基础上对实际解决的技术问题做出不同程度的抽象或者概括,则难免仁者见仁智者见智,引发不必要的争议。尤其是像本案这样,在权利要求中具有多个区别技术特征,或者权利要求本身属于减少技术特征的省略发明时,更是难以抽象、概括出一个单一的实际解决的技术问题。在此种情况下,应当回到区别技术特征在权利要求限定的技术方案中的作用、功能和技术效果本身,而不必刻意、主观地去抽象、概括一个实际解决的技术问题。如此,与"三步法"的第三步的认定亦不矛盾。即如果现有技术给出了将区别技术特征应用于权利要求技术方案的启示或者教导,并且本领域技术人员能够认识到此种应用可实现相同或者实质相同的作用、功能、技术效果的,则可以据此认定现有技术整体上给出了技术启示。

本案中,虽然涉案专利的说明书中没有记载区别技术特征 3 和 3' 中的"通孔"的作用、功能、技术效果。但本领域技术人员在阅读涉案专利说明书后,能够认识到"通孔"在原权利要求 2 中的作用是在受压载荷时便于中间层通道空腔中的空气排出,使得原本并无接触的印刷电路产生接触;在受压载荷移除后,使得空气可以通过通孔进入中间层通道中的空腔,隔绝印刷电路之间的电连接。故应当在此基础上,对现有技术是否整体上给出了有关区别技术特征 3、3' 的技术启示作出认定。二审法院将实际解决的技术问题认定为"确定最低载荷",缺乏事实依据，再审法院予以纠正。

（三）原权利要求2是否具备创造性

关于原权利要求2的区别技术特征，当事人并无争议。本案争议主要在于区别技术特征3、3'能否给原权利要求2带来实质性特点和进步。

关于区别技术特征3。在证据2图2公开的薄膜开关中，当薄膜朝向基板移动从而关闭接触时，在区域14和通道36、38的组合空间中实际移动的空气体积不会允许外部受污染的空气进入空间14。排气通道既能使得开关内部与外部之间的空气流通，又能通过空间14和通道36、38的组合空间中实际移动的空气体积，来限制或防止外部灰尘、尘土和污染物被引入内部。证据2图2通过狭小和错综复杂的排气通道，能够在实现开关内外部压力平衡的情况下，防止受污染的空气进入开关内部，以达到防潮的效果。在不需要对开关内部进行防潮处理的情况下，本领域技术人员基于证据2公开的上述内容，很容易想到在薄膜上开设排气通道，以利于空腔内气体的排出和吸入，使得薄膜之间的电路接通或者断开。因此，证据2中给出了区别技术特征3的技术启示。

关于区别技术特征3'。在证据2图3所示结构中，薄膜层上通孔形成通道46，其与第一、第二基板之间形成的空腔44连通，并未直接与大气连通。由于第一、第二基板之间形成的空腔44为累积器，空腔44的尺寸允许整个连接通道结构中的少量空气移动到在开关操作期间薄膜的移动受到抑制的位置处。这种设置是在保证能够提供适应开关操作期间空气压力变化功能的基础上，为额外提供密闭防潮的功能而作出的。其实质上也能实现空腔44在受压后，其中的空气移动使得原本隔绝的薄膜开关产生接触的技术效果。在不需要防潮的情况下，本领域技术人员亦容易想到将第二基板和空腔44省略，使得通道46直接与大气连通以提供空气压力调节功能，通过空气的流通来实现薄膜之间电路连接通断的技术效果。

综上，本领域技术人员在证据2公开的技术内容和给出的技术启示下，能够显而易见地想到对证据2中的技术方案进行简化，以获得区别技术特征3、3'，以及区别技术特征3、3'在权利要求2的技术方案中所实现的技术效果。因此，区别技术特征3和3'未给权利要求2带来实质性特点和进步。王贺、姚鹏有关原权利要求2具有创造性的主张不能成立。

由于王贺、姚鹏对于被诉决定中有关从属权利要求3-7的创造性的认定未提出具体的理由，故在其引用的权利要求不具备创造性的情况下，权利要求3-7亦不具有创造性。

综上，二审判决事实认定错误，法律适用错误，应予纠正。

【重点讨论】

宣告专利无效的事由有哪些？宣告专利无效会产生哪些法律效力？

第七章

专利管理与专利代理

[提示要点]

> 学习本章，主要了解我国专利管理机关及其管理职能，从法律角度理解专利管理的意义和作用。掌握专利代理的含义，从设立专利代理的必要性方面理解专利代理的基本内容。本章重点在于了解我国专利管理的具体内容，难点在于如何从机制层面规范专利代理行为。

第一节 专利管理

一、专利管理的含义及其意义

专利管理是指国家专利管理机关采用教育、行政、经济、法律等手段管理有关专利事务的活动。我国《专利法》第3条规定："国务院专利行政部门负责管理全国的专利工作；统一受理和审查专利申请，依法授予专利权。省、自治区、直辖市人民政府管理专利工作的部门负责本行政区域内的专利管理工作。"专利管理是现代专利制度的产物。概览各国专利制度的产生和发展，凡是建立了专利制度的国家都相应地建立了较为完整的专利管理体制。我国专利管理具有以下意义：

（一）保障专利制度得到更好的贯彻和落实

专利管理机关具有行政执法职能，有权处理专利纠纷。对此，我国《专利法》第60、61条作了明确规定。[1] 专利管理机关调处专利纠纷，不仅有利于贯

---

[1] 我国《专利法》第60、61条规定："未经专利权人许可，实施其专利，即侵犯其专利权，引起纠纷的，由当事人协商解决；不愿协商或者协商不成的，专利权人或者利害关系人可以向人民法院起诉，也可以请求管理专利工作的部门处理。管理专利工作的部门处理时，认定侵权行为成立的，可以责令侵权人立即停止侵权行为，当事人不服的，可以自收到处理通知之日起15日内依照《中华人民共和国行政诉讼法》向人民法院起诉；侵权人期满不起诉又不停止侵权行为的，管理专利工作的部门可以申请人民法院强制执行。进行处理的管理专利工作的部门应当事人的请求，可以就侵犯专利权的赔偿数额进行调解；调解不成的，当事人可以依照《中华人民共和国民事诉讼法》向人民法院起诉。""专利侵权纠纷涉及新产品制造方法的发明专利的，制造同样产品的单位或者个人应当提供其产品制造方法不同于专利方法的证明。专利侵权纠纷涉及实用新型专利或者外观设计专利的，人民法院或者管理专利工作的部门可以要求专利权人或者利害关系人出具由国务院专利行政部门对相关实用新型或者外观设计进行检索、分析和评价后作出的专利权评价报告，作为审理、处理专利侵权纠纷的证据。"

彻落实各项专利制度，而且能有效地实施专利法。

（二）切实有效地保护专利权人的合法权益

通过专利管理，及时处理专利纠纷和争议，如关于专利权属的争议；关于发明专利申请公布后，专利权授予前使用发明创造的费用争议；以及关于专利许可证合同纠纷及专利侵权纠纷等，均可通过专利管理机关予以解决，这样便于专利权人的合法权益得到及时保护。

（三）推动专利技术更好地推广和应用

制定本地区、本部门专利工作规划和计划是专利管理的一项重要任务，通过专利管理机关的规划协调，便于推动专利技术的交流与合作，从而更好地推广和应用专利技术，加速科技成果的转化和创新。

（四）促进社会科技进步和经济发展

促进社会科技进步和经济发展不仅是专利制度的目的所在，也是专利管理活动的最终目标。通过专利管理，便于专利权人推广和应用专利技术，有助于协调、处理各项专利纠纷和争议，从而确保专利权人的合法权益，激发专利权人发明创造的积极性，最终促进整个社会科技进步和经济发展。

二、专利管理机构

（一）国务院专利行政部门

国务院专利行政部门是指国家市场监督管理总局管理下的国家知识产权局，它是运用教育、经济、行政、法律等手段负责管理全国的专利工作的国务院的行政机构。根据我国 1998 年机构改革的方案，原中国专利局更名为国家知识产权局，直属于国务院。更名后的知识产权局增加了许多统筹和协调涉外知识产权事宜的职能，并承担原中国专利局对专利申请、受理、审查、复审以及对无效宣告请求的审查业务。2018 年 3 月，中共中央印发的《深化党和国家机构改革方案》，要求重新组建国家知识产权局。强化知识产权创造、保护、运用，是加快建设创新型国家的重要举措。为解决商标、专利分头管理和重复执法问题，完善知识产权管理体制，将国家知识产权局的职责、国家工商行政管理总局的商标管理职责、国家质量监督检验检疫总局的原产地地理标志管理职责整合，重新组建国家知识产权局，由国家市场监督管理总局管理。国家知识产权局的主要职责是，负责保护知识产权工作，推动知识产权保护体系建设，负责商标、专利、原产地地理标志的注册登记和行政裁决，指导商标、专利执法工作等。商标、专利执法职责交由市场监管综合执法队伍承担。

（二）地方各级人民政府管理专利工作的部门

我国《专利法实施细则》第 79 条规定，管理专利工作的部门，是指由省、自治区、直辖市人民政府以及专利管理工作量大又有实际处理能力的设区的市人民政府设立的管理专利工作的部门。我国专利管理机关是随着专利制度的建立和发展逐步建立和完善起来的。为了健全专利管理机关，1984年8月23日国家经委、国家科委、劳动人事部、中国专利局联合颁发了《关于在全国设置专利工作机构的通知》（已失效），要求各省、自治区、直辖市建立专利管理局（处）、国务院有关部委建立专利管理处。为了规范专利机关的管理行为，1990年2月2日国家科委、中国专利局联合颁发了《关于加强专利管理工作的通知》（已失效），肯定了专利管理机关在专利管理工作中的成绩，强调了加强专利管理机关建设的必要性。2010年8月26日发布的《专利权质押登记办法》、2012年7月18日发布的《国家知识产权局行政复议规程》、2015年5月29日修正发布的《专利行政执法办法》、2019年4月4日发布的《专利代理管理办法》等，进一步完善了国家专利管理机制。目前，我国已经形成了具有中国特色的专利管理体制，且地方专利管理工作机构随着国家机构改革方案的实施也作出了相应调整。

三、专利管理机关的职能

我国专利管理机关具有专利行政管理和促进专利实施的多种职能。

（一）管理职能

专利管理机关的管理职能主要指专利管理机关在开展企业专利工作、进行专利宣传、培训和法规建设等方面所作的工作，包括以下几个方面：①宣传专利法，普及专利知识，组织培训专利工作人员；②起草、制定本地区、本部门专利管理工作的法规、规定和办法；③协调本地区、本部门的专利工作，并进行业务指导；④管理本地区、本部门技术进出口中有关专利工作；⑤领导本地区、本部门的专利服务机构，包括专利代理机构、专利技术实施机构、专利文献和咨询服务机构；⑥组织制定本地区、本部门专利工作的发展规划；⑦逐步建立和完善本地区、本部门的专利工作体系以及协助有关部门监督和检查本地区、本部门贯彻执行《专利法》及《专利法实施细则》的情况。

（二）促进专利技术实施的职能

为了使专利技术尽快转化为生产力，专利管理机关必须要加强对专利技术实施工作的管理，具体包括以下几个方面：①组织制定促进专利技术开发与实施的规定和办法；②统计、分析专利技术开发与实施的经济效益和社会效益；③管理本地区、本部门的专利技术实施许可合同；④筹集和管理专利开发、实施基金；⑤向有关部门提出计划许可项目的建议，并会同有关部门组织本地区、本部门专利技术许可和重大专利技术项目的实施。

关于专利行政执法职能。行政执法职能主要体现为调解和处理各种专利纠纷，监督各项专利法律、法规的执行，对违法侵权行为进行处罚。根据有关规定，专利行政执法职能主要包括：①调处关于专利申请权的争议和专利权纠纷；

②调处关于发明专利申请公布后，或实用新型、外观设计专利申请公告后，专利授权前，使用发明、实用新型和外观设计的费用纠纷；③调处专利权或专利申请权转让纠纷；④调处专利实施许可合同引起的纠纷；⑤调处发明人或设计人与其所在单位对申请专利的发明创造是否属于职务发明创造的争议；⑥调处专利侵权纠纷以及其他依法应由专利管理机关处理的争议和纠纷。根据重新组建国家知识产权局的职能要求，专利执法职责已交由市场监管综合执法队伍承担。

第二节 专利代理

一、专利代理的概念和特征

专利代理是指专利代理机构以委托人的名义，在代理权限范围内，办理专利申请或者办理其他专利事务的行为。专利代理具有以下特征：

（一）专利代理师以被代理人的名义办理专利事务

专利代理师只有以被代理人的名义为法律行为，才能为被代理人设定法律上的权利和义务。若专利代理师以自己或被代理人以外的他人的名义申请专利，办理有关专利事务，则不属于专利代理。

（二）专利代理行为必须在委托人授权范围之内

专利代理师必须在委托人授权范围内从事代理活动，才对委托人产生法律效力，委托人才承担法律后果。超出授权范围或者代理权终止后的代理行为应由专利代理师自己承担后果，但委托人追认的除外。

（三）专利代理师在代理权限内独立地进行意思表示

专利代理师在代理活动中，根据实际情况和自己的经验判断，自行决定如何向专利管理机关或第三人为意思表示或接受意思表示。这是由代理的性质所决定的。例如，专利代理师撰写专利申请文件或答复专利审查人员的审查意见等均是专利代理师独立地为意思表示。

（四）专利代理行为必须能够引起民事法律后果

专利代理行为必须具有法律意义，即专利代理师的代理行为必须能够在委托人和专利局或其他第三人之间设立、变更或终止某种专利法意义上的权利和义务关系。专利代理行为如果不能为被代理人设定法律意义上的后果，则不为专利代理。

（五）专利代理师代理行为所产生的法律后果直接由被代理人承担

专利代理师以委托人的名义，在委托人指定的范围内实施的有关专利事务的行为和被代理人自己实施的行为具有同等的法律效力。该行为的法律后果，直接由被代理人承担。

（六）专利代理师必须具备专利代理资格

专利代理属于带有法律性质的科技服务活动，它不同于一般民事代理。专利代理活动既涉及科学技术领域的发明创造，又涉及国家的专利法律、法规。因此要求专利代理师必须具备相应的科学技术知识，并熟悉掌握相关的法律、法规。例如，专利申请代理中，专利代理师撰写各种申请文件属于技术较强的高智能创造性活动，融法律和技术于一体，具有科技服务的特点，和一般民事代理有较大的区别。对此，我国于2019年5月1日起已实施《专利代理管理办法》。

二、专利代理的作用

专利制度的存在奠定了专利代理的基础，并促使其发挥不可替代的作用。专利制度涉及技术、经济、法律，是一种十分复杂的制度。目前，世界各国普遍建立了专利代理体系，绝大多数的专利申请是通过专利代理师办理的。专利代理发挥着愈来愈重要的作用，具体表现为：

（一）有利于保护专利申请人的合法利益

发明人的发明创造完成后，若不科学地决策和经营，就无法实现最佳的效果。因此，发明人可委托专利代理人进行综合分析是否应申请专利、申请何种专利。专利代理师可以根据自己掌握的信息和资料，帮助委托人在专利申请前科学决策。在专利申请、审批阶段专利代理师可代理委托人撰写专利申请文件，提出申请文件的修改或撤回、答复专利局的各种质问、代理提出复审请求，从而提高专利申请阶段各种文件的质量，减少不必要的手续，缩短专利审批的进程。这些都有助于申请人早日顺利地获得专利，保护申请人的合法权益。

（二）有利于提高专利局的工作效率

申请人各种申请文件撰写质量的好坏，直接关系到专利局审查的后果。如果申请人的各种文件不符合专利法规定的要求或文件不齐全，专利局就要通知申请人修改、补充，客观上会增加专利局的工作强度，造成不必要的时间、人力浪费。如果委托专利代理师从事申请人应该从事的活动，就会使专利申请的质量提高，有利于减轻专利局的工作负担，提高工作效率。

（三）有利于开展许可证贸易

由于专利代理师参加了专利申请、审批阶段的具体工作，对取得专利权的发明创造的技术特征、功能和用途有清楚的了解。同时，专利代理师既与专利情报有密切的联系，又掌握大量的技术市场信息，且精通专利法律知识。因此，专利代理师可在专利许可证贸易中牵线搭桥，加强联系，充当技术和法律方面的顾问，保证贸易活动顺利进行，从而促进专利的实施。

（四）有利于普及专利法律知识

《专利法》是专利代理的直接依据，专利代理师通过专利代理活动可以向广大科技工作者传播专利法律知识。专利代理师在代理活动中，通过对发明人和申请人所提问题的解答，向科技人员传授专利法律知识。通过撰写专利申请文件及与专利局的规范往来使委托人能进一步了解和掌握专利法律知识，也有利于全民专利法知识的普及。

三、专利代理机构

专利代理机构，是指接受委托人的委托，以委托人的名义在代理权限范围内办理专利申请、宣告专利权无效等专利事务的服务机构。其性质属于科技服务机构。在国外，专利代理机构一般分为两种：一是专门的专利代理机构；二是各企业内部设立的专利代理机构。前者面向社会从事各种专利事务的代理，提供服务收取佣金；后者主要从事与本企业有关的专利事务的代理活动。在我国专利代理机构的组织形式应当为合伙企业、有限责任公司等。依据我国 2018 年 11 月 6 日修订的《专利代理条例》第 9 条规定，从事专利代理业务，应当向国务院专利行政部门提出申请，提交有关材料，取得专利代理机构执业许可证。国务院专利行政部门应当自受理申请之日起 20 日内作出是否颁发专利代理机构执业许可证的决定。专利代理机构合伙人、股东或者法定代表人等事项发生变化的，应当办理变更手续。

四、专利代理师

专利代理师是指具有专利代理资格，可以接受委托从事专利代理活动的人。依据《专利代理条例》之规定，专利代理师必须获得专利代理师资格证，在专利代理机构实习满 1 年，并在一家专利代理机构从业。

按照《专利代理管理办法》第 26 条、第 28 条的规定，专利代理师执业应当符合下列条件：①具有完全民事行为能力；②取得专利代理师资格证；③在专利代理机构实习满 1 年，但具有律师执业经历或者 3 年以上专利审查经历的人员除外；④在专利代理机构担任合伙人、股东，或者与专利代理机构签订劳动合同；⑤能专职从事专利代理业务。符合前款所列全部条件之日为执业之日。专利代理师首次执业的，应当自执业之日起 30 日内通过专利代理管理系统向专利代理机构所在地的省、自治区、直辖市人民政府管理专利工作的部门进行执业备案。备案应当填写备案表并上传下列材料：①本人身份证件扫描件；②与专利代理机构签订的劳动合同；③实习评价材料。专利代理师应当对其备案材料实质内容的真实性负责。必要时，省、自治区、直辖市人民政府管理专利工作的部门可以要求提供原件进行核实。依据《专利代理条例》第 26 条规定，专利代理师有下列行为之一的,由省、自治区、直辖市人民政府管理专利工作的部门责令限期改正,予以警告,可以处5万元以下的罚款;情节严重或者逾期未改正的,由国务院专利行政部门责令停止承办新的专利代理业务6个月至12个月,直至吊销专利代理师资格证:①未依照本条例规定进行备案;②自行接受委托办理专利代理业务;③同时在两个以上专利代理机构从事专利代理业务;④违反本条例规定对其审查、审理或者处理过的专利申请或专利案件进行代理;⑤泄露委托人的发明创造内容,或者以自己的名义申请专利或请求宣告专利权无效。专利代理师在执业过程中泄露委托人的发明创造内容,涉及泄露国家秘密、侵犯商业秘密的,或者向有关行政、司法机关的工作人员行贿,提供虚假证据的,依照有关法律、行政法规的规定承担法律责任;由国务院专利行政部门吊销专利代理师资格证。

五、专利代理的任务

我国《专利法》第19条规定:"在中国没有经常居所或者营业所的外国人、外国企业或者外国其他组织在中国申请专利和办理其他专利事务的,应当委托依法设立的专利代理机构办理。中国单位或者个人在国内申请专利和办理其他专利事务的,可以委托依法设立的专利代理机构办理。专利代理机构应当遵守法律、行政法规,按照被代理人的委托办理专利申请或者其他专利事务;对被代理人发明创造的内容,除专利申请已经公布或者公告的以外,负有保密责任。专利代理机构的具体管理办法由国务院规定。"《专利法》第20条第1款规定:"任何单位或者个人将在中国完成的发明或者实用新型向外国申请专利的,应当事先报经国务院专利行政部门进行保密审查。保密审查的程序、期限等按照国务院的规定执行。"专利代理机构受理委托人的委托,指派专利代理师为委托人提供有关的服务,通过完成专利代理任务,为专利申请人或专利权人提供与专利有关的服务。实现委托人的愿望,维护委托人的合法权益。2018年1月1日正式实施的《专利代理机构服务规范》,通过规范专利代理服务行为,实现专利代理服务过程程序化,提升专利代理服务质量,促进专利代理更好地服务于知识产权强国建设。仅就专利代理的业务而言可分为以下方面:

(一)提供专利事务方面的咨询

专利代理师在申请专利前、专利取得过程中、专利授权后及专利权终止前均可以为委托人提供有关咨询。在专利申请前,可以根据发明人提供的资料,就该发明创造是否应该申请专利以及能否获得专利提供咨询意见。例如,包括是申请专利还是作为"技术秘密"使用;代理查找专利文献;就该发明创造是否可以申请专利,申请何种专利以及是否符合专利授权的条件等提供咨询。在专利申请审批阶段可以为委托人提供与之有关的咨询;在专利授权后,可以为专利权人提供专利实施及专利权利用的最佳方案,以及维持或放弃专利等方面的咨询。

(二)代为办理专利申请事务

撰写专利文件,向国家知识产权局提出专利申请,办理专利申请手续是专利代理师的重要任务之一,通常包括:①撰写专利文件。专利代理师应根据委托人提供的资料,全面地理解发明创造的构思、技术特征、方案、要点等具体内容;寻找具有创造性的技术特征,并将其与已有技术加以区别,并据此撰写说明书和权利要求书;按照专利法要求用法律用语界定对专利权的保护范围;使所有的专利申请文件既要符合技术上的逻辑关系和技术惯例,又要符合专利法的要求。②提出专利申请。专利代理师经委托人同意,应尽早地向国家知识产权局提交专利申请文件,并按法律规定及时缴纳有关费用;及时了解专利申请的受理情况和专利申请日、申请号,以保证申请人的申请迅速、准确、有效。

(三)在专利审批阶段,为获得专利权提供服务

在专利审批阶段,专利代理师为委托人提供以下服务:①提出实质审查请求。专利代理师可根据《专利法》第35条的规定和委托人的实际情况适时地向委托人提出请求实质审查的分析及建议,尽早地向知识产权局提出实质审查的请求。②对专利申请文件进行必要的修改。专利代理师可根据知识产权局的要求或应委托人的要求对专利文件进行必要的修改,以保证早日获得委托人所期望的专利权。③答复知识产权局的审查意见。在专利审查中,知识产权局对不符合《专利法》规定的,应通知申请人,限其在指定期限陈述意见。专利代理师可代理申请人认真分析,进行恰当修改,必要时可用口头方式向专利审查员阐释,以便于问题的解决。

(四)在复审中协助委托人行使权利

对知识产权局驳回申请的决定不服,申请人有权提请复审。专利代理师可代理委托人请求国家知识产权局专利局复审。委托人不服复审决定,专利代理师可协助委托人根据法律规定,向人民法院起诉。

(五)专利实施事务代理

在专利权有效期内,代理师可以代理专利权人订立专利实施许可合同和专利权转让合同。专利代理师可以接受专利权人的委托,根据市场的需求和专利技术的具体情况,代理专利权人洽谈和订立专利实施许可合同,帮助专利权人处理和解决在合同签订、履行等方面产生的问题。同时,在专利权被强制许可时,还可充当专利权人在强制许可中的代理人,办理有关事宜。

(六)代理维护专利权

专利代理师可以代理专利权人维护专利权的有效性,同时,对专利侵权行为依法追究责任。专利代理师可以代理专利权人从事维持专利有效的工作,如代为

缴纳专利年费；对于侵犯专利权的行为，专利代理师可以帮助专利权人分析具体情况，选择最佳救济方式，以保护专利权人合法权益。

除以上代理业务外，专利代理师还可接受申请人、发明人及专利权人的委托，从事专利文献的查新检索、专利信息的跟踪服务；代理申请人向国外申请专利或进行专利许可证贸易；代理委托人参加专利行政纠纷和专利诉讼的调处以及代理单位或个人对知识产权局已批准的专利，提出撤销请求或无效宣告请求等。

■本章小结

本章我们掌握了专利管理机关设立的目的和功能，并对其具体职能有了进一步理解。专利代理是获得专利权过程中常常借助的一个行为，但法律对专利代理机构、专利代理师的资格作了特别规定。

■本章思考题

1. 为什么对专利权要进行管理？
2. 我国专利管理的主要机构有哪些？
3. 专利行政执法的主要内容有哪些？
4. 专利代理师的主要职责是什么？
5. 讨论：2008年4月21日，美国联邦巡回上诉法院对无汞碱性电池337调查案作出终裁：原告美国劲量公司的专利无效。该案历时近5年，在其他国外被告均与原告达成和解并支付巨额专利费的情况下，我国应诉企业克服了法律、资金、技术、专业知识等方面的巨大困难，共同抗辩，有效地维护了行业对美出口利益，成为我国企业应诉337调查的经典案例。

请结合本案讨论企业如何对专利进行管理？专利管理机构为企业能够提供哪些帮助？如何通过专利代理为企业提供服务？

第八章 专利权的保护

[提示要点]

　　本章主要包括专利权的保护范围，专利侵权行为，以及专利侵权行为应当承担的法律后果等问题。本章的重点在于对专利侵权行为的判定，难点在于对专利权范围的界定以及赔偿标准的理解。

第一节 专利权的保护范围

一、专利权的保护范围及其认定原则

　　专利权的保护范围是指专利权的法律效力所涉及的发明创造的范围。各国普遍认为，确定专利权保护范围的依据是权利要求书，但对如何理解权利要求书，存在"文字解释说""等同说""主要技术特征分解说""一般发明概念说"等不同观点。以上反映在立法上，对权利保护范围的解释方式有以下三种立法例：

　　（一）周边限定原则

　　根据该原则规定，权利要求书是专利权保护的范围的根据，必须严格根据权利要求书的文字进行解释，权利要求书所记载的范围是专利保护的最大限度。在一般情况下，对专利权保护范围的解释要比权利要求书记载的范围窄，不能超出该范围。说明书或附图不能作为确定专利权保护范围的根据。只能在权利要求书不准确、不清楚的情况下，说明书或附图才可以用来对保护范围作限制性的解释。美国、英国、巴西等国采用这一立法方式。

　　（二）中心限定原则

　　根据该原则，权利要求书是专利保护的范围的依据，但在对权利要求书解释时，不必拘泥于权利要求书的文字记载，而应以权利要求书所表明的实质内容为中心，全面考虑发明创造的目的、性质以及说明书和附图，将中心周围一定范围内的技术也包括在专利权保护范围之内。

　　（三）折中原则

　　根据该原则，专利权的保护范围应根据权利要求书所表示的实质内容确定，权利要求书中所表示的技术特征有疑义时，可以引用说明书和附图进行解释。

《欧洲专利公约》及该公约的成员采用了折中原则。我国专利立法也采用了这一原则。

二、我国专利权的保护范围

（一）发明、实用新型专利的保护范围

我国《专利法》第 59 条第 1 款规定："发明或者实用新型专利权的保护范围以其权利要求的内容为准，说明书及附图可以用于解释权利要求的内容。"《专利法实施细则》第 19 条第 1 款规定："权利要求书应当记载发明或者实用新型的技术特征。"据此规定以及其他相关司法解释，[1]确定发明和实用新型专利权的保护范围应注意以下几点：

1. 确定发明或实用新型专利权的保护范围，应以权利要求书的内容为准。根据《专利法》的规定，权利要求是确定专利权保护范围的最根本的依据。权利要求是指被授予专利权后在专利文件中记载的权利要求的整体内容表达，而不是以权利要求的个别文字或者措辞为准。凡是权利要求中没有记载的，不属于专利权保护的范围。尽管一项技术构思在说明书或附图中有所体现，但如果权利要求书中没有记载，就不属于专利保护范围，因为说明书仅处于从属地位，其本身不能确定专利保护范围。

2. 确定发明或实用新型专利保护范围应当准确把握权利要求书的实质内容和技术特征，同时也要参考和研究说明书或附图，了解发明或实用新型的目的、作用和技术效果。因为实践中，侵权产品很少有一模一样地抄袭或仿制，其大多是改头换面地仿制。只有准确了解权利要求的实质性内容和权利要求记载的全部技术特征所确定的范围，包括与技术特征相等同的特征所确定的范围等，才便于进行分析和比较，准确判断侵权行为。

3. 明确权利要求中的技术用语。为了清楚掌握权利要求中某一技术术语的含义，必要时可以参考专利申请过程中申请人和知识产权局之间关于专利申请、审批的往来文件，或参考申请人提出专利申请时的现有技术，以利于准确判断。权利要求书、说明书及附图中的语法、文字、标点、图形、符号等存有歧义，但本领域普通技术人员通过阅读权利要求书、说明书及附图可以得出唯一理解的，人民法院应当根据该唯一理解予以认定。

4. 不同类型发明创造的保护范围有其特殊性。对产品发明专利的保护范围包括具有同样特征、结构和性能的产品，而不论其是用何种方法制造的。同时对专利产品保护的范围也不应受说明书中所述的作用的限制；对方法发明专利的保

---

[1] 2015 年 2 月 1 日起施行的《最高人民法院关于审理专利纠纷案件适用法律问题的若干规定》；2016 年 4 月 1 日起施行的《最高人民法院关于审理侵犯专利权纠纷案件应用法律若干问题的解释（二）》。

护范围,包括所有具有相同特征、参数和相同效果的方法,并延及依该制造方法所直接获得的产品。

(二) 外观设计专利权的保护范围

外观设计专利权的保护范围与发明、实用新型的保护范围不同。因为外观设计专利申请文件中没有权利要求书,也没有说明书,只有表现该外观设计的图片或照片。故外观设计专利权的保护范围,只能根据外观设计的图片或照片确定。我国《专利法》第59条第2款规定:"外观设计专利权的保护范围以表示在图片或者照片中的该产品的外观设计为准,简要说明可以用于解释图片或者照片所表示的该产品的外观设计。"确定外观设计专利权保护范围应注意以下几点:

1. 外观设计专利保护的范围是表示在图片或照片中的外观设计。任何单位或个人不得仿制外观设计专利权人提交的图片或照片中的外观设计。所谓仿制,不仅包括一模一样的摹仿,也包括实质上的摹仿,即仅仿制外观设计中具有新颖性和独创性的部分。

2. 外观设计专利保护的范围取决于专利授权时指定的外观设计使用产品的范围。许多实行外观设计注册的国家采用使用外观设计的产品分类法,要求申请人声明该外观设计所使用的产品的种类,外观设计专利权的范围限于其所应用的产品范围。我国《专利法》也要求以表示在图片或照片中的该外观设计专利产品为准,判断外观设计专利权的保护范围。

3. 外观设计专利权的保护范围不仅涉及相同的产品上使用相同的外观设计,而且也包括相同的产品上使用近似的外观设计。

4. 在认定一般消费者对于外观设计所具有的知识水平和认知能力时,人民法院一般应当考虑被诉侵权行为发生时授权外观设计所属相同或者相近种类产品的设计空间。设计空间较大的,人民法院可以认定一般消费者通常不容易注意到不同设计之间的较小区别;设计空间较小的,人民法院可以认定一般消费者通常更容易注意到不同设计之间的较小区别。

第二节 专利侵权行为

一、专利侵权行为的概念和构成要件

专利侵权行为,是指在专利权有效期内,行为人未经许可,以营利为目的实施他人专利的行为。我国《专利法》第60条规定,未经专利权人许可,实施其专利的行为,是侵犯专利权的行为。由此可见,构成专利侵权行为应同时具备以下条件:

(一) 侵害的对象应是有效的专利

专利权是专利权人依法取得的对发明创造独占利用的权利,该权利在有效期间内受法律保护,他人擅自实施该发明创造才可能构成侵权行为。因此,构成专利侵权必须以存在有效的专利为前提。实施专利授权以前的技术、已经被宣告无效、被专利权人有效放弃的专利或者专利权期限届满的技术,不构成侵权行为。

(二) 必须有侵害行为

即行为人在客观上未经许可实施了他人的专利,并构成侵害行为。对产品专利而言,对专利权的法定侵害行为是指未经专利权人许可,以生产经营为目的制造、使用、许诺销售、销售、进口该专利产品的行为;对方法专利而言,侵害行为是指使用该专利方法及使用、销售、进口依该专利方法直接获得的产品的行为;对外观设计专利而言,这种侵害行为是指制造、销售或者进口体现了该外观设计的产品的行为。除此之外,未经专利权人授权而许可或委托他人实施专利、共有专利权人未经其他共有人的同意而许可他人实施专利或转让超过其应有份额的专利权人的行为,以及假冒他人专利权等亦属侵害专利行为。

(三) 以生产经营为目的

我国《专利法》第11条规定:"发明和实用新型专利权被授予后,除本法另有规定的以外,任何单位或者个人未经专利权人许可,都不得实施其专利,即不得为生产经营目的制造、使用、许诺销售、销售、进口其专利产品,或者使用其专利方法以及使用、许诺销售、销售、进口依照该专利方法直接获得的产品。外观设计专利权被授予后,任何单位或者个人未经专利权人许可,都不得实施其专利,即不得为生产经营目的制造、许诺销售、销售、进口其外观设计专利产品。"因为专利具有商业性,他人实施侵害行为的结果,会占领本来属于专利权人的市场,给专利权人带来一定的损害。由此可见,以生产经营为目的是构成专利侵权的条件之一。非生产经营目的的实施,不构成侵权。例如,专为科学研究和实验而使用有关专利的、出自个人爱好和需要实施有关专利的等均不属于专利侵权行为。

(四) 侵权人主观上有过错

侵权人主观上的过错包括故意和过失。故意是指行为人明知自己的行为是侵犯他人专利权的行为而实施该行为。例如,侵害人明知某产品为专利产品,却擅自以生产经营为目的制造该专利产品。过失是指行为人因疏忽或过于自信而实施了侵犯他人专利权的行为。例如,发明创造人不知自己独立完成的发明创造与已被授予专利权的发明创造相同,而使用或转让该发明创造的行为。在专利侵权纠纷处理中,承担侵权责任以行为人主观上是否有过错为原则,但也有例外。

二、专利侵权行为的种类

对专利侵权行为用不同的标准，从不同的角度，作不同的划分。学界通常依据侵权行为是否由行为人本身的行为所造成，将专利侵权行为划分为直接侵权行为和间接侵权行为。

（一）直接侵权行为

所谓直接侵害专利权行为，是指专利侵权行为是由行为人本身的行为所造成的。依据我国《专利法》第11条及有关司法解释之规定，直接侵害专利权的行为大体有以下几种：

1. 制造专利产品的行为。专利产品是指专利权人在发明或者实用新型的权利要求书中所描述的产品，或者在外观设计专利申请文件中写明的使用该外观设计的产品。不论制造者是否知道是专利产品，也不论制造者是用什么方法，只要未经许可，为生产经营目的制造了专利产品，均为专利侵权行为。

2. 故意使用发明或实用新型专利产品的行为。即侵权人知道或者应该知道该产品是未经专利权人许可制造的侵权产品，而仍然以生产经营为目的购买使用。

3. 故意销售他人专利产品的行为。即侵权人知道或者应该知道该产品是未经专利权人许可制造的侵权产品，而仍然以生产经营为目的有偿转让专利产品所有权的行为。此外，该种销售行为还包括对专利技术的许可、转让。

4. 进口他人专利产品的行为。即侵权人知道或者应该知道该产品是未经专利权人许可制造、销售的侵权产品，而以生产经营为目的将该产品从国外进口到中国的行为。

5. 使用他人专利方法以及使用、许诺销售、销售、进口依照专利方法直接获得的产品的行为。这种行为主要是对方法专利的侵害，包括使用该专利方法，即使用受专利法保护的方法专利的行为；使用依该专利方法直接获得的产品的行为；许诺销售、销售依该专利方法直接获得的产品的行为；进口依该专利方法直接获得的产品的行为。

6. 假冒他人专利的行为。这是指在与他人专利产品类似的产品或者产品的包装上，加上专利权人的专利标记或者专利号，足以使他人相信该产品是专利权人的专利产品的行为。这种行为不仅直接侵害了专利权人的利益，而且严重损害消费者的利益，扰乱市场秩序，带有较大的社会危害性。依我国《专利法实施细则》第84条之规定，假冒他人专利行为主要包括以下几种：①在未被授予专利权的产品或者其包装上标注专利标识，专利权被宣告无效后或者终止后继续在产品或者其包装上标注专利标识，或者未经许可在产品或者产品包装上标注他人的专利号；②销售第①项所述产品；③在产品说明书等材料中将未被授予专利权的技术或者设计称为专利技术或者专利设计,将专利申请称为专利,或者未经许可使用他人的专利号,使公众将所涉及的技术或者设计误认为是专利技术或者专利设计;④伪造或者变造专利证书、专利文件或者专利申请文件;⑤其他使公众混淆,将未被授予专利权的技术或者设计误认为是专利技术或者专利设计的行为。专利权终止前依法在专利产品、依照专利方法直接获得的产品或者其包装上标注专利标识,在专利权终止后许诺销售、销售该产品的,不属于假冒专利行为。销售不知道是假冒专利的产品,并且能够证明该产品合法来源的,由管理专利工作的部门责令停止销售,但免除罚款的处罚。

(二)间接侵权行为

所谓间接侵权行为,是指行为人本身的行为并不构成对专利权的侵害,而是明知他人要实施侵犯专利权的行为,仍然为其提供实施侵权行为所需要的专用部件或者设备从而发生侵害专利权的行为。间接侵权行为其主要特征在于:①主观上行为人有故意;②客观上为直接侵权行为的发生提供了必要的条件;③法律后果上发生了直接侵权行为,且间接侵权人从其行为中获得了一定的不法利益。常见的间接侵权行为主要表现为以下两种:①行为人销售专利产品的零部件或者专门用于实施专利产品的模具,或者用于实施专利方法的机器设备;②行为人未经专利权人授权而许可或者委托他人实施专利。间接侵权行为被多数国家立法与实践所认可,我国《专利法》虽未明确规定,但2016年4月1日起施行的《最高人民法院关于审理侵犯专利权纠纷案件应用法律若干问题的解释(二)》第21条规定,明知有关产品系专门用于实施专利的材料、设备、零部件、中间物等,未经专利权人许可,为生产经营目的将该产品提供给他人实施了侵犯专利权的行为,权利人主张该提供者的行为属于《侵权责任法》第9条规定的帮助他人实施侵权行为的,人民法院应予支持。明知有关产品、方法被授予专利权,未经专利权人许可,为生产经营目的积极诱导他人实施了侵犯专利权的行为,权利人主张该诱导者的行为属于《侵权责任法》第9条规定的教唆他人实施侵权行为的,人民法院应予支持。

三、现有技术的抗辩

我国第三次修改《专利法》时,在第62条增加了现有技术抗辩制度:"在专利侵权纠纷中,被控侵权人有证据证明其实施的技术或者设计属于现有技术或者现有设计的,不构成侵犯专利权。"本条修改是对我国以往司法实践的一个总结性修改。在未设立此项制度之前,我国各地法院对于现有技术抗辩的理解存在分歧,有的地方法院认为只能适用于等同情形;有的地方法院则认为只能适用于相同情形;而最高法院在多份规定、通知中,都确立了现有技术抗辩既可以用于等同侵权情形,也可以用于相同侵权情形。

在具体判定过程中，应当依据 2010 年 1 月 1 日起施行的《最高人民法院关于审理侵犯专利权纠纷案件应用法律若干问题的解释》第 14 条的有关规定，即被诉落入专利权保护范围的全部技术特征，与一项现有技术方案中的相应技术特征相同或者无实质性差异的，人民法院应当认定被诉侵权人实施的技术属于《专利法》第 62 条规定的现有技术。被诉侵权设计与一个现有设计相同或者无实质性差异的，人民法院应当认定被诉侵权人实施的设计属于《专利法》第 62 条规定的现有设计。此外，2016 年 4 月 1 日起施行的《最高人民法院关于审理侵犯专利权纠纷案件应用法律若干问题的解释（二）》第 22、23 条分别规定，对于被诉侵权人主张的现有技术抗辩或者现有设计抗辩，人民法院应当依照专利申请日时施行的专利法界定现有技术或者现有设计。被诉侵权技术方案或者外观设计落入在先的涉案专利权的保护范围，被诉侵权人以其技术方案或者外观设计被授予专利权为由抗辩不侵犯涉案专利权的，人民法院不予支持。

第三节 专利权的法律保护

对侵害专利权行为，专利权人或者利害关系人可以就侵权行为与侵权人进行协商解决；不愿协商或者协商不成的，可以请求专利管理机关依行政程序进行处理；也可以直接向人民法院起诉。专利权的具体保护方式除诉前禁令外，主要包括民事保护、行政保护和刑事保护。

一、诉前禁止令

《TRIPs 协议》第 41 条规定，允许对任何对本协议所涉及的知识产权的侵权行为采取有效行动，包括及时地阻止侵权的补救措施和对进一步侵权构成一种威慑的补救措施。为了与这一规定相一致，防止被侵权人的损失扩大，更好地保护专利权人，我国《专利法》第 66 条第 1 款规定："专利权人或者利害关系人有证据证明他人正在实施或者即将实施侵犯专利权的行为，如不及时制止将会使其合法权益受到难以弥补的损害的，可以在起诉前向人民法院申请采取责令停止有关行为的措施。"依据这一规定，提出申请人包括专利权人和利害关系人，利害关系人主要包括专利实施许可合同的被许可人、专利财产权利的继承人等。申请人提出申请应当向有专利侵权案件管辖权的人民法院递交书面申请状，并载明当事人及其基本情况，申请的具体内容、范围和理由等事项并应提交相关证据和提供担保。人民法院在处理这一申请时，应适用我国《民事诉讼法》和 2001 年 7 月 1 日起施行的《最高人民法院关于对诉前停止侵犯专利权行为适用法律问题的若干规定》中的有关规定。为正确审查知识产权纠纷行为保全案件，及时有效保护当事人的合法权益，2019年1月1日起已施行《最高人民法院关于审查知识产权纠纷行为保全案件适用法律若干问题的规定》。

二、民事保护

（一）民事保护的管辖

人民法院审理各类专利纠纷案件，是按照《民事诉讼法》和《专利法》规定的诉讼程序进行的。但专利纠纷与一般民事案件相比，它具有很强的专业性、技术性和国际性。基于此，我国《专利法》和有关司法解释对专利侵权纠纷案件在管辖方面作了特别的规定。[1]

（二）民事保护的时效

我国《专利法》第68条规定："侵犯专利权的诉讼时效为2年，自专利权人或者利害关系人得知或者应当得知侵权行为之日起计算。发明专利申请公布后至专利权授予前使用该发明未支付适当使用费的，专利权人要求支付使用费的诉讼时效为2年，自专利权人得知或者应当得知他人使用其发明之日起计算，但是，专利权人于专利权授予之日前即已得知或者应当得知的，自专利权授予之日起计算。"针对持续侵权行为，司法解释规定，权利人超过2年起诉的，如果侵权行为至起诉时仍在继续，在该项专利权有效期内，人民法院应当判决被告停止侵权行为，侵权损害赔偿数额应当自权利人向人民法院起诉之日起向前推算2年计算。上述规定中的"利害关系人"，一般来讲，主要是指独占专利实施许可合同

---

[1] 依据2015年1月29日最高人民法院公布的《最高人民法院关于修改〈最高人民法院关于审理专利纠纷案件适用法律问题的若干规定〉的决定》的规定，专利纠纷第一审案件由省、自治区、直辖市人民政府所在地的中级人民法院和最高人民法院指定的中级人民法院管辖。最高人民法院根据实际情况，可以指定基层人民法院管辖第一审专利纠纷案件。因侵犯专利权的行为提起的诉讼，由侵权行为地或者被告住所地人民法院管辖。其中侵权行为地包括：被诉侵犯发明、实用新型专利权产品的制造、使用、许诺销售、销售、进口等行为的实施地；专利方法使用行为的实施地；依照该专利方法直接获得的产品的使用、许诺销售、销售、进口等行为的实施地；外观设计专利产品的制造、许诺销售、销售、进口等行为的实施地；假冒他人专利的行为实施地；以及上述侵权行为的侵权结果发生地。原告如果仅对侵权产品制造者提起诉讼的，不起诉销售者，侵权产品制造地与产品销售地不一致的，制造地人民法院有管辖权；以制造者与销售者为共同被告的起诉的，销售地人民法院有管辖权。销售者如果是制造者的分支机构，原告在销售地起诉侵权产品制造者的制造、销售行为的，销售地人民法院有管辖权。为进一步明确北京、上海、广州知识产权法院的案件管辖，根据《民事诉讼法》《行政诉讼法》《全国人民代表大会常务委员会关于在北京、上海、广州设立知识产权法院的决定》等规定，2014年11月3日起施行的《最高人民法院关于北京、上海、广州知识产权法院案件管辖的规定》就专利案件管辖作出了具体规定。截至2019年9月5日，郑州、天津、长沙、西安、杭州、宁波、济南、青岛、福州、合肥、深圳、南京、苏州、武汉、成都、厦门等21家知识产权法庭挂牌完毕，有关专利案件的管辖也相应作了调整。2019年1月1日最高人民法院知识产权法庭挂牌，全国专利等技术类知识产权民事、行政案件将向最高人民法院上诉，统一由最高法知识产权法庭审理。

的被许可方和排他专利实施许可合同的被许可方。因为独占专利实施许可合同的被许可方享有专利实施的独占权,而排他专利实施许可合同的被许可方,则与专利权人共同享有专利实施权。

(三) 民事诉讼的举证责任

关于当事人的举证责任,对一般专利侵权诉讼而言,仍实行由当事人对自己提出的诉讼请求所依据的事实或者反驳对方诉讼请求所依据的事实有责任提供证据加以证明的原则。但在方法专利的侵权诉讼中实行举证责任倒置的原则。《专利法》第61条规定,专利侵权纠纷涉及新产品制造方法的发明专利的,制造同样产品的单位或者个人应当提供其产品制造方法不同于专利方法的证明。专利侵权纠纷涉及实用新型专利或者外观设计专利的,人民法院或者管理专利工作的部门可以要求专利权人或者利害关系人出具由国务院专利行政部门对相关实用新型或者外观设计进行检索、分析和评价后作出的专利权评价报告,作为审理、处理专利侵权纠纷的证据。《最高人民法院关于民事诉讼证据的若干规定》第4条第1款第1项规定,因新产品制造方法发明专利引起的专利侵权诉讼,由制造同样产品的单位或者个人对其产品制造方法不同于专利方法承担举证责任。故在方法专利侵权纠纷中,实行的是由被告举证的原则。此外,针对侵权举证难的问题,依据《最高人民法院关于审理侵犯专利权纠纷案件应用法律若干问题的解释(二)》第27条规定,权利人因被侵权所受到的实际损失难以确定的,人民法院应当依照《专利法》第65条第1款的规定,要求权利人对侵权人因侵权所获得的利益进行举证;在权利人已经提供侵权人所获利益的初步证据,而与专利侵权行为相关的账簿、资料主要由侵权人掌握的情况下,人民法院可以责令侵权人提供该账簿、资料;侵权人无正当理由拒不提供或者提供虚假的账簿、资料的,人民法院可以根据权利人的主张和提供的证据认定侵权人因侵权所获得的利益。

(四) 民事保护的方式

侵犯专利权引起纠纷的,当事人可协商解决;不愿协商或协商不成的,专利权人或者利害关系人可以向人民法院起诉。人民法院经审理确认被告构成侵权时,则依法追究侵权人以下民事责任:

1. 责令侵权人停止侵权行为。这种责任的目的在于防止侵权人继续进行侵权活动,避免给权利人或者利害关系人造成更大损失。一般情况下,该种方式是首先适用的一种措施。

2. 责令侵权人赔偿损失。其目的在于救济专利权人或者利害关系人。依最高人民法院之有关规定,专利侵权的损害赔偿,应当贯彻公正原则,使专利权人或者利害关系人因侵权行为受到的实际损失能够得到合理的赔偿。依据《专利法》第65条及其他相关规定,专利侵权的损失赔偿额可按照以下方法计算:

①以专利权人因侵权行为受到的实际经济损失确定损失赔偿额。权利人因被侵权所受到的实际损失可以根据专利权人的专利产品因侵权所造成销售量减少的总数乘以每件专利产品的合理利润所得之积计算。权利人销售量减少的总数难以确定的，侵权产品在市场上销售的总数乘以每件专利产品的合理利润所得之积可以视为权利人因被侵权所受到的实际损失。②以侵权人因侵权行为获得的利益确定损失赔偿额。侵权人因侵权所获得的利益可以根据该侵权产品在市场上销售的总数乘以每件侵权产品的合理利润所得之积计算。侵权人因侵权所获得的利益一般按照侵权人的营业利润计算，对于完全以侵权为业的侵权人，可以按照销售利润计算。③以不低于专利许可使用费的合理数额确定损失赔偿额。权利人的损失或者侵权人获得的利益难以确定，有专利许可使用费可以参照的，人民法院可以根据专利权的类型、侵权行为的性质和情节、专利许可的性质、范围、时间等因素，参照该专利许可使用费的倍数合理确定赔偿数额。④没有专利许可使用费可以参照或者专利许可使用费明显不合理的，人民法院可以根据专利权的类型、侵权行为的性质和情节等因素，依照《专利法》第65条第2款的规定确定赔偿数额，即权利人的损失、侵权人获得的利益和专利许可使用费均难以确定的，人民法院可以根据专利权的类型、侵权行为的性质和情节等因素，确定给予1万元以上100万元以下的赔偿。⑤权利人、侵权人依法约定专利侵权的赔偿数额或者赔偿计算方法，并在专利侵权诉讼中主张依据该约定确定赔偿数额的，人民法院应予支持。这些不同的计算方法，人民法院可以根据案情的不同情况选择适用。当事人双方商定用其他计算方法计算损失赔偿额的，只要公平合理，人民法院可予准许。权利人主张其为制止侵权行为所支付合理开支的，人民法院可以在《专利法》第65条确定的赔偿数额之外另行计算。

在确定侵权人因侵权所获得的利益时，依照《最高人民法院关于审理侵犯专利权纠纷案件应用法律若干问题的解释》的规定，应当限于侵权人因侵犯专利权行为所获得的利益；因其他权利所产生的利益，应当合理扣除。侵犯发明、实用新型专利权的产品系另一产品的零部件的，人民法院应当根据该零部件本身的价值及其在实现成品利润中的作用等因素合理确定赔偿数额。侵犯外观设计专利权的产品为包装物的，人民法院应当按照包装物本身的价值及其在实现被包装产品利润中的作用等因素合理确定赔偿数额。

3. 没收侵权人由侵权行为所得的产品。这是人民法院对侵权人采取的一种制裁措施，目的在于恢复专利权人被侵害的权利，防止侵权人继续进行侵权活动。

4. 消除影响。依我国《民法通则》第118条之规定，公民、法人的专利权受到侵害的，有权要求消除影响。这一规定的目的在于恢复专利产品的信誉，消除由于专利侵权所造成的不良影响。

在计算具体赔偿数额时,对于故意侵犯专利权的行为应当引入惩罚性赔偿制度,即人民法院可以根据侵权行为的情节、规模、损害后果等因素,在按照上述方法确定数额的 1 倍以上 5 倍以下确定赔偿数额。

三、行政保护

(一) 行政保护的程序

专利权的行政保护是通过行政诉讼程序实现的。依据我国《专利法》第 41、46、58 条之规定,专利申请人对国务院专利行政部门驳回申请的决定不服的,可以自收到通知之日起 3 个月内,向国家知识产权局专利局请求审查。国家知识产权局专利局复审后,作出决定,并通知专利申请人。专利申请人对国家知识产权局专利局的复审决定不服的,可以自收到通知之日起 3 个月内向人民法院起诉。对国家知识产权局专利局宣告专利权无效或者维持专利权的决定不服的,可以自收到通知之日起 3 个月内向人民法院起诉。专利权人对国务院专利行政部门关于实施强制许可的决定不服的,专利权人和取得实施强制许可的单位或者个人对国务院专利行政部门关于实施强制许可的使用费的裁决不服的,可以自收到通知之日起 3 个月内向人民法院起诉。依我国《专利法实施细则》的规定,管理专利工作的部门应当事人请求,可以对下列专利纠纷进行调解:①专利申请权和专利权归属纠纷;②发明人、设计人资格纠纷;③职务发明人、设计人的奖励和报酬纠纷;④在发明专利申请公布后专利权授予前使用发明而未支付适当费用的纠纷。同时,《专利法》规定管理专利工作的部门有权对是否侵犯专利权进行认定。认定侵权行为成立的,可以责令侵权人立即停止侵权行为。当事人不服的,可以自收到处理通知之日起 15 日内,依照《行政诉讼法》向人民法院起诉;侵权人期满不起诉又不停止侵权行为的,专利管理部门可以申请人民法院强制执行。这一行政途径有"程序简便、处理快、效率高"的优势,是对专利权人最迅速、有效的保护。就侵犯专利权的赔偿数额而言,管理专利工作的部门可以应当事人的请求仅作调解,不作处理决定;调解不成的,当事人可以依照《民事诉讼法》向人民法院起诉。为深入推进依法行政,规范专利行政执法行为,保护专利权人和社会公众的合法权益,维护社会主义市场经济秩序,国家知识产权局 2015 年制定并施行了《专利行政执法办法》。

(二) 行政保护的方式

根据我国《专利法》第 60 条之规定,未经专利权人许可,实施其专利,即侵犯其专利权,引起纠纷的,当事人可以向人民法院起诉,也可以请求管理专利工作的部门处理。管理专利工作的部门处理时，认定侵权行为成立的，可以责令侵权人立即停止侵权行为，当事人不服的，可以自收到处理通知之日起 15 日内依照《行政诉讼法》向人民法院起诉；侵权人期满不起诉又不停止侵权行为的，管理专利工作的部门可以申请人民法院强制执行。进行处理的管理专利工作的部门应当事人的请求，可以就侵犯专利权的赔偿数额进行调解；调解不成的，当事人可以依照《民事诉讼法》向人民法院起诉。可见，我国专利行政保护的方式如下：

1. 责令侵权人停止侵权行为。即责令侵权人立即停止擅自制造、使用、许诺销售、销售、进口专利产品或使用专利方法以及使用、许诺销售、销售、进口依据专利方法直接获得的产品的行为。

2. 调解。管理专利工作的部门应当事人的请求，可以就侵犯专利权损失赔偿数额进行调解，[1] 调解不成的，当事人可以依照《民事诉讼法》向人民法院起诉。

3. 责令改正，没收违法所得、罚款。对于假冒他人专利的，除依法承担民事责任外，由管理专利工作的部门责令改正并公告，没收违法所得，可以并处违法所得 4 倍以下的罚款，没有违法所得的，可以处 20 万元以下的罚款。

4. 对假冒行为及产品实施相关措施。我国《专利法》第三次修改时针对假冒专利行为，第 64 条赋予管理专利工作的部门相应权力，即管理专利工作的部门根据已经取得的证据，对涉嫌假冒专利行为进行查处时，可以询问有关当事人，调查与涉嫌违法行为有关的情况；对当事人涉嫌违法行为的场所实施现场检查；查阅、复制与涉嫌违法行为有关的合同、发票、账簿以及其他有关资料；检查与涉嫌违法行为有关的产品，对有证据证明是假冒专利的产品，可以查封或者扣押。管理专利工作的部门依法行使前款规定的职权时，当事人应当予以协助、配合，不得拒绝、阻挠。

四、刑事保护

（一）刑事保护的程序

专利权的刑事保护是通过刑事诉讼程序实现的。关于侵害专利权是否承担刑事责任这一问题，各国立法规定不一。英美法系大多数国家基于侵害专利权仅损害权利人的利益，而并不会起到欺骗公众的作用的理论，故专利法普遍规定，对专利侵权行为不实行刑事制裁。而在一些大陆法系国家基于侵害专利权不仅损害

---

[1] 我国《专利法实施细则》第 85 条第 1 款规定："除专利法第 60 条规定的外，管理专利工作的部门应当事人请求，可以对下列专利纠纷进行调解：①专利申请权和专利权归属纠纷；②发明人、设计人资格纠纷；③职务发明创造的发明人、设计人的奖励和报酬纠纷；④在发明专利申请公布后专利权授予前使用发明而未支付适当费用的纠纷；⑤其他专利纠纷。"

了权利人的利益,也直接损害了社会的公共利益的理论,故专利法将专利方面的"违法"行为与侵权行为放在一起规定,并对其中严重的,给予刑事制裁。[1] 我国《专利法》及《刑法》规定,专利违法行为和专利侵权行为情节严重,构成犯罪的,应承担刑事责任。

(二) 刑事保护的方式

侵害专利权及违反《专利法》应承担刑事责任的情形有以下几种:

1. 假冒他人专利。根据我国《专利法》第63条的规定,假冒他人专利,构成犯罪的依法追究刑事责任。我国《刑法》第216条规定,假冒他人专利,情节严重的,处3年以下有期徒刑或者拘役,并处或者单处罚金。

关于构成假冒专利的具体行为,依据2004年12月22日起施行的《最高人民法院、最高人民检察院关于办理侵犯知识产权刑事案件具体应用法律若干问题的解释》第10条规定,实施下列行为之一的,属于《刑法》第216条规定的"假冒他人专利"的行为:①未经许可,在其制造或者销售的产品、产品的包装上标注他人专利号的;②未经许可,在广告或者其他宣传材料中使用他人的专利号,使人将所涉及的技术误认为是他人专利技术的;③未经许可,在合同中使用他人的专利号,使人将合同涉及的技术误认为是他人专利技术的;④伪造或者变造他人的专利证书、专利文件或者专利申请文件的。

2. 泄露国家机密。根据我国《专利法》第71条的规定,违反专利法规定向外国申请专利,泄露国家秘密构成犯罪的,依法追究刑事责任。我国《刑法》第398条第1款规定:"国家机关工作人员违反保守国家秘密法的规定,故意或者过失泄露国家秘密,情节严重的,处3年以下有期徒刑或者拘役;情节特别严重的,处3年以上7年以下有期徒刑。"

3. 徇私舞弊。依照我国《专利法》第74条之规定,从事专利管理工作的国家机关工作人员以及其他有关国家机关工作人员玩忽职守、滥用职权、徇私舞弊,构成犯罪的,依法给予行政处分。我国《刑法》第399条规定:"司法工作人员徇私枉法、徇情枉法,对明知是无罪的人而使他受追诉、对明知是有罪的人而故意包庇不使他受追诉,或者在刑事审判活动中故意违背事实和法律作枉法裁判的,处5年以下有期徒刑或者拘役;情节严重的,处5年以上10年以下有期徒刑;情节特别严重的,处10年以上有期徒刑。在民事、行政审判活动中故意违背事实和法律作枉法裁判,情节严重的,处5年以下有期徒刑或者拘役;情节

---

[1] 郑成思:《知识产权法》,法律出版社1997年版,第281~283页。

特别严重的，处 5 年以上 10 年以下有期徒刑。……司法工作人员收受贿赂，有前两款行为的，同时又构成本法第 385 条规定之罪的，依照处罚较重的规定定罪处罚。"

■本章小结

通过本章学习，我们了解了不同专利权其具有不同的保护范围，在司法实践中，要依据不同的标准判定专利权的保护范围。掌握了划分专利侵权行为的标准和具体侵权行为的表现，并从法律后果方面明确了专利侵权行为应当承担民事、行政和刑事责任的条件与方式。

■本章思考题

1. 如何判定发明和实用新型专利权的保护范围？
2. 假冒他人专利与冒充专利有何不同？
3. 我国《专利法》是否应当规定间接侵权行为？
4. 如何判定专利侵权中的赔偿范围？
5. 如何确定专利纠纷案件的管辖？
6. 案例讨论：

案例一：　　外观设计专利的保护：高仪股份公司诉浙江健龙卫浴有限公司侵害外观设计专利权纠纷案[1]

【基本案情】

高仪股份公司（以下简称高仪公司）为"手持淋浴喷头（No. A4284410X2）"外观设计专利的权利人，该外观设计专利现合法有效。2012 年 11 月，高仪公司以浙江健龙卫浴有限公司（以下简称健龙公司）生产、销售和许诺销售的丽雅系列等卫浴产品侵害其"手持淋浴喷头"外观设计专利权为由提起诉讼，请求法院判令健龙公司立即停止被诉侵权行为，销毁库存的侵权产品及专用于生产侵权产品的模具，并赔偿高仪公司经济损失 20 万元。经一审庭审比对，健龙公司被诉侵权产品与高仪公司涉案外观设计专利的相同之处为：二者属于同类产品，从整体上看，二者均是由喷头头部和手柄两个部分组成，被诉侵权产品头部出水面的形状与涉案专利相同，均表现为出水孔呈放射状分布在两端圆、中间长方形的区域内，边缘呈圆弧状。两者的不同之处为：①被诉侵权产品的喷头头部四周

---

[1] 参见《最高人民法院关于发布第 16 批指导性案例的通知》（法〔2017〕53 号）及最高人民法院（2015）民提字第 23 号民事判决书。

为斜面,从背面向出水口倾斜,而涉案专利主视图及左视图中显示其喷头头部四周为圆弧面;②被诉侵权产品头部的出水面与面板间仅由一根线条分隔,涉案专利头部的出水面与面板间由两条线条构成的带状分隔;③被诉侵权产品头部出水面的出水孔分布方式与涉案专利略有不同;④涉案专利的手柄上有长椭圆形的开关设计,被诉侵权产品没有;⑤涉案专利中头部与手柄的连接虽然有一定的斜角,但角度很小,几乎为直线形连接,被诉侵权产品头部与手柄的连接产生的斜角角度较大;⑥从涉案专利的仰视图看,手柄底部为圆形,被诉侵权产品仰视的底部为曲面扇形,涉案专利手柄下端为圆柱体,向与头部连接处方向逐步收缩压扁呈扁椭圆体,被诉侵权产品的手柄下端为扇形柱体,且向与喷头连接处过渡均为扇面柱体,过渡中的手柄中段有弧度的突起;⑦被诉侵权产品的手柄底端有一条弧形的装饰线,将手柄底端与产品的背面连成一体,涉案专利的手柄底端没有这样的设计;⑧涉案专利头部和手柄的长度比例与被诉侵权产品有所差别,两者的头部与手柄的连接处弧面亦有差别。

【法院裁判】

浙江省台州市中级人民法院于2013年3月5日作出(2012)浙台知民初字第573号民事判决,驳回高仪股份公司诉讼请求。高仪股份公司不服,提起上诉。浙江省高级人民法院于2013年9月27日作出(2013)浙知终字第255号民事判决:①撤销浙江省台州市中级人民法院(2012)浙台知民初字第573号民事判决;②浙江健龙卫浴有限公司立即停止制造、许诺销售、销售侵害高仪股份公司"手持淋浴喷头"外观设计专利权的产品的行为,销毁库存的侵权产品;③浙江健龙卫浴有限公司赔偿高仪股份公司经济损失(含高仪股份公司为制止侵权行为所支出的合理费用)人民币10万元;④驳回高仪股份公司的其他诉讼请求。浙江健龙卫浴有限公司不服,提起再审申请。最高人民法院于2015年8月11日作出(2015)民提字第23号民事判决:①撤销二审判决;②维持一审判决。

最高人民法院认为,本案的争议焦点在于被诉侵权产品外观设计是否落入涉案外观设计专利权的保护范围。

《专利法》第59条第2款规定:"外观设计专利权的保护范围以表示在图片或者照片中的该产品的外观设计为准,简要说明可以用于解释图片或者照片所表示的该产品的外观设计。"《最高人民法院关于审理侵犯专利权纠纷案件应用法律若干问题的解释》(以下简称《侵犯专利权纠纷案件解释》)第8条规定:"在与外观设计专利产品相同或者相近种类产品上,采用与授权外观设计相同或者近似的外观设计的,人民法院应当认定被诉侵权设计落入专利法第59条第2款规定的外观设计专利权的保护范围";第10条规定:"人民法院应当以外观设计专利产品的一般消费者的知识水平和认知能力,判断外观设计是否相同或者近似。"本案中,被诉侵权产品与涉案外观设计专利产品相同,均为淋浴喷头类产品,因此,本案的关键问题是对于一般消费者而言,被诉侵权产品外观设计与涉案授权外观设计是否相同或者近似,具体涉及以下四个问题:

一、关于涉案授权外观设计的设计特征

外观设计专利制度的立法目的在于保护具有美感的创新性工业设计方案,一项外观设计应当具有区别于现有设计的可识别性创新设计才能获得专利授权,该创新设计即是授权外观设计的设计特征。通常情况下,外观设计的设计人都是以现有设计为基础进行创新。对于已有产品,获得专利权的外观设计一般会具有现有设计的部分内容,同时具有与现有设计不相同也不近似的设计内容,正是这部分设计内容使得该授权外观设计具有创新性,从而满足《专利法》第23条所规定的实质性授权条件:不属于现有设计也不存在抵触申请,并且与现有设计或者现有设计特征的组合相比具有明显区别。对于该部分设计内容的描述即构成授权外观设计的设计特征,其体现了授权外观设计不同于现有设计的创新内容,也体现了设计人对现有设计的创造性贡献。由于设计特征的存在,一般消费者容易将授权外观设计区别于现有设计,因此,其对外观设计产品的整体视觉效果具有显著影响,如果被诉侵权设计未包含授权外观设计区别于现有设计的全部设计特征,一般可以推定被诉侵权设计与授权外观设计不近似。

对于设计特征的认定,一般来说,专利权人可能将设计特征记载在简要说明中,也可能会在专利授权确权或者侵权程序中对设计特征作出相应陈述。根据"谁主张谁举证"的证据规则,专利权人应当对其所主张的设计特征进行举证。另外,授权确权程序的目的在于对外观设计是否具有专利性进行审查,因此,该过程中有关审查文档的相关记载对确定设计特征有着重要的参考意义。理想状态下,对外观设计专利的授权确权,应当是在对整个现有设计检索后的基础上确定对比设计来评判其专利性,但是,由于检索数据库的限制、无效宣告请求人检索能力的局限等原因,授权确权程序中有关审查文档所确定的设计特征可能不是在穷尽整个现有设计的检索基础上得出的,因此,无论是专利权人举证证明的设计特征,还是通过授权确权有关审查文档记载确定的设计特征,如果第三人提出异议,都应当允许其提供反证予以推翻。人民法院在听取各方当事人质证意见的基础上,对证据进行充分审查,依法确定授权外观设计的设计特征。

本案中,专利权人高仪公司主张跑道状的出水面为涉案授权外观设计的设计特征,健龙公司对此不予认可。对此,法院生效裁判认为,首先,涉案授权外观设计没有简要说明记载其设计特征,高仪公司在二审诉讼中提交了12份淋浴喷头产品的外观设计专利文件,其中7份记载的公告日早于涉案专利的申请日,其

所附图片表示的外观设计均未采用跑道状的出水面。在针对涉案授权外观设计的无效宣告请求审查程序中，专利复审委员会作出第17086号决定，认定涉案授权外观设计与最接近的对比设计证据1相比："从整体形状上看，与在先公开的设计相比，本专利喷头及其各面过渡的形状、喷头正面出水区域的设计以及喷头宽度与手柄直径的比例具有较大差别，上述差别均是一般消费者容易关注的设计内容"，即该决定认定喷头出水面形状的设计为涉案授权外观设计的设计特征之一。其次，健龙公司虽然不认可跑道状的出水面为涉案授权外观设计的设计特征，但是在本案一、二审诉讼中其均未提交相应证据证明跑道状的出水面为现有设计。本案再审审查阶段，健龙公司提交200630113512.5号淋浴喷头外观设计专利视图拟证明跑道状的出水面已被现有设计所公开，经审查，该外观设计专利公告日早于涉案授权外观设计申请日，可以作为涉案授权外观设计的现有设计，但是其主视图和使用状态参考图所显示的出水面两端呈矩形而非呈圆弧形，其出水面并非跑道状。因此，对于健龙公司关于跑道状出水面不是涉案授权外观设计的设计特征的再审申请理由，再审法院不予支持。

二、关于涉案授权外观设计产品正常使用时容易被直接观察到的部位

认定授权外观设计产品正常使用时容易被直接观察到的部位，应当以一般消费者的视角，根据产品用途，综合考虑产品的各种使用状态得出。本案中，首先，涉案授权外观设计是淋浴喷头产品外观设计，淋浴喷头产品由喷头、手柄构成，二者在整个产品结构中所占空间比例相差不大。淋浴喷头产品可以手持，也可以挂于墙上使用，在其正常使用状态下，对于一般消费者而言，喷头、手柄及其连接处均是容易被直接观察到的部位。其次，第17086号决定认定在先申请的设计证据2与涉案授权外观设计采用了同样的跑道状出水面，但是基于涉案授权外观设计的"喷头与手柄成一体，喷头及其与手柄连接的各面均为弧面且喷头前倾，此与在先申请的设计相比具有较大的差别，上述差别均是一般消费者容易关注的设计内容"，认定二者属于不相同且不相近似的外观设计。可见，淋浴喷头产品容易被直接观察到的部位并不仅限于其喷头头部出水面，在对淋浴喷头产品外观设计的整体视觉效果进行综合判断时，其喷头、手柄及其连接处均应作为容易被直接观察到的部位予以考虑。

三、关于涉案授权外观设计手柄上的推钮是否为功能性设计特征

外观设计的功能性设计特征是指那些在外观设计产品的一般消费者看来，由产品所要实现的特定功能唯一决定而不考虑美学因素的特征。通常情况下，设计人在进行产品外观设计时，会同时考虑功能因素和美学因素。在实现产品功能的前提下，遵循人文规律和法则对产品外观进行改进，即产品必须首先实现其功能，其次还要在视觉上具有美感。具体到一项外观设计的某一特征，大多数情况

下均兼具功能性和装饰性，设计者会在能够实现特定功能的多种设计中选择一种其认为最具美感的设计，而仅由特定功能唯一决定的设计只有在少数特殊情况下存在。因此，外观设计的功能性设计特征包括两种：一是实现特定功能的唯一设计；二是实现特定功能的多种设计之一，但是该设计仅由所要实现的特定功能决定而与美学因素的考虑无关。对功能性设计特征的认定，不在于该设计是否因功能或技术条件的限制而不具有可选择性，而在于外观设计产品的一般消费者看来该设计是否仅仅由特定功能所决定，而不需要考虑该设计是否具有美感。一般而言，功能性设计特征对于外观设计的整体视觉效果不具有显著影响；而功能性与装饰性兼具的设计特征对整体视觉效果的影响需要考虑其装饰性的强弱，装饰性越强，对整体视觉效果的影响相对较大，反之则相对较小。

本案中，涉案授权外观设计与被诉侵权产品外观设计的区别之一在于后者缺乏前者在手柄位置上具有的一类跑道状推钮设计。推钮的功能是控制水流开关，是否设置推钮这一部件是由是否需要在淋浴喷头产品上实现控制水流开关的功能所决定的，但是，只要在淋浴喷头手柄位置设置推钮，该推钮的形状就可以有多种设计。当一般消费者看到淋浴喷头手柄上的推钮时，自然会关注其装饰性，考虑该推钮设计是否美观，而不是仅仅考虑该推钮是否能实现控制水流开关的功能。涉案授权外观设计的设计者选择将手柄位置的推钮设计为类跑道状，其目的也在于与其跑道状的出水面相协调，增加产品整体上的美感。因此，二审判决认定涉案授权外观设计中的推钮为功能性设计特征，适用法律错误，再审法院予以纠正。

四、关于被诉侵权产品外观设计与涉案授权外观设计是否构成相同或者近似

《侵犯专利权纠纷案件解释》第11条规定，认定外观设计是否相同或者近似时，应当根据授权外观设计、被诉侵权设计的设计特征，以外观设计的整体视觉效果进行综合判断；对于主要由技术功能决定的设计特征，应当不予考虑。产品正常使用时容易被直接观察到的部位相对于其他部位、授权外观设计区别于现有设计的设计特征相对于授权外观设计的其他设计特征，通常对外观设计的整体视觉效果更具有影响。

本案中，被诉侵权产品外观设计与涉案授权外观设计相比，其出水孔分布在喷头正面跑道状的区域内，虽然出水孔的数量及其在出水面两端的分布与涉案授权外观设计存在些许差别，但是总体上，被诉侵权产品采用了与涉案授权外观设计高度近似的跑道状出水面设计。关于两者的区别设计特征，一审法院归纳了八个方面，对此双方当事人均无异议。对于这些区别设计特征，首先，如前所述，第17086号决定认定涉案外观设计专利的设计特征有三点：一是喷头及其各面过渡的形状；二是喷头出水面形状；三是喷头宽度与手柄直径的比例。除喷头出水面形状这一设计特征之外,喷头及其各面过渡的形状、喷头宽度与手柄直径的比例等设计特征也对产品整体视觉效果产生显著影响。虽然被诉侵权产品外观设计采用了与涉案授权外观设计高度近似的跑道状出水面,但是,在喷头及其各面过渡的形状这一设计特征上,涉案授权外观设计的喷头、手柄及其连接各面均呈圆弧过渡,而被诉侵权产品外观设计的喷头、手柄及其连接各面均为斜面过渡,从而使得二者在整体设计风格上呈现明显差异。另外,对于非设计特征之外的被诉侵权产品外观设计与涉案授权外观设计相比的区别设计特征,只要其足以使两者在整体视觉效果上产生明显差异,也应予以考虑。其次,淋浴喷头产品的喷头、手柄及其连接处均为其正常使用时容易被直接观察到的部位,在对整体视觉效果进行综合判断时,在上述部位上的设计均应予以重点考查。具体而言,涉案授权外观设计的手柄上设置有一类跑道状推钮,而被诉侵权产品无此设计,因该推钮并非功能性设计特征,推钮的有无这一区别设计特征会对产品的整体视觉效果产生影响;涉案授权外观设计的喷头与手柄连接产生的斜角角度较小,而被诉侵权产品的喷头与手柄连接产生的斜角角度较大,从而使得两者在左视图上呈现明显差异。正是由于被诉侵权产品外观设计未包含涉案授权外观设计的全部设计特征,以及被诉侵权产品外观设计与涉案授权外观设计在手柄、喷头与手柄连接处的设计等区别设计特征,使得两者在整体视觉效果上呈现明显差异,两者既不相同也不近似,被诉侵权产品外观设计未落入涉案外观设计专利权的保护范围。二审判决仅重点考虑了涉案授权外观设计跑道状出水面的设计特征,而对于涉案授权外观设计的其他设计特征,以及淋浴喷头产品正常使用时其他容易被直接观察到的部位上被诉侵权产品外观设计与涉案授权外观设计专利的区别设计特征未予考虑,认定两者构成近似,适用法律错误,再审法院予以纠正。

综上,健龙公司生产、许诺销售、销售的被诉侵权产品外观设计与高仪公司所有的涉案授权外观设计既不相同也不近似,未落入涉案外观设计专利权保护范围,健龙公司生产、许诺销售、销售被诉侵权产品的行为不构成对高仪公司涉案专利权的侵害。二审判决适用法律错误,再审法院依法应予纠正。

【重点讨论】

如何判断外观设计是否区别于现有设计特征?功能性设计特征如何认定?

案例二： 北京百度网讯科技有限公司与北京搜狗科技发展有限公司等侵害发明专利权纠纷案[1]

【基本案情】

本案原告为北京搜狗科技发展有限公司（以下简称搜狗科技公司），被告为北京百度网讯科技有限公司（以下简称百度网讯公司），一审北京知识产权法院认定被告构成侵权。被告不服，向北京市高级人民法院提出上诉。

一、涉案专利的相关事实

涉案专利名称为"一种输入过程中删除信息的方法及装置"，专利号是200810116190.8，申请日是2008年7月4日，授权公告日是2011年9月28日，专利权人是搜狗科技公司。涉案专利的权利要求1记载的是方法专利，权利要求7为权利要求1相对应的装置权利要求。

涉案专利授权公告文本记载的权利要求1："一种输入过程中删除信息的方法，其特征在于，输入区域包括编码输入区和字符上屏区，所述方法包括：（a）当输入焦点在编码输入区时，接收删除键的指令，删除已输入的编码；（b）当所有的编码全部删除完时，暂停接收所述删除键的指令；（c）当所述删除键的按键状态达到预置条件时，继续接收删除键的指令，删除字符上屏区中的字符"。

涉案专利授权公告文本记载的权利要求7："一种输入过程中删除信息的装置，其特征在于，输入区域包括编码输入区和字符上屏区，所述装置包括：（a）按键处理单元，用于当输入焦点在编码输入区时，接收删除键的指令，并触发编码删除单元；（b）编码删除单元，用于删除已输入的编码；（c）控制单元，用于当所有的编码全部删除完时，暂停接收所述删除键的指令；（d）当所述删除键的按键状态达到预置条件时，继续接收所述删除键的指令，则触发字符删除单元；（e）字符删除单元，用于删除字符上屏区中的字符"。

双方当事人均认可涉案权利要求1为涉案专利的最大保护范围，且涉案专利权利要求1与权利要求7具有实质相同的保护范围，并同意以涉案专利权利要求1为比对对象。

二、被控侵权行为的相关事实的演示

第08805号公证书记载，使用公证处的电脑以及搜狗科技公司购买的三星手机进行操作。其中具体记载如下：24、点击"安装"按钮，将"百度输入法Android版"安装在手机中；25、查看手机的"语言和输入选项"，勾选"百度输入

---

[1] 参见最高人民法院2019年4月22日发布的《2018年中国法院10大知识产权案件和50件典型知识产权案例》及北京市高级人民法院（2018）京民终498号民事判决书。

法"；26、进入"百度输入法"应用程序；27、查看当前手机安装的百度输入法的版本号等信息；……29、在键入信息框中输入字符串"sougoushurufa"，显示字符串"sougoushurufa"及对应的候选词，点击相应的候选词将其上屏；30、继续在键入信息框中输入字符串"zhenbang"，显示字符串"zhenbang"及对应的候选词；31、此时长按删除键，候选项中的"zhenbang"字符及对应的候选词被全部删除，但键入信息框中刚刚上屏的"搜狗输入法"字符没有被删除；32、弹起删除键，然后再次按下删除键并持续一段时间，键入信息框中刚刚上屏的"搜狗输入法"字样被全部删除。

第10122号公证书记载，使用公证处的台式电脑以及搜狗科技公司事先准备的苹果手机进行操作。其中具体记载如下：25、点击电脑iTunes中的"应用程序"，点击"百度输入法……"的安装按钮后点击"同步"将"百度输入法"iPhoneApp安装至手机中；……29、将输入法调整为"百度输入法"，输入方式调整为"拼音全键"；30、在键入信息框中输入字符串"sougoushurufa"，显示字符串"sougoushurufa"及对应的候选词，点击相应的候选词，将其上屏；31、继续在键入信息框中输入字符串"zhenbang"，显示字符串"zhenbang"及对应的候选词；32、此时长按删除键，候选项中的"zhenbang"字符串及对应的候选词被全部删除，延迟数秒后，键入信息框中刚刚上屏的"搜狗输入法"字样才被删除。

【法院裁判】
一、一审法院观点

原告与被告争议的焦点在于权利要求1中的三项技术特征：

1. 百度输入法是否具有"当输入焦点在编码输入区时，接收删除键的指令，删除已输入的编码"这一技术特征的认定。由于双方对于如何理解权利要求1中的"输入焦点"的含义及涉案专利解决的技术问题是否由"输入焦点"在编码输入区和字符上屏区自动切换产生发生了分歧，需要对权利要求进行解释。在本领域技术人员看来，"输入焦点"就是根据当前输入的位置确定的焦点，即当前可进行操作的位置。这里的操作行为既包括输入行为也包括删除行为。对编码输入的过程中无论是在编码输入区输入还是在字符上屏区输入，只要能够进行输入操作就必然存在输入焦点。结合涉案专利来说，在编码输入区进行输入时，编码输入区可以进行操作的位置就是输入焦点；在字符上屏区进行输入时，字符上屏区可以进行操作的位置就成为输入焦点。涉案专利权利要求1中并没有限定输入焦点显示的形式，百度网讯公司认为涉案专利权利要求1将输入焦点限定为光标，不符合本领域技术人员对于输入焦点的通常理解，也没有以涉案专利说明书作为依据。涉案专利解决的是现有删除方法在进行编码删除的时候，由于误操作将已经上屏的字符也删除掉的问题。涉案专利说明书中关于背景技术的记载,涉案专利所解决的技术问题产生的原因在于编码输入区的字符全部删除完后,输入焦点会处于汉字的字符上屏区,也就是说可进行操作的位置处于汉字的字符上屏区。此时如果用户继续按删除键,则会将输入焦点之前的汉字删除。可见涉案专利要解决的技术问题是由于删除过程中,在编码输入区全部删除完后,由于操作习惯导致容易发出错误的操作指令,而输入法程序对此不加辨别的执行产生的。至于输入焦点是否会在删除完编码输入区的字符后自动跳转到字符上屏区只是涉案专利要解决的技术问题的表象,而不是涉案专利要解决的技术问题本身。涉案专利解决技术问题的方案并不是直接限制输入焦点在编码输入区和字符上屏区之间的自动切换,而是通过暂停接收删除命令和当达到预置条件时继续接收删除命令实现对误删除的防止。即使编码输入区字符全部删除完后,输入焦点自动切换到字符上屏区,只要此时暂时停止了删除命令的接收,就不会造成对已上屏字符的误删除,即实现了涉案专利的技术效果。可见,控制输入焦点的自动切换只是实现涉案专利技术方案的表象,暂停接收和恢复接收才是涉案专利保护范围限定的步骤。由于涉案专利解决现有技术问题的方式不是限制输入焦点在编码输入区和字符上屏区之间的切换。因此,涉案专利技术方案中也没有对编码输入区字符全部删除后,输入焦点是否自动切换到字符上屏区进行限定。这种理解同样可以从涉案专利说明书中找到依据。涉案专利说明书记载,本发明对于输入焦点的控制,可以在所有的编码全部删除完时跳转到字符上屏,然后根据删除键的按键状态判断是否继续接收删除键的指令;也可以在删除完所有编码后,输入焦点继续停留在编码输入区,而在符合预置条件的时候,输入焦点才会跳转到字符上屏区。因此,对百度网讯公司提出的百度输入法不存在在编码输入区域的输入焦点以及不存在输入焦点在字符上屏区和编码输入区之间自动切换产生的技术问题而不落入权利要求1保护范围的抗辩意见,不予采纳。通过公证书和庭审演示可以确定百度输入法具有涉案专利中"输入焦点在编码输入区时,接收删除键的指令,删除已输入的编码"的技术特征。

2. 百度输入法是否具有"当所有的编码全部删除完时,暂停接收所述删除键的指令"这一技术特征的认定。"暂停接收删除键的指令"的含义是指不再进行删除操作,故对于百度网讯公司主张暂停接收应当被确定为输入法不接收并且不处理删除键指令的观点不予采纳。涉案专利对于删除指令的产生方式没有进行限定,是否通过坐标值的方式产生指令,只要本领域技术人员能够认为其为删除指令即可。基于上述理解,依据公证书及一审庭审演示可以认定百度输入法具有"当所有的编码全部删除完时,暂停接收所述删除键的指令"的技术特征。

3. 百度输入法是否具有"当所述删除键的按键状态达到预置条件时,继续接收删除键的指令，删除字符上屏区中的字符"这一技术特征的认定。在对涉案专利权利要求1中"暂停接收所述删除键的指令"这一技术特征进行解释时，已经明确了接收删除键的指令不能等同于"系统转发用户点击触摸屏事件的消息"。基于此认定百度输入法具有"暂停接收所述删除键的指令"这一技术特征。与之相对应，在公证书和一审庭审中显示当满足弹起删除键的"预置条件"时，字符上屏区中的字符即被删除，可以确定百度输入法在暂停接收删除键的指令后，基于继续接收到的删除键指令，删除了字符上屏区中的字符。虽然涉案专利权利要求中"删除字符上屏区中的字符"这一技术特征是通过该步骤在发明中所起的效果进行的描述。但是，本领域技术人员仅通过阅读权利要求就可以明确知晓"删除字符上屏区中的字符"的实施方式，而且在说明书中未对"删除字符上屏区中的字符"对应的方法流程步骤做进一步限定。因此，"删除字符上屏区中的字符"不属于功能性特征，其保护范围应当包括在涉案专利申请日前，本领域技术人知晓的实现"删除字符上屏区中的字符"的各种具体实施方式。一审庭审演示已经显示在百度输入法状态下，信息输入时，产生了"当所述删除键的按键状态达到预置条件时，删除字符上屏区中的字符"的现象。搜狗科技公司完成了初步举证义务。百度网讯公司认为百度输入法在字符上屏区不实施删除行为，删除均由操作系统或者应用程序进行，并通过百度输入法在编码输入区和字符上屏区删除字符的速率不同加以证明。由于本专利所解决的技术问题产生的原因在于编码输入区的字符全部删除完后，输入焦点会处于字符上屏区，也就是说可进行操作的位置处于字符上屏区，此时如果用户继续按删除键，则会将字符上屏区的汉字删除。涉案专利解决问题的方案为当编码输入区的字符删除完后，不再进行删除操作，是因为设置一个预置条件，在满足预置条件后再次按下删除键，才会继续删除字符上屏区的字符。但是，对于满足预置条件后，再次按下删除键，字符上屏区中的字符具体如何在屏幕上删除，在涉案专利权利要求1中并未限定。在输入法领域技术人员看来，从输入法监测到按键信息至字符上屏区显示用户输入或删除的文本，必然需要操作系统、输入法程序和应用程序（消息编辑器）协同处理。百度输入法只要实施了删除的步骤即落入涉案专利的保护范围，无论删除由输入法程序单独实现还是与其他程序配合实现，均落入专利权的保护范围。百度网讯公司认为"在上屏区的删除功能由百度输入法法程序将触摸时间坐标解析为删除指令，并将删除指令发送给操作系统"，也可以表明百度输入法参与了删除字符上屏区中字符过程的事实，并与操作系统和应用程序配合实现了"删除字符上屏区中的字符"技术特征。据此，可以认定百度输入法在字符上屏区不实施删除行为，删除均由操作系统或者应用程序进行的抗辩理由不能成立。

二、二审法院观点

关于涉案被控的百度手机输入法是否实施了涉案专利权利要求 1 中所述的"当所述删除键的按键状态达到预置条件时，继续接收删除键的指令，删除字符上屏区中的字符"和"当输入焦点在编码输入区时，接收删除键的指令，删除已输入的编码"的技术特征。《专利法》第 59 条第 1 款规定，发明或者实用新型专利权的保护范围以其权利要求的内容为准，说明书及附图可以用于解释权利要求。专利权利要求保护范围的确定应当从该专利所属领域的普通技术人员的视角，以权利要求所记载的技术内容为准，同时在考虑专利对现有技术贡献的基础上，结合说明书、附图以及现有技术对权利要求的保护范围作出合理解释，而且相关解释应当考虑专利所要解决的技术问题、所要达到的技术效果，但应避免在专利申请日前，本领域普通技术人员通过阅读专利权利要求书、说明书及附图无法得出的技术特征作为本专利的保护范围予以认知。

根据涉案专利说明书的记载，其中并未对"输入焦点"应当理解为"光标"作出限定，并且结合涉案专利说明书第［0003］段的记载"……在用户按下删除键的时候，即将输入焦点前的字符或字符编码删除……"，本领域普通技术人员可以确定涉案专利权利要求 1 中所记载的"输入焦点"即为根据当前输入的位置确定的焦点，为具体可进行操作的位置。同时涉案专利说明书亦未对"输入焦点"显示的形式予以限定，故百度网讯公司以被控侵权百度手机输入法是基于触屏手机而开发的产品，在删除拼音和汉字过程中，其光标始终处于字符上屏区而否定不存在涉案专利权利要求 1 中"当输入焦点在编码输入区时，接收删除键的指令，删除已输入的编码"的技术特征的上诉主张缺乏事实依据，本院不予支持。

我国《民事诉讼法》第 64 条第 1 款规定，当事人对自己提出的主张，有责任提供证据。第 65 条第 1 款规定，当事人对自己提出的主张应当及时提供证据。虽然百度网讯公司上诉主张涉案被控侵权的百度手机输入法只能删除编码，字符上屏区的删除操作已经脱离了输入法的控制，删除字符上屏区中字符的动作是由操作系统与应用程序配合执行的，与百度手机输入法无关。然而，因涉案专利技术方案所要解决的技术问题在于在编码输入区的字符删除完后，不再进行删除操作，防止上屏区的字符被错误删除，故此需要预设一个条件，从而满足在达到预设条件后再次按下删除键，才会继续删除字符上屏区的字符。但是，对于满足预置条件后，再次按下删除键，字符上屏区中的字符具体如何在屏幕上删除，在涉案专利权利要求 1 中并未限定，亦不属于其所要保护的技术特征。同时，在输入法领域技术人员看来，从输入法监测到按键信息至字符上屏区显示用户输入或删除的文本，必然需要操作系统、输入法程序和应用程序（消息编辑器）协同处理。因此，只要涉案被控的百度手机输入法实施了删除的步骤即落入涉案专利的保护范围，无论删除是由输入法程序单独实现还是与其他程序配合实现，并不能成为其未落入涉案专利权保护范围的合法抗辩事由。因此，百度网讯公司该部分上诉理由缺乏事实及法律依据，本院不予支持。

因百度网讯公司并未对一审判决关于涉案百度手机输入法已经落入涉案专利权利要求1和权利要求7的保护范围的其他认定提出异议，经审查并无不当，本院予以确认。

【重点讨论】

专利权的保护范围如何认定？如何认定技术特征是否等同？

第四编 商标法

第一章
商标概述

[提示要点]
  学习本章，要了解和掌握商标的基本含义，并通过商标和其他标识的比较，理解商标具有依附性和显著性的基本特征，并与商品名称、商品装潢、商号、地理标记、域名以及特殊标志有所区别。通过考察商标法律制度的历史演变，进一步了解和掌握商标的功能和作用。

第一节 商标的概念

一、商标的概念

  商标俗称"牌子"，英文为"Trademark"或"Brand"，是指商品的生产者、经营者或者服务的提供者在其商品或者服务上使用的，由文字、图形、颜色组合、三维标志和声音等，以及上述要素组合构成的，具有显著特征，便于识别商品或服务来源，并不得与他人在先取得的合法权利相冲突的标记。有关国际公约及国外商标立法对商标有多种不同的表述。如《TRIPs协议》第15条规定，任何能够将一企业的商品或服务与其他企业的商品或服务区别开的标识或标记的组合，均能构成商标。《欧洲共同体商标条例》规定，所有可用书面形式表示的标记，尤其是字词（包括人名）、图形、字母、数字、商品及其包装的外形，只要能将一个企业的商品或服务同其他企业的商品或服务区别开来，均可构成商标。《美国商标法》第2条规定，凡可据以识别申请人的商品与他人商品的商标都不得被拒绝注册。《法国知识产权法典》第七卷"商标或服务商标和其他显著性标记"L.711-1 条规定，商标或服务商标是指用以区别自然人或法人的商品或服务并可用书写描绘的标记。[1]

上述关于商标的定义基本上都是从商标的主要功能与构成要素两方面作出的。我国现行《商标法》第 8 条也是从商标构成要素方面间接地指出了商标的定义："任何能够将自然人、法人或者其他组织的商品与他人的商品区别开的标志，包括文字、图形、字母、数字、三维标志、颜色组合和声音等，以及上述要素的组合，均可以作为商标申请注册。"学界一般认为，商标是生产经营者或者服务者在其商品或服务上使用的，由文字、图形、字母、数字、颜色组合、三维标志和声音等及其他要素的组合构成的用于区别商品或服务来源的标记。可见，商标与一般标记的区别表现在以下几个方面：①商标的所有人或使用人是商品的生产者、经营者、服务项目的提供者；②商标包括商品商标和服务商标；③商标的基本功能是识别商品或服务来源；④商标的识别对象是商品或服务项目；⑤商标应具备法定的构成要素，具备显著特征，便于识别，并不得与他人在先取得的合法权利相冲突。

二、商标的特征

（一）依附性

商标的依附性，即商标是依附于商品或服务上的标记。商标是一种特殊标记，使用的目的是销售商品或者提供服务，并且使用在特定的商品或服务项目上，起着识别商品或服务来源的作用。商品生产者、经营者、服务项目提供者依靠商标树立信誉，从事生产经营活动；消费者凭借商标选择商品或者服务。故商标具有依附于商品或服务的特性，即从属性，二者具有不可分割的关系。如果"离开特定的商品和服务，任何图案、符号和文字都不是商标，更无商标价值可言"。[2]

（二）显著性

商标的显著性，也被称作识别性或区别性，即商标便于识别商品或者服务的属性。这种显著性可来自商标本身，也可来自商标的使用。显著性来自商标本身是指商标的构成要素，包括文字、图形、字母、数字、三维标志、颜色组合、声音等及上述要素的组合有独特的创意和构思，别具一格，并且与相同或类似商品的注册商标不混同，使消费者通过商标便可选购商品或者选择服务。同时，商标

---

[1]《法国知识产权法典》（法律部分），黄晖译，商务印书馆 1999 年版，第 133 页。
[2] 参见刘春田："商标与商标权辨析"，载《知识产权》1998 年第 1 期。

通过自身被赋予的象征，传达商品的信息，刺激消费者的购买欲望。[1] 例如，春兰空调，来自"春来江水绿如兰"；耐克是指希腊神话中的胜利女神；桑塔纳是指美国大峡谷常年刮的一股旋风等。显著性来自商标的使用是指商标随着长期的连续使用，使消费者对其商品或服务有了肯定的认识，能够将其商品或服务与其他商品或服务区别开来，从而获得显著性。例如，"白加黑""天堂""张小泉""诺基亚之歌"等商标，本身构成要素的显著性并不明显，但随着使用其已被公众熟知，使其具有显著特征。

三、与商标相关的几个概念

（一）商品名称与商标

商品名称是用以区别不同商品而使用的商品的称呼，包括通用名称和特有名称。通用名称是公众熟知的商品的一般名称，如计算机、电视机、手表、白酒等。特有名称是特定商品的称呼，如联想计算机、海尔电视机、飞亚达手表、茅台酒等。商品特有名称能够表明商品的质量、性能、原料等。通常，商品的通用名称不能注册为商标，商品的特有名称若符合注册条件的可以注册为商标。[2] 商品名称与商标有许多不同。在使用目的上，商品名称是用来区别不同种类或同一种类的不同商品，商标则是用来区别商品或服务来源的；在适用法律保护的依据上，在我国发生的商标相关纠纷或争议受《商标法》调整，商品名称中只有知名商品的特有名称才可以获得《反不正当竞争法》的保护；在取得方式上，除法律另有规定外，商标经注册才能产生商标权，商品名称则自然产生，无需办理任何手续。

（二）商品装潢与商标

商品装潢是用文字、图案、色彩及其组合来装饰商品的包装物或附着物。在商品上使用商品装潢的目的是美化商品，吸引消费者购买商品。商标与商品装潢都使用在商品或商品包装上，且一般均以文字、图形、颜色及其组合构成，如健力宝饮料易拉罐上的"J"形图案和"健力宝"是商标，而其环形的跑道和掷铁饼者的图案则是装潢，且二者有所不同。在使用目的上，商标是为了识别商品或服务来源，商品装潢的目的是美化商品，刺激消费者的购买欲望；在设计要求

---

[1] 参见曲三强：《知识产权法原理》，中国检察出版社2004年版，第472页。
[2] 参见2017年3月1日起施行的《最高人民法院关于审理商标授权确权行政案件若干问题的规定》第10条规定，依据法律规定或者国家标准、行业标准属于商品通用名称的，应当认定为通用名称。相关公众普遍认为某一名称能够指代一类商品的，应当认定为约定俗成的通用名称。被专业工具书、辞典等列为商品名称的，可以作为认定约定俗成的通用名称的参考。约定俗成的通用名称一般以全国范围内相关公众的通常认识为判断标准。对于由于历史传统、风土人情、地理环境等原因形成的相关市场固定的商品，在该相关市场内通用的称谓，人民法院可以认定为通用名称。

上，商标一般要求应具备抽象性，其所使用的文字、图形等不得直接表示商品的质量、原料、功能、用途，商品装潢则可直接反映商品的质量、原料、功能、用途等；在专有性上，商标一经注册就产生商标专用权，具有专有性，且不能随意改变，商品装潢则不需要注册，不具有专有性，并可以根据市场情况对商品装潢的图案随时变动和改进；在保护的依据上，注册商标受《商标法》保护，商品装潢只有使用在知名商品上才受《反不正当竞争法》保护。

（三）商号与商标

商号是企业名称或厂商名称的一部分，是企业或商主体为表明不同于其他企业或商主体而使用的特殊名称，该名称只能由文字组成，又称字号。例如，我国的企业名称由四部分组成，即行政区划、商号、行业或经营特点、组织形式。可见，商标用于区别不同商品或服务，商号则是用于区别商品生产经营者或服务者自身的；一个企业可以拥有多个商标，但企业名称只有一个，即商号只有一个；商标的构成要素可以是文字、图形、颜色组合、三维标志、声音等，以及这些要素的组合，商号只能用文字来表示；在我国，注册商标受《商标法》保护，商号则受《企业名称登记管理规定》以及《民法总则》有关规定来保护。[1] 在实践中，商标与商号为同一标记的情况也很多，如海尔集团的"海尔"既是其商号，也是其商标之一。

（四）地理标记与商标

地理标记，又称原产地名称，是指标示商品来源于某地区，并且该商品的特定质量与当地的地理环境、传统技术等自然因素或人文因素有关的一种标记，如北京的"平谷大桃"、山东的"章丘大葱"和"烟台苹果"、新疆的"哈密瓜"等。地理标记不具有专有性和独占性，属于某一特定范围内的众多生产经营者共同使用地理标记、共同享有地理标记权，前提是该地区的各个使用者能够生产出相同品质特征的产品。尽管地理标记可依法作为证明商标或者集体商标申请注册，但一般不能转让或许可使用，且只能是客观存在的，而不能主观臆造。

（五）域名与商标

域名是对应于互联网数字型地址的字符型地址。域名也具有识别和区别功能且具有商业价值。但域名与商标也是不同的。在构成要素上，域名不能由图形组成，相似的域名能够同时存在，允许注册，只要不是完全相同，而相近似的商标不允许注册在相同或类似商品或服务上；域名具有独一无二性，不可能出现两个完全相同的字符获得注册，商标允许注册相同的文字，只要使用在不同类的商品

---

[1] 依据我国《商标法》第58条规定，将他人注册商标、未注册的驰名商标作为企业名称中的字号使用，误导公众，构成不正当竞争行为的，依照《中华人民共和国反不正当竞争法》处理。

或服务上即可；域名实行注册登记、不予审查的制度，而商标除法律另有规定外，实行自愿注册制，注册时要经过审查。

（六）特殊标志与商标

特殊标志是在国际性或者全国性的文化、体育、科学研究及其他社会公益活动中所使用的由文字、图形组成的名称及缩写、会徽、吉祥物等标志，如"红十字"标记、奥运五环标记、"北京2008"、APEC会议标记、我国农产品地理标志等。特殊标记的使用不以营利为目的，而是为了宣传和传播文化体育、科学研究等公益性活动。我国依照《巴黎公约》、国际惯例以及国务院1996年颁布的《特殊标志管理条例》，对特殊标记加以保护。

第二节　商标法与我国商标制度的演变

一、商标法的历史沿革

商标作为商品的标记，它的产生和发展总是与商品经济有着紧密的联系。在商品经济出现以前，人们生产的目的主要是自给自足，因而产品上不需要使用标记，即使有的物品上有铭文、年号或刻有文字和图形标记，也只是用于装饰、纪念或表示私有权，而不是商标。随着商品经济的发展，商品标记也日趋完备。在西方，商标最早起源于西班牙，游牧部落把烙印打在自己的牲畜上，以区别不同主人的牲畜。在古代中国，东周时期便出现了"杜康"作为酒的标志；东汉铁器上铸有"川"字作为产品标记；在南北朝后期的北周文物中，有以陶器工匠"郭彦"署名的粗制陶器；到了宋代，山东济南有一刘家针铺以白兔作为商品的标志，在针的包装纸上用铜版印有白兔的图形和"兔儿为记"字样，这是我国迄今发现使用最早的设计图案较为完整的商标。在13世纪的欧洲，随着行会的盛行，商品经济也有了较快的发展，一些产品制造者和行会都有特定的印章作为自己生产的商品标记，以后逐渐演变为图形商标。到了17、18世纪，商品使用范围更广，商标的形式也日益完备，但还没有产生独立的商标法律制度。现代意义上的商标，始于19世纪资本主义时期，在资本主义条件下，商品生产高度发达，商标已成为资本家参与竞争、垄断市场、牟取暴利的一种工具。为了保护商品生产者的垄断地位，便于消费者识别商品，制止不法者假冒他人商标的侵权行为，许多资本主义国家从19世纪50年代起先后制定了专门法律。

法国1803年制定的《关于工厂、制造场和作坊的法律》，是世界上第一部含有商标保护内容的法律。全世界最早的商标法是法国1857年制定的《关于以使用原则和不审查原则为内容的制造标记和商标的法律》。这项法律直至1964年才作了大幅度修改，重新公布了包含注册原则的《工业、商业和服务业商标法》。《商标法》于1992年7月1日通过597号法令颁发，1996年修改，从2017年3月23日起采用《欧共体商标条例》。

英国关于商标权保护的法律规范最早为1862年颁布的《商品标记法》；1885年又颁布了《商标注册法》；1905年通过新的《商标法》，并于1919年、1937年、1938年、1994年和2008年作了重大修改。

美国于1870年制定了《联邦商标条例》，同年8月又补充了对侵犯商标权行为适用刑事制裁的规定。1881年美国颁布了新《商标法》，并于1905年、1946年和1975年作了较大幅度的修改。现行《商标法》于2011年5月修订，被编入美国法规汇编第15编"商业与贸易编"中的第22章。

德国的商标立法始于1874年德意志帝国时期颁发的《商标保护法》。德国于1968年制定了《德国商标法》，后于1979年、1987年对该法进行了修订；1994年10月制定了新的《商标和其他标志保护法》，并于1996年7月、1999年1月进行了修订。

日本明治维新以后，受德国和英国商标法的影响，于1884年制定了以注册原则为方针的《商标条例》，后于1981年、1996年对其多次修改。现行商标法是2014年3月最后修改的《日本商标法》。

二、我国商标制度历史沿革

我国自明朝中叶起到清朝时期，曾出现过商标涉讼案件。1904年清政府颁布的《商标注册试办章程》，是旧中国的第一部商标法令。随后，北洋政府于1923年公布了《商标法》。1930年南京政权也公布过一部商标法，并于1935年作了修正。

中华人民共和国成立后，1950年政务院分别颁布了《商标注册暂行条例》和《商标注册暂行条例施行细则》，1954年公布了《未注册商标暂行管理办法》，1957年国务院转发了《中央工商行政管理局关于实行商标全面注册的意见》，1963年公布了《商标管理条例》及其施行细则，1982年8月公布了《商标法》，1983年3月国务院发布了《商标法实施细则》。随着我国商品经济的发展，为了适应对内搞活、对外开放的需要，1993年2月22日第七届全国人大常委会第三十次会议通过了《关于修改〈中华人民共和国商标法〉的决定》，并自1993年7月1日起施行。同时，1988年1月、1993年7月和1995年4月经国务院批准，《商标法实施细则》先后三次被修订。随着我国社会主义市场经济的发展，现行商标保护制度还需要进一步完善，其在一些方面与世界贸易组织规则也存在一定的差距。为了完善我国商标保护制度，进一步加强对商标专用权的保护，促进经济的发展与繁荣，并适应我国加入世界贸易组织的需要，在总结实践经验的基础上，2001年10月27日，第九届全国人大第二十四次会议通过并公布了《关于修改〈中华人民共和国商标法〉的决定》，自2001年12月1日起施行。2002年8月国务院发布了修订后的《商标法实施条例》并自2002年9月15日起施行。此外，2009年4月23日最高人民法院印发了《关于审理涉及驰名商标保护的民事纠纷案件应用法律若干问题的解释》。随着我国市场经济体系的不断完善和全球经济一体化发展的趋势，为了进一步贯彻落实《国家知识产权战略纲要》的要求，充分发挥商标制度作用，2003年国家工商行政管理总局启动了《商标法》第三次修改工作，并于2013年8月30日第十二届全国人大常委会第四次会议表决通过了《全国人民代表大会常务委员会关于修改〈中华人民共和国商标法〉的决定》，该决定自2014年5月1日起施行。2014年4月29日国务院令第651号修订《商标法实施条例》并与修改后的《商标法》同日施行。2017年1月10日最高人民法院印发了《关于审理商标授权确权行政案件若干问题的规定》。

据统计，截至2018年年底，我国商标累计申请量3521.30万件，累计注册量2230.83万件，有效注册商标量1956.36万件，连续17年位居世界第一。

《商标法》第三次修改系我国商标法律制度发展进程中的一个重要里程碑。据统计，截至2013年12月，中国商标注册申请量为1324.13万件，累计商标注册量为865.24万件，商标有效注册量为723.79万件，累计注册和初步审定地理标志证明商标、集体商标2190件，累计核准注册农产品商标144.73万件。在与我国参加的国际条约保持一致的前提下，第三次修改重在立足我国国内实际需求，借鉴吸收了世界主要国家的先进经验和成熟做法，围绕我国实践中存在的突出问题，从制度层面上进行了完善。修改的主要内容包括：

1. 在商标注册方面，调整商标注册审查制度，为申请人提供更加方便快捷的商标注册服务。一是取消了现行法对商标注册的可视性要求，将国际上申请和审查标准已经相对比较成熟的声音商标纳入到商标可申请注册的范围。二是允许申请人通过互联网以电子方式向商标主管部门直接提交申请，规定一份申请文件注册范围可以涵盖多类商品，与国际通行做法接轨。三是增加了审查意见沟通程序。在审查过程中，商标局可以要求申请人对其商标申请作出说明或者修正。四是完善商标注册异议制度，简化了确权程序，限制了商标异议主体，解决了现行商标异议制度下提出异议申请的主体和理由过于宽泛、商标注册程序过于繁琐的问题，有利于缩短商标注册周期，遏制"恶意异议"行为。

2. 在维护公平竞争的市场秩序方面，对商标注册、使用和商标代理中的不正当竞争行为进行规制。一是新《商标法》增加了诚实信用原则的有关内容，明确界定并禁止了商标抢注行为，为打击恶意抢注，维护公平竞争的市场秩序提供了法律依据。二是明确规定将他人注册商标、未注册的驰名商标作为企业名称中的字号使用，误导公众，构成不正当竞争行为的，依照《反不正当竞争法》处理。三是加强了对商标使用行为的引导和保护，促进商标有效使用，提高商标的利用率。四是加大了商标代理监管力度，增加了商标代理机构的法律责任和义务，加强了工商行政管理部门对商标代理机构的行政管理手段，有利于促进商标代理市场的健康发展。

3. 在驰名商标保护方面，完善了驰名商标保护制度，引导驰名商标回归其立法本意。驰名商标不是荣誉称号，而是一个法律概念，驰名商标认定是对驰名商标扩大商标保护范围而设立的特别保护制度，也是国际上通行的做法，对于"傍名牌"行为起到了有效的规制作用。但是在实际中，有的企业断章取义，把驰名商标当成荣誉称号进行片面宣传，构成了不正当竞争，扰乱了市场秩序。新《商标法》在坚持实行驰名商标认定保护制度的同时，禁止生产、经营者将"驰名商标"字样用于商品、商品包装或者容器上，或者用于广告宣传、展览以及其他商业活动中，促使企业在尊重市场规则的前提下加强自主品牌的培育，真正提升自身的市场竞争力。

4. 在商标保护方面，加大对注册商标专用权的保护力度，保护商标权利人的合法利益。一是增加了商标侵权行为的种类，规定了对商标侵权行为的法定从重处罚情节，并根据涉案金额进一步规范了工商行政管理部门行政处罚的标准。二是引入了惩罚性赔偿规定，将法定赔偿额上限从50万元提高到300万元，加大侵权人的违法成本。三是减轻商标权利人举证责任，有效防止因权利人"举证难"导致损害赔偿数额偏低的现象。

2019年4月23日《商标法》修改内容：一是规定对不以使用为目的的恶意商标注册申请应当予以驳回。二是对商标代理机构不得接受委托人委托的事项作出了规定。三是将惩罚性赔偿标准从1倍以上3倍以下修改为1倍以上5倍以下，将法定赔偿标准从300万元以下修改为500万元以下。四是规定人民法院审理商标纠纷案件，应权利人请求，对属于假冒注册商标的商品及主要用于制造假冒注册商标的商品的材料、工具，责令销毁，且不予补偿。五是对恶意申请商标注册的，根据情节给予警告、罚款等行政处罚；对恶意提起商标诉讼的，由人民法院依法给予处罚；等等。

■ 本章小结

通过本章学习，我们对商标的含义有了初步的认识。商标不取决于新颖性，而在于显著性。商标与其他标记的主要区别在于特征和功能不同。商标是商品经济的产物,随着市场的繁荣发展商标法律制度也得以不断完善。

■本章思考题

1. 什么是商标?
2. 商标具有哪些法律特征?
3. 商标与其他标识有什么异同?
4. 我国《商标法》历次修改涉及的主要内容有哪些?
5. 案例讨论:

案例一: 中国葡萄酒业知识产权第一案[1]

【基本案情】

2001年,张裕公司向国家商标局提出"解百纳"的商标注册申请,于2002年4月14日由国家商标局核准注册并下发了"解百纳"商标注册证书。但这一核准注册,立即遭遇了来自国内几乎所有葡萄酒巨头的强烈反对,2002年6月,威龙、王朝等企业联合向国家工商总局商标评审委员会提交撤销张裕公司"解百纳"注册申请书,反对张裕注册"解百纳"商标。2002年7月10日,国家商标局作出《关于撤销第1748888号"解百纳"注册商标的决定》,认为"解百纳"是红葡萄酒的原料品种的名称,对该注册商标予以撤销。张裕公司不服此决定,由此进入行政复审阶段。2008年5月26日,国家商标评审委员会根据张裕曾在20世纪30年代创立以来的七十余年中持续使用并反复注册的事实作为主要依据之一,结合《商标法》及我国《知识产权战略纲要》之精神,将"解百纳"裁决给了张裕公司。威龙、王朝等企业不服向北京市第一中级人民法院提起诉讼。2009年12月30日一审法院作出判决:①撤销被告国家工商行政管理总局商标评审委员会(以下简称"商评委")作出的商评字[2008]第05115号《关于第1748888号"解百纳"商标争议裁定书》;②商评委就第1748888号"解百纳"商标争议请求重新作出裁定。法院认定:商评委作出的第05115号裁定程序并无不当,但由于双方当事人在诉讼程序中提交了大量有可能影响商评委裁定结果的证据,因此,商评委应在考虑当事人提交的新证据的基础上,重新作出裁定。而法院对原告提出的"认定争议商标属不当注册"的请求未予支持。威龙、王朝等企业不服一审判决提起上诉。2010年6月21日,北京市高级人民法院作出了

---

[1] 参见商标评审委员会作出的商评字[2008]第05115号《关于第1748888号"解百纳"商标争议裁定书》、北京市高级人民法院(2010)高行终字第310号行政判决书。

终审判决，驳回威龙、王朝等企业"认定解百纳商标属不当注册"的上诉请求；判定由国家工商行政管理总局商标评审委员会再作裁定。2011年1月18日，经国家工商行政管理总局商标评审委员会主持调解，各方当事人就"解百纳"商标使用问题达成和解。自此，这个被冠以"中国葡萄酒业知识产权第一案"的商标争夺战，在历经10年后终于告一段落。

【重点讨论】"解百纳"是什么？它与品种、品系、通用名称是什么关系？能否注册为商标？

案例二：　王老吉加多宝知名商品特有包装装潢纠纷案[1]

【基本案情】

2012年7月6日，广州医药集团有限公司（以下简称广药集团）与广东加多宝饮料食品有限公司（以下简称加多宝公司）分别向法院提起诉讼，均主张享有"红罐王老吉凉茶"知名商品特有包装装潢的权益，并据此指控对方生产销售的红罐凉茶商品的包装装潢构成侵权。一审法院认为，"红罐王老吉凉茶"包装装潢的权益享有者应为广药集团，广州王老吉大健康产业有限公司（以下简称大健康公司）经广药集团授权生产销售的红罐凉茶不构成侵权。由于加多宝公司不享有涉案包装装潢权益，故其生产销售的一面"王老吉"、一面"加多宝"和两面"加多宝"的红罐凉茶均构成侵权。一审法院遂判令加多宝公司停止侵权行为，刊登声明消除影响，并赔偿广药集团经济损失1.5亿元及合理维权费用26万余元，同时驳回加多宝公司的诉讼请求。加多宝公司不服两案一审判决，向最高人民法院提起上诉。最高人民法院经审理认为，本案中的知名商品为"红罐王老吉凉茶"，在红罐王老吉凉茶产品的罐体上包括"黄色王老吉文字、红色底色等色彩、图案及其排列组合等组成部分在内的整体内容"，为知名商品特有包装装潢。广药集团与加多宝公司均主张对红罐王老吉凉茶的特有包装装潢享有权益，最高人民法院对此认为，结合红罐王老吉凉茶的历史发展过程、双方的合作背景、消费者的认知及公平原则的考量，因广药集团及其前身、加多宝公司及其关联企业，均对涉案特有包装装潢权益的形成、发展和商誉建树，各自发挥了积极的作用，将涉案特有包装装潢权益完全判归一方所有，均会导致显失公平的结果，并可能损及社会公众利益。因此，涉案知名商品特有包装装潢权益，在遵循诚实信用原则和尊重消费者认知并不损害他人合法权益的前提下，可由广药集

---

[1] 参见最高人民法院2018年4月20日发布的《2017年中国法院十大知识产权案件简介》及最高人民法院（2015）民三终字第2、3号民事判决书。广东省高级人民法院（2013）粤高法民三初字第1号（"1号案"）民事判决书、广东省高级人民法院（2013）粤高法民三初字第2号（"2号案"）民事判决书。

团与加多宝公司共同享有。在此基础上,广药集团与加多宝公司相互指控对方生产销售的红罐凉茶商品构成擅自使用他人知名商品特有包装装潢的主张,均不能成立,对广药集团及加多宝公司的诉讼请求均予以驳回。

【重点讨论】知名商品特有包装装潢的法律含义是什么?判定知名商品特有包装装潢归属的事实依据和法律根据有哪些?

第二章 商标法中的有关主体

> [提示要点]
>
> 通过本章的学习，掌握商标权人的基本内涵；了解在不同国家，依照商标权获得的不同途径，商标权人可能是经使用或者经注册而取得权利；了解我国商标法关于商标权人的有关规定；理解商标管理的功能并了解我国各级商标管理机构的职责。

第一节 商标权人

一、商标权人的含义

在不同国家，依照商标权获得的不同途径，商标权的主体可能是经使用而取得专有权的人，也可能是经注册取得专有权的人。[1] 实行注册制度的国家或者地区的商标法均对商标注册条件作出了规定，主要包括主体和客体两个方面的条件。其中，商标权的主体是商标权人，即注册商标的所有人，包括申请商标注册并经主管部门依法核准，取得商标权的人和经合法转让而取得商标权的人。根据我国《商标法》的规定，商标注册的申请人可以是自然人、法人或者非法人组织，但应当具备以下两个条件：一是申请人在生产经营活动中，对其商品或者服务需要取得商标专用权；二是申请人应在与自己的业务有关的商品或者服务上申请商标注册。我国《商标法》第4条的规定表明，自然人、法人或者其他组织在生产经营活动中，对其商品或者服务需要取得商标专用权的，应当向商标局申请商标注册，但不以使用为目的的恶意商标注册申请，应当予以驳回。集体商标与证明商标的申请不需要上述条件，因商标权人均非实际使用商标的人，而是为了保障集体商标制度与证明商标制度的客观公正。

二、我国商标法中的商标权人

根据我国《商标法》的规定，自然人、法人或者非法人组织在生产经营活动中，对其商品或者服务需要取得商标专用权的，应当向商标局申请商标注册。

---

[1] 参见郑成思：《知识产权论》，法律出版社2003年版，第151页。

申请经批准后，即可取得商标专用权，成为商标权法律关系的权利主体。

自然人作为商标权主体是自 2001 年《商标法》对商标申请注册人的资格所作的重要修改。在实践中，以自然人名义办理商标注册、转让等申请事宜，除按照有关规定提交《商标注册申请书》、商标图样等材料外，还应注意以下事项：

1. 个体工商户可以以其《个体工商户营业执照》登记的字号作为申请人提出商标注册申请，也可以以执照上登记的负责人名义提出商标注册申请。以负责人名义提出申请时应提交以下材料的复印件：一是负责人的身份证；二是营业执照。

2. 个人合伙可以以其《营业执照》登记的字号或有关主管机关登记文件登记的字号作为申请人提出商标注册申请，也可以以全体合伙人的名义共同提出商标注册申请。以全体合伙人的名义共同提出申请时应提交以下材料的复印件：一是合伙人的身份证；二是营业执照以及合伙协议。

3. 农村承包经营户可以以其承包合同签约人的名义提出商标注册申请，申请时应提交以下材料的复印件：一是签约人身份证；二是承包合同。

4. 其他依法获准从事经营活动的自然人，可以以其在有关行政主管机关颁发的登记文件中登载的经营者名义提出商标注册申请，申请时应提交以下材料的复印件：一是经营者的身份证；二是有关行政主管机关颁发的登记文件。

5. 自然人提出商标注册申请的商品和服务范围，应以其在营业执照或有关登记文件核准的经营范围为限，或者以其自营的农副产品为限。

对于外国人和外国企业的商标权主体资格，依据我国《商标法》第 17 条的规定，外国人或者外国企业在中国申请商标注册的，应当按其所属国和中华人民共和国签订的协议或者共同参加的国际条约办理，或者按对等原则办理。具体事宜应当委托依法设立的商标代理机构办理。

"一件商标一个专用权"是《商标法》的基本原则。故如果两个或者两个以上的申请人，在同一种商品或者类似商品上，以相同或者近似的商标申请注册的，商标专用权应授予最先申请的人；同一天申请的，各申请人应按商标局的通知，30 天内交送该商标第一次使用日期的证明，商标权授予最先使用的人；同日使用或均未使用的，各申请人可以自收到商标局通知之日起 30 日内自行协商，并将书面协议报送商标局；不愿协商或者协商不成的，商标局通知各申请人以抽签的方式确定一个申请人，驳回其他人的注册申请。商标局已经通知但申请人未参加抽签的，视为放弃申请，商标局应当书面通知未参加抽签的申请人。

第二节 商标管理与管理机关

一、商标管理

商标管理是指商标行政管理机关依法对商标的注册、使用、印制等行为进行检查、监督等活动的总称。商标行政管理分为以下两大类：

（一）商标使用管理

商标使用包括注册商标使用与未注册商标使用，因此商标的使用管理也包括注册商标的使用管理和未注册商标的使用管理两个方面。

1. 注册商标的使用管理。自然人、法人和非法人组织依法取得商标权之后，就可以在核定的商品或者服务范围内使用核准的注册商标。不论是注册商标权人还是受让人，均必须依法正确使用注册商标，这不仅是维持商标权人合法权利的前提，也是商标权人依法应当履行的义务。

依据我国《商标法》及《商标法实施条例》的有关规定，商标管理机关对注册商标的使用管理主要包括以下内容：

第一，对注册标记使用的管理。商标注册人在其商品或者服务上有权标明"注册商标"或者注册标记，但不得滥用。使用注册商标，可以在商品、商品包装、说明书或者其他附着物上标明"注册商标"或者注册标记。注册标记包括 和 。使用注册标记，应当标注在商标的右上角或者右下角。

第二，对注册商标使用范围的管理。注册商标的专用权，以核准注册的商标和核定使用的商品为限。注册商标需要在同一类的其他商品上使用的，应当另行提出注册申请。

第三，对注册商标变更的管理。变更商标注册人名义、地址或者其他注册事项的，应当向商标局提交变更申请书。变更商标注册人名义的，还应当提交有关登记机关出具的变更证明文件。商标局核准的，发给商标注册人相应证明，并予以公告；不予核准的，应当书面通知申请人并说明理由。变更商标注册人名义或者地址的，商标注册人应当将其全部注册商标一并变更；未一并变更的，视为放弃变更申请，商标局应当书面通知申请人。

第四，对注册商标不予使用的管理。连续3年停止使用注册商标的，由商标局责令限期改正或者撤销其注册商标。对该停止使用行为，任何人都可以向商标局申请撤销该注册商标，并说明有关情况。商标局应当通知商标注册人，限其自收到通知之日起2个月内提交该商标在撤销申请提出前使用的证据材料或者说明不使用的正当理由；期满不提供使用的证据材料或者证据材料无效并没有正当理由的，由商标局撤销其注册商标。这里所称使用的证据材料，包括商标注册人使用注册商标的证据材料和商标注册人许可他人使用注册商标的证据材料。以无正当理由连续3年不使用为由申请撤销注册商标的，应当自该注册商标注册公告之日起满3年后提出申请。

第五，违反商标法有关强制商标注册管理规定的，由地方商标行政管理部门责令限期申请注册，即责令法律、行政法规规定必须使用注册商标的商品的生产经营者，在限定的期限内，申请商标注册。同时，可以给予罚款处罚。至于罚款的数额，没有违法经营额或者违法经营额不足5万元的，可以处1万元以下的罚款；违法经营额5万元以上的，可以处违法经营额20%以下的罚款。

第六，对注册商标转让或许可使用的管理。转让注册商标的，转让人和受让人应当签订转让协议，并共同向商标局提出申请。受让人应当保证使用该注册商标的商品质量。转让注册商标经核准后，予以公告。受让人自公告之日起享有商标专用权。商标注册人可以通过签订商标使用许可合同，许可他人使用其注册商标。许可人应当监督被许可人使用其注册商标的商品质量。被许可人应当保证使用该注册商标的商品质量。经许可使用他人注册商标的，必须在使用该注册商标的商品上标明被许可人的名称和商品产地。商标使用许可合同应当报商标局备案。

第七，对被撤销、被宣告无效或期满不再续展商标的管理。注册商标被撤销、被宣告无效或者期满不再续展的，自撤销、宣告无效或者注销之日起1年内，商标局对与该商标相同或者近似的商标注册申请，不予核准。

第八，对集体商标和证明商标的使用管理。具体依据2003年6月1日起施行的《集体商标、证明商标注册和管理办法》相关规定进行管理。

2. 未注册商标的使用管理。未注册商标虽未经商标局核准注册，但法律允许其存在和使用。依法加强对未注册商标使用的管理，对于保护注册商标权和维护消费者利益及商标秩序正常化等方面具有重要意义。我国《商标法》对未注册商标的保护也作出了一些原则性规定。

依据我国《商标法》及《商标法实施条例》的有关规定，商标管理机关对注册商标的使用管理主要包括以下内容：

第一，必须使用注册商标的商品不得使用未注册商标。国家规定必须使用注册商标的商品，必须申请商标注册，未经核准注册的，不得在市场销售。

第二，使用未注册商标不得违反禁用规定。我国《商标法》第10条规定的不得作为商标使用的标志不得作为未注册商标使用。

第三，未注册商标不得冒充注册商标。使用未注册商标不得冒充注册商标，否则由地方工商行政管理部门予以制止，限期改正，并可以予以通报或者处以罚款。

第四，使用未注册商标的商品或者服务质量的管理。使用未注册商标，有粗制滥造，以次充好，欺骗消费者的，由市场监督管理部门予以制止，限期改正，并可以予以通报或者处以罚款。没有违法经营额或者违法经营额不足5万元的，可以处1万元以下的罚款；违法经营额5万元以上的，可以处违法经营额20%以下的罚款。

（二）商标印制管理

商标印制管理是指商标管理机关依法对商标标识的印制行为进行监督管理，在查处违法印制行为中保护注册商标专用权的活动。2004年9月1日起施行的《商标印制管理办法》具体规定了商标印制管理的相关内容，主要包括：

1. 对商标印制单位的管理。商标印制单位是指依法登记从事商标印制业务并依法持有《印制商标单位证书》的企业和个体工商户。

2. 对商标印制活动的管理。印制商标标识应提交必要的证件。印制商标的商标注册人、未注册商标使用人、商标被许可人以及符合《商标法》规定的其他商标使用人委托印制单位印制商标的，应向其出示证明。

3. 建立商标印制管理制度，包括登记建档制度、商标标识入库制度、废止商标标识销毁制度等。

4. 对非法印制商标标识的管理。对违反商标印制管理规定的行为，按照《商标印制管理办法》相关规定严加处理；对构成侵害他人商标权的行为，依照《商标法》相关规定进行处理。

二、商标管理及确权评审

我国商标行政管理机关由国家市场监督管理总局管理下的国家知识产权局商标局与地方商标行政管理机构组成。商标行政管理是国家在市场经济体制下进行宏观调控的战略措施之一。商标在市场经济中发挥着重要作用，它涉及企业的信誉和经济利益，也关系到消费者利益和国家的经济发展。对商标实行行政管理能够保障消费者的合法权益，使商标所有人能够合法使用商标，保证商品和服务的质量。同时，商标行政管理对于维护良好的商标秩序，促进市场经济发展有着积极意义。

（一）商标局

依据我国《商标法》规定，国家知识产权局商标局主管全国商标注册和管理的工作。我国商标管理实行"集中注册、分级管理"的原则，商标局的主要职责包括：①主管全国的商标注册工作，即办理全国的商标注册工作，包括商标注册的申请、审查、异议、核准，注册商标的续展、变更、转让、注销等商标事务；②制定或参与制定有关商标的规章制度及具体措施、办法，依法查处商标侵权及假冒案件；③协助办理商标侵权行政复议案件；④负责管理商标使用许可合同和商标的印制；⑤负责商标代理组织、商标评估机构的管理；⑥负责认定驰名商标；⑦组织商标国际条约、协定在中国的具体实施及承办商标国际交流与合作的有关工作；⑧指导地方各级商标行政管理机关的商标管理工作以及办理有关商标的其他事务。

根据2018年3月发布的《深化党和国家机构改革方案》，重新组建的国家知识产权局负责保护知识产权工作，推动知识产权保护体系建设，负责商标、专利、原产地地理标志的注册登记和行政裁决，指导商标、专利执法工作等。有关商标、专利执法职责交由市场监管综合执法队伍承担。

（二）商标评审

国家知识产权局商标局负责商标确权评审。其主要任务是按照2014年修订的《商标评审规则》负责处理商标评审案件，依法对商标评审事宜独立行使裁决权，维护当事人的合法权益，维护和监督商标局依法行使职权。其主要职责包括：①对商标局驳回商标注册申请不服的复审；②对商标局异议裁定不服的复审；③对商标局驳回注册商标转让申请不服的复审；④对商标局驳回注册商标续展申请不服的复审；⑤对商标局撤销注册商标不服的复审；⑥对注册商标争议作出裁定；⑦对注册不当商标提出的撤销作出裁定；⑧法律、法规规定的其他商标确权评审事宜。商标局依法对商标评审事宜作出裁决，并书面通知有关当事人，当事人对裁决不服的，可自收到通知之日起30日内向人民法院起诉，在规定期限内不起诉的，裁决生效。

（三）地方各级商标行政管理部门

地方各级商标行政管理部门包括省、自治区、直辖市、地（市）、县各级商标管理机关，其职责随着国家机构改革方案的实施也作出了相应调整。

■ 本章小结

通过本章学习，我们懂得了商标权人不仅可以为法人、其他组织，还可以是自然人。各国基于对商标权人和消费者利益的保护，为维护市场正常秩序，普遍对商标的使用和印制从管理的角度进行了规定，并设立具体管理机关主管商标的注册和管理。

■ 本章思考题

1. 什么是商标权人？具体包括哪些？
2. 商标的使用管理对商标权人的保护有哪些作用？
3. 商标的印制管理与使用管理有何不同？
4. 国家商标管理机关及其主要职责是什么？
5. 案例讨论：

自然人申请注册商标与商标使用意图法律分析[1]

【基本案情】

2005年6月8日，李隆丰在第36类的不动产出租、不动产管理、住所（公寓）等服务上注册了第4706493号"海棠湾"商标（即争议商标）。三亚市海棠湾管理委员会（简称海棠湾管委会）依据《商标法》第31条、第41条第1款、第10条规定向国家工商行政管理总局商标评审委员会（简称商标评审委员会）申请撤销上述争议商标。商标评审委员会作出商评字（2011）第13255号《关于第4706493号"海棠湾"商标争议裁定书》（简称第13255号裁定），裁定撤销上述"海棠湾"商标。李隆丰不服，提起行政诉讼。北京市第一中级人民法院一审判决撤销商标评审委员会第13255号裁定。商标评审委员会和海棠湾管委会不服，分别提出上诉。北京市高级人民法院二审判决撤销一审判决，维持商标评审委员会第13255号裁定。李隆丰不服，向最高人民法院申请再审。最高人民法院于2013年8月12日裁定驳回李隆丰的再审申请。最高人民法院认为：审查判断诉争商标是否属于《商标法》第41条第1款规定的"以其他不正当手段取得注册"的情形，要考虑其是否属于欺骗手段以外的扰乱商标注册秩序、损害公共利益、不正当占用公共资源或者以其他方式谋取不正当利益的手段。从《商标法》第4条规定的精神来看，民事主体申请注册商标，应该有使用的真实意图，以满足自己的商标使用需求为目的，其申请注册商标行为应具有合理性或正当性。根据商标评审委员会及原审法院查明的事实，在李隆丰申请注册争议商标之前，"海棠湾"标志经过海南省相关政府机构的宣传推广，已经成为公众知晓的三亚市旅游度假区的地名和政府规划的大型综合开发项目的名称，其含义和指向明确。李隆丰作为个人，不仅在本案涉及的不动产出租、不动产管理等服务上申请注册了争议商标，还在第43类饭店、餐馆等服务以及其他商品或服务类别上

---

[1] 参见最高人民法院2014年4月22日发布的《2013年中国法院十大创新性知识产权案件》及最高人民法院（2013）知行字第41号行政裁定书。

申请注册了"海棠湾"商标。此外,李隆丰在多个类别的商品或服务上还注册了"香水湾""椰林湾"等30余件商标,其中不少与公众知晓的海南岛的地名、景点名称有关。李隆丰利用政府部门宣传推广海棠湾休闲度假区及其开发项目所产生的巨大影响力,抢先申请注册多个"海棠湾"商标的行为,以及没有合理理由大量注册囤积其他商标的行为,并无真实使用意图,不具备注册商标应有的正当性,属于不正当占用公共资源、扰乱商标注册秩序的情形,依照《商标法》第41条第1款的规定应当予以撤销。

【重点讨论】自然人申请注册商标需要限制吗?如何判断自然人申请注册商标的行为是否属于抢注行为?

第三章 商标的种类

[提示要点]

社会生活的多样性使得商品品种和服务项目的种类愈来愈多，从而作为商品和服务标记的商标也愈来愈广泛。用不同的标准，从不同的角度可对商标进行不同的划分。通过了解商标的不同种类，重点掌握商标种类对商标设计及商标使用所具有的不同作用和意义，难点在于对非可视性商标的理解。

第一节 可视性商标与非可视性商标

根据商标的构成要素不同，可将商标划分为可视性商标与非可视性商标。

一、可视性商标

可视性商标是指通过人们的视觉可以观察感知到的商标，包括平面商标、立体商标和颜色商标。

（一）平面商标

平面商标是指用文字、图形、字母、数字、颜色组合及上述要素的组合而形成的能为视觉所辨认的标记。这类商标是最常见的、各国普遍使用的商标，主要有以下几种表现形式：

1. 文字商标。文字商标是指不含任何图形或符号，单纯由文字构成的商标。文字可以是中文、外文、数字、字母。中文文字包括汉字、汉语拼音、少数民族文字，外国文字包括字母及词组。我国文字商标以汉字为主。除商品的通用名称和商标法明文规定不得使用的文字外，商标使用人可以自由选择文字商标。随着国际贸易的发展，商品和服务使用外文商标逐渐增多。文字商标可以是具有特定含义，也可以是杜撰的，或是外文的音译作为汉字商标。可以选用具有特定含义的词或词组，也可以选用不具有特定含义的词组或字母组合。后者更能体现出独创性，例如，"GREE"（格力）、"SONY"（索尼）、"MAXAM"（美加净）、"FIYTA"（飞亚达）等。文字商标一般文字简练，体现独创性，并且一般寓意美好，因此，其具有便于呼叫和记忆的特点，但其形象性欠缺。

2. 图形商标。图形商标是指由纯图形构成的商标。构成商标的图形范围很广，可以是人物形象、山川河流、花鸟虫鱼、飞禽走兽等，且图形可以是具体的、实在的，也可以是抽象的、虚构的。只要其符合商标的显著性特征，便于识别，就可以作为商标使用。图形商标不受语言文字限制，无论任何国家或地区，使用何种语言文字，都可以凭借商标图形识别商品或服务。图形商标形象鲜明生动，易于辨认，且不受国家、地区、语言的限制。但其缺点是不便呼叫，因此在实践中极少以纯图形作为商标。

3. 字母商标。字母商标是指用拼音文字或注音符号的最小书写单位，包括拼音文字、外文字母（如英文字母、拉丁字母）等所构成的商标。字母商标可以由缩写、字头或者无含义的字母组合乃至单个字母组成，如"Yahoo""WindowsXP"等。由于字母数量有限，字母的注册一直受到严格的限制。两个以下的字母组成的商标通常不被认为具备固有显著性，该类商标，或者必须结合特殊的字体或颜色，或者提供具备获得显著性的证据，否则不能得到商标保护。

4. 数字商标。数字商标是指单纯以数字表示的商标，一般用阿拉伯数字表示。如"555"牌电池、"999"牌药品等。以数字为商标，更容易记忆，利于迅速扩大知名度。[1] 使用数字商标形象且便于记忆，但其缺乏识别性。

5. 组合商标。组合商标是指由文字、图形、字母、数字、颜色等组合构成的商标。组合商标的特点是图文并茂，鲜明生动，兼收纯文字与纯图形商标的优点，摒弃其缺点，因此，组合商标在国际上普遍采用。

（二）立体商标

立体商标是指由长、宽、高三维标志组成的立体物标志的商标。例如，美国"可口可乐"以独特的流线型瓶身于1959年在美国注册，以及麦当劳的金色拱门标志、派克金笔的专用笔托造型，都是立体商标。我国现行《商标法》也保护立体商标，称为"三维标志"。我国现在已有申请注册立体商标的，如咸亨酒店以"孔乙己"人物造型向国家商标局于2001年12月1日提交申请并获注册。并非所有立体标志都能申请注册商标，我国《商标法》第12条规定："以三维标志申请注册商标的，仅由商品自身的性质产生的形状、为获得技术效果而需有的商品形状或者使商品具有实质性价值的形状，不得注册。"即此种立体标志不具有实用性功能。例如，不得以表明产品本身形状的手电筒的形状申请"手电筒"商标，但是若与商品特性无关的外形则可以申请注册，如造型特别的香水瓶、酒

---

[1] 如国内人力资源服务系统51job（www.51job.com）中的数字"51"与中文"我要"谐音，它的英语发音"five one job"又与"find one job"（意为"找到一份工作"）发音相近，很容易记忆。据记者了解，在互联网行业，不少网站都以数字命名，如"8848"等。

瓶[1]等都可以注册为立体商标。以三维标志申请商标注册的,应当在申请书中予以声明,说明商标的使用方式,并提交能够确定三维形状的图样,提交的商标图样应当至少包含三面视图。

（三）颜色商标

颜色商标是指由不同彩色为要素所组成的商标。一般要求所选用的色彩必须具有显著性。我国《商标法》第二次修改时依据《TRIPs协议》的规定,[2]增加了颜色商标,但规定必须是两种以上颜色的组合才可以构成颜色商标。国外立法对此规定不一,有的规定不论是单一颜色还是几种颜色的组合都可构成颜色商标。例如,美国最高法院于1995年3月28日对Qualites公司诉Jacobson公司一案判决认为,只要特定颜色已具有区别商品出处的特殊功能,单一色构成的商标也可以得到法律的保护。[3]依我国《商标法实施条例》规定,以颜色组合申请商标注册的,应当在申请书中予以声明,说明商标的使用方式。

二、非可视性商标

非可视性商标是指不被视觉所感知,但能被听觉、味觉所感知的商标,统称为非形象商标,一般包括声音商标与气味商标。声音商标是指以音符编成的一组音乐或以某种特殊声音作为商品或服务的商标。例如,荷兰一家公司将贝多芬《献给爱丽丝》的前10个音符申请注册为音响商标；美国一家唱片公司使用11个音符编成一组乐曲,把它灌制在他们所出售的录音带的开头,作为识别其商品的标志申请注册；等等。气味商标是指以某种特殊气味作为区别不同商品和不同服务项目的商标,例如,英国注册了三种气味商标：玫瑰气味用在了汽车轮胎上；啤酒气味用在了飞镖上；青草气味用在了网球拍上。我国《商标法》第三次修改时将声音商标列入可注册商标,这不仅顺应了国际先进立法趋势,同时也是遵循商标识别性基本原理的体现。按照我国《商标法实施条例》规定,以声音标志申请商标注册的,应当在申请书中予以声明,提交符合要求的声音样本,对申请注册的声音商标进行描述,说明商标的使用方式。对声音商标进行描述,应当以五线谱或者简谱对申请用作商标的声音加以描述并附加文字说明；无法以五线谱或者简谱描述的,应当以文字加以描述；商标描述与声音样本应当一致。[4]

---

[1] 2002年7月23日新疆第一个立体商标"落花醉"酒瓶被注册为立体商标。
[2] 《TRIPs协议》第15条第1项规定,色彩的组合能够作为商标获得注册。
[3] 参见刘春茂主编：《知识产权原理》,知识产权出版社2002年版,第582页。
[4] 我国第三次《商标法》修改实施后,2016年5月14日,"中国国际广播电台广播节目开始曲"商标注册申请注册公告完成正式发证,成为我国首例注册成功的声音商标。

第二节　商品商标与服务商标

一、商品商标

商品商标是指商品的生产经营者在其生产、制造、加工、拣选或经销的商品上所使用的商标，如"恒源祥""美的""TCL"等商标。这种商标是使用最广泛、最常见的一种商标。

二、服务商标

服务商标是指服务项目的经营者在其提供的服务上所使用的标记，如"PICC""KFC""全聚德"等。服务商标所使用的对象是劳务活动，按照《尼斯协定》的规定，[1] 具体包括广告与实业、保险与金融、建筑与修理、交通、运输与贮藏、教育与娱乐、杂务、材料处理八类。随着第三产业的发展，服务项目还扩大到信息产业和技术服务业等其他具有劳务性质的活动。服务商标较之商品商标，二者有以下不同：

（一）使用对象不同

商品商标使用的对象是商品，表明商品的质量和特点；服务商标使用的对象是服务，表明了服务的质量和特点。

（二）使用的领域的不同

商品商标可适用于所有生产经营商品的行业；而服务商标只能适用于服务行业。

（三）注册的原则不同

有的特殊商品上的商标实行强制注册，如烟草制品、人用药品等；而服务商品全部为自愿注册。

（四）使用的方式不同

商品商标可直接依附在商品上进行出售或者广告宣传；而服务商标只能通过服务行为来显示或者通过广告宣传等方式来使用。

在国际上，传统的商标法不保护服务商标，美国首次将服务商标规定于1946年的《兰哈姆法》（即商标法）。此后，各国纷纷开始保护，至今已有一百多个国家和地区的法律保护服务商标。此外，在 1958 年修订的《巴黎公约》和

---

[1] 最新调整的尼斯分类从原有42类增至45类，包括34类商品和11类服务。参见尼斯联盟专家委员会第二十三次会议通过的《尼斯分类（第十版）》（2013 文本）所作的修改。国家知识产权局商标局2017 年 12 月 21 日通知，根据世界知识产权组织的要求，尼斯联盟各成员国于 2018 年 1 月 1 日起正式使用《尼斯分类（第十一版）》（2018 文本）。

《TRIPs 协议》中也增加了对服务商标保护的规定。我国于 1993 年第一次修订《商标法》时,为了与国际发展趋势相一致,增加了对服务商标的保护。

第三节 制造商标、销售商标与集体商标

一、制造商标

制造商标,又称生产商标,是指商品制造者使用的商标,如"海信""方正"商标等。制造商标的作用主要在于使自己生产的商品区别于其他企业生产的商品,以利于企业进行市场竞争。

二、销售商标

销售商标,又称商业商标,是指商品的经销商使用的商标,一般表现为贸易公司、百货公司等商业企业使用的标记,如"民生""华联"商标等。销售商标的作用在于将自己经销的商品与其他销售同类商品的商业企业区别开来,且有利于宣传其商业信誉。实务中有些商业企业既销售商品也制造商品,有可能出现在同一商品上制造商与销售商主体重合、制造商标与销售商标出现在同一商品上的情形。

三、集体商标

集体商标是指由工商业团体、协会等集体组织所有,由其成员共同使用的商标。集体商标由集体组织所有,由其成员共同使用,表明若干个企业所生产的同一商品或服务具有相同的质量和规格。集体商标不得转让,并且该商标只能由集体组织的成员使用,称为"封闭型"商标,且对商标的申请、使用范围和功能有严格的限制,即申请注册人必须为某一组织体;使用的范围也限定为该组织成员;其功能必须是为了表明商品或者服务来自于某组织;申请必须提交使用管理规则。集体商标是我国 2001 年修改《商标法》时新增加的内容。我国是个农业大国,土特产丰富,农产品加工市场潜力很大,允许集体商标注册,有利于开展中小企业联合,发展规模经济,形成拳头产品,提高竞争力,走向国际市场,取得更好的经济效益。因此,我国《商标法》对集体商标的相关规定适合我国国情,有利于完善商标法律制度。关于集体商标的注册和管理,由国务院工商管理部门负责。对此,我国修改并发布了《集体商标、证明商标注册和管理办法》,自 2003 年 6 月 1 日起施行。

第四节 证明商标、联合商标与防御商标

一、证明商标

证明商标，又称保证商标，是指能证明某种商品或服务来源、制造方法、原料、质量或者其他特定品质的标记。证明商标的所有人（注册人）是对某种商品或服务有监督、检测能力，并对商品质量负保证责任的人。证明商标的功能和用途在于保障提供的商品或服务达到某种特定标准。例如，纯羊毛标志是国际闻名的证明商标，它是由总部设在伦敦的国际羊毛局注册并控制，用多种文字在世界上注册，若在商品上使用纯羊毛标志，须首先向国际羊毛局申请，再经过其测试、检验，符合纯羊毛标准的，方予以颁发纯羊毛标志的使用许可证，使用者必须每年交纳年费。又如，我国的绿色食品标志、真皮标志、碘盐标志、星级标志等。证明商标具有以下特点：

（一）证明商标的注册人与使用人不是同一主体

注册人不能在自己经营的商品或服务上使用该证明商标，只能用来证明他人生产经销的商品或服务的特征，故使用人是注册人以外的单位或个人。

（二）证明商标的内容与普通商标不同

证明商标可以直接以商品或服务的质量、原产地、主要原料、制造方法或其他特定品质来表示，如"纯新羊毛""绿色食品"等。普通商标则禁止直接以商品的质量、主要原料、功能、用途来表示。

（三）证明商标不具有专用性

任何具备证明商标使用条件的企业或个人都可使用，只要其经营的商品或提供的服务符合规定条件，证明商标注册人就不能拒绝其使用。故证明商标一般也称之为"开放型"商标。

证明商标与集体商标都由多个生产经营者、服务提供者共同使用；二者的申请人及所有人都是依法成立的组织，并应当在申请书中予以声明，提交主体资格证明文件和使用管理规则；二者的权利人和使用人也均处于分离状态。但二者在功能上、对主体的要求上、使用的范围上、转让上以及注册人使用商标的限制上等方面是不同的。

二、联合商标

联合商标是指同一个商标所有人在相同或类似商品上注册若干个近似商标，其中最先注册使用的为正商标，其余的为联合商标。使用联合商标的目的并非为了自己使用，而是为了保护其主商标，防止他人使用和注册近似商标，避免因消费者的误认给自己造成损失。我国《商标法》未规定联合商标，但允许同一个

申请人注册两个以上的近似商标，如"娃哈哈""娃娃哈""娃哈娃""哈哈娃"；"红桃K""红心K""黑桃K""红桃A"等。我国香港、台湾地区允许注册联合商标，如"金利来""银利来""铜利来"。联合商标具有防御和储备作用，但联合商标是一个所有人占有了若干个近似商标，因此转让时不能分开转让，只能整体转让，即将正商标与联合商标一并转让。

三、防御商标

防御商标是指驰名商标的所有人在不同类别的商品上注册了同一个商标。最先使用的商品上的商标为正商标，在其他商品上使用的同一商标为防御商标。例如，美国可口可乐公司在其生产的多种商品上都注册了防御商标，但主要用于饮料上，在其他商品上的使用是为了防御。防御商标的功能在于严密保护驰名商标，防止他人在不同类别的商品或服务上注册，从而淡化自己的驰名商标。我国《商标法》对防御商标没有规定，但允许企业就同一商标在其他商品上注册。如海尔，不仅在冰箱、空调等产品上，还在其他商品和服务类别上进行了注册。

防御商标和联合商标注册的目的都是防止他人注册或使用后对自己核心商标构成威胁或损害，同时起着对驰名商标的防护作用。但防御商标为一个商标，而联合商标为多个；防御商标注册的范围一般与主商标核定的范围不同，而联合商标是相同或者相类似；防御商标的注册人一般是驰名商标的所有人，申请较难，而联合商标则不一定。

除上述类别外，按照商标是否注册，可将商标分为注册商标与未注册商标。注册商标是经国家有关主管机关核准，依法取得商标专用权的商标；未注册商标是指未经主管机关核准，虽可使用但并未取得商标专用权的商标。按照商标信誉程度不同，可将商标分为普通商标和驰名商标。驰名商标是指为相关公众所熟知的商标。驰名商标依照其知名的空间范围，可以分为世界驰名商标、全国驰名商标。普通商标与驰名商标在内涵、构成要素、认定条件、认定方式、评价机制、认定后果等方面均有不同。

■本章小结

通过本章的学习，我们了解并掌握了依据不同的标准可以对商标进行不同的划分。不同种类的商标在法律上体现了商标发展及商标功能增加的过程，同时也反映了法律对商标保护日益加强的趋势。

■本章思考题

1. 平面商标有哪些主要表现形式？
2. 服务商标与商品商标有哪些不同？

3. 集体商标、证明商标具有哪些特点？
4. 防御商标与联合商标有何不同？
5. 请思考我国在实践中如何认定声音商标的显著性？
6. 案例讨论：

"金骏眉"通用名称商标行政纠纷案[1]

【基本案情】

2007年3月9日，福建武夷山国家级自然保护区正山茶叶有限公司（以下简称正山茶叶公司）在第30类茶等商品上申请注册第5936208号"金骏眉"商标（以下简称被异议商标）。初审公告后，武夷山市桐木茶叶有限公司（以下简称桐木茶叶公司）提出异议申请，国家工商行政管理总局商标局经审查裁定被异议商标予以核准注册。桐木茶叶公司不服该裁定，向国家工商行政管理总局商标评审委员会（以下简称商标评审委员会）提出复审申请，主要理由为："金骏眉"属于商品的通用名称，违反了《商标法》第11条第1款第1、2项的规定，同时也违反了《商标法》第10条第1款第8项的规定。2013年1月4日，商标评审委员会作出商评字〔2012〕第53057号《关于第5936208号"金骏眉"商标异议复审裁定书》（以下简称第53057号裁定）。该裁定认为：在案证据尚不足以证明"金骏眉"已成为本商品的通用名称或仅仅直接表示商品主要原料的标志；桐木茶叶公司的其他复审理由亦不能成立，因此，裁定：被异议商标予以核准注册。桐木茶叶公司不服第53057号裁定，提起行政诉讼。北京市第一中级人民法院一审认为，"金骏眉"并非商品通用名称，桐木茶叶公司的相关理由不能成立，但商标评审委员会审理程序存在不当之处，因此，依照《最高人民法院关于执行〈中华人民共和国行政诉讼法〉若干问题的解释》第56条第4项之规定，判决：驳回桐木茶叶公司的诉讼请求。桐木茶叶公司不服一审判决，提起上诉。北京市高级人民法院二审认为，第53057号裁定作出时，"金骏眉"已作为一种红茶的商品名称为相关公众所识别和对待，成为特定种类的红茶商品约定俗成的通用名称。因此，基于第53057号裁定作出时的实际情况，应当认定被异议商标的申请注册违反了《商标法》第11条第1款第1项的规定。故判决如下：①撤销一审判决；②撤销第53057号裁定；③商标评审委员会重新作出裁定。

【重点讨论】 "金骏眉"商标是否为通用名称？如何判断商品商标与集体商标的异同？

---

[1] 参见最高人民法院2014年4月22日发布的《2013年中国法院十大知识产权案件》及北京市高级人民法院（2013）高行终字第1767号行政判决书。

第四章 商标权的取得

> [提示要点]
> 通过本章的学习，了解商标权可以基于使用取得，也可以基于注册取得，还可以基于转让、赠与、继承等方式取得。重点学习和掌握商标注册的条件，包括商标注册的积极条件以及消极条件。在了解商标注册整个过程的基础上，理解商标注册的原则和具体程序。本章的难点在于对商标注册消极条件的理解。

第一节 商标权产生的方式

一、原始取得

原始取得是指商标权的取得并非基于已有商标权，而是直接地、最初地取得的。在商标权的原始取得上，国外普遍采用三项原则：

（一）使用取得原则

使用取得原则是指按照商标使用时间的先后确定商标权的归属，商标权归于该商标的最先使用者，即使使用人不经注册，也不影响其获得商标权。使用方式包括将商标附着在商品上（如拴挂、缝制、粘贴、刻印等），将商标使用在交易活动中、产品展销会上、广告宣传及其他经营性活动中。使用取得原则的本质是确保商标与商品的生产与销售相统一，一经使用即产生商标权，最先使用者取得独占使用权，突出了生产经营者对于商标的实际使用，且可公平地确定商标权的归属。但该取得方式一旦发生商标纠纷，往往难以确定最先使用人，且会导致商标权缺乏稳定性。使用取得原则是最早出现的商标保护制度，《巴黎公约》及《TRIPs协议》均肯定了这一制度。目前，只有美国、菲律宾等少数国家采用使用取得原则作为取得商标权的依据。这些国家依照使用取得原则确立商标权，随后又办理注册手续，注册不是产生商标权的条件，只是对已经存在的商标专用权起"承认"或"公示"作用，且仅在商标权的后果上有所不同。

（二）注册取得原则

注册取得原则是指商标不论是否使用，只有注册才能够产生注册商标权。大多数国家普遍采用此原则。注册商标必须向国家有关主管机关申请，经审查核准授予商标权，并不要求商标已实际使用。《欧洲共同体商标条例》明确规定共同体商标应通过注册取得。在注册取得原则下，注册是取得商标权的必经法律程序，未经注册不能产生商标权。我国商标法基本采用注册取得原则，除法律另有规定外，是否注册按照自愿原则。注册取得原则程序简便易行，商标法律关系明确，也利于国家对商标的管理，但存在抢注他人商标的弊端。

（三）混合取得原则

混合取得原则是指使用与注册原则的结合使用，使用与注册都可产生商标权。实行混合原则的国家一般都规定：对经注册的商标，商标权原则上属于先注册人，先使用人享有一定时间内撤销已注册商标的权利。关于撤销的时间，各国规定不一，如英国规定为 7 年、西班牙规定为 3 年、我国规定为 5 年。若在规定时间没有先使用人主张权利，则注册人获得稳定的商标权。我国《商标法》第 31 条规定："两个或者两个以上的商标注册申请人，在同一种商品或者类似商品上，以相同或者近似的商标申请注册的，初步审定并公告申请在先的商标；同一天申请的，初步审定并公告使用在先的商标，驳回其他人的申请，不予公告。"可见，我国商标法采用注册取得原则与先申请原则，但并未完全排除使用取得原则。

二、继受取得

继受取得是指基于他人对已存在的商标权的移转而取得的一种方式。商标权因其具有可让与性，有关的国际条约及各国商标法允许商标权转让、赠与或者继承。履行相关手续后，受让人便取得商标权。

第二节　商标注册的条件

一、商标应具备法定的构成要素

我国《商标法》第 8 条规定："任何能够将自然人、法人或者其他组织的商品与他人的商品区别开的标志，包括文字、图形、字母、数字、三维标志、颜色组合和声音等，以及上述要素的组合，均可以作为商标申请注册。"可见，注册商标的法定构成要素主要表现为两个方面：

（一）各要素构成的商标必须具有可识别性

商标的基本功能和主要作用在于它的区别性，能够将来源于不同生产、经营者的商品或者提供的服务项目加以区别。商标的这种区别性，要求其构成要素必须是消费者能够感知、易于识别并能够吸引消费者的标志。故无论商标的构成要素是其中的某一项、某两项或多项，最终构成的商标必须要具有可识别性。

（二）各要素构成的商标必须是法定要素或法定要素的组合

商标是商品或者服务的标记，该标记的构成要素可以是文字、图形、字母、数字、三维标志、颜色组合和声音等某一要素，也可以是某两个或多个要素的组合。无论商标构成要素是何种组合方式，构成的要素必须具有法定性。

二、商标应具有显著特征

我国《商标法》第9条第1款规定："申请注册的商标，应当有显著特征，便于识别，并不得与他人在先取得的合法权利相冲突。"商标的显著特征是指特定的标识与特定的商品或者服务有着密切的联系，并将该商品或者服务与其他商品或者服务区别开来的显著特征。这种显著特征可来自商标标识本身的设计，也可来自商标的使用。缺乏显著特征的标志，则不得作为商标注册。例如，我国《商标法》第11条规定，除经过使用取得显著特征，并便于识别的，仅有本商品的通用名称、图形、型号的，或者仅直接表示商品的质量、主要原料、功能、用途、重量、数量及其他特点的，均不得作为商标注册。

三、法律禁止使用的标志不得使用

法律禁止使用的标志包括绝对禁止和相对禁止。有关国际公约及国外商标法对禁用条件都有明确规定，如果商标使用了禁用的构成要素，则不能被核准注册。我国《商标法》第10~13条对禁止作为商标注册的标志作了具体规定。

（一）绝对禁止使用的对象

绝对禁止使用的对象包括两个方面：其一，禁止作为商标使用的标志，即注册商标与未注册商标都不得使用的标志。依据我国《商标法》第10条之规定，下列标志不得作为商标使用：①同中华人民共和国的国家名称、国旗、国徽、军旗、军徽、军歌、勋章等相同或者近似的，以及同中央国家机关的名称、标志、所在地特定地点的名称或者标志性建筑物的名称、图形相同的；②同外国的国家名称、国旗、国徽、军旗等相同或者近似的，但经该国政府同意的除外；③同政府间国际组织的名称、旗帜、徽记相同或者近似的，但经该组织同意或者不易误导公众的除外；④与表明实施控制、予以保证的官方标志、检验印记相同或者近似的，但经授权的除外。上述四项禁用标志是我国按照《巴黎公约》应承担的国际义务，目的是维护国家、政府间国际组织的尊严，是国际通行做法，各国商标法都作了相应规定。国家代表着尊严、主权，为维护其形象，均不得作商业性使用，以体现对各国政府及国际组织的尊重，但外国政府允许使用的则不在禁止之列。官方标志是国家机关专门使用的标志，如海关标志、民航标志、奥林匹克标记等。[1] 检验印记，如进出口检验、卫生检验印记，一般不得作为集体商标、

---

[1] 参见2001年《北京市奥林匹克知识产权保护规定》。

证明商标注册，但经有关行政主管机关批准的，可以使用，这一规定符合《巴黎公约》及国际惯例。其二，同"红十字""红新月"的名称、标志相同或近似的；带有民族歧视性的标志；带有欺骗性，容易使公众对商品的质量等特点或者产地产生误认的；有害于社会主义道德风尚或者有其他不良影响的标志；县级以上行政区划地名或者公众知晓的外国地名等不得作为商标，但地名具有其他含义或作为集体商标、证明商标组成部分的除外；已经注册使用地名的商标继续有效。

在实践中，有害于社会主义道德风尚或者有其他不良影响的标志，不仅不得作为商标获得注册，而且不得作为商标使用。已提出注册申请的，商标局将依法予以驳回；已核准注册的，商标局依法予以撤销。至于"其他不良影响"，实践中主要是指商标标志或者其构成要素可能对我国政治、经济、文化、宗教、民族等社会公共利益和公共秩序产生消极、负面影响。[1]

（二）禁止作为注册商标使用的标志

我国《商标法》第11条规定了不得作为注册商标使用的标志：仅有本商品的通用名称、图形、型号的；仅直接表示商品的质量、主要原料、功能、用途、重量、数量及其他特点的；其他缺乏显著特征的。《商标法》第12条对三维标志还作出了特别的限制：以三维标志申请注册商标的，仅由商品自身的性质产生的形状不得注册，如元宵、麻花的形状等；为获得技术效果而需有的商品形状不得注册，如电动剃须刀的刀片；使商品具有实质性价值的形状不得注册，如钻石特有的切割面造型等。

四、不得与他人注册的商标混同或者与他人在先取得的合法权利相冲突

不得与他人注册的商标混同是指申请注册的商标不得与他人的注册商标相同或者相近似，相同商标是指两个商标的标志完全相同，包括文字的读音、书写、含义均相同，图形商标在视觉上没有差别；近似商标指在读音、字体、含义、排序、图形上相近似。相同商品除按照《尼斯协定》分类外，还应按商品的功能、用途、销售渠道、交易习惯等确定。这就意味着，在相同的商品或者服务上不得使用与他人的注册商标相同的商标；在相同的商品或者服务上不得使用与他人的注册商标相近似的商标；在类似的商品或者服务上不得使用与他人的注册商标相

---

[1] 如商标局决定"成吉思汗"在一些商品和服务上不得作为商标注册和使用。成吉思汗是古代蒙古首领、军事家和政治家，在中国乃至世界历史上都是一位具有极大影响的杰出人物。将"成吉思汗"在动物肥料、宠物用香波、消毒剂、狗用洗涤剂、卫生巾、手铐、澡盆、卫生纸、香肠肠衣、墓石、便桶、寿衣、殡仪、蒸汽浴室等商品和服务上作为商标注册和使用，具有不良影响，违反了《商标法》第10条第1款第8项的规定，应依法予以制止。对存在上述情况的"成吉思汗"商标，已提出注册申请的，商标局将依法予以驳回；已核准注册的，商标局依法予以撤销。

同的商标；在类似的商品或者服务上不得使用与他人的注册商标相近似的商标。针对驰名商标的特殊保护，我国《商标法》第13条第2、3款规定，就相同或者类似商品申请注册的商标是复制、摹仿或者翻译他人未在中国注册的驰名商标，容易导致混淆的，不予注册并禁止使用。就不相同或者不相类似商品申请注册的商标是复制、摹仿或者翻译他人已经在中国注册的驰名商标，误导公众，致使该驰名商标注册人的利益可能受到损害的，不予注册并禁止使用。[1]

他人的在先合法权利是指在申请人提出注册申请前，他人依法取得或依法享有的著作权、专利权、肖像权、名称权、姓名权、域名权等。发生冲突的客观原因是以上权利的客体与商标的构成要素部分或者全部重合。依据我国《商标法》的规定，注册商标侵犯他人在先合法权利的，属于不当注册，有关当事人可以申请撤销。

第三节 商标注册的原则

商标注册原则是指商标申请人在进行商标注册过程中必须遵循的基本准则。根据我国《商标法》的有关规定，商标注册应当遵守以下原则：

一、自愿注册原则

自愿注册原则是指商标所有人按照自己的意愿决定是否申请商标注册。商标权是一种私权，在法律允许的范围内，取得权利或放弃权利应充分体现意思自治的精神。在商标权的取得上，依我国《商标法》的规定，除法律规定必须使用注册商标的商品外，也可以不经注册而取得商标权。自愿注册原则已成为商标注册过程中的一种惯例，且为大多数国家商标法所确认。但我国商标法还规定了强制注册，作为自愿注册原则的例外，即《商标法》第6条规定，法律、行政法规规定必须使用注册商标的商品，必须申请商标注册，未经核准注册的，不得在市场销售，即以行政手段强制注册。在2001年12月之前，按照有关规定，必须进行注册的商品包括两大类：一类是人用药品，包括西药、中成药（包括药酒）、化学原料及其制剂、抗生素、生化药品、放射性药品、血清疫苗、血液制品和诊

---

[1] 关于"混淆"的认定，通常综合考虑如下因素：①两商标的近似程度；②两商标分别使用商品的类似或者关联程度；③在先商标的显著性和知名程度；④相关公众的注意程度。在后申请人的主观意图以及实际混淆的证据可以作为判断混淆可能性的参考因素。关于"是否可能损害驰名商标注册人的利益"，通常综合考虑如下因素：①在先商标的知名程度；②在先商标的显著程度；③在后商标与在先商标是否足够近似；④两商标分别使用的商品情况；⑤在后商标的相关公众对在先商标的认知程度；⑥与在先商标近似的标志被其他市场主体使用的情况。

断药品；另一类为烟草制品，是指卷烟、雪茄烟、有包装的烟丝。我国《药品管理法》未要求药品必须使用注册商标，事实上实施强制注册商标的商品只有烟草制品。

关于我国是否在立法上继续保留对烟草制品的商标施行强制注册，还是彻底废除商标的强制注册制度，仍是一个值得探讨的问题。

二、申请在先原则

申请在先原则是实行注册取得商标权的国家所采用的。它是指两个或两个以上的申请人，在相同或类似商品上申请注册相同或近似商标的，初步审定公告申请在先的商标申请，驳回后一申请。该原则是基于一件商标只能成立一个商标权，不能重复授权的理论。申请时间的先后以申请日为准。申请在先原则被大多数大陆法系国家采用，我国《商标法》第31条规定："两个或者两个以上的商标注册申请人，在同一种商品或者类似商品上，以相同或者近似的商标申请注册的，初步审定并公告申请在先的商标；同一天申请的，初步审定并公告使用在先的商标，驳回其他人的申请，不予公告。"先申请原则容易确定商标权的归属，并且能够鼓励申请人及时申请，保护商标所有人利益，有利于对注册商标的管理，维护商标秩序。该原则的弊端可能会导致商标抢注，对先使用人不利，并且存在某种程度的不公平。从我国《商标法》的规定可以看出，我国以实行先申请原则为主，同时辅以先使用原则。此外，对未注册的驰名商标也适用使用在先原则确定商标权的归属，即申请在先和使用在先相结合的原则。

三、优先权原则

优先权原则是《巴黎公约》对商标注册申请所规定的原则之一。该原则规定，凡成员国的国民自第一次提出商标注册申请之日起6个月内，又向其他成员提出相同申请的，则申请人对第一个申请日享有优先权，即后一个申请日以第一个申请日为申请日。我国《商标法》第25条第1款规定："商标注册申请人自其商标在外国第一次提出商标注册申请之日起6个月内，又在中国就相同商品以同一商标提出商标注册申请的，依照该外国同中国签订的协议或者共同参加的国际条约，或者按照相互承认优先权的原则，可以享有优先权。"这里的优先权为外国优先权，其享有的条件如下：

1. 申请人在外国第一次提出商标注册申请后，又向中国提出商标注册申请。
2. 优先权期为6个月，即两次申请的间隔时间为6个月。
3. 两次申请的主题相同，即两次申请的商标相同并且使用在相同商品上。
4. 中国与外国都承认优先权，即两国有共同参加的国际条约或双边协议或相互承认优先权的约定。
5. 优先权不能自动产生，必须履行有关手续：在一定时间内提出要求优先权的声明,并自第二个申请日起3个月内提交第一次商标注册申请文件副本。经国家工商行政管理总局确认后,在外国第一次的申请日视为在中国的申请日期。

我国除规定外国优先权外,在《商标法》第26条还规定了国内优先权,即"商标在中国政府主办的或者承认的国际展览会展出的商品上首次使用的,自该商品展出之日起6个月内,该商标的注册申请人可以享有优先权。依照前款要求优先权的,应当在提出商标注册申请的时候提出书面声明,并且在3个月内提交展出其商品的展览会名称、在展出商品上使用该商标的证据、展出日期等证明文件;未提出书面声明或者逾期未提交证明文件的,视为未要求优先权"。这一规定对于实行商标的跨国保护,促进国际贸易发展具有积极的意义,同时也使商标注册权免遭商标抢注的危险。

无论是《巴黎公约》规定的优先权原则,还是我国所规定的优先权原则,都仅适用于商品商标,而不适用于服务商标。

四、诚实信用原则

为了解决因违反诚实信用原则而恶意注册商标的现象,防止将他人已经在先使用的商标抢先进行注册,我国《商标法》第三次修改增加了"申请注册和使用商标,应当遵循诚实信用原则"的规定。诚信原则作为当事人行动的道德准则,是有关商标注册和使用具体条款的基础,具有弥补具体条款漏洞的功能。诚信原则是对当事人主观认知状态和客观行为标准的道德命令法律化,更是对私主体间利益的均衡调整。而且,诚信原则不仅在商标注册人、商标使用人和利害关系人间适用,还包括对公众(消费者)诚信的适用。诚信原则蕴含的利益均衡,不仅指商标注册和使用法律关系的当事人间的利益均衡,还应考量商标权益和表达自由、竞争秩序等公共领域的利益间的平衡。基于这一原则要求,我国《商标法》明确了:禁止抢注因业务往来等关系明知他人已经在先使用的商标;禁止将他人注册商标或者未注册的驰名商标用作企业字号;明确规定商标代理机构应当遵循诚实信用原则,遵守法律、行政法规,按照被代理人的委托办理商标注册申请或者其他商标事宜,对在代理过程中知悉的被代理人的商业秘密,负有保密义务;委托人申请注册的商标可能存在商标法规定不得注册情形的,商标代理组织应当明确告知委托人;商标代理组织知道或者应当知道委托人申请注册的商标属于恶意抢注他人商标或者侵犯他人在先权利的,不得接受委托;商标代理机构有《商标法》规定的违法行为的,除依法追究其法律责任外,由工商行政管理部门记入信用档案;对违反法律规定且情节严重的商标代理组织,还可以由商标局、商标评审委员会决定停止受理其办理商标代理业务,并予以公告。

关于商标抢注是近年来商标国际保护中经常涉及的一个问题。商标抢注是指抢在原商标使用人申请注册之前在某国注册该商标,以获得该商标专有使用权并最终排斥原商标使用人使用的行为。我国一些有影响的商标被他人抢注现象十分严重,如"同仁堂"商标在日本被抢注案。"同仁堂"品牌创建于清康熙八年即公元1669年,作为清宫的御药房,"同仁堂"与清宫有着密切的渊源。"同仁堂"作为商品商标和服务商标,不仅为企业带来了可观的利益,也为国家赢得了荣誉,其中医草药、中成药及各种饮片,已被载为中华民族的文化遗产,不仅为国人赞誉,在海外也深受欢迎,其药品在海外很多国家都有良好的市场。而当中国"同仁堂"商标所有人欲在日本申请注册"同仁堂"商标以保护自己利益时,却发现早在1983年"同仁堂"商标就在日本被他人抢注。1989年11月18日,中国国家商标局经审查认定,"同仁堂"为我国驰名商标。"同仁堂"商标所有人据此向日本商标局提出日本"同仁堂"商标争议,按照《保护工业产权巴黎公约》保护驰名商标的相关规定,日本商标局撤销了日本"同仁堂"商标抢注人抢注的"同仁堂"商标专有权,从而中国"同仁堂"商标所有人得以在日本注册"同仁堂"商标,获得法律保护。因此,在严格适用申请在先原则的国家,商标使用人要切实保护自己的利益,防止自己的商标被他人抢注,就必须加强商标注册、保护的意识。

另据报道,2006年9月19日,北京王致和食品有限公司总经理王家槐透露,其商标和标识在德国被一名为"欧凯"的公司抢注,而这家公司此前曾销售过王致和公司的产品。王致和集团决定通过诉讼追讨商标权。2007年1月26日,德国慕尼黑地方法院正式受理了王致和商标被抢注一案。11月14日,慕尼黑地方法院一审判决,王致和集团在该案中胜诉。这是中华老字号第一次走出国门进行商标诉讼维权。

实践中对商标注册人明显缺乏真实使用意图,大量申请注册与他人有一定知名度的商标、有一定知名度的地名相同或者近似的商标,或者缺乏正当理由申请大量商标,应当不予注册或者宣告无效。我国《商标法》2019年4月23日修改时增加了"不以使用为目的的恶意商标注册申请,应当予以驳回"的内容。

【重点讨论】上述两案例的海外维权经历给众多中国企业提出了哪些启示和借鉴?

第四节 商标注册的程序

在实行注册制度的国家,商标注册是商标权取得的必经程序。我国商标注册一般要经申请、审查、核准公告三个阶段。

一、商标注册的申请

商标注册申请是启动商标注册的前提。申请人按照自愿原则向商标局提交申请文件并缴纳申请费。

(一) 商标注册申请人及商标代理

按照我国《商标法》的规定，商标注册申请人可以是自然人、法人或其他组织，也可以是外国人。申请人是我国自然人、法人及非法人组织的，可以直接申请，也可以委托依法设立的商标代理机构办理，由申请人自己选择；外国人或外国企业在中国申请商标注册或办理其他商标事宜，应当委托依法设立的商标代理机构办理。

(二) 商标注册申请应提交的文件

商标注册申请应提交的文件通常包括：一是申请人资格证明，即申请人姓名或名称、地址、邮编、国籍等基本情况，并要求与营业执照及印章一致。由商标代理人代办商标注册申请的，应提交代理委托书。代理委托书应当载明代理内容及权限；外国人或者外国企业的代理委托书还应当载明委托人的国籍。外国人或者外国企业的代理委托书及与其有关的证明文件的公证、认证手续，按照对等原则办理。二是申请书，即申请人应按照商标局统一制作的《商标注册申请书》的要求认真如实填写。通常情况下，商标注册申请人应当按规定的商品分类表填报使用商标的商品类别和商品名称，提出注册申请。商标注册申请人也可以通过一份申请就多个类别的商品申请注册同一商标。三是商标图样，即一件商标提交商标图样10份，黑白墨稿1份；对于指定颜色的商标，应交彩色图样10份，黑白墨稿1份。四是证明文件，即涉及人用药品及烟草制品批准生产、销售的卫生行政部门及烟草主管部门批文；要求优先权的书面文件，即第一次在外国申请商标注册的申请文件副本及首次在中国政府举办或承认的国际展览会上展出的证明文件；申请报纸、杂志商标的，应提供有关主管机关的证明文件；申请以人物肖像为注册商标的，必须提供肖像权人授权书，并经公证机关公证；申请集体商标和证明商标需提供申请人资格证明及商标使用管理规则；主张优先权的，申请人应按照"优先权"有关规定提交相关证明文件。依据我国《商标法》规定，为申请商标注册所申报的事项和所提供的材料应当真实、准确、完整。

(三) 商标注册申请文件提交方式及日期

提交商标注册申请文件往往意味着申请日的确定，即商标局收到申请文件日期为申请日。依照先申请原则，商标权应授予最先申请的人，因此申请日的确定对申请人具有重要的意义。商标注册申请等有关文件，可以以书面方式或者数据电文方式提出。以《商标法》规定的数据电文方式提交商标注册申请等有关文件的,应当按照商标局或者商标评审委员会的规定通过互联网提交。[1] 依据我国《商标法实施条例》第9条规定,当事人向商标局或者商标评审委员会提交文件或者材料的日期,直接递交的,以递交日为准;邮寄的,以寄出的邮戳日为准;邮戳日不清晰或者没有邮戳的,以商标局或者商标评审委员会实际收到日为准,但是当事人能够提出实际邮戳日证据的除外。通过邮政企业以外的快递企业递交的,以快递企业收寄日为准;收寄日不明确的,以商标局或者商标评审委员会实际收到日为准,但是当事人能够提出实际收寄日证据的除外。以数据电文方式提交的,以进入商标局或者商标评审委员会电子系统的日期为准。当事人向商标局或者商标评审委员会邮寄文件,应当使用给据邮件。当事人向商标局或者商标评审委员会提交文件,以书面方式提交的,以商标局或者商标评审委员会所存档案记录为准;以数据电文方式提交的,以商标局或者商标评审委员会数据库记录为准,但是当事人确有证据证明商标局或者商标评审委员会档案、数据库记录有错误的除外。

二、商标注册申请的审查

商标申请人提交了规定的申请文件并缴纳申请费后,由商标局编定申请号,发给《受理通知书》,随后就进入商标审查程序,由商标局对申请注册的商标是否符合商标法的规定进行核准。依据我国《商标法》规定,对申请注册的商标,商标局应当自收到商标注册申请文件之日起9个月内审查完毕,符合商标法有关规定的,予以初步审定公告。世界各国对商标的注册申请主要分为形式审查制度和实质审查制度两种。前者是商标主管机关对商标注册申请不进行实质审查,只要申请的手续齐备并符合要求,即予以注册。后者是在形式审查的基础上,对商标权利是否生效所进行的予以注册前的实质性审查,主要是为了判断商标注册申请是否符合商标法律规定的实质要件。依据我国《商标法》及其实施条例规定,我国对商标注册申请采取实质审查。为规范和做好商标审查和商标审理工作,推进商标注册便利化改革,提升商标公共服务水平,商标局和商标评审委员会还就《商标审查及审理标准》进行了修订。[2] 审查的具体步骤如下:

(一)形式审查

形式审查是对申请注册商标的形式要件的审查,又称书面审查,包括申请文件是否齐备、书写是否符合规定、手续是否办理等。经审查确认,商标局会依据不同情况作出不同决定:申请文件符合商标法规定的,予以受理,发给《受理通

---

[1] 参见国家商标局发布并于2017年3月10日起施行的《商标注册网上申请暂行规定》。
[2] 2017年1月4日,商标局发布了修订后的《商标审查及审理标准》;2019年9月1日起施行的国家知识产权局制定的《关于商标电子申请的规定》。

知书》；申请文件不齐备或未按规定填写的，退回申请书，申请日期不予以保留；申请文件基本齐备，需补正的，通知其在 15 日内补正，补正后符合规定的，予以受理，保留申请日；未在规定期限内补正或超过期限补正的，予以退回，申请日期不予以保留。

（二）实质审查

实质审查是对申请的商标是否具备实质性要件的审查，它是商标注册申请能否被批准的关键环节。实质审查的内容主要是对商标注册条件的审查，包括积极条件的审查和消极条件的审查。各国一般对积极条件规定得较为简单，而对消极条件规定得比较详细。积极条件的审查，即对商标是否具备法定的构成要素、是否具备显著性进行审查。消极条件的审查，又称禁用条件的审查，包括：审查是否具有禁止作为商标使用的标志、是否具有禁止作为注册商标使用的标志；审查申请注册的商标是否与他人的相混同以及是否与他人在先取得的合法权利相冲突，或是否为抢先注册了他人先使用的并有一定影响的商标等。通过实质审查，申请的商标如果符合有关规定，商标局予以初步核准并予以公告；对于虽不符合有关规定，但可以修正的，通知在规定的时间内修正；如果未在规定的期限内修正或修正后不符合规定的，则驳回申请；若不符合有关规定，并且存在实质性缺陷，无法通过修正使其符合规定的，直接驳回。对驳回申请、不予公告的商标，商标局应当书面通知商标注册申请人。商标注册申请人不服的，可以自收到通知之日起 15 日内向国家知识产权局申请复审。国家知识产权局应当自收到申请之日起 9 个月内作出决定，并书面通知申请人。有特殊情况需要延长的，经国务院工商行政管理部门批准，可以延长 3 个月。当事人对国家知识产权局的决定不服的，可以自收到通知之日起 30 日内向人民法院起诉。

三、商标注册的初步审定和公告

商标注册的初步审定是指对经过实质审查符合商标法规定的申请商标，作出初步核准的审定。此时，该商标尚未正式注册，也未取得商标专用权。我国《商标法》第 28 条规定，审查完毕，符合商标法有关规定的，予以初步审定公告。商标公告是对初步审定的商标，在《商标公告》上予以公布，以征求社会公众的意见。初步审定公告的目的在于使公布的事项发生法律效力，为先申请人提供法律保护，防止在相同或类似商品上注册相同或近似商标，避免和减少商标争议，同时，将商标注册置于公众的监督之下，也可提高商标注册的准确性。

四、商标的国际注册

商标权具有地域性特征，要使某一个商标在域外其他国家受到保护，就必须在这些国家申请注册。商标的国际注册包括以下两种情况：一是外国商标在中国注册；二是我国商标在国外注册。

（一）外国商标在中国注册

外国商标是指商标所有人具有外国国籍的商标。依据我国《商标法》第17条的规定，外国人或外国企业在中国申请商标注册，有三种做法：一是按照申请人所属国和中国签订的协议办理。该原则仅适用于没有加入《巴黎公约》及《马德里协定》的国家。二是按照外国人或外国企业所属国与我国共同参加的国际条约办理，包括《巴黎公约》《马德里协定》。我国分别于1985年、1989年加入了这两个协议。公约中明确规定了国民待遇原则，即成员国国民可以享受与我国国民在商标注册、商标保护方面的同样待遇。三是按照对等原则办理。该原则适用于申请人所属国既未与我国签订商标保护的双边协议，又未共同参加商标保护的国际条约的情况，双方按照互惠对等原则，相互给予对方同等的待遇，即外国给予中国商标以怎样的保护，中国也给予其同样的保护。该原则灵活性强、适用范围广。依照《商标法》第18条的规定，对外国人或外国企业在中国申请注册商标及办理其他商标事务的，实行委托代理制，应当委托依法设立的商标代理机构办理。

（二）我国商标在国外注册

为不断扩大国际经济贸易交往，发展对外贸易，特别是在国际市场上打造享有较好信誉的本国商品商标，我国一直鼓励商标申请人在国外申请办理注册手续，取得商标专用权。我国商标在国外申请注册的途径通常包括：一是逐一国家申请注册；二是进行商标国际注册，按照《马德里协定》及其议定书的规定，我国作为成员，国内自然人、法人、非法人组织均可以提出商标的国际申请。我国曾于2003年6月1日施行《马德里商标国际注册实施办法》（已失效）。该办法对我国商标到马德里联盟成员申请注册，从申请人资格、申请步骤、有效期等方面，提出了明确要求。

第五节 商标异议、无效宣告及复审

一、商标异议

商标异议是指对初步审定公告的商标依法提出反对意见，要求撤销初步审定公告的商标，不予注册。我国《商标法》第33条规定："对初步审定公告的商标，自公告之日起3个月内，在先权利人、利害关系人认为违反本法第13条第2款和第3款、第15条、第16条第1款、第30条、第31条、第32条规定的，或者任何人认为违反本法第4条、第10条、第11条、第12条、第19条第4款规定的，可以向商标局提出异议。公告期满无异议的，予以核准注册，发给商标注册证,并予公告。"可见,对任何经初步审定公告的商标,都要经过异议程序,但在先权利人、利害关系人只能针对违反《商标法》第 13 条第 2 款和第 3 款、第 15 条、第 16 条第 1 款、第 30 条、第 31 条、第 32 条的规定提出异议,而对于违反《商标法》第 4 条、第 10 条、第 11 条、第 12 条、第 19 条第 4 款规定的商标,则任何人都可以提出异议。前者在实务中提出异议的较多,其理由一般为,初步审定公告的商标与自己已经注册商标或初步审定公告在先的商标相同或相近似,并且使用在相同或类似商品上。后者的理由一般为初步审定公告的商标违反了禁止性规定。提出异议时异议人应提交《商标异议书》(一式两份)及相关身份证明。商标局收到异议书后,会将其副本交给被异议人,限其在 30 日内答辩,被异议人不答辩的,不影响商标局作出决定。按照我国《商标法》第 35、36 条的规定,对初步审定公告的商标提出异议的,商标局应当听取异议人和被异议人陈述事实和理由,经调查核实后,自公告期满之日起 12 个月内作出是否准予注册的决定,并书面通知异议人和被异议人。有特殊情况需要延长的,经批准可以延长 6 个月。商标局作出准予注册决定的,发给商标注册证,并予公告。异议人不服的,可以依照《商标法》第 44、45 条的规定向国家知识产权局请求宣告该注册商标无效。商标局作出不予注册决定,被异议人不服的,可以自收到通知之日起 15 日内向国家知识产权局申请复审。国家知识产权局应当自收到申请之日起 12 个月内作出复审决定,并书面通知异议人和被异议人。有特殊情况需要延长的,经批准可以延长 6 个月。被异议人对国家知识产权局的决定不服的,可以自收到通知之日起 30 日内向人民法院起诉。人民法院应当通知异议人作为第三人参加诉讼。国家知识产权局在依照该规定进行复审的过程中,所涉及的在先权利的确定必须以人民法院正在审理或者行政机关正在处理的另一案件的结果为依据的,可以中止审查。中止原因消除后,应当恢复审查程序。法定期限届满,当事人对商标局作出的驳回申请决定、不予注册决定不申请复审或者对国家知识产权局作出的复审决定不向人民法院起诉的,驳回申请决定、不予注册决定或者复审决定生效。经审查异议不成立而准予注册的商标,商标注册申请人取得商标专用权的时间自初步审定公告 3 个月期满之日起计算。自该商标公告期满之日起至准予注册决定作出前,对他人在同一种或者类似商品上使用与该商标相同或者近似的标志的行为不具有追溯力;但是,因该使用人的恶意给商标注册人造成的损失,应当给予赔偿。商标异议程序设立的目的与初步审定公告基本相同,都是为了便于公众监督,避免出现错误的授权,增强商标注册的准确性,同时给在先注册人及其他利害关系人保护自身权益的机会。

历时近十年的"天涯海角"商标注册异议之争一案于日前终于落下帷幕。

商标评审委员会根据北京市第一中级人民法院及北京市高级人民法院的生效判决认为，与"天涯海角"风景区相关联的一切正当合法利益均应归属于申请人（三亚市旅游投资有限公司，以下简称三亚旅投）。而被申请人（海南天涯海角股份有限公司，以下简称天涯股份）在未经申请人许可的情况下，注册争议商标，其行为具有明显的主观恶意，违反了诚实信用原则，已侵害了申请人的合法权益。据此，争议商标应予撤销。天涯股份于1997年8月18日向商标局抢先注册了包括"观光旅游"服务项目在内的六类"天涯海角及图标"商标，而商标的图标用的是"南天一柱"及海浪图形。1998年《商标公告》第649期上刊登了天涯股份以"天涯海角"文字图形申请注册的商标（第1219940号）。见到公告后，三亚旅投向商标局提出异议，并请求裁定撤销其注册的不当商标。2000年3月28日，三亚旅投接到商标局寄来的《关于第1219940号"天涯海角及图标"商标异议的裁定》，认为天涯股份申请注册"天涯海角"商标是合理合法的，三亚旅投所提异议不能成立，并对天涯股份的"天涯海角及图标"商标予以核准注册。三亚旅投对这一裁定不服，于2000年4月向商标评审委员会（以下简称商评委）申请复审，由于提交的有效证据仅有8件，商评委2005年10月24日裁定，三亚旅投撤销申请理由不成立，继续维持天涯股份的"天涯海角及图标"的商标注册。三亚旅投仍对商评委的裁定不服，在《商标法》的法定期限内的2005年12月1日向北京市第一中级人民法院提起了行政诉讼请求。2006年3月16日，北京市第一中级人民法院开庭审理了此案，于11月1日作出行政判决书，认为"天涯海角"的第二含义（天涯海角风景名胜区）对社会公众具有较强的影响力，天涯股份于1997年8月申请注册争议商标，该商标标识在读音、图形和含义上均直接、明确地指向天涯海角风景区，尤其是该商标注册在旅游服务类别上，极易使公众认为天涯股份与天涯海角风景区存在某种特定的联系。但天涯股份并未对天涯海角风景区的旅游开发建设、无形资产的形成进行过投入，在此情况下，争议商标由天涯股份注册，不仅对长期从事天涯海角风景区经营、管理的三亚旅投不公正，而且也会误导消费者，对社会公众利益造成损害。天涯股份明知上述事实和其注册争议商标后可能发生的后果，仍然注册争议商标，其行为具有不正当性，不符合《商标法》第41条第1款的规定，应予撤销。天涯股份不服北京市第一中级人民法院行政判决，向北京市高级人民法院提出上诉。北京市高级人民法院认为天涯股份的上诉理由不成立，驳回上诉，维持原判。[1]

---

[1] 参见2007年3月15日北京市高级人民法院作出的（2007）高行终字第26号终审判决书。

二、商标无效宣告

商标权的无效宣告,是指因商标权的取得存在瑕疵,商标主管机构宣告商标权自始没有法律效力的一种制度。我国《商标法》第三次修改在限制商标异议主体的同时,也突出了商标确权程序的简化,对争议的裁定结果以"无效宣告"代替原规定的"撤销"。商标无效宣告包括以下情形:①依据我国《商标法》第44条之规定,对已经注册的商标,如果违反《商标法》第4条、第10条、第11条、第12条、第19条第4款规定的,或者是以欺骗手段或者其他不正当手段取得注册的,由商标局宣告该注册商标无效;其他单位或者个人可以请求国家知识产权局宣告该注册商标无效。商标局作出宣告注册商标无效的决定,应当书面通知当事人。当事人对商标局的决定不服的,可以自收到通知之日起15日内向国家知识产权局申请复审。国家知识产权局应当自收到申请之日起9个月内作出决定,并书面通知当事人。有特殊情况需要延长的,经国务院商标行政管理部门批准,可以延长3个月。当事人对国家知识产权局的决定不服的,可以自收到通知之日起30日内向人民法院起诉。其他单位或者个人请求国家知识产权局宣告注册商标无效的,国家知识产权局收到申请后,应当书面通知有关当事人,并限期提出答辩。国家知识产权局应当自收到申请之日起9个月内作出维持注册商标或者宣告注册商标无效的裁定,并书面通知当事人。有特殊情况需要延长的,经国务院商标行政管理部门批准,可以延长3个月。当事人对国家知识产权局的裁定不服的,可以自收到通知之日起30日内向人民法院起诉。人民法院应当通知商标裁定程序的对方当事人作为第三人参加诉讼。②依据我国《商标法》第45条之规定,已经注册的商标,违反《商标法》第13条第2款和第3款、第15条、第16条第1款、第30条、第31条、第32条规定的,自商标注册之日起5年内,在先权利人或者利害关系人可以请求国家知识产权局宣告该注册商标无效。对恶意注册的,驰名商标所有人不受5年的时间限制。国家知识产权局收到宣告注册商标无效的申请后,应当书面通知有关当事人,并限期提出答辩。国家知识产权局应当自收到申请之日起12个月内作出维持注册商标或者宣告注册商标无效的裁定,并书面通知当事人。有特殊情况需要延长的,经国务院商标行政管理部门批准,可以延长6个月。当事人对国家知识产权局的裁定不服的,可以自收到通知之日起30日内向人民法院起诉。人民法院应当通知商标裁定程序的对方当事人作为第三人参加诉讼。国家知识产权局在依照上述规定对无效宣告请求进行审查的过程中,所涉及的在先权利的确定必须以人民法院正在审理或者行政机关正在处理的另一案件的结果为依据的,可以中止审查。中止原因消除后,应当恢复审查程序。

法定期限届满,当事人对商标局宣告注册商标无效的决定不申请复审或者对国家知识产权局的复审决定、维持注册商标或者宣告注册商标无效的裁定不向人民法院起诉的，商标局的决定或者国家知识产权局的复审决定、裁定生效。依照《商标法》第44、45条的规定宣告无效的注册商标，由商标局予以公告，该注册商标专用权视为自始不存在。宣告注册商标无效的决定或者裁定，对宣告无效前人民法院作出并已执行的商标侵权案件的判决、裁定、调解书和市场监督管理部门作出并已执行的商标侵权案件的处理决定以及已经履行的商标转让或者使用许可合同不具有追溯力。但是，因商标注册人的恶意给他人造成的损失，应当给予赔偿。依照该规定不返还商标侵权赔偿金、商标转让费、商标使用费，明显违反公平原则的，应当全部或者部分返还。

三、商标复审

商标复审是指由国家知识产权局应当事人的申请，对不服商标局的处理决定，根据事实依法进行评审的程序。当事人向国家知识产权局提出商标评审申请，应当有明确的请求、事实、理由和法律依据，并提供相应证据。根据我国《商标法》及《商标法实施条例》的规定，商标评审主要评审以下案件：①对商标局驳回申请不服的复审；②对商标局异议裁定不服的复审；③对撤销注册商标的决定不服的复审；④对注册不当商标提出的撤销作出裁定；⑤对注册商标提出争议的；⑥对认为注册不当商标提出撤销的；⑦法律、法规规定的其他商标确权评审事宜。国家知识产权局应当自收到申请之日起9个月内作出决定，并书面通知当事人。有特殊情况需要延长的，经国务院商标行政管理部门批准，可以延长3个月。当事人对国家知识产权局的决定不服的，可以自收到通知之日起30日内向人民法院起诉。

国家知识产权局的职责在于：确认、维持当事人的正当权利；阻止、撤销当事人的不正当权利。因此，商标评审工作对于反对不正当竞争、维护公平交易的市场秩序具有重要意义。

■本章小结

通过本章学习，我们懂得了商标具有多种取得方式，但若要获得注册商标，就必须申请注册，并要经过国家商标管理机关的审核。而在申请过程中，注册商标必须具备法定要件并要经过法定审查程序。因注册商标涉及相关利害人，甚至社会公共利益，法律上又设立了商标异议、无效宣告及复审制度。

■本章思考题

1. 什么是商标权的原始取得方式？
2. 注册商标应当具备哪些条件？

3. 什么是申请在先原则?
4. 我国商标审查的基本程序有哪些?
5. 设立商标异议、无效宣告与复审制度的作用是什么?
6. 案例讨论:

案例一:　　　　　　　　"鸭王"商标异议复审纠纷申请再审案[1]

【基本案情】

上海淮海鸭王烤鸭店有限公司（以下简称上海鸭王公司）的前身上海淮海全聚德烤鸭店有限公司（以下简称上海全聚德）于2002年1月29日向商标局申请注册"鸭王"文字商标（即本案被异议商标），指定使用服务项目为第43类餐馆等服务。商标局以被异议商标仅直接表示了服务的内容、特点为由予以驳回。上海全聚德向商标评审委员会申请复审，商标评审委员会决定被异议商标可以初步审定公告。在初审公告异议期内，北京鸭王烤鸭店有限公司（以下简称北京鸭王公司）于2005年5月31日提出异议。主要理由是："鸭王"是北京鸭王公司的商号及因在先使用而有一定影响的商标，被异议商标的注册违反《商标法》第31条的规定，不应予以核准。商标局裁定北京鸭王异议理由成立，被异议商标不予核准注册。上海全聚德不服，向商标评审委员会申请复审，商标评审委员会于2007年6月18日作出裁定，核准被异议商标注册。北京鸭王公司不服，向北京市第一中级人民法院提起行政诉讼，该院一审认为"鸭王"是北京鸭王公司商号的核心组成部分，且属于在先使用并有一定影响的商标，上海全聚德申请注册被异议商标具有恶意，被异议商标不应核准注册。判决撤销商标评审委员会裁定。上海全聚德向北京市高级人民法院提起上诉，该院二审判决维持一审关于撤销商标评审委员会裁定的结论，另责令商标评审委员会重新作出裁定。上海全聚德向检察机关申诉，最高人民检察院向最高人民法院提出抗诉。最高人民法院裁定指令北京市高级人民法院再审本案。2010年12月8日，北京市高级人民法院作出（2010）高行再终字第53号行政判决，撤销原一审、二审判决，维持商标评审委员会裁定。北京鸭王公司不服再次申请再审，最高人民法院经审查驳回其再审申请。

【重点讨论】如何理解抢注中的"不正当手段"？如何平衡在先使用商标人与在后商标申请人的利益？

---

[1] 参见最高人民法院2014年4月22日发布的《2013年中国法院十大创新性知识产权案件》及最高人民法院（2012）知行字第9号行政裁定书。

案例二： 我国声音商标第一案：国家工商行政管理总局商标评审委员会与腾讯科技（深圳）有限公司二审行政判决书[1]

【基本案情】

2014 年 5 月 4 日，腾讯公司向国家工商行政管理总局商标局（以下简称商标局）提出第 14502527 号"嘀嘀嘀嘀嘀嘀"（声音商标）商标（以下简称申请商标）的注册申请，指定使用在第 38 类"电视播放；新闻社；信息传送；电话会议服务；提供在线论坛；计算机辅助信息和图像传送；提供互联网聊天室；在线贺卡传送；数字文件传送；电子邮件（截止）"服务上。针对申请商标的注册申请，商标局于 2015 年 8 月 11 日作出商标驳回通知，依据《商标法》第 11 条第 1 款第 3 项作出不予注册的决定，其理由为：申请商标由简单、普通的音调或旋律组成，使用在指定使用项目上缺乏显著性，不得作为商标注册。腾讯公司对商标局作出的上述商标驳回通知不服，于法定期限内向商标评审委员会提出复审申请。2016 年 4 月 18 日，商标评审委员会作出商评字〔2016〕第 0000035304 号《关于第 14502527 号"嘀嘀嘀嘀嘀嘀"（声音商标）商标驳回复审决定书》（以下简称被诉决定）。该决定认为：申请商标为"嘀嘀嘀嘀嘀嘀"声音，该声音较为简单，缺乏独创性，指定使用在电视播放、信息传送等服务项目上缺乏商标应有的显著特征，难以起到区分服务来源的作用，属于《商标法》第 11 条第 1 款第 3 项所指的情形。腾讯公司提交的证据虽能证明其 QQ 软件享有知名度，但申请商标的声音仅为软件包含的标识某一功能的声音，在案证据不能证明申请商标经使用已起到区别服务来源的作用。综上，商标评审委员会依据《商标法》第 11 条第 1 款第 3 项和第 34 条的规定，决定：申请商标的注册申请予以驳回。腾讯公司不服，提起了行政诉讼。

【法院裁判】

一、一审法院观点

北京知识产权法院认为：相对于传统类型的通过视觉识别的商标而言，声音商标为现行商标法规定的新类型商标，构成元素的差异，也导致了对于商标的识别方式除传统的视觉识别之外，增加了听觉识别的方式。对于声音商标是否具有显著性的判断，除应遵循对传统商标是否具有显著性的基本判断原理、标准与规则外，即应考虑指定使用的商品或服务、相关公众的认知习惯及指定使用商品或

---

[1] 参见北京市高级人民法院（2018）京行终 3673 号行政判决书。

服务所属行业的实际情况等因素外，还应结合声音商标声音的时长及其构成元素的复杂性等因素，综合考察其整体在听觉感知上是否具有可起到识别作用的特定节奏、旋律、音效，从而对其可否起到区分商品或服务来源的作用作出判断。

具体到本案而言，考察申请商标是否属于被诉决定所认定的"较为简单"的情形，不能仅考虑其构成元素单一、整体持续的时间较短等因素，而应当综合考察申请商标整体在听觉感知上是否具有可起到识别作用的特定的节奏、旋律、音效。本案申请商标虽然仅由同一声音元素"嘀"音构成且整体持续时间较短，但申请商标包含六声"嘀"音，且每个"嘀"音音调较高、各"嘀"音之间的间隔时间短且呈连续状态，申请商标整体在听觉感知上形成比较明快、连续、短促的效果，具有特定的节奏、音效，且并非生活中所常见，因此，其并不属于被诉决定所认定的声音整体较为简单的情形。

一般情况下，声音商标需经长期使用才能取得显著特征。20世纪90年代后期是我国互联网迅猛发展的阶段，QQ软件自1999年2月即以OICQ软件的形式在我国互联网上开始投入使用。通过互联网实现即时通讯的模式变革对人们生活带来的冲击及作为QQ软件提供的消息传送这种最基本、最常用服务的新消息传来时的提示音，使得申请商标的声音在使用之初即对相关公众的听觉产生强烈的冲击力，从而使得其极易被相关公众所感知、记忆。

经过对腾讯公司证据的审查可以认定，申请商标已经由腾讯公司进行了长期、大量的使用。申请商标的声音亦已经在即时通讯领域建立了较高的知名度，其识别性进一步增强，申请商标与QQ软件、腾讯公司之间已经建立了稳定的对应关系，申请商标在指定使用的"信息传送"服务项目上起到了商标应有的标识服务来源的功能。

综上，北京知识产权法院依照《中华人民共和国行政诉讼法》第70条第1项、第2项之规定，判决：①撤销商标评审委员会作出的被诉决定；②商标评审委员会重新作出决定。

二、二审法院观点

就本案而言，申请商标由连续的六声"嘀"音构成，各"嘀"音之间音色基本相同、时间间隔短促且基本相同，指定使用在第38类"电视播放；新闻社；信息传送；电话会议服务；提供在线论坛；计算机辅助信息和图像传送；提供互联网聊天室；在线贺卡传送；数字文件传送；电子邮件"服务上。虽然申请商标构成要素的选取体现了腾讯公司的特定创意，但是，商标标志在其指定使用服务上是否具有显著特征，仍然需要结合相关公众的一般认知加以具体判断。具体而言，由于申请商标仅由单一而重复的"嘀"音构成，相关公众通常情况下不易将其作为区分商品或者服务来源的标志加以识别，申请商标属于《商标法》第

11 条第 1 款第 3 项规定的缺乏显著特征的标志。原审法院和商标评审委员会在该问题上的观点一致,二审法院对此予以确认。商标评审委员会有关申请商标标志本身缺乏显著特征的上诉理由成立,二审法院对此予以支持。

特定的标志其本身在特定的商品或者服务上可能缺乏商标注册所需的显著特征,但是当其经过使用而能够发挥识别作用时,则可以根据《商标法》第 11 条第 2 款的规定予以核准注册。由于这种显著特征的取得建立在使用的基础之上,因此,此类商标获准注册的商品或者服务范围,也应当以其实际使用的商品或者服务为限。通常情况下,不存在在一个商品或者服务项目上经过使用而取得显著特征的标志,即可仅因其在该商品或者服务上的使用行为,而在其他商品或者服务项目上当然获得显著特征。对于通过使用而取得显著特征的商标的审查,必须遵循"商品和服务项目特定化"之审查原则,避免显著特征使用取得认定过程中的泛化处理和以偏概全。

本案中,腾讯公司提供的证据能够证明申请商标"嘀嘀嘀嘀嘀嘀"声音通过 QQ 即时通讯软件上的长期持续使用,具备了识别服务来源的作用。原审判决认定申请商标在与 QQ 即时通讯软件相关的"信息传送、提供在线论坛、计算机辅助信息和图像传送、提供互联网聊天室、数字文件传送、在线贺卡传送、电子邮件"服务上具备了商标注册所需的显著特征并无不当,申请商标可以在上述服务项目上予以初步审定,二审法院对此予以确认。但是,申请商标并未在"电视播放、新闻社、电话会议服务"上实际使用,原审判决以"电话会议服务"与"超级群聊天"服务功能完全相同以及综合性即时通讯软件服务平台存在提供电视播放、新闻服务的可能性为由,认定申请商标在上述三个服务项目上亦具有显著特征,显然不符合申请商标经过使用方才取得显著特征的案件事实,不适当地为申请商标预留了申请注册的空间,属于适用法律错误,二审法院对此予以纠正。商标评审委员会有关在案证据不能证明申请商标经使用已具有区别服务来源作用的上诉理由部分成立,二审法院给予相应的支持。

综上,原审判决认定事实清楚,适用法律基本正确,裁判结论适当,二审法院在纠正其相关错误的基础上,对其结论予以维持。

【重点讨论】

声音商标的显著性如何判断?

第五章
商标权的内容

[提示要点]
　　商标权是商标法的核心。商标权可以实现商标的基本功能和经济目的，并能够为商标权人带来利益。学习本章，应了解商标权的基本含义，掌握商标权的具体权能，并熟悉商标权续展和终止的有关法律规定。本章重点在于掌握商标权人依法享有的具体权利，难点在于对商标权许可使用和转让制度的理解。

第一节　商标权人的权利

　　商标权是指商标所有人在法律规定的有效期限内，对其经商标主管机关核准注册的商标所享有的独占地、排他地使用和处分的权利，通常称之为"商标专用权"。[1] 我国《商标法》第3条第1款规定："经商标局核准注册的商标为注册商标，包括商品商标、服务商标和集体商标、证明商标；商标注册人享有商标专用权，受法律保护。"我国《民法通则》第96条规定："法人、个体工商户、个人合伙依法取得商标专用权受法律保护。"可见，我国商标专用权的取得除法律另有规定外，采取注册原则。只有注册才是确定商标专用权的法律依据，只有经商标局核准注册的商标，才享有商标专用权并依法得以保护。商标权人依法享有的权利主要包括：

一、专有使用权

　　专有使用权是指商标权人享有在核定的商品或服务上使用注册商标的权利，亦称商标专用权。专有使用权是商标权的核心内容，也是最基本的权利，其他商标权的权能都是专有使用权的派生。专有使用权的内容是商标权人对其注册商标享有完全控制、支配，排除他人非法干涉的权利。注册商标的使用包括将注册商标使用在商品上、商品包装或容器上、商品交易书上或用于广告宣传、展览、软件界面上及其他业务活动中。我国《商标法》第56条规定："注册商标的专用

---

[1]　商标权和商标专用权并非等同概念，一般认为商标权的概念宽泛于商标专用权。

权,以核准注册的商标和核定使用的商品为限。"据此,商标使用权严格以核定使用的商品或服务为限,以核准注册的商标标志为准,商标所有人不得擅自扩大注册商标的使用范围或改变注册商标的文字、图形等。若需改变,依我国《商标法》规定,应另行提出申请或重新提出申请,否则将导致被撤销的后果。

二、禁用权

禁用权是指商标权人享有的禁止他人未经许可擅自使用注册商标的权利。它是与专有使用权相对应的消极的或否定意义上的权利,体现出商标权的排他性及独占性。其内容是禁止他人非法使用注册商标,禁止擅自印刷、伪造注册商标等行为。我国《商标法》第57条列举了7种侵犯注册商标专用权的行为,其中第1、2项为:"①未经商标注册人的许可,在同一种商品上使用与其注册商标相同的商标的;②未经商标注册人的许可,在同一种商品上使用与其注册商标近似的商标,或者在类似商品上使用与其注册商标相同或者近似的商标,容易导致混淆的。"从该规定可以看出,禁用权的效力范围大于使用权的效力范围。商标使用权的范围是商标权人只能在核定的商品上或服务上使用核准的注册商标,不能擅自扩大使用范围,不能随意变更注册商标标志,不能使用与注册商标相近似的商标。禁用权的范围是权利人不仅有权禁止他人擅自将与注册商标相同的或者相近似的商标使用在相同商品上,还有权禁止他人在类似的商品上使用与注册商标相同或相近似的商标,即禁止权可超越注册事项而发生效力。这一规定能够更好地保护商标权人及消费者利益,防止不正当竞争,对于那些"傍名牌""搭便车"的行为可从源头上予以遏止,并维护商标信誉和消费者合法权益。

三、使用许可权

使用许可权是指商标权人通过合同许可他人使用其注册商标的权利。商标权人使用注册商标包括自己使用和许可他人使用。许可他人使用是进行商标贸易的主要途径,也是商标权人对其权利的充分利用,即商标权人通过商标所有权各项权能的分离和回复来实现商标价值。使用许可能够促进商品生产和商品流通,对于搞活市场、促进经济发展具有积极意义,也是许可证贸易的一种重要形式。使用许可合同一般为有偿合同,被许可方支付一定的使用费取得商标使用权,商标所有权仍由注册人享有,主体未发生变更,注册商标所有权未发生转移。我国《商标法》第43条规定:"商标注册人可以通过签订商标使用许可合同,许可他人使用其注册商标。许可人应当监督被许可人使用其注册商标的商品质量。被许可人应当保证使用该注册商标的商品质量。经许可使用他人注册商标的,必须在使用该注册商标的商品上标明被许可人的名称和商品产地。许可他人使用其注册商标的,许可人应当将其商标使用许可报商标局备案,由商标局公告。商标使用许可未经备案不得对抗善意第三人。"依照2002年10月12日发布的《最高人民法院关于审理商标民事纠纷案件适用法律若干问题的解释》的规定，商标使用许可的种类包括以下三类：

1. 独占使用许可，是指商标注册人在约定的期间、地域，以约定的方式，将该注册商标仅许可一个被许可人使用，商标注册人依约定不得使用该注册商标。

2. 排他使用许可，是指商标注册人在约定的期间、地域，以约定的方式，将该注册商标许可一个被许可人使用，商标注册人依约定可以使用该注册商标，但不得另行许可他人使用该注册商标。

3. 普通使用许可，是指商标注册人在约定的期间、地域，以约定的方式，许可他人使用其注册商标，并可自行使用该注册商标和许可他人使用其注册商标。

四、转让权

转让权是指商标权人在法律允许范围内，将其享有的商标所有权转移给他人所有的权利。商标权转让的对象是注册商标，因此，又称注册商标的转让。关于商标权的转让，国外不同的商标立法采取不同的转让原则，即连同转让原则和自由转让原则。前者是指转让注册商标时必须连同商标所属的企业一起转让，不能单独转让注册商标。美国、瑞典、德国等少数国家采用该原则。连同转让原则基于商标的识别功能和信誉保证，若将商标与其所属企业分开转让，可能会造成对商品或服务来源的误认，损害消费者利益。后者是指注册商标既可以连同商标所属的企业一起转让，也可以分开转让。分开转让即商标权可以脱离所属企业单独转让。大多数国家采用此原则，但均对转让条件加以限制。自由转让原则比较灵活，有利于商标权的充分行使。我国《商标法》第 42 条未明确规定采用哪项原则，但要求转让注册商标的，转让人和受让人应当签订转让协议，并共同向商标局提出申请。受让人应当保证使用该注册商标的商品质量。对容易导致混淆或者有其他不良影响的转让，商标局不予核准，书面通知申请人并说明理由。注册商标专用权因转让以外的继承等其他事由发生移转的，接受该注册商标专用权的当事人应当凭有关证明文件或者法律文书到商标局办理注册商标专用权移转手续。注册商标专用权移转的，注册商标专用权人在同一种或者类似商品上注册的相同或者近似的商标，应当一并移转；未一并移转的，由商标局通知其限期改正；期满未改正的，视为放弃该移转注册商标的申请，商标局应当书面通知申请人。商标移转申请经核准的，予以公告。接受该注册商标专用权移转的当事人自公告之日起享有商标专用权。

除上述主要权利外，商标权人的权利还包括续展权、注册商标"即发侵权"的申请制止权、出质权、继承权以及使用注册的标记权等。

第二节 商标权人的义务

商标权人在行使其注册商标专用权时负有如下义务：

一、对使用商标的商品质量负责

我国《商标法》第7条第2款规定："商标使用人应当对其使用商标的商品质量负责……"这是我国《商标法》规定商标使用权人必须履行的一项重要义务。商标权人认真履行这一义务，既是对消费者负责的具体体现，也是维护商标信誉、扩大商品销路的关键。在商标许可使用中，商标权人必须慎重选择被许可使用人，并随时对使用其注册商标的产品或服务的质量实施监督，绝不允许只顾获得经济利益而损害消费者利益的行为。如果商标权人违反这一义务，对使用注册商标的商品粗制滥造，以次充好，欺骗消费者的，各级工商行政管理部门可区分不同情况，责令限期改正，并可以予以通报或者处以罚款，或者由商标局撤销其注册商标。

二、法定注册商标的商品，未经注册不得销售

未注册的商标虽然可以使用，但不能取得商标专用权。国家规定必须使用注册商标的商品，当事人必须申请商标注册，未经核准注册的，不得在市场销售。

三、注明"注册商标"字样或者标明注册标记

我国《商标法》第49条第2款规定，注册商标成为其核定使用的商品的通用名称或者没有正当理由连续3年不使用的，任何单位或者个人可以向商标局申请撤销该注册商标。商标局应当自收到申请之日起9个月内作出决定。有特殊情况需要延长的，经国务院工商行政管理部门批准，可以延长3个月。商标的使用，是指将商标用于商品、商品包装或者容器以及商品交易文书上，或者将商标用于广告宣传、展览以及其他商业活动中，用于识别商品来源的行为。使用注册商标时应当注明"注册商标"字样或者标明注册标记。

四、办理相关手续

商标获得授权后，不得自行改变注册商标的文字、图形或者其组合；不得自行改变注册商标的注册人名义、地址或者其他注册事项；不得自行转让注册商标；许可他人使用其注册商标，应签订商标使用许可合同，并将合同副本送交工商行政管理部门存查；放弃的注册商标应当办理申请注销手续。

五、缴纳规定的各种费用

商标权人在办理有关申请商标注册、转移注册、续展注册等时，应按照国家工商行政管理总局1996年发布的《关于执行商标业务收费标准具体办法的通知》

缴纳申请费、商标注册费、转移注册费和续展注册费等。

第三节 商标权的期限、续展和终止

一、商标权的期限

商标权的期限是指商标专用权受法律保护的有效期限。世界各国几乎都对商标专用权的效力规定了时间限制，但各国规定的方式和期限长短不同。[1] 多数国家规定为10年，如日本、法国、瑞典、丹麦、比利时等国。各国商标有效期开始计算的时间也不同，如法国自提出申请之日起计算，美国则自核准注册之日起计算。我国《商标法》第39条规定，注册商标的有效期为10年，自核准注册之日起计算。

二、商标权的续展

商标权的续展是指通过一定程序，延续原注册商标的有效期，使商标注册人继续保持对其注册商标的专用权。国外商标法大多都有关于商标权限期届满可以续展的规定，但规定续展的方式不同。有些国家规定，商标权期满后，只要继续缴纳费用，不必办理续展手续，商标专用权即可续展，如法国。有些国家则规定，除提交续展申请和缴纳费用外，还必须经过主管部门审查并公告后，商标专用权才可以续展，如美国。我国《商标法》第40条规定，注册商标有效期满，需要继续使用的，商标注册人应当在期满前12个月内按照规定办理续展手续；在此期间未能办理的，可以给予6个月的宽展期。每次续展注册的有效期为10年，自该商标上一届有效期满次日起计算。期满未办理续展手续的，注销其注册商标。

申请商标续展注册，应履行法定程序。凡申请商标续展注册的，申请人应向商标局提交《商标续展注册申请书》，并送交商标图样5张。申请书应填写注册商标的编号、商品的类别及有效期的期限时间，同时交回原注册证以及续展申请费和续展注册费。在宽展期内申请的，还应交续展延迟费。商标局收到申请经审查认为不合规定的，将不予续展；如果申请符合法律规定，将对原注册商标证书加注并返还给申请人，并对申请续展的商标予以公告。

---

[1] 有的国家规定为20年，如美国、西班牙、意大利等国；有的规定为15年，如伊拉克、叙利亚等国；有的规定为5年、10年、15年、20年，由注册人自由选择，如多米尼加；而匈牙利规定在商标注册后使用的有效期一直到商标权人允许他人使用为止。

三、商标权的终止

商标权的终止是指因法定事由的发生,注册商标所有人丧失其商标专用权。通常情况下,商标权主要基于注销和撤销两种情况终止。

(一) 因注销而终止

注销是指注册商标所有人自愿放弃其注册商标的注册,由商标局备案,并予以公告。其具体内容包括:

1. 未进行续展。即从核准注册商标之日起,经过10年而商标专用权人未续展其注册商标或者虽已提出续展申请但被依法驳回时,商标专用权即告终止。

2. 自动放弃。即通过办理放弃该注册商标的登记手续,商标专用权即终止。依据我国《商标法实施条例》第73条规定,商标注册人申请注销其注册商标或者注销其商标在部分指定商品上的注册的,应当向商标局提交商标注销申请书,并交回原《商标注册证》。商标注册人申请注销其注册商标或者注销其商标在部分指定商品上的注册,经商标局核准注销的,该注册商标专用权或者该注册商标专用权在该部分指定商品上的效力自商标局收到其注销申请之日起终止。

3. 其他事由。即注册商标因其他原因被注销而导致商标权终止,如注册人已死亡或终止1年以上且未办理商标移转手续的。

(二) 因撤销而终止

撤销是指商标局强制废除注册商标的注册,剥夺注册商标所有人的专用权。依我国《商标法》的规定,责令限期改正或者撤销注册商标有以下情形:

1. 商标注册人在使用注册商标的过程中,自行改变注册商标、注册人名义、地址或者其他注册事项的,由地方工商行政管理部门责令限期改正;期满不改正的,由商标局撤销其注册商标。

2. 注册商标成为其核定使用的商品的通用名称或者没有正当理由连续3年不使用的,任何单位或者个人可以向商标局申请撤销该注册商标。商标局应当自收到申请之日起9个月内作出决定。有特殊情况需要延长的,经国务院工商行政管理部门批准,可以延长3个月。

注册商标被撤销的,原《商标注册证》作废,并予以公告;自撤销之日起1年内,商标局对与该商标相同或者近似的商标注册申请,不予核准;撤销该商标在部分指定商品上的注册的,重新核发《商标注册证》,并予以公告。

■ 本章小结

通过本章学习,我们了解到商标权的内容包括权利和义务两个方面,即商标权人在依法享有权利时,也承担相应的法定义务。商标权的权能实质上是商标权人行使商标权的具体表现形式,而义务则为法律对商标权人行使权利的限制。

■本章思考题

1. 什么是商标专有权?
2. 商标权人依法享有哪些权利?
3. 商标权人承担哪些义务?
4. 商标权终止的事由有哪些?
5. 案例讨论:

案例一: "iPAD"商标权属纠纷案[1]

【基本案情】

2000年,唯冠集团旗下的子公司分别在多个国家、地区注册了iPad商标,其中包括唯冠科技(深圳)有限公司(以下简称深圳唯冠公司)在中国大陆注册的iPad商标。2009年,苹果公司通过IP申请发展有限公司(以下简称IP公司)与唯冠集团旗下一家子公司——台湾唯冠公司达成协议,约定将iPad商标以3.5万英镑的价格转让给苹果公司。2010年4月19日,苹果公司、IP公司向深圳市中级人民法院起诉深圳唯冠公司,主张根据IP公司与台湾唯冠公司签订的《商标转让协议书》及相关证据,请求判令深圳唯冠公司2001年获准在计算机等商品上注册的"iPAD"商标和"iPAD"商标专用权归其所有,并判令深圳唯冠公司赔偿其损失400万元。深圳市中级人民法院2011年11月17日作出一审判决,驳回了两原告的诉讼请求。苹果公司、IP公司向广东省高级人民法院提出上诉。广东省高级人民法院最终促成双方以6000万美元达成调解。

【重点讨论】如何评价"iPAD"商标价值?该案的成功调解彻底解决了双方在美国以及我国的一系列纷争,在法律上具有哪些意义?

案例二: "王老吉"商标纠纷案[2]

【基本案情】

1828年清道光年间,广东鹤山人王泽邦(乳名"阿吉")在广州开设首间"王老吉凉茶铺",经营水碗凉茶,从此建立"王老吉"品牌根基,并在华南地区乃至海外产生深远影响。1949年,"王老吉"因政局变化一分为二。在香港的

---

[1] 参见最高人民法院2013年4月23日发布的《2012年中国法院知识产权司法保护十大案件简介》及广东省高级人民法院 [2012] 粤高法民三终字第8、9号民事调解书。

[2] 参见北京市第一中级人民法院(2012)一中民特字第7160号民事裁定书、广东省高级人民法院(2013)粤高法民三初字第1号("1号案")民事判决书、广东省高级人民法院(2013)粤高法民三初字第2号("2号案")民事判决书。

"王老吉"由王氏后人继续经营，而广州的"王老吉"被收归国有，与另外8家中药厂合并，称为王老吉联合制药厂，后又于1968年改名为广州中药九厂。广州中药九厂即后来的广州羊城药业股份有限公司，隶属于广州医药集团有限公司，是现在的广州王老吉药业股份有限公司的前身。1995年广药集团将红罐王老吉的生产销售权租给加多宝。广药集团自己则生产绿色利乐包装的王老吉凉茶。1995年12月18日，鸿道集团法定代表人陈鸿道向国家知识产权局申请名为"饮料盒标贴"的外观设计专利，并于1997年1月4日获得授权，后因未缴纳年费，1998年12月18日专利权终止。1996年6月5日，陈鸿道向专利局申请名为"罐帖"的外观设计专利，并于1997年6月14日获得授权，后因该专利与"饮料盒标贴"专利相同，丧失新颖性，于2004年6月22日被宣告无效。1997年广药集团与加多宝投资方鸿道集团签订了商标许可使用合同。2000年双方第二次签署合同，鸿道集团对"王老吉"商标的租赁期限至2010年5月2日。据了解，2002年及2003年，加多宝母公司鸿道集团董事长陈鸿道三次行贿共300万港元，在商标许可合同还有8年才到期的情况下，分别补签了《"王老吉"商标许可补充协议》和《关于"王老吉"商标使用许可合同的补充协议》。广药集团对此认为，该补充协议无效，商标租赁期限应于2010年5月到期。且"王老吉"商标一直被"严重贱租"——从2000年到2010年，红罐"王老吉"销售额已从2亿元增加到160亿元，而同期加多宝给广药集团的年商标使用费仅从450万元增加到506万元，即便到2020年也只有537万元。公开数据显示，加多宝2002年打出了"怕上火，喝王老吉"的广告词，在精确广告加成功营销手段的助推下，加多宝旗下红罐王老吉销售业绩迅速飙升，2002年至2008年销售额从2亿元上升到140亿元，创造了中国饮料的奇迹。同时品牌运作存在巨大差异：出租前广药下的王老吉年销售额约1亿元~2亿元；出租后加多宝经营下的王老吉年销售额140亿元，成为中国饮料第一品牌，对于1080亿的品牌价值，加多宝功不可没。从2008年开始广药集团与鸿道集团交涉，但一直没有结果。2008年8月，广药集团向鸿道集团发出律师函，称补充协议无效。2010年11月，广药集团启动"王老吉"商标评估程序，其品牌价值为1080亿元。2011年4月，广药集团向中国国际经济贸易仲裁委员会提出仲裁请求。2011年12月29日，此案进入仲裁程序。2012年5月，中国国际经济贸易仲裁委员会作出裁决书，要求加多宝集团停止使用"王老吉"商标。2012年7月16日，广州药业公告广药集团已经收到北京市第一中级人民法院的民事裁定书，法院驳回加多宝母公司鸿道集团提出的撤销"王老吉"商标仲裁裁决的申请。

基于"王老吉红罐装潢"，双方还发生了两起案件：1号案为广东加多宝饮料食品有限公司（以下简称广东加多宝）诉王老吉大健康公司擅自使用知名商品特有包装装潢纠纷；2号案为广药集团诉广东加多宝擅自使用知名商品特有包装装潢纠纷。根据最高人民法院作出的批复，上述两案指定由广东高院管辖。1号案判决驳回原告广东加多宝的全部诉讼请求。2号案判决：①被告广东加多宝于本判决生效之日起立即停止使用与涉案知名商标王老吉红罐凉茶特有包装装潢相同或者相近似的包装装潢；立即停止生产、销售与涉案知名商品王老吉红罐凉茶特有包装装潢相同或相近似的包装装潢的产品；立即销毁与涉案知名商品王老吉红罐凉茶特有包装装潢相同或相近似包装装潢的库存侵权产品；立即停止使用并移除或销毁所有载有被控侵权产品的广告（包括但不限于电视广告、视频广告和平面媒体广告）以及各种介绍、宣传材料等。②被告广东加多宝于本判决生效之日起7日内赔偿原告广药集团的经济损失1.5亿元以及合理维权费用265 210元。③被告广东加多宝于本判决生效之日起7日内连续7天在《南方日报》第1版、《广州日报》第1版、网址为www.people.com.cn的人民网首页上刊登声明，向原告广药集团公开消除影响（声明内容由本院审定）。如果被告广东加多宝未能按期履行该判决主文，本院将本判决全部判项主文刊载在上述媒体上，有关费用由被告广东加多宝负担。对此判决，加多宝（中国）饮料有限公司2014年12月19日声明将提起上诉。

【重点讨论】如何确定"王老吉"商标权的归属？涉案《商标许可协议》的法律效力如何？如何界定涉案"商誉"的法律属性？

第六章

商标权的保护

[提示要点]

保护商标权是商标法的立法宗旨之一，也是商标法的核心问题。通过本章的学习，掌握商标权保护的范围，了解有关商标侵权的形态，并掌握商标保护的法律手段以及对驰名商标的特殊保护。同时，从诉讼角度了解商标纠纷案件及其管辖的特别规定。本章重点在于了解商标侵权行为的表现和应承担的法律后果，难点在于掌握驰名商标的特殊保护。

第一节 侵犯商标权的行为

一、商标专用权的范围和商标权的保护范围

商标专用权的范围和商标权的保护范围是不同的概念。商标专用权的权利范围是指权利人只能在核定使用的商品或服务上使用核准注册的商标。依照《商标法》第56条的规定，注册商标专用权，以核准注册的商标和核定使用的商品为限，即注册人使用的商标应当与核准注册的商标在文字、图形、字母、数字、三维标志、颜色组合和声音等或者其他构成要素上相一致，不得自行改变注册商标。同时，注册商标专用权以核定使用的商品为限，即商标权人使用注册商标的商品应当和国家商标局核定使用的商品相一致。而商标权的保护范围不仅指商标权人享有商标专用权，还包括权利人有权禁止他人在相同或类似的商品上使用与自己注册的商标相同或者相近似的商标。由此可见，商标权的保护范围比商标专用权的范围大，即商标权的保护扩大到了类似商品和近似商标，商标权人有权禁止他人在类似商品上使用与注册商标相同或近似的商标。这样规定的目的在于全方位地保护商标权人的商标专用权。

二、商标侵权行为

商标侵权行为有广义和狭义之分。广义的商标侵权行为包括对注册商标及对未注册商标的侵权；狭义的商标侵权行为是指行为人未经商标权人许可，违反法律规定从事各种使商标权人合法权益受到损害的行为。商标侵权，一般是指狭义的商标侵权行为。商标侵权行为的构成要件基本上适用一般民事侵权要件，即：

行为违法性；有损害后果；行为与损害后果有因果关系；行为人主观上有过错。根据我国《商标法》第 57 条和《商标法实施条例》第 75、76 条以及相关司法解释之规定，具体商标侵权行为有以下几种：

（一）未经商标注册人的许可，在同一种商品或类似商品上使用与其注册商标相同或者近似的商标的行为

该行为又称使用侵权，是数量最多、最常见的商标侵权行为，属产品生产领域的商标侵权行为。这种行为会混淆商品来源，损害消费者及商标权人利益，具体分为以下四种情况：

1. 未经许可，在同一种商品上使用与他人注册商标相同的商标。

2. 未经许可，在同一种商品上使用与他人注册商标相近似的商标，容易导致混淆的。近似商标的判断标准，应考虑以下两个方面：一是两个商标所使用的商品或服务相同或相类似；二是两个商标的标识的主体部分相近似。近似商标的判断以普通消费者的一般注意力作为评判的主观标准，采用整体比较与商标显著部分比较相结合的方法，进行综合判断。实务中多以商标的音、形、义三方面考察，即：读音是否相同；外形是否相近，是否导致直观上的误认；意思是否相同。如有一个以上的因素相同，并且易造成混淆，基本可以认定为近似商标。如"开开"与"开升"、"果珍"与"果真"、"红牛"与"红午"、"富贵鸟"与"富贵岛"等。

3. 未经许可，在类似商品上使用与他人注册商标相同的商标，容易导致混淆的。这种行为是一种"隐性侵权"。类似商品是指在功能、用途、消费对象、销售渠道等方面相关，或者存在着特定联系的商品。类似服务是指在服务的目的、方式、对象等方面相关，或者存在特定联系的服务。我国在实践中，要判断商品或服务是否类似，一般以普通消费者对商品或服务的客观认识进行综合判断。《商标注册用商品和服务国际分类表》《类似商品和服务区分表》可以作为认定类似商品或者服务的参考，但不是唯一的依据。因此，认定是否构成类似商品或服务，除参考相关规定外，同时还要结合商品的构成原料、功能、用途、销售区域等综合认定。

4. 未经许可，在类似商品上使用与他人注册商标相近似的商标，容易导致混淆的。

（二）销售侵犯注册商标专用权的商品的行为

该行为属流通领域的商标侵权行为，又称销售侵权。该行为严重侵犯他人商标专用权，混淆商品来源，损害了消费者及商标权人利益。对该侵权行为的判定，一是要有经销假冒注册商标的商品的事实，即销售冒牌货；二是不论行为人有无主观过错；三是不以情节轻重及是否获利为要件。我国商标法在确定销售侵

权的归属原则上采取的是无过错责任原则，即客观上只要实施了销售侵犯商标权商品的行为便构成商标侵权。我国《商标法》第 64 条第 2 款规定："销售不知道是侵犯注册商标专用权的商品，能证明该商品是自己合法取得并说明提供者的，不承担赔偿责任。"该款是不承担赔偿责任的例外规定，理论上称为"善意侵权"。

（三）伪造、擅自制造他人注册商标标识或者销售伪造、擅自制造的注册商标标识的行为

该行为又称为商标标识侵权。伪造他人注册商标标识，是指仿造他人的商标图案和物质载体而制造出的商标标识。商标标识是指由商标图案组成的、附着于商品之上的物质载体，如商标标牌、商标瓶贴、商标织带等。伪造、擅自制造他人注册商标标识，是指未经商标权人的同意而制造其注册商标标识，在自己生产的相同或者类似商品上使用。销售伪造、擅自制造他人注册商标标识，是指未经商标权人的同意，以其注册商标标识作为买卖的对象。上述行为不仅侵害了商标权人的权益，也为侵犯商标专用权的行为提供了便利条件。

（四）未经商标注册人的同意，更换其注册商标并将该更换商标的商品又投入市场的行为

该行为在国外称为商标的反向假冒，是指假冒者将他人带有注册商标的商品买来后，撤换掉原来的注册商标，重新换上假冒者自己的商标，再把商品投向市场的行为。假冒行为是未经许可，在自己的商品上使用他人的商标；反向假冒是在他人的商品上使用自己的商标，借他人的优质商品树立品牌。反向假冒行为违反了诚信和公平竞争。我国《商标法》第 57 条第 5 项对此作了规定，即未经商标注册人同意，擅自将原来的注册商标替换成侵权人自己的注册商标，再将替换商标后的商品再一次投入市场的，属侵犯注册商标专用权行为。

（五）故意为侵犯他人商标专用权行为提供便利条件，帮助他人实施侵犯商标专用权行为

该行为在学理上通常称之为"间接侵权"，即第三人即使没有直接实施侵犯受商标法保护的"专有权利"行为，但只要其引诱、教唆或有意帮助他人进行侵权，其行为将被认为构成"间接侵权"，应当与直接侵权者承担连带责任，从而使权利人能够获得最大程度的救济。根据我国《商标法实施条例》第 75 条的规定，为侵犯他人商标专用权提供仓储、运输、邮寄、印制、隐匿、经营场所、网络商品交易平台等，属于《商标法》规定的提供便利条件。关于"间接侵权"的相关理论还有待于实践探索。

（六）给他人的注册商标专用权造成其他损害的行为

除上述侵权行为外，还存在一些给他人的注册商标专用权造成其他损害的行

为,如在同一种或类似商品上,将与他人注册商标相同或近似的文字、图形等作为商品名称或者商品装潢使用,并足以造成误认的,构成对注册商标的淡化,尤其是对驰名商标的淡化,减少或削弱了驰名商标或著名商标的识别性和显著性,造成消费者混淆、误认,损害注册商标的信誉,更严重的是损害了企业的商誉,并给消费者造成损失的;还有模仿、翻译他人注册的驰名商标或者其主要部分在不相同或者不相类似商品上作为商标使用,误导公众,致使该驰名商标注册人的利益可能受到损害的;以及将与他人注册商标相同或者相近似的文字注册为域名,并通过该域名进行相关商品交易的电子商务,容易使相关公众产生误认的;等等。

关于承揽加工带有他人注册商标的商品是否构成商标侵权问题,北京市高级人民法院关于印发《北京市高级人民法院关于审理商标民事纠纷案件若干问题的解答》的通知(京高法发〔2006〕68号)规定,承揽加工带有他人注册商标的商品的,承揽人应当对定作人是否享有注册商标专用权进行审查。未尽到注意义务加工侵犯注册商标专用权的商品的,承揽人与定作人构成共同侵权,应当与定作人共同承担损害赔偿等责任。承揽人不知道是侵犯注册商标专用权的商品,并能够提供定作人及其商标权利证明的,不承担损害赔偿责任。2009年最高人民法院发布的《关于当前经济形势下知识产权审判服务大局若干问题的意见》指出,对涉外定牌加工纠纷的裁判,不能都认定为商标侵权;应结合个案,视加工方是否尽到必要的审查和注意义务等具体情况,合理认定加工方的侵权责任。2010年7月1日,最高人民法院办公厅在回复海关总署《关于对〈"贴牌加工"出口产品是否构成侵权问题〉的复函》中明确指出,(涉外定牌)产品所贴商标只在我国境外具有商品来源的识别意义,并不在国内市场发挥识别商品来源的功能,我国的相关公众在国内不可能接触到涉案产品,不会造成国内相关公众的混淆误认,此种情形不属于《商标法》规定的侵犯注册商标专用权的行为。2017年12月28日,最高人民法院就"东风"商标定牌加工案作出(2016)最高法民再339号民事判决书,撤销江苏省高级人民法院(2015)苏知民终字第00036号民事判决,维持江苏省常州市中级人民法院(2014)常知民初字第1号民事判决,认定再审申请人常佳公司的定牌加工行为不构成商标侵权。最高院认为,在委托加工产品上贴附的标志,既不具有区分所加工商品来源的意义,也不能实现识别该商品来源的功能,故其所贴附的标志不具有商标的属性,在产品上贴附标志的行为亦不能被认定为商标意义上的使用行为。该判决书指出:商标法保护商标的基本功能,是保护其识别性。是否破坏商标的识别功能,是判断是否构成侵害商标权的基础。

定牌加工涉及行为人的行为是否属于商标法意义上的商标使用行为，以及该使用行为是否构成对商标专用权的侵犯，值得我们进一步思考探讨。

第二节 驰名商标的法律保护

一、驰名商标的含义

驰名商标是指为相关公众所熟知的商标。1925年修订的《巴黎公约》首次将"驰名商标"作为正式的法律术语，并作出了对驰名商标保护的规定，后经1958年里斯本外交大会修改。《TRIPs协议》在《巴黎公约》的基础上对驰名商标保护作了重要补充。我国修订后的《商标法》体现了两个国际公约的基本精神，明确将驰名商标纳入商标法保护范围，并于2014年7月3日发布了《驰名商标认定和保护规定》，从而使我国驰名商标的认定和管理工作法制化、规范化，对其保护程度达到了国际先进水平。我国驰名商标是指在我国为相关公众所熟知的商标。

驰名商标较之普通商标具有使用时间长、宣传有影响力、为相关公众所熟知、构成要素更具显著性以及保护有其特殊性等特点。驰名商标所使用的商品通常质量稳定、服务优良、市场占有率高。因此，驰名商标是企业重要的无形资产，也是企业保护合法权益的有力法律武器。

二、驰名商标的认定

对于驰名商标，一般根据当事人的请求，作为处理涉及商标案件需要认定的事实进行认定，通常包括以下三个方面：

（一）认定机构

各国普遍规定由司法部门或行政主管部门来认定驰名商标。依照我国《驰名商标认定和保护规定》的规定，对驰名商标的认定机构为国家商标局及其商标评审委员会和人民法院。依照《商标法实施条例》第3条之规定，商标持有人依照《商标法》第13条规定请求驰名商标保护的，应当提交其商标构成驰名商标的证据材料。商标局、商标评审委员会应当依照《商标法》第14条的规定，根据审查、处理案件的需要以及当事人提交的证据材料，对其商标驰名情况作出认定。依照《最高人民法院关于审理涉及计算机网络域名民事纠纷案件适用法律若干问题的解释》第6条之规定，人民法院审理域名纠纷案件，根据当事人的请求以及案件的具体情况，可以对涉及的注册商标是否驰名依法作出认定。可见，在我国驰名商标的认定机构及范围包括：

1. 在审查商标注册、商标行政管理部门查处商标违法案件过程中,当事人依照《商标法》第 13 条规定主张权利的,商标局根据审查、处理案件的需要,可以对商标驰名情况作出认定。

2. 在商标争议处理过程中,当事人依照《商标法》第 13 条规定主张权利的,商标评审委员会根据处理案件的需要,可以对商标驰名情况作出认定。

3. 在商标民事、行政案件审理过程中,当事人依照《商标法》第 13 条规定主张权利的,最高人民法院指定的人民法院根据审理案件的需要,可以对商标驰名情况作出认定。

(二) 认定标准

驰名商标的认定标准是确定一个商标是否驰名的关键。《TRIPs 协议》对驰名商标认定作了原则性规定:确认某商标为驰名商标时,应考虑相关公众的知晓程度,包括在该成员地域内因宣传该商标而使公众知晓的程度。至于对"相关公众"的内涵与外延、"公众知晓程度"的界定等,《TRIPs 协议》未作进一步规定,外国法律对其规定也不一致。依据我国《商标法》第 14 条和《驰名商标认定和保护规定》相关规定,驰名商标认定采用以下认定标准:

1. 相关公众对该商标的知晓程度。一般认为,"为相关公众所知晓"是指在一国的地域范围内被使用、销售、经营该商标的商品或服务的人们所知晓,即被经常消费该商品或服务的公众,或与该商标有正常联系的公众所知晓,而不是众所周知。此外,根据地域性,驰名商标也具有地域性特征。世界知识产权组织的《关于驰名商标保护规定的联合建议》提出,不得要求该商标在除该成员以外地区的众所知晓的程度,并未要求在全世界范围内驰名。因此,我国认定驰名商标时的相关公众,包括与使用商标所标示的某类商品或者服务有关的消费者、生产前述商品或者提供服务的其他经营者以及经销渠道中所涉及的销售者和相关人员等。

2. 该商标使用的持续时间,包括最早使用及连续使用的时间,如使用该商标的商品或服务的最早销售发票或该商标最早的广告或商标注册证复印件。例如,"可口可乐""张小泉"等,已使用几十年甚至上百年。

3. 该商标的任何宣传工作的持续时间、程度和地理范围,包含该商标的广告发布情况及促销程度,如索尼、丰田等。

4. 该商标作为驰名商标受保护的记录,如该商标在国内外的注册情况以及曾被认定为驰名商标等。

5. 该商标驰名的其他因素,包括商品的质量、销售量和销售区域等。

(三) 认定方式及证据材料

驰名商标的认定方式有两种,即主动认定与被动认定。主动认定是指国家有关主管机关对当事人的商标是否驰名依职权认定，又称事前认定。被动认定是指应当事人的请求，由商标主管机关或司法部门依职权对商标是否驰名作出认定，又称事后认定。依据我国《驰名商标认定和保护规定》的规定，在我国驰名商标认定遵循个案认定、被动保护的原则。

根据《驰名商标认定和保护规定》第8、9条的规定，当事人请求驰名商标保护应当遵循诚实信用原则，并对事实及所提交的证据材料的真实性负责。以下材料可以作为证明商标驰名的证据材料：

1. 证明相关公众对该商标知晓程度的有关材料。
2. 证明该商标使用持续时间的材料，如该商标使用、注册的历史和范围的材料。该商标为未注册商标的，应当提供证明其使用持续时间不少于5年的材料；该商标为注册商标的，应当提供证明其注册时间不少于3年或者持续使用时间不少于5年的材料。
3. 证明该商标的任何宣传工作的持续时间、程度和地理范围的材料。如近3年广告宣传和促销活动的方式、地域范围、宣传媒体的种类以及广告投放量等材料。
4. 证明该商标曾在中国或其他国家和地区作为驰名商标受保护的有关材料。
5. 证明该商标驰名的其他证据材料，包括使用该商标的主要商品近3年的产量、销售量、销售收入、利税、销售区域等有关材料。

此外，2009年4月23日发布的《最高人民法院关于审理涉及驰名商标保护的民事纠纷案件应用法律若干问题的解释》第5条规定，当事人主张商标驰名的，应当根据案件具体情况，提供下列证据，证明被诉侵犯商标权或者不正当竞争行为发生时，其商标已属驰名：①使用该商标的商品的市场份额、销售区域、利税等；②该商标的持续使用时间；③该商标的宣传或者促销活动的方式、持续时间、程度、资金投入和地域范围；④该商标曾被作为驰名商标受保护的记录；⑤该商标享有的市场声誉；⑥证明该商标已属驰名的其他事实。前款所涉及的商标使用的时间、范围、方式等，包括其核准注册前持续使用的情形。对于商标使用时间长短、行业排名、市场调查报告、市场价值评估报告、是否曾被认定为著名商标等证据，人民法院应当结合认定商标驰名的其他证据，客观、全面地进行审查。

当事人依照相关规定提出驰名商标保护请求的，商标局、商标评审委员会应当在商标法规定的期限内及时作出处理。

三、驰名商标的法律保护

驰名商标因其知名度高、信誉好、影响范围广，有关的国际公约及各国对其提供了超过普通商标的保护，称为特殊保护。自《巴黎公约》保护驰名商标时起,各国相继将驰名商标列入了保护范畴,并在《TRIPs 协议》中将驰名商标的保护范围扩大到驰名的服务商标,并将禁止权扩大到了不类似的商品或服务上。我国《商标法》第 13 条以两项国际公约为准,明确规定了对驰名商标提供以下特殊保护:

(一) 对未在中国注册的驰名商标给予保护

《商标法》第 13 条第 2 款规定,就相同或者类似商品申请注册的商标是复制、摹仿或者翻译他人未在中国注册的驰名商标,容易导致混淆的,不予注册并禁止使用。

(二) 扩大对注册的驰名商标的保护范围

《商标法》第 13 条第 3 款规定,就不相同或者不相类似商品申请注册的商标是复制、摹仿或者翻译他人已经在中国注册的驰名商标,误导公众,致使该驰名商标注册人的利益可能受到损害的,不予注册并禁止使用。

(三) 驰名商标所有人享有特殊期限的排他权

《商标法》第 45 条第 1 款规定,已经注册的商标,违反商标法规定的,自商标注册之日起 5 年内,在先权利人或者利害关系人可以请求商标评审委员会宣告该注册商标无效。对恶意注册的,驰名商标所有人不受 5 年的时间限制。

(四) 禁止将他人的驰名商标作为企业的名称使用

驰名商标权利人认为他人将其驰名商标作为企业名称登记,可能欺骗公众或者对公众造成误解的,可以向企业名称登记机关申请撤销该企业名称登记。我国《商标法》第 58 条规定,将他人注册商标、未注册的驰名商标作为企业名称中的字号使用,误导公众,构成不正当竞争行为的,依照《反不正当竞争法》处理。

驰名商标本质是对商标的一种保护,并不体现商品质量和品牌美誉度,不是荣誉称号。因此,为防止对驰名商标的误读,误导消费者,破坏市场的公平竞争环境,我国修改后的《商标法》明确规定,生产、经营者不得将"驰名商标"字样用于商品、商品包装或者容器上,或者用于广告宣传、展览以及其他商业活动中。

第三节 侵害商标权应承担的法律责任

商标注册人的专用权受到侵害时,可以依行政程序请求工商行政管理部门或依诉讼程序请求司法机关予以法律保护。具体保护方式主要有以下几种:

一、行政责任

行政责任是指商标行政管理部门依照商标管理规定,对商标侵权行为所作的行政制裁。依照我国《商标法》第 60 条的规定，侵犯注册商标专用权引起纠纷的，由当事人协商解决；不愿协商或者协商不成的，商标注册人或者利害关系人可以向人民法院起诉，也可以请求商标行政管理部门处理。商标行政管理部门处理时，认定侵权行为成立的，责令立即停止侵权行为，没收、销毁侵权商品和专门用于制造侵权商品、伪造注册商标标识的工具。违法经营额 5 万元以上的，可以处违法经营额 5 倍以下的罚款，没有违法经营额或者违法经营额不足 5 万元的，可以处 25 万元以下的罚款。对 5 年内实施两次以上商标侵权行为或者有其他严重情节的，应当从重处罚。销售不知道是侵犯注册商标专用权的商品，能证明该商品是自己合法取得并说明提供者的，由商标行政管理部门责令停止销售。对侵犯商标专用权的赔偿数额的争议，当事人可以请求进行处理的工商行政管理部门调解，也可以依照我国《民事诉讼法》向人民法院起诉。经商标行政管理部门调解，当事人未达成协议或者调解书生效后不履行的，当事人可以依照我国《民事诉讼法》向人民法院起诉。此外，对于侵犯注册商标专用权的行为，商标行政管理部门有权依法查处。在查处商标侵权案件过程中，依据我国《商标法实施条例》第 82 条之规定，商标行政管理部门可以要求权利人对涉案商品是否为权利人生产或者其许可生产的产品进行辨认。随着国家知识产权局重组，商标行政执法职责交由市场监管综合执法队伍承担。

二、民事责任

民事责任是指人民法院依照民事诉讼程序对侵犯注册商标专用权的行为所作的民事制裁。根据我国《民法通则》和《商标法》的规定，商标专用权人在其商标权受到不法侵害时，有权要求人民法院依法责令侵权人停止侵害、消除影响、恢复名誉、赔偿损失及承担其他民事责任。就侵犯商标专用权的赔偿数额而言，应按照权利人因被侵权所受到的实际损失确定；实际损失难以确定的，可以按照侵权人因侵权所获得的利益确定；权利人的损失或者侵权人获得的利益难以确定的，参照该商标许可使用费的倍数合理确定。对恶意侵犯商标专用权，情节严重的，可以在按照上述方法确定数额的 1 倍以上 5 倍以下确定赔偿数额。赔偿数额应当包括权利人为制止侵权行为所支付的合理开支。由于商标侵权的证据多为侵权人掌控，因此法院为确定赔偿数额，在权利人已经尽力举证，而与侵权行为相关的账簿、资料主要由侵权人掌握的情况下，可以责令侵权人提供与侵权行为相关的账簿、资料；侵权人不提供或者提供虚假的账簿、资料的，人民法院可以参考权利人的主张和提供的证据判定赔偿数额。权利人因被侵权所受到的实际损失、侵权人因侵权所获得的利益、注册商标许可使用费难以确定的，由人民法院根据侵权行为的情节判决给予 500 万元以下的赔偿。在确定赔偿数额过程中，如果被控侵权人以注册商标专用权人未使用注册商标提出抗辩的，人民法院可以要求注册商标专用权人提供此前 3 年内实际使用该注册商标的证据。注册商标专用权人不能证明此前 3 年内实际使用过该注册商标，也不能证明因侵权行为受到其他损失的，被控侵权人不承担赔偿责任。如果销售不知道是侵权注册商标专用权的商品，能证明该商品是自己合法取得的并说明提供者的，不承担赔偿责任。《商标法》2019 年 4 月 23 日修改时增加规定：人民法院审理商标纠纷案件，应权利人请求，对属于假冒注册商标的商品，除特殊情况外，责令销毁；对主要用于制造假冒注册商标的商品的材料、工具，责令销毁，且不予补偿；或者在特殊情况下，责令禁止前述材料、工具进入商业渠道，且不予补偿。假冒注册商标的商品不得在仅去除假冒注册商标后进入商业渠道。

三、刑事责任

刑事责任是指人民法院依照《刑法》对假冒注册商标的犯罪行为所作的刑事制裁。依据我国《刑法》第 213~215 条的规定，刑事责任有以下情形：

1. 未经注册商标所有人许可，在同一种商品上使用与其注册商标相同的商标，情节严重的，处 3 年以下有期徒刑或者拘役，并处或者单处罚金；情节特别严重的，处 3 年以上 7 年以下有期徒刑，并处罚金。销售明知是假冒注册商标的商品，销售金额数额较大的，处 3 年以下有期徒刑或者拘役，并处或者单处罚金；销售金额数额巨大的，处 3 年以上 7 年以下有期徒刑，并处罚金。

2. 伪造、擅自制造他人注册商标标识或者销售伪造、擅自制造的注册商标标识，情节严重的，依上述第一种情形处罚。

3. 企业事业单位犯上述两条罪的，对单位判处罚金，并对直接负责的主管人员和其他直接责任人员依照上述两条的规定追究刑事责任。

4. 国家工作人员利用职务，对明知企业事业单位或者个人实施所规定的犯罪行为仍故意包庇使其不受追诉的，比照《刑法》第 397 条的规定追究刑事责任。

5. 对上述所列的犯罪人员负有追究责任的国家工作人员，不履行法律所规定的追究职责的，依照《刑法》第 397 条或者比照《刑法》第 399 条的规定追究刑事责任。

第四节　商标权救济的民事诉讼

一、法院禁止令

法院禁止令是指商标专用权人或者利害关系人有证据证明他人已在实施或者即将实施侵犯其注册商标专用权的行为，如不及时制止，将会使其合法权益受到难以弥补的损害的,可以在起诉前依法向人民法院申请采取责令停止有关行为和财产保全的措施。我国《商标法》第 65 条对此作了规定,具体措施包括人民法院依申请发布临时禁令、裁定诉前财产保全及诉前证据保全等。这一规定符合《TRIPs 协议》第 50 条规定的精神,即司法当局有权采取有效的临时措施防止任何延误给权利人造成不可弥补的损失或证据灭失。2019 年 1 月 1 日起施行的《最高人民法院关于审查知识产权纠纷行为保全案件适用法律若干问题的规定》对行为保全又作出了具体规定。

二、商标纠纷案件

根据《最高人民法院关于审理商标案件有关管辖和法律适用范围问题的解释》及其他相关规定,人民法院受理以下商标案件:①不服国家知识产权局作出的复审决定或者裁定的案件;②不服工商行政管理部门作出的有关商标的具体行政行为的案件;③商标专用权权属纠纷案件;④侵犯商标专用权纠纷案件;⑤商标专用权转让合同纠纷案件;⑥商标许可使用合同纠纷案件;⑦申请诉前停止侵犯商标专用权案件;⑧申请诉前财产保全案件;⑨申请诉前证据保全案件;⑩申请行为保全的案件;⑪其他商标案件。

三、商标纠纷案件的管辖

根据《最高人民法院关于审理商标案件有关管辖和法律适用范围问题的解释》及其他相关规定,商标纠纷案件的管辖如下:①不服国家知识产权局作出的复审决定或者裁定的案件,由北京市高级人民法院根据最高人民法院的授权确定其辖区内有关中级人民法院管辖。②不服市场监督管理部门作出的有关商标的具体行政行为的案件,根据《行政诉讼法》的有关规定确定管辖。③关于级别管辖。商标民事纠纷第一审案件,由中级以上人民法院管辖。各高级人民法院根据本辖区的实际情况,经最高人民法院批准,可以在较大城市确定 1~2 个基层人民法院受理第一审商标民事纠纷案件。④商标注册人或者利害关系人向商标行政管理部门或市场监督管理部门就侵犯商标专用权行为请求处理,又向人民法院提起侵犯商标专用权诉讼请求损害赔偿的,人民法院应当受理。⑤商标评审委员会在商标法修改决定施行前受理的案件,于该决定施行后作出复审决定或裁定,当事人对复审决定或裁定不服向人民法院起诉的,人民法院应当受理。2014 年北京、上海、广州知识产权法院相继成立,最高人民法院对有关商标案件的管辖作出了相应规定。[1]

---

[1] 参见 2014 年 10 月 27 日由最高人民法院审判委员会第 1628 次会议通过、自 2014 年 11 月 3 日起施行的《最高人民法院关于北京、上海、广州知识产权法院案件管辖的规定》。

■ 本章小结

通过本章学习，我们掌握了侵害商标权的表现形式，并从法律上了解了侵害行为应承担的法律后果。驰名商标作为特殊保护对象，无论是在构成上，还是法律保护的手段上都不同于普通注册商标的保护。考虑到商标纠纷案件的技术性、专业性特点，法律对其分类和管辖也作出了特别规定。

■ 本章思考题

1. 如何界定商标权的保护范围？
2. 商标侵权行为的具体形式有哪些？
3. 如何认定驰名商标？
4. 侵犯商标权行为应承担哪些法律后果？
5. 商标纠纷案件有哪些种类？
6. 关于商标纠纷案件管辖有什么特别规定？
7. 案例讨论：

案例一："威极"酱油侵害商标权纠纷案[1]

【基本案情】

佛山市海天调味食品股份有限公司（以下简称海天公司）是"威極"注册商标的权利人，该商标注册于1994年2月28日，核定使用的商品为酱油等。佛山市高明威极调味食品有限公司（以下简称威极公司）成立于1998年2月24日，威极公司将"威极"二字作为其企业字号使用，并在广告牌、企业厂牌上突出使用"威极"二字。在威极公司违法使用工业盐水生产酱油产品被曝光后，海天公司的市场声誉和产品销量均受到影响。海天公司认为威极公司的行为侵害其商标权并构成不正当竞争，向广东省佛山市中级人民法院提起诉讼，请求法院判令威极公司停止侵权、赔礼道歉，并赔偿其经济损失及合理费用共计1000万元。广东省佛山市中级人民法院一审认为，威极公司在其广告牌及企业厂牌上突出使用"威极"二字侵犯了海天公司的注册商标专用权；威极公司的两位股东在该公司成立前均从事食品行业和酱油生产行业，理应知道海天公司及其海天品牌下的产品但仍将海天公司"威極"注册商标中的"威极"二

---

[1] 参见最高人民法院2014年4月22日发布的《2013年中国法院十大知识产权案件》及广东省佛山市中级人民法院（2012）佛中法知民初字第352号民事判决书。

字登记为企业字号，具有攀附海天公司商标商誉的恶意，导致公众发生混淆或误认，使海天公司商誉受损，构成不正当竞争。遂判决威极公司立即停止在其广告牌、企业厂牌上突出使用"威极"二字，停止使用带有"威极"字号的企业名称并在判决生效后10日内向工商部门办理企业字号变更手续，登报向海天公司赔礼道歉、消除影响，并赔偿海天公司经济损失及合理费用共计655万元。在计算损害赔偿时，审理法院根据海天公司在16天内应获的合理利润额以及合理利润下降幅度推算其因商誉受损遭受的损失，并结合威极公司侵犯注册商标专用权行为及不正当竞争行为的性质、期间、后果等因素，酌定海天公司因产品销量下降导致的利润损失为350万元；同时将海天公司为消除影响、恢复名誉、制止侵权结果扩大而支出的合理广告费300万元和律师费5万元一并纳入赔偿范围。威极公司提起上诉后在二审阶段主动申请撤回上诉。

【重点讨论】本案中法院是如何判定被告承担民事责任的？商标侵权的赔偿数额如何确定？

案例二：　宝马股份公司诉深圳市世纪宝马服饰有限公司、傅献琴、家润多商业股份有限公司侵犯商标专用权及不正当竞争纠纷案[1]

【基本案情】

原告宝马股份公司（以下简称宝马公司）成立于1916年，系全球知名的汽车生产商。该公司的"BMW及图""BMW""寶馬"商标经中国商标局核准注册，核定在第12类"机动车辆、摩托车及其零件"商品上使用。被告深圳市世纪宝马服饰有限公司（以下简称世纪宝马公司）、家润多商业股份有限公司在其生产、销售的服饰产品上使用了"MBWL及图"" MBWL"标识，以及含有"宝马"文字的企业名称。被告傅献琴作为世纪宝马公司的职员，将自己的银行账户提供给世纪宝马公司收取加盟保证金、货款。湖南省高级人民法院经审理认为：原告的注册商标经过长期使用，广泛宣传，已成为驰名商标。原告作为驰名商标的权利人，其合法权益应当依法受到法律保护。被告世纪宝马公司使用"MBWL及图""MBWL"，以及含有"宝马"文字的企业名称，容易使相关公众对使用驰名商标和被诉标识的商品来源产生混淆和误认。被告傅献琴作为世纪宝马公司的职员，明知世纪宝马公司从事侵权行为而提供银行账号供其使用，为实施侵权行为提供了重要的便利条件，同样构成商标侵权和不正当竞争。湖南省高级人民

---

[1] 参见最高人民法院2010年4月22日发布的《2009年中国法院知识产权司法保护十大案件简介》及湖南省高级人民法院（2009）湘高法民三初字第1号民事判决书。

法院遂判决三被告停止侵犯原告注册商标专用权和不正当竞争行为、消除影响，世纪宝马公司和傅献琴赔偿原告经济损失人民币50万元。本案一审判决后，当事人均未提出上诉。

【重点讨论】如何认定驰名商标？如何处理商标与企业字号的冲突？如何正确理解和适用最高人民法院2009年4月22日发布的《关于审理涉及驰名商标保护的民事纠纷案件应用法律若干问题的解释》？

案例三：　　　　　　"路虎"商标侵权纠纷案[1]

【基本案情】

路虎公司的关联公司先后于1996年、2004年和2005年在中国境内申请注册了第808460号"Landrover及图"商标、第3514202号"路虎"商标、第1309460号"LANDROVER"商标，以上商标均核定使用在第12类"陆地机动车辆"等商品上，具有较高知名度，后转让到路虎公司名下。广州市奋力食品有限公司（以下简称奋力公司）在网站、实体店中宣传销售其"路虎维生素饮料"，相关产品、包装盒及网页宣传上使用的被诉标识包括"路虎"、"LANDROVER"、"Landrover路虎"及上下排列的"路虎 LandRover"等。奋力公司曾于2010年在第30类"非医用营养液"和第32类"不含酒精的饮料"等商品上申请注册"路虎LANDROVER"商标，但均未被核准注册。路虎公司以奋力公司的行为构成侵权为由，提起诉讼。一审法院判令奋力公司停止侵权并向路虎公司赔偿经济损失与合理维权开支人民币120万元。二审法院认为，路虎公司提交的证据已经足以证明，涉案商标已为中国境内社会公众广为知晓，达到驰名程度。被诉侵权行为削弱了路虎公司涉案驰名商标所具有的显著性和良好商誉，损害路虎公司的利益，应予制止。遂判决驳回上诉、维持原判。

【重点讨论】驰名商标保护案件中应秉持的认定原则是什么？如何判定驰名商标跨类保护？如何加大对驰名商标保护力度，规制商标恶意抢注行为，引导社会公众更好地尊重知识产权？

---

[1] 参见最高人民法院2018年4月20日发布的《2017年中国法院知识产权司法保护十大案件简介》及广东省高级人民法院（2017）粤民终633号民事判决书。

第五编　其他知识产权

第一章
反不正当竞争法律制度

> [提示要点]
> 　　学习本章，主要了解不正当竞争行为的含义与特征，不正当竞争行为的具体表现形式以及不正当竞争行为的法律后果等内容。本章的重点在于了解与知识产权相关的不正当竞争行为，难点在于掌握反不正当竞争法与知识产权法的关系。

第一节　反不正当竞争法概述

一、不正当竞争行为

　　反不正当竞争法是通过制止经营者采用欺诈、胁迫、利诱以及其他违背诚实信用原则的手段从事的各种不正当竞争行为，以维护公平竞争秩序和保护经营者及消费者的合法权益的法律制度。市场经济造就了竞争和不正当竞争。一般意义上的竞争，是指经营者为达到特定的商业目的而独自争夺购买者的情况。不正当竞争有广义和狭义之分，广义上是指经营者的垄断、限制竞争以及其他违反商业道德、破坏竞争秩序的一切行为；狭义上则排除了垄断和其他限制竞争行为。[1]

---

〔1〕　我国《反不正当竞争法》第 2 条将不正当竞争行为规定为"经营者在生产经营活动中，违反本法规定，扰乱市场竞争秩序，损害其他经营者或者消费者的合法权益的行为"。我国《反不正当竞争法》于 2017 年 11 月 4 日通过修订，在统一执法主体、统一执法尺度、规范市场经济健康发展、鼓励和保护公平竞争、制止不正当竞争行为等方面作出了新的规定。

通常认为，不正当竞争行为具有以下法律特征：不正当竞争行为具有违法性；不正当竞争行为的实施主体只能是经营者，即从事商品经营或者营利性服务的法人、其他经济组织和个人；不正当竞争行为以主观过错为要件；不正当竞争行为侵犯了其他经营者和消费者的合法权益及正常的社会经济秩序。我国《反不正当竞争法》第二章就不正当竞争行为作了规定，包括市场混淆行为、商业贿赂行为、虚假宣传行为、侵犯商业秘密行为、不正当有奖销售行为、商业诽谤行为、利用网络实施不正当竞争行为等。

二、反不正当竞争法与知识产权法的关系

知识产权法是调整知识产品的归属和利用的法律。知识产权法保护如发明、商标、作品、计算机软件、半导体芯片设计、植物新品种等智慧成果，这些客体在市场上能够为经营者带来巨大物质财富和综合竞争优势，尤其是在知识经济和数字经济飞速发展过程中，知识产权领域的不正当竞争要比其他领域更为复杂和隐蔽。从法律范畴来看，反不正当竞争法不仅是规范经营者竞争行为的法律，也是知识产权法律制度的重要方面。也正是在此意义上，二者存在着相辅相成、相互补充的密切关系，但二者也有以下实质性区别：

1. 反不正当竞争法所保护的对象既包括竞争的经营者的正当利益，又包括消费者利益和社会整体利益；而知识产权法则主要侧重于保护知识产权人的私人利益。

2. 反不正当竞争法是行为法；知识产权法是权利法。

3. 即使在保护知识产权方面，反不正当竞争法也是侧重于从禁止他人侵权的角度界定知识产权的界限，即着眼于知识产权消极权能（排他权能）的界定；而知识产权法不仅界定知识产权的消极权能，还关注其积极权能（支配智慧成果的权能）。

4. 在保护对象上，现代反不正当竞争法所规制的不正当竞争行为越来越超出侵犯私人知识产权的范围，呈现多元化发展的趋势。

第二节 侵犯商业秘密的行为

一、商业秘密的含义及特征

英国于 19 世纪中叶开始使用商业秘密的法律概念，而世界上最早的保护商业秘密的成文立法是美国统一州法全国委员会于 1979 年制定的《统一商业秘密法》。1991 年乌拉圭回合所达成的《TRIPs 协议》第二部分第七节将包括商业秘密、技术秘密在内的未公开信息（undisclosed information）列入保护的范围，并

在第39条第2款中对未公开信息的基本特征进行了界定。在我国，商业秘密作为法律用语最早出现在《民事诉讼法》第66条和第120条的规定中。我国修订后的《反不正当竞争法》第9条第4款在立法上明确界定了商业秘密的含义："本法所称的商业秘密，是指不为公众所知悉、具有商业价值并经权利人采取相应保密措施的技术信息、经营信息等商业信息。"该规定意味着商业秘密具有以下基本特征：

（一）价值性

价值性是指商业秘密具有现实或潜在的商业价值，通过其利用能够为持有人带来某种经济利益或商业竞争优势。价值性的本质体现为经济利益或商业竞争优势，不能为保有人带来经济利益或商业竞争优势的信息不属于法律意义上的商业秘密。当然，商业秘密的商业价值可以是现实的，也可以是潜在的。

（二）秘密性

秘密性是指商业秘密不为其所属领域的相关主体所普遍知悉和容易获得。作为商业秘密的信息只能为一定范围内的人所掌握，在本地域、本行业范围内众所周知的常识性信息不属于商业秘密。[1]

（三）保密性

保密性是指商业秘密保有人出于保持信息处于秘密状态的目的，对商业秘密信息采取了合理的保密措施。保密性是从信息保有人的主观角度来界定的，包括两方面的内容：一是信息保有人必须具有保密意愿；二是信息保有人必须采取了适当、合理的保密措施。[2]

---

[1] 2007年2月1日起施行的《最高人民法院关于审理不正当竞争民事案件应用法律若干问题的解释》第9条规定，有关信息不为其所属领域的相关人员普遍知悉和容易获得，应当认定为反不正当竞争法所规定的"不为公众所知悉"。具有下列情形之一的，可以认定有关信息不构成不为公众所知悉：①该信息为其所属技术或者经济领域的人的一般常识或者行业惯例；②该信息仅涉及产品的尺寸、结构、材料、部件的简单组合等内容，进入市场后相关公众通过观察产品即可直接获得；③该信息已经在公开出版物或者其他媒体上公开披露；④该信息已通过公开的报告会、展览等方式公开；⑤该信息从其他公开渠道可以获得；⑥该信息无需付出一定的代价而容易获得。

[2]《最高人民法院关于审理不正当竞争民事案件应用法律若干问题的解释》第11条规定："权利人为防止信息泄漏所采取的与其商业价值等具体情况相适应的合理保护措施，应当认定为反不正当竞争法第10条第3款规定的'保密措施'。人民法院应当根据所涉信息载体的特性、权利人保密的意愿、保密措施的可识别程度、他人通过正当方式获得的难易程度等因素，认定权利人是否采取了保密措施。具有下列情形之一，在正常情况下足以防止涉密信息泄漏的，应当认定权利人采取了保密措施：①限定涉密信息的知悉范围，只对必须知悉的相关人员告知其内容；②对于涉密信息载体采取加锁等防范措施；③在涉密信息的载体上标有保密标志；④对于涉密信息采用密码或者代码等；⑤签订保密协议；⑥对于涉密的机器、厂房、车间等场所限制来访者或者提出保密要求；⑦确保信息秘密的其他合理措施。"

二、商业秘密的分类

根据《反不正当竞争法》的规定,商业秘密包括技术信息和经营信息两大类。据此,学理上一般将商业秘密分为以下几种:

(一)技术性商业秘密

技术性商业秘密,又称技术秘密(Know-how),是指未得到专利保护、仅为有限的人所掌握的工业技术知识。技术秘密通常是从生产实践经验中得来的应用性技术知识,表现为某种设计图纸、研究报告、图表或数据、工艺流程、生产数据、产品配方、公式和方案、操作技巧、制造技术、测试方法等。

(二)经营性商业秘密

经营性商业秘密是指涉及保有人经营管理事宜、具有商业价值的未公开信息。经营性商业秘密又可分为经营秘密和管理秘密,前者是指与保有人的采购、融资、销售、投资、财务等经营活动有关的信息情报,如企业投资计划、资信状况、财务收支、营销企划、进货渠道、进货价格、客户名单等;后者是指与保有人的企业内部管理细节相关的信息情报,如人事组织情况、企业改组计划、管理模式细节等。

(三)其他商业信息

其他商业信息系 2019 年 4 月 23 日《反不正当竞争法》修改时增加的内容,是指除技术性和经营性信息外,其他与经营活动有关的各种消息、数据、情报或资料等信息。

三、侵犯商业秘密行为的形式

根据《反不正当竞争法》第 9 条的规定,侵犯商业秘密的违法行为主要有以下几种:

(一)以不正当手段获取权利人商业秘密

以不正当手段获取权利人商业秘密的行为主要表现为以盗窃、贿赂、欺诈、胁迫、电子侵入或者其他不正当手段获取权利人的商业秘密。以盗窃手段获取权利人的商业秘密,是指以非法占有为目的,以秘密窃取的方式取得权利人的商业秘密;以贿赂手段获取商业秘密,是指经营者为获取对方商业秘密,暗中对经商业秘密权利人同意而掌握商业秘密的相关人员(一般是权利人的雇员或非独占许可使用人)许以金钱、地位等物质或非物质利益等,诱使其违背对权利人所负的保密义务而向行为人披露商业秘密;以欺诈手段获取商业秘密,是指当事人一方故意捏造虚假情况,或歪曲、掩盖真实情况,使表意人陷于错误认识,并因此作出不合真意的披露商业秘密;以胁迫手段获取商业秘密,是指以给上述两类主体造成身体或财产损害为要挟,迫使其非自愿地向行为人披露商业秘密;2019 年 4 月 23 日《反不正当竞争法》修改后将以电子侵入的方式获取权利人的商业秘密规定为侵犯他人商业秘密行为。依据我国《刑法》相关规定，电子侵入是指违反国家规定，侵入国家事务、国防建设、尖端科学技术领域的计算机信息系统；侵入特定计算机信息系统以外的计算机信息系统或者采用其他技术手段，获取该计算机信息系统中存储、处理或者传输的数据，或者对该计算机信息系统实施非法控制，情节严重的行为，以及提供专门用于侵入、非法控制计算机信息系统的程序、工具，或者明知他人实施侵入、非法控制计算机信息系统的违法犯罪行为而为其提供程序、工具，情节严重的行为。至于"专门用于侵入、非法控制计算机信息系统的程序、工具"主要是指：①具有避开或者突破计算机信息系统安全保护措施，未经授权或者超越授权获取计算机信息系统数据的功能的；②具有避开或者突破计算机信息系统安全保护措施，未经授权或者超越授权对计算机信息系统实施控制的功能的；③其他专门设计用于侵入、非法控制计算机信息系统、非法获取计算机信息系统数据的程序、工具。以其他不正当手段获取商业秘密，泛指以上述手段以外的其他不正当手段获取商业秘密，实践中主要包括以洽谈业务、合作开发、学习取经以及技术贸易等为幌子，违反一般商业道德，套取权利人商业秘密的行为。

（二）披露、使用或允许他人使用通过不正当手段获取的商业秘密

披露是指行为人对其非法获取的他人商业秘密予以公开；使用是指行为人将非法获取的商业秘密直接运用于生产经营活动之中；允许他人使用则指行为人将非法获取的商业秘密有偿或无偿地许可或转让给他人使用。

（三）违反保密义务或者违反权利人有关保守商业秘密的要求，披露、使用或者允许他人使用其所掌握的商业秘密

此种侵权行为的实施主体一般是技术合作合同的合作方、技术转让合同的受让方或被许可方或权利人的雇员等，其成立是以行为人先前经过权利人同意，以合法方式获取商业秘密的事实为前提的。行为人从权利人处获得商业秘密是以对权利人承担具体的保密义务为前提的，即未经权利人同意，不得向第三人泄漏商业秘密信息的内容。如果行为人违反此种义务，即构成侵犯商业秘密的行为。因此，这种行为同时具有违约和侵权的双重性质，权利人可择一主张。

（四）教唆、引诱、帮助他人违反保密义务或者违反权利人有关保守商业秘密的要求，获取、披露、使用或者允许他人使用权利人的商业秘密

2019年4月23日《反不正当竞争法》修改后，新增加了教唆、引诱、帮助他人违反保密义务或者违反权利人有关保守商业秘密的要求，获取、披露、使用或者允许他人使用权利人的商业秘密，也属于侵犯他人商业秘密行为的规定。该规定明确将教唆、引诱、帮助等间接侵权行为纳入规制范围，不仅可以减轻权利的举证负担，同时也为实践中行政执法和司法对商业秘密的间接侵权行为的判断

提供了明确的法律依据。

（五）视为侵犯商业秘密权的行为

《反不正当竞争法》第9条第3款规定，第三人明知或者应知商业秘密权利人的员工、前员工或者其他单位、个人实施本法第9条第1款所列违法行为，仍获取、披露、使用或者允许他人使用该商业秘密的，视为侵犯商业秘密。所谓第三人，是指权利人和直接侵权行为人之外的其他人。第三人明知或应知有关信息的提供者所提供的信息是其侵犯他人权利而获得的商业机密，仍然接受并使用或披露此等信息的，主观上具有不正当性，客观上损害了商业秘密权人的利益，故受到法律禁止。

四、侵犯商业秘密的法律责任

（一）民事责任

侵犯商业秘密的民事责任包括违约、侵权和缔约过失三种责任。

1. 违约责任。行为人违反与商业秘密权人之间的技术开发合同、技术转让合同、劳动合同等约定的保密义务，应按照合同约定和法律有关规定承担支付违约金、赔偿损失等责任。

2. 侵权责任。根据我国《民法总则》第123条的规定，商业秘密可以作为知识产权客体受到侵权法的保护。关于侵犯商业秘密权的赔偿标准，根据《反不正当竞争法》第17条第4款的规定，经营者违反相关规定侵害他人商业秘密，权利人因被侵权所受到的实际损失、侵权人因侵权所获得的利益难以确定的，由人民法院根据侵权行为的情节判决给予权利人300万元以下的赔偿。另外，根据最高人民法院有关司法解释的规定，确定侵犯商业秘密行为的损害赔偿额，可以参照确定侵犯专利权的损害赔偿额的方法进行；因侵权行为导致商业秘密已为公众所知悉的，应当根据该项商业秘密的商业价值确定损害赔偿额，商业秘密的商业价值应根据其研究开发成本、实施该项商业秘密的收益、可得利益、可保持竞争优势的时间等因素确定。

3. 缔约过失责任。根据《合同法》第43条的规定，对于当事人在订立合同过程中知悉的对方商业秘密，即使合同最终未能成立，也不得泄露或不正当使用。泄漏或不正当使用该商业秘密给对方造成损失的，应当承担损害赔偿责任。

（二）行政责任

商业秘密权人的权利受到侵犯的，可以主动向有关行政主管部门请求查处。依据《反不正当竞争法》第21条的规定，对侵犯商业秘密的违法行为，由监督检查部门责令停止违法行为，没收违法所得，处10万元以上100万元以下的罚款；情节严重的，处50万元以上500万元以下的罚款。

(三) 刑事责任

根据我国《刑法》第219条的规定，有《反不正当竞争法》第10条所规定的侵犯商业秘密的行为之一，给商业秘密权人造成重大损失的，处3年以下有期徒刑或者拘役，并处或者单处罚金；造成特别严重后果的，处3年以上7年以下有期徒刑，并处罚金。

我国修订后的《反不正当竞争法》多处涉及互联网领域的内容，其中一部分属于传统不正当竞争行为在互联网领域的延伸，对此，《反不正当竞争法》在相应条款中增加了新的规定；而另一部分则属于互联网领域中特有的、利用技术手段进行的不正当竞争行为，对此，《反不正当竞争法》专设第12条作了规定。该条规定不仅借鉴了域外互联网法律规制的成功经验，又结合了我国市场和互联网发展的实际需求。该条具体内容包括以下方面：一是总体要求经营者利用网络从事生产经营活动，应当遵守《反不正当竞争法》的各项规定。意味着网络经营者在互联网领域实施的不正当竞争行为并非只受互联网专条的约束，传统的不正当竞争行为规范依然可以适用于互联网领域。二是对互联网领域特有的典型不正当竞争行为类型进行列举式规定，指出经营者不得利用技术手段，通过影响用户选择或者其他方式，实施下列妨碍、破坏其他经营者合法提供的网络产品或者服务正常运行的行为：①未经其他经营者同意，在其合法提供的网络产品或者服务中，插入链接、强制进行目标跳转；②误导、欺骗、强迫用户修改、关闭、卸载其他经营者合法提供的网络产品或者服务；③恶意对其他经营者合法提供的网络产品或者服务实施不兼容；④其他妨碍、破坏其他经营者合法提供的网络产品或者服务正常运行的行为。其中第④项规定采取了"兜底性条款"模式，其目的在于赋予了司法机关一定的自由裁量权，通过司法途径对于互联网领域可能会发生的新类型不正当竞争行为予以确认。

本次修订《反不正当竞争法》针对互联网不正当竞争行为的相关规定，不仅填补了现行《反不正当竞争法》在面对互联网新型不正当竞争行为中的规制不足，也彰显了我国立法追求科学性、合理性和前瞻性的价值取向。

■ 本章小结

通过本章学习，我们了解到知识产权法与反不正当竞争法有着密切的关联。在市场经济条件下，有市场就有竞争，依法保护正当、合法的竞争，对侵犯他人商业秘密、企业名称以及其他不正当竞争行为，法律则予以禁止并责令行为人承担相应法律后果。尤其是随着互联网技术的不断发展，如何依法规制网络环境下的不正当竞争行为，仍需要我们进一步思考探索。

■本章思考题

1. 如何理解知识产权法与反不正当竞争法之间的关系？
2. 商业秘密的主要特征有哪些？
3. 如何判定网络环境下的不正当竞争行为？
4. 案例讨论：

**案例一：上海三联（集团）有限公司、上海三联（集团）有限公司
吴良材眼镜公司诉苏州市吴良材眼镜有限责任公司、苏州市
吴良材眼镜有限责任公司观前店、吴林泉、周彩珍侵犯
商标专用权及不正当竞争纠纷上诉案**[1]

【基本案情】

原告于 1989 年至 2004 年间先后核准注册取得三个"吴良材"文字商标，核定使用商品和服务类别均与眼镜有关。其中，注册于"眼镜行服务"上的"吴良材"商标于 2004 年被认定为"驰名商标"。原告经营的"吴良材"品牌在长三角地区眼镜行业中具有较高的知名度，先后于 1993 年和 2006 年被认定为"中华老字号"。1992 年 8 月成立的苏州市宝顺眼镜有限公司经核准于 1999 年 11 月将企业名称变更为苏州市吴良材眼镜有限责任公司（以下简称苏州吴良材公司），经营范围为"眼镜验配"等，苏州吴良材公司观前店系该公司的分支机构，吴林泉、周彩珍系该公司的加盟店业主。上述被告在店招、柜台背景、公司网站及眼镜盒、眼镜布等相关产品和服务上均突出标注了"吴良材"或"苏州吴良材"字样。原告诉请法院判令被告停止侵权、变更企业字号并赔偿原告损失 50 万元等。江苏省苏州市中级人民法院一审认为：原告使用和登记注册"吴良材"企业名称和"吴良材"商标均早于被告，且原告的"吴良材"企业名称、注册商标具有较高的知名度。被告苏州吴良材公司作为一家从事眼镜经营的企业，应当知晓同行业中具有较高知名度的"吴良材眼镜"和"吴良材"商标，但其在与"吴良材"品牌间不具有任何历史渊源的情况下擅自将字号由"宝顺"变更为"吴良材"，主观上显然具有攀附"吴良材"强大品牌声誉的故意，客观上也会导致消费者对原被告所提供产品与服务的来源产生混淆和误认，其行为已构成商标侵权及不正当竞争。被告吴林泉、周彩珍的行为亦构成商标侵权及不正

---

[1] 参见最高人民法院 2010 年 4 月 22 日发布的《2009 年中国法院知识产权司法保护十大案件简介》及江苏省高级人民法院（2009）苏民三终字第 0181 号民事判决书。

当竞争。一审法院判决四被告立即停止侵犯"吴良材"注册商标专用权的行为，限期办理企业名称变更登记手续，变更后的企业名称中不得含有"吴良材"字样，赔偿原告损失和合理费用共计22万元，并消除影响。苏州吴良材公司不服提出上诉。江苏省高级人民法院二审维持了一审判决。

【重点讨论】如何认定企业老字号？本案被告是正当使用还是侵权行为？被告行为是否构成不正当竞争？

案例二： "3Q"之争引发的不正当竞争纠纷案[1]

【基本案情】

QQ软件系一款在我国信息网络上被普遍使用的即时通讯软件，具有较大数量的用户群体。腾讯科技（深圳）有限公司（以下简称腾讯科技公司）为QQ软件的著作权人，2010年其将QQ软件的运营和专有使用权许可给深圳市腾讯计算机系统有限公司（以下简称腾讯计算机公司）。涉案软件"360隐私保护器"由奇智软件（北京）有限公司（以下简称奇智公司）开发，通过"360网"发行。"360网"由北京奇虎科技有限公司（以下简称奇虎公司）提供信息服务业务，但主办单位登记为北京三际无限网络科技有限公司（以下简称三际公司）。"360隐私保护器"只针对QQ软件进行监测和评价，"360网"在其360安全中心、360论坛等网页发布有题目为《360安全卫士发布隐私保护器 专门曝光"窥私"软件》、《360隐私保护器发新版 增加监测MSN、腾讯TM、阿里旺旺功能》《QQ窥探用户隐私由来已久》等文章。腾讯科技公司和腾讯计算机公司认为三被告捏造事实，损害其商业声誉，构成商业诋毁，故以不正当竞争为由向北京市朝阳区人民法院提起诉讼。北京市朝阳区人民法院一审认为，腾讯科技公司、腾讯计算机公司与奇智公司、奇虎公司、三际公司在网络服务、用户市场、广告市场等网络整体服务市场中具有竞争利益，存在竞争关系。"360隐私保护器"对QQ2010软件的运行进行监测，这种监测本身法律虽无禁止，但应当遵循诚实信用的商业准则，对监测结果进行公正、客观的表述和评价。"360隐私保护器"对相关监测结果的描述缺乏客观公正性，"360网"上发布的相关文章存在不实的描述和评价，上述行为足以误导用户产生不合理的联想，对QQ软件的商品声誉和商业信誉带来一定程度的贬损。据此，北京市朝阳区人民法院一审判决奇智公司、奇虎公司、三际公司停止侵权、消除影响、赔偿经济损失40万元。北京市第二中级人民法院二审维持了一审判决。

---

[1] 参见最高人民法院2012年4月17日发布的《2011年中国法院知识产权司法保护十大案件简介》及北京市第二中级人民法院（2011）二中民终字第12237号民事判决书。

【重点讨论】结合本案谈谈如何界定用户业务不同的网络运营商在竞争法意义上的竞争关系？如何认定互联网上的商业诋毁行为？如何防止和规制互联网环境下的不正当竞争行为？

第二章

地理标志

> [提示要点]
> 学习本章，应了解地理标志的概念和特征，重点掌握地理标志在国际和各国国内受到法律保护的现状，理解我国对地理标志法律保护的特点以及存在的问题。本章难点在于对地理标志法律性质和功能的理解。

第一节 地理标志概述

一、地理标志的概念和特征

地理标志，又称原产地名称，《TRIPs 协议》和《里斯本协定》等国际公约对其均作了规定。我国《商标法》第 16 条第 2 款规定，地理标志是指标示某商品来源于某地区，该商品的特定质量、信誉或者其他特征，主要由该地区的自然因素或者人文因素所决定的标志。据此可见，地理标志具有以下特征：

（一）地理标志是表明商品来源的区别性标志

商品来源地既可以是商品原材料产地，也可以是商品加工制造地。地理标志的主要功能之一是把来源于特定地域的商品与来源于其他地区的同类商品区别开来，以便于消费者识别与选择。可见，地理标志属于区别性标志的范畴。当然，地理标志只能区别商品的来源地域，而不能标明商品的生产厂商。

（二）地理标志由真实存在的地理名称所构成

地理标志的构成，一般是地理名称加商品名称，如西湖龙井、贵州茅台等，有时也可以是地理名称直接指代产品，如"香槟"。无论哪一种情况，地理标志中所包含的地理名称都必须是真实存在而非虚构、臆造的。

（三）地理标志能够表明商品的特定品质

通过区分商品的地域来源，地理标志能够实现其深层功能，即表明特定商品的品质。由于地理标志所标示商品的特定质量、信誉或其他特征主要由其出产地的自然或人文因素决定，故对该地理标志的标示就足以通过这种产地与产品品质之间的特定联系对有关商品的品质起到担保作用。决定商品特定品质的自然因素是指原产地的气候、土壤、水质、物种、天然原料等因素,人文因素则是指原产地特有的传统生产工艺、配方、技术诀窍等因素。

二、地理标志与货源标记的区别

地理标志与货源标记(产地名称)是两个不同的概念。货源标记是标示特定商品或服务来源于某个国家、地区或地方的标志,如"中国制造"。地理标志和货源标记都可以用来标示商品的来源地,均属于知识产权法的保护对象。二者的主要区别在于地理标志具有双重功能,即向消费者提供有关商品来源地及商品特性的信息,而货源标记只能向消费者提供商品来源地的信息而不能起到标示商品特性的作用。在国际贸易中,货源标记的作用通常在于统计或确认可享有特定待遇的资格。另外,地理标志的标示范围通常可宽可窄,而货源标记的标示范围通常是某个国家;地理标志通常标示特定产品,而货源标记可以标示任何产品。

第二节 地理标志权

地理标志权是指产品地理标志所标示的地域范围内该产品生产者对地理标志所享有的权利。地理标志权的特征主要有:

1. 地理标志权是一种识别性知识产权或标记权。这一点与商标和厂商名称相同,但地理标志不仅要有显著识别性,还要有历史传统、一定的知名度和地方特色,这种特色和当地的自然因素、人文因素有关。

2. 地理标志权须经法定程序方可获得。我国有关法规对产品地理标志的认证、申请和审核批准规定了相应主管机关和一系列程序。

3. 地理标志权不具有专有性。某种产品之所以能够通过标明其产地赢得品质方面的社会信誉,往往与该地独特的自然和人文环境有着密不可分的关系,而非某个产品生产经营者所能独立实现的。可以说,产地对产品品质的担保作用对该地这种产品的生产者而言构成一种传统积淀下来的经营资源。因此,对地理标志的利用应当对该地同类产品的生产者普遍开放,而不能允许由某些特定的生产经营者垄断。这就要求:不允许任何特定经营者将某一经过认证的地理标志作为自己专有的普通商标使用或注册,而只能由适格的组织将其申请注册为集体商标或证明商标。《商标法》第10条第1款第4项规定,与表明实施控制、予以保证的官方标志、检验印记相同或者近似的,除非经过授权,不得作为商标使用。而地理标志作为产品品质的官方保证标志的地位已经在2005年的《地理标志产品保护规定》中确立了起来。另外该条还规定,县级以上行政区划的地名或者公众知晓的外国地名,除非具有其他含义或者作为集体商标、证明商标组成部分,不得作为商标，这也在一定程度上起到了保护地理标志不被抢注为商标的作用。不过该条还规定，该法施行前已经将地理标志注册为自有商标的，该商标权继续有效。这体现了法不溯及既往的原则。此外，在地理标志的使用上，只要产品的产地与地理标志相吻合，而且产品本身的质量达到合理的标准，任何生产者在办理相关手续后都可以使用该地理标志。

4. 地理标志权存续期限的不确定性。地理标志权的赋予是以特定产品的品质及其与特定地域之间的客观联系为基础的，因此只要地理标志权人仍然在该地进行同一产品的生产且满足产品质量上的相关条件，就不丧失其地理标志权。而且，只要有权机关不依法主动废除已经授予的地理标志产品保护，特定地域生产者所专有的地理标志也不会自动进入公有领域。因此，在个体享有和抽象存在两个层面上，地理标志权的存续期限都是不确定的。

在我国，按照2005年7月15日我国发布实施的《地理标志产品保护规定》，申请地理标志产品保护，应依照本规定经审核批准。同时，根据我国《商标法》规定，可由产地内对产品特定品质有检测和监督能力的机构或者组织申请注册证明商标。政府机构或者其授权机构、行业协会等都有地理标志的使用管理能力，可以作为申请人注册证明商标。通常情况下，行业组织是地理标志的所有权人。该组织依法制定质量标准和质量管理办法，并根据这些标准和办法管理产业发展和产品质量。地理标志的使用人必须取得使用许可才能使用地理标志，使用人还必须保证使用地理标志的商品的质量符合要求的标准。《地理标志产品保护规定》对原产地域产品进行保护，《商标法》也将原产地标志纳入证明商标的保护范围中。对原产地标志同时采用工商、质量技术监督这两条登记注册途径，由两部门对其进行保护。此外，农业部负责全国农产品地理标志的登记工作。这在一定程度上会造成管辖权的冲突和注册登记的混乱，让原产地企业和行业协会在对原产地名称进行保护时无所适从，甚至出现重复注册的情况。针对这一问题，2018年国务院机构改革方案将地理标志管理职责纳入国家市场监管总局，由国家市场监管总局对地理标志统一管理。这一改革无疑有利于解决我国现存地理标志保护制度的缺陷，避免因制度冲突而造成的内耗，有利于我国地理标志保护制度的体系化和法治化。

第三节 地理标志的法律保护

一、地理标志的国际保护

最早对地理标志加以保护的国际公约是 1883 年《巴黎公约》，该公约第 1 条明确规定将原产地标记即地理标志列入工业产权的保护范围。1958 年《里斯本协定》首次概括了原产地和原属国的定义，还规定了建立地理标志的国际注册制度。协议规定，原产地名称需要受到国际保护的，由该产地所属成员的工业产权主管部门向世界知识产权组织国际局申请国际注册。注册后，各成员除非在规定期限内声明不保护该原产地名称，否则都应禁止本国经营者未经许可使用该原产地名称。《TRIPs 协议》是迄今为止保护地理标志最为全面的国际条约。该协议第 22 条第 1~4 款将地理标志与商标、专利、版权并列，作为一项独立知识产权加以保护。其主要内容为：

（一）地理标志的禁止使用行为

主要包括：以任何方式在商品的称谓、表达上明示或暗示该商品来源于非真实来源地，并足以造成误认的；依《巴黎公约》构成不正当竞争的；某商标包含的或构成该商标的地理标识中所标明的领土并非货物的来源地，且足以使公众对其真实原产地产生误解的；某一标志虽真实指明商品的来源地，但仍误导公众，使公众以为该商品来源于另一区域的。

（二）葡萄酒与白酒的地理标志保护

由于酒类的品质往往与其酿造地的水质、土壤、气候等自然地理因素及酿造技术有很大关系，所以《TRIPs 协议》将其单独列出并着重保护。主要内容包括：禁止用地理标志标示并非来源于标志所指地方的酒，即使有关地理标志标明了真实原产地或以翻译方式标明产品的仿制性质，亦在禁止之列；如果在葡萄酒或白酒的商标中包含并非其真实来源地的地理标志或者其商标由此种地理标志组成，则成员应依职权或利害关系人请求，驳回或撤销该商标的注册，而无需确认其是否会使公众产生误解；在多个葡萄酒的地理标志同名的情况下，如均属合法使用，则应对每一种标志予以保护。

（三）地理标志保护的例外

1. 在先使用和善意使用。在先使用是指在 1994 年 4 月 15 日之前已经使用了某一成员方的地理标志连续 10 年以上；善意使用是指并非出于排斥或对抗另一成员方与自己有竞争关系的企业而故意误导消费者对不同企业的商品来源发生混淆的主观企图，在 1994 年 4 月 15 日之前已经使用了某个成员方的地理标志。对葡萄酒、白酒地理标志的在先使用和善意使用为《TRIPs协议》所允许。

2. 善意注册和善意申请注册。《TRIPs协议》允许在协议生效后给予其成员4年~10年不等的实施协议的过渡期。在使用上述过渡期之前或某个地理标志来源方开始保护该地理标志之前，如果某个与该地理标志相同或相似的商标已经获得注册或在那些采用使用原则的国家已经通过善意使用获得商标权的，以及在上述期限前已经善意申请注册的，则《TRIPs协议》的实施不应损害相关商标权的效力。

3. 通常用语。它是指存在于一个国家或地区公众中的用语。对于公众用语，《TRIPs协议》不要求适用关于地理标志保护的规定。

4. 不利使用。《TRIPs协议》成员可规定，根据《TRIPs协议》第二部分第三节（地理标识）提出的关于某一商标的使用或注册的任何请求必须在对该受保护标识的不利使用已在该成员中广为人知后5年内提出，或如果商标在其注册日前已公布，而且该日期早于上述不利使用在该成员中广为人知的日期，则该请求必须于该商标在该成员注册之日起5年内提出，条件是该地理标识未被恶意使用或注册。

5. 名称权。在先使用的厂商名称即使与某个受保护的地理标志相冲突，仍可以继续使用，除非该名称是以误导公众方式使用的。

6. 来源地不保护或已停用。

二、地理标志的国内保护

我国法律有关地理标志的规定比较分散，在《反不正当竞争法》《产品质量法》《消费者权益保护法》《商标法》等法律中都有保护地理标志的规定，同时又针对地理标志或原产地标记的保护制定了一些专门法规和规章。

（一）《产品质量法》《反不正当竞争法》《消费者权益保护法》的保护

我国《产品质量法》第5条规定，禁止伪造产品的产地。该法第53条规定，伪造产品产地的，责令改正，没收违法生产、销售的产品，并处违法生产、销售产品货值金额等值以下的罚款；有违法所得的，并处没收违法所得；情节严重的，吊销营业执照。《反不正当竞争法》第8条第1款规定，经营者不得对其商品的性能、功能、质量、销售状况、用户评价、曾获荣誉等作虚假或者引人误解的商业宣传，欺骗、误导消费者。《消费者权益保护法》第8条赋予消费者知悉其购买、使用的商品或接受的服务的真实产地的权利。该法第56条第1款第4项禁止经营者伪造商品产地的行为。

（二）《商标法》的保护

我国《商标法》第16条规定，商标中有商品的地理标志，而该商品并非来源于该标志所标示的地区，误导公众的，不予注册并禁止使用；但是，已经善意取得注册的继续有效。《商标法实施条例》第 4 条规定,《商标法》第 16 条规定的地理标志,可以依照《商标法》和本条例的规定,作为证明商标或者集体商标申请注册。以地理标志作为证明商标注册的,其商品符合使用该地理标志条件的自然人、法人或者其他组织可以要求使用该证明商标,控制该证明商标的组织应当允许。以地理标志作为集体商标注册的,其商品符合使用该地理标志条件的自然人、法人或者其他组织,可以要求参加以该地理标志作为集体商标注册的团体、协会或者其他组织,该团体、协会或者其他组织应当依据其章程接纳为会员;不要求参加以该地理标志作为集体商标注册的团体、协会或者其他组织的,也可以正当使用该地理标志,该团体、协会或者其他组织无权禁止。同时,《商标法》第 10 条第 2 款规定,县级以上行政区划的地名或者公众知晓的外国地名,不得作为商标。故在我国,商标中所包含的地理标志不得是以上地名。

(三)专门法的保护

在我国,现行有效的专门针对地理标志保护的行政规章有 2001 年我国发布的《原产地标记管理规定》及《原产地标记管理规定实施办法》、2004 年通过的《中华人民共和国进出口货物原产地条例》、2005 年 7 月 15 日实施的《地理标志产品保护规定》、2007 年 1 月 30 日实施的《地理标志产品专用标志管理办法》、2008 年 2 月 1 日起施行的《农产品地理标志管理办法》等。

■ 本章小结

地理标志是国家的自然文化遗产与历史文化遗产。地理标志保护制度就是保护民族经济文化遗产的制度,也是促进这种文化在现代经济中发挥独特功能的制度。我国自然资源丰富,农业区划多样,具有悠远的农耕文明以及深厚的饮食文化,属于地理标志产业资源大国,实施地理标志保护制度将使我国名优土特产品发挥显著的比较优势。在全球经济一体化和我国加入世界贸易组织的大背景下,地理标志对促进我国国际贸易方面将起到积极的作用。

■ 本章思考题

1. 地理标志的特征是什么?
2. 地理标志国际保护有哪些主要规定?
3. 保护地理标志对我国具有哪些意义和作用?
4. 如何完善我国地理标志管理体制?
5. 案例讨论:

我国首例商标权与地理标志权冲突案[1]

【基本案情】

原告浙江省食品有限公司（以下简称食品公司）与被告上海市泰康食品有限公司（以下简称泰康公司）、浙江永康四路火腿一厂（以下简称永康火腿厂）地理标志与商标侵权纠纷一案。原告食品公司诉称：原告系"金华火腿"注册商标的专用权人。注册商标由"金华火腿"字样外加印章型方框构成，是具有显著性特征的可视性标志。1986年，经国家工商行政管理局商标局（以下简称国家商标局）批准，原告对其注册商标在火腿表皮的具体使用样式做了适当改变，但具有与注册商标同等的法律效力。2003年7月，原告在上海市南京东路776号的被告泰康公司门店发现被告正在销售的火腿使用了原告的注册商标"金华火腿"，原告遂发函给泰康公司，告知"金华火腿"是原告的注册商标，要求其停止销售侵权商品。同年9月，原告在被告泰康公司门店再次发现其销售的火腿上印有"金华火腿"的字样，该火腿的生产单位是永康火腿厂。据查，上海南京东路步行街上4家销售火腿的公司有3家销售永康火腿厂的火腿，2003年销售量达到3万多只。原告认为，原告从未许可永康火腿厂使用"金华火腿"商标，因此，永康火腿厂擅自使用"金华火腿"字样，侵犯了原告的注册商标专用权。被告泰康公司明知销售的系侵犯他人注册商标专有权的商品，依照《中华人民共和国商标法》第52条第2款的规定，也侵犯了原告的注册商标专用权。据此，请求法院判令：①被告泰康公司立即停止销售侵权商品，公开向原告赔礼道歉。②被告永康火腿厂停止生产与原告注册商标相同或近似的侵权商品，公开向原告赔礼道歉。③被告永康火腿厂在30日内消除其所生产的火腿上与原告注册商标相同或近似的标识，收缴其擅自制作的"金华火腿"皮印。④两被告共同赔偿原告人民币50 000元，两被告承担连带责任。⑤两被告共同赔偿原告公证费用人民币2000元、公证时购买火腿费用人民币165元以及律师费人民币10 000元。

被告泰康公司辩称：①被告在销售永康火腿厂产品前，已经对产品的外包装、商标等进行了检查和核对。确认外包装上标明的"真方宗"商标是永康火腿厂的注册商标，使用的原产地域名称和标记经国家职能部门审批。②"金华火腿"是知名的商品名称，被告销售的"金华火腿"产自金华地区，不会误导消费者，也没有对消费者造成侵害。③被告店铺拥有"中华老字号"美名，"金华火腿"是其经营的传统产品。故请求法院驳回原告的诉讼请求。

---

[1] 参见上海市第二中级人民法院（2003）沪二中民五（知）初字第239号民事判决书。

被告永康火腿厂辩称：①原告注册商标标识是"金华"，而不是"金华火腿"。原告注册商标证上的商标标识为"金华"，而商标注册证是唯一证明原告商标权保护范围的法律文件。法院在相关判决以及原告在自己的网站中均明确原告的注册商标为"金华"。国家商标局曾同意原告在其产品上使用"金华火腿"字样，是基于原告相关请示中对加工工艺的特殊要求的描述。国家商标局只是准许原告在腿皮上可以使用"金华火腿"字样，但这种不规范使用不能对抗他人的正当使用。②"金华火腿"是原产地域产品名称，被告使用该名称未侵犯原告的注册商标专用权。国家部委的有关公告及其国家标准明确，"金华火腿"是原产地域产品名称，只要生产厂家履行一定的法律手续就可以使用该名称；包括被告在内的55家企业经批准均可以使用"金华火腿"原产地域产品名称。现被告生产的火腿上使用该名称，是经国家质量监督检验检疫总局（以下简称国家质检局）和金华火腿原产地域产品保护委员会批准的，并严格按照国家强制性标准规范使用。③被告使用"金华"属于合理使用。首先，"金华"是行政地域名称。当描述产自金华地区的产品时，只有引用"金华"才能正确表述其产品的来源。其次，"火腿"是产品的通用名称，原告无权禁止他人使用。被告在"火腿"前加有"金华"两字，目的是表明产品的品质、产地和对消费者进行一定的消费指导。最后，被告使用属于善意使用，符合诚实信用原则。被告在使用时，没有故意突出或夸大与原告商标相同或相似部分使消费者产生误认。④"金华火腿"是知名商品特有的名称。"金华火腿"具有一千两百多年的历史，早在17世纪已经被广泛使用，并得到了社会的接受和公认，是典型的在先使用。另外，允许被告使用"金华火腿"是对社会效益最大化的表现。⑤被告主观上没有侵害原告注册商标的故意。被告使用"金华火腿"的目的是要向消费者表明产品产于金华，是真正的"金华火腿"，主观上不存在侵权故意。综上，请求法院驳回原告的诉讼请求。

法院经审理认为：对于本案争议的处理，既要严格依照现有的法律法规，又要尊重历史，促进权利义务的平衡。原告注册商标专用权保护范围的核心是"金华火腿"，其专用权受法律保护。任何侵犯原告注册商标专用权行为，应依法承担责任。但是，原告无权禁止他人正当使用。"金华火腿"经国家质检局批准实施原产地域产品保护，被告永康火腿厂获准使用"金华火腿"原产地专用标志，因此，永康火腿厂的上述行为属于正当使用。但是，被告永康火腿厂今后应当规范使用原产地域产品。原、被告之间均应相互尊重对方的知识产权，依法行使自己的权利。原告指控两被告侵犯其注册商标专用权的依据不足，法院不予支持。

【重点讨论】认定"金华火腿"属于地理标志还是商标的依据是什么？地理标志与商标发生冲突时如何解决？

第三章

集成电路布图设计权

[提示要点]

　　学习本章，主要了解集成电路布图设计保护制度发展的历史、集成电路布图设计权的概念和特征、取得程序、限制、保护期限以及保护方法等内容。本章重点在于对集成电路布图设计法律保护规定的理解，难点在于掌握集成电路布图设计的性质。

第一节　集成电路布图设计概述

一、集成电路布图设计的概念及特征

　　集成电路是一种电子产品，是指将晶体管、电阻或其他电子元器件及其相关的连线固化在某种固体材料上，从而使其具有某种电子功能的成品或半成品。世界知识产权组织《关于集成电路的知识产权条约》第2条（定义）第1项中规定："'集成电路'是指一种产品，在它的最终形态或中间形态，是将多个元件，其中至少有一个是有源元件，和部分或全部互连集成在一块材料之中或之上，以执行某种电子功能。"我国《集成电路布图设计保护条例》第2条第1项规定："集成电路，是指半导体集成电路，即以半导体材料为基片，将至少有一个是有源元件的两个以上元件和部分或者全部互连线路集成在基片之中或者基片之上，以执行某种电子功能的中间产品或者最终产品。"集成电路中的布图设计，并非集成电路本身。布图设计是指集成电路众多个元件，其中至少有一个是有源元件，和其部分或全部集成电路互连的三维配置，或者是指为集成电路的制造而准备的三维配置。我国《集成电路布图设计保护条例》第2条第2项规定："集成电路布图设计（以下简称布图设计），是指集成电路中至少有一个是有源元件的两个以上元件和部分或者全部互连线路的三维配置，或者为制造集成电路而准备的上述三维配置。"集成电路布图设计包括以下特征：

　　1. 布图设计是设计人智慧的结晶。
　　2. 布图设计是无形的，但却是客观存在的，能够被人所感知和利用，并能通过一定的有形物体来表现。布图设计可以掩模图形的方式存在于掩模板上，也

可以以编码的方式存在于计算机中或者磁盘、磁带上，或者存在于集成电路芯片产品中。布图设计就是通过掩模板、计算机硬盘、磁盘、磁带、芯片等有形物来表现其存在。

3. 布图设计能够在工业中应用。布图设计是集成电路的核心，目的是实现集成电路的功能。如果不能实现这一功能，再完美的设计也不能称作布图设计。

二、集成电路布图设计保护立法

1984 年 11 月 8 日，美国颁布了《半导体芯片保护法》，该法虽然列在《美国法典》第十七编的第九章，但并不属于第十七编的版权法，而是一部独立的法律。它是世界上第一部专门的集成电路保护法。葡萄牙和意大利在 1989 年、比利时在 1990 年、俄罗斯联邦在 1992 年均颁布了专门立法对集成电路布图设计进行规制。我国香港地区于 1994 年 3 月 31 日颁布了《集成电路布图设计（拓扑图）条例》。我国从 1991 年开始着手起草《集成电路布图设计保护条例》并在 2001 年 3 月 28 日获得通过，同年 10 月 1 日起施行。该条例的施行，标志着我国集成电路布图设计知识产权保护水平的提高，有利于我国集成电路布图设计的创新应用和集成电路产业的发展。同年国家知识产权局还发布了《集成电路布图设计保护条例实施细则》。此外，国家知识产权局于 2001 年 11 月 28 日发布《集成电路布图设计行政执法办法》，最高人民法院于 2001 年 11 月 16 日发布《最高人民法院关于开展涉及集成电路布图设计案件审判工作的通知》。这些法律文件构成了我国集成电路布图设计法律保护制度的核心。

关于集成电路布图设计在法律上的保护模式，各国立法实践不一，有著作权法、专利法和专门法三种主要模式。

1. 对于著作权法保护模式而言，虽然集成电路布图设计与作品有某些相似之处，但二者存在明显的区别，如集成电路布图设计的保护必须考虑其实用性、进步性，其保护内容必须包括对布图设计的专有实施，这些都是与著作权法的一般原则相违背的。同时，著作权法禁止未经许可改编他人作品，所以擅自通过反向工程对他人作品内容进行改编是违反著作权法的，而电子产业的发展则客观需要赋予业内人士对集成电路布图设计实施反向工程以对之加以改进的权利。另外，著作权法对著作权的长期保护也不符合更新换代速度极快的集成电路产业的实际情况。

2. 对于专利法保护模式而言，其主要缺点在于集成电路布图设计往往难以达到专利权授予的高门槛。根据专利法，申请专利的发明和实用新型必须具有新颖性、创造性和实用性，即使是外观设计，也要求与现已公开的外观设计不相同或不相近似，这些要求对集成电路而言无疑过于苛刻。集成电路技术的发展在很大程度上依赖于光刻线条宽度的减小和集成规模的不断提高，而难以判断布图设计方案本身是否有根本性改进或具有多大的新颖性。实际上，在集成电路布图设计中，经常使用一些现成的单元电路进行组合，而对这些单元电路至少在现有技术水平下很难再作改进。这样，势必将绝大部分集成电路布图设计排除在专利法保护之外。而且，专利申请和授予程序过于繁琐拖沓，明显不符合电子行业更新换代速度极快的客观实际情况。

3. 相对而言，制定专门法对集成电路布图设计进行保护，较能照顾到电子行业和集成电路布图设计的具体特点，从而更为有效和公平地保护集成电路布图设计，所以该模式为世界各国包括我国所通行。

第二节　集成电路布图设计权

一、集成电路布图设计权的概念和特征

集成电路布图设计权是指集成电路布图设计的创作人或其他权利人对该布图设计享有的专有权利。集成电路布图设计权具有以下特征：

1. 集成电路布图设计权的基本性质为财产权，但其专有性和排他性并不绝对。集成电路布图设计权的人身性权能仅含设计者署名权一项，其余权能均为可转让的财产权，这一点与专利权类似，而与著作权不同。但是，集成电路布图设计权人一般不能排除他人使用通过独立创作而得到的相同的布图设计，这又与专利权的强专有性和排他性不同。

2. 作为集成电路布图设计权授予条件的创造性和实用性要求介于著作权和专利权之间。包括我国在内的世界多数国家，著作权只需作品创作完成且具有独创性即授予，而完全不考虑作品内容的实用性。而发明和实用新型专利的授予条件则包括创造性和实用性，其中创造性是指同申请日以前已有的技术相比，被申请的发明有突出的实质性特点和显著的进步，被申请的实用新型有实质性特点和进步。集成电路布图设计权的授予与专利权一样要求集成电路布图设计具有一定的实用性和创造性，但创造性仅指独创性而非显而易见性，远比发明和实用新型专利的授予门槛要低。至于外观设计专利的授予，虽然没有创造性要件，但其新颖性要件要求外观设计同申请日以前在国内外出版物上公开发表过或者国内公开使用过的外观设计不相同和不相近似，而集成电路布图设计权的授予则没有这种要求。

3. 集成电路布图设计权的取得具有要式性。除英国和瑞典外，世界各国对集成电路布图设计基本都实行登记保护制度。我国《集成电路布图设计保护条例》第8条明确规定："布图设计专有权经国务院知识产权行政部门登记产生。

未经登记的布图设计不受本条例保护。"同时，对于符合专利授予条件的集成电路布图设计，也可以授予专利权，以专利法进行保护。

二、集成电路布图设计权的内容

依据我国《集成电路布图设计保护条例》之规定，集成电路布图设计权主要包含三个方面的内容。

（一）复制权

复制权是指对受保护的集成电路布图设计的全部或者其中任何具有独创性的部分进行复制的专有权。复制是指重复制作布图设计或者含有该布图设计的集成电路的行为。

（二）商业利用权

商业利用权是指将受保护的集成电路布图设计、含有该设计的集成电路或者含有该集成电路的物品投入商业利用的专有权。商业利用是指为商业目的进口、销售或者以其他方式（如出租、展览、陈列等）提供受保护的集成电路布图设计、含有该设计的集成电路或者含有该集成电路的物品的行为。

（三）处分权

处分权是指将集成电路布图设计权出让给他人或许可他人使用的权利。根据《集成电路布图设计保护条例》第22条的规定，布图设计权利人可以将其专有权转让或者许可他人使用其布图设计。转让布图设计专有权的，当事人应当订立书面合同，并向国务院知识产权行政部门登记，由国务院知识产权行政部门予以公告。布图设计专有权的转让自登记之日起生效。许可他人使用其集成电路布图设计的，当事人应当订立书面合同。一般而言，与其他知识产权的使用许可一样，集成电路布图设计的使用许可也分为独占使用许可、排他使用许可和普通使用许可三种。

三、集成电路布图设计权的取得、限制和保护期限

（一）集成电路布图设计权的取得

我国对集成电路布图设计权采取严格的登记取得制。《集成电路布图设计保护条例》第8条规定："布图设计专有权经国务院知识产权行政部门登记产生。未经登记的布图设计不受本条例保护。"在我国，由国家知识产权局负责集成电路布图设计的登记。向国家知识产权局申请布图设计登记的，应当提交布图设计登记申请表和该布图设计的复制件或者图样；布图设计在申请日以前已投入商业利用的，还应当提交含有该布图设计的集成电路样品。在布图设计登记公告前，国务院知识产权行政部门的工作人员对其内容负有保密义务。集成电路布图设计登记申请经初步审查未发现驳回理由的，由国务院知识产权行政部门予以登记，发给登记证明文件，并予以公告。登记申请人对国务院知识产权行政部门驳回其

登记申请的决定不服的，可以自收到通知之日起3个月内，向国务院知识产权行政部门请求复审。申请人对复审决定仍不服的，可以自收到通知之日起3个月内向人民法院起诉。集成电路布图设计获准登记后，国务院知识产权行政部门发现登记不符合规定的，应当予以撤销，通知权利人并予以公告。集成电路布图设计权利人对撤销登记的决定不服的，可以自收到通知之日起3个月内向人民法院起诉。自集成电路布图设计在世界任何地方首次商业利用之日起2年内，未向国务院知识产权行政部门提出登记申请的，不再予以登记。

(二) 集成电路布图设计权的限制

1. 合理使用。根据《集成电路布图设计保护条例》第23条的规定，行为人如果是为个人目的或者单纯为评价、分析、研究、教学等目的而复制受保护的集成电路布图设计，或在评价、分析的基础上创作出具有独创性的集成电路布图设计（反向工程），或对自己独立创作的与他人相同的集成电路布图设计进行复制或者将其投入商业利用，则可以不经过集成电路布图设计权利人许可，不向其支付报酬。由此可见，只要行为人不是出于生产经营目的，原样复制、使用和向他人提供受保护的集成电路布图设计，一般是不会受到禁止的。这也可以看出法律对集成电路布图设计权的保护力度相对较弱。

2. 权利穷竭。根据《集成电路布图设计保护条例》第24条的规定，受保护的布图设计、含有该布图设计的集成电路或者含有该集成电路的物品，由布图设计权利人或者经其许可投放市场后，他人再次商业利用的，可以不经布图设计权利人许可，并不向其支付报酬。与其他知识产权（如专利权）的权利穷竭制度一样，该规定意在协调知识产权保护与商品自由流通之间的矛盾。这里应当注意的是，权利穷竭只限于商业利用权，复制权则不产生穷竭问题。

3. 善意侵权。根据《集成电路布图设计保护条例》第33条的规定，在获得含有受保护的布图设计的集成电路或者含有该集成电路的物品时，不知道也没有合理理由应当知道其中含有非法复制的布图设计，而将其投入商业利用的，不视为侵权；在得到该电路或物品中含有非法复制的集成电路布图设计的明确通知后，其可以继续将现有的存货或此前的订货投入商业利用，但应当向布图设计权利人支付合理的报酬。

4. 强制许可（非自愿许可）。根据《集成电路布图设计保护条例》第25～29条的规定，在国家出现紧急状态或者非常情况时，或者为了公共利益的目的，或者经人民法院、不正当竞争行为监督检查部门依法认定布图设计权利人有不正当竞争行为而需要给予补救时，国务院知识产权行政部门可以给予使用其布图设计的非自愿许可。国务院知识产权行政部门作出给予使用布图设计非自愿许可的决定，应当及时通知布图设计权利人，并应当根据非自愿许可的理由，规定使用的范围和时间，其范围应当限于为公共目的的非商业性使用，或者限于经人民法院、不正当竞争行为监督检查部门依法认定布图设计权利人有不正当竞争行为而需要给予的补救。取得使用布图设计非自愿许可的自然人、法人或者其他组织不享有独占的使用权，无权允许他人使用，并应向权利人支付合理报酬。权利人对非自愿许可决定不服的，以及权利人或取得非自愿许可的自然人、法人或者其他组织对国务院知识产权行政部门关于使用非自愿许可报酬的裁决不服的，可以自收到通知之日起3个月内向人民法院起诉。非自愿许可的理由消除并不再发生时，国务院知识产权行政部门应当根据布图设计权利人的请求，经审查后作出终止非自愿许可的决定。

（三）集成电路布图设计权的保护期限

根据《集成电路布图设计保护条例》第12、13条的规定，集成电路布图设计专有权的保护期为10年，自集成电路布图设计登记申请之日或者在世界任何地方首次投入商业利用之日起计算，以较前日期为准。但是集成电路布图设计无论是否登记或者投入商业利用，自创作完成之日起15年后均不再受到保护。集成电路布图设计专有权属于自然人的，该自然人死亡后，其专有权在保护期内依照我国《继承法》的规定转移；专有权属于法人或者其他组织的，法人或者其他组织变更、终止后，其专有权在保护期内由承继其权利、义务的法人或者其他组织享有；没有承继其权利、义务的法人或者其他组织的，该集成电路布图设计进入公有领域。

四、集成电路布图设计权的保护

（一）民法保护

除法律另有规定外，行为人未经布图设计权利人许可，复制受保护的布图设计的全部或者其中任何具有独创性的部分的，或为商业目的进口、销售或者以其他方式提供受保护的布图设计、含有该布图设计的集成电路或者含有该集成电路的物品的，构成侵权。行为人必须立即停止侵权行为，并承担赔偿责任，赔偿数额为侵权人所获得的利益或者被侵权人所受到的损失，包括被侵权人为制止侵权行为所支付的合理开支。权利人或者利害关系人有证据证明他人正在实施或者即将实施侵犯其专有权的行为，如不及时制止将会使其合法权益受到难以弥补的损害的，可以在起诉前依法向人民法院申请采取责令停止有关行为和财产保全的措施。

（二）行政法保护

集成电路布图设计权的行政法保护分为行政处理和行政调解两种。集成电路布图设计权纠纷首先由当事人协商解决，不愿协商或者协商不成的，权利人或利害关系人可以向人民法院起诉，也可以请求国务院知识产权行政部门处理。[1] 国务院知识产权行政部门处理时，认定侵权行为成立的，可以责令侵权人立即停止侵权行为，没收、销毁侵权产品或者物品。当事人不服的，可以自收到处理通知之日起15日内依照《行政诉讼法》向人民法院起诉；期满不起诉又不停止侵权行为的，国务院知识产权行政部门可以请求人民法院强制执行。此外，应当事人的请求，国务院知识产权行政部门可以就侵犯布图设计专有权的赔偿数额进行调解，调解不成的，当事人可以依照《行政诉讼法》向人民法院起诉。国务院2018年机构改革后，关于行政执法相关职能将由市场监督管理部门的执法机构承担。

■本章小结

集成电路布图设计权是知识产权中的新成员。它的诞生是技术进步和社会发展的必然，其特性取决于集成电路布图设计的特性。集成电路布图设计权与计算机软件权一样，促使知识产权的各大部分相互渗透、相互融合，这一发展趋势将对传统知识产权法律体系提出挑战。

■本章思考题

1. 什么是集成电路布图设计？
2. 集成电路布图设计的主要特征有哪些？
3. 集成电路布图设计有哪些保护模式？
4. 案例讨论：

我国首例集成电路布图设计侵权纠纷案[2]

【基本案情】

原告矽威公司诉称，PT4115大功率LED恒流源驱动芯片（以下简称PT4115芯片）系原告研发用于LED照明的产品，2007年8月8日完成布图设计创作，2008年7月4日获得国家知识产权局颁发的《集成电路布图设计登记证书》。2009年上半年，原告发现被告源之峰公司在市场上低价销售PE6808（又名CL6808）芯片。经原告委托鉴定，发现被告生产、销售的PE6808芯片与原告PT4115芯片的布图设计相同，两者属相同产品。被告也宣称PE6808产品系依据

---

[1] 根据国家知识产权局2001年颁布的《集成电路布图设计行政执法办法》，国家知识产权局设立专门的集成电路布图设计行政执法委员会，负责处理侵犯布图设计专有权的纠纷，调解侵犯布图设计专有权的赔偿数额。

[2] 参见江苏省南京市中级人民法院（2009）宁民三初字第435号民事判决书。

对 PT4115 芯片产品进行反向工程分析后得出的布图设计进行生产的。原告诉至法院，请求判令：①被告停止侵害原告 PT4115 芯片布图设计专有权，销毁侵权产品；②被告赔偿原告经济损失 3 100 000 元；③被告承担本案的诉讼费。原告矽威公司在第一次庭审中变更第二项诉讼请求为判令被告赔偿原告经济损失 3 356 545.46 元，在第四次庭审中又放弃变更，对此被告源之峰公司不持异议，法院予以准许。

被告源之峰公司在庭审中辩称，其没有实施侵犯原告 PT4115 芯片布图设计专有权的行为。原告请求赔偿的损失没有事实和法律依据。原告销售量减少及利润降低，是电子产品正常的更新换代与市场环境造成的。被告销售的涉嫌侵权产品只有 67 000 余片，相对于原告销售市场而言数量很少，不可能对原告产品销售量和价格造成影响，也不会引起其销售量下降和利润降低。原告主张的研发费用与销售费用系公司经营的合理成本，不能认为是被告侵权造成的损失。原告主张的律师费用没有收费凭证，且明显超过律师收费标准。本案的赔偿数额应当以被告因侵权而获得的利益为依据计算。在最后一次庭审中，被告承认其所复制的布图设计与原告享有专有权的布图设计是相同的。

法院经审理认为，被告未经许可，复制并商业利用原告享有专有权的布图设计，侵犯了原告的布图设计专有权。原告要求被告停止侵权、赔偿损失的诉讼请求有事实和法律依据，法院予以支持，对销毁侵权产品的诉讼请求不予支持。被告关于赔偿损失计算方式的意见有事实与法律依据，法院予以采信。据此判决：①被告南京源之峰科技有限公司立即停止侵犯原告华润矽威科技（上海）有限公司 BS.08500231.3 号 PT4115 集成电路布图设计专有权的行为；②被告南京源之峰科技有限公司于本判决生效之日起 10 日内赔偿原告华润矽威科技（上海）有限公司经济损失 150 915.06 元及为制止侵权行为所支付的合理费用 85 620 元，共计 236 535.06 元；③驳回原告华润矽威科技（上海）有限公司的其他诉讼请求。

【重点讨论】如何确定集成电路布图设计权利的范围？本案法官是如何判断被告行为构成了侵权的？

第四章

植物新品种权

[提示要点]

本章学习植物新品种的概念和特征，重点了解植物新品种权的取得程序、归属、内容、限制、存续期间和终止无效事由等方面的内容。本章难点在于对植物新品种权归属的理解。

第一节 植物新品种的概念和特征

植物新品种，是指经过人工培育的或者对发现的野生植物加以开发，具备新颖性、特异性、一致性和稳定性并有适当命名的植物品种，包括农业和林业植物新品种。[1] 植物新品种的保护是通过授予植物新品种权（简称品种权）的方式进行的。植物新品种要想获得品种权的保护，需要具备以下特征：

一、为国家植物品种保护名录所包含

申请保护的植物新品种应当在国家植物品种保护名录中列举的植物属或种范围之内。不在名录范围内的植物品种不具备申请品种权的资格。

二、新颖性

新颖性是指植物品种尚未被商业化利用或推广使用。具体而言，是指申请品种权的植物新品种在申请日前该品种繁殖材料未被销售，或者经育种者许可，在中国境内销售该品种繁殖材料未超过1年；在中国境外销售藤本植物、林木、果树和观赏树木品种繁殖材料未超过6年，销售其他植物品种繁殖材料未超过4年。

三、特异性

特异性是指申请品种权的植物新品种应当明显区别于在递交申请以前已知的植物品种。特异性所考虑的申请品种与已知品种之间的差异，不一定要有明显的实用价值（如抗病、早熟等），只要这些差异足够明显，能够清楚地区分申请品种与已知品种的性状即可。

---

[1] 我国《植物新品种保护条例》第2条规定："本条例所称植物新品种，是指经过人工培育的或者发现的野生植物加以开发，具备新颖性、特异性、一致性和稳定性并有适当命名的植物品种。"

四、一致性

一致性是指申请品种权的植物新品种经过繁殖，除可以预见的变异外，其相关的特征或者特性一致。可以预见的变异，是指植株受外界环境因素影响，在现有科技水平下可以由普通专业人员预见到的非根本性变异，如株高、生育期等。

五、稳定性

稳定性是指申请品种权的植物新品种经过反复繁殖后或者在特定繁殖周期结束时，其相关的特征或者特性保持不变。一致性是对同一植株后代相互横向比较时采用的标准，而稳定性则是对植株的繁衍世系纵向观察时采用的标准。要求申请法律保护的植物新品种具有一致性和稳定性特征，是为了确保所保护植物品种的优点具有实际可利用性，同时也是为了方便确定品种权的保护范围。

六、有适当的名称

授予品种权的植物新品种应当具备适当的名称，并与相同或者相近的植物属或者种中已知品种的名称相区别。该名称经注册登记后即为该植物新品种的通用名称。不论授权品种的保护期是否届满，销售该品种均应当使用其注册登记的名称；未使用的，由县级以上人民政府农业、林业行政部门依职权责令限期改正，可处1000元以下的罚款。下列名称不得用于品种命名：①仅由数字组成的；②违反社会公德的；③容易对植物新品种的特征、特性或者育种者的身份等引起误解的。

随着社会对农业产量和质量快速提高的需求日益迫切，植物新品种的法律保护被提上了各国日程。植物新品种的培育、发现和推广，对农林业的发展具有十分重要的意义。优良的植物新品种可以改善农林产品质量，提高产量，促进农林业持续快速健康地发展。无论是通过人工培育的方式还是通过对野生植物加以开发的方式获得植物新品种，往往都需要投入巨大的人力、物力和财力，进行艰苦的智力劳动。为保护育种人的积极性，鼓励对植物新品种的培育，世界各国纷纷以各种方式对植物新品种的开发提供法律保护。1961年《保护植物新品种国际公约（UPOV）》在巴黎签订，规定成员应当以特别证书或专利方式保护植物新品种。进入20世纪90年代，《TRIPs协议》也对植物新品种的保护作了规定，要求成员以专利制度或有效的专门制度或任何组合制度给植物新品种以保护。我国对植物新品种的法律保护，采取专利法和专门法相结合、以专门法为主的模式。1997年国务院颁布并于2014年7月29日修改的《植物新品种保护条例》是我国植物新品种保护的主要法律依据。最高人民法院自2007年2月1日起施行的《关于审理侵犯植物新品种权纠纷案件具体应用法律问题的若干规定》指导我国的司法实践。

第二节 植物新品种权

植物新品种权是指育种人对其培育开发的植物新品种所享有的专有权。植物新品种权也是一种新兴知识产权,在保护智力成果、专有性、地域性和时间性等特点上,和大多数其他知识产权种类没有明显区别,尤其是与专利权有较大的相似性。不过,植物新品种权与专利权也有一些区别:一是专利权的保护对象可以是产品或者方法,而植物新品种权所保护的只有产品即植物品种;二是专利权与植物新品种权的授予条件有明显的不同;三是植物新品种权所受到的限制总体上要比专利权更严格。

一、植物新品种权的取得程序

我国对植物新品种权的授予采取严格的要式主义,即必须由符合条件的主体向有关行政机关提出申请,经后者审查核准后办理相应手续,品种权方得视为授予。申请品种权的,应当向审批机关提交符合规定格式要求的请求书、说明书和该品种的照片。申请文件应当使用中文书写。审批机关收到品种权申请文件之日为申请日;申请文件是邮寄的,以寄出的邮戳日为申请日。

中国的单位和个人申请品种权的,可以直接或者委托代理机构向审批机关提出申请;申请品种权的植物新品种涉及国家安全或者重大利益需要保密的,应当按照国家有关规定办理;将国内培育的植物新品种向国外申请品种权的,应当向审批机关登记。外国人、外国企业或者外国其他组织在中国申请品种权的,应当按其所属国和中华人民共和国签订的协议或者共同参加的国际条约或者根据互惠原则依法办理。提出申请的外国人、外国企业或者其他外国组织在中国没有经常居所或者营业所的,应当委托依法设立的代理机构办理。申请人委托代理机构申请品种权或者办理其他品种权事务的,应当同时提交委托书,明确委托权限。两个以上主体共同提起申请而未委托代理机构的,应当明确一方为代表人。

植物新品种权的申请也存在和专利申请相类似的优先权制度。申请人自在外国第一次提出品种权申请之日起 12 个月内,又在中国就该植物新品种提出品种权申请的,依照该外国同中华人民共和国签订的协议或者共同参加的国际条约,或者根据相互承认优先权的原则,可以享有优先权。申请人要求优先权的,应当在申请时提出书面说明,并在 3 个月内提交经原受理机关确认的第一次提出的品种权申请文件的副本;未依照规定提出书面说明或者提交申请文件副本的,视为未要求优先权。

审批机关对申请的审查分初步审查和实质审查两个阶段。

（一）初步审查

申请人缴纳申请费后，审批机关对品种权申请的下列内容进行初步审查：①是否属于植物品种保护名录列举的植物属种的范围；②外国申请人是否符合《植物新品种保护条例》第 20 条的规定；③是否符合新颖性的规定；④植物新品种的命名是否适当。

审批机关应当自受理品种权申请之日起 6 个月内完成初步审查。对经初步审查合格的品种权申请，审批机关予以公告，并通知申请人在 3 个月内缴纳审查费。对经初步审查不合格的品种权申请，审批机关应当通知申请人在 3 个月内陈述意见或者予以修正；逾期未答复或者修正后仍然不合格的，驳回申请。

（二）实质审查

申请人按照规定缴纳审查费后，审批机关对品种权申请的特异性、一致性和稳定性进行实质审查。申请人未按照规定缴纳审查费的，品种权申请视为撤回。审批机关主要依据申请文件和其他有关书面材料进行实质审查，必要时可以委托指定的测试机构进行测试或者考察业已完成的种植或者其他试验的结果。因审查需要，申请人应当根据审批机关的要求提供必要的资料和该植物新品种的繁殖材料。对经实质审查符合规定的品种权申请，审批机关应当作出授予品种权的决定，颁发品种权证书，并予以登记和公告。

申请人对审批机关驳回品种权申请的决定不服的，可以自收到通知之日起 3 个月内，向审批机关下设的植物新品种复审委员会请求复审。复审委员会应当自收到请求书之日起 6 个月内作出决定，并通知申请人。申请人对植物新品种复审委员会的决定不服的，可以自接到通知之日起 15 日内向人民法院提起诉讼。

二、植物新品种权的归属、内容和限制

（一）植物新品种权的归属

植物新品种权的归属针对的是有资格享有植物新品种权的原始主体问题。在植物新品种权取得的严格要式主义条件下，这个问题可以简化为品种权申请人的资格问题。根据《植物新品种保护条例》的相关规定，植物新品种权保护的申请权归属于完成育种的单位或者个人。执行本单位的任务或者主要是利用本单位的物质条件所完成的职务育种，申请权属于该单位。职务育种主要包括以下四种情形：①在本职工作中完成的育种；②履行本单位分配的本职工作之外的任务所完成的育种；③退职、退休或者调动工作后 3 年内完成的与其在原单位承担的本职工作或者分配的任务有关的育种；④利用本单位的资金、仪器设备、试验场地、育种资源和其他繁殖材料及不对外公开的技术资料等所完成的育种。除以上情形外，皆为非职务育种，申请权属于完成育种的个人。委托育种或者合作育种的，品种权的归属由当事人在合同中约定，没有约定的，品种权属于受委托完成

或者共同完成育种的单位或者个人。

一个植物新品种只能授予一项品种权。两个以上的申请人分别就同一个植物新品种申请品种权的，品种权授予最先申请的人；同时申请的，品种权授予最先完成该植物新品种育种的人。由此可以看出，与商业秘密权、集成电路布图设计权等知识产权不同，植物新品种权的专有性和排他性是绝对的。由于当事人就植物新品种权及其申请权的权属发生的争议属于民事争议，故可以直接向人民法院提起诉讼。

（二）植物新品种权的内容

1. 独占权。植物新品种权人对其授权品种享有排他的独占权。任何单位或者个人未经品种权人许可，不得为商业目的生产或者销售该授权品种的繁殖材料，不得为商业目的将该授权品种的繁殖材料重复使用于生产另一品种的繁殖材料。所谓繁殖材料，是指整株植物（包括苗木）、种子（包括根、茎、叶、花、果实等）以及构成植物体的任何部分（包括组织、细胞）。

2. 转让权。植物新品种权及其申请权均可以依法转让。中国的单位或者个人就其在国内培育的植物新品种向外国人转让申请权或者品种权的，应当经审批机关批准。国有单位在国内转让申请权或者品种权的，应当按照国家有关规定报经有关行政主管部门批准。转让申请权或者品种权的，当事人应当订立书面合同，并向审批机关登记，由审批机关予以公告。

（三）植物新品种权的限制

植物新品种是重要的农业和林业资源，其开发利用状况关系到整个社会的发展和稳定。因此，法律在通过权利形式保护植物新品种培育开发人利益的同时，也对这种权利给予了一些限制，具体表现在以下几个方面：

1. 合理使用。利用授权品种进行育种及其他科研活动，或者农民自繁自用授权品种的繁殖材料的，可以不经品种权人许可，不向其支付使用费，但是不得侵犯品种权人依法享有的其他权利。通常将前一种情形称为"育种特权"，将后一种情形称为"农户特权"。此外，按照有关司法解释，以农业或者林业种植为业的个人、农村承包经营户接受他人委托代为繁殖侵犯品种权的繁殖材料，不知道代繁物是侵犯品种权的繁殖材料并说明委托人的，不承担赔偿责任。

2. 强制许可。为了国家利益或者公共利益，审批机关可以作出实施植物新品种强制许可的决定，并予以登记和公告。取得强制许可的单位或个人应当付给品种权人合理的使用费，其数额由双方商定；不能达成协议的，由审批机关裁决。品种权人对强制许可决定或者强制许可使用费的裁决不服的，可以自收到通知之日起3个月内向人民法院提起诉讼。

三、植物新品种权的期限、终止和无效

根据《植物新品种保护条例》，植物新品种权的保护期限，自授权之日起，藤本植物、林木、果树和观赏树木为 20 年，其他植物为 15 年。

有下列情形之一的，品种权在其保护期限届满前终止：①品种权人以书面声明放弃品种权的；②品种权人未按照规定缴纳年费的；③品种权人未按照审批机关的要求提供检测所需的该授权品种的繁殖材料的；④经检测该授权品种不再符合被授予品种权时的特征和特性的。品种权的终止，由审批机关登记和公告。

自审批机关公告授予品种权之日起，植物新品种复审委员会可以依据职权或者依据任何单位或者个人的书面请求，宣告对不具有新颖性、特异性、一致性和稳定性的植物新品种的授权无效，或对不具有适当名称的植物新品种予以更名。被宣告无效的品种权视为自始不存在。宣告品种权无效或者更名的决定，由审批机关登记和公告，并通知当事人。当事人对植物新品种复审委员会的决定不服的，可以自收到通知之日起 3 个月内向人民法院提起诉讼。

宣告品种权无效的决定，对在宣告前人民法院作出并已执行的植物新品种侵权的判决、裁定，省级以上人民政府农业、林业行政部门作出并已执行的植物新品种侵权处理决定，以及已经履行的植物新品种实施许可合同和植物新品种权转让合同，不具有追溯力；但是，因品种权人的恶意给他人造成损失的，应当给予合理赔偿。被宣告无效的品种权，品种权人或品种权转让人不向被许可实施人或受让人返还使用费或者转让费明显违反公平原则的，品种权人或者品种权转让人应当向被许可实施人或者受让人返还全部或者部分使用费或者转让费。可见，在植物新品种权无效的溯及力问题上，法律采取了和《专利法》类似的规则。

四、植物新品种权的保护

（一）临时保护

品种权被授予后，在自初步审查合格公告之日起至被授予品种权之日止的期间，对未经申请人许可，为商业目的生产或者销售该授权品种的繁殖材料的单位和个人，品种权人享有追偿的权利。法律之所以如此规定，是为了使权利人在公告至授权之间的空隙内能够得到充分的保护。

（二）商业利用的禁止

未经品种权人许可，以商业目的生产或者销售授权品种的繁殖材料的，品种权人或者利害关系人可以请求省级以上人民政府农业、林业行政部门依据各自的职权进行处理，也可以直接向人民法院提起诉讼。省级以上人民政府农业、林业行政部门依据各自的职权，根据当事人自愿的原则，对侵权所造成的损害赔偿可以进行调解。调解达成协议的，当事人应当履行；调解未达成协议的，品种权人或者利害关系人可以依照民事诉讼程序向人民法院提起诉讼。省级以上人民政府

农业、林业行政部门依据各自的职权处理品种权侵权案件时，为维护社会公共利益，可以责令侵权人停止侵权行为，没收违法所得和植物品种繁殖材料；货值金额5万元以上的，可处货值金额1倍以上5倍以下的罚款；没有货值金额或者货值金额5万元以下的，根据情节轻重，可处25万元以下的罚款。人民法院审理侵犯植物新品种权纠纷案件，应当依照《民法通则》第134条的规定，结合案件具体情况，判决侵权人承担停止侵害、赔偿损失等民事责任。

关于侵犯植物新品种权案的损害赔偿标准，根据有关司法解释，被侵权人可以在自己因侵权所受的实际损失和侵权人因侵权所得利益两者之间择一主张。人民法院可以根据该植物新品种实施许可的种类、时间、范围等因素，参照被侵权人通常的实施许可费标准，合理确定赔偿数额。按照以上方法仍然难以确定赔偿数额的，人民法院可以综合考虑侵权的性质、期间、后果，植物新品种实施许可费的数额，植物新品种实施许可的种类、时间、范围及被侵权人调查、制止侵权所支付的合理费用等因素，在50万元以下确定赔偿数额。被侵权人和侵权人均同意将侵权物折价抵扣被侵权人所受损失的，人民法院应当准许；有一方不同意折价抵扣的，人民法院应依照当事人的请求，责令侵权人对侵权物作消灭活性等使其不能再被用做繁殖材料的处理。侵权物正处于生长期或者销毁侵权物将导致重大不利后果的，人民法院可以不采取责令销毁侵权物的方法，但法律、行政法规另有规定的除外。

（三）假冒授权品种的禁止

所谓假冒授权品种，主要包括以下几种行为：①印制、使用伪造的品种权证书、品种权号；②使用已经被终止或者被宣告无效品种权的品种权证书、品种权号；③以非授权品种冒充授权品种，或以此种授权品种冒充他种授权品种；④其他足以使他人将非授权品种误认为授权品种的情形。

假冒授权品种的，由县级以上人民政府农业、林业行政部门依职权责令停止假冒行为，没收违法所得和植物品种繁殖材料，货值金额5万元以上的，处货值金额1倍以上5倍以下的罚款；没有货值金额或者货值金额5万元以下的，根据情节轻重，处25万元以下的罚款；情节严重，构成犯罪的，依法追究刑事责任。省级以上人民政府农业、林业行政部门在依职权查处品种权侵权案件，或县级以上人民政府农业、林业行政部门在依职权查处假冒授权品种案件时，可以根据需要封存或者扣押与案件有关的植物品种的繁殖材料，查阅、复制或者封存与案件有关的合同、账册及有关文件。

■本章小结

植物新品种，作为人类的智力劳动成果，在农业增产、增效和品质改善中起着至关重要的作用。对植物新品种实施知识产权保护，是当今世界的潮流和人类文明的标志。要推动农作物育种不断创新，关键是要为其提供一种内在的动力机制，创造一个保护育种成果并维护种子贸易公平竞争的外部法律、政策环境。

■ **本章思考题**

1. 植物新品种应当具备哪些条件？
2. 案例讨论：

天津天隆种业科技有限公司与江苏徐农种业科技有限公司侵害植物新品种权纠纷上诉案[1]

【基本案情】

2000年11月10日，北方杂交粳稻工程技术中心（以下简称北方杂粳中心）、江苏徐淮地区徐州农业科学研究所（以下简称徐州农科所）共同培育的9优418水稻品种，经全国农作物品种审定委员会审定通过。9优418水稻品种来源母本徐9201A、父本C418。北方杂粳中心与辽宁省稻作研究所（以下简称辽宁稻作所）为一套机构两块牌子，主管部门均为辽宁省农业科学院。2003年12月30日，辽宁稻作所向国家农业部提出C418水稻品种植物新品种权申请，2007年5月1日获得授权。2007年5月1日，辽宁稻作所与天津天隆种业科技有限公司（以下简称天隆公司）签订了《独占实施许可合同》，辽宁稻作所授权天隆公司独占（辽宁省除外）实施C418植物新品种权。2003年9月25日，徐州农科所就其选育的徐9201A水稻品种向国家农业部申请植物新品种权保护，2007年1月1日获得授权。2006年4月3日，徐州农科所水稻室与天隆公司订立《关于"徐9201A"引种使用协议》，约定："徐9201A已申请国家品种权保护，外单位引用仅可用于测交配组，不得用于商业开发，并保证不向第三方扩散；使用期间未经同意不得自行繁殖，否则追究侵权责任。"2008年1月3日，徐州农科所与江苏徐农种业科技有限公司（以下简称徐农公司）订立《技术转让合同书》，徐州农科所将徐9201A植物新品种权许可徐农公司以独占方式实施。天隆公司、徐农公司分别向法院提起诉讼，要求确认对方当事人侵犯其独占享有的父本C418、母本徐9201A植物新品种权。法院查明，双方当事人在生产9优418水稻品种时均使用相同的父本C418和母本徐9201A。江苏省高级人民法院二审认为，综合分析两案查明的事实，天隆公司、徐农公司在生产9优418水稻品种时相互指控

---

〔1〕 参见最高人民法院2014年4月22日发布的《2013年中国法院10大创新性知识产权案件》及江苏省高级人民法院（2011）苏知民终字第194号、（2012）苏知民终字第55号民事判决书。

对方侵权，缺乏事实与法律依据。基于辽宁稻作所与徐州农科所就9优418品种的合作渊源及合作目的，以及双方各自生产9优418面临的法律障碍，又鉴于父本与母本在配组生产9优418过程中的地位及作用至少基本相当，法院判令合作双方及本案双方当事人均有权使用对方获得授权的亲本繁殖材料，而且应当相互免除许可使用费，但仅限于生产和销售9优418这一水稻品种，不得用于其他商业目的。同时，法院亦注意到，徐农公司二审中主张为推广9优418品种，其付出了许多商业努力并进行种植技术攻关，天隆公司对此亦予以认可。由于天隆公司在9优418品种已获得市场广泛认可的情况下进入该生产领域，其明显减少了推广该品种的市场成本，故天隆公司给予徐农公司一定的经济补偿具有公平合理性。同时亦需要指出，双方当事人各自生产9优418，事实上存在着一定的市场竞争和利益冲突，双方当事人应当遵守我国反不正当竞争法的相关规定，诚实经营，有序竞争，尤其应当清晰标注各自的商业标识，防止发生新的争议和纠纷。

【重点讨论】 本案就涉案植物新品种权纠纷案件提出的裁判思路具有哪些探索和创新意义？该案裁判如何借鉴了知识产权强制许可制度？

第六编　知识产权国际保护

第一章
知识产权国际保护概述

[提示要点]

　　学习本章，要了解知识产权国际保护的产生以及在国内外的发展现状，掌握知识产权国际保护的方式，并了解知识产权国际保护的组织机构。

第一节　知识产权国际保护的产生与发展

一、知识产权国际保护的产生

知识产权的国际保护是指国家通过缔结国际公约或国际条约，在成员之间相互协调、合作的基础上对知识产权进行的保护。知识产权的国际保护是历史发展到一定阶段的必然产物。

（一）知识产权的国际保护是知识产权地域性与传播性冲突的必然结果

知识产权本身的特性之一就是具有一定的地域性，即任何一个国家的知识产权只能在其国内才能受到本国法律的保护，而不产生域外的法律效力。而知识产权本身所具有的无形性又使得知识产权易于传播，不受地域限制。这就造成了知识产权的保护与传播之间的矛盾，尤其随着科学技术与信息技术的进一步发展，这种矛盾得到了进一步的激化。为解决创造性成果保护和传播之间的冲突，有必要建立知识产权国际保护制度。

(二) 知识产权的国际保护是现代世界贸易的必然要求

随着服务和技术贸易在国际贸易中的比重日益增加，知识产权这种无形资产必须转化为生产力才能促进世界经济的发展。当今发达国家技术先进，拥有的知识产权的数量巨大，而发展中国家渴望得到这些先进技术，这就需要在发达国家与发展中国家中间基于知识产权的交易建立一个能够满足双方的桥梁，而这一桥梁便是知识产权的国际保护制度。

(三) 知识产权的国际保护是维护国际经济新秩序的内在需求

20 世纪 60 年代以来，知识产权国际保护进入了一个新的历史时期。随着经济全球化以及知识经济时代的到来，知识产权在国际贸易中的地位越来越重要，已经成为影响国家发展的重要因素。通过国际公约、国际条约对知识产权进行保护也是建立一个平台，确立双方的权利义务，平衡双方的利益，从而维护国际经济新秩序。

二、知识产权国际保护的发展现状

知识产权的国际保护起源于 19 世纪 50 年代，从 1883 年签署的《巴黎公约》开始，至今已有一百多年的历史，纵观知识产权国际保护的历史和现状，其发展主要呈现出以下特点：

(一) 知识产权国际保护的范围不断扩大

知识产权的国际保护最初只是涉及科学技术领域，随着国际贸易体制的形成和新的科学技术的出现，知识产权的国际保护已经扩大到国际贸易、国际投资和国际合作等领域。这主要体现在《TRIPs 协议》中，表明了知识产权已经成为国际贸易中不可分割的一部分。

(二) 区域性的国际保护不断增强

知识产权区域性保护的特点愈来愈突出，主要表现为区域性的条约不断出现，如在欧共体方面有 1986 年的《关于半导体产品布图设计法律保护的理事会指令》、1989 年的《缩小成员国商标法差异的理事会一号指令》、1991 年的《计算机程序法律保护指令》、1992 年的《关于保护农产品和食品地理标记和原产地名称条例》，以及《欧洲专利公约》和《欧洲共同体专利公约》等；非洲和马达加斯加组织 13 个国家对专利法、商标法和外观设计实行了统一的标准；丹麦、芬兰、冰岛、挪威、瑞典 5 个斯堪的那维亚国家也统一了工业产权方面的保护。近年来自由贸易区的发展形势非常迅猛，自由贸易区通常指两个以上的国家或地区，通过签订自由贸易协定，相互取消绝大部分货物的关税和非关税壁垒，取消绝大多数服务部门的市场准入限制，开放投资，从而促进商品、服务和资本、技术、人员等生产要素的自由流动，实现优势互补，促进共同发展。有时，它也用来形容一国国内，一个或多个消除了关税和贸易配额并且对经济的行政干预较小的区域，如我国 2013 年 9 月 27 日国务院批复成立中国（上海）自由贸易试验区；2015 年 4 月 20 日国务院批复成立广东、天津、福建自由贸易试验区以及上海自由贸易区扩展区；2017 年 3 月 31 日国务院批复成立中国（辽宁）自由贸易试验区、中国（浙江）自由贸易试验区、中国（河南）自由贸易试验区、中国（湖北）自由贸易试验区、中国（重庆）自由贸易试验区、中国（四川）自由贸易试验区、中国（陕西）自由贸易试验区；2018 年 4 月 13 日党中央决定支持海南全岛建设自由贸易试验区，支持海南逐步探索、稳步推进中国特色自由贸易港建设等。这些表明了知识产权区域性保护的法律逐步协调和统一。

（三）现有国际公约不断进行修改或补充

为了强化知识产权的国际保护，各成员对现有国际公约不断进行着修改和完善，如《巴黎公约》是知识产权国际公约中最早、成员最多的公约，它与 1886 年的《伯尔尼公约》一起共同构成了知识产权国际保护体系的两块基石。随着社会的不断发展，各成员也对这两个公约进行了修改和补充：1994 年制定的《商标法条约》，其目的就是简化商标保护的行政程序，协调各国之间商标立法的冲突，进一步加强对商标的国际保护；1996 年制定的《版权条约》和《表演和录音制品条约》也对《伯尔尼公约》中规定的不足进行了重要的补充，等等。

（四）发达国家与发展中国家的冲突愈来愈突出

在知识产权的拥有和保护方面，发达国家在全球范围内加强知识产权的保护，扩大保护的范围，统一保护的标准，提高保护的效率和强度；而发展中国家则主要是保护本国优势资源，无论是在保护范围、保护标准上，还是在保护的效率和强度上均无法与发达国家抗衡。因此，在知识产权保护上如何协调发达国家与发展中国家的利益冲突也是知识产权国际保护面临的问题。

三、知识产权国际保护的方式

（一）以一国国内立法来保护

即单独以一国国内的立法来保护国外的知识产权。如 1852 年法国颁布的立法将对版权的保护扩大到了一切作品，而不论作品的出版地和国籍是否属于法国。但是，这种方式具有太多的局限，所以当今世界采用这种方式的国家已经很少了。

（二）互惠原则

我国在参加《巴黎公约》之前就曾经与很多国家在商标保护方面实行互惠原则。但是，互惠原则是一种附条件的保护方式，所以采用这种方式的国家也不是很多。

（三）订立双边条约

这种方式由于保护的范围只涉及订约的两国之间的知识产权，而未能对第三国的知识产权产生效力。

（四）签订多边公约或协定

这是知识产权国际保护最重要的保护方式。因为这种方式可以使知识产权在最大的范围之内得到各国的保护，如《巴黎公约》《伯尔尼公约》《TRIPs 协议》以及 2011 年底被多个发达国家签署的《反假冒贸易协定》等。

在多边条约或者协定中，涉及专利权的公约主要有：《巴黎公约》《专利合作公约》《斯特拉斯堡协定》《洛迦诺协定》《海牙协定》《TRIPs 协议》《布达佩斯条约》；涉及商标权利保护的公约主要有：《巴黎公约》《TRIPs 协议》《制止协定》《马德里协定》《商标法条约》《尼斯协定》《维也纳协定》等；与著作权保护有关的公约主要有：《伯尔尼公约》《TRIPs 协议》《世界版权公约》《罗马公约》《录音制品公约》《视听作品条约》《卫星公约》《马德里多边公约》《印刷字体协定》《集成电路知识产权条约》《版权条约》《表演和录音制品条约》等。

从 20 世纪 90 年代中期开始，国际上有关知识产权协议的签署出现了从世界知识产权组织（WIPO）和世界贸易组织（WTO）转向自由贸易协定（FTA）的趋势；知识产权国际保护方式也从多边保护转向诸边保护和双边保护，在保护的内容上也出现了超越《TRIPs 协议》的知识产权保护标准和新的实施机制等，需要引起我们的高度关注并对此进一步研究。

第二节 世界知识产权组织

一、世界知识产权组织的概况

世界知识产权组织（World Intellectual Property Organization，WIPO）是联合国的专门机构之一，1967 年保护知识产权联合国国际局提议建立世界知识产权组织。同年 7 月，有 51 个国家参加的斯德哥尔摩会议通过了《建立世界知识产权组织公约》，该公约在 1970 年 4 月 26 日正式生效。随之世界知识产权组织就成立了。到 2019 年 5 月底为止，世界知识产权组织共有成员 192 个。我国于 1980 年 6 月 3 日正式成为该组织的第 90 个成员。

根据《建立世界知识产权组织公约》第 12 条的规定，世界知识产权组织拥有国际法上的主体地位。在法定条件下，它享有为实现其组织的宗旨和法定权限的权利能力，也可以与其他国家签订双边或多边条约，从而使得其组织、官员和一切成员的代表享有为完成其宗旨和行使其职权所必需的特权和豁免权。

二、世界知识产权组织的职责

世界知识产权组织的职责主要表现在以下方面：促进发展旨在便利全世界对知识产权的有效保护和协调各国在这方面的立法措施；执行巴黎联盟、与该联盟有联系的各专门联盟以及伯尔尼联盟的行政任务；担任或参加任何其他旨在促进保护知识产权的国际协定的行政事务；鼓励缔结旨在促进保护知识产权的国际协定；对于在知识产权方面请求法律—技术援助的国家给予帮助；收集并传播有关保护知识产权的信息，从事并促进这方面的研究，并公布这些研究的成果；维持有助于知识产权国际保护的服务，在适当情况下，提供服务工作单位名册，并发表这种名册的材料。

此外，世界知识产权组织还通过提供咨询意见、培训和提供文件及设备等方式向发展中国家提供关于知识产权的国内立法、政府机构的现代化、人员的培训、加入国际公约等的援助。

三、世界知识产权组织的主要工作机构

（一）大会

大会是世界知识产权组织的最高权力机构。大会成员主要有两种：一种是正式成员，即任何一个联盟（巴黎联盟、伯尔尼联盟）的国家，每一个成员必须派一位代表参加；而另一种就是有观察员身份的国家，也就是已经参加公约，但是非联盟成员的国家。大会以成员半数为法定人数，例会每3年举行一次，由世界知识产权组织总干事召集。大会特别会议由总干事根据协调委员会或者大会1/4成员的请求召开，每一个成员在大会上都有一票表决权。大会应在世界知识产权组织总部召开，大会自己的议事规则由大会自己通过。大会的职责主要是：根据协调委员会提名，任命总干事；审批总干事关于本组织的报告，并给予指示；审批协调委员会的报告与活动，并给予指示；决定可作为观察员另行参加本会议的国家；通过本组织的财务条例；确定秘书处的工作语言；履行本组织的职责及行使其他适合于本公约的适当职权。

（二）成员会议

成员会议由公约的成员组成，而不管其是否属于其中任何一个联盟。成员会议以成员的1/3构成法定人数，每一成员在会议上有一票表决权，对本公约的修订决定，应以2/3多数票作出决议。成员会议每3年召开一次，由总干事负责召集，会期及会议地点与大会相同；成员会议的特别会议应由总干事根据多数成员的请求召开。与大会一样，成员会议有自己的议事规则。成员会议的主要任务是：讨论知识产权方面普遍关心的事项，并且应在尊重各联盟的权限和自主的条件下就这些事项通过建议；通过本会议3年的预算，并在会议预算的限度内，制

订3年的法律—技术援助计划；决定可以以观察员身份参加本会议的国家；通过对本公约的修订案等事项。

（三）协调委员会

协调委员会的成员是担任巴黎联盟执行委员会委员或伯尔尼联盟执行委员会委员或兼任以上两个执行委员会委员的公约当事国。协调委员会每年举行一次会议，由总干事召集。协调的特别会议应由总干事召集，或根据其本人倡议，或应协调委员会主席的请求，或根据协调委员会1/4委员国的请求召开。协调委员会既是解答问题的咨询机构又是大会和成员会议的执行机构。其主要职责有：就一切有关行政财务的问题提出意见、拟订大会的议程草案、提出总干事若干候选人名单等。

（四）国际局

国际局是世界知识产权组织的常设办事机构—秘书处。该局设总干事1个（为世界知识产权组织的行政首脑），副总干事若干个。总干事的每届任期至少为6年，可连选连任。国际局的主要任务是：负责组织会议、准备文件和报告、收集和分发知识产权情报、出版有关知识产权的刊物、办理国际注册等事项。总干事和由其指派的工作人员可参加大会、成员会议、协调委员会及任何其他委员会或工作组的一切会议，但是没有表决权。

■本章小结

通过本章学习，我们了解到知识产权已经成为国际经贸合作的重要议题，加强知识产权国际合作，有利于加快转变我国外贸增长方式，优化进出口结构，提高中国外向型经济的质量。尤其是随着经济全球化和法律一体化进程的推进，知识产权国际保护有利于在开放的环境中有效吸纳利用国际创新资源；有利于我国的创新成果走向世界；有利于世界各国共同开发智力资源，共享创新成果。

■本章思考题

1. 知识产权的国际保护有哪些保护方式？
2. 为什么发达国家与发展中国家对知识产权的国际保护会产生冲突？
3. 世界知识产权组织的主要职责是什么？

4. 案例讨论：

中国通领科技集团与美国莱伏顿公司专利侵权诉讼案[1]

【基本案情】

从 2004 年 4 月起，美国莱伏顿公司利用一项 GFCI 母专利，陆续对中国通领科技集团（原浙江东正电器有限公司，以下简称通领科技公司）在美国的 4 家重要客户发起专利侵权诉讼。经过长达 3 年的海外诉讼，美国当地时间 2008 年 7 月 10 日，坚持在美国依法维权的通领科技公司终于获得美国新墨西哥州联邦地区法院主审法官布朗宁下达的判决书。判决书认为通领科技公司制造并销往美国的 GFCI 产品的器件并没有包含莱伏顿公司第 6246558 号专利权利要求中的相关"复位接触件"和"复位件"等要素，也不是以相同方法完成同样功能的相同或等同结构，不侵犯莱伏顿公司第 6246558 号美国专利，通领科技公司等被告依法胜诉。此案作为我国企业参加知识产权国际竞争的一个典型案例，值得深思。

【重点讨论】 我国企业如何建立海外知识产权侵权预警机制？我国企业如何应对海外侵权诉讼？本案有哪些值得我们总结的经验？

---

[1] 参见吴辉、汪玮玮："'坚守希望，我们赢了！'——通领集团胜诉美国巨头专利官司的台前幕后"，《中国知识产权报》2007 年 7 月 20 日，第 2 版。

第二章

《巴黎公约》

[提示要点]

《巴黎公约》是知识产权国际保护中最重要的国际公约之一。学习本章，要了解《巴黎公约》的产生以及保护对象，重点掌握该公约的基本原则，并把握该公约对各成员提出的共同要求和最低要求。

第一节 《巴黎公约》概述

一、《巴黎公约》的签订

《巴黎公约》是1883年3月20日在法国首都巴黎缔结的，于1884年7月7日正式生效。《巴黎公约》不仅是知识产权领域第一个世界性多边公约，也是成员最为广泛、对其他世界性和区域性工业产权保护影响最大的公约。它是一个开放性的国际公约，最初只有14个成员，它们是比利时、巴西、法国、危地马拉、意大利、荷兰、葡萄牙、萨尔瓦多、塞尔维亚、西班牙、瑞士、英国、突尼斯和厄瓜多尔。《巴黎公约》从1900年布鲁塞尔会议后经过了多次修改（修改后的文本称为议定书）。根据公约的规定，如果公约的缔约国不批准新的修订文本就仍然接受原公约文本的约束。如果是非缔约国参加公约的，只能是加入最新的修订公约文本。到目前为止，除了1900年和1911年的修订文本由于没有国家受其约束而失效之外，仍然生效的还有1925年海牙文本、1934年伦敦文本、1958年里斯本文本和1967年斯德哥尔摩文本，但大多数国家所适用的是1967年斯德哥尔摩文本。截至2017年6月9日，《巴黎公约》共有177个成员。我国于1985年3月19日加入该公约，适用1967年斯德哥尔摩文本，但我国对公约第28条（即有关争议提交国际法院解决）提出了保留。

二、《巴黎公约》的保护范围

从公约的字面上可以得知该公约主要保护工业产权并以列举性的方式作出了规定。具体包括：专利、实用新型、外观设计、商标、服务标记、厂商名称、原产地名称和制止不正当竞争。从公约所规定的保护范围来看，工业产权应该作广义的理解，不仅应适用于工业和商业本身，而且也适用于农业和采掘业，适用于一切制成品或天然产品，如酒类、谷物、烟叶、水果、牲畜、矿产品、矿泉水、啤酒、花卉和谷物的粉等。

第二节 《巴黎公约》的基本原则

一、国民待遇原则

《巴黎公约》的国民待遇原则包含两方面的内容：一是对于工业产权的保护，各成员的法律应当给予其他成员的国民与本国国民同样的待遇；二是对于非成员国民，只要其在任何一个成员国内拥有住所或真实有效的工商营业场所，也应当享有与该成员国民同样的待遇。同样，当他们的权利受到侵害之时，各成员也应当给予同样的救济。

但是公约也允许各成员对国民待遇原则提出保留，特别是在司法、行政程序、管辖权、选定送达地址、指定代理人等方面，如果各成员的工业产权法可能有要求的，均可以明确地提出保留。

二、优先权原则

优先权原则是指任何成员的申请人，在向另一个成员提出工业产权保护的申请后，在公约规定的时间内（发明专利和实用新型专利为12个月，外观设计和商标为6个月）又向其他成员提出申请的，那么每一个在后申请的申请日均以第一次申请的申请日为准。在规定的申请优先权期限届满之前，任何后来在公约其他成员内提出的申请，都不会因在此期间内其他人所作出的任何行为而失效。该原则是《巴黎公约》中最为重要的一项内容。

三、独立性原则

独立性原则是指各成员在制定本国的工业产权法时，实行严格的主权原则，包括专利和商标两个方面。专利独立保护原则是指各成员国民就其同一项发明在不同成员内的申请或享有的权利彼此互相独立，并不相互影响。商标独立保护原则指的是如果某个商标没有能在一个公约成员国内获得授权或者被撤销，并不能够影响该商标在其他成员国内提出注册申请。

四、临时保护原则

临时保护原则是指各成员依照其法律规定，应当对于在任何一个成员内举办的或经官方承认的国际博览会上展出的商品中可以获得专利的发明、实用新型、外观设计和可以获得注册的商标给予临时性的保护。如果展品的所有人在临时保护期内提出了专利的申请或商标注册的申请，那么该申请案的优先权日就不是按照第一次申请的日期计算，而是按照展品公开展出之日起算。每一个成员也可以要求申请人提供其本国认为必要的证明文件,从而证明其展出的物品和物品展出的日期。

五、强制许可原则

根据《巴黎公约》的规定,各成员可以采取立法措施,规定在一定条件下可以核准强制许可,以防止专利权人可能对专利权滥用的情况发生。

第三节 《巴黎公约》对成员保护的要求

一、《巴黎公约》对成员保护的共同要求

除临时保护之外,公约对成员保护提出了以下共同要求:

1. 各成员对于标有虚伪的货源或生产者标记的商品在进入其国内时可以进行扣押。

2. 各成员都负有义务对其国民所进行的反不正当竞争行为提供有效的保护。

3. 对于工业产权维持费的缴纳,各成员应给予不少于6个月的宽限期,而对于因未缴纳而终止的权利有权决定予以恢复。

二、《巴黎公约》对成员保护的最低要求

(一)《巴黎公约》对专利权保护的最低要求

1. 专利发明人的署名权。根据该公约的规定,虽然由于转让使得专利发明人与专利权人可能不一致,但是在专利证书上记载自己的名字是公约赋予专利发明人的一项基本权利。

2. 成员的义务。成员不得以专利产品或依专利方法制造的产品的销售受到本国法律的禁止或限制为由而拒绝批准授予其专利或宣告其专利无效。

3. 专利权人对某些进口产品的权利。一种产品输入到对该产品的制造方法有专利保护的成员国内时,专利权人对该进口产品应享有进口国法律对在该国制造的产品根据方法专利所给予的一切权利。

4. 专利权人将在任何成员内制造的物品输入到对该物品授予专利权的国家,不应当导致该专利的撤销。

5. 不被认为是专利侵权的例外:①本联盟其他成员的船舶暂时或偶然地进入该国家的领水时,在该船的船身、机器、滑车、传动装置及其他附件上使用构成该专利权人专利主题的装置或设备,但以专为该船的需要而使用这些器件为限;②本联盟其他成员的飞机或陆上车辆暂时或偶然地进入该国家时,在该飞机或陆上车辆的构造或装置中,或者在其附件的构造或装置中使用构成该专利权人专利主题的装置或设备。

6. 专利的强制许可。为防止专利权人滥用其权利和促进科学技术的传播，专利权人不实施自己的发明专利的，各成员有权在本国采取立法措施规定专利的强制许可。但是，授予专利强制许可必须满足一定的条件，即从提出专利申请之日起满 4 年，或从被授予专利之日起满 3 年，专利权人不实施或不充分实施其专利的，各成员可以根据第三者的申请实施专利的强制许可。但是，专利权人有正当理由不实施或不充分实施的除外。这种强制许可是非独占的，也不得转让，而且被许可方应当向专利权人支付合理的使用费。在批准强制许可之后，如果尚不足以防止专利权人滥用其权利的话，各成员可以自授权第一个强制许可之日起满 2 年时提起取消或撤销专利的诉讼。

（二）《巴黎公约》对商标权保护的最低要求

1. 使用商标的商品的性质不应当成为该商标注册的障碍。

2. 成员有义务拒绝将该国或政府间组织的徽章、旗帜、各国用以表明监督和保证的官方符号和检验印章进行注册，并采取必要措施禁止使用。

3. 如果成员的一个商标所有人的代理人或代表人，在未经商标所有人许可授权的情况下，以其自己的名字将该商标向其他一个或多个成员申请注册，该商标的所有人有权反对所注册的商标或申请取消该商标。

4. 成员有义务保护集体商标和服务商标。

5. 关于对驰名商标的特殊保护。①对驰名商标的认定不以注册为前提，商标的使用也可以成为认定驰名商标的依据。②如果商标注册国或使用国的主管机关认为某一项商标构成已经属于享有公约利益的人所有，在该国用于相同或相似商品商标的复制、仿制或翻译容易产生混淆的话，该成员主管机关应当依职权或依申请拒绝或取消注册，并禁止其使用。公约还规定，从商标注册之日起至少 5 年内，该成员应允许提出取消这种商标的请求。至于具体的时间由各成员各自规定。③如果是对以不诚实手段取得注册或使用的商标提出取消注册或者禁止使用的，则不应有具体的时间限制。

（三）《巴黎公约》对制止不正当竞争的最低要求

1. 各成员应当对其他成员国民采取有效的措施，制止对其造成损害的不正当竞争行为。

2. 各成员应当采取有效措施，允许不违反其本国法律而存在的联合会或社团代表有利害关系的工业家、生产者和商人，在被请示给予保护的国家法律允许该国的联合会和社团提出控诉的范围内，为了制止不正当竞争行为而向法院或行政机关提出控诉。

除了以上几方面外，公约还对工业产权的外观设计、原产地名称、厂商名称等其他工业产权的最低要求作出了规定。

■ 本章小结

通过本章学习，我们了解了在 20 世纪，在有关保护工业产权领域的其他国际条约产生之前，由于各国法律的差异性，在世界各国要想获得工业产权的保护是很困难的。到 20 世纪的后半期，技术全球化趋势的加强以及世界贸易的增长要求工业产权法的和谐统一，尤其在专利和商标领域。这就促成了《巴黎公约》的签订，且该公约的重要原则和规定对世界范围的知识产权保护和一些国际公约的签订产生了重要影响。

■ 本章思考题

1. 《巴黎公约》有哪些基本原则？
2. 《巴黎公约》对驰名商标的保护是如何规定的？
3. 《巴黎公约》对其他知识产权保护国际公约有哪些影响？
4. 讨论：《巴黎公约》是当今国际社会保护工业产权方面最基本、最重要的一个全球性多边国际条约。该公约自 1985 年 3 月 19 日起对我国生效。经过几次修改后，该公约是目前各成员保护工业产权的主要依据，也是各国司法机关和仲裁机构审理知识产权案件的重要依据之一。试就该公约规定的基本原则谈谈其对我国知识产权立法的影响。

第三章 《TRIPs 协议》

[提示要点]

《TRIPs 协议》即《与贸易有关的知识产权协议》，是关贸总协定乌拉圭回合谈判中的最重要文件之一。作为 WTO 调整知识产权关系的基本协定，《TRIPs 协议》是目前世界范围内知识产权保护领域中内容最广、保护水平最高、保护力度最强、影响力最大的一个国际公约。学习本章，应重点掌握《TRIPs 协议》的基本原则和基本规定。

第一节 《TRIPs 协议》的签订

一、《TRIPs 协议》签订的背景

1986 年 9 月 20 日，关贸总协定（GATT）成员的部长们举行专门会议，启动了乌拉圭回合多边贸易谈判。与贸易有关的知识产权问题是这次谈判中的主题之一。根据部长宣言，谈判的目标之一是对知识产权的最低保护标准形成一个多边协议。

知识产权问题被纳入关贸总协定多边贸易谈判并最终缔结了知识产权协议。首先，《TRIPs 协议》是世界经济全球化步伐加快和科学技术快速发展的必然结果；其次，随着知识产权与国际贸易之间的关系日趋紧密，知识和技术在国际经济贸易中的地位迅速提高，《TRIPs 协议》是各国希望进一步加强知识产权多边国际保护的体现；最后，《TRIPs 协议》实质上是发达国家与发展中国家之间就知识产权保护标准谈判较量的结果。

《TRIPs 协议》是关贸总协定乌拉圭回合谈判的 21 个最后文件之一，该协议于 1994 年 4 月 15 日由各国代表签字，并于 1995 年 1 月 1 日正式生效。自 2001 年 12 月 11 日我国正式加入世界贸易组织时对我国生效。到 2018 年 5 月底，该协议已有 164 个缔约方。

二、《TRIPs 协议》与其他知识产权公约的关系

《TRIPs 协议》要求各成员必须遵守和执行《巴黎公约》《伯尔尼公约》《罗马公约》《集成电路知识产权条约》，基本完全肯定、要求全体成员按照对等原

则执行《巴黎公约》的子公约，而对《世界版权公约》《录音制品公约》并不要求全体成员遵守和执行。

第二节 《TRIPs 协议》的基本原则

《TRIPs 协议》第 7 条明确了该协议的宗旨在于促进技术的革新、技术的转让与技术的传播，以有利于社会及经济福利的方式去促进技术知识的生产者与使用者互利，并促进权利与义务的平衡。在此基础上规定了以下原则：

一、国民待遇原则

国民待遇原则是指除了《巴黎公约》《伯尔尼公约》《罗马公约》《集成电路知识产权条约》已经规定的情况外，各成员在知识产权保护方面对其他缔约国国民所提供的待遇不得低于其向本国国民提供的待遇。同样，《TRIPs 协议》第 1 条第 3 款也规定了国民待遇原则，但下列情况例外：在特殊场合下，按"互惠"原则所提供的待遇；在司法与行政程序方面（包括在某成员司法管辖范围内和服务地址的确定或代理人的指定），各成员均可自行适用国民待遇的例外规定，只要其为确保不违背该协议之法律及条例的实施所必需，且未以构成潜在性贸易限制的方式去应用；各成员提供国民待遇的义务不适用于由世界知识产权组织主持缔结的多边协议中有关获得或维持知识产权的程序（此例外也适用于最惠国待遇原则）。

二、最惠国待遇原则

《TRIPs 协议》第 4 条首次将最惠国待遇原则引入到知识产权的国际保护领域，要求在知识产权的保护上，某一成员提供给其他成员国民的任何优惠、利益、特权或豁免均应无条件地适用于全体其他成员国民。但协议规定了四个例外情况：①由一般性司法协助及法律实施的国际协定引申出来的，且并非专为保护知识产权的任何利益、优惠、特权或豁免；②《伯尔尼公约》1971 年文本或《罗马公约》按互惠原则提供的任何利益、优惠、特权或豁免；③本协议中未加规定的表演者权、录音制品制作者权及广播组织权；④《建立世界贸易组织协定》生效之前已经生效的保护知识产权国际协定中产生的权利或优惠等。

三、公共利益原则

《TRIPs 协议》第 8 条第 1 款规定，各成员可以采取必要的措施，以保护公众的健康和营养以及促进对其社会经济和技术发展至关重要领域中的公共利益。但这些必要措施不得与协议的规定相抵触。

四、防止权利滥用原则

根据《TRIPs 协议》第 7 条的规定，知识产权的保护和实施应当有助于促进技术革新及技术转让和传播，有助于技术知识的生产者和使用者的相互利益，并有助于社会和经济福利及权利义务的平衡。基于此协议第 8 条第 2 款规定，各成员可以采取适当的措施防止权利人滥用其权利，或凭借不正当的竞争手段限制贸易，或对国际技术转让产生不利的影响。但所采取的这些措施必须和该协议规定的原则相一致。

五、最低限度保护原则

《TRIPs 协议》第 1 条确立了最低限度保护原则，即各成员可以但无义务在其法律中适用比该协议要求更广泛的保护水平，只要这种保护不低于该协议的规定，各成员有权在其各自的法律制度和实践中确定实施该协定规定的适当方法。

六、透明度原则

该原则作为《关贸总协定》第 10 条的规定，在《TRIPs 协议》第 63 条的规定中得以强调，是首次将这一原则全面引入知识产权领域。根据该协议第 63 条第 1~4 款的规定，透明度原则由四大要素组成：公布义务、通知义务、提供咨询义务以及例外。

第三节 《TRIPs 协议》的主要内容

一、协议有关著作权的补充规定

在著作权保护方面，《TRIPs 协议》主要在保护客体和权利内容两方面对《伯尔尼公约》进行了补充。

1. 对著作权的保护应延伸到表达方式，但不得延伸到思想、工艺、操作方式或者数学概念本身。

2. 将计算机程序和富有独创性的数据汇编列为著作权保护的客体。

3. 提高了对著作权相关权利的保护水平，主要表现为：

（1）延长了保护期限，对表演者和录制者的保护期限应当从录制或节目表演当年年底算起至少持续 50 年，对广播组织的保护期限应当为广播开始之年的年底算起至少持续 20 年。

（2）将《伯尔尼公约》中关于追溯力的规定类比适用于表演者和录音制品制作者权。

4. 协议要求各成员对计算机程序及电影作品的著作权人或其合法继承人授予许可或禁止将其具有著作权的作品原件或者复制件向公众出租的权利。

二、协议有关商标权的补充规定

《TRIPs 协议》首次明确了"商标"的定义，即任何可以将一个企业的商品或服务与其他企业的商品或服务区别开来的标记或标记的组合（包括文字、字母、数字、图形要素、色彩的组合或上述内容的组合）。在对商标的保护方面，与《巴黎公约》相比较，《TRIPs 协议》突出在对保护客体和驰名商标的保护上。

1. 该协议第 15 条第 1 款规定，任何符号或符号的组合，只要能够将一企业提供的商品和服务与其他企业提供的商品和服务区别开来，均能构成商标。此种符号，尤其是文字（包括人名）、字母、数字、图形要素和色彩的组合，以及此种符号的组合，均可作为商标予以注册。如果符号本身不能区别相关商品和服务，成员亦可根据通过使用而获得的可识别性来确定其是否可予注册。

2. 关于驰名商标的保护主要涉及三个方面：

（1）协议关于驰名商标的保护原则可以适用于服务商标上。

（2）认定某一商标是否属于驰名商标，要看相关公众对该商标的熟悉程度，包括在该成员地域内宣传而使公众知晓的程度。

（3）协议规定，《巴黎公约》第 6 条之二原则上应适用于与商标注册使用的商品或服务不相类似的商品或服务，如果在有关商品或服务上使用该商标将使人认为有关商品或服务与注册商标所有人存在关联，而且注册商标所有人的利益由于此种使用而可能受损害。

三、协议有关专利权的补充规定

根据《TRIPs 协议》第 27 条第 1 款的规定，除了下述两种例外，一切技术领域内的任何发明，无论是产品还是工艺，只要具有新颖性、创造性，并可付诸工业应用，均可申请获得专利。两种例外是：①成员可将某些发明排除在可获得专利的范围之外，在其域内制止这种发明的商业性开发，以此保护公共秩序或公德（包括保护人类、动物或植物的生命或健康或避免严重的环境损害）。但不得仅仅以该国法律禁止利用某发明为理由将该发明排除在可获专利的范围之外。②成员还可将下列发明排除在可获专利的范围之外：人类或动物治疗的诊断、治疗和外科手术的方法；除了微生物之外的植物、动物，以及生产植物或动物的生产方法，但成员应以适当的方式对植物种类提供法律保护。

与《巴黎公约》相比较，《TRIPs 协议》增加了以下内容：

1. 专利进口权和提供销售权。该协议第 28 条第 1 款规定，对产品专利，专利所有人享有制止第三人未经其许可而制造、使用、出卖、销售专利产品，以及为上述目的而进口该产品的专有权利。

2. 要求成员将方法专利的保护至少延及依该方法直接获得的产品。该协议规定，对于方法专利，专利所有人享有制止第三人未经其许可使用该方法以及使用、提供销售、销售以及至少为上述目的而进口直接用该方法获得的产品的专有权利。

3. 在专利的保护期限方面，该协议第 33 条规定了从提交专利申请之日起应不少于 20 年。

四、协议有关其他知识产权的规定

（一）工业品外观设计

《TRIPs 协议》第 25、26 条规定，全体成员必须对独立创作的、具有新颖性或原创性的工业设计加以保护。受保护的工业设计所有人，有权制止第三人未经其许可而以商业目的制造、销售或进口带有或体现有受保护设计的复制品或实质性复制品的物品。成员可以自行确定用工业设计法或通过版权法来保护工业品外观设计，但是其保护期限至少为 10 年。

（二）地理标志

根据《TRIPs 协议》第 22 条第 1 款的规定，地理标志是指一种商品的产地来自于某一成员领土内，或者来自于该领土内的某一地区或地方的标志，而某种商品的特定品质、名声或者其特色主要与其地理来源有关。同条第 2 款则要求成员为有关利益方提供法律手段以制止下列行为：①以任何方式在商品的名称或描述中使用地理标志，以至于明示或暗示出该商品来源于某个并非其真实来源地的地理区域，在该商品的地理来源方面对公众产生误导。②构成《巴黎公约》第 10 条之二所规定的不正当竞争行为的任何使用。对于葡萄酒和烈性酒的地理标志，除了上述规定之外，该协议第 23 条还规定，各成员应制止在葡萄酒或烈性酒上使用虚假的地理标志，即使在使用某个地理标志时标示出了有关商品的真实产地标志，或者该地理标志使用的是翻译的文字，或者伴有"类""式""风格"等诸如此类的描述，也均在禁止之列。

（三）集成电路布图设计

《TRIPs 协议》第 35 条规定，各成员依照《集成电路知识产权条约》2~7 条（第 6 条第 3 款除外）、第 12 条及第 16 条第 3 款的规定，为集成电路外观设计提供保护。这样，《TRIPs 协议》不但首次将《集成电路知识产权条约》的全部实体性规定纳入其中，还提高了其保护水平。主要表现在以下方面：

1. 扩大了权利的保护范围，将《集成电路知识产权条约》只保护布图和含有受保护布图设计的集成电路，扩大到了含有受保护集成电路的物品。

2. 补充了善意侵权的有关规定。《TRIPs 协议》规定，善意侵权人在收到该布图设计是非法复制的通知之后，仍然可以就其现有存货或订单继续实施其行为，但必须向权利人支付报酬。

此外，协议还将对集成电路相关权利的保护期限延长到了 10 年，同时还规定成员可以将布图设计的保护期限规定为自创作完成之日起 15 年。

（四）对未披露信息的保护

《TRIPs 协议》第 39 条第 1 款规定，各成员均应按照《巴黎公约》第 10 条之二（即反不正当竞争）的规定，对未披露的信息提供保护。该协议第 39 条第 2 款规定了未披露信息受保护的三个条件：

1. 未披露信息是秘密的，即该信息作为一个整体或作为其各个构成部分的精确构造或集合未被通常从事该信息所属领域的工作的人普遍了解或轻易接触。

2. 由于其属于保密状态而具有了商业价值。

3. 合法控制信息的人根据有关情况采取了合理措施以保持其秘密状态。

对于符合上述三个条件的未披露信息，合法控制该信息的自然人与法人均应享有防止他人以违背诚实信用的商业习惯的方式在未经其同意的情况下披露、获得或使用有关信息可能性的权利。

五、协议有关执法措施和过渡期的规定

（一）各成员的总义务

《TRIPs 协议》第 41 条规定，各成员应当保证其国内法能够提供该协议第三部分的执法程序，以制止任何侵犯本协定所规定的知识产权行为，而且这种执法程序必须包括迅速防止侵权的救济和遏制进一步侵权的救济。另外，对于知识产权的执法程序，各成员应当本着公平合理的原则，不应当出现不必要的复杂程序或费用过高以及规定不合理的期限或不应有的拖延等现象。

（二）民事和行政程序以及救济

《TRIPs 协议》第 42~49 条规定，各成员应当以公平合理为原则，向权利持有人提供关于执行知识产权的民事司法程序，包括权利人能够得到及时详细的书面通知、举证的权利、委托代理人、陈述的机会等。一旦发生了侵权，各成员的司法当局应当向当事人发出禁令，停止侵权行为并赔偿权利人的损失，对侵权的商品进行处理以及禁止其进入商业渠道或将侵权商品销毁。如果权利人滥用了知识产权的执法程序，司法、行政当局应有权责令该当事人向误受禁止或限制的另一方当事人，对因其滥用权利而造成的损害提供适当赔偿（包括受害人为此而支付的开支）。

（三）临时措施

《TRIPs 协议》第 50 条规定了临时保护措施，目的在于制止任何侵权行为的发生，保存被诉侵权行为的有关证据。主要内容包括：

1. 如果当事人认为有任何迟延就可能对其造成不可弥补的损害或有关证据就会灭失，可以在司法当局开庭之前申请临时措施，但是申请人必须提交合法获得的证据并提供适当的担保。

2. 如果临时措施是在开庭前依照单方申请的,那么应当及时通知受此影响的对方当事人,在通知之后的合理期限之内根据被申请人的请求应提供复审,以决定是否修改、撤销或确认该临时措施。

3. 如果申请人在合理的期限内没有提起诉讼,那么司法当局可以应被申请人的请求,撤销临时措施或者中止临时措施的效力。

4. 如果临时措施被撤销,或者因为申请人的任何行为或疏忽失效,或事后发现始终不存在对知识产权的侵犯或潜在的威胁,那么司法当局可以根据被申请人的请求,责令申请人就临时措施给被申请人造成的损失进行赔偿。

(四) 边境措施

《TRIPs 协议》第 51~60 条规定,权利人有合理的理由认为假冒商标的商品或盗版商品的进口对其造成了损害的,有权向主管的司法机关或行政当局提交书面申请,请求海关中止该商品进入自由流通领域。而对于意图从其地域内出口的侵权商品,则由海关中止放行。权利的持有人除了应当向主管机关提交适当的证据和有关被控侵权商品足够详细的说明之外,还应当向主管机关提供保证金或适当的担保。如果权利的持有人滥用其权利,主管当局有权责令申请人向该商品的进口人、收货人以及商品的所有人赔偿所受到的损失。

《TRIPs 协议》还规定了主管当局依职权的行为,即在已经获得初步证据表明有关商品侵权时,主管当局应当主动采取行动,中止放行,并可以随时要求权利的持有人提供有助于其行使权力的信息;中止放行的,应将中止放行的决定通知进口人以及权利持有人。而且协议也规定了只有在政府当局以及官员们是善意采取或试图采取特定救济措施的情况下,成员才可以免除主管当局为采取措施而应负的过失责任。

(五) 过渡期安排

《TRIPs 协议》第六部分"过渡性安排"主要规定了对发展中国家和最不发达国家的特殊优惠。《TRIPs 协议》规定,所有成员均应实施协定,但并非在协定生效以后马上实施,而是安排了一个过渡期,以便各方为实施协定做好准备。协议将其成员分为发达国家、发展中国家、由中央计划经济向市场自由企业经济转型的国家、最不发达国家四类,然后规定分别从协议生效之日的若干年起适用该协议。

1. 任何成员在建立世界贸易组织协定生效之日以后的 1 年之内,均没有义务适用《TRIPs 协议》的规定。

2. 对于发展中国家、正处于中央计划经济向市场经济过渡的国家和正在进行知识产权制度结构性改革,而面临知识产权法律的准备和实施的特殊问题的任何成员,可以再延长 4 年再适用《TRIPs 协议》的规定(加前面的 1 年共为 5

年)。

3. 最不发达国家成员，可以在建立世界贸易组织协定生效之日起 10 年后再适用《TRIPs 协议》的规定。

■本章小结

《TRIPs 协议》作为 WTO 调整知识产权关系的基本协定，是当前世界范围内知识产权保护领域涉及面最广、保护水平最高、保护力度最大、制约力最强的一个国际公约。在此协议下，货物贸易、服务贸易和知识产权贸易构成了 WTO 的三大支柱。《TRIPs 协议》的产生对促进国际贸易的发展是不可或缺的，有着十分积极的意义。它既提高了知识产权的整体保护水平，也提供了解决争端的有效机制，还有力地促进着知识产权国际化的进程。

■本章思考题

1. 《TRIPs 协议》有哪些基本原则？
2. 与其他知识产权国际公约比较，《TRIPs 协议》有哪些特点？
3. 什么是临时禁令？
4. 《TRIPs 协议》对知识产权争端的解决机制作了哪些规定？
5. 讨论：当今自由贸易区的发展形势非常迅猛，在全球范围内数量已经达到一千多个，遍及各大洲，是区域经济一体化的主要形式之一。试从知识产权法角度谈谈自由贸易区产生的原因、特点及功能。

第四章 保护著作权及邻接权有关的国际公约

[提示要点]

学习本章,主要了解保护著作权有关的国际公约,重点掌握《伯尔尼公约》《世界版权公约》以及 WIPO 的《版权公约》《邻接权公约》的主要内容,了解《罗马公约》《录音制品公约》《卫星公约》的相关规定,并掌握网络环境下有关表演者和录音制品制作者权利保护的规定。

第一节 《伯尔尼公约》

一、《伯尔尼公约》的签订

《伯尔尼公约》的全称为《保护文学和艺术作品伯尔尼公约》,该公约于 1886 年 9 月 9 日在瑞士首都伯尔尼由英国、法国、比利时、西班牙、瑞士、意大利、利比里亚、海地、德国和突尼斯 10 个国家缔结,并由该 10 国组成了伯尔尼联盟。公约于 1887 年 12 月 5 日正式生效以来,曾多次增补与修订。其中较有影响的几次修订是 1908 年、1928 年、1948 年、1967 年和 1971 年。"1971 年巴黎文本"是目前该公约的多数成员批准或加入的文本。该文本 1979 年 10 月 2 日于巴黎修正。我国于 1992 年 10 月 15 日成为公约的成员。到 2018 年 5 月为止,共有 176 个成员。

该公约是著作权领域第一个世界性的多边国际条约,在缔结后的一百多年里,对各国的著作权立法和国际著作权的保护一直发挥着巨大作用。

二、《伯尔尼公约》的主要内容

(一)基本原则

1. 国民待遇原则。国民待遇是指各成员给予外国作者同本国作者相同的权利。公约所规定的国民待遇原则主要体现在两个方面:①享有公约成员依本国法已经或今后可能为其本国国民提供的著作权保护;②享有公约专门提供的保护。该原则的具体内容规定在公约第 5 条中,大体如下:①就享受本公约保护的作品而论,作者在作品来源国以外的本同盟成员中享受各该国法律现在给予和今后可能给予其国民的权利，以及本公约特别授予的权利。②享受和行使这些权利不需要履行任何手续，也不论作品来源国是否存在保护。③来源国的保护由该国法律规定。但如作者不是得到该公约保护的作品来源国的国民，他在该国仍享有同本国作者相同的权利。④来源国，一般情况下，系指首次出版发行某作品的那个公约成员，或作者国籍所在的那个公约成员。[1] 依公约之规定，来源国指的是：对于首次在本同盟某一成员出版的作品，以该国家为来源国；对在分别给予不同保护期的几个本同盟成员同时出版的作品，以立法给予最短保护期的国家为来源国；对于同时在非本同盟成员和本同盟成员出版的作品，以后者为来源国；对于未出版的作品或首次在非本同盟成员出版而未同时在本同盟成员出版的作品，以作者为其国民的本同盟成员为来源国，但对于制片人主要办事处或定居地在本同盟某一成员内的电影作品，以该国为来源国；对于建造在本同盟某一成员内的建筑物或构成本同盟某一成员建筑物一部分的绘画和造型艺术作品，以该国为来源国。

2. 自动保护原则。公约第 5 条第 2 款的规定体现了这一原则，根据这个原则，作者在公约成员中享受版权的保护，不需要履行任何手续，即作品一经产生，便自动受到有关成员的保护，不必登记注册，不必送交样本，也不需在作品上刊载任何形式的标记。

3. 最低限度保护原则。该原则是指各成员不论是对本国作者还是外国作者作品的著作权保护水平都不得低于公约规定的限度。依公约之规定，受保护的作品至少要包括公约第 2 条第 1 款规定的作品分类中所列的各类作品；作者所享有的经济权利至少应包括：翻译权、复制权、公演权、广播权、朗诵权、改编权、追续权；作者享有的不依赖于经济权利而独立存在的人身权利；作品著作权保护期的最低要求以及要求各成员向其他成员的作品提供的保护必须具有追溯力的规定等。

4. 独立保护原则。该原则是指这种保护不以作品在其本国是否受保护为前提，而是由公约成员依照本国著作权法保护其他成员的作品。这一原则集中体现在公约第 5 条第 2 款和第 36 条中。同时，该原则不仅适用于著作中的经济权利，而且适用于其中的人身权利。

(二)《伯尔尼公约》保护的作品和权利

1. 公约保护的作品。公约第 2 条指出，文学艺术作品包括文学、科学和艺术领域内的一切成果，不论其表现形式或方式如何，诸如书籍、小册子和其他著作；讲课、演讲、讲道和其他同类性质作品；戏剧或音乐戏剧作品；舞蹈艺术作

---

[1] 郑成思主编：《知识产权法教程》，法律出版社 1993 年版，第 323 页。

品和哑剧作品；配词或未配词的乐曲；电影作品以及使用电影摄影术类似的方法表现的作品；图画、油画、建筑、雕塑、雕刻和版画；摄影作品以及使用与摄影术类似的方法表现的作品；实用美术作品；与地理、地形、建筑或科学有关的示意图、地图、设计图、草图和立体作品。此外，该条还规定文学艺术作品的翻译、改编、乐曲的改写以及用其他方式改变原作而形成的作品，在不损害原作版权的情况下，应得到与原作同样的保护；文学或艺术作品的汇编，诸如百科全书和选集，由于其内容的选择和编排具有智力创作，在不损害汇编内每一作品版权的情况下，亦同样受到保护。

2. 公约所保护的权利。依公约之规定，受保护的权利包括财产权利和人身权利两个方面。就财产权而言，主要规定了复制权、翻译权、公演权、广播权、朗诵权、改编权、录制权、电影权以及延续权等。对人身权利，主要规定了表明作者身份权、修改权、保护作品完整权等。同时公约第 6 条之二还言明，人身权利不受作者经济权利的影响，甚至在作者经济权利转让之后，作者仍保有要求其作品作者身份的权利，并享有反对对依公约受保护的作品进行任何歪曲、割裂或其他变更，或有损于其声誉的其他一切损害的权利。

3. 公约关于作品的保护期限。按照公约第 7 条第 1 款之规定，一般作品的保护期为作者有生之年及其死后 50 年内。但依公约第 7 条第 2 款之规定，就电影作品而言，本同盟成员有权规定保护期在作者同意下自作品公映后 50 年满期，如自作品摄制完成 50 年内尚未公映，则自作品摄制完成后 50 年满期。至于不具名作品和笔名作品，依该条第 3 款之规定，公约给予的保护期自其合法向公众发表之日起 50 年内有效。但根据作者采用的笔名可以毫无疑问地确定作者身份时，该保护期则为第 1 款所规定的期限。如不具名作品或笔名作品的作者在上述期间内公开其身份，所适用的保护期应为第 1 款所规定的保护期限。本同盟成员没有义务保护有充分理由假定其作者已死去 50 年的不具名作品或笔名作品。关于摄影作品和实用艺术作品，公约该条第 4 款规定，允许各成员立法规定保护期，但该期限不得少于自作品完成之后起算的 25 年。

4. 公约对发展中国家的特殊规定。《伯尔尼公约》第 21 条第 1 款规定，有关发展中国家的特别条款载于附件。而该附件第 1 条第 1 款便规定："根据联合国大会惯例被视为发展中国家的任何国家，凡已批准或已加入由本附件作为其组成部分的此公约文件，但由于其经济情况及社会或文化需要而又不能在当前作出安排以确保对此公约文本规定的全部权利进行保护者，可在其交存批准书或加入书的同时，或在不违反附件第 5 条第 1 款 c 项的条件下，在以后任何日期，在向总干事提交的通知中声明，它将援用附件第 2 条所规定的权利或第 3 条所规定的权利，或这两项所规定的权利。它可以按照附件第 5 条第 1 款 a 项规定作出声明，以代替援用附件第 2 条所规定的权利。"该附件第 2 条及第 3 条主要规定了两种权利，即翻译权和复制权。其主要优惠待遇体现为发展中国家为了教学、学术研究的需要，可以颁发强制许可证进行翻译，但条件是要翻译的作品在发表 3 年后未被译成该国通用文字，在 6 个月内又未能取得作者的自愿许可。而复制强制许可使用，一般作品需 5 年，科学作品为 3 年，艺术作品则需 7 年。无论是翻译权，还是复制权，均应有 3 个月等待期，且应向作者支付合理的报酬。

(三) 受限制的权利

1. 在某些特殊场合对作品的复制。公约规定，各成员可以自行规定准许在某些特定的情况下复制有关作品，只要这种做法不会与作品的正常使用相互冲突，也不会导致对作者合法权利的不合理损害，如为个人学习而复制。

2. 摘录作品。公约规定，只要摘录的行为符合公平和惯例，而且摘录的范围没有超出摘录目的所允许的程度，可以从公众已经合法取得作品中摘录原文，但摘录应表明作品的出处。

3. 为教学目的而利用作品。公约允许各成员通过自行立法或签订专门的协定，允许在符合公平惯例的情况下，以合理目的为基础，通过讲解的方式将文学艺术作品用于出版物、广播、录音或录像进行教学之用途。

4. 报纸、杂志和广播的转载与传播。各成员可自行通过立法，允许通过报刊及无线广播或有线广播，复制报纸、杂志上关于经济、政治、宗教等时事性文章，以及同类性质的广播作品，只要该文章、作品中未明确保留复制权与广播权即可。

5. 为报道时事而复制作品。根据公约规定，各成员应该通过立法规定，为报道时事，可以以摄影录制电影、有线或无线广播等方式，在符合报道目的的范围内复制所报道的时事中的文学艺术作品，并向公众传播。

6. 法定许可。法定许可包括了广播的法定许可和音乐作品录制的法定许可。公约规定各成员可以通过本国立法规定，在法定条件下，广播组织可以对作品进行广播（在任何情况下均不得损害作者的精神权利，也不得损害作者取得公平报酬的权利）。另外，公约还规定，对于已授权录制其作品的音乐及曲词作品的作者，各成员可自行对其再度授权录制的专有权予以保留或附加条件（但不得侵害有关作者获得合理报酬的权利）。

7. 政府主管当局的禁止权。各成员的主管当局为了维护公共利益或公共道德，对于任何作品或制品的发行、演出、展出，可以通过法律或一定的条件行使许可、监督或禁止权利。

第二节 《世界版权公约》

一、公约的签订

《世界版权公约》，又称"万国版权公约"，是继《伯尔尼公约》之后又一个保护版权的国际性公约。第二次世界大战后，美国迅速崛起成为发达国家，科技、文化及出版印刷业的发展，迫切需要加入国际性的版权保护公约，但又不愿加入保护水平较高的《伯尔尼公约》。于是，在美国的要求下，联合国教科文组织于1952年9月6日在日内瓦召开了政府间代表会议并讨论通过了《世界版权公约》，并于1955年生效。该公约缔结的目的是协调和平衡《伯尔尼公约》与泛美公约的关系，其整体保护水平低于《伯尔尼公约》。该公约于1971年在巴黎修订过一次，公约共21条，并附有一份"附加声明"和两项议定书。截至2018年5月，该公约拥有100多个成员。我国政府于1992年7月30日向联合国教科文组织递交了加入书，并于1992年10月30日正式成为该公约的成员。

二、主要内容

（一）公约的基本原则

该公约有四个基本原则：国民待遇原则、独立性原则、条约必须遵守原则和自动保护原则。独立性原则与《伯尔尼公约》的内容大致相同，只是国民待遇原则除了规定"作品国籍"和"作者国籍"之外，还把在各成员内居住的外国人和无国籍人视为该国的国民。公约第2条就此作了规定，其含义有三：①任何缔约国国民出版的作品及在该国首先出版的作品，在其他各缔约国中，均享有其他缔约国给予其本国国民在本国首先出版之作品的同等保护，以及本公约特许的保护；②任何缔约国国民未出版的作品，在其他各缔约国中，享有该其他缔约国给予其国民未出版之作品的同等保护，以及本公约特许的保护；③为实施本公约，任何缔约国可依本国法律将定居该国的任何人视为本国国民。此外，《世界版权公约》的自动保护原则需要一定的"版权标记"，该标记由三部分组成：版权符号、首次发表日期、作者姓名。

（二）适用范围

该公约并未列举受保护的作品种类，依公约第1条之规定，缔约各国承允对文学、科学、艺术作品——包括文学、音乐、戏剧和电影作品，以及绘画、雕刻和雕塑——的作者及其他版权所有者的权利，提供充分有效的保护。虽然公约对所要适用的对象作出了此项规定，但是条文相当笼统，具体的内容只能由各成员通过其国内法律作出规定。

(三) 对作者权利的保护

《世界版权公约》第 4 条之二第 2 款和第 5 条第 2 款规定,该公约仅保护作者的经济权利,而不保护作者的精神权利。从具体规定内容来看,经济权利主要包括复制权、表演权、广播权、演绎权(翻译权、改编权等)。

(四) 保护期限

根据公约的规定,受本公约保护的作品的期限一般不得少于作者有生之年加死后 25 年,或在作品发表之后 25 年;摄影作品和实用艺术作品的保护期限不得少于 10 年。

(五) 公约对发展中国家的特殊规定

依照公约第 5 条第 2 款规定,公约对依联合国大会确认的惯例被视为发展中国家的成员规定了优惠待遇,即为了教学、学术或研究目的,如果某作品首次出版满 3 年后,其翻译权所有人自己没有,也没有授权他人将该作品以某发展中国家的通用语言翻译出版,则该成员的任何国民均可以从主管当局获得以通用语言翻译出版该作品的非独占许可证,而不是 7 年。但如果作品翻译成的语言并非本公约或 1952 年公约的一个或多个发达国家成员的通用语言,则上述期限不是 3 年,而是 1 年。此外,公约第 5 条之四还规定了复制权的强制许可证,亦属于对发展中国家的优惠规定。

第三节 保护邻接权国际公约

一、《罗马公约》

《罗马公约》全称为《保护表演者、音像制品制作者和广播组织罗马公约》,是第一个世界性的关于著作邻接权的国际保护公约。该公约于 1961 年 10 月缔结,1964 年正式生效。《罗马公约》是一个非开放性的公约,只对参加《伯尔尼公约》或《世界版权公约》的国家开放,由联合国国际劳工组织、教科文组织和世界知识产权组织共同管理。我国尚未加入该公约。截至 2018 年 5 月,该公约共有 94 个成员。

签署该公约的宗旨和目的是在不损害作者利益的情况下,对以艺术表演、唱片、广播节目等形式传播文学、音乐、戏剧等作品的表演者、唱片制作者和广播组织予以法律上的国际保护。该公约全文共 34 条,其主要内容为:

(一) 实行国民待遇原则

该公约第 2 条规定,在该公约中,国民待遇指被要求给予保护的缔约国的国内法律给予其节目在该国境内表演、广播或首次录制的身为该国国民的表演者的待遇；给予其唱片在该国境内首次录制或首次发行的身为该国国民的唱片制作者的待遇；给予其广播节目从设在该国领土上的发射台发射的总部设在该国境内的广播组织的待遇。表演者、唱片制作者及广播组织的国民待遇分别规定在公约第4~6条中。

（二）表演者、唱片制作者和广播组织的权利

依据该公约第10、13条等之规定，表演者、唱片制作者和广播组织有权允许和禁止他人录制、复制和传播其表演、唱片（包括录音制品）和广播节目，并有权向作品使用者收取合理报酬。

（三）权利的保护期

依该公约第14条之规定，该公约所给予的保护期限至少应为20年。如表演者权保护期，在演出实况没有被录音或录像时，保护期从表演活动发生之年的年底起算20年；录音制品录制者权的保护期，则从录音制品录制之年的年底起算20年；广播组织权的保护期，从有关的广播节目开始播出之年的年底起算20年。

（四）关于权利的限制

依据该公约第15条之规定，任何缔约国可以依其国内法律与规章，在涉及下列情况时，对该公约规定的保护作出例外规定：①私人使用；②在时事报道中少量引用；③某广播组织为了自己的广播节目利用自己的设备暂时录制；④仅用于教学和科学研究之目的。

二、《录音制品公约》

1971年10月，在修订《伯尔尼公约》和《世界版权公约》的基础上，为了弥补《罗马公约》某些方面的不足，各国在日内瓦缔结了《录音制品公约》。该公约全文13条，于1973年4月18日生效。

《录音制品公约》是一个开放性的公约，任何联合国和联合国专门机构的成员、国际原子能机构的成员以及参加国际法院规约的成员都可以参加。我国政府于1993年1月4日向世界知识产权组织递交了加入书，并从1993年4月30日起，成为该公约的成员。截至2018年5月，该公约共有79个成员。该公约主要内容如下：

（一）防止未经唱片制作者许可而制作复制品和防止进口与出售此类复制品

对于上述对象采取什么样的方式予以保护，由著作权法还是其他有关法律来保护，还是采取民事赔偿或刑事处罚的办法来保护，该公约并未作任何规定。

（二）录音制品的保护期

对于录音制品的保护期，如果国内法未作专门规定，则保护期至少应当为20年，或从录音制品的首次录制之年的年底起算，或从录音制品的首次发行之年的年底起算。

（三）刊有保护标记

向公众发行的经授权复制的录音制品复制品上或其包装上，必须刊有保护标记和首次出版年份及录制者和表演者的姓名。

（四）《录音制品公约》的国民待遇只适用于缔约国的国民

依该公约第 2 条之规定，各缔约国应当保护具有其他缔约国公民身份的录音制品制作者，防止未经录音制品制作者允许而制作复制品和防止此类复制品的进口——只要任何此类制作或进口的目的是公开发行，以及防止公开发行此类复制品。

（五）关于对条款的保留

该公约不允许缔约国对公约的条文作任何保留，且规定只有在"使用录音制品的目的仅仅是为了教学和科学研究"的情况下，缔约国才能根据本国的法律并依照一定的条件颁发复制他人唱片的强制许可证。

三、《卫星公约》

随着新技术革命的不断发展，以及人造卫星在广播、通信方面的广泛使用，许多国家的广播组织开始考虑防止他国广播组织截收本组织为自己的被授权人传播的节目信号，以保护节目制作者的权益。基于此，1974 年 5 月 21 日，美国、瑞士等 15 个国家在布鲁塞尔缔结了《卫星公约》。该公约于 1979 年 8 月 25 日生效，全文共 12 条。截至 2018 年 5 月，该公约共有 37 个成员。我国尚未加入该公约。

该公约主要规定在不妨碍已经生效的国际公约的前提下，各成员应采取适当措施，防止任何个人或广播组织在本国领土上擅自传播他人通过人造卫星传播的载有节目的信号。但为了报道时事，或者作为引用，传播者在自己的广播节目中载有一小段通过人造卫星传播的节目信号是允许的。此外，该公约第 4 条第 1 款第 3 项还规定了发展中国家的传播者，如果是为了本国的教学与科学研究，在本国领土上传播的节目中包含上述节目信号是允许的。

第四节 网络环境下版权与邻接权国际保护条约

一、《版权条约》及《表演和录音制品条约》的签订

随着信息技术的飞速发展，数字复制技术和互联网传播技术对传统的版权保护制度造成强大冲击。《伯尔尼公约》及《罗马公约》的规定已难以满足在新技术条件下对权利人的有效保护。同时，各国国内法在新技术条件下对权利人提供的保护水平也逐渐呈现出越来越大的差异。20 世纪 80 年代末，国际社会逐渐认

识到需要尽快制定有约束力的新的著作权保护国际规则来应对新技术的挑战。世界知识产权组织从 1989 年开始起草新国际规则，新国际规则未采用对《伯尔尼公约》及《罗马公约》文本的直接修订，而是制定了两个独立的新条约。经过 7 年的磋商，1996 年 12 月 20 日世界知识产权组织通过了《版权条约》和《表演和录音制品条约》。《版权条约》和《表演和录音制品条约》分别于 2002 年 3 月 6 日和 2002 年 5 月 20 日生效。截至 2018 年 5 月，加入《版权条约》的国家已达 96 个，加入《表演和录音制品条约》的国家已达 96 个。2007 年 3 月 6 日，我国向世界知识产权组织正式递交加入书，2007 年 3 月 9 日，世界知识产权组织复函确认收到加入书。按照有关规定，两个条约于 2007 年 6 月 9 日起已在我国生效。

二、《版权条约》的主要内容

（一）版权保护的范围

版权保护延及表达，而不延及思想、过程、操作方法或数学概念本身。计算机程序作为《伯尔尼公约》第 2 条意义下的文学作品受到保护，此种保护适用于各计算机程序，而无论其表达方式或表达形式如何。数据或其他资料的汇编，无论采用任何形式，只要其内容的选择或排列构成智力创作，其本身即受到保护。这种保护不延及数据或资料本身，亦不损害汇编中的数据或资料已存在的任何版权。

（二）文学艺术作品作者的权利

主要包括：发行权，即文学和艺术作品的作者应享有授权通过销售或其他所有权转让形式向公众提供其作品原件和复制品的专有权。出租权，即计算机程序、电影作品和按缔约各方国内法的规定，以录音制品体现的作品的作者，应享有授权将其作品的原件或复制品向公众进行商业性出租的专有权。向公众传播权，即在不损害《伯尔尼公约》相关规定的情况下，文学和艺术作品的作者应享有专有权，以授权将其作品以有线或无线方式向公众传播，包括将其作品向公众提供，使公众中的成员在其个人选定的地点和时间获得这些作品。

（三）缔约方的义务

关于技术措施的义务，即缔约各方应规定适当的法律保护和有效的法律补救办法，制止规避由作者为行使本条约所规定的权利而使用的、对就其作品进行未经该有关作者许可或未由法律准许的行为加以约束的有效技术措施。

关于权利管理信息的义务，即缔约各方应规定适当和有效的法律补救办法，制止任何人明知或就民事补救而言有合理根据知道其行为会诱使、促成、便利或包庇对该条约或《伯尔尼公约》所涵盖的任何权利的侵犯而故意从事以下行为：一是未经许可去除或改变任何权利管理的电子信息；二是未经许可发行，为发行目的进口、广播，或向公众传播明知已被未经许可去除或改变权利管理电子信息的作品或作品的复制品。[1]

缔约各方承诺根据其法律制度采取必要的措施，以确保该条约的适用。缔约各方应确保依照其法律可以提供执法程序，以便能采取制止对该条约所涵盖权利的任何侵犯行为的有效行动，包括防止侵权的快速补救和为遏制进一步侵权的补救。

（四）该条约与《伯尔尼公约》的关系

对于属《伯尔尼公约》所建联盟之成员的缔约方而言，该条约系该公约第20条意义下的专门协定。该条约不得与除《伯尔尼公约》以外的条约有任何关联，亦不得损害依任何其他条约的任何权利和义务。该条约的任何内容均不得减损缔约方相互之间依照《伯尔尼公约》已承担的现有义务。《伯尔尼公约》第9条所规定的复制权及其所允许的例外，完全适用于数字环境，尤其是以数字形式使用作品的情况。

三、《表演和录音制品条约》的主要内容

（一）表演者的权利

人身方面的权利规定，不依赖于表演者的经济权利，甚至在这些权利转让之后，表演者对于其现场有声表演或以录音制品录制的表演仍有权要求承认其系表演的表演者，除非使用表演的方式决定可省略不提其系表演者；表演者有权反对任何对其表演进行有损其名声的歪曲、篡改或其他修改。这些权利在其死后应继续保留，至少到其经济权利期满为止，并可由被要求提供保护的缔约方立法所授权的个人或机构行使。经济方面的权利包括：录制权、发行权、复制权、销售和转让权、出租权、传播权和获得报酬权。[2]

（二）录音制品制作者的权利

主要包括复制权、发行权、出租权、提供录音制品的权利、传播权和获得报酬权。[3]

（三）缔约方的义务

缔约各方应规定适当的法律保护办法和有效的法律补救办法，制止规避由表

---

[1]《版权条约》第12条第2款规定，该条中的用语"权利管理信息"系指识别作品、作品的作者、对作品拥有任何权利的所有人的信息，或有关作品使用的条款和条件的信息和代表此种信息的任何数字或代码，各该项信息均附于作品的每件复制品上或在作品向公众进行传播时出现。

[2]《表演和录音制品条约》第2条第1款规定，"表演者"是指演员、歌唱家、音乐家、舞蹈家以及表演、歌唱、演说、朗诵、演奏、表现，或以其他方式表演文学或艺术作品或民间文学艺术作品的其他人员。

[3]《表演和录音制品条约》第2条第2款规定，"录音制品"系指除以电影作品或其他音像作品所含的录制形式之外，对表演的声音或其他声音或声音表现物所进行的录制；录音制品的定义并不表明对录音制品的权利因将录音制品包含在电影作品或其他音像作品中而受到任何影响。

演者或录音制品制作者为行使该条约所规定的权利而使用的、对就其表演或录音制品进行未经该有关表演者或录音制品制作者许可或未由法律准许的行为加以约束的有效技术措施。缔约各方应规定适当和有效的法律补救办法，制止任何人明知或就民事补救而言有合理根据知道其行为会诱使、促成、便利或包庇对该条约所涵盖的任何权利的侵犯而故意从事《版权条约》为缔约方所规定的义务行为。

（四）与其他公约的关系

条约第1条规定，该条约的任何内容均不得减损缔约方相互之间依照1961年10月26日在罗马签订的《罗马公约》已承担的现有义务。依该条约授予的保护不得触动或以任何方式影响对文学和艺术作品版权的保护。因此，该条约的任何内容均不得被解释为损害此种保护。该条约不得与任何其他条约有任何关联，亦不得损害依任何其他条约的任何权利和义务。

■ 本章小结

通过本章学习，我们了解到《伯尔尼公约》和《世界版权公约》作为调整国际著作权保护的最为重要的两个公约，其产生的背景、原则和主要内容尽管有所差异，但均对著作权的国际保护发挥着重要作用。邻接权保护的国际公约对表演者、录音制品制作者和广播电视组织权利的保护具有重要影响，而《版权条约》和《表演和录音制品条约》的签订，则标志着网络环境下对著作权和邻接权国际保护制度的形成。

■ 本章思考题

1. 《伯尔尼公约》有哪些基本原则？
2. 《伯尔尼公约》有哪些重要作用？
3. 保护邻接权的主要国际公约有哪些？
4. WCT的主要内容是什么？
5. WPPT的主要内容是什么？
6. 讨论：随着网络技术的不断发展，谈谈如何从法律上平衡作品著作权人、作品传播者及作品使用者之间的利益。

第五章
保护专利权有关的国际公约

> [提示要点]
>
> 学习本章,应掌握《专利合作条约》的主要内容,了解《布达佩斯条约》、《海牙协定》等其他条约的规定,并从法律上理解他们之间的区别和联系。

第一节 《专利合作条约》

一、条约的签订

《专利合作条约》(PCT)是为了建立统一的国际专利申请、检索以及审查的标准和程序,于 1970 年 6 月 19 日在美国华盛顿的外交会议上通过,并于 1985 年 1 月 1 日正式生效的一个重要的专门性条约。该条约于 1979 年 9 月 28 日修正并经过 1984 年 2 月 3 日和 2001 年 10 月 3 日两次修改。这一条约是在《巴黎公约》原则指导下制定的,仅对《巴黎公约》的成员开放。我国于 1994 年 1 月 1 日起正式成为该条约的成员,截至 2018 年 5 月,该条约共有成员 152 个。1970 年 6 月 19 日在华盛顿签署的《专利合作条约实施细则》对该条约作了进一步的说明和解释,该实施细则也于 2006 年 10 月 3 日进行了修改,并于 2007 年 4 月 1 日正式生效。

二、PCT 申请程序

(一)国际专利申请的提出和审查

根据条约的规定,缔约国的任何国民或居民都可以根据该条约的规定提出申请(一般是向本国的专利局提出)。而且条约还规定,非该条约缔约国但是属于《巴黎公约》缔约国的居民或国民经过大会的决定也可以提出专利国际申请。

专利的国际申请的提出必须包括一份申请书(英、法、德、日、俄 5 种语言中的一种)、一份说明书、一项或多项的权限、一幅或多幅的附图(在需要的情况下)以及一份摘要。这些文件都需要满足条约规定的形式要求,符合发明单一性的要求,并按照规定缴纳费用。

专利国际申请的审查分为国内审查和国际审查。国内审查是指申请人向本国专利局递交申请书（并注明要在哪些国家申请专利）之后，本国专利局需要检查国际申请是否符合形式要件，在审查合格之后，将国际申请的材料转交给世界知识产权组织一份、国际检索单位一份，自己保留一份。而专利国际申请的提交日期就是本国专利局收到国际申请之日。专利国际申请的国际审查是指国际检索单位对申请进行检索后提出国际检索报告，并由世界知识产权组织国际局在一定期限内公布申请和报告，并将该申请和报告递交指定国专利局。

（二）国际检索

国际检索是专利国际申请的必经阶段，目前主要的国际检索单位有：欧洲专利局、日本特许厅、瑞典专利局、澳大利亚专利局、美国专利与商标局、中国专利局等。而由哪一个国际检索单位进行检索则由专利国际申请的受理局决定。国际检索的主要目的是检验专利技术的新颖性，也就是现行技术是否会影响所申请的专利的新颖性。现行技术就是通过书面公开的，在全世界任何地方都可以得知的一切技术。国际检索单位在检索之后必须作出检索报告，并将其分送给申请人和世界知识产权局，被指定国的专利局也可以对国际申请进行补充检索。

（三）国际初步审查

是否进入国际初步审查是由申请人自愿决定的。这一阶段是对发明的新颖性、创造性和实用性进行实质审查的阶段。根据公约的规定，国际初步审查单位为美国以外的所有国际检索单位和英国专利局。国际初步审查报告一般应当在审查后的6~8个月内作出。但此报告对被指定国的专利审查没有拘束力。也就是说，是否授予申请人专利权最后还是由被指定国的专利局决定。

（四）被指定国专利局的最后审查

经过国际初步审查之后，国际初步审查单位就要将申请的有关文件和初步审查报告一起送交国际局，由国际局通知被指定国，告知他们已经被选定，从而由被指定国依照本国法律来决定是否授予申请人专利权。

此外，国际局可以通过其掌握的技术情报和其他任何情报对缔约国政府和居民提供技术服务，其主要的方式就是出版公布专利和申请的文件。国际局也可以通过国际检索单位或其他国际单位来提供上述服务，但是这种服务是有偿的。而且，国际局还建立了技术援助委员会，其任务主要是为本身是发展中国家的缔约国提供技术援助，发展各国或地区的专利制度组织和监督技术援助。

第二节 《布达佩斯条约》

一、条约的签订

《布达佩斯条约》是世界知识产权组织 1977 年在匈牙利的布达佩斯召开的有 31 个国家和 12 个组织参加的会议上通过的，它是在《巴黎公约》原则的指导下为解决微生物发明专利申请的特殊性问题而签订的一个专门性条约。该条约于 1980 年 8 月 19 日正式生效。根据该条约还成立了"布达佩斯联盟"，该联盟的成员必须是《巴黎公约》的成员，其行政工作也主要委托世界知识产权组织国际局执行。截至 2018 年 5 月底，该条约已有 80 个缔约方。

二、《布达佩斯条约》的主要内容

（一）微生物保存

由于微生物的特殊性，不能像其他发明一样用公开的方式来获得专利权，从而只能用保存的方法。为了使《布达佩斯条约》的宗旨得到实现，《布达佩斯条约》规定应当根据实际情况建立得到世界知识产权组织承认的"微生物国际保存机构"，而且条约的成员必须承认在这样一个国际保存单位保存的所有标本对其具有拘束力。负责保存的国际单位必须对收到的标本进行审查，微生物专利申请人只要在其中一个机构中备案并缴纳一次手续费就可以取得其他条约成员的承认。

（二）微生物国际保存单位

微生物国际保存单位是根据《布达佩斯条约》规定的条件而成立的能够保存微生物的机构。《布达佩斯条约》规定，要建立微生物国际保存单位必须符合以下两个条件：一是该机构必须是设立于缔约国国内或是政府间的工业产权组织的成员；二是该机构必须履行一定的手续并经世界或某些政府间的工业产权组织作出保证，保证这些机构能够符合或继续符合一定的条件要求，也就是这个机构能够完成科学和行政任务，这个机构还应保证允许任何人或单位进行保存并向有权得到这类样品的人提供样品而不提供给其他任何人。

（三）可以获得微生物保存物品的人或机构

根据条约实施细则的有关规定，有权获得微生物保存物品的人或机构主要包括：

1. 提交保存人或其所授权的任何第三人。
2. 条约缔约国的专利局——如果是为了专利程序的需要。
3. 任何第三人。如果适用该条约的专利局根据其所适用的法律认为他有权得到所保存的微生物样品的，即可以出具证明，但这种证明开出之前一定要小心谨慎。

第三节 《海牙协定》

一、协定的签订

《海牙协定》是为了使申请工业品外观设计专利的人避免在不同的国家重复提出申请，而于1925年11月6日在海牙签订的。依据《海牙协定》的规定成立了海牙联盟，该联盟设有大会，负责执行海牙协定的有关规定，而其行政工作是委托给世界知识产权组织国际局来执行的。1979年制定并施行了该协定的实施条例。该联盟的成员必须是《巴黎公约》的成员。截至2018年5月，该协定共有68个成员。我国尚未加入该协定及其实施条例。

二、协定的主要内容

根据协定的规定，只要是海牙联盟成员的国民、居民（包括在该国有正式、有效的工商营业所的单位）都有权直接或按照缔约国的法律通过该国专利局对其工业品进行保存。申请进行工业品外观设计国际保存的人应当向世界知识产权组织国际局提交一份申请书，申请书应当包括交存者的身份证明以及指定请求保存的国家、附有工业品外观设计的照片和说明图（在某些情况下也可以附带样品）。

工业品外观设计国际保存的效力有二：①不必经过任何一个条约缔约国的专利局的批准或注册就具有与其他各指定成员分别保存的效力；②申请人可以只用一份申请书，用一种货币缴纳一次费用就可以达到在各国分别提交保存的效果。

第四节 《洛迦诺协定》

一、协定的签订

《洛迦诺协定》于1968年10月8日在瑞士的洛迦诺签署，并于1971年4月22日正式生效。其目的是建立统一的工业品外观设计分类方法。根据该协定成立了洛迦诺联盟。联盟中设大会、专家委员会。联盟大会的主要职责是管理与联盟生存和发展密切相关的事务，而专家委员会则是负责定期修改工业品外观设计分类方法、向本专门联盟国家提出旨在便利本分类法的使用和促进本分类法的统一应用的建议、帮助促进对用于审查的文献进行重新分类的国际合作、在对本专门联盟或本组织的预算不产生财政义务的情况下采取其他一切措施促进发展中国家应用本分类法、建立小组委员会和工作组。世界知识产权国际局是该联盟的执行机构。

截至 2018 年 5 月，该协定共有 55 个成员，我国于 1996 年 9 月 19 日正式加入该协定。

二、协定的主要内容

《洛迦诺协定》中的分类方法不只联盟的成员可以使用，非联盟的成员也可以使用，但是非联盟成员不可以参加专家委员会的工作。根据《洛迦诺协定》的规定，其采用的分类方法是依照和外观设计相结合的商品进行分类的，主要由三大部分组成：一是大类和小类表，一共有 32 个大类以及 219 个小类，其中小类又分为 5167 个小项目；二是使用工业品外观设计的商品依照字母顺序表（包括这些商品分成大类和小类的分类标识）；三是用法说明。

第五节 《植物新品种公约》

一、公约的签订

《植物新品种公约》是一些西方国家于 1961 年在巴黎缔结的。1972 年、1978 年、1991 年分别对公约进行了修改，但是目前最终生效的文本只有 1978 年文本。我国于 1999 年加入该公约，成为该公约的第 39 个国家。根据《植物新品种公约》的规定成立了"国际植物新品种保护联盟（UPOV）"。该公约与《海牙协定》《布达佩斯条约》最大的不同就是该联盟的成员并不需要是《巴黎公约》的成员，它既不以《巴黎公约》为基础，也不受《巴黎公约》原则上的约束。

二、公约的主要内容

根据公约的规定，藤本植物、树木的保护期限不得少于 25 年，而其他植物的保护期限则不得少于 20 年。公约对于哪些植物种类可以受到保护并没有作出具体的规定。公约没有规定植物培养人所享有的具体权利，只是规定了一个最低的标准，即为商业目的生产、出售或提供出售该植物。而关于植物培养人的具体权利则交给公约成员根据本国的实际情况规定。

关于植物新品种获得保护的程序，公约规定申请人应当首先向公约有关成员的主管部门提出申请，由主管部门对其申请进行审查，确定是否对其进行保护。主管部门审查的主要内容是：①申请保护的植物是否具有现存植物中都不具有的突出特点；②在提交申请以前是否在市场上出售过；③植物品种的基本性质是否稳定不变；④该品种培育出来的植物是否与该品种属同一种类；⑤该品种是否已有名称。

第六节 《斯特拉斯堡协定》

一、协定的签订

《斯特拉斯堡协定》是1971年3月24日在法国的斯特拉斯堡签订的,并于1975年正式生效,也被称为《专利国际分类协定》。根据该协定,成立了"斯特拉斯堡联盟"。一个国家只要参加了该协定就能够自动成为该联盟的成员。参加该联盟的成员必须是《巴黎公约》的成员,但是纵然没有参加该协定的其他国家也可以使用该协定的分类方法。截至2018年5月,该协定共有62个成员。我国于1997年6月加入该协定。

二、协定的主要内容

该协定制定的分类表将专利技术分成8个大类,20个分类,118个小类,617个细类。一个完整的分类号由代表部、大类、小类、组成的符号结合而成,该分类号由专利主管部门确定后标注在每一份申请文件和每一份专利上。

为适应发展需要,该协定每5年修订一次。2006年1月1日起开始使用《国际专利分类表》第8版。

■本章小结

在本章,我们重点了解了《专利合作条约》的基本内容。可以看出,自采用《巴黎公约》以来,它被认为是该领域进行国际合作最具有进步意义的标志。它是主要涉及专利申请的提交、检索及审查以及其中包括的技术信息的传播的合作性和合理性的一个条约,其他条约则主要涉及专利国际分类、外观设计、植物新品种等问题。

■本章思考题

1. PCT的主要内容是什么?
2. 如何申请PCT?
3. 申请发明专利的微生物如何保存?
4. 申请国际专利如何分类?
5. 讨论:国家为什么鼓励并资助通过专利合作条约(PCT)途径向国外申请专利?

第六章

保护商标权有关的国际公约

[提示要点]

学习本章，应重点掌握《马德里协定》《发展中国家商标、商号和不正当竞争行为示范法》的主要内容，重点了解《马德里协定》中申请的程序以及效力。同时也应当对其他的有关条约有所了解。

第一节 《马德里协定》及其议定书

一、协定的签订

《马德里协定》是1891年4月14日在西班牙马德里签订的，并于1892年7月正式生效。《马德里协定》自从生效以后，经过了6次修改，最近的一次修改是1979年9月28日在斯德哥尔摩进行的。截至2018年5月，该协定的成员共有55个。我国于1989年10月正式成为该协定的成员。《〈马德里协定〉议定书》的全称是《商标国际注册马德里协定有关议定书》，它是在《马德里协定》的基础上发展而来的，主要是为了方便那些因国内法律等问题难以加入《马德里协定》的国家参与商标国际注册体系而于1989年6月27日通过的。截至2018年5月，该议定书共有101个参加国。我国于1995年12月1日加入。

参加该协定的成员必须是《巴黎公约》的成员，该协定的成员组成了"商标国际注册特别同盟"，简称"马德里同盟"。《马德里协定》的宗旨是为了解决商标的国际注册问题，也就是商标所有人在其本国取得商标以后，如果想在其他国家获得商标保护，就可以通过商标的国际注册，使得其商标也可以在其他国家取得同样的保护，从而可以避免在不同国家之间进行重复的商标保护申请，大大节省申请人的时间和费用。

二、《马德里协定》及其议定书的主要内容

（一）商标国际注册的提出

根据协定的规定，任何缔约国的国民，可以通过原属国的注册当局向世界知识产权组织的知识产权国际局（以下称"国际局"）提出商标注册申请，以在

其他参加该协定的成员取得其已在所属国注册的用于商品或服务项目的标记的保护。该协定对原属国的概念作出了界定，采取了三个不同的标准来认定：一是真实有效的工商营业场所；二是居所；三是国籍。

依照协定的规定，每一个国际注册申请必须使用细则所规定的格式提出，商标原属国的注册当局应当证明这种申请中的具体项目与本国注册簿中的具体项目相同，并说明商标在原属国的申请、注册日期和号码以及申请国际注册的日期。申请人也应当注明使用要求保护的商标的商品或服务项目，如果可能，也应当注明其根据《尼斯协定》所分的相应类别。如果申请人没有指明，国际局应当将商标或服务项目分入该分类的适当类别。申请人所作的类别说明必须经国际局检查，这项检查由国际局和本国注册当局进行。如果两者的意见不一致，那么以本国注册当局的意见为准。

该协定也对申请人如果想将颜色作为其商标的显著成分得到该协定的保护作出了相应的规定。

（二）商标国际注册的批准与驳回

知识产权国际局在收到商标国际注册的申请之后只进行形式审查，而将实质审查留给申请人所指定的成员来进行。被要求给予保护的成员在被国际局通知之后，可以在1年之内决定是否给予保护。如果在1年之内不作出申请被驳回的声明，则视为该国已经接受该商标在该国进行注册，其生效日期以该商标申请未被申请人指定得到保护的成员驳回之日起算。如果被指定的成员在1年之内作出驳回该申请的声明，那么则视为该商标未在该国注册。如果申请人对被驳回的决定不服，则可以向该国法院提起申诉。

（三）国际注册商标的效力

国际注册商标是指在国际局已经注册的商标。国际注册商标的有效保护期为20年，在期满之后国际注册商标的所有人可以进行续展（一般只需要缴纳基本费用即可）。国际注册商标的所有人可以享有以下权利：在受保护的成员国内可以独立使用该商标；禁止他人侵犯其商标以及为了排除他人的商标侵权而进行诉讼；有权取消、撤销、放弃、转让其商标等。

另外《马德里协定》还规定，商标的国际注册在各成员生效的5年之内，如果由于原所属国的诉讼或其他原因而使得商标被撤销或被宣告无效，那么该商标在国际局的注册也将会被撤销，被指定保护的成员也将终止对该商标的保护。但商标的国际注册在各成员生效的5年之后，将与被指定保护的成员脱离关系，不再受被指定保护成员国内注册的影响。

议定书较之《马德里协定》而言，在申请条件、审查周期、工作语言、收费标准和方式、保护期限等方面都作了更为灵活的修改。根据议定书的规定，就某一国际申请或者某一国际注册而言，原属国既是议定书也是《马德里协议》的成员的，在任何其他既是议定书也是《马德里协定》的成员国内，不适用议定书的规定，只适用《马德里协定》的规定。

第二节 《尼斯协定》

一、《尼斯协定》的签订

《尼斯协定》于1957年6月15日在法国尼斯签订，并在1961年4月8日正式生效。该条约只对《巴黎公约》的成员开放，截至2018年5月，其共有85个成员。我国于1994年8月9日正式成为该协定的成员。《尼斯协定》的主要目的在于建立有关商标国际分类的统一标准，这样不仅有利于商标的检索，也有利于商标使用的管理和商标的国际交流合作。自从签订以来，《尼斯协定》经过了四次修订（1967年7月10日修订于斯德哥尔摩，1977年5月13日修订于日内瓦，1979年10月2日修改于日内瓦，最后一次是1983年，同年6月将修订结果印制成册，被称为"商标注册用商品和服务国际分类第4版"）。

二、《尼斯协定》的主要内容

根据《尼斯协定》第1条的规定，参加该协定的国家组成特别联盟（也称为尼斯联盟），采用共同的商品和服务的分类，以供商标注册用。特别联盟下设大会，由已经批准或加入该协定的国家组成。大会的主要职能是：处理有关维持和发展特别联盟和执行本协定的一切事项；复审和批准知识产权组织总干事关于特别联盟的报告和活动，并就特别联盟权限内的有关问题给予必要的指示等10项。依据《尼斯协定》第3条的规定，专家委员会由各个国家派代表组成。专家委员会有权对分类的变动作出决定；向特别联盟国家提出建议；在不牵涉特别联盟和知识产权组织财政预算的条件下，采取一切措施为促进发展中国家使用分类做出贡献；有权设立小组委员会和工作组。同时协定也规定特别联盟的行政事务由国际局来执行。

《尼斯协定》第1条规定，商品和服务的分类（以下简称分类）由分类表和按字母顺序排列的商品和服务表组成。关于《尼斯协定》的分类法主要体现在其附件的商品和服务的国际分类的类目表当中。现使用的是2017年1月1日生效的第11版分类表。该表将商品分为34类，将服务分为11类。

第三节　其他与商标有关的国际条约

一、《维也纳协定》

《维也纳协定》的全称是《建立商标图形要素国际分类维也纳协定》，于 1973 年 6 月 12 日在维也纳签订，1977 年 5 月 1 日正式生效。目前的成员主要是欧洲国家。截至 2018 年 5 月，其共有 32 个成员。我国尚未加入该协定。

参加该协定的成员组成了特别联盟，并采用共同的商标图形要素国际分类。特别联盟设大会，大会由联盟各国派代表组成。大会有权讨论有关维持和发展特别联盟的所有事项和该协定的执行情况，指导国际局对修订工作会议的准备工作等 10 项职能。特别联盟也设立专家委员会，其任务是指导图形要素分类的修改和增补；向特别联盟国家提出建议，以促进图形要素分类的使用和促进其统一应用；在不需动用特别联盟或世界知识产权组织的财政预算的情况下，采取一切措施，以促进发展中国家应用图形要素分类；组织小组委员会和工作组。另外条约也规定，特别联盟的行政事务由国际局来执行。

协定第 3 条对商标图形要素国际分类的使用作出了规定。商标图形要素的分类范围由各成员具体指定，各成员商标主管部门可以将其作为主要体系，也可将其作为辅助体系。在商标保护范围，图形要素分类对特别联盟的各成员没有约束力。条约也准许各国对商标注册和续展的官方文件和出版物中载入的编号进行保留。同时，如果特别联盟的任一成员委托某一政府间机构办理商标注册的，该成员有义务保证该机构按照本协定的规定使用图形要素分类。

二、《制止协定》

《制止协定》是于 1891 年在马德里签订的。该协定分别在 1911 年、1925 年、1934 年、1958 年进行了修订，1967 年 7 月 14 在斯德哥尔摩增加了斯德哥尔摩文本。除了 1911 年修订的文本之外，其他修订和增订的文本都仍然有效。截至 2018 年 5 月，该协定共有 36 个成员。我国尚未加入该协定。

《制止协定》适用于一切虚假或带有欺骗性的关于商品来源的地名。而对于那些非虚假或非欺骗性的标记或名称是否适用该协定有关方面的规定，由各成员的主管机关决定。该协定也没有强制规定各成员在商标的保护和行政程序方面必须与其相一致，但是各成员有制止不公平竞争行为的义务。

该协定第 1 条规定了各成员应当履行的义务，即对于直接或间接涉及某一成员或某一成员某一地区的虚假或欺骗性标志的商品，各成员应当禁止进口或在进口时予以扣押。如果应当采取措施的该成员法律不允许实施上述措施，那么该国应采取在相同情况下给予本国国民的救济措施。另外，该协定第 3 条之二规定各成员有义务禁止在销售和推销商品时，在招牌、广告、发票等任何商业信息传递中使用具有广告性质并可能使公众对商品来源产生误认的任何标志。

三、《里斯本协定》

《里斯本协定》是于 1958 年 10 月 31 日在里斯本召开的外交大会上签订的，并于 1967 年 7 月 14 日和 1979 年 10 月 2 日进行了两次修改。1976 年制定了该协定的实施细则，该实施细则于 1977 年 1 月正式生效。截至 2018 年 5 月，该协定共有 28 个成员。我国尚未加入该协定。

参加该协定的成员组成特别联盟，特别联盟下设大会。该协定第 2 条对原产地名称的定义作出了明确的规定，即指一个国家、地区或地方的地理名称，用于表示某一产品来源于该地，其质量或特征完全或主要取决于该地的地理环境，包括自然因素和人文因素。第 3 条规定了该协定的保护内容，即旨在防止任何假冒和仿冒原产地名称。第 5 条规定，原产地名称的国际注册应当通过成员主管机关，以在该国已经取得此种名称使用权的自然人或法人的名义，向国际局申请办理注册。国际注册申请应当符合协定规定的形式，用法文书写。国际局在收到申请之后应当立即进行审查，如果审查合格就得向申请人颁发"国际注册证书"，在法定的期刊上公告并通知各成员的主管机关。各成员主管机关在收到注册通知之日起 1 年之内可以作出对该原产地名称拒绝的声明（但是必须说明理由）。否则，在该原产地成员对该原产地名称的有效保护期限之内，该国都要禁止本国的产品经销商未经注册所有人许可而使用该原产地名称。

四、《保护奥林匹克会徽内罗毕条约》

《保护奥林匹克会徽内罗毕条约》是于 1981 年 9 月 26 日在内罗毕签订的，并于 1983 年 1 月正式生效。截至 2018 年 5 月，该条约共有 52 个成员。我国尚未加入该条约。

该条约的附件第 1 条规定奥林匹克会徽是由蓝、黑、红、黄、绿五个相互交叉排列的彩环从左到右排列而成，其中蓝、黑、红三个颜色的环稍高一些。条约主要的内容是各成员对奥林匹克会徽负有保护的义务。该条约第 1 条规定，各成员不得使以奥林匹克会徽组成的或者含有会徽的标志作为商标在其本国注册（即使已经注册也应当使其无效），而且应当采取适当措施禁止以商业目的使用奥林匹克会徽。

■ 本章小结

《马德里协定》是根据《巴黎公约》缔结的一项专门协定。其目的是为消除《巴黎公约》对商标国际注册所规定的繁琐程序。该协定规定的商标注册有利于简化商标注册手续、节省费用和时间，申请人不必向每个选定的缔约国申请注册和交纳申请费，而只需通过一次国际申请便可在被选定的缔约国同时获准注册。其他条约或者协定主要涉及商标分类、商标检索、地理标志以及特殊标志的国际保护。

■ **本章思考题**

1. 《马德里协定》的主要内容有哪些？
2. 什么是马德里商标注册体系？
3. 如何进行商标的国际注册？
4. 商标是如何分类的？
5. 讨论：在商标的国际保护中，如何理解和判断网络环境下的商标使用？

参考书目

1. 郑成思：《知识产权论》，法律出版社 2007 年版。
2. 黄勤南主编：《知识产权法学》，中国政法大学出版社 2003 年版。
3. 刘春田主编：《知识产权法》，中国人民大学出版社 2015 年版。
4. 吴汉东主编：《知识产权法》，法律出版社 2014 年版。
5. 吴汉东等：《知识产权法基本问题研究》（总论、分论），中国人民大学出版社 2009 年版。
6. 张玉敏主编：《知识产权法学》，法律出版社 2017 年版。
7. 郭禾主编：《知识产权法》，中国人民大学出版社 2014 年版。
8. 张平：《知识产权法》，北京大学出版社 2015 年版。
9. 李永军：《民法总则》，中国法制出版社 2018 年版。
10. 费安玲等：《知识产权法学》，中国政法大学出版社 2007 年版。
11. 吴汉东主编：《知识产权制度基础理论研究》，知识产权出版社 2009 年版。
12. 吴汉东等：《知识产权制度变革与发展研究》，经济科学出版社 2013 年版。
13. 来小鹏、李玉香编著：《知识产权法案例研习》，中国政法大学出版社 2013 年版。
14. 李玉香：《知识产权法学基础理论导论》，中国政法大学 2018 年版。
15. 陶鑫良、袁真富：《知识产权法总论》，知识产权出版社 2005 年版。
16. 来小鹏主编：《知识产权法学案例研究指导》，中国政法大学出版社 2019 年版。
17. 何敏：《知识产权基本理论》，法律出版社 2011 年版。
18. 冯晓青主编：《知识产权法》，中国政法大学出版社 2015 年版。
19. 王迁：《知识产权法教程》，中国人民大学出版社 2019 年版。
20. 来小鹏主编：《企业对外贸易中的知识产权理论与实务研究——前沿·实例·对策》，法律出版社 2007 年版。
21. ［美］阿瑟·R. 米勒、迈克·H. 戴维斯：《知识产权法：专利、商标和著作权》（美国法精要·影印本），法律出版社 2004 年版。
22. ［美］谢尔登·W. 哈尔彭、克雷格·艾伦·纳德、肯尼思·L. 波特：《美国知识产权法原理》，宋慧献译，商务印书馆 2013 年版。
23. 孔祥俊：《知识产权法律适用的基本问题——司法哲学、司法政策与裁判方法》，中国法制出版社 2013 年版。
24. 李明德等:《欧盟知识产权法》,法律出版社 2010 年版。
25. ［英］蒂娜·哈特等:《知识产权法》(英文版),法律出版社 2003 年版。
26. ［澳］彼得·德霍斯:《知识财产法哲学》,周林译,商务印书馆 2008 年版。
27. 汤宗舜:《著作权法原理》,知识产权出版社 2005 年版。
28. 来小鹏:《版权交易制度研究》,中国政法大学出版社 2009 年版。
29. ［德］M. 雷炳德:《著作权法》,张恩民译,法律出版社 2005 年版。
30. 郑成思:《版权公约、版权保护与版权贸易》,中国人民大学出版社 1992 年版。
31. ［美］莫里斯·E. 斯图克,艾伦·P. 格鲁内斯:《大数据与竞争政策》,兰磊译,法律出版社 2019 年版。
32. ［澳］马克·戴维森:《数据库的法律保护》,朱理译,北京大学出版社 2007 年版。
33. 汤宗舜:《专利法教程》,法律出版社 2003 年版。
34. 尹新天:《专利权的保护》,知识产权出版社 2005 年版。
35. 来小鹏主编:《专利合同理论与实务研究——前沿·实例·对策》,法律出版社 2007 年版。
36. 国家知识产权局条法司组织翻译:《外国专利法选译》(全三册),知识产权出版社 2015 年版。
37. 王连峰:《商标法通论》,郑州大学出版社 2003 年版。
38. 曾陈明汝:《商标法原理》,中国人民大学出版社 2003 年版。
39. 孔祥俊:《商标法适用的基本问题》,中国法制出版社 2012 年版。
40. 程永顺主编:《知识产权疑难问题专家论证（2012～2013）》,知识产权出版社 2014 年版。
41. 董炳和:《地理标志知识产权制度研究——构建以利益分享为基础的权利体系》,中国政法大学出版社 2005 年版。
42. ［美］罗伯特·P. 墨杰斯等:《新技术时代的知识产权法》,齐筠等译,中国政法大学出版社 2003 年版。
43. 吴汉东、胡开忠等:《走向知识经济时代的知识产权法》,法律出版社 2002 年版。
44. 李明德:《美国知识产权法》,法律出版社 2014 年版。
45. 孔祥俊:《商标与不正当竞争法:原理和判例》,法律出版社 2009 年版。
46. 张玉瑞:《商业秘密法学》,中国法制出版社 1999 年版。
47. 蒋志培主编:《著作权新型疑难案件审判实务》,法律出版社 2007 年版。
48. 蒋志培主编:《专利商标新型疑难案件审判实务》,法律出版社 2007 年版。
49. 蒋志培主编:《不正当竞争新型疑难案件审判实务》,法律出版社 2007 年版。
50. 崔国斌:《专利法原理与案例》(第二版),北京大学出版社 2016 年版。

51. 最高人民法院民事审判第三庭编著:《最高人民法院知识产权判例评解》,知识产权出版社 2001 年版。
52. 北京市高级人民法院知识产权庭编:《北京知识产权审判案例研究》,法律出版社 2000 年版。
53. 北京市高级人民法院民三庭编:《知识产权诉讼研究》,知识产权出版社 2003 年版。
54. 张平、郭凯天主编:《互联网法律法规汇编》,北京大学出版社 2012 年版。
55. [美] 弗雷德里克·M. 阿伯特、[瑞士] 托马斯·科蒂尔、[澳] 弗朗西斯·高锐:《世界经济一体化进程中的国际知识产权法》(上、下),王清译,商务印书馆 2014 年版。
56. [德] Silke von Lewinski 博士编著:《原住民遗产与知识产权:遗传资源、传统知识和民间文学艺术》,廖冰冰、刘硕、卢璐译,中国民主法制出版社 2011 年版。
57. [澳] 布拉德·谢尔曼、[英] 莱昂内尔·本特利:《现代知识产权法的演进:英国的历程(1760~1911)》,金海军译,北京大学出版社 2012 年版。
58. [英] Ian LIoyd:《Information Technology Law》(6th Edition), OXFORD university press 2011 年版。
59. 郑成思主编:《知识产权文丛》(系列),中国政法大学出版社。
60. 刘春田主编:《中国知识产权评论》(系列),商务印书馆。
61. 郑胜利主编:《北大知识产权评论》(系列),法律出版社。
62. 唐广良主编:《知识产权研究》(系列),中国方正出版社。